***Études de Philosophie Médiévale***

Collection fondée par Étienne Gilson

*Dirigée par*

Marta Cristiani
Ruedi Imbach
Jean Jolivet
Alain de Libera

# ÉTUDES DOCTRINALES SUR LE XIVe SIÈCLE

*Théologie, Logique, Philosophie*

## DU MÊME AUTEUR

*Thomas de Cracovie. Contribution à l'histoire du collège de Sorbonne.* Wrocław - Varsovie - Cracovie - Gdańsk, Ossolineum, 1978, 143 pages.

*Les querelles doctrinales à Paris. Nominalistes et réalistes aux confins du* XIV*e et du* XV*e siècles*. Bergamo, Pierluigi Lubrina Editore, 1988 (Quodlibet, 2), 204 pages.

*Nicolas d'Autrécourt ami de la vérité*, Paris, De Boccard, 1995 (Histoire Littéraire de la France, t. XLII, fasc. 1), 234 pages.

En collaboration :

*Preuve et raisons à l'Université de Paris. Logique, ontologie et théologie au* XIV*e siècle.* Actes de la Table Ronde Internationale organisée par le Laboratoire associé au C.N.R.S. n° 152 du 5 au 7 novembre 1981, édités par Zénon Kaluza et Paul Vignaux, Paris, Librairie Philosophique J. Vrin, 1984 (Études de philosophie médiévale, H. S.), 310 pages.

*Lectionum varietates. Hommage à Paul Vignaux (1904-1987)*, édité par J. Jolivet, Z. Kaluza, A. de Libera. Paris, Librairie Philosophique J. Vrin, 1991 (Études de philosophie médiévale, LXV), 342 pages.

*La servante et la consolatrice. La philosophie dans ses rapports avec la théologie au Moyen Âge*. Études réunies par Jean-Luc Solère et Zénon Kaluza. Paris, Librairie Philosophique J. Vrin, 2002 (Textes et traditions, 3), 258 pages.

*« Ad ingenii acuitionem ». Studies in Honour of Alfonso Maierù*, edited by S. Caroti, R. Imbach, Z. Kaluza, G. Stabile and L. Sturlese. Louvain-la-Neuve, 2006 (FIDEM Textes et études du Moyen Âge, 38).

ÉTUDES DE PHILOSOPHIE MÉDIÉVALE

CI

# ÉTUDES DOCTRINALES SUR LE XIV$^{e}$ SIÈCLE

*Théologie, Logique, Philosophie*

*par*

**Zénon KALUZA**

*Ouvrage publié avec le concours*
*du Centre national du livre*

PARIS

**LIBRAIRIE PHILOSOPHIQUE J. VRIN**

6 place de la Sorbonne, V$^{e}$

2013

*Imprimé en France*

ISSN 0249-7980

ISBN 978-2-7116-2392-1

*www.vrin.fr*

# INTRODUCTION

Les cinq premiers textes réunis dans ce livre représentent les principaux résultats de recherches que j'ai entreprises sur une série de manuscrits. Ceux-ci étaient considérés comme faisant partie de la bibliothèque de Thomas de Cracovie selon les uns, de Jean de Falisca selon les autres. Je l'ai rendue à son vrai possesseur, Étienne Gaudet, membre, comme les deux théologiens précédents, du collège de Sorbonne. Extrêmement riche en extraits, en sommaires et en textes philosophiques, théologiques et scientifiques, la bibliothèque d'Étienne Gaudet a retenu mon attention pendant plusieurs années et je suis revenu à ses livres en de multiples occasions, comme le montrent les travaux ci-après. Ils ont en commun d'avoir été faits directement sur des manuscrits contenant des ouvrages peu connus, sinon inconnus. Ils apportent donc des informations sur plusieurs textes écrits par des théologiens–logiciens d'Oxford et sur le rôle que ceux-ci ont joué dans le milieu des théologiens parisiens. Ils montrent aussi comment, à partir des années cinquante du XIVe siècle, les sujets traités en Angleterre se retrouvent à Paris et y sont discutés. En somme, il s'agit de la réception parisienne de la pensée théologique et logique oxonienne, réception qui devait se poursuivre jusqu'à la fin du XIVe siècle avec Pierre d'Ailly.

Les débats occasionnés par cette réception font appel à des arguments logiques et épistémologiques sophistiqués et sont d'un grand intérêt pour l'histoire doctrinale. Les thèmes abordés sont multiples : le premier principe incomplexe (un terme) et complexe (une proposition) en théologie, la définition de la possibilité et du possible, la prédestination et la prescience, la nature contingente ou nécessaire du passé, le problème de la signification d'une proposition et tant d'autres encore. Les écrits de Nicolas Aston et de Richard Brinkley ont inspiré, à Paris, la théorie dite « adverbiale » de la signification propositionnelle : plus loin, dans le chapitre sur Richard Brinkley, on observera les difficultés rencontrées par Jean Hiltalingen de Bâle et Étienne Gaudet lorsqu'ils cherchent à appliquer cette théorie à la doctrine théologique de la *productio divina*, tandis qu'un autre docteur parisien, le franciscain Guillaume Centueri de Crémone a su s'en accommoder. Une autre thèse était aussi vigoureusement discutée tant à Oxford qu'à Paris : elle veut que le '*creaturam posse esse*' soit le signifié ou signifié complexement (*significatum/significabile complexe*) de l'énoncé '*creatura potest esse*' et que le '*Deum esse*' soit le signifié de '*Deus existe/est*'. Nicolas Aston attribue ironiquement cette position aux sophistes pour cette raison probablement que, questionnés au sujet de ce signifié, ils ne savent pas que dire (*tunc silent*) [1]. Nos théologiens considèrent le nom '*Deus*' comme la première vérité incomplexe et comme le premier principe absolument simple ; ils considèrent aussi la proposition '*Deus est*' comme à la fois la proposition nécessaire, le premier principe et la première vérité « complexe » qui signifie '*Deum esse*'. Sa négation : '*Deus non est*' est donc vue comme le premier faux. Il restait encore à préciser la possibilité et le caractère du premier faux complexe : la proposition « Dieu n'existe pas », dont le signifié est le « *Deum non esse* ». Est-il possible de la penser et de la concevoir ? C'est à partir de ce genre d'interrogations qu'est né le problème d'une preuve de l'existence de Dieu propre à la logique en démontrant que *Deum non esse* ou que « Dieu n'existe pas » est contradictoire : *implicat contradictionem* [2].

L'un des premiers essais d'une telle preuve de l'existence de Dieu, a été tenté par Nicolas Aston, mais il est resté ignoré jusqu'à nos jours. Il s'agit précisément de l'affirmation que le complexe *Deum non esse* – le signifié de la proposition '*Deus non est*' – est contradictoire, donc privé de sens et par conséquent impossible [3]. Deux études ont été consacrées à Nicolas Aston : l'une pour présenter son œuvre théologique, l'autre pour traiter de sa preuve logique dans le contexte plus large des discussions sur le *Deum non esse*. Nicolas Aston est d'ailleurs le seul auteur qui se préoccupe des conditions à remplir pour qu'une preuve de l'existence de

1. Ms. Worcester Cathedral Library, F 65, f° 48rb : « Sed aliter in ista materia dicunt iusticia pleni quod "creaturam posse esse" nichil est, sed est aliqualiter. Alii prioribus impericiores dicunt quod "creaturam posse esse" nec est aliquid nec aliqualiter, et tamen "creaturam posse esse" est. Sed sophiste dicunt quod "creaturam posse esse" est significatum istius propositionis : "creatura [m] potest esse", sed quando queritur que res est illud significatum, tunc (?) silent. Sed primi dicunt quod "creaturam posse esse" est dictum propositionis vel aliud convocans actum anime ». À l'époque où je me suis occupé de ces auteurs anglais, je n'étais pas capable de saisir toute la dimension logique de différents débats théologiques propres à Oxford du XIVe siècle. Le caractère logique de ces débats peut éclairer l'ouvrage relativement récent d'Alain de Libera, *La Référence vide. Théories de la proposition*. Paris, PUF, 2002.

2. Mme G. Federici Vescovini signala le même problème chez Blaise de Parme *Discorso logico e discorso teologico secondo Biagio Pelacani da Parma*, AHDLMA, 45 (1978), p. 33-34. J'avais présenté mon texte sur *Deum non esse* au Congrès international de philosophie médiévale à Bonn, en septembre 1977 ; il a été publié en 1979.

3. Je note une opinion inverse de Leszek Kołakowski, formulée au cours d'un tête-à-tête avec Alfred Tarski : « Cependant nous nous entretenions peu sur les problèmes philosophiques, sur ce plan je ne me rencontrais plutôt pas avec Tarski. Je me souviens qu'au cours d'une conversation je lui ai dit une phrase au sujet de Dieu : "Dieu existe, mais la proposition 'Dieu existe' n'a pas de sens". Il riait seulement, mais cela aurait dû être pour lui un tour énervant ». Cf. *Czas ciekawy czas niespokojny*. Z L. Kołakowskim rozmawia Z. Mentzel [*Temps intéressant, temps agité*. L. Kołakowski s'entretient avec Z. Mentzel], Kraków, 2008, t. II, p. 31.

Dieu puisse être correctement formulée et convaincre un non-croyant. Ces deux études, ainsi que celle consacrée à Richard Brinkley, ont été entreprises en vue de constituer un dossier complet sur le thème de la preuve logique ; ce n'a pas abouti [1]. Les informations concernant Nicolas Aston et son œuvre sont donc toujours rares et incomplètes, ce qui justifie la reprise des études que je lui ai consacrées. Le cas du franciscain Richard Brinkley, plutôt critique à l'égard de la preuve logique, est différent, car à l'époque où je menais mes recherches sur ce théologien, il était déjà connu comme logicien, auteur d'une *Somme de la logique*. Or, plusieurs maîtres parisiens – le sorboniste Étienne Gaudet, l'augustin ermite Jean Hiltalingen de Bâle, le franciscain Pierre de Candie (futur pape Alexandre V) et tant d'autres lecteurs de Brinkley – ont rendu possible l'identification d'une importante partie de son œuvre théologique jusqu'alors inconnue des historiens. J'ai donc pris la décision d'éditer cette partie émergée de l'oubli. En revanche, je n'ai pas réussi à identifier un autre théologien anglais qui était ouvertement engagé dans les discussions sur le caractère contradictoire du complexe *Deum non esse*. Les maîtres parisiens du collège de Sorbonne l'ont connu, Étienne Gaudet le décrit comme *quidam augustinensis subtilis*. Il a été identifié par M. Andrea Tabarroni : c'est l'augustin ermite Godefroid Hardeby [2]. Je le nommais « l'Agustin Anonyme » et continue de le faire. Une brève note sur le commentaire des Sentences de Thomas Felthorp, un autre théologien d'Oxford du XIVe siècle, connu des maîtres parisiens, mais ignoré par ailleurs, complète la première partie de l'ouvrage.

Les travaux de cette première partie ont été réalisés dans un milieu exceptionnel des quatorzièmistes, celui que Paul Vignaux (1904-1987) avait su réunir autour sa propre recherche. J'y ai trouvé un groupe qui mêlait chercheurs confirmés et jeunes collègues. Leurs noms méritent d'être rappelés : Mlle Jeanne Barbet, connue pour son édition de la *disputatio* entre deux sententiaires : Pierre Roger,

1. Le caractère nécessaire du *Deum esse* et la contradiction du *Deum non esse* sont défendus par Thomas Bradwardine dans la première partie du *De causa Dei* et par son « *sectator* » John Wyclif, dans le *De actibus animae*, par l'Augustin Anonyme (Godefroid Hardeby) dans son commentaire des Sentences, à Paris par Hugolin d'Orvieto, Jean Hiltalingen, Denys de Montina et d'autres encore dans leurs commentaires des Sentences. La thèse non publiée de M. Joël Bender, *Nicholas Aston. A Study in Oxford Thought after the Black Death*. Ph. D. diss., University of Wisconsin, Madison, 1979, est citée par W.J. Courtenay, *Schools & Scholars in Fourteenth-Century England*, Princeton, New Jersey, 1987. Voir aussi Z. Kaluza, « Late medieval philosophy, 1350-1500 », in *Medieval Philosophy*. Edited by J. Marenbon, London – New York, 1998, (Routledge History of Philosophy, Vol. III), p. 430-432. La preuve de l'existence de Dieu en logique est le sujet de la thèse de M. Fotis Papageorgiou. À la demande, justifiée par une raison humaine, d'un de mes collègues étrangers, je m'étais dessaisi de mon sujet en faveur de l'un de ses *doctorandi*. Plusieurs années après j'ai appris que l'étudiant en question avait abandonné ses études pour une activité bien plus lucrative.

2. A. Tabarroni, « Nuovi testi di logica e di teologia in un codice palermitano », dans L. Bianchi (éd.), *Filosofia e teologia nel Trecento. Studi in ricordo di Eugenio Randi*, Louvain-la-Neuve, 1994, p. 337-366, voir p. 341, 348-364. L'article est une précieuse étude du contenu du ms. 2. Qq. D. 142 de la Biblioteca Comunale à Palerme. L.A. Kennedy, « A Fourteenth-Century Oxford Augustinian on the Existence of God », *Augustiniana*, 36 (1986), p. 28-47, publie comme anonyme la question de Godefroid portant sur la contradiction du complexe signifiable *Deum non esse*.

futur pape Clément VI, et le franciscain François de Meyronnes ; l'Abbé Francis Ruello, éditeur et commentateur savant des écrits de Jean de Ripa ; le Père Eelcko Ypma, OESA, spécialiste du régime des études théologiques chez les augustins ermites à Paris, éditeur des écrits de Jacques de Venise ; M. Jean-François Genest occupé par la pensée de Thomas Bradwardine et de Thomas Buckingham, deux grands maîtres d'Oxford. Les recherches de ce dernier, couronnées par une thèse sur la *Prédetermination et liberté créée à Oxford au XIV^e^ siècle*[1], et ses travaux du fond portant sur les docteurs anglais ainsi que mes contributions réunies ici ont donné l'occasion à un collègue américain de nous définir plaisamment comme une « Parisian School » spécialisée dans la recherche de « la chose anglaise » à Paris[2]. Effectivement, les maîtres anglais entraient dans la petite salle de notre séminaire quatorzièmiste par les portes et les fenêtres, comme l'aurait dit, air menaçant, le chancelier Gerson. L'interdépendance des problématiques savants franco-anglaise au XIV^e^ siècle semblait assez étroite pour que plusieurs d'entre nous partent à la recherche de ces Anglais, surtout ceux d'Oxford, de leurs textes, des traces de leur présence littéraire et doctrinale à Paris. En réalité, cette recherche correspondait autant à nos propres curiosités, celles « d'auditeurs assidus », qu'au thème principal du séminaire : où Paul Vignaux examinait la filiation des idées entre Paris et Oxford, entre Duns Scot, Pierre Auriol, Guillaume d'Ockham, Adam Wodeham, Grégoire de Rimini, jusqu'à Pierre d'Ailly et même jusqu'à Luther, où il cherchait les sources anglaises de Grégoire de Rimini et de Jean de Ripa, ses théologiens de prédilection. D'autres collègues de ce temps écoulé nous ont rejoints : M^me^ Elizabeth Karger possédait déjà son propre champ d'études avec les logiciens et les épistémologues du XIV^e^ principalement et M. Alain de Libera déjà intéressé par la mystique, eckhartienne, l'albertisme et la logique médiévale entre autres thèmes. C'est plongé dans cette atmosphère studieuse et amicale que j'ai travaillé sur ma « très riche bibliothèque » d'Étienne Gaudet. Les études réunies dans la première partie du présent volume sont les fruits de cet effort commun déployé autour d'un grand médiéviste parisien. Elles lui doivent aussi l'intérêt porté à une spéculation théologique, fortement influencée par la problématique logique ou philosophique.

La deuxième partie du recueil est consacrée à Jérôme de Prague, adepte et défenseur praguois des doctrines wycliffiennes et à de John Wyclif lui-même.

Invité à « occuper » une fois par semaine et pendant un semestre quelques étudiants de mon ami Ruedi Imbach, alors professeur à l'Université de Fribourg, j'ai choisi comme texte de base le traité *De universalibus* de Stanislas de Znoyma. Il serait difficile d'opérer un plus mauvais choix pour lire et commenter un texte médiéval. Il m'a paru repoussant par ses bavardages et répétitions. Puis, à la V^e^ section de l'École pratique des Hautes Études, j'essayais de comprendre les deux

1. Publiée à Paris chez Vrin en 1992.

2. W.J. Courtenay, « Recent Work on Fourteenth-Century Oxford Thought », *Essay Review*, VIII, Spring-Summer 1985, p. 232.

questions déjà éditées de Jérôme. Cet exercice m'a permis de retrouver un certain nombre des sources de Jérôme, d'établir des liens entre ses questions et l'œuvre de Wyclif ignorés de son éditeur, de me convaincre que Jérôme était un adepte de philosophie sinon, un philosophe. Je me suis ainsi débarrassé de la lecture dominante du wyclifisme tchèque, qui se contentait de voire en tout partisan de Wyclif soit un révolutionnaire, soit un hérétique exclusivement. Ces deux lectures, l'une politique, l'autre religieuse, ont longtemps bloqué la recherche doctrinale sur le réalisme praguois. Or, Jérôme pensait et écrivait en philosophe et c'était là l'essentiel.

Dans la première des trois études consacrées à Jérôme, j'ai souhaité examiner les témoignages concernant son activité à la Faculté des arts de Paris et le souvenir que sa doctrine réaliste y avait laissé. Le chancelier Jean Gerson fut évidemment le premier à être interrogé, lui qui à maintes reprises mentionne le Praguois, la condamnation dont il a été l'objet et la mort qui s'en est suivie à Constance. Ce champ d'investigation s'est un peu élargi dans l'Appendice 2 : à la suite de la découverte des emprunts au *Periphyseon* d'Érigène par Jérôme faite par un savant tchèque, M. Stanislas Sousedík, je précise la source directe de Jérôme et évalue l'étendue de ces emprunts. Le ton quelque fois légèrement polémique de mon travail montre l'importance de l'emprise qu'exerçaient sur moi les deux livres d'une exceptionnelle qualité, *L'hérésie de Jean Huss* et *Hussiana*, du bénédictin belge Paul De Vooght [1]. Dans la deuxième étude, je cherche à retrouver les sources du platonisme de Jérôme et à montrer comment ces quelques bribes structurent sa pensée. Au cours de ce travail, je montre les multiples liens qui s'établissent entre la question du Praguois et l'œuvre de Wyclif. Mais, en reconstituant la doctrine de Jérôme, j'ai très vivement pris conscience de mon ignorance des doctrines de Wyclif, celle surtout qui concerne l'être analogue – une notion propre au théologien anglais. J'ai par la suite essayé de combler ce manque à la faveur d'une étude consacrée à l'évolution de l'enseignement wyclifien sur la matière : j'y explique le caractère fondamental de la notion d'être analogue : elle donne à son réalisme un caractère éminemment théologique. La dernière des trois études consacrées à Jérôme soulève une question textuelle : quelle est la valeur des deux copies manuscrites de la question qui avait été discutée à Heidelberg et sans doute auparavant à Paris. L'analyse doctrinale de la question montre que Jérôme est un partisan de la *logica in rebus*, aujourd'hui dénommée « réalisme propositionnel ». Logicien, il est du côté de John Wyclif et de Richard Brinkley, dont il est beaucoup question dans ce livre.

1. J'ai longtemps utilisé la première édition des deux ouvrages : *L'hérésie de Jean Huss* et *Hussiana*, tous les deux publiés à Louvain en 1960, dans la collection « Bibliothèque de la Revue d'Histoire ecclésiastique », fascicules 34 et 35. La seconde édition, mise à jour et augmentée, est parue en 1975 sous un titre unique *L'Hérésie de Jean Huss* et sous la forme d'un ouvrage en deux volumes. Afin de conserver la prononciation correcte de Hus, P. De Vooght orthographie « Huss » ; il écrit aussi « hussitisme ». Je conserve ces formes dans les citations de travaux de De Vooght. P. Vignaux m'avait proposé d'éviter « le hussitisme du français belge » et d'employer plutôt le terme « hussisme ».

Faute de travaux concernant les sujets traités, je ne suis pas en mesure d'enrichir mes notes de nouvelles références bibliographiques [1]. Je reprends donc mes études dans leur forme originale, corrigeant seulement des fautes évidentes. Je suis toutefois intervenu dans trois cas précis en renvoyant aux éditions et non plus aux manuscrits. Ainsi, dans *La prétendue discussion parisienne*, je remplace quelques renvois au manuscrit par l'indication des pages de l'édition établie par M. Jean-François Genest dans sa thèse déjà mentionnée ; dans *Le chancelier Gerson et Jérôme de Prague* (Appendice 2), je renvoie à la nouvelle et complète édition du *Periphyseon*, préparée par M. Édouard Jeauneau [2] ; en citant, dans la seconde partie du livre, les textes de Jérôme de Prague je conserve les renvois à la vieille et introuvable édition de Joseph Sedlák en indiquant les passages correspondants dans la nouvelle, proposée par František Šmahel et Gabriel Silagi [3]. D'autres menues interventions dans les notes sont signalées quand elles ont lieu.

1. Toutefois, concernant la logique dans les choses, voir L. Cesalli, *Le réalisme propositionnel. Sémantique et ontologie des propositions chez Jean Duns Scot, Gauthier Burley, Richard Brinkley et Jean Wyclif*, Paris, Vrin, 2007 ; concernant la carrière universitaire et ecclésiastique de plusieurs maîtres mentionnés dans ce livre, on consultera le *Rotuli Parisienses : supplications to the Pope from the university of Paris*, Leiden, Brill, 2 vol., 2002-2004, ouvrage de M. Courtenay.

2. Iohannis Scotti seu Eriugenae *Periphyseon*. Editionem nouam… curauit E.A. Jeauneau. T. 1-5, Turnholti, Brepols, 1996-2003.

3. Magistri Hieronymi de Praga *Quaestiones polemica epistulae*. Ediderunt F. Šmahel, G. Silagi, Turnhout, Brepols, 2010. C'est à tort que les éditeurs m'attribuent un mauvais amendement à la p. 7, lignes 76/77. On peut consulter Ch. Blättler, *Delikt : Extremer Realismus. Philosophie zwischen Politik und Theologie im vorrevolutionären Prag*, Sankt Augustin, Academia Verlag, 2002.

Ce recueil doit beaucoup à l'amical soutien de plusieurs personnes. Monica Brinzei, Dragos Calma et Ruedi Imbach l'ont inspiré et, de près ou de loin, ont manifesté leur attention aux divers stades de sa préparation. Dragos Calma a de plus scanné l'ensemble des textes et préparé les deux index des noms. Max Lejbowicz a relu mes textes et veillé à mon français. Jean-François Genest s'est souvent enquis de l'état d'avancement de ce travail en m'apportant, si besoin était, une aide discrète et efficace. À tous, j'adresse un chaleureux merci ! Non moins chaleureusement, je remercie les Éditions Vrin et les directeurs de la collection « Études de philosophie médiévale ».

À Chatou, le 17 mars 2011

# ABRÉVIATIONS

AHDLMA – « Archives d'Histoire doctrinale et littéraire du Moyen Âge », Paris, Vrin.

Auctarium CUP, I – Liber procuratorum nationis Anglicanae (Alemanniae) in Universitate Parisiensi. Ed. H. Denifle, Ae. Chatelain, t. I : 1333-1406, Paris, Didier, 1894.

BA – Bibliothèque Augustinienne. Œuvres de Saint Augustin. Paris, Desclée de Brouwer, Institut d'Études Augustiniennes.

Bakhouche – *Calcidius. Commentaire au* Timée *de Platon*. T. 1-2. Édition critique et traduction française par B. Bakhouche avec la collaboration de L. Brisson pour la traduction. Paris, Vrin, 2011.

CSEL – Corpus Scriptorum Ecclesiasticorum Latinorum, Wien.

CUP – Chartularium Universitatis Parisiensis. Ed. H. Denifle, Ae. Chatelain, t. III : 1350-1384.

P. Glorieux, « Jean de Falisca » – P. Glorieux, « Jean de Falisca. La formation d'un maître en théologie au XIVe siècle », AHDLMA, 33 (1966), p. 23-104.

V. Herold, Pražská univerzita – V. Herold, *Pražská univerzita a Wyclif. Wyclifovo učení o ideách a geneze husitského revolučního myšlení*. Praha, Univerzita Karlova, 1985.

Z. Kaluza, *Thomas de Cracovie* – Z. Kałuża, *Thomas de Cracovie. Contribution à l'histoire du collège de la Sorbonne*. Wrocław, Ossolineum, 1978.

*Processus iudiciarius* – *Processus iudiciarius contra Jeronymum de Praga habitus Viennae a. 1410-1412*, éd. L. Klicman, Prague, 1898 (Historický archiv, 12).

Sedlák – J. Sedlák, « Filosofické spory Pražske v době Husově », dans *Studie a texty k náboženským dějinám českým*, 2 (1915), p. 197-262.

Šmahel/Silagi – Magistri Hieronymi de Praga, *Quaestiones, polemica, epistulae*, ediderunt F. Šmahel, G. Silagi. Turnhout, Brepols, 2010 (Corpus Christianorum. Continuatio mediaeualis, 222).

UAPR – Hieronymi de Praga, *Quaestio de universalibus : Utrum a parte rei universalia sit necessarium ponere pro mundi sensibilis armonia*, dans Sedlák, p. 215-223 ; dans Šmahel/ Silagi, p. 83-95.

UMAQ – Hieronymi de Praga, *Quaestio Utrum mundus architipus, qui est multitudo idearum in mente divina aeternaliter relucentium, rerum huius mundi sensibilis sit concausa potissima*, dans Šmahel/Silagi, p. 161-188.

UsEA – Hieronymi de Praga prima pars quaestionis UsFU : *Utrum sub ente analogo aliqua universalia sunt ponenda extra signa humanitus adinventa et rationes ad intra*, dans Sedlák, p. 230-243 ; dans Šmahel/Silagi, p. 15-33.

UsFU – Hieronymi de Praga, *Positio de universalibus (Duplex quaestio) : Utrum sint aliquae formae universales, quae neque sunt formatae nec etiam formabiles*, dans Sedlák, p. 229-258 ; dans Šmahel/Silagi, p. 13-51.

UvGS – Hieronymi de Praga, *Quaestio Utrum veritas generalis sit signanda pro quacunque proposicione vera denominanda*, dans Sedlák, *Studie a texty k náboženským dějinám českým*, 4 (1925), p. 156-161 ; dans Šmahel/Silagi, p. 3-12.

Waszink – *Timaeus a Calcidio translatus commentarioque instructus*, éd. J.H. Waszink, Londres-Leyde, 1975².

PREMIÈRE PARTIE

# OXFORD – PARIS

## ORIGINE DES TEXTES

« La prétendue discussion parisienne de Thomas Bradwardine avec Thomas Buckingham. Témoignage de Thomas de Cracovie ? », *Recherches de Théologie ancienne et médiévale*, 43 (1976), p. 238-255.

« Le problème du *Deum non esse* chez Étienne de Chaumont, Nicolas Aston et Thomas Bradwardine », *Mediaevalia philosophica Polonorum*, 24 (1979), p. 3-19.

« L'œuvre théologique de Nicolas Aston (problèmes du texte) », AHDLMA, 45 (1978), p. 45-82.

« L'œuvre théologique de Richard Brinkley, OFM », AHDLMA, 56 (1989), p. 169-273.

« Quelques traces du commentaire des Sentences de Thomas Felthorp », *Freiburger Zeitschrift für Philosophie und Theologie*, 30 (1983), p. 189-199.

Que soient ici remerciés les éditeurs des revues, qui ont bien voulu nous accorder leur autorisation à reproduire.

## LA PRÉTENDUE DISCUSSION PARISIENNE DE THOMAS BRADWARDINE AVEC THOMAS BUCKINGHAM. TÉMOIGNAGE DE THOMAS DE CRACOVIE ?

1. Depuis des années on trouve chez quelques historiens l'affirmation qu'une discussion entre deux Anglais, Thomas Bradwardine et Thomas Buckingham, a eu lieu à Paris. On dit également qu'un sorbonniste polonais, Thomas de Cracovie, en aurait été le témoin. Il est vrai que jusqu'à maintenant on n'a aucune certitude sur le séjour parisien de Thomas Buckingham, mais le témoignage du Cracovien pourrait peut-être le prouver.

Si on se rappelle l'influence de Thomas Bradwardine et de Thomas Buckingham sur la théologie parisienne et le rôle qu'ils ont joué dans le développement de celle-ci, le problème n'en est que plus intéressant. Si nous pouvions confirmer l'existence d'une telle discussion à Paris de ces deux théologiens, par là même nous constaterions qu'ils ont influencé personnellement le milieu théologique parisien, tout en cherchant des partisans et en y transférant leurs querelles de Merton Collège.

On sait, de plus, que le *De causa Dei* de Thomas Bradwardine et les *Quaestiones super Sententias* de Thomas Buckingham ont été connus à Paris dès 1345 environ [1]. Si donc les deux Anglais ont séjourné dans cette ville, ils ont certainement apporté avec eux leurs œuvres ; ils les ont par conséquent propagées eux-mêmes. Dans le cas contraire, cette propagation s'est passée autrement et les textes anglais ont trouvé leur route propre pour arriver à Paris.

1. Grégoire de Rimini, dans son Commentaire des Sentences (1342-1344), cite Thomas de Buckingham (*cf.* D. Trapp, « Augustinian Theology of the 14th Century », *Augustiniana*, (6) 1956, p. 206) et Thomas Bradwardine (*cf.* H.A. Oberman, *Archbishop Thomas Bradwardine a Fourteenth Century Augustinian*, Utrecht, Kemink & Zoon, 1957 [1958], p. 35). K. Michalski connaît deux copies du *De causa Dei* exécutées à Paris en 1345 et 1347. *Cf.* son ouvrage *Le problème de la volonté*, p. 4 (dans K. Michalski, *La philosophie au* XIVe *siècle. Six études*. Hrsg. von K. Flasch, Frankfurt a. M., Minerva, 1969, p. 284).

Une analyse des textes de Thomas Buckingham a permis de constater un certain changement dans ses idées. Ce changement est-il une conséquence de la discussion parisienne, comme on nous le suggère ?

Enfin, tous les historiens qui parlent de la dispute parisienne des deux Anglais, nous certifient également la présence de Thomas de Cracovie à Paris à l'époque de ce prétendu événement, ou au moins dans les années suivantes. Le rapport attribué au Cracovien (ou la copie d'un tel rapport) aurait une valeur importante, et cela à double titre : premièrement, comme unique document prouvant les études parisiennes de Thomas Buckingham, et deuxièmement, comme témoignage de la dispute et de son sujet.

Jusqu'à présent, personne ne s'est intéressé de plus près à ce « rapport », ni l'a regardé dans son contexte réel constitué, d'une part, par l'origine et le contenu du manuscrit Paris, BnF, lat. 16409, et de l'autre, par les données chronologiques de la vie du Cracovien. Nous voilà, de nouveau, devant le problème. Examinons-le attentivement.

2. En 1957, trois historiens : A.B. Emden, H.A. Oberman et G. Leff, présentent comme probable la thèse d'une dispute universitaire entre Thomas Bradwardine et Thomas Buckingham qui se serait tenue à Paris vers 1345. Quatre ans plus tard, en 1961, J.A. Robson s'est rallié à cette opinion, en la modifiant d'ailleurs. Voici leurs points de vue.

A.B. Emden :

> Reported by mag. Th. of Cracow as having engaged in a *disputatio* in aula at Paris, with mag. Th. de Buckingham, possibly c. 1345 [1].

Et encore sur Thomas Buckingham :

> Possibly studied theology at Paris c. 1343 ; reported by mag. Thomas of Cracow as having engaged there a *disputatio in aula* with mag. Th. Bradwardine [2].

Emden cite, comme sa source, le manuscrit Paris, BnF, lat. 15409 (1), f° 23v et un article de K. Michalski dont nous allons analyser dans un instant la position [3].

H.A. Oberman :

1. A.B. Emden, *A Biographical Register of the University of Oxford to A.D. 1500*, t. I, Oxford, Oxford University Press, 1957, p. 245 (s. v. Bradwardine).

2. *Ibid.*, p. 298.

3. Dans le t. III de la même œuvre (Oxford, 1959), p. XV-XVI, A.B. Emden rectifie son opinion précédente : « delete para. 3, as it has been pointed out to me by fr. B.J. Fleming, S.J., that M.B. Hauréau in his « Notice sur le numéro 16409 (not 15409 as in my notice) des manuscrits latins de la bibliothèque nationale »… dates this MS. *c. 1360* and notes that the disputant, probably Étienne de Chaumont, is weighing views that had been expressed by Buckingham and Bradwardine respectively and crones down on the side of Buckingham, but does not intend the inference that either Buckingham or Bradwardine was present. Fr. K. Michalski in an earlier article wrote more cautiously : "où les opinions de Buckingham sont opposées aux idées de Bradwardine…" ».

> It is not impossible that Buckingham was « Magister Regens » in Paris for some time, where, according to Thomas of Cracow (c. 1345), he made a name for himself as a critic of Bradwardine [1].

Oberman ne cite ici que l'incipit de la question du lat. 16409, f° 23v, et c'est d'après Michalski. Un peu plus loin il ajoute :

> Owing to the note made by Thomas of Cracow it has been thought, ever since the days of the *Collectio Judiciorum* by du Plessis d'Argentré, that the man whom Buckingham is attacking in his *Quaestiones* must have been Thomas Bradwardine [2].

Et plus loin encore :

> Moreover Bradwardine, according to Thomas of Cracow, had obtained in Paris (thanks to Thomas Buckingham, who narrowed the significance of *De causa Dei* to the first chapters of Book II), the reputation of teaching a predestination coupled with divine compulsion [3].

G. Leff :

> No doubt, too, Bradwardine took part in the general intercourse between Oxford and Paris, where he is cited by Thomas of Cracow as having engaged in disputation with Thomas Buckingham [4]. Although Bradwardine never mentioned by name Buckingham or any other contemporary, there is a reference to a dispute between them by Thomas of Cracow, in which he says that the author of *De causa Dei* engaged in public disputation with Buckingham on future contingents at Paris. Thus in Buckingham's case we have at least circumstantial evidence of a conflict between him and Bradwardine [5].

G. Leff, au même titre qu'Emden, mentionne ici le lat. 15409, f° 23v, où on devait trouver une référence à la dispute en question. Plus loin encore, on lit quelques lignes concernant directement la doctrine de Thomas Buckingham :

1. H.A. Oberman, *Archbishop Thomas Bradwardine*, p. 189.
2. H.A. Oberman, *Archbishop Thomas Bradwardine*, p. 192.
3. *Ibid.*, p. 226. H.A. Oberman précise son opinion dans H.A. Oberman, J.A. Weisheipl, « The Sermo Epinicius Ascribed to Thomas Bradwardine (1346) », AHDLMA, 25 (1958) p. 299 : « Michalski noted a brief record by Thomas of Cracow of a *quaestio disputata in aula* at Paris between the *auctor de Causa Dei* and Thomas Buckingham, another one-time Fellow of Merton Collège (1324-1340). This does not mean that either Bradwardine or Buckingham studied at the University of Paris. It was customary in the Middle Age for university authorities to invite famous masters visiting the city to take part in a solemn disputation. Buckingham probably incepted in theology at Oxford around 1341 ; he certainly had completed his necessary regency by March 1346, when be became Chancellor of Exeter. Considering the state of almost continual warfare between England and France at the time, it is not easy to assign a date to the disputation recorded by Thomas of Cracow. The most probable date would seem to be around 1346, when Bradwardine was with the King's army in France, and when Buckingham was certainly a Master in Sacred Theology ».
4. G. Leff, *Bradwardine and the Pelagians*, Cambridge, Cambridge University Press, 1957, p. 2.
5. *Ibid.*, p. 235.

> That Buckingham experienced a change of heart seems likely even though on the question of future contingents he still supports free will, and that he had suffered severe censure at some stage seems apparent from his more than usual hesitance in voicing his own views. Could the effect of Bradwardine's disputation with him, mentioned by Thomas of Cracow, and the denunciations of his views in *De causa Dei*, have had their effect upon him? We can only finally reply with fuller information, but it seems at least probable [1].

J.A. Robson :

> It is also possible that he (sc. Buckingham) visited Paris (where two copies of his *Sentences* survive). A collection of Parisian incepting exercises, belonging to Thomas of Cracow, who was a student at the university about 1350, cites him as an opponent of Bradwardine on the question of created will. Buckingham incorporated this proposition into his *Questions*. His visit, if it did occur, is likely to have taken place between 1344 and 1346, when he became Chancellor of Exeter. But Thomas of Cracow may simply have been recording an Oxford dispute; the reference does not in itself imply Buckingham's presence at Paris [2].

Si les auteurs cités avaient su que le Cracovien se rendit à trois reprises à Oxford et y étudia, la question aurait pu se présenter d'une façon encore plus compliquée. Mais les études du Cracovien à Oxford n'ont rien à voir avec la dispute de Thomas Bradwardine et de Thomas Buckingham.

Commençons par la date. Les partisans de la dispute la fixent différemment : Emden propose les années 1343-1345, Oberman 1345 et Robson 1344-1346. Derrière ces datations, on suppose deux choses : 1) que Thomas Buckingham a fait ses études et a enseigné à Paris dans les années indiquées ; et 2) que Thomas de Cracovie, à la même époque (ou quelques années plus tard), y a commencé ses études théologiques.

La première supposition est plus clairement exprimée dans un ouvrage du P. M.-D. Chenu où l'auteur déclare : « Thomas de Buckingham… enseigna avant Woodham à Oxford… et avant Grégoire de Rimini à Paris » [3]. J. A. Robson a remarqué la faiblesse de l'argumentation et le manque de documents ; prudemment il admet aussi bien Paris qu'Oxford comme lieu de la dispute. En fait, jusqu'ici rien ne prouve le séjour supposé de Thomas Buckingham à Paris et les raisons apportées, en 1958, par H.A. Oberman et J.A. Weisheipl, l'excluent définitivement [4].

La deuxième supposition nous oblige à rappeler brièvement la vie du Cracovien.

1. *Ibid.*, p. 261.
2. J.A. Robson, *Wycklif and the Oxford Schools*, Cambridge, University Press, 1961, p. 42-43.
3. M.-D. Chenu, « Les "*Quaestiones*" de Thomas de Buckingham », dans *Studia mediaevalia in honorem R.J. Martin*, Bruges, 1948, p. 129.
4. *Cf.* p. 34-35.

3. Thomas de Cracovie est né aux environs de 1360 [1]. Il est aisé d'admettre par la suite qu'au début des années soixante-dix il commença l'étude de la grammaire. C'était une préparation indispensable aux études plus poussées. Il dut prendre ses premières leçons à l'école de Notre-Dame de Cracovie.

À cette époque il n'a pas pu s'inscrire à l'Université de Cracovie, car celle-ci cessa de fonctionner justement dans les années soixante-dix, peu après la mort subite de son fondateur [2]. Les jeunes désireux de s'instruire furent de nouveau attirés par Prague toute proche, dont l'empereur Charles IV de Luxembourg et l'archevêque Ernest (Arnost) de Pardubice firent un grand centre intellectuel et culturel. Thomas n'a fait que suivre l'exemple de tant d'autres jeunes Cracoviens. Il avoue, dans une lettre adressée, en 1415 environ, au roi de Pologne, qu'il avait le désir d'acquérir à Prague des connaissances dans le domaine des arts libéraux, mais il n'obtint là-bas que le grade de bachelier. Charles IV était encore vivant. Il obtint donc ce grade avant l'automne 1378 [3].

Dans la même lettre, il dit aussi avoir visité Oxford à trois reprises [4], probablement à l'époque située entre la date de son baccalauréat et celle de son établissement à Paris, c'est-à-dire dans les années 1378-1385 environ. Les raisons de ses trois voyages outre-Manche ainsi que le fait de n'y avoir pas terminé ses études demeurent énigmatiques. On ignore également vers où il se dirigea en quittant Oxford. Là-bas tout comme à Prague, il ne reste aucune trace de son séjour [5].

1. Pour plus de détails voir Z. Kaluza, *Thomas de Cracovie, passim*.

2. Je ne cite ici que deux ouvrages : J. Dąbrowski, « Czasy Kazimierza Wielkiego », dans K. Lepszy (ed.) *Dzieje Uniwersytetu Jagiellońskiego w latach 1364-1764*, Kraków, Uniwersytet Jagielloński, 1964. p. 15-36, et A. Vetulani, *Początki najstarszych wszechnic środkowo europejskich*, Wrocław, Ossolineum, 1970, p. 194. Vetulani y analyse les aspects juridiques de la fondation des quatre plus anciennes universités de l'Europe Centrale (Prague, Cracovie, Vienne et Pécs-Quinque Ecclesiae), et les causes de la décadence des trois dernières.

3. « Namque, manswetissime rex, in Cracouia teneris ab annis in elementis grammatice oblectatus, tandem liberalium arcium postulans dulcorem ad vniuersitatem Pragensem me recepi, ibidem tempore cesaris Karoli bone memorie in scolastico commilitans luctamine gradum baccalaureatus in artibus adeptus fueram » ; *Codex epistolaris Vitoldi Magni Ducis Lithuaniae 1376-1430*, collectus opera A. Prochaska, Cracoviae, 1882, p. 1056 (Monumenta Medii Aevi historica res gestas Poloniae illustrantia, t. V) ; Z. Kaluza, *Thomas de Cracovie*, p. 119, 38-43.

4. « Sed quia, ut inquit metrista : *est puer in patria quasi bos nutritus in aula*, moris est militum pro eorum nominis propaganda gloria eoas occiduasque gwerrare per oras, sese campis Meworciis inferre, palustris densas compluere armaturas, hostilia in hostem wybrare, ense iugula falcitare, vrbes tubarum clangore territare antequam vmbrellam mortalis illius glorie attingant, in qua *resonat ymago glorie, que si bonis viris comes fuerat, non est ab eis repudianda* (Cic., *Tusc.*, III 2,3). Sic et ego, manswetissime regum, vir humilis, cupiens scolastico militare gymnasio, de Praga ad studium Vxoniense Angliam me recepi, ibidem ad acuendum in scolasticis elementis ingenium tribus verni temporibus velificaui in Angliam, tandem Parisianam perveni ad vrbem, in qua liberalium arcium magisterio obtento, ad doctoratum theologice dignitatis Deo duce conuolaui, in qua sum regens anno decimo, XXX annis iuxta illum vivum musarum fontem commoratus… » ; *Codex epistolaris Vitoldi*, p. 1057 ; Z. Kaluza, *Thomas de Cracovie*, p. 119, 43-56.

5. Le nom de Thomas de Cracovie ne figure sur aucune liste des étudiants de l'Université de Prague et de celle d'Oxford.

D'après le calcul de M^gr^ André Combes, Thomas commença les études théologiques au plus tard en 1388[1]. Il dut par conséquent arriver à Paris plusieurs années auparavant afin d'y obtenir, à la Faculté des arts, le grade du maître et pouvoir ensuite s'inscrire à la Faculté de théologie. Compte tenu de ces faits on peut admettre que Thomas arriva à Paris vers 1385.

Thomas n'a pas obtenu la licence en théologie en 1401 comme il aurait dû. Le 27 août 1403, avec un retard de deux ans, il demanda à la nation anglaise d'intervenir en sa faveur auprès du chancelier de l'Université, Jean Gerson, pour que le grade de licencié lui soit attribué. L'intervention fut efficace et cette même année Thomas obtint la licence[2]. La dernière information sur le Cracovien date de 1416[3].

L'opinion selon laquelle Thomas de Cracovie était possesseur des huit manuscrits Paris, BnF, lat. 15561, 15888, 16408, 16409, 16533, 16534, 16535 et 16621 n'est pas fondée. Seul lui a appartenu le lat. 16409, copié dans le dernier quart du XIV^e^ siècle[4].

Le contenu de ce manuscrit se compose de trois parties. La médiane (f° 27-186) est constituée de textes copiés du manuscrit lat. 16408. Par contre, on ignore sur quel modèle ont été copiés les textes de la première partie, écrits à l'occasion de la licence (f° l-26v). Cette partie du manuscrit est séparée de la suivante par deux feuillets blancs. Enfin la dernière partie (f° 186-247) comprend un « traité anonyme de la prédestination »[5]. Rien ne le distingue des textes précédents, ni introduction, ni même simple intervalle.

Voilà les incipits des trois questions formant la première partie du manuscrit :

> 1. De vesperiis aliqua collecta.
> Prima questio : Utrum absque divina gracia vere quid nominetur. 2ª questio : Utrum absque divina gracia vel Dei iuste quis dominetur (f° l-22v).
> 2. Questio disputata in aula propria. Infra scripta valent ad resumptam. Utrum absque divina gracia iuste quis operetur. Respondit de hac questione magister Stephanus de Clavomonte cuius prima conclusio fuit talis… (f° 22v-23v).
> 3. Infra scripta valent pro resumpta.

1. *Cf.* A. Combes, « Présentation de Jean de Ripa », AHDLMA, 23 (1956), p. 175.
2. CUP, IV 1803 ; Auctarium CUP. I, col. 837, 868, 877.
3. CUP, IV, p. 321.
4. *Cf.* thèse non publiée de G. Ouy, « Jean de Mirecourt O. Cist. commentateur des Sentences. Étude suivie de l'édition du Livre I de son commentaire », *École Nationale des Chartes. Positions des thèses soutenues par les élèves de la promotion de 1946…*, Paris, 1946, p. 117-122 ; A. Combes, « Présentation de Jean de Ripa », p. 172 note 1, p. 175-176 ; P. Glorieux, « Jean de Falisca », p. 39. Dans le manuscrit BnF, lat. 16409, au f° 247v, on lit : « Iste liber est pauperum scholarium de parva Sorbona ex ordinacione bone memorie magistri Thome de Cracovia quondam socii dicti collegii et doctoris in theologia ».
5. B. Hauréau, « Notice sur le numéro 16409 des manuscrits latins de la Bibliothèque nationale », dans *Notices et extraits des manuscrits de la Bibliothèque nationale et autres Bibliothèques*, t. XXXIV, 2, Paris, 1895, p. 358-361. P. Glorieux, « Jean de Falisca », p. 28. En réalité, il ne s'agit que de la troisième partie d'un traité anonyme. Kaluza, *Thomas de Cracovie*, p. 64-84.

Ponit Bokinkan talem conclusionem contra actorem *De causa Dei:* voluntas creata potest libere libertate contradictionis producere actum suum Dei preordinacione et presciencia non obstante, ut ( ? ) quod non dicit preventione aut predeterminacione. Contra hanc conclusionem sunt raciones Bredwardine multe, quarum prima sit hec… (f° 23v-26v)[1].

Aucune de ces trois questions ne peut être attribuée à Thomas de Cracovie. De plus, nous pouvons constater que, né vers 1360, arrivé à Paris vers 1385, Thomas de Cracovie ne peut aucunement témoigner de la dispute, fût-elle à Oxford ou à Paris.

Nous retournons donc à la question principale : la dispute de deux Anglais a-t-elle eu lieu, ou non ?

4. En nous parlant de cette discussion, les historiens ont cité un ou deux articles de K. Michalski. Il s'agit d'abord d'un des plus anciens travaux de cet érudit, écrit en 1910 et publié seulement en 1921 sous le titre *Les courants philosophiques à Oxford et à Paris pendant le XIVe siècle.* Le deuxième article est *Le problème de la volonté à Oxford et à Paris au XIVe siècle*, publié en 1937. Voilà ce que Michalski nous dit sur le texte dans lequel d'aucuns veulent voir la mention de la dispute : « Et pourtant Buckingham fut connu à Paris par son opposition au déterminisme théologique, ainsi qu'en témoigne une "disputatio in aula" tenue à Paris dont il est fait mention dans le manuscrit de Thomas de Pologne (*Fonds latin 16409*) et où les opinions de Buckingham sont opposées aux idées de Thomas Bradwardine »[2].

Cette pensée devient plus claire dans la publication de 1937 : « À Paris on considérait Thomas Buckingham comme l'adversaire de Thomas de Bradwardine ainsi qu'il résulte d'une dispute *in aula*, conservée dans le manuscrit parisien de Thomas de Cracovie »[3]. Dans la note 5 il ajoute l'incipit du texte et le numéro erroné du manuscrit : 15409(1). Mais citons encore une fois Michalski : « À Paris, Thomas Buckingham était tenu pour un adversaire de Thomas de Bradwardine, comme il appert par la *disputa in aula* conservée dans le manuscrit de Thomas de Cracovie »[4].

La note jointe à ce texte est identique à la note précédente avec, comme seule différence, la cote exacte du manuscrit. Il n'y a aucun doute qu'il s'agisse du manuscrit de Thomas de Cracovie. Et si A.B. Emden, G. Leff, H.A. Oberman et J.A. Weisheipl mentionnent le lat. 15409 ils répètent la faute accidentelle d'attention ou d'impression[5].

1. Sur ce manuscrit, voir les articles cités dans la note précédente.

2. K. Michalski, « Les courants philosophiques », dans *La philosophie au XIVe siècle*, p. 13.

3. K. Michalski, « Le problème de la volonté » dans *La philosophie au XIVe siècle*, p. 298 et note 5.

4. *Ibid.*, p. 355 et note 2. Le numéro (1) suivant la cote du manuscrit de Thomas renvoie sans doute à la première des trois parties du codex distinguées plus haut.

5. G. Leff, *Bradwardine and the Pelagians*, p. 269 (« Other manuscripts consulted ») mentionne : « Bibliothèque Nationale, Paris : F.L. (…) 15409 ».

Michalski nous apprend enfin plusieurs choses : dans les trois phrases citées il constate qu'à Paris « on considérait Thomas Buckingham comme l'adversaire de Thomas Bradwardine » ; il est convaincu qu'une dispute aulique, « conservée dans le manuscrit de Thomas de Cracovie » en donne la preuve. Pour Michalski, il est bien clair que cette dispute n'est pas celle de Thomas Buckingham avec Thomas Bradwardine. Dans le texte dont parle Michalski, on oppose uniquement « les opinions de Thomas Buckingham aux idées de Thomas Bradwardine ».

Au contraire, Michalski ne dit rien ni de la date de la dispute, ni des personnages opposés, ni du séjour parisien de Thomas Buckingham. Il s'en tient de près au texte conservé par le Cracovien.

J'ai donné, plus haut, l'incipit de la question conservée dans le lat. 16409, aux f° 23v-26v. Sans recours au contexte, cet incipit donne peut-être l'impression d'une dispute de maîtres anglais : *Ponit Bokinkan talem conclusionem contra actorem De causa Dei*. Mais le texte porte comme en-tête : *Infra scripta valent pro resumpta*. C'est donc un acte scolaire.

Le texte même est composé de telle façon que la première impression pourrait se confirmer. Nous y trouvons deux parties : celle consacrée aux arguments de Thomas Bradwardine (f° 23v-26r), – rationnels et *ex auctoritate*, – et celle consacrée à la réponse de Thomas Buckingham (f° 26rv), où, à notre surprise, nous ne voyons guère d'arguments mais une quinzaine de conclusions.

La question ne peut être considérée comme la *reportatio* d'une dispute quelconque : on ne trouve nulle part d'expressions typiques d'une discussion. L'auteur du texte utilise sa bibliothèque : Thomas Bradwardine est donc toujours « auteur du *De causa Dei* », et Thomas Buckingham ne répond jamais, il traite le sujet : *Pro responsione ad raciones supradicti actoris De causa Dei et pro salvacione libertatis contingencie voluntatis create respectu suorum actuum Bokinkan multa tractat, unde secuntur conclusiones sue*[1].

Au f° 26v on voit quelques phrases significatives : *Hec sunt conclusiones huius doctoris, scilicet Bokinkam, contra Breduardin. Ulterius 14, ponit quod... Iste conclusiones et nonnulle alie necessarie sunt... De hiis alibi latius tangitur sed hec sufficiant pro presenti*. Il est évident que le texte n'est pas un compte rendu de la discussion universitaire, et que les passages cités n'ont pas été prononcés par Thomas Bradwardine ou par Thomas Buckingham. La question n'est qu'une compilation assez tardive de textes écrits auparavant.

En effet, les conclusions énumérées dans la question ne sont pas inconnues : elles appartiennent toutes à la première des *Quaestiones disputatae* de Thomas Buckingham[2]. Dans le manuscrit *Oxford New College 134* la même liste de

1. Ms. BnF, lat. 16409, f° 26.

2. M.-D. Chenu, « Les "*Quaestiones*" de Thomas de Buckingham », p. 233-234, publie toutes les conclusions de la *Quaestio de contingentia futurorum*. Quelques-unes d'entre elles sont citées par H.A. Oberman, *Archbishop Thomas Bradwardine*, p. 291. N.B. Depuis la publication de cet article en 1976, les historiens de la philosophie médiévale disposent de deux éditions de la *Quaestio*, accompagnées

conclusions précède le texte de la question [1]. Au contraire, on chercherait en vain une liste analogue des « raisons de Thomas Bradwardine » dans son *De causa Dei*: attribuées dans notre texte à ce théologien, elles se trouvent toutes dans la même question de Thomas Buckingham. L'auteur de cette compilation est probablement Étienne de Chaumont (de Calvomonte), proposé depuis longtemps par B. Hauréau et P. Glorieux [2]. Ce texte témoigne qu'« à Paris on considérait Thomas de Buckingham comme adversaire de Thomas Bradwardine » [3].

5. *Comparaisons des textes.* Paris, BnF, ms. lat. 16409, f° 23v: Ponit Bokinkam talem conclusionem contra actorem *De causa Dei*: voluntas creata potest libere libertate contradictionis producere actum suum Dei preordinacione et presciencia non obstante [= Thomas Buckingham, *Quaestio de contingentia futurorum*, concl. 9].

d'une étude doctrinale, la première est de B.R. De la Torre, *Thomas Buckingham and the Contingency of Futures. The Possibility of Human Freedom. À Study and Edition of Thomas Buckingham « De contingentia futurorum et arbitrii libertate ». Question 1 of Ostensio meriti liberae actionis*, Notre Dame, University of Notre Dame Press, 1987; J.-F. Genest est l'auteur de la seconde *Prédétermination et liberté créée à Oxford au* XIVe *siècle. Buckingham contre Bradwardine avec le texte de la Determinatio de contingentia futurorum de Thomas Buckingham*, Paris, Vrin, 1992.

1. Ms. Oxford, New College 134, f° 324rb-32va.

2. B. Hauréau, « Notice sur le numéro 16409 », p. 324; P. Glorieux, « Jean de Falisca », p. 28. Mgr Glorieux dans le même article, parle à plusieurs reprises de la date de ces trois actes de Chaumont et chaque fois il propose une autre solution. Voir aussi p. 35-36: « Il se trouve être en 1362 simple maître ès-arts encore et en septembre 1368 seulement bachelier en théologie »; p. 35: « Étienne de Chaumont, dont les vespéries se tinrent en 1368 »; p. 38: « Les actes d'Étienne de Chaumont se situent vers 1370 (entre 1368 et 1373) »; p. 39 et 102. Étienne de Chaumont est plusieurs fois mentionné dans le t. 3 du CUP., mais en ce qui concerne ses études et sa carrière universitaire, on n'y trouve que deux documents (n° 1345 et p. 225). Dans le premier, il est cité comme bachelier en théologie simplement, dans le deuxième (pour l'année 1375) il est déjà docteur. L'éditeur, *ibid.*, n° 1429, note 6, ajoute que Chaumont a obtenu sa licence avant 1373. P. Glorieux accepte la même date dans ses travaux « L'année universitaire 1392-1393 à la Sorbonne à travers les notes d'un étudiant », *Revue des Sciences religieuses*, 19 (1939), p. 468-469, et *Aux origines de la Sorbonne*, t. I: *Robert de Sorbon. L'homme – le collège*, Paris, Vrin, 1966, p. 184-185.

3. L'expression « Bokinkam contra Braduardin » me paraît assez fréquente dans la deuxième moitié du XIVe siècle à Paris. *Cf.* par exemple P. Glorieux, *Jean de Falisca*, p. 69: « Bokinkam contra Bradvardin in principio positionis et in scripto idem doctor de his tangit... ». Manuscrit Paris, BnF, lat. 15888, f° 157v: « Ponitur primo questio de contingencia et necessitate, Bokinkam contra Breduardin in 4[or] foliis ».

| **Étienne de Chaumont (ms. BnF, lat. 16409, f° 23v) :** | **Thomas Buckingham, *Q. de cont. futurorum* (ms. New College 134, f° 333ra)** [1] |
|---|---|
| Contra hanc conclusionem sunt rationes Breduardini multe, quarum prima sit hec. | Contra hanc conclusionem $9^{am}$ multi multipliciter (f° 333rb) arguunt et resistunt. Primo sic, et est eorum fortissimum argumentum et arguunt sub hac forma : |
| Omnis effectus futurus dependet seu pocius dependebit a voluntate divina naturaliter ymo eternaliter precedente que est inimpedibilis infrustrabilis, videlicet qua posita non stat effectum huius (modi) non evenire… | Omnis productio futuri et omnis effectus futurus dependet a voluntate divina naturaliter immo eternaliter precedente que est causa efficacissima non impedibilis non frustrabilis, qua posita non stat effectum non euenire… (éd. Genest, p. 224) ; |
| Item, ponatur quod Deus nolet me anno isto producere *a* actum… | Et adhuc potest argumentum sic confirmari. Ponatur quod Deus volet me isto anno producere *a* actum voluntatis… (éd. Genest, p. 224-225) ; |
| (f° 24r). Item 3°, si conclusio foret vera sequitur quod si Deus velit quantumcumque, potest ut Plato pro certa mensura producat *a* actum liberum voluntatis… | (f° 333va). Secundo ad idem, ex ista conclusione sequitur euidenter quod et si Deus velit et agat quantum potest ut Petrus pro certa mensura producat *a* actum liberum voluntatis… |
| Item 4°, stante huius (modi) divina volucione ut supra, agat Plato quantum potest… | Tercio ad idem, si sit in potestate Petri facere *a* effectum quem Deus non uult eum facere, tune stante volucione divina ad non producendum *a*, et volucione ad producendum *a*, adhuc esset in libera potestate Petri producere *a*… |
| Item 5°, si conclusio foret vera, tune in libera potestate hominis esset ut non impleretur quod Deus predixit, promisit, iuramento vallavit, et sic Deum facere mendacem… | (f° 333vb). Quarto ad idem sic, si in hominis libera potestate esset producere et non producere quod Deus eternaliter statuit producendum, posset homo facere Deum falsum et periurum, quia in hominis potestate est quod non impleatur quod Deus promisit et fieri iuramento firmauit… (éd. Genest, p. 226) ; |
| Item 6°, ex conclusione sequitur quod in potestate Antichristi aut alterius hominis foret Christum esse mortuum aut passum… | Quinto ad idem, data conclusione ista, sequitur quod erit in potestate Antichristi et cuiuslibet viatoris facere Christum fuisse incarnatum et passum… |
| Item 7°, si actus voluntatis mee ita necessario sequeretur actum voluntatis Petri… | (f° 334ra). 7° ad idem, si voluntas mea ita necessario sequeretur actum creatum volutionnis Petri… (éd.Genest, p. 227) ; |

1. Le manuscrit cité ici (que j'ai étudié sur photocopie) est très peu lisible du côté de son dos. Pour donner le texte correctement transcrit, j'ai profité de l'aide de M. Jean-François Genest qui l'a étudié sur original et de son édition de la Question de Buckingham, citée *supra*, p. 29, note 2 de la page 28.

Item 8°, hec consequencia est formalis: Deus vult *a* fieri a voluntate creata...

Nono sic ad idem, hec consequencia est formalis et necessaria: Deus vult *a* fieri a voluntate creata...

Item 9°, omnis potencia in proporcione debita forcior potest debiliorem necessitare in qualibet sua actione...
(f° 24v). Item 10°, quod voluntas possit necessitari videtur supposito quod ante complementum numeri electorum non essent nisi unus vir et una mulier...

Decimo ad idem et arguo specialiter sic (?): Deus potest necessitare voluntatem creatam ad liberum actum suum...
(f° 334rb). Undecimo ad idem et arguit quod voluntas potest necessitari. Arguitur sic, ponatur quod essent vir unus et mulier unica...

Item 11° contra predictam conclusionem: cuiuslibet effectus futuri <causa> est Deus vel est causa effectiva, qua posita non stabit effectum illum non produci...

Duodecimo ad idem arguitur sic: cuiuslibet actus velle divinum est causa effectiva, qua posita non stat illum effectum non esse... (éd. Genest, p. 228)

Item 12°, consimilis habitudo ad actionem necessariam vel contingentem est volucionis divine et humane, et in nobis volucionis interioris et actionis exterioris...

Tercio decimo arguitur sic: consimilis habitudo in toto, quo ad (f° 334va) causacionem necessariam vel contingentem, est velle Dei ad actum in-trinsecum voluntatis create, qualis est actus interioris ad actum exteriorem...

Item 13° ad idem, dum aliqua res est, necesse est illam esse et Deum velle illam esse, et prius naturaliter necesse est Deum velle illam rem esse...

Quarto decimo ad idem sic: quando aliqua res est posita in esse necesse est illam fore et necesse est Deum velle illam rem fore, et tune est velle divinum respectu talis rei necessitas antecedens... (éd. Genest, p. 229)

Item 14°, si uelle Dei esset causa Deo agendi ad extra et illud non foret in potestate Dei, esset Deo necessitas antecedens...

(f° 334vb). Quinto decimo ad idem sic: si velle divinum esset causa actus extra et non esset in potestate Dei Deum non esse sic volens, vel Deum hoc velle, tune illud velle et volucio esset Deo necessitas antecedens...

Item ulterius 15, arguitur quod omnia de necessitate eueniant quia Christus cognicione creata nouit et prenouit omnia que fienda sunt...

Sexto decimo arguitur sic: nulla creatura habet in suis actibus libertatem contradiccionis et arguitur per naturam reuelacionis quod necesse est omnia euenire sic. Christus omnia, ad minus bona, uoluit et credidit fore et esse futura et hoc volucione creata... (éd. Genest, p. 230)

| | |
|---|---|
| Item 16°, Anselmus, *Cur Deus homo*, capitulo 12°… | … Et potest istud argumentum confirmari per venerabilem Anselmum, 2° *Cur Deus [Deus] homo*, c. 16 et 17… |
| Item 17°, nisi concedatur respectu talium necessitas antecedens, tunc oporteret concedere, ut dicit iste actor, ista inconvenientia, scilicet quod possibile est totam ecclesiam cadere, nauiculam Petri pati naufragium… | (fº 335ra) Item arguit dominus reuerendus ad oppositum huius conclusionis probandum et dicit quod nisi necessitas antecedens admittatur, oportet concedere esse possibile totam sanctam Dei ecclesiam ruere, cadere, deficere et perire, totam Petri nauiculam pati naufragium… |
| (fº 25rv : auctoritates). | (fº 335ra-336rb : auctoritates). |
| (fº 25v). Contra libertatem contradictions voluntatis create potest argui aliter quam supra, ratione tali. Deus uel voluntas divina (fº 26r) per suum velle potest esse uoluntatis create ad producendum suum actum nécessitas antecedens. Igitur sic est de facto. Assumptum patet… | |
| Pro responione ad rationes supradicti actoris De causa Dei et pro saluacione libertatis contingencie voluntatis create respectu suorum actuum, Bokinkam multa tractat, unde secuntur conclusiones sue. | |
| Prima conclusio est : Nulla res… | conclusio 1. |
| 2ª, Non omnis causa… | conclusio 2. |
| 3ª, Voluntas divina… | conclusio 3. |
| 4ª, Non in cuius (cumque) potestate… | conclusio 4. |
| 5ª, In libera potestate… | conclusio 5. |
| 6ª, Cuiuslibet effectus… | conclusio 6. |
| 7ª, Divina sciencia et volucio… | conclusio 7. |
| 8ª, Nisi esset Dei prevencio… | conclusio 8. |
| 9ª, Si Dei voluntas… | |
| 10ª, De re posita in esse… | conclusio 10. |
| | conclusio 11. |
| 12ª, Quando res est presens… | conclusio 12. |
| 13ª, Futura contingentia quamdiu sunt futura… | conclusio 13. |
| (fº 26v). Hec sunt conclusiones huius doctoris, scilicet Bokinkam contra Breduardin. Ulterius 14°, ponit quod catholice potest dici… | conclusio 14. |
| 15ª, quod licet Christus secundum humanam naturam… | conclusio 15. |
| Iste conclusiones et nonnulle alie necessarie sunt… De aliis alibi latius tangitur, sed hec sufficiant pro presenti et cetera. | |

Étienne de Chaumont donne, comme sujet de sa question, la conclusion 9 de la *Quaestio de contingentia futurorum* de Thomas Buckingham et, par la suite, il omet le numéro 11. En somme, Chaumont reprend toutes les quinze conclusions de la *Quaestio* de Thomas Buckingham et presque tous les arguments que ce dernier oppose à sa conclusion neuvième.

La longue comparaison des deux textes était nécessaire pour montrer que le compilateur parisien n'a point cherché des arguments de Thomas Bradwardine dans le *De causa Dei*, et que, pour écrire sa question, il ne s'est servi que d'un seul modèle. Mais l'attribution à Thomas Bradwardine des arguments « ad oppositum », cités par Thomas Buckingham, signifie un peu plus que ne supposait Michalski. De fait, le compilateur dit clairement ce que Thomas Buckingham avait caché : les arguments en question sont tirés du texte de Thomas Bradwardine. Cette netteté du compilateur, voire la conscience d'une opposition entre les deux Anglais et la connaissance des sources du *De contingentia futurorum* de Thomas Buckingham trompa quelques historiens.

H.A. Oberman nous a montré que les conclusions du *De contingentia futurorum* ont été formulées contre Thomas Bradwardine [1]. Cela est bien vrai, mais en ce qui concerne la neuvième conclusion, objet de la présente note, on s'aperçoit que les liens secrets entre le texte de Thomas Bradwardine et celui de Thomas Buckingham, sont beaucoup plus étroits. Dans ses objections Thomas Buckingham répète (ou abrège) le raisonnement de Thomas Bradwardine, des exemples et des définitions. Il est facile de le montrer.

| ***De causa Dei*, III, 1, 637E :** | ***De cont. futur.*, concl. 9, ad oppos. 4 (f° 333vb) :** |
|---|---|
| Item aliter *posset homo facere Deum falsum et periurum.* Ponatur enim *quod Deus praedicat* et *per semetipsum iurando affirmet, quod* iste *libere faciat* quantum potest, tunc si iste non necessitetur per Deum ad hoc vel illud libere faciendum, potest dimittere libere hoc et illud. | Quarto ad idem sic. Si in hominis libera potestate esset producere et non producere quod Deus eternaliter statuit producendum, *posset homo facere Deum falsum et periurum,* quia in hominis potestate est quod non impleatur quod Deus promisit et fieri iuramento firmauit, posito *quod Deus predicat, per se ipsum iurando affirmet quod* Petrus *libere faciet a.* Si, isto non obstante, sit in libera potestate Petri producere *a*, contra esset non facere *a*. Ergo in potestate Petri est quod non impleatur quod Deus promisit et iurauit impleri (éd. Genest, p. 226) ; |
| III, 8, 671C :<br>Sequitur etiam *quod* sit vel *erit in potestate Antichristi et cuiuslibet viatoris facere Christum fuisse incarnatum et passum ex alla causa finali quam fuit, pro* illo scilicet *redimendo quem non intendebat redimere,* | Ad oppos. 5 (f° 335vb) :<br>Quinto ad idem, data conclusio ne ista sequitur *quod erit in potestate Antichristi et cuiuslibet viatoris facere Christum fuisse incarnatum et passum et alia causa finali quam fuit*, quia *pro* homine *redimendo quem* |

1. H.A. Oberman, *Archbishop Thomas Bradwardine*, p. 190-194.

| | |
|---|---|
| *et non pro illo redimendo quem redimere intendebat, quod non videtur conueniens fidei Christianae.* | *non intendebat redimere, et non pro illo redimendo quem redimere intendebat, quod non videtur conveniens fidei chri-stiane.* (éd. Genest, p. 226); |
| III, 2, 646E:<br>Vnde et potest elici talis deffinicio necessitatis naturaliter praecedentis, *quod* ipsa *est causa actiua, qua posita cum omnibus suis dispositionibus* sufficientibus *naturaliter praeuijs quibus causât suum causatum, necessario et indeffectibiliter sequitur illud causari.* | *Ibid.* (f° 334rb):<br>Patet per descripcionem necessitatis antecedentis quam ponunt et dicunt *quod* nécessitas antecedens *est causa activa, qua posita cum omnibus suis disposicionibus naturaliter preuiis quibus causât suum causatum, necessario et indeffectibiliter sequitur illud causari.* Et hoc ponitur a duobus doctoribus esse diffinicio necessitatis naturaliter precedentis...[1] (éd. Genest, p. 228); |
| III, 27 (708D-709):<br>Amplius tamen *nisi* talis *necessitas* supponatur, *possibile* est *totam sanctam Dei Ecclesiam ruere, cadere, deficere et perire, totam Petri nauiculam pati naufragium et submergi, totam fidem Christi ante consummationem saeculi,* etiam cras et hodie *defficere et cessare; quinimmo et quoad omnes eius articulos de futuro esse et semper fuisse erroneam, falsam, fautam, et fallacem, et Christum fuisse Pseudo-Prophetam, seductorem...* | ad oppos. 16 (f° 335ra):<br>Iterum arguit dominus reuerendus ad oppositum huius conclusionis probandum (...) quod *nisi necessitas* antecedens admittatur, opportet concedere esse *possibile totam sanctam Dei ecclesiam ruere, cadere, deficere et perire, totam Petri nauiculam pati naufragium et demergi, totam fidem Christi ante consummacionem seculi deficere et cessare, quinimmo et quoad omnes eius articulos de futuro esse et semper fuisse erroneam, falsam, fautam et fallacem, et Christum fuisse pseudo prophetam, seductorem...* (éd. Genest, p. 230). |

Nous voici à la fin de notre parcours. Après avoir démontré une totale dépendance de la question d'Étienne de Chaumont par rapport au *De contingentia futurorum* de Thomas Buckingham, et après avoir observé l'usage qu'a fait Thomas Buckingham du *De causa Dei* de Thomas Bradwardine, nous sommes à même d'affirmer ceci. Conservée dans le manuscrit de Thomas de Cracovie, la compilation d'Étienne de Chaumont ne témoigne pas en faveur d'une quelconque discussion parisienne entre Thomas Bradwardine et Thomas Buckingham.

1. Thomas Bradwardine est évidemment l'un de ces deux docteurs; je ne connais pas le second. J.-F. Genest, *Prédétermination et liberté créée*, p. 296 note 162 et p. 90 note 446, l'ignore ausi. Pour les «Références de Buckingham au *De Causa Dei*», voir *Ibid.*, p. 306.

En revanche, elle prouve que son auteur avait une bonne connaissance du *De contingentia futurorum* de Thomas Buckingham et de ses rapports avec le *De causa Dei* de Thomas Bradwardine. S'agissant de la prétendue discussion parisienne entre les deux théologiens anglais, qu'il nous soit permis de rappeler une alternative formulée par Heiko A. Oberman : « At any rate it has now been proved that Buckingham either took over the words Bradwardine used in a disputation with him, or had *De Causa Dei* in front of him when writing his *Questiones* »[1]. Il n'y a aujourd'hui aucun doute que seule la seconde hypothèse est vraie.

1. H.A. Oberman, *Archbishop Thomas Bradwardine*, p. 194.

## LE PROBLÈME DU *DEUM NON ESSE* CHEZ ÉTIENNE DE CHAUMONT, NICOLAS ASTON ET THOMAS BRADWARDIN

1. Aussi nombreux qu'ils soient, les travaux voulant montrer le développement du problème de la preuve de l'existence de Dieu se taisent d'une façon générale sur ce qui s'est passé dans les décennies qui ont suivi la critique ockhamiste. L'on sait que dans cette période, appelée si volontiers celle du fidéisme, et plus précisément dans les années qui suivent l'enseignement d'Ockham, les uns approfondissent et cisèlent la critique de ce dernier, les autres cherchent un recours dans l'*illustratio specialis*. Si cette image de l'époque peut passer pour vraie, elle l'est en partie seulement - la pensée de ces « sceptiques » et « probabilistes » n'a jamais cessé de chercher une nouvelle preuve, quitte à satisfaire les exigences les plus critiques.

Un texte inconnu d'Étienne de Chaumont, écrit à Paris vers 1370-1372, montre l'importance même du problème de la preuve de Dieu et la variété des solutions apportées par l'école d'Oxford et celle de Paris [1]. Chaumont énumère et critique une douzaine des solutions dont aucune ne préserve, du moins au premier regard, une formulation traditionnelle de la preuve anselmienne, thomiste ou scotiste.

1. Étienne de Chaumont (Stephanus de Calvomonte) est mort le 27 février 1399. Le ms. Paris, B.n. F., lat. 16409 conserve l'abrégé de ses actes de doctorat: deux questions discutées *in vesperiis* « Utrum absque divina gratia vere quid nominetur » et « Utrum absque divina gratia vel Dei iuste quis dominetur », f° lr-22v; une question discutée *in aula* « Utrum absque divina gratia iuste quis operetur », f° 22v-23v; et l'abrégé de la *resumpta*: « Ponit Buckingham talem conclusionem… », f° 23v-26v. La première, qui nous intéresse ici, date de l'année de doctorat de François de Pérouse. La resompte est analysée dans ma notice sur *La prétendue discussion parisienne de Thomas Bradwardine avec Thomas Buckingham. supra*, p. 21-35. En ce qui concerne notre texte, il faut remarquer que les conclusions 1re, 2e et 6e, sont adressées contre Thomas Bradwardine (comme tout le *Ponit Buckingham*), la 5e contre Hugolin d'Orvieto, la 8e contre Jean de Ripa, la 10e contre un docteur inconnu parisien, et enfin la 3e contre deux docteurs anglais, que j'identifie à Nicolas Aston et à l'Augustin Anonyme d'Oxford. L'abrégé ne donne que les conclusions pourvues d'un seul argument chacune.

L'une d'elles, celle de Jean de Ripa, vient d'être analysée de près par M. Paul Vignaux [1]. Si par la suite nous ne nous occupons pas de toutes les thèses combattues par Chaumont, c'est pour mieux comprendre les premières et pour évaluer leur importance.

2. Étienne de Chaumont s'attaque d'abord à l'opinion de Thomas Bradwardine. Nous savons que ce dernier s'occupait beaucoup, dans la première partie de son *De causa Dei*, du problème de l'existence et de la nature de Dieu [2]. Son œuvre commence même par nous rappeler, au dire de quelques historiens, le schéma du Proslogion, et quelques expressions du même chapitre premier seront l'occasion de discussions concernant la valeur de la proposition négative « Dieu n'est pas » et de son complexe signifiable « Deum non esse ». Nous y reviendrons; pour l'instant, remarquons tout d'abord que Chaumont ne s'en prend pas à une preuve quelconque; il critique et rejette une proposition qui n'a jamais suffisamment attiré l'attention des historiens: « principium complexorum primum simpliciter est de Deo, ut puta "Deus est" » [3].

Mis sur le plan ontologique (*principium essendi, quoad naturam*) ce principe se place, selon Thomas Bradwardine, comme premier et fondamental, à égalité avec le principe de contradiction chez Aristote, auquel Thomas Bradwardine donne un sens uniquement épistémologique *(principium cognoscendi, quoad nos)* [4]. Ainsi, source de leur existence, le Deum esse précède, dans l'ordre ontologique, toutes les choses et toutes les vérités. « Le Premier dans le genre de complexes vrais, comme dans tout autre genre, est la cause par laquelle tout ce qui vient après elle est vrai. Il est donc la cause de ce qui est réellement ainsi (*sic essendi realiter*) comme le signifie tout vrai suivant, quel qu'il soit ». En s'appuyant ici sur l'autorité d'Aristote (Catég. 4b 9-10), Thomas Bradwardine continue: « Aucun vrai qui vient à la suite du Premier n'est la raison (*causa*) de la vérité du Premier. Ainsi donc, l'être réel signifié par le Premier vrai était la cause d'un être réel signifié

1. P. Vignaux, « La preuve ontologique chez Jean de Ripa (I Sent. dist. II, qu. I) », dans *Die Wirkungsgeschichte Anselms von Canterbury*, Akten der ersten Internationalen Anselm-Tagung, Bad Wimpfen – 13. September bis 16. September 1970, Frankfurt am Main, 1975 (Analecta Anselmiana, t. 4/2) p. 173-194.

2. *Cf.* G. Leff, *Bradwardine and the Pelagians*, p. 23-27 et H.A. Oberman, *Archbishop Thomas Bradwardine*, p. 49-56.

3. Thomae Bradwardini *De causa Dei contra Pelagium*. Opera et studio Henrici Savilii, Londini, 1618, liber I, cap. 11, p. 198A et p. 198D (par la suite j'indique les trois éléments sans les nommer, p. ex.: I, 11, 198A).

4. *Ibid.*, 198C: « De primo autem vero complexo est dubitatior difficultas. Dicit enim Philosophus, 4 *Metaph.* 9 (1005b 24-26), quod hoc est primum principium complexorum: Idem simul inesse et non inesse eidem et secundum idem est impossibile. Sed ne tanto Philosopho tantillus videar obgarrire, sciendum quod duplex est principium, cognoscendi scilicet et essendi, vel quoad nos et quoad naturam. Ipse autem loquitur ibi de primo principio cognoscendi et apud nos tantum, per quod generaliter in omnibus scientiis regulamur, sicut processus textus et commentum satis ostendit. Principium autem complexorum primum simpliciter est de Deo, ut puta Deus est, vel Deus scit omnia, vel Deus vult omnia, vel aliud quicquam tale ».

par un quelconque vrai suivant. Or, la raison par laquelle il en est réellement ainsi, comme le signifie toute proposition vraie qui ne parle pas de Dieu, se trouve en Dieu et aucun autre être n'est la cause de l'être de Dieu »[1]. Le sens du premier complexe fondant le réalisme de la connaissance humaine semble évident.

Étienne de Chaumont avait, me semble-t-il, deux raisons pour critiquer le premier principe ontologique de Thomas Bradwardine. D'abord une raison de circonstance : le principe venait d'être accepté par plusieurs théologiens parisiens ; à titre d'exemple citons le nom de Hugolin d'Orvieto et celui de Jean de Ripa[2]. Ensuite, parce qu'il paraissait vulnérable et susceptible d'une critique logique. Chaumont lui oppose ses deux premières conclusions :

> 1re : « Deum esse » non est primum principium omnium verorum complexorum ea praecedens naturaliter ;
> 2e : « Deum non esse » non est primum falsum, nec ista propositio « Deus non est », sed potius ista : « Deus est et Deus non est »[3].

1. *Ibid.*, 198D : « Primum enim in genere verorum complexorum, sicut est in quolibet alio genere, est causa quare omnia posteriora sunt vera. Ergo est causa sic essendi realiter, sicut significat quodlibet verum sequens. Nam secundum Philosophum in *Praedicamentis* : "in eo quod res est vel non est, ratio vera vel falsa dicitur", et nullum verum posterius est causa quare primum sit verum. Sic ergo esse realiter, sicut significat primum verum, erat causa sic essendi realiter, sicut significat quodlibet verum sequens, et nullum verum sequens erit causa sic essendi realiter, sicut significat primum verum. Causa autem quare ita est realiter sicut significat quodcunque verum non dictum de Deo est in Deo, nec aliquod aliorum est Deo causa essendi, sicut ex praehabitis... patet ». La même distinction entre le premier principe selon Aristote et le principe ontique, lequel est le premier principe complexe « *Deum esse* », se rencontre également chez Jean de Ripa. *Cf.* P. Vignaux, « La preuve ontologique chez Jean de Ripa », p. 177-178.

2. Comme chez Bradwardine, chez Hugolin d'Orvieto « Deus » est le premier principe incomplexe et « Deum esse » le premier principe complexe. Cependant, Hugolin distingue entre le premier et faux principe (*deum esse*) en philosophie et le premier vrai principe (*Deum esse*) en théologie. Hugolini de Urbe Veteri OESA, *Commentarius in quattuor libros Sententiarum*. T. I, ed. W. Eckermann, Würzburg, Augustinus-Verlag, 1980 ; Prologue, a. 1, p. 51-67. Pour Jean de Ripa OFM *cf.* Vignaux, *op. cit.*, p. 176-178. Ce principe est lié au problème de la contradiction et de la vérité du « Deum non esse ». Étienne de Chaumont attaque la première partie de la démonstration du franciscain, celle où l'auteur prouve l'existence de l'Immense : « 8a propositio sit contra unum doctorem Parisiensis studii, scilicet magistrum Johannem de Ripa et est talis : non ex quolibet gradu essendi simpliciter citra primum evidenter concluditur immensitas primi gradus essendi. Patet, quia, vel hoc esset supponendo finitum processum in gradibus essendi, et hoc non, quia quamvis concluditur primitas alicuius gradus essendi, non tamen immensitas ; nec supponendo processum infinitum in gradibus essendi, quia ex tali processu numquam haberetur primitas alicuius gradus essendi immo nec immensitas, sicut ex processu infinito in partibus continui in parvitate numquam haberetur minima, ut notum est. Et ita, ut videtur, numquam ex processu infinito in gradibus essendi in magnitudine haberetur maximus » (ms. lat. 16409, f° lv-2r). *Cf.* Vignaux, « La preuve ontologique chez Jean de Ripa », p. 173-174, et *Id.*, *De saint Anselme à Luther*, Paris, Vrin, 1976, p. 343-352.

3. Ms. lat. 16409, f° lr : « Primus punctus fuit de Deum <esse> vel Dei esse possibili cognitione et fuit haec prima propositio : Deum esse non est primum principium <sive> primum omnium verorum complexorum ea praecedens naturaliter, cuius oppositum videtur astruere actor *De causa Dei*, ab XI° capitulo usque ad finem XIIdi primae partis *Summae* suae. (...) Sequitur inde quod Deum non esse non est primum... ». Le *primum falsum* ne se trouve point dans la *Summa de causa Dei*. Il est sûr que Chaumont reprend à son compte l'opinion de l'Agustin Anonyme : « Eodem modo arguitur quod

Chaumont ne discute guère les arguments de Thomas Bradwardine, mais pour savoir si la proposition « Deus est » est vraie, il lui oppose dans une alternative exclusive la proposition contradictoire, ce qui donne : « Deus est vel Deus non est ». La discussion n'est plus métaphysique mais logique. Et pour mieux se faire comprendre, pour mieux démontrer la vulnérabilité du principe de Thomas Bradwardine, Chaumont prend l'exemple de l'Antéchrist qui n'existe pas. Il y procède de la même façon : « L'Antéchrist existe ou l'Antéchrist n'existe pas ». La suite n'est qu'une opération sur la disjonctive[1].

En régle générale, poursuit-il en accord avec les *Catégories*, l'existence de la chose entraîne la vérité de la proposition et non inverse, comme le laisse entendre le texte de Thomas Bradwardine, ce qui veut dire qu'aucune discussion sur le premier principe ne nous démontrera l'existence de Dieu : « nec ex primo principio evidenter sequitur Deum esse, scilicet 'Deum esse' non est evidens evidentia primi principii »[2]. En tout cas, Chaumont n'accepte pas une telle preuve. Plus encore, il n'en acceptera aucune[3].

ista propositio "<Deus> non est", quae secundum eos est possibilis, significat praecise sicut possibile est esse, quod non videtur verum. Ad evidentiam istius opinionis dicitur quod nedum "Deus non est" sequitur impossibile, quia talis : "Deus non est" secundum <dominum> Cantuariensem, c. 12 primi libri *De causa Dei*, est primum impossibile complexorum et suum oppositum primum verum complexum. Et tunc ad argumentum. Haec : "Deus non est" est mere negativa, igitur ex ea nulla sequitur affirmativa et per consequens nulla contradictio » (ms. lat. 16535, f° 86r). Sur les manuscrits et les textes cités ici, voir mon ouvrage sur *Thomas de Cracovie*.

1. Ms. lat. 16409, f° 1r : « Probatur propositio unica ratione faciliter sic, nam optime sequitur "Deus est, ergo Deus <est> vel Deus non est" formali consequentia, et non econtra, <ut> notum est. Et patet in exemplo <de> non existente Antechristo, nam disiunctiva vera : "Antechristus est vel Antechristus non est", et prima pars falsa, et per consequens propositum per regulam vel definitionem Philosophi in *Postpraedicamentis*, <c.> de priori natura, quo dicto frequenter utitur iste doctor, scilicet actor *Summae de causa Dei* ». Dans la première partie du raisonnement Chaumont accepte la proposition CpApq (ou CqApq) ; la conclusion converse : NCApqp (ou NCA-pqq) est illégitime ; la notation est celle de J. Łukasiewicz. *Cf.* G. Ockham, *Summa logicae*, II, c. 33.

2. *Categ.*, chap. 12 (14b 10 - 23). Pour le texte de Chaumont *cf.* la note suivante.

3. Ms. lat. 16409, f° 2v : « 12$^{a}$ propositio, quod ex sola Dei gratia, seu gratuita vitali intensionali unione deitatis ad mentem nostram immediata per modum obiecti visibilis et de se sufficientis, tali menti lucentis, cum ceteris ex parte nostrae potentiae requisitis, poterit evidenter cognosci Deum esse. Pars negativa istius conclusivae, scilicet quod ex nulla alia via hoc possit, patet ex praecedentibus, quia nec ex primo principio sequitur Deum esse, scilicet Deum esse non est evidens evidentia primi principii, nec illative ex effectibus ad causas, quamvis enim per viam motoris et moventium, supposito finito processu in talibus, exclusa circulatione, concludatur primus motor immobilis, non tamen infinitus entitate et activitate, omnipotens etc. qualem intelligimus esse. Nec ex aliqua notitia acquisita per exercitium scientiarum speculativarum cum quantacumque elevatione a rebus sensibilibus et harum phantasmatibus naturaliter homini possibili, prout oppositum videtur dicere Eliphat. Nec ex quolibet gradu essendi simpliciter citra primum concluditur immensitas primi gradus. Nec quaelibet entitas immaterialis potest esse divinae essentiae species intelligibilis aut intuitiva notitia ex apparentia sui esse evidenter inferens "Deum esse", seu ostendens Deum esse, prout horum duorum opposita videtur magister Johannes de Ripa ponere. Nec ex aliqua specie vel notitia immediate a Deo causabili, <ut> sola ponit XI$^{a}$ propositio. Pars vero affirmativa huius exclusivae, scilicet XII$^{ae}$ propositionis, patet, nam ostensio intuitiva deitatis non minus est sufficiens generare evidens iudicium de Deum esse, vel quod Deus vel deitas est, quam sensatio exterioris sensibilis potentiae sensitivae sufficienter

Si le 'Deum esse' n'est pas le premier complexe vrai, le 'Deum non esse' n'est pas non plus le premier complexe faux. Et pour cause, dit Chaumont. Le premier faux s'oppose au premier vrai ; si donc, comme il vient de le montrer, la proposition 'Deus est' n'est pas le premier vrai, la proposition qui lui est contradictoire ne peut pas être le premier faux. Ensuite, parce qu'une première proposition fausse doit remplir une condition : elle doit supposer ou embrasser une proposition affirmative, comme par exemple celle-ci, évidemment fausse : 'Deus est et Deus non est'. En revanche, la proposition 'Deus non est' ne dit rien de positif et aucune proposition affirmative ne s'en suit, ou, autrement dit, à partir d'elle il n'y a aucune inférence. Donc, elle n'est pas le premier faux [1].

3. Cette façon de poser le problème de la proposition négative 'Deus non est' (ou du complexe 'Deum non esse') est, autant que je sache, unique, en ce que Chaumont oppose directement sa conclusion à un principe de Thomas Bradwardine et que son analyse logique de cette proposition n'interfère pas la preuve de l'existence de Dieu [2]. Autrement dit, Chaumont envisage cette proposition comme simple contradiction d'un des principes exprimés dans le *De causa Dei* et nullement comme point de départ d'une nouvelle preuve de l'existence de Dieu. Mais en le faisant, il sait qu'il s'oppose à l'essai ainsi tenté par ses contemporains et c'est pour cette raison que, après avoir critiqué Thomas Bradwardine, il donne la conclusion suivante :

> 3 [e] : Sequitur ulterius quod ista : 'Deus non est' contradictionem non implicat, nec explicat, nec infert manifestam, contra duos de alio studio [3].

Le R. P. Damasus Trapp a indiqué, il y a quelques années déjà, que la proposition 'Deum non esse' constitue le thème central d'une des questions de Nicolas Aston : « Utrum aliqua propositio significans praecise Deum non esse contradictionem includat ». Le Père Trapp la date à 1345 [4]. Le même historien vient de trouver un

praesentis est sufficiens causare evidens iudicium de existentia obiecti huius. Istam notitiam habent animae beatae in patria et habebimus nos, viatores ad praesens, quando videbimus eum sicuti est. Unde Paulus : "Videmus nunc per speculum et in aenigmate, tunc autem facie ad faciem" (I Cor. 13,12). Talem videtur Paulus habuisse quando circumfulsit lux de caelo et "raptus usque ad tertium caelum audivit arcana verba quae non licet homini loqui" (II Cor. 12,2-4). Quamvis ex huius modi verbis hoc non sequitur immo forsan magis oppositum, ut alibi tangitur, sufficit conclusioni quod intuitiva ostensio ac visio deitatis mente ( ? ) humana immediate etc. sola scit sufficiens medium evidenter cognoscendi Deum esse et quod Deum esse per nullam aliam viam possit evidenter cognoscendi vel sciri. Haec de Deum esse possibili cognitione ».

1. Ms. lat. 16409, f° lr. Arguments dont se sert également Jean de Ripa (*cf.* Vignaux, « La preuve ontologique de Jean de Ripa », p. 178, 184) et l'Augustin Anonyme d'Oxford (*cf.* plus-haut, p. 39, note 3 ).

2. Son modèle reste néanmoins l'Augustin Anonyme d'Oxford.

3. Ms. lat. 16409, f° lr.

4. D. Trapp, « Augustinian Theology of the 14[th] Century », *Augustiniana*, 6 (1956), p. 229-231. Malgré les affirmations du P. Trapp, le texte du ms. Oriel 15 n'est pas complet et les questions qu'on y trouve sont en désordre. Le ms. Worcester Cathedral Library F 65, noté par J.A. Robson, ne possède

autre texte dans lequel il examine le même sujet. Le texte provient, lui aussi, d'Oxford et date de dernières vingt années du XIVe siècle; par conséquent, il ne pouvait pas être connu de Chaumont[1]. À cette liste, j'aimerais ajouter encore une question inconnue jusqu'à présent et rédigée avant 1360 : « Utrum Deum non esse contradictionem inferat manifestam ». Elle est attribuée à un « subtilis augustinensis de studio Oxoniensi »[2]. Enfin, il nous faut citer le nom de Richard Brinkley, franciscain d'Oxford, qui traite également la proposition « Deus non est »[3].

En ce qui concerne l'Université de Paris, la première découverte est due à M. Paul Vignaux qui vient de nous révéler l'existence de la même problématique chez Jean de Ripa (c. 1358)[4].

Cette liste n'est pas close et de nouvelles recherches l'élargiront certainement. C'est en exprimant cette réserve que je voudrais dire que, d'une certaine façon, la question de Chaumont termine une période de discussions, celle du plus vif intérêt porté à la proposition 'Deus non est'.

En dressant ainsi le cadre chronologique et l'étendue des discussions, nous pouvons nous poser maintenant deux questions : 1°, où et quand le problème de la contradiction de la proposition « Deus non est » devient-t-il l'un des sujets des polémiques universitaires ? 2°, quelle est l'origine du problème ?

Actuellement, nous ne pouvons donner qu'une moitié de réponse à la première question : tout a commencé à Oxford, comme le prouvent d'abord les textes les plus anciens (ceux de Nicolas Aston, de Richard Brinkley et de l'Agustin Anonyme), et, ensuite, parce que des parisiens, comme Chaumont, se réfèrent directement à Oxford : *aliud studium*, comme lieu où le problème est discuté. En ce qui concerne le « quand », donc le début, la date de la première formulation du problème, nous pouvons dire ceci. L'Agustin Anonyme écrit sans aucun doute après Nicolas Aston, car il le cite : « Propter ista credit magister Nicolaus de Aston »[5]. En revanche, on ne peut pas, pour l'instant, dater avec certitude les écrits théologiques de Richard Brinkley. Néanmoins, je suppose que ses *Questions théologiques* ont été rédigées après celles de Nicolas Aston : en s'opposant à l'opinion (chère à Nicolas Aston) selon laquelle le complexe « Deum non esse » est contradictoire, Brinkley avoue indirectement que cette opinion a été déjà formulée publiquement à Oxford. Toutefois le problème n'est pas clair et Nicolas Aston, d'après ce qu'il dit lui même,

pas non plus le texte complet, mais l'ordre y est presque exact. Le troisième témoin (Paris, BnF, lat. 16535) n'est qu'un abrégé d'Etienne Gaudet, d'ailleurs assez confus.

1. D. Trapp, « Clm 27034. Unchristened Nominalism and Wycliffite Realism at Prague in 1381 », *Recherches de Théologie ancienne et médiévale*, 24 (1957), p. 346-347.

2. Ms. lat. 16535, f° 85v-88v. La liste complète des questions de cet augustin dans mon *Thomas de Cracovie*, p. 72, n. 29.

3. L'abrégé de ses questions théologiques est conservé dans le ms. lat. 16535, f° l23r-129r. Je prépare son édition accompagnée d'une étude consacrée aux œuvres de Brinkley.

4. P. Vignaux, « La preuve ontologique de Jean de Ripa ».

5. Ms. lat. 16535, f° 87v.

n'est pas le premier à soulever la discussion dont il s'agit ici [1]. Elle a donc commencé avant 1345 et, plus probablement, en 1344, ou même avant.

Pour répondre à la deuxième question il nous faut encore une fois retourner au texte de Chaumont. En réfutant la deuxième et la troisième opinions, il se sert du même argument, formulé, à quelques mots près, de la même façon. S'agit-il, au fond, du même problème et donc de la même source d'idée [2] ? De plus, il revient, encore une fois, aux principes du vrai et du faux. Il le fait dans sa sixième conclusion dirigée de nouveau contre Thomas Bradwardine et, cette fois, contre la preuve anselmienne [3].

La constance de Chaumont dans ses attaques contre Thomas Bradwardine, l'affinité qu'il suggère et qui unit d'une certaine manière l'opinion de Thomas Bradwardine et de preuve dite ontologique, facilitent la suite de nos remarques. Rouvrons le *De causa Dei*.

Le chapitre premier de l'ouvrage bradwardinien commence par deux suppositions. La première : « Deus est summe perfectus et bonus, in tantum quod nihil perfectius vel melius esse posset ». Elle n'est prouvée que par les autorités (Hermès Trismégiste, Aristote, Boèce, *Liber XXIV philosophorum*, Anselme – le *Proslogion* et le *Monologion*, Richard de St.-Victor, Augustin et le Psaume CXIV) [4]. La deuxième supposition est la suivante : « Nullus est processus infinitus in entibus

1. Il est d'ailleurs probable que Brinkley enseignait avant Aston. Ce dernier écrit : « Istis praeambulis visis dico sic. Omnis secta ponit Deum esse et ipsum esse necesse esse. Sed plures moderni dicunt quod talis propositio "Deus non est" non includit contradictionem, sicut nec alia pura negatio » (ms. Worcester F 65, f° 46ra ; ms. Oriel 15, f° 221rb). Le mot *secta* est propre au langage du franciscain anglais (p. ex. : secta Christi, nulla secta, credit de secta, sectam credit esse veram, etc.) et, ensuite, Brinkley exclut la contradiction de la proposition *Deum non esse* dans deux de ses questions. Il exclut également la possibilité d'une contradiction dans une proposition purement négative : « ex nulla simplici categorica, praecise ex uno nomine et uno verbo sequitur contradictio » (ms. lat. 16535, f° 124v). À propos de ce rapprochement de textes et d'idées j'aimerais rappeler qu'à Paris on note, à la marge du texte d'Aston : *Astona contra Braquin* (sc. Brinkley), comme on note également : *Bokinkam contra Bradwardin*. *Cf.* P. Glorieux, « Jean de Falisca », p. 25 et 95.

2. Ms. lat. 16409, f° 1r.

3. Ms. lat. 16409, f° 1v : « Ex his sexto sequitur, quod evidentia primi principii non est evidens "Deum esse", quoniam nec hoc est primum principium seu primum verum omnium ea praecedens naturaliter, contra actorem *De causa Dei*, nec sequens ex ipso, sicut nec ex eius opposito, scilicet "Deum non esse", sequitur primum principium fore falsum, ut tactum est. Patet etiam ex his multos processus probandi Deum esse tam antiquorum doctorum quam novorum deficere, seu non esse evidentes ad probandum intentum, scilicet Deum esse. Patet de processu Anselmi etc. in lectura ». Cette *lectura* n'existe pas.

4. *De causa Dei*, I 1, 1C - E.H.A. Oberman (*Archbishop Thomas Bradwardine*, p. 50) pense que cette supposition est identique au point de départ de la preuve anselmienne : « The first axiom is the starting-point of Anselm's proof of God's existence… ». Et pourtant il remarque (*loc. cit.*, note 1) le changement du verbe *cogitari* pour *esse*. De même Leff (*Bradwardine and the Pelagians*, p. 24) : « The first step in discussing God, therefore, is to prove His existence ; and Bradwardine opens his *De causa Dei* with a twofold proof of God. The first cornes from Anselm's ontological proof, the simple assertion that the highest perfection and good, than which nothing greater can be envisaged, is God ». À l'appui de quoi M. Leff avance la citation que Bradwardine a extraite du *Proslogion*, chap. II : « Or nous croyons que Tu es quelque chose tel que rien de plus grand ne peut être conçu » (trad. de P. Rousseau). La

sed est in quolibet genere unum primum ». Bien que tous les philosophes et tous les théologiens l'acceptent, Thomas Bradwardine présente sa propre raison pour la prouver [1]. Il indique d'abord que, dans les passages formalisés de son raisonnement : par la lettre *A*, on doit comprendre « aliquid tam perfectum et bonum quod nihil perfectius vel melius esse posset ». Ensuite, il donne le principe du raisonnement en définissant le possible : or le possible, pris communément ou même dans le sens absolu, signifie ce qui par soi et formellement exclut toute contradiction et toute opposition. Si l'on prend le possible ainsi défini pour une prémisse, on n'obtiendra jamais, dans la conclusion, l'impossible absolu, c'est-à-dire ce que par soi et formellement renferme la contradiction. Or chaque opposition engendre et introduit la contradiction [2].

La distinction entre le possible et l'impossible est fondée sur l'observation que tout ce qui est – est possible ou n'est pas possible (donc est impossible). Tout le monde accepte immédiatement qu'il est possible que A soit (*A esse*), ou que A puisse être (*A potest esse*), ou que A pourrait être (*A posset esse*), et tout le monde se défend devant l'objection qu'une telle proposition serait contradictoire. Si, ensuite, est possible A esse, A potest esse, A posset esse, il s'en suit que A est, et même qu'il est nécessaire que *A* soit et que *A* soit un être nécessaire par soi (*imo et necesse est A esse et A est necesse esse et hoc per se*) [3].

Le possible du début du raisonnement conduit donc au nécessaire, ou à l'être nécessaire (*necesse esse – quod non potuit, nec potest, nec poterit non esse*) lequel s'oppose à un être possible (*possibile esse*) qui peut être et ne pas être. Il est donc évident qu'en affirmant : « necesse esse est » nous ne tombons pas dans la contradiction, et à l'inverse, la contradiction existerait dans la proposition négative « necesse esse non est ». Cette contradiction existe même dans l'être possible qui atteint l'*esse* et le *non-esse*, car l'être possible, en opposition à l'être nécessaire, est débile, dépendant, postérieur, privatif, il est donc aussi bien l'être que le non-être (*possibile esse contingit esse et non esse*) [4].

première supposition de Bradwardine n'est pas, à vrai dire, celle de St. Anselme, mais celle de Gaunilon, et elle veut dire ceci : Dieu *est* le plus parfait et le meilleur.

1. *Ibid.*, I 1, 1C, 2A. Le même principe sera invoqué dans I 2, 146B et I 11, 198B.

2. *Ibid.*, I 1 2A : « Dicatur siquidem causa compendii "A" aliquid tam perfectum et bonum, quod nihil perfectius vel melius esse posset. Sumatur quoque "possibile" ad communem modum loquendi, vel si oporteat maxime absolute, pro illo videlicet, quod per se et formaliter simpliciter contradictionem seu repugnantiam non includit. Ex quo scilicet posito et admisso pro possibili absolute secundum speciem obligationum, quae positio nominatur, nusquam in consequentia bona et formali simpliciter, sequitur impossibile absolute, quod scilicet per se et formaliter simpliciter contradictionem includit. Omnis namque repugnantia contradictionem importat et parit ».

3. *De causa Dei*, I 1, 2B : « Huiusmodi autem modus sumendi "possibile" et "impossibile" hic fundatur, quia omne vel est possibile, vel non possibile, quare et impossibile isto modo. Possibile igitur est "A esse", seu "A potest esse", aut "posset esse", quis non statim assentiat ? Quisve hoc posito et admisso pro possibili absolute, se non a contradictione defendat ? Si autem possibile sit "A esse", aut si "A potest" aut "posset esse", "A" est, imo et necesse est "A esse" et "A" est necesse esse et hoc per se ».

4. *Loc. cit.*

En revanche, l'être désigné par la lettre *A*, l'être nécessaire, est un acte pur non-causé. Il n'obtient son *esse* d'aucun autre être et c'est pourquoi la proposition « *A* non esse et posse esse » est contradictoire : « quare contradictionem includit 'A non esse et posse esse', et verum est et necessarium 'A posse esse', falsum ergo et impossibile est 'A non esse' »[1].

Il est bien évident, et on l'a déjà remarqué, que dans ce chapitre premier Thomas Bradwardine se sert volontiers de l'autorité d'Aristote. Il se sert également de quelques concepts aristotéliciens, comme par exemple l'acte, la puissance, l'être nécessaire etc. Il le fait surtout pour montrer la différence fondamentale entre l'être possible et l'être nécessaire[2]. Mais le fond du problème se trouve ailleurs, dans le passage du possible logique (non-contradictoire) au nécessaire réel : du « A potest esse » au « A est », et du « A est » au « A est necesse esse per se »[3]. Tel est le sens de la preuve de l'existence de Dieu apportée par le *De causa Dei*.

Pour terminer ces remarques il nous suffit de constater qu'en se fondant sur l'idée du possible conçu comme non-contradictoire, donc dans la logique qui sera celle de Leibniz, Thomas Bradwardine peut affirmer que « Deus est » et que la proposition « Deus non est » est impossible, donc contradictoire. Mais l'impossibilité de cette deuxième proposition n'est comprise qu'à l'intérieur de la pensée bradwardinienne. Les successeurs de Thomas Bradwardine l'ont-ils ainsi comprise ?

4. La longue critique des preuves de l'existence de Dieu que présente le texte de Chaumont est peut-être à ce sujet la plus révélatrice. Cette critique ne s'intéresse guère à la « ratio » de Thomas Bradwardine, elle ne la remarque même pas. Chaumont s'y attaque au principe ontologique de Thomas Bradwardine (« Deus est ») auquel il refuse la valeur d'une vérité évidente dans sa forme du jugement d'existence. Il donne le même sens de jugement d'existence à la proposition négative (et banale de son point de vue de logicien) : « Deus non est ».

1. *Ibid.*, 3C.

2. MM. Leff et Oberman prennent cette description de l'être nécessaire et de l'être possible pour la preuve *a posteriori*. La description suit uniquement la preuve de Bradwardine et l'explique.

3. Nicolas Aston a bien compris le sens de la *ratio* bradwardinienne, et il la discute dans sa quaestio sur la proposition « Deum non esse » : « Doctor Profundus, libro primo, capitulo primo, arguit sic ad probandum Deum esse : possibile est Deum esse, ergo Deus est… » (ms. Worcester F 65, f° 45va ; ms. Oriel 15, f° 221ra). MM. Leff et Oberman se taisent sur cette partie du raisonnement de Bradwardine. La *ratio* bradwardinienne se rapproche d'un point d'accord dans la controverse entre Anselme et Gaunilon, remarqué par J. Vuillemin, *Le Dieu d'Anselme et les apparences de la raison*, Paris, Aubier, 1971, p. 48 : « On peut donc conclure que les deux adversaires s'accordent sur une thèse qu'on pourrait appeler leibnizienne : si ce qui est tel que rien de plus grand ne peut être pensé est possible (non contradictoire) alors il existe, et du possible à l'être la conséquence est légitime par l'intermédiaire du maximum ou du meilleur. De ce point de vue, d'ailleurs, l'exemple de l'île bienheureuse n'est pas satisfaisant, puisqu'une telle île (*sc.* imaginée par Gaunilon) ne peut être le meilleur, l'unique possible qui enveloppe l'existence – en supposant qu'il est un vrai possible – étant précisément Dieu ». *Cf.* aussi p. 137-138. La perfection (le maximum, le meilleur) de Dieu est garantie par la définition dans la première supposition (et symbolisée, dans la preuve même, par la lettre *A*).

Disons tout de suite que Chaumont déplace le problème. Thomas Bradwardine, à mon sens, et malgré les apparences, ne met pas un jugement « de secundo adiacente » à côté du principe de contradiction d'Aristote. Son premier principe a la forme : « Deus est. Deus scit omnia, Deus vult » et d'autre similaires [1]. Ce sont là trois propositions de tertio adiacente : « Deus est Deus » (ou « Deus est existens »), « Deus est sciens omnia, Deus est volens ». Thomas Bradwardine lui-même confirme cette interprétation du « Deus est » dans le titre et tout au long du chapitre XII [2]. Le principe ontologique de Thomas Bradwardine n'est donc pas un jugement d'existence, mais le principe d'identité. Il n'est pas susceptible de la critique qui lui a été appliquée. Par conséquent, la critique du « premier faux » est sans objet et le rapprochement entre le problème du « premier faux » et celui de la contradiction du complexe « Deum non esse » est injustifié. Ce dernier problème se place dans une autre optique (ou une autre logique).

Si la solution du problème apportée par le franciscain Richard Brinkley – connu à Paris peut-être même avant 1360 – est finalement très proche de celle de Chaumont, sa manière de poser la question et de chercher la réponse l'est de celle de Nicolas Aston, en étant, en même temps, fidèle à la source de toute cette problématique – le *De causa Dei*. Richard Brinkley consacre deux questions de la deuxième distinction (de son commentaire des Sentences) à la recherche de la preuve de l'existence de Dieu. Dans la première il le fait en logicien, dans la seconde – en philosophe. Voici leurs titres : « Utrum aliquem Deum esse sit evidenter demonstrabile ; Utrum aliquem esse Deum ex rationibus philosophiae sit evidenter demonstrabile » [3].

Nous ne disposons pas du texte entier de Brinkley, nous n'en possédons que quelques conclusions et quelques notices sur le développement des questions. Dégagée de ces notices, l'idée principale de Brinkley reste suffisamment claire pour qu'on en parle ici. Lorsqu'il se demande s'il est possible de démontrer l'existence de Dieu en partant des principes logiques, Brinkley, comme son contemporain Nicolas Aston, pose le problème de la preuve sur le plan logique. La première réponse à cette question est affirmative (*quod sic*). Pour la donner, Brinkley s'appuie sur une description de Dieu et du possible ; elle est, d'autre part, renforcée par une série d'arguments [4].

1. *De causa Dei*, I 11, 198A et D.

2. *Ibid.*, I 12, 200A : « Cap. XII ostendit, quale sit illud principium, quia affirmativum, et quod sit illud quod Deus est, seu Deus est Deus ». *Ibid.*, p. 201C – D : « …ponatur, quod hoc nomen "Deus", quod est tetragrammaton, quatuor scilicet litterarum, imponatur Deo ab essentia eius pura, et significat eum purissime, quo poterit comprehendi ab aliqua creatura, et propositio coniungens simplicissime et purissime verbum vel praedicatum purissimum cum isto subiecto, est principium iam quaesitum, scilicet "Deus est", vel "Deus est Deus"… », « Apparet ergo quod Deus est, vel Deus est Deus… » etc.

3. Abrégées par Étienne Gaudet dans le ms. Paris, BnF, lat. 16535, f° 124v-125r.

4. *De causa Dei*, f° 124v : « Circa istam quaestionem primo quaeritur, si ex principiis logicae Deum esse sit demonstrabile. Et videtur quod sic supponendo descriptionem de Deo et de possibili. Et tunc arguitur, quod sic 11 mediis notabilibus ».

Il n'y a aucun doute, Brinkley reprend la *ratio* bradwardinienne pour la réexaminer. Il le fait en partant du possible pour trouver l'être nécessaire, et ensuite, en admettant, que du possible logique ne s'ensuit pas l'impossible logique [1]. Mais, en ce qui concerne sa propre réponse, elle est négative. Une proposition contradictoire ne peut résulter d'aucune proposition « de secundo adiacente ». Cette règle logique est applicable à la proposition « Deus est ». La proposition « Deus non est » n'implique donc aucune contradiction. En revanche, sont contradictoires les propositions du type : « ens est non ens, Deus est non Deus » [2]. Le résultat de cette recherche logique est finalement absolument négatif : « ex propositionibus per se notis una cum regulis logicae Deum esse non est evidenter demonstrabile » [3].

L'existence de Dieu n'est pas non plus démontrée par les philosophes. Ce qu'ils arrivent à prouver n'est que « primum efficiens finitum » ici-bas, rien au-delà [4]. L'intelligence humaine ne peut pas arriver à une connaissance évidente de Dieu par la connaissance abstractive, bien que, grâce à la foi, elle puisse saisir la vérité première par la connaissance intuitive. D'autre part, grâce à la foi et à « la bonne vie », l'homme peut, ici-bas, apercevoir Dieu. Cette dernière conclusion est prouvée par Denys l'Aréopagite [5], et c'est par elle que la pensée de Brinkley rejoint celle de Chaumont.

En prenant en considération ces deux exemples, celui de la pensée de Brinkley, et celui, postérieur de vingt ans environ, de la pensée de Chaumont, nous avons

1. L'abrégé de Gaudet n'est pas ici très clair : « Deinde redit ad principalem conclusionem probandam, inter quae tangit de medio inter contradictoria etc. Deinde de hac conclusione : exinde quod creatura aliqua contradictione esset possibilis per essentiam ipsam fore illimitatam, sequitur evidenter. Probatur aliqualiter, quia cuiuslibet creaturae esse possibile est necessarium etc. Deinde opponitur multipliciter illi conclusioni et respondetur ad media illius etc. » (*loc. cit.* : ) « Alia conclusio : ex possibili logico non sequitur impossibile logicum. Contra duas penultimas arguitur et finaliter infert ex his, quod Deum esse non est evidenter demonstrabile. Et postmodum respondet ad media, quibus probatur esse demonstrabile Deum esse » (*loc. cit.*).

2. *Loc. cit.* : « Deinde ostendit, quod licet rationes probantes Deum esse categorice ( ? ) procedant, non tamen demonstrant, pro quo ponit conclusiones aliquas, quarum prima est haec : ex nulla simplici categorica, praecise ex uno nomine et uno verbo, sequitur contradictio… Ex bac infert quod ista : "Deus non est" non includit contradictionem. Et arguit specialiter, quod haec propositio : "Deus est" non est talis, cuius oppositum claudat contradictionem. Deinde conclusio, quod aliqua talis categorica composita implicat <contradictionem>. Probat de his : "ens est non ens", "Deus est non Deus" ». La troisième conclusion est citée dans la note précédente.

3. *Loc. cit.* Voir aussi plus haut, note 1.

4. Lat. 16535, f° 125r : « Et deinde multa contra philosophos in hac parte, inter quae aliqua notanda. Et quod non concludunt nisi primum efficiens finitum in hoc mundo, non in alio ; nec probant ipsum infiniti vigoris, nec esse agens liberum. Et quod de motibus caelestibus nihil est evidenter scitum ».

5. *Loc. cit.* : « Ponitur et probatur pro conclusione, quod in Dei cognitionem non potest intelligentia coniuncta evidenter devenire per aliquam notitiam abstractivam ; quod Deum esse non est demonstrabile a priori ; item, quod nec a posteriori. Ponitur alia conclusio 2 [da], quod per solam notitiam intuitivam evidenter percipit quis veritatem primam ex fide. 3 [a] conclusio : mediante fide et bona vita potest quis intueri Deum etiam in hac vita. Probatur, Dionysius etc. Aliqua notanda etc. Deinde respondetur ad rationes philosophorum, quibus nituntur probare Deum esse etc. Nota multa. Et finitur quaestio illa ».

d'abord constaté le refus d'une preuve efficace par sa forme, ou par la théorie des propositions « de secundo adiacente ». Nous avons, ensuite, vu que tous les deux, Brinkley et Chaumont, n'acceptent aucune preuve, quelle qu'elle soit. Ils recherchent une autre possibilité de connaître Dieu, à savoir par la foi. Le refus d'accepter la contradiction du « Deum non esse » et le refus d'une preuve quelconque d'existence de Dieu vont toujours de pair. Ceux, donc, qui, comme Jean de Ripa, l'Agustin Anonyme et Nicolas Aston, confirment cette contradiction acceptent, en même temps, une preuve, ou essayent de prouver l'existence de Dieu. Cette liaison constante, M. Paul Vignaux vient de la mettre en évidence chez Jean de Ripa. Nous allons la retrouver chez Nicolas Aston.

5. Pour pouvoir résoudre le problème de l'existence de Dieu il faut, selon Nicolas Aston, éviter de le poser sur le plan philosophique ou sur le plan théologique, donc sur celui d'une discipline particulière. Les principes d'une telle discipline n'ayant aucune valeur universelle, étant propres à chacune des sciences, la preuve formulée par un philosophe, par exemple, risque toujours être niée par celui qui n'accepte pas les mêmes principes (qui pense dans un autre système!). Seule la dialectique, discipline universelle, dont les lois sont obligatoires toujours et pour tout le monde, arrive à faire reculer celui qui nie l'existence de Dieu [1].

Pour faire valoir son opinion, Nicolas Aston examine deux preuves : l'une celle du Philosophe, l'autre est proposée par le Théologien [2]. Ce qui l'intéresse dans la première, c'est l'impossibilité de poursuivre à l'infini la recherche des causes à partir des effets, impossibilité qu'il réfute [3]. La preuve du Théologien est celle de Thomas Bradwardine dans sa forme alors discutée : « possibile est Deum esse, ergo Deus est ». Aux yeux de Nicolas Aston, Thomas Bradwardine n'a pas réussi à démontrer l'existence de Dieu : « doctor praedictus non probat intentum suum ».

1. Ms. Worcester F 65, f° 43ra : « Iuxta materias tactas in 3^bus^ articulis ad partem negativam quaestionis, formo mihi très articulos isto die pertractandos. (...) 3^us^ articulus tractandus est iste : Utram aliqua propositio significans praecise veritatem increatam non esse contradictionem includat. In quo articulo ostendam, quod per nullam scientiam particularem est demonstiabile Deum esse, contra falsigraphum negantem principia scientiae particularis, sed solum per scientiam universalem, puta dialecticam, cuius principiis nullus potest contradicere, contingit deducere negantem Deum esse ad metam, quae est redargutio ». *Cf.* aussi le ms. BnF., lat. 16535, f° 119r. Ce texte se trouve au début de la question prononcée le premier jour ; c'est à ce titre qu'elle est toujours citée comme „quaestio primi diei», différente de la question première. L'introduction à cette question *primi diei* ne se retrouve pas dans le ms. Oriel 15. Il faut remarquer encore, que l'article troisième, annoncé ici, n'est plus guère développé ; il a pris la forme de la question première : « Utrum aliqua propositio significans praecise Deum non esse contradictionem includat » (mss. Worcester F 65, f° 45rb-47ra ; Oriel 15, f° 220vb -221vb).

2. *Ibid.*, f° 45rb-va : « In isto articulo sic procedam. Primo inquiram, numquid sit methodus inventa a Philosopho vel Theologo, quod falsigraphus negans Deum esse posset deduci ad metam. 2°, adducam rationes aliquas pro veritate articuli ». *Cf.* ms. Oriel 15, f° 220vb -221ra.

3. Ms. Worcester F 65, f° 45va. La preuve « aristotélicienne » est attaquée sur deux points, celui du « processus in infinitum » et celui de l'ordre des causes essentielles. Il est très probable que Nicolas Aston vise ici également la deuxième supposition de Bradwardine (*De causa Dei*, I 1).

À cette occasion Nicolas Aston nous apprend autre chose encore : les arguments de Thomas Bradwardine ont trouvé, à Oxford, un large écho et sa *ratio*, plusieurs partisans et plusieurs interprétations. Nicolas Aston en cite deux, dont une seulement va dans le sens de la pensée de Thomas Bradwardine. Elle est fondée sur la constatation que le possible dont on parle dans la preuve est de telle nature que sa négation conduit formellement à la contradiction ; c'est donc le cas du seul « necesse esse » [1]. Aucune des interprétations données du passage du possible logique au nécessaire réel ne pouvait contenter notre dialecticien. Et c'est ici que prend fin la partie négative de la question de Nicolas Aston. Regardons encore brièvement la partie positive.

Pour pouvoir prouver l'existence de Dieu, Nicolas Aston formule d'abord, dans une sorte de préambule, les principes dont il va se servir tout au long de son discours. Il y donne trois suppositions concernant la proposition contradictoire, ensuite trois définitions (« descriptiones vocabulorum ») du contingent et du nécessaire et, enfin, deux conclusion : $1^{re}$, la proposition « necesse esse est contingens esse » est contradictoire ; $2^{de}$, toute proposition fausse est soit contingente, soit contradictoire [2]. L'opinion des adversaires est exposée très rapidement : ils (les

1. Dans *Ibid.*, f° 45va - 45vb (dans le ms. Oriel 15, f° 221ra-rb, où le texte légèrement accourci). « Doctor Profundus, libro primo, cap. primo <du *De causa Dei*>, arguit sic ad probandum Deum esse : possibile est Deum esse, ergo Deus est. Sed istud argumentum non probat Deum esse, quod arguo sic. Tribus modis sumitur "possibile". Primo pro tali, quod potest habere esse post non esse, et incipere et desinere esse, quod voco possibile ad utrumlibet. 2° pro necessario. Isti duo modi patent per Philosophum, 2° *Perihermeneias* (c. 2, 21b), ubi vult, quod ad possibile esse non sequitur possibile non esse. 3° modo pro tali quo posito in esse nulla (45vb) sequitur contradictio. Tunc sic : primo modo vel secundo modo sumendo "possibile", negatur antecedens ; tertio modo sumendo "possibile", negatur consequentia, quia istae scilicet duae propositiones stant simul : "Deus non est" et "Deus potest esse". (...) Ideo doctor praedictus non probat intentum suum et adhuc alii aliter nituntur probare consequentiam istam : possibile est Deum esse, ergo Deus est, sic arguens : si Deus non est, nihil est, et si nihil est, nihil potest esse, ergo ex opposito sequitur oppositum ; igitur etc. (...) Sic alii... dicunt, quod de nullo possibili, ad cuius non esse formaliter non sequitur contradictio, valet talis consequentia : possibile est hoc esse, ergo hoc est. Ideo supponunt, quod solum tale dicatur necesse esse, ex cuius non esse formaliter sequitur contradictio, <et ex hoc> valet talis consequentia : possibile est hoc esse, ergo hoc est ». Aston ne s'occupe pas d'autres preuves bien qu'il ait annoncé qu'il reviendrait sur la *ratio Anselmi* et sur les arguments de Jean Duns Scot : « Post in fine articuli ostendam, quod argumenta Anselmi non probant Deum esse, nec argumenta Doctoris Subtilis in tractatu suo *De primo principio*, et aliorum doctorum » (Worcester F 65, f° 46ra). Les arguments des partisans de Bradwardine ainsi que les réponses d'Aston manquent dans le ms. Oriel 15.

2. *Ibid.*, f° 46ra (ms. Oriel 15, f° 221rb) : « Ad probandum Deum esse praemitto descriptiones vocabulorum, suppositiones et conclusiones, ex quibus Deo dante inferetur articulus probandus. Prima suppositio est talis. In omni consequentia bona et formali, in qua consequens claudit contradictionem et antecedens similiter. Probatur... Secunda suppositio est talis. Ex omni propositione includente contradictionem formaliter sequitur quaelibet alia propositio. Probatur... Tertia suppositio est haec. Omnis talis propositio est possibilis, ex qua in consequentia bona et formali non sequuntur contradictoria. Prima descriptio est talis : res contingens dicatur talis, quae potest esse et non esse indifferenter. Secunda descriptio est talis : necesse esse dicatur tale, quod non potest esse et non esse indifferenter. Tertia descriptio est talis : de nulla re est concedendum ipsam non posse esse vel non esse, nisi ipsam esse vel non esse contradictionem includat (O : de nulla re est concedendum ipsam

*moderni*) soutiennent que la proposition « Deus non est » n'est pas contradictoire, comme, d'ailleurs, nulle autre proposition « purement négative », ou qui signifie le « non esse » [1]. La suite de la question n'est qu'une série d'arguments contre cette opinion que nous connaissons déjà.

Nous n'entrerons pas dans les détails des arguments de Nicolas Aston pour ne pas nous perdre dans un dédale de formalisations [2]. Ces arguments demandent un examen plus attentif et approfondi. Ici, nous allons nous contenter de quelques remarques de nature générale. Premièrement, le texte de la question, tel que nous le lisons dans les deux manuscrits, n'est pas complet : il lui manque la partie finale. Par conséquent, il est difficile de dire si, après avoir discuté le problème des propositions, Nicolas Aston formule également une nouvelle preuve de l'existence de Dieu [3]. Deuxièmement, d'une façon ou d'une autre, une preuve se trouve inscrite dans quelques-uns des arguments contre les adversaires. Mais, du fait qu'une telle preuve suppose un certain état des choses qui est du ressort de la philosophie (p. ex. la dépendance des choses à l'égard de Dieu), la netteté dialectique, postulée par Nicolas Aston lui-même, n'est pas garantie [4]. Troisièmement, le fond du problème discuté par Nicolas Aston se trouve dans le fait de concevoir Dieu comme « necesse esse », même si ce fait n'est pas exprimé explicitement ; le problème resterait autrement incompréhensible et l'on aurait parlé de la

non posse esse includit contradictionem). Prima conclusio est ista : ista propositio claudit contradictionem "necesse esse est contingens esse". Ista conclusio patet per tertiam suppositionem adiunctis tribus descriptionibus vocabulorum. Secunda conclusio est ista : "Omnis propositio falsa est contingens vel contradictionem includens". Haec probatur per tertiam suppositionem adiunctis tribus descriptionibus… ».

1. *Loc. cit :* « Istis praeambulis visis dico sic. Omnis secta ponit Deum esse et ipsum esse necesse esse. Sed plures moderni dicunt, quod talis propositio : "Deus non est", non claudit contradictionem, sicut nec alia pura negativa, nec alia propositio significans praecise sic non esse contradictionem includit ».

2. *Cf.* p. ex. Worcester F 65, f° 47ra : « Supposito isto tamquam verum, probo, quod propositio significans praecise Deum non esse contradictionem includit. Et sit A haec propositio : "Deus est" ; et B eius contradictorium ; et sit C una propositio includens contradictionem ; et sit D unum contradictorium. Tunc arguo sic. Si sic est, quod Deus est, et demonstro per ly sic sicut significatur per D propositionem, tunc sic : Ista consequentia est bona : si sic est, ergo Deus est ; ergo ex opposito sequitur oppositum, quare sequitur : Deus non est, ergo sic non est… ».

3. Seul le Worcester F 65, f° 47ra, note à la fin de la question : *deficiunt multa argumenta.* À la fin de la première partie de la question, Aston annonce : « Post in fine articuli ostendam, quod argumenta Anselmi non probant Deum esse, nec argumenta Doctoris Subtilis in tractatu *De primo principo*, et aliorum doctorum » (*Ibid.*, f° 46ra).

4. *Ibid.*, f° 46ra-rb : « Sed contra istam (se. opinionem modernorum) sic probo quod omnes tenentes istam viam habent concedere, quod propositio significans praecise Deum non esse contradictionem includat, et arguo sic. "A modo non esse" contradictionem includit et omni modo quo est, est Deus vel a Deo, ergo Deus est et propositio significans praecise Deum non esse contradictionem includit. Probo consequentiam. Ex maiori sequitur, quod A modo est et ex minori sequitur quod A modo est a Deo, ex quibus sequitur, quod si Deus non est, A modo non est. Tunc sic ista consequentia est bona ».

proposition fausse et non de la contradictoire. L'origine de cette dernière distinction est bien vue par Nicolas Aston [1].

Finalement, parmi les auteurs que nous avons évoqués ici, Nicolas Aston est celui qui conduit le plus loin son analyse du problème de la contradiction du complexe « Deum non esse »; il la force même peut-être, et, de ce fait, il est à l'origine du développement du problème aussi bien dans le milieu universitaire d'Oxford que dans celui de Paris, dans les années 1345-1380 environ.

Je ne voulais pas et je ne pouvais pas présenter ici en détails tous les détours des raisonnements au sujet de la proposition « Deus non est ». Mon but étant beaucoup plus restreint, je me suis limité à montrer l'origine de toutes les polémiques qui se sont développées autour de la contradiction du « Deum non esse ». Cette origine, je la vois dans le premier chapitre du *De causa Dei*, avec la preuve de l'existence de Dieu formulée par Thomas Bradwardine. Avec le temps et dans des discussions soulevées par l'œuvre de Thomas Bradwardine, les deux problèmes, c'est-à-dire la preuve et le problème de la contradiction, sont examinés séparément, fait que nous observons déjà chez Nicolas Aston, et peut-être à partir de sa lecture des Sentences. Plus tard encore, on va oublier le texte de Thomas Bradwardine pour ne prêter attention qu'à la proposition négative seule: « Dieu n'existe pas ». Nicolas Aston est sans aucun doute à l'origine de cette séparation.

Les discussions dont il s'agissait ici montrent également l'existence d'un double problème méthodologique jusqu'à présent négligé. Il s'exprime, d'une part, par le caractère logique des analyses ainsi que par la recherche d'une « voie négative » dans la construction de la preuve d'existence, et, d'autre part, par la recherche de la discipline permettant une telle construction en dehors d'un système doctrinal quelconque. La valeur même de ces tentatives pose un autre problème qui un jour sera peut-être examiné.

1. Aston l'explique en justifiant son fameux argument dit Achilles (ce dernier nom est devenu le surnom d'Aston lui-même et c'est ainsi qu'il fut connu par exemple de Hugolin d'Orvieto en 1349; *cf.* Zumkeller, *Hugolin von Orvieto und seine theologische Erkenntnislehre*, Würzburg, 1941, p. 68, 7): « Si Deus est et aliqua propositio est significans praecise Deum non esse, propositio sic praecise significans contradictionem includit. Ergo sive Deus sit, sive non sit, si aliqua propositio est significans praecise Deum non esse, ipsa propositio praecise sic significans contradictionem includit. Primo probo consequentiam. Propositio aliqualiter significans et contradictionem includens, quantacumque mutatione facta ex parte rei dummodo ipsa sit semper eodem modo significans praecise, ipsa semper erit contradictionem includens. Verbi gratia ista propositio: "rex sedet et nullus rex sedet" contradictionem includit rege existente. Consimiliter ipsa eodem modo praecise significans includit contradictionem rege non existente, mutatio enim in re facit propositionem transire a veritate in falsitatem vel econtra, sed positio rei vel ablatio rei non potest facere propositionem includere contradictionem, vel non includere. Probatur sic. In omni propositione formaliter includente contradictionem aliquid affirmatur esse et illud idem negatur esse… » (ms. Worcester F 65, f° 46va). *Cf.* également *Ibid.*, f° 46vb: « Et ego contra falsigraphum arguo conditionaliter sic. Si esset aliquod tale necesse esse et aliqua propositio significans praecise sic non esse, propositio significans praecise sic non esse contradictionem includit. Ergo sive tale necesse esse sit, sive non sit, et aliqua propositio est significans praecise sic non esse, ipsa propositio praecise sic significans contradictionem includit. Probatio consequentiae una cum antecedente patet in argumento, quod est Achilles » (c'est-à-dire dans le texte cité du f° 46va).

# L'ŒUVRE THÉOLOGIQUE DE NICOLAS ASTON

## PROBLÈMES DU TEXTE

La vie de Nicolas Aston demeure toujours peu connue. Elle se résume en ces quatre dates : en 1350-1351, Nicolas Aston devient membre du Queen's College, en 1358 – *inceptor*, chancelier de l'Université d'Oxford en automne de l'année suivante et délégué de l'Université à la curie romaine en 1362. Tout autant que la vie de Nicolas Aston, ses questions sur les Sentences posent beaucoup de problèmes, et si le P. Damasius Trapp est très affirmatif au sujet de l'œuvre de Nicolas Aston, d'autres ont des doutes et les expriment volontiers [1]. Le fait que deux manuscrits seulement conservent le texte des questions [2], d'autre part l'absence de toute étude systématique de la *lectura* invitent à avouer que pour le moment on ne sait que peu de chose sur les *articuli* de Nicolas Aston.

Les deux manuscrits recensés jusqu'à présent, auxquels on doit ajouter le sommaire indiqué par B. Hauréau et Mgr Glorieux [3], ainsi que quelques témoignages de théologiens du XIV e siècle, nous offrent en effet des renseignements différents et quelquefois incompatibles.

Ainsi, par exemple, aucun des trois manuscrits ne nous donne le même nombre des questions (appelées plus souvent par Nicolas Aston lui-même et par d'autres :

1. D. Trapp, « Augustinian Theology of the l4th Century », p. 229 : « Many cross-references with these 12 questions make in plain that in the Oriel 15 we are dealing with a complete work. Only once Aston refers to a work we do not have namely, the *Tractatus de solutione insolubilium* (ms. Oriel 15, f° 21 lv) ». À ce sujet *cf.* J.A. Robson, *Wyclif and the Oxford Schools, op. cit.*, p. 106. Sur la vie d'Aston voir B.A. Emden, *A Biographical Register*. 1, p. 68.

2. Il s'agit des mss Oriel College 15, f° 210ra-222rb et Worcester Cathedral Library F 65, f° 43ra-63vb (d'après M. Robson, qui cite à ce propos une étude non publiée de S.L. Forte, dont je ne pus pas prendre connaissance).

3. B. Hauréau, « Notice sur le numéro 16409 », *op.cit.*, p. 344. B. Hauréau identifie quelques questions attribuées à Aston dans les mss. Paris, B.N., lat. 16408, 16409 et 16535. P. Glorieux, « Jean de Falisca » p. 32 ; Z. Kaluza, *Thomas de Cracovie*, p. 91-92, 132-134.

*articuli*) : le ms. Oriel Coll. 15 en possède douze ; le Worcester F 65 – dix-sept dont onze sont identiques avec celles d'Oriel [1] ; le Paris, lat. 16535 en a vingt-trois dont douze sont identiques avec celles d'Oriel et seize avec celles de Worcester F 65 [2]. Jean Hiltalingen de Bâle, un augustin du XIV<sup>e</sup> siècle, en cite une autre encore, qui ne se retrouve sur aucune des trois listes [3].

Le même vaut pour l'ordre des articles attribués à Nicolas Aston : il diffère avec les manuscrits. De plus, Jean Hiltalingen, toujours très précis, connaît deux manuscrits (ou deux traditions manuscrites) où les articles sont disposés différemment [4].

Et enfin, ces questions sont-elles le fruit des disputes universitaires, comme le veut le copiste de l'Oriel 15, ou le résultat de la *lectura* – le commentaire des Sentences en forme des questions, comme le laisse supposer le texte même [5] ?

Ajoutons à tout ceci que les manuscrits dont nous parlons datent de la première vingtaine d'années après la *lectura* supposée de Nicolas Aston (1345), c'est-à-dire dès 1346 à 1370 environ. Le problème d'une reconstruction du texte primitif demeure donc compliqué et délicat par le fait même que la tradition la plus ancienne connue reste variée et disparate.

Et pourtant, l'œuvre théologique de Nicolas Aston demande une étude critique de texte précédant une édition et une analyse doctrinale. Elle la demande pour deux raisons simples : d'abord, parce que Nicolas Aston appartient à ce groupe des théologiens dont l'activité littéraire se développe après la publication du *De causa Dei* (1344) et avant l'avènement de Wyclif, époque peu connue et peu étudiée ; ensuite, parce qu'à partir de 1348 Nicolas Aston est connu à Paris et depuis cette date son œuvre devient une des sources de la théologie enseignée à

1. J.A. Robson, *loc. cit.* : (Worcester F 65) « also contains fourteen questions (f° 42-63), written as a single treatise, eight of which are substantially identical with those in the Oriel MS. Fr. Forte has shown that, of the total of sixteen questions, all but two can be confidently ascribed to Aston ».

2. Le ms. Paris, BnF, lat. 16535, f° 118r-122r ne donne que le sommaire du texte d'Aston. Le nombre assez élevé des questions résulte du fait que l'abréviateur, Étienne Gaudet en l'occurrence, donne quelques fois un *dubium* pour un article. À sa place il en sera question. L'abrégé de Gaudet est publié en appendice de cet article.

3. Ms. Munich, Bayer. Staatsbibl., Clm 26711, f° 262va : « Ad hoc faciunt Aston in istro articulo : Utrum ad omnem accionem cause 2e Dei coefficiencia necessario requiratur, et eodem libro questio 5, qua querit : Utrum in qualibet accione creata influxus summi Dei necessario requiratur ». C'est cette deuxième question qui reste inconnue des trois manuscrits. Au sujet de cette question, voir plus bas, p. 75-76. Tous les manuscrits cités, à l'exception des manuscrits parisiens, sont étudiés sur photocopie.

4. *Ibid.*, f° 278rb : « Haston in materia ista, sicut patet in primo articulo, qui 2<sup>um</sup> librum meum est 2<sup>us</sup> : Utrum inter necesse esse et impossibile esse mediet possibile esse ».

5. Ms. Oriel 15, f° 210rb : « Jam sequuntur 12 questiones magistri Nicholai Aston Oxonie disputate ». J.A. Robson, *loc. cit.*, note 2, cite les renvois au Livre Premier, Tiers et Quart et il considère les 12 questions comme fragment du Commentaire : « A fortunate survival from this obscure period is a portion of the *Commentary on the Sentences* of Nicholas Aston, fellow of Queen's and Chancellor of the university ». Jean Hiltalingen (*cf.* plus haut, note 3), s'exprime de cette façon comme s'il connaissait plusieurs livres du Commentaire d'Aston.

Paris et, plus tard, en Europe Centrale. Membre du Queen's Collège, dans le mouvement de sa pensée (mais non dans les solutions des problèmes qu'il apporte) Nicolas Aston reste toujours plus proche de Thomas de Buckingham que de Thomas Bradwardine : il préfère une série d'arguments logiques aux larges exposés et aux nombreuses citations des autorités. Il écrit la théologie comme un traité de logique. Les maîtres parisiens, s'ils n'imitent pas cette forme brève et rapide du discours, cherchent à le comprendre et, surtout, ils discutent sa nouvelle formulation de la preuve de l'existence de Dieu. C'est pour cette raison exactement qu'on appelle Nicolas Aston *Achilles Astensis*[1].

Le but de cette étude reste limité par les problèmes exposés plus haut. Dans ce cadre nous essaierons de retrouver la totalité (ou, plus exactement, la quasi-totalité) de l'œuvre théologique de Nicolas Aston, son ordre et son genre. Pour le réaliser nous nous servirons de nombreux renvois et auto-citations trouvés dans les questions elles-mêmes et remarqués déjà par le P. Trapp, ainsi que des témoignages extérieurs, rencontrés chez quelques auteurs du XIVe siècle.

### *Le texte dans le ms. Oriel 15*

Comme nous l'avons déjà dit, le ms. Oriel Coll. 15 contient douze questions attribuées à Nicolas Aston : *Jam sequuniur 12 questiones magistri Nicolai Aston Oxonie disputate* (f° 210rb). Leurs titres ont déjà été, à deux reprises, publiés par le P. Trapp[2], mais pour faciliter la lecture de cet article il nous faut les rappeler encore une fois :

1. Utrum veritatem creatam poterit veritas <in>creata hypostatice sustentare (f° 210va-212ra) ;
2. Utrum dyabolum esse sit naturali racione probabile (f° 212rb-213ra) ;
3. Utrum ad omnem accionem cause secunde efficiencia cause prime necessario requiratur (f° 213ra-vb) ;
4. Utrum certa previsio futurorum contingencium sit ex predeterminacione voluntatis divine (f° 213vb-214vb)
5. Utrum omne preteritum necessario sit preteritum (f° 214vb-215va) ;
6. Utrum positivum vel privativum formaliter opponitur peccato (f° 215va-217ra) ;

1. Le premier théologien parisien à mentionner Aston (sous le nom d'Achille) est Hugolin d'Orvieto. *Cf.* Adolar Zumkeller, *Hugolin von Orvieto*, p. 289. Parmi les augustins connaissant le Commentaire d'Aston : Facinus de Aste (1361-1352, mais il ne cite presque pas de noms), Jean Hiltalingen de Bâle (1365-1366), Ange de Dobelin (1374-1375), parmi les séculiers : Étienne Gaudet (1361-1362), Jean de Guignicourt (il a interrompu ses études théologiques), Étienne de Chaumont (1372 environ). Nicolas Aston lui-même appelle sa preuve de l'existence de Dieu — *Achilles*. Sur cette preuve voir *supra*, p. 37-51.

2. D. Trapp, « Augustinian Theology », p. 230 et *Id.*, « Clm 27034. Unchristined Nominalism, p. 347. Par la suite je noterai les questions contenues dans l'Oriel 15 par la lettre O, accompagnée du numéro de la question, les questions du Worcester F 65 par la lettre W, et enfin celles du Paris, BnF, lat. 16535 par la lettre P.

7. Utrum inter necesse esse et impossibile esse mediet possibile esse (f° 217ra-218ra);
8. Utrum cuiuslibet futuricionis et pretericionis sit Deus causa (f° 218rb-vb);
9. Utrum illud quod nunc est pro nunc sit possibile quod non est nunc (f° 218vb-219vb);
10. Utrum privaciones et negaciones sint a Deo (f° 219vb-220vb);
11. Utrum aliqua proposicio significans precise Deum non esse contradiccionem inclu<dat> (f° 220vb-221vb);
12. Utrum antichristus potest esse diabolus incarnatus (f° 222ra-rb).

Le grand nombre des renvois autorise à formuler quelques conclusions et, par la suite, à voir d'une nouvelle façon les textes attribués à Nicolas Aston. Ces conclusions sont les suivantes :

a) les questions O 1-12 font partie du Commentaire des Sentences et, en conséquence,

b) elles ne constituent qu'un choix des questions ;

c) leur ordre est arbitraire et il n'a probablement rien de commun avec celui constitué par Nicolas Aston lui-même ; cet ordre peut être en partie reconstitué ; cependant, chaque tentative d'une telle reconstitution à partir du ms. Oriel 15 se heurtera au problème de la double question première.

Ad a) Dans sa question O 1 Nicolas Aston renvoie aux Livres Tiers et Quart de son Commentaire : Illud quod michi videtur esse tenendum in isto dubio dicam in 3° Libro tractando de incarnacione Verbi et in fine $4^{ti}$ Libri tractando numquid Antichrisius incarnabitur [1]. On objecterait que la question O 1 faisant partie des questions disputées renvoie au Commentaire, mais remarquons tout de suite que la question O 12 (qui concerne l'incarnation de l'Antéchrist) doit faire partie du Commentaire et non des questions disputées. La même question ne peut pas appartenir à la fois au Commentaire et aux questions disputées.

Dans la question O 6 Nicolas Aston renvoie au Livre Premier, article premier du Commentaire : *tunc pro hoc instanti pro quo peccet, non privat se aliquo bono quod deberet sibi inesse si non peccaret, ut notum est consideranti casum, nisi bene velit ponere negaciones esse res, quod improbatum est super Primum Librum, articulo primo* [2]. Le problème de la proposition négative apparaît pour la première fois dans la question O 1, f° 211 va, dans le fragment qui commence exactement par : *Item, arguitur sic : nulla negacio est res vel esse potest…* Mécontent de ses premières démarches, Nicolas Aston est, par la suite, revenu au même sujet dans une note ajoutée à la fin de la question O 10 : *Sed quia non plane dixi in primo articulo… tractabo de veritate propositionis negative* [3]. Les questions O 1, 6, 10 et 12 appartiennent

1. Oriel 15, f° 211ra (Worcester F 65, f° 44ra). *Cf.* J.A. Robson, *Wyclif and the Oxford Schools*, p. 106, note 2.

2. *Ibid.*, f° 215vb. (Worcester F 65, f° 59ra : on peut y lire *articulo $7^{mo}$*). *Cf.* J.A. Robson, *Wyclif and the Oxford Schools*, p. 106, note 2.

3. *Ibid.*, f° 220vb. (Worcester F 65, f° 55va, où le texte est plus important).

donc au Commentaire des Sentences. En conséquence, je pense que toutes les questions de Nicolas Aston contenues dans le ms. Oriel 15 font partie de son Commentaire [1].

Ad b) S'il en est ainsi, on démontrera facilement que les questions du ms. Oriel 15 ne représentent qu'un fragment de l'œuvre théologique de Nicolas Aston. Nous savons déjà qu'il y manque une question sur l'incarnation du Verbe. Dans la question O 1 Nicolas Aston mentionne une autre question qui manque dans notre manuscrit. Voici son renvoi : *Ideo dico quod impossibile est facere aliquod antecedens ex quo sequitur formaliter quod aliquod corpus est bis in uno loco, vel ter, vel quater, nec hoc potest probari, puta quod aliquod corpus sit bis in aliquo loco, etsi hoc ponat quod aliquod corpus sit extensum cum seipso, si numquid hoc sit possibile ; et consequens est possibile dato quod poterit sic esse ; patebit in declaratione istius questionis : Totum universum [catholico] est in toto et totum in qualibet parte cuilibet catholico dubia est conclusio* [2]. Cette question se retrouve dans les mss Worcester F 65 et Paris lat. 16535. Le ms. de Worcester, quant à lui, mentionne d'autres questions aujourd'hui perdues, nous en parlerons encore. Ici force est de reconnaître que la totalité de l'œuvre théologique de Nicolas Aston reste à retrouver.

Ad c) Dû à un copiste inconnu, le choix de questions est inexplicable dans la mesure où le texte qui devait ouvrir le livre se trouve à la fin et où, entre la première et la dernière question, rien n'est en ordre. Les preuves en sont nombreuses et nous allons les donner en essayant de reconstituer pour certaines questions l'ordre primitif. Donc voici la première Question : *Utrum veritatem creatam poterit veritas increata hypostatice sustentare* (= O 1). Nous savons déjà que Nicolas Aston l'appelle *articulus primus Primi Libri*. Elle est divisée en deux articles : *In ista questione tractabo duo dubia vel arliculos. Primum dubium est iste : Numquid persona sit assumpta <a Verbo>. 2$^{um}$ dubium est : Numquid unio duorum distinctorum realiter sit illa duo distincta, vel res aliqua alia ab illis, vel ab eorum quolibet realiter distincta* [3]. Après les deux articles nous en avons un troisième, lequel n'a pas été annoncé : *Ad istam difficultatem respondeo in fine istius questionis, sed primo volo querere utrum relaciones sint res vel non* [4].

Le problème de la première question n'est pas fini, il commence seulement. Dans ses renvois, Nicolas Aston nous indique un autre sujet traité dans la première question, à savoir celui de la proposition négative contradictoire : *Sed si non sit necesse esse, ut probatum est in primo articulo, contradictionem includit necesse esse*

1. Worcester F 65 en donne d'autres preuves. 1° f° 46vb – renvoi au Livre II$^{e}$, article ultime ; 2° f° 62ra – renvoi au Livre I$^{er}$, article 5. À ce sujet il ne peut donc y avoir aucun doute. Voir aussi p. 65, note 1.

2. Oriel 15, f° 210vb (Worcester F 65, f° 43vb).

3. *Ibid.*, f° 210va (Worcester F 65, f° 43rc : « Numquid unio 2 distinctorum realiter sit illis 2 distincta, vel res aliqua alia ab illis, vel ab eorum quelibet reliter distincta ». Dans nos trois manuscrits il y a six versions du titre de ce deuxième *dubium*).

4. *Ibid.*, f° 211va (Worcester F 65, f° 44va).

*est*[1] ; et encore : *proposicio significans Deum non esse contradictionem includit, ut probatum <est> primo articulo*[2]. Or, dans la première question, telle que nous l'avons dans le ms. Oriel 15, ce problème n'est même pas touché. En revanche, il est largement débattu dans la question qui lui est spécialement consacrée : *Utrum aliqua propositio significans precise Deum non esse contradiccionem includat*, et qui, toujours dans le même manuscrit, occupe la onzième place. Aurions-nous une deuxième « première question » ? Elle l'est effectivement pour Étienne Gaudet, copiste du lat. 16535. Elle l'est également pour Jean Hiltalingen de Bâle : *3° arguo racione Haston, articulo primo, racione quam vocat Achilles*[3]. Elle l'est enfin pour Ange de Dobelin : 2° *arguit Aston sic... 2° arguit sic et fecit argumentum quod est Achilles... vide de hoc primam questionem Aston...* Et encore une fois : *Ad probandum Deum esse Nycolaus Aston, questione prima, premittit 3^es^ supposiciones et postea terminorum declarationes...*[4].

Sans pouvoir résoudre ce problème à l'aide du seul ms. Oriel 15, notons toutefois que ce manuscrit possède deux questions premières (O 1 et O 11). Nous allons revenir sur ce sujet à l'occason de l'analyse du Worcester F 65.

2^e^ Question : *Utrum inter necesse esse et impossibile esse mediet possibile esse* (= O 7) est introduite ainsi dans le Worcester F 65, f° 47ra : *2^us^ articulus tractandus est iste : Utrum inter necesse esse et impossibile esse...* Au f° 217va, dans le texte de la même question, on lit : *Aliud eciam intendebatur in isto arliculo 2°...* Étienne Gaudet note cependant que la copie qui jadis était en possession de Hiltalingen accordait à cette même question le numéro 1 : *Aliter habet... Haston in materia ista, sicut patet in primo articulo, qui secundum librum meum est 2^us^: Utrum inter necesse esse et impossibile esse mediet possibile esse*[5].

1. *Ibid.*, f° 217ra (Worcester F 65, f° 47rb).
2. *Ibid.*, f° 218ra (Worcester F 65, f° 48va).
3. Clm 26711, f° 154va. *Cf.* Oriel 15, f° 221rb (O 11) : « Aliter arguo quod Deum <non> esse contradiccionem includit et hoc argumentum est michi Achilles ». (Worcester F 65, f° 46va). Pierre de Candie parle de *l'argumentum Achilles okamistarum* : « nulla contradictoria inter se contradicentia sunt concedenda de divina essentia et personis nisi sequantur ex sacra scriptura vel ex determinatione ecclesie, vel ex propositionibus sequentibus ex sacra scriptura et determinatione ecclesie antecedentibus in consequentia bona et formali ». Ms. Paris, BnF, nouv. acq. lat. 1467, f° 28vb, I Sent, dist. I, art. 2. *Cf.* aussi D. Trapp, « Augustinian Theology », p. 230-231.
4. Ms. Jena, Bibl. Univer., Elect. 47, f° 32vb et f° 33ra. *Cf.* Oriel 15, f° 221rb (O 11) : « Jam ad probandum Deum esse primo premitto descripciones vocabulorum, <deinde> supposiciones et conclusiones ex quibus Deo dante infertur articulus probandus ». (Worcester F 65, f° 46ra).
5. Concernant Hiltalingen, voir *supra*, p. 54, note 4. Worcester F 65, f° 48ra : « Aliud similiter intendebatur in isto articulo : numquid omne ens... ». Mais dans un autre texte, omis dans l'Oriel 15, le même manuscrit confirme notre identification de la question deuxième. Au f° 51rb on lit : « Et per consequens illud quod non claudit contradiccionem esse potest claudere contradiccionem esse, quod est manifeste falsum et improbatum in 2° articulo ». Ce texte renvoie au f° 47va (Oriel 15, f° 217rb), *Ad oppositum*, 3°, de la question *Utrum inter necesse esse...* : « Consequens falsum, quia ex illo sequitur : quod nullam contradictionem includit esse potest includere contradiccionem ipsam esse. Sed istud nullo modo potest esse ».

3e Question : *Utrum cuiuslibet preternicionis et futuricionis Deus sit causa* (= O 8). Au f° 217vb, dans la question que nous considérons ici comme deuxième, on lit les mots suivants : *si esset transitus a non gradu simpliciter etc. Nego consequenciam. Sed contra probatur consequens sic : qualitercumque esset, si sic esset nunc, nunc est. <Concedatur>. Sed si sic esset, tunc mediaret, igitur nunc de facto mediat. Nego consequenciam, quia modus arguendi non valet, sicut declarabitur in proximo articulo.* La question O 8 est cet article le plus proche et pour nous elle est la troisième question : *4° sic. Sit A unum possibile quod non est nec erit, et arguitur sic. Non aliter esse<t> quam iam est et si Deus vellet quod A erit, ymo qualitercumque esset, si sic esset, nunc est. Probatur, non aliter esset a parte Dei nec aliter esset a parte A, quia si sic esset, A non esset, sed solum esset futurum. Et per consequens ex hoc quod A erit non sequitur : sic esset quod A erit, sed sequitur solum quod A erit. Item iste modus arguendi fallit, puta qualitercumque esset, si sic esset, nunc est*[1].

4e Question : *Utrum illud quod nunc est pro nunc sit possibile quod non est nunc* (= O 9). Elle est évoquée au f° 215rb : *Ponitur quod A angelus iam primo sit in hoc instanti, tunc notum est quod A (quod est nunc primo ens in hoc instanti), non potest esse terminus a quo respectu non esse in hoc instanti, ut patet in 4° articulo in responsione ad primum argumentum contra articulum, et tamen non est necesse A esse in hoc instanti, ut probatum est in eodem 4° articulo*[2]. Grâce à cette citation nous pouvons facilement identifier le quatrième article ; il s'agit du texte de la question O 9 : *Ad primum pro parte negativa, nego quod contradictoria possint verificari simul pro eodem instanti et contra quod Deus eque libere vult A esse in hoc instanti, sicut vult B angelum futurum esse futurum, et concedo quod A angelus potest non esse pro hoc instanti. Et cum infertur ultra quod non potest esse sine sui mutacione ex qua positus est angelus in esse in hoc instanti, hic dico quod omnis mutacio, sub racione qua mutacio est, habet duos terminos : a quo et ad quem. Ideo quamvis A potest non esse pro hoc instanti pro quo est, non tamen potest mutare ab esse ad non esse*[3]. Le deuxième problème, à savoir la nécessité du A à un instant

1. Oriel 15, f° 218rb. Le premier texte cité se termine dans Worcester F 65, f° 48rb, par : « Nego istam consequentiam ; similiter istorum modus arguendi fallit multos et non valet, sicut declarabitur in proximo articulo ». Le second – même manuscrit, f° 49rb : *4° sic...* – diffère aussi légèrement du texte cité. Le ms. Worcester F 65 donne une autre preuve qui confirme notre identification de la question troisième. Au f° 55vb on lit : « argumentum quod tetigi in 3° articulo, fuit enim argumentum frequenter indutum ad probandum quod Deus creat mundum. Argumentum erat tale : qualitercumque esset, si sic esset, ergo sic est, demonstrando quod Deus crearet mundum, scilicet si sic esset, Deus crearet mundum, ergo Deus nunc creat mundum ». Cet argument se retrouve dans la question *Utrum cuiuslibet futuricionis et pretericionis...*, f° 49ra : « Item sic, iste modus arguendi fallit plures, puta qualitercumque esset, si sic esset, nunc est, demonstrando per ly sic quod Deus creat (O : creavit) mundum. Sed si sic esset, Deus crearet mundum, ergo nunc creat mundum, quod sic arguitur... » La suite du texte cité se lit dans Oriel 15.

2. Worcester F 65, f° 53ra.

3. Oriel 15, f° 219rb. (Worcester F 65, f° 50vb : « Ad primum arumentum pro parte negativa articuli... »). Le ms. Worcester F 65 conserve d'autres renvois à la question *Utrum illud...* Au f° 45va :

donné, est évoqué tout au long de la même question O 9. C'est une réaction de Nicolas Aston contre l'opinion citée juste au début de la question et qui dit notamment: *omne quod est quando est necesse est esse.*

5ᵉ Question: *Utrum omne preteritum necessario sit preteritum* (= O 5). Pour l'identifier nous disposons des deux arguments. D'abord, l'article cinquième est indiqué au fº 216vb: *Item, Maria Magdalena amisit virginitatem suam et omnem dispositionem suam quam olim sibi potuit Deus dedisse; iam potest; ergo potest Deus restituere eam ad integrum et dare ei aureolam virginitatis, puia gaudium actuale de innocencia tali et quod numquam ipsa cecidit; probavi <enim> super Primum, articulo 5°, quod semper stat rem esse et numquam fuisse, et per consequens stat Magdalenam esse et numquam cecidisse*[1]. Je n'ai pas trouvé dans la question considérée ici comme la cinquième la proposition: *semper stat rem esse et numquam fuisse*, ni sa probation, mais c'est une seule question connue, dans laquelle Nicolas Aston parle du passé et de son caractère non-nécessaire, c'est-à-dire de sa dépendance de la libre volonté de Dieu, le cadre dans lequel le cas de Marie-Madeleine est envisageable. Regardons par exemple le dernier argument *pro parte negativa* – celle défendue par Nicolas Aston: *12ᵐᵒ sic. In canone misse rogamus Deum ut liberet nos ab omnibus malis preteritis, presentibus, et futuris, quod non esset ordinatum ab ecclesia nisi Deus posset tollere preteritum, ergo etc. Igitur ex predictis videtur quod omne preteritum est preteritum a voluntate divina libere contradictorie volente illud esse preteritum, quia de nullo preterito contradictionem includit ipsum non fuisse cum antequam res fuit <et> nullam contradictionem includebat; ergo nec prius esse et (ergo... et* om. O) *nunc non esse (nunc... esse* om. W) *contradictionem includit. Quare sequitur quod de quolibet preterito possibile est ipsum non fuisse*[2]. Le deuxième argument est le suivant. Dans son article *Utrum omne preteritum*... Nicolas Aston annonce la septième question: *magis clare dicam in fine 7ⁱ articuli*[3]. L'article *Utrum omne preteritum* ne peut donc être que le cinquième ou le sixième. Or, il n'est pas le sixième, pour les raisons que nous allons voir tout de suite; il est donc le cinquième.

6ᵉ Question: *Utrum privaciones et negaciones sint a Deo* (= O 10). Sa place exacte est la mieux documentée, mais uniquement dans le ms. Worcester F 65. Au fº 46rb Nicolas Aston écrit: *Arguitur: chimera est et nulla chimera est, quia*

« Similiter, omne quod non est Deus est contingens ad utrumlibet, ut probabitur 4° articulo ». Dans notre question quatrième on lit: « Hic dico quod sunt 3 opiniones. Prima est Aristotelis... alia... 3ᵃ est quam volo tenere, quod omne quod non est Deus est contingens ad utrumlibet, et omnis propositio est propositio de contingenti, excepta ista: "Deus est", vel convertibilis cum ea » (fº 51ra; Oriel 15, fº 219va. *Cf.* aussi fº 51rb et Oriel 15, fº 219vb); 2° au fº 52va: « Et ideo dico quod omnes tales propositiones sunt de contingenti ad utrumlibet: "mundus fuit", "Deus scit quod mundus fuit", ut dictum est 4° articulo ». Dans la question *Utrum illud*... (fº 51rb et Oriel 15, fº 219vb) on lit: « Similiter dico <quod> ista propositio: "mundus fuit", est ita contingens sicut ista: "Antichristus erit" ».

1. Worcester F 65, fº 60rb. Voir aussi *infra*, l'Annexe, question P 14.

2. Oriel 15, fº 215ra. (Worcester F 65, fº 52vb). Au cours de la discussion dans la réponse *ad quaestionem* cet argument est repris et expliqué (Oriel 15, fº 215rb; Worcester F 65, fº 53ra-rb).

3. Worcester F 65, fº 53vb. Ce texte manque dans le ms. Oriel 15.

*nulla negativa proposicio pro me significat sicut est, ut probabitur 6° articulo.* Le problème de la signification des deux contradictoires est largement traité dans notre question sixième : *Pro isto potest dici probabiliter meo iudicio quod non est inconveniens id ad quod deducitur. Patet, quia due proposiciones sunt inter se contradictorie, quelibet quarum significat precise* (?) *sicut est, quia une illarum (55ra), que vera est, significat affirmative precise sicut est et alia, que falsa est, significat negative precise sicut est ; quia ista duo contradictoria 'chimera est' et 'nulla chimera est', quia utraque illarum significat precise aliter quid est vel quid non est, quod pro eodem habeo. (...) Et concedendum quod due sunt propositiones inter se contradictorie, utraque illarum significat qualiter non est taliter...* [1]. Au f° 46va (premières lignes) Nicolas Aston évoque à nouveau le sixième article : *Tales proposiciones sunt vere : 'homo non est asinus', 'Socrates peccat', sed nulla illarum est vera aliqua veritate <rei>, ut probabitur 6° articulo.* Il s'agit du texte qui se termine ainsi : *Istis premissis dico, quod proposicio negativa est vera, sed nulla veriate <rei>, et ideo nulla est causa veritatis proposicionis negative* [2], et qui appartient à la même sixième question. Au f° 57ra Nicolas Aston écrit : *Pro isto dico quod tres sunt opiniones probabiles. Una ponit Deum velle omnia... et fundat se super illo principio : omnium duorum formaliter oppositorum alterum Deus vult, alterum potest velle. Sed contra istum feci aliqua argumenta articulo 6°, puta quod privacio non est bona nec Deo apparens bona...* Cette première opinion est exposée dans notre sixième question. Elle y est également réfutée [3].

Bien que le manuscrit Oriel 15 ne donne plus aucune information précise sur la disposition des questions, nous allons poursuivre notre « mise en ordre » du Commentaire de Nicolas Aston à l'aide du seul Worcester F 65. Nous pouvons ainsi voir au moins tout ce qui reste du Livre Premier de ce Commentaire et ne plus revenir à ce sujet.

1. L'opinion d'Aston commence aux dernières lignes du f° 54vb (« Pro 1° potest ») et continue au f° 55ra ; Oriel 15, f° 220va. L'augustin Ange de Dobelin se réfère au même exposé : « ... chimera est et nulla chimera est, quia nulla proprie negativa et nulla falsa signiflcat qualiter est, ut patet per Aston in 6° articulo » (ms. Iena, Elect. 47, f° 33rb). Jean Hiltalingen cite notre article : « Aliter habet dicere Haston in materia ista, sicut patet in 6° articulo, quo querit : Utrum privaciones et negaciones non sunt nec fuerunt a Deo (*cf.* Munich, Bayerische Staatsbibl., Clm 26711, f° 278rb). Et encore une fois :

Clm 26711, f° 34va :
ut allegat Haston, articulo 6, ubi dicit Aristoteles : omnis enim enunciacio significat esse quod est, vel non esse quod est, vel esse quod non est, vel non esse quod non est.

O 10 f° 220rb : W 7 f° 54rb :
9° sic. Aristoteles in primo Peri yermenias dicit sic : omnis enunciacio significat esse quod est, (vel non esse quod est, vel esse quod non est - *om.* O), vel non esse quod non est...

2. Worcester F 65, f° 55ra. Oriel 15, f° 220va.

3. Worcester F 65 (Oriel 15 manque le texte cité). Arguments contre : Worcester F 65, f° 54vb ; *contra* $6^{um}$ : *ibid.*, f° 55rb, Oriel 15, f° 220va-vb. *Cf.* aussi *Ad oppositum* : Worcester F 65, f° 54ra, Oriel 15, f° 220ra. Ajoutons encore ceci : au f° 58va (du ms. Worcester) on lit : « negatio nullo modo est voluta a Deo, ut probatum <est> 6° articulo ». Il s'agit de la réponse *Ad* $4^{um}$ : Worcester F 65, f° 55ra-rb, Oriel 15, f° 220va.

7e Question: *Utrum certa previsio futurorum contingencium sit ex predeterminacione voluntatis divine* (= O 4, W 5). Notre cinquième article, nous l'avons vu, renvoie son lecteur à la septième question. En fait, dans notre question 5, le célèbre vers d'Agathon cité par Aristote (*Éth. Nic.*, VI, 1139b 9-10) est mentionné à deux reprises: une fois dans l'argument 10 contre la thèse de Nicolas Aston (W, f° 53ra), puis à la fin de l'article, dans la réponse aux arguments 9 et 10, (f° 53vb): *Non plus isto die; magis clare dicam in fine 7[i] articuli de proposicione Aristotelis: hoc solo privatur Deus...* Cette explication du vers d'Agathon est donnée à la fin de la question *Utrum certa praevisio...*: *dico quod proposicio Aristotelis in 6° Ethicorum: Hoc solo privatur Deus, etc., intelligitur sic. Res preterita non potest esse non preterita per mutacionem, id est a fuisse rei usque ad non fuisse non est possibilis transitus, licet e contrario sic. Et sicut non sequitur Deus non potest facere me non esse, quia me non esse non est factibile, etc.*[1]. On trouve un autre renvoi encore dans notre sixième question, f° 55rb: *quia secundum omnes doctores quos ego vidi distinctio possibilium futurorum a non futuris est per determinacionem voluntatis divine. Idem dubium solvitur in proximo articulo, ubi tractabitur quomodo Deus scit peccatum.* Dans notre septième question nous trouvons d'abord la distinction des possibles: *Ego enim ponam distinctionem possibilium futurorum a non futuris esse per determinationem voluntatis divine, et tamen nec pono Deum velle peccatum esse, nec fore, et (W: in) quomodo hoc potest esse patebit in responsione ad articulum*[2]. Le même problème ainsi que celui du savoir de Dieu au sujet du péché est abordé tout au long du *Ad oppositum* et des réponses[3].

8e Question: *Utrum aliqua sit distinctio que nec est racionis nec realis* (= W 8, O manque). Le ms. Worcester F 65 deux fois renvoie à cette question; f° 55rb: ... *non enim (Deus) vult peccatum fore, quia tunc posset esse auctor peccati, et similiter posset velle peccatum esse, quod improbabitur octavo articulo; f° 58va: sed A peccare nullo modo est volubile a Deo, ut probatum est 8° articulo super Primum.* Dans les deux cas il s'agit de la réponse Ad articulum (ad 3[um]), où Nicolas Aston distingue entre l'intelligere et le velle en Dieu: *Pro isto dico quod tres sunt opiniones probabiles... 3° ponit Deum intelligere peccata, privaciones et negaciones, sed non velle. Sed tenenti istam opinionem difficile erit solvere argumentum tale: Deus intelligit peccatum, ergo Deus vult peccatum. Sed aliqui dicunt... Sed ista racio non videtur multum ad propositum, quia subducta (-to W) omni operacione intellectus creati, quero unde accidit illa diversitas quod Deus intelligit peccatum et non vult. Non a parte Dei..., nec a parte peccati. Dico quod velle malum est imperfectionis, intelligere malum non est imperfectionis. Ideo dico, quod non plus arguitur vel sequitur, quod inter intellectum et voluntatem in Deo sit distinctio formalis aliqua ponenda, que insurgit*

1. *Ibid.*, f° 52va. Voici le vers d'Agathon traduit par le P. René A. Gauthier: « Cette seule chose à Dieu lui-même est refusée, / Faire que n'ait pas été ce qui a été fait ».

2. *Ibid.*, f° 51vb, Oriel 15, f° 214ra.

3. *Ibid.*, f° 53ra-rb, Oriel 15, f° 214rb-va. Un autre renvoi à la septième question est erroné, voir plus haut, p. 56, note 2.

*ex natura rei, circumscripta omni operacione intellectus creati, propter hoc quod Deus intelligit peccatum* [1].

Voilà neuf questions (8+1) qui appartiennent au Livre Premier du Commentaire des Sentences de Nicolas Aston. La dernière manque dans le ms. Oriel 15 mais, en revanche, on y trouve les deux questions « premières », les deux autres (O 3 et O 6) font partie d'un autre Livre, et deux dernières (O 2 et O 12) appartiennent au Livre Quatre [2]. Malheureusement, on ne peut pas dire si le Livre Premier comptait d'autres questions encore que celles énumérées ci-dessus. Le question *Utrum voluntas creata quodcumque obiectum potest equaliter declinare sicut in illud tendere*, neuvième selon l'ordre du ms. Worcester 65, est la première à renvoyer son lecteur au Livre Premier.

### *Le texte dans le ms. Worcester F 65*

Commençons par la liste des questions contenues dans le Worcester F 65.

> <Prologus> Questio tractanda isto <primo> die est ista : UTRUM VERITATEM INCREATAM IMMEDIATE ET CONTINGENTER VERITATES AD EXTRA PRODUCERE FUNDAMENTUM SIT FIDEI CHRISTIANE (W, f° 43ra-45rb ; O 1 ; selon nous question du Prologue) ;
> Primus articulus est iste : UTRUM ALIQUA PROPOSITIO SIGNIFICANS PRECISE DEUM NON ESSE CONTRADICTIONEM INCLUDIT (W, f° 45rb-47ra ; O 11 ; selon nous q. 1) ;
> Secundus articulus tractandus est iste : UTRUM INTER NECESSE ESSE ET IMPOSSIBILE ESSE MEDIET (mediant W) POSSIBILE ESSE (W, f° 47ra-48vb ; O 7 ; selon nous q. 2) ;
> 3. Quia alias posui tales conclusiones duas scilicet sequentes : Antichristus erit et tamen non est ita quod Antichristus erit, nec ab eterno fuit ita quod Antichristus erit ; secunda fuit hec : qualitercumque poterit esse qualiter nunc non est, poterit incipere esse, – ideo pro declaracione istarum sit iste articulus tractandus : UTRUM CUIUSLIBET FUTURICIONIS ET PRETERICIONIS DEUS SIT CAUSA (W, f° 48vb-50ra ; O 8 ; selon nous q. 3) ;
> 4. Alias posui talem conclusionem : quod est nunc et pro nunc est possibile quod non sit nunc, ideo sit questio ista, articulus tractandus isto die : <UTRUM ILLUD QUOD NUNC EST PRO NUNC SIT POSSIBILE QUOD NON EST NUNC> (W, f° 50ra-51rb ; O 9 ; selon nous q. 4) ;

1. Worcester F 65, f° 57ra.

2. La question O 12 a sa place exacte vers la fin du Commentaire d'Aston : « Illud quod michi videtur esse tenendum in isto dubio dicam in fine 4[i] Libri tractando numquid Antichristus incarnabitur » (*cf.* p. 56, note 1). Elle commence dans le ms. Worcester, 65, f° 60va, Par : « Circa probacionem istius conclusionis : quilibet habet dubitare de socio suo numquid sit Antichristus ». Le problème du *socius-Antichristus* est évoqué tout au long de la même question (*cf.* D. Trapp, *Augustinian Theology*, p. 231). Or, dans la question O 2, Aston dit : « sicut locutus fui in declaratione istius conclusionis quod quilibet habet de socio suo dubitare numquid sit Antichristus » (Oriel 15, f° 212rb, Worcester F 65, f° 62ra). « Comme j'ai dit » – donc auparavant, et par conséquent la question O 12 doit précéder la question O 2.

5. UTRUM CERTA PREVISIO DIVINA FUTURORUM CONTINGENCIUM SIT EX PREDETERMINACIONE VOLUNTATIS DIVINE (W, f° 51rb-52va ; O 4 ; selon nous q. 7) ;
6. Articulus tractandus est iste : UTRUM OMNE PRETERITUM NECESSARIO SIT PRETERITUM (W, f° 52va-53vb ; O 5 ; selon nous q. 5) ;
7. Aliter tractandus est iste <articulus> : UTRUM PRIVACIONES ET NEGACIONES SINT A DEO (W, f° 53vb-55vb ; O 10 ; selon nous q. 6) ;
8. Ad rogatum cuiusdam socii reverendi tractabo istum articulum : UTRUM ALIQUA SIT DISTINCTIO QUE NEC EST RACIONIS NEC REALIS (W, f° 55vb-57rb ; O manque ; selon nous q. 8) ;
9. UTRUM VOLUNTAS CREATA QUODCUMQUE OBIECTUM POTEST EQUALITER DECLINARE SICUT IN ILLUD TENDERE (W, f° 57rb-58vb ; O manque) ;
10. Pro declaratione istius conclusionis : si Deus tollit peccatum alicuius hominis sequitur ipsum hominem non peccare nec peccasse, quero istum articulum : UTRUM POSITIVUM VEL PRIVATIVUM FORMALITER (59 ra) OPPONITUR PECCATO (W, f° 58vb-60va ; O 6) ;
11. Circa probacionem istius conclusionis : quilibet habet dubitare de socio suo numquid sit Antichristus, quero istum articulum : UTRUM ANTICHRISTUS POSSIT ESSE DIABOLUS INCARNATUS (W, f° 60va-61rb ; O 12) ;
12. UTRUM BEATA VIRGO FUIT CONCEPTA IN ORIGINALI PECCATO (W, f° 61rb-vb ; O manque) ;
13. UTRUM DYABOLUM ESSE SIT NATURALI RATIONE PROBABILE (f° 61 vb-63ra ; O 2) ;
14. UTRUM UNIVERSUM SIT TOTUM IN TOTO ET TOTUM IN QUALIBET PARTE CUILIBET CATHOLICO HEC QUESTIO DUBIA EST (W, f° 63ra-va ; O manque) ;
15. UTRUM SOLA VOLUNTATE ABSQUE OMNI ALIA RATIONE DEUS ALIOS REPROBET, ALIOS PREDESTINET VIATORES (W, f° 63va ; O manque) ;
16. UTRUM QUILIBET HOMO CONCUPISCENCIALITER PROPAGATUS CONCIPITUR IN PECCATO ORIGINALI (W, f° 63va-vb ; O manque).

Faisons d'abord trois remarques. Premièrement, une seule question du ms. Oriel 15 ne se retrouve pas dans le ms. Worcester F 65 : *Utrum ad omnem effectum cause secunde efficientia cause prime necessario requiratur.* Deuxièmement, la question W 15 n'est connue que par son titre et par neuf lignes du premier argument *quod non* – le tout étant tout de suite rayé. Troisièmement, les deux premières questions du ms. Oriel sont nettement distinguées dans le ms. Worcester – l'une étant appelée *questio primo die* (O 1, W Principium), l'autre – *articulus primus* (O 11, W 1).

S'il est vrai que chacune de ces remarques demande une explication détaillée, il est vrai aussi qu'elles posent quelques problèmes de nature générale, à savoir celui de l'authenticité et celui de l'intégralité de l'œuvre de Nicolas Aston. Le seul problème de la première question est plus compliqué que nous ne l'avons pensé auparavant, car la distinction même entre le Prologue et le premier article, fondée sur le texte du ms. Worcester, fait apparaître une nouvelle difficulté qui porte sur la réalisation de toutes les questions annoncées par Nicolas Aston. Dans cette situation, au lieu de se pencher sur chaque détail séparément nous allons les reprendre d'une façon plus cohérente en examinant les problèmes posés par le texte du ms. W.

## Le *principium* du Livre Premier

En poursuivant attentivement notre examen des renvois nous étions déjà amenés à constater, et ce à plusieurs reprises, que le texte du ms. W en conserve un plus grand nombre. En ce qui concerne la « double » première question, ils sont aussi beaucoup plus précis. Dans le même ms. W on voit nettement distincts l'article premier et la *questio primo die*. L'article premier n'est autre que la question W 1 et O 11 : *Utrum aliqua propositio significans praecise Deum non esse contradictionem includat*. Cependant, il n'ouvre pas le Commentaire de Nicolas Aston, il y est précédé par la question qui fut traitée le premier jour de la lecture et qui dans notre manuscrit est appelée invariablement *questio primo die* (O 1, W Principium). Il faut l'identifier avec le *principium* du Livre Premier du Commentaire de Nicolas Aston [1]. Je l'appelle aussi prologue.

Ce *principium* diffère sensiblement dans nos deux manuscrits : dans l'Oriel 15, nous l'avons vu, il est démembré en 3 dubia ; dans le Worcester F 65 l'auteur annonce trois articles dont le premier uniquement correspond à la question O 1. Le début du principium, tel qu'il est conservé dans le seul ms. W, pose quelques problèmes. Lisons-le donc d'abord (W f° 43ra-rb ; O manque).

> Quaestio tractanda isto <primo> die est ista : UTRUM VERITATEM INCREATAM IMMEDIATE ET CONTINGENTER VERITATES AD EXTRA PRODUCERE FUNDAMENTUM SIT FIDEI CHRISTIANAE
>
> 1° ad partem negativam quaestionis arguitur sic. Veritas increata est potentiae infinitae simpliciter, tum quia a se est habens potentiam, tum quia in se est continenes virtualiter et eminenter actualitatem cuiuscumque causae secundae ; igitur omnem veritatem creabilem sine concursu causae secundae sufficit veritas increata ad extra contingenter producere.
>
> Consequens falsum, quia necessarie ( ? ) posset relationem sine termino vel fundamento producere, et per consequens relationes essent res, distinctae autem <a> rebus absolutis.

1. Pour l'article premier, voir plus haut, p. 57-58. Pour le prologue *cf.* le ms. Worcester F 65, f° 53ra : quam conclusionem posui primo die tamquam dubiam ; f° 55vb : probavi primo die ; *ibid.* : sicut respondebatur primo die ; f° 58va : ut probavi primo die. Seul le premier renvoi se lit encore dans le ms. Oriel 15, f° 215rb. Il s'agit ici de la conclusion suivante : « aliquid semper erit et tamen numquam erit ita quod ipsum est ». Je n'ai pas réussi à la retrouver dans ces fragments du Commentaire dont je dispose. Pour d'autres renvois : $2^{e}$ : W, f° 44vb, O 211vb ; $3^{e}$ : W, 44rb, O 211rb ; $4^{e}$ : W, 44ra-rb, O 211ra-rb. Le texte W de la question du premier jour possède encore quelques détails propres du principium, par exemple W, f° 43rc : « Casus patet per magistrum reverendum qui 3° loco intravit ad Sententias isto anno… » (O f° 210va : « Casus patet per opinantes… ») ; f° 43vb : « et quia magister reverendus negat antecedens, ideo probo antecendens et signo… » (O manque) – cet exemple laisse supposer qu'il s'agit de la *disputatio temptativa* souvent pratiquée dans les principia ; f° 44r-v : polémique contre un *magister reverendus*.

2° sic. Si veritatem increatam etc. et fides christiana vera est, ut credimus, igitur nulla est causa qua posita cum omnibus dispositionibus quibus causat, necessario sequitur effectum esse vel fore.

Consequens falsum et contra Doctorem Profundum in 3° libro suo *De causa Dei contra Pelagium*, c. 2°

3° sic. Si veritatem increatam etc., igitur veritatem increatam esse est demonstrabile vel non. Et si sit demonstrabile erit Deum esse, igitur talis demonstratio erit vel fuit tradita ab aliquo philosopho vel theologo. Consequens falsum improbabo. Et si non sit demonstrabile Deum esse, igitur Deus non est. Consequentia postea declarabitur.

Ad oppositum et pro parte affirmativa arguitur per illud Genesis I: *In principio creavit Deus* (Deum W) *caelum et terram*. Similiter ad oppositum arguitur per Commentatorem 9$^{no}$ *Metaphysicae*, commento 7° (Venetiis 1574, t. VIII, f° 231 va), ubi dicit Commentator quod christiani *ponunt unum agens omnia sine medio*, puta *Deum*. Et paucis interpositis dicit Commentator quod percipientes *ista*rum *opinionum non habent cerebrum* aptabile *ad bonum naturaliter*. Ex quibus patet veriatas quaestionis.

Iuxta materias tactas in tribus argumentis factis ad partem negativam quaestionis formo mihi tres articulos isto die pertractandos. Primus est iste: Utrum omnem veritatem creatam poterit veritas increata hypostatice sustentare. Et iste articulus [nihil] continet materiam tertii libri Sententiarum. Et quia in isto articulo aliqua probabo quibus non indigebo in aliquibusvis articulis, non intendo aliqua supponere, sed solum probare quae dicam; ideo primo pertractabitur.

Articulus secundus est iste: Numquid veritats increata sit contingentia antecends respectu actus sui ad extra, in quo probabo duo. Primum est quod omne quod eveniet et contingenter eveniet. Secundum est: hoc, quod si aliquo modo est, nulla est causa quare sic est.

Tertius articulus tractandus est iste: Utrum aliqua propositio significans praecise veritatem increatam non esse contradictionem includat. In quo articulo ostendam quod per nullam scientiam particularem est demonstrabile Deum esse contra falsigraphum negantem principia scientiae particularis, sed solum per scientiam universalem, puta dialecticam, cuius principiis nullus potest contradicere, contingit deducere negantem Deum esse ad metam, quae est redargutio.

In ista quaestione istum modum procedendi tenebo. In primo articulo declarabitur numquid relationes omnes sunt res vel non [1], quia magna est altercatio (43rb) inter doctores de relationibus et non inartum <certamen> in scriptis doctorum, quod videntur uni probare distinctionem respectuum ab absolutis, quod enim videtur alteri non probare. Et multi his diebus negantes aliquas relationes distingui ab absolutis incidunt in magna inconvenientia concedentes propositionem falsam significare praecise sicut est, et plures dicentes relationes distingui ab absolutis concedunt maiorem inconvenientiam, puta quod tot fuerunt res ante creationem mundi sicut iam sunt. Et isto die veritas denudabitur ita quod non oportet amplius haesitare numquid <relationes> sint res vel non.

1. Le ms. Paris, BnF, lat. 16535, donne trois résumés du prologue : le premier (f° 119r) correspond au texte W ; le second (f° 119v) – au texte O, où il est intitulé : *Utrum relationes sint res vel non* ; le troisième (f° 120r) : *Utrum persona assumpta sit a verbo*, résume le deuxième dubium du prologue.

> Ad primum articulum arguo sic. Veritas [in] creata seu natura est simpliciter in potentia, in oboedientiali respectu... [1].

Il est bien évident que Nicolas Aston annonce ici trois articles chacun reprenant un argument *pro parte negativa.* Or, nos manuscrits n'en possèdent que le premier, les deux autres ne se retrouvent nulle part, ni dans le ms. W, ni dans le ms. O, ni dans le ms. P. Ce dernier, quant à lui, résume l'introduction que nous venons de citer, énumère les trois articles, suit le texte du premier article, mais se tait sur le texte des articles 2 et 3. Il est donc fidèle au texte W. Les deux articles se sont-ils perdus ? Étaient-ils jamais écrits ?

Si nous identifions notre question avec un prologue ou une sorte de principium du Livre Premier, il nous est, en conséquence, impossible de penser que ce principium reste inachevé. Cette introduction au commentaire des Sentences était toujours solidement préparée et bien à l'avance. Cela vaut également pour Nicolas Aston qui prévoit ses articles, les compose en fonction des arguments en un tout cohérent, affirme qu'il va les traiter le jour même (*tres articulos isto die pertradandos*). Faut-il donc voir dans la première question du Premier Livre (O 11, W 1) l'article 3 du prologue ? En effet, il réalise le programme annoncé : il y est question du *Deum esse*, on y rejette la preuve de Dieu apportée par des sciences particulières – philosophie (Aristote) et théologie (Thomas Bradwardine), et, enfin, on y discute le problème de l'existence de Dieu selon les règles de la logique, obligatoires aussi bien pour les croyants que pour les incrédules [2].

Mais, disons le tout de suite, en acceptant cette solution, nous risquons de mettre en question l'ordre que nous venons de retrouver et qui est, à une exception près, celui du ms. W. En conséquence, les renvois retrouvés n'auraient plus aucun sens, ni ceux du prologue, ni ceux des questions (*articuli*), ni ceux de Hiltalingen et de Dobelin. Le copiste du ms. W l'a bien vu : il appelle la question W 1 (O 11) *primus articulus*, et la suivante (W 2, O 7) *secundus articulus.*

En revanche, certains éléments laissent penser que nous avons affaire à deux rédactions, ou, peut-être, à la *reportatio* dans le ms. W, et à *l'ordinatio* dans le ms. O [3]. Sans parler de la valeur médiocre de la copie O, il faut souligner que celle-ci conserve, bien que raccourcie, la totalité de la première leçon de Nicolas Aston et c'est pour cette raison que la même copie ne possède pas le texte que nous venons

1. Ici seulement commence le texte O : « Quod sic arguitur isto modo. Veritas creata sive natura... » (f° 210va).

2. *Cf.* plus haut, p. 48-51.

3. Ce n'est qu'une hypothèse ! Le texte du ms. O est trop médiocre pour pouvoir en juger. Il peut aussi bien, et peut-être mieux encore, passer pour une deuxième réportation, et dans ce cas c'est au copiste qu'il faut attribuer l'omission de la partie introductive. Peut-on de la même façon expliquer d'autres omissions et découpages de très longs passages dans les questions première et sixième (W 1 et 6 ; O 10-11), les plus caractéristiques pour la pensée astonienne ? Même là, où les deux textes se suivent, celui du ms. O a une constante tendance à abrégée la phrase, l'argumentation.

de lire, texte qui ne reflète guère le contenu réel du prologue[1]. En effet, il y a plusieurs raisons qui permettent de constater que les 2e et 3e articles du prologue, bien qu'annoncés, n'ont jamais été réalisés. D'abord Nicolas Aston lui-même ne les évoque jamais, ni ne renvoie son lecteur au texte d'un *articulus* qui pourrait être identifié comme appartenant à la *questio primo die*[2]. Ensuite, tous les renvois, aussi bien ceux de Nicolas Aston que ceux d'autres auteurs, confirment que la question *Utrum aliqua propositio significans praecise Deum non esse contradictionem includat* est la première du Livre Ier et non l'article 3 du principium. Ensuite, la seule trace de l'article 2 du prologue, la conclusion : *si aliquo modo est, nulla est causa quare sic est*, ne se retrouve que dans le seul ms. P, selon lequel cette conclusion a été formulée non dans le prologue, mais dans notre question 8, laquelle termine le Premier Livre[3]. Enfin, dans la première question (O 11, W 1), Nicolas Aston annonce une critique de la preuve de saint Anselme ainsi que de celle de Duns Scot et il le fait uniquement dans le W. Or cette critique manque dans le W. A-t-elle jamais été faite ? Le texte O passe le problème sous silence car aucune trace de cette critique n'existe et n'a, sûrement, jamais existé. La même remarque vaut pour une question du Livre II signalée dans le seul ms. W[4].

Une autre solution à notre problème, celle qui voudrait voir dans les textes attribués à Nicolas Aston un choix désordonné et même anarchique des questions, choix reflétant le goût de tel ou tel copiste, est difficilement envisageable, bien que le ms. P puisse en fournir quelques arguments en ce sens[5]. Mieux vaut croire que

1. Transcrit plus haut, le début du principium fut omis par l'auteur ou par le copiste car il ne correspondait à rien.

2. Voir plus haut, p. 65, note 1. Le premier renvoi que j'y cite, invite à se reporter à une conclusion posée (et sans doute démontrée) le premier jour, mais qui reste introuvable dans W. Une telle perte peut s'expliquer soit par l'erreur d'Aston lui-même, soit par l'omission faite par un copiste. D'autre part, il faut noter qu'Aston analyse dans son prologue (*dubia* II et III) des thèses très proches de la conclusion perdue dans W, mais conservée dans O et que je cite dans la note indiquée.

3. En réalité il y a une seconde trace car la même conclusion est d'abord citée dans le ms. W, fº 51rb (notre question 4), mais sans indication précise : « Quere responsionem ad istud argumentum in 3° <libro ?> 3 articulo et similiter in declaratione istius conclusionis : si aliquo modo est, nulla est causa quare sic est ». Le ms. P, fº 121v, donne, à la fin du résumé du Commentaire d'Aston, trois conclusions dont voici la première : « Prima conclusio : si aliquo modo est, nulla est causa quare sic est. Probatur hec conclusio 8° articulo ».

4. Ms. W, fº 46ra : « Post in fine articuli ostendam quod argumenta Anselmi non probant Deum esse, nec argumenta Doctoris Subtilis in tractatu suo *De primo principio*, et aliorum doctorum ». *Ibid.*, fº 46vb : « Consequentia probatur super 2um librum Sententiarum, articulo ultimo, ubi tractabitur numquid argumentum Aristotelis in 8° *Physicorum* probat primum motorem esse infinite potencie simpliciter ». Dans le ms. O ont été omis : 1) une assez longue polémique contre les partisans de la démonstration de l'existence de Dieu selon Bradwardine ; 2) une grande partie du développement de la preuve d'Aston lui-même. À la fin de la question le copiste du ms. W note : *deficiunt multa argumenta* (W, fº 47ra). Ces arguments peuvent être ceux, déjà annoncés, contre Anselme et Duns Scot.

5. Voir p. 66, note 1. Dans ce manuscrit (P) il est quelquefois difficile de distinguer le dubium et la question. Même Étienne Gaudet, l'abréviateur, ne savait pas toujours quelles questions appartenaient réellement à Aston (*cf.* P, fº 220v : « Utrum autem ista dicta sunt de Astona vel cuiusdam non bene apparet »). Le ms. W, lui aussi, prend un dubium pour une question, mais il se rattrape vite (il s'agit

le copiste, s'il n'était pas un ignorant, n'était pas, non plus, complètement dépourvu du souci d'exactitude.

À la fin de ces remarques, nous pouvons constater que du Livre Premier du Commentaire de Nicolas Aston, il ne reste que le prologue, formé par un seul article, et huit questions dont l'ordre fut établi précédemment.

## L'authenticité des questions attribuées à Nicolas Aston

Par ses nombreuses auto-citations Nicolas Aston facilite beaucoup la tâche de l'historien, celle notamment qui consiste à indiquer tout ce qui appartient à son œuvre, tout ce qui ne lui appartient pas et, enfin, ce qui reste à retrouver. Ceci dit, nous allons, dans un instant, parler des questions perdues; dans l'immédiat nous abordons le problème de l'authenticité des questions contenues dans les trois manuscrits, O, P et W.

Aucune question du ms. O ne pose, en principe, de problèmes – elles sont toutes de Nicolas Aston et D. Trapp ainsi que J.A. Robson en sont d'accord. L'authenticité de la question O 3: *Utrum ad omnem actionem causae secundae efficientia causae primae necessario requiratur*, seule qui ne se retrouve dans le ms. W, peut être facilement prouvée par les liens intérieurs qui l'incorporent dans l'œuvre de Nicolas Aston et par les témoignages de Hiltalingen et du ms. P[1].

En ce qui concerne le ms. W, le prologue et les questions W 1-7, 10, 11 et 13, sont, bien évidemment, authentiques. On les lit dans les trois manuscrits. Elles sont coordonnées entre elles par les auto-citations, comme, d'ailleurs, les W 8 et W 9 (omises dans le ms. O, mais résumées dans le ms. P).

Les questions W 12, 14 et 15 manquent dans le ms. O mais figurent dans le ms. P (respectivement: P 16, 19, 12, et, cette dernière, pour la deuxième fois comme P 20). La question W 14 est, en plus, invoquée dans le prologue; elle est donc,

de la question W 15 dont je parlerai encore). Le désordre du ms. O, nous l'avons vu plus haut; celui du ms. P apparaît clairement dans le texte publié en appendice.

1. P. ex. dans le ms. Oriel 15, f° 213vb: « Ad oppositum 2: omnis causa secunda plus dependet a causa prima, quam aliqua causa secunda ab alia causa secunda »; et *ibid.*, Aston cite Jean Duns Scot à l'occasion du problème de l'ordre essentiel des causes. Les mêmes problèmes et les mêmes expressions se retrouvent dans la première question (W 1, f° 45va et f° 47ra; O 11, f° 221ra). Une autre expression est caractéristique pour Aston: « Respondetur ad 1: secundum doctores quos vidi formalem contradictionem includit aliquid esse et Deum non esse » (ms. O, f° 213vb). Il y a, dans le Commentaire d'Aston, quelques sujets qui reviennent constamment, comme par exemple: le problème de la proposition négative et de la cause de sa vérité, celui de la contradiction, etc. Le goût d'Aston pour le paradoxe fut déjà noté par D. Trapp et, grâce au ms. W, on voit qu'il est même à l'origine de quelques questions (*cf.* W 3, W 4 et W 11). Il y a aussi des répétitions, *cf.* p. ex. W f° 44vb et f° 54va. Grâce à tous ces éléments les questions d'Aston sont assez facilement reconnaissables. – Pour le témoignage de Jean Hiltalingen de Bâle, voir plus haut, p. 54, note 3. Le résumé du ms. P est publié à la fin de cet article. Dans le ms. Paris, BnF, lat. 16408, f° 38r-39v (et dans sa copie lat. 16409, f° 70r-73r) Étienne Gaudet résume à nouveau la même question O 3 ainsi que la question O 4 (W 5) en les attribuant, toutes les deux, à Aston.

sans aucun doute, authentique[1]. La question W 15, dont notre ms. W ne conserve que quelques lignes à peine, est résumée d'abord comme question P 12, et ensuite comme deuxième dubium de la question P 20 : *Utrum secundum sua opera reddetur unicuique vita vera*. Or, cette dernière peut être, me semble-t-il, attribuée à Nicolas Aston grâce à quelques formules assez significatives, remarquées déjà par l'abréviateur ; par exemple : *omni modo quo nunc est ex parte Dei, semper ante fuit ; esset transitus de contradictorio in contradictorium sine mutatione* – sujet qui occupe constamment Nicolas Aston. De ce fait il faut rayer de la liste des questions de Nicolas Aston la question W 15 (P 12), comme n'étant pas autonome, et à sa place il faut insérer la question P 20.

Les deux questions qui nous restent encore – W 12 et W 16 – abordent le même sujet du péché originel : la première en rapport à la Sainte Vierge, la seconde en rapport aux autres hommes. Or, dans cette dernière, on parle également de la conception de la Sainte Vierge, sans pour autant remarquer que le problème est discuté dans une question qui lui est spécialement consacrée[2]. Ce n'est pas suffisant pour écarter la question W 16, mais assez pour la considérer comme douteuse, d'autant plus que l'authenticité de la question W 12 est confirmée par deux manuscrits[3].

Pour terminer, jetons encore un coup d'œil sur le manuscrit P dont toutes les questions, à l'exception de quatre, se lisent dans le ms. W, ou dans le ms. O ou dans les deux à la fois. De ces quatre, nous en avons vu la vingtième, regardons donc maintenant les trois qui restent.

La question P 21 : *Utrum sacramenta novae legis efficiunt quod designant*, est composée de trois articles dont le premier soulève le problème de la transsubstantiation en des termes très proches de ceux du premier dubium du prologue où, d'ailleurs, Nicolas Aston se heurte au même sujet. Et parce qu'il se répète assez souvent il le fait également ici. La question est certainement authentique.

La question P 22 : *Utrum unam personam incarnari alia non incarnata sit veritas catholice defendenda*, est annoncée dans le prologue déjà[4]. Elle est donc authentique et appartient au Tiers Livre.

Sur la question P 23 : *Utrum omnis homo volens habere C libras et non habens peccet mortaliler*, on ne peut pas dire grand-chose. Le sujet : *de eodem corpore in diversis locis*, que l'on y voit, fut discuté dans le prologue, mais c'est un sujet qui se retrouve chez beaucoup d'autres auteurs. Le thème : *Deus non vult aliquem peccare* qui revient souvent sous la plume de Nicolas Aston, est presque banal alors. Mais je pense que la question peut être attribuée à Nicolas Aston car elle

1. Voir p. 64. Un autre renvoi à la question W 14 dans le ms. W, f° 51rb (O manque). Le texte correspondant au f° 63rb.

2. Ms. Worcester F 65, f° 63vb : « Si quilibet homo, etc., tunc sequitur quod beata virgo fuit concepta in originali peccato ; consequens falsum… ».

3. Comme je l'ai indiqué auparavant, j'étudie le ms. Worcester F 65 sur photocopie et je ne dispose que des folios 43r-63v, les seuls contenant, selon d'autres historiens, le Commentaire d'Aston.

4. Voir p. 56 : Ad a.

était copiée, dans le modèle du ms. P, à la fin d'un ensemble qui ne contenait que les questions de Nicolas Aston [1].

Je pense donc que, sans trop risquer, on peut considérer comme authentiques le prologue (principium) du Livre Premier et les dix-neuf questions. Une seule question me paraît douteuse, la dernière dans le ms. W.

## L'intégralité de l'œuvre de Nicolas Aston

Parmi tous ces renvois et auto-citations il y en a un certain nombre qui ne pouvaient pas être identifiés, soit parce qu'il y est question d'un autre écrit, en l'occurrence du traité *De solutione insolubilium (De insolubilibus)*, soit parce qu'il s'agit des articles du Commentaire perdus.

Le traité des insolubles est à deux reprises nommément cité et plusieurs sophismes proviennent effectivement de cet écrit [2]. Ils peuvent un jour servir à l'identification du traité jusqu'ici non retrouvé.

À côté des sophismes on voit des citations de conclusions déjà prouvées, de sujets abordés auparavant, mais dont la provenance n'est pas certaine [3].

Il y a également ce qui nous intéresse le plus, les annonces des questions qui en principe, devaient être traitées dans les Livres II-IV. Quelques-unes d'entre elles existent : les deux du Livre Quatre qui concernent l'incarnation et l'existence du diable (O 12, O 2 ; W 11, W 13 ; P 15, P 18) ; un très court abrégé d'une question

1. Ms. Paris, BnF, lat. 16535, f° 121v, donc à la fin de son résumé, Étienne Gaudet note : « Finis questionis et finis contentorum in his 9 sisternis huius voluminis, ut patet ».

2. Ms. Worcester F 65, f° 44va et Ms. Oriel 15, f° 211 va : « Ex ista sequitur quod nulla propositio negativa significat sicut est, et per hoc principium necessarium faciliter posset homo solvere propositiones quae dicuntur insolubilia, non negando casum. Sed transeo (W : transio) quia alias tradam (?) solutionem insolubilium, in quodam tractatu specialiter ad hoc deputato (W : disputato) ». Ms. W, f° 49va et ms. O, f° 218va : « Et tunc (*om.* W) ad istam consequentiam : ista propositio "Antichristus erit", est vera et affirmativa, igitur significat sicut est, nego consequentiam, quia non sufficit (W : sed sufficit). Ideo notandum (W : negandum) quod nulla negativa propositio significat sicut (om. O) est, ut alias probavi, in tractatu de insolubilibus (ut – insolubilibus om. O) ». Ms. W, f° 51rb : « Tamen dico quod secundum philosophos haec propositio est necessaria : "omnis homo est animal", sed numquid ista propositio : "necesse est esse, quod omnis homo est animal" vel talis propositio : "sic est quod omnis homo est animal" sicut concedendum a Philosopho. Alias dicta in quodam actu, quod non aliqualiter est quod omnis homo est animal, quia videlicet extra intellectum est quod omnis homo est animal… » Trois autres sophismes sont à l'origine des deux questions. Voir plus haut, p. 63-64.

3. Ms. W, f° 45ra (Q. prologi) : « alias enim probo quod sicut Deus non distinguitur ab aeternitate (ms. : aeternaliter), ita nec angelus ab aevo, nec res temporalis a tempore ». Ce texte provenant du prologue, on peut, en conséquence, penser qu'il s'agit du *De insolubilibus* ainsi que dans le texte suivant : « Sed quod alias posui talem conclusionem, quod A corpus est in aliquo loco et tamen nulla pars eius est in eodem loco, tamquam veram… » (ms. W, f° 62rb). À cette occasion j'aimerais remarquer quelques erreurs de renvois. L'une était déjà notée, voir p. 62, note 3 et p. 57, note 1. Dans le ms. W, f° 62va (question W 13, de la fin du livre IVe) Aston dit : « quia Deus nullo modo necessitat creaturam ad actum suum liberum in postea tractabitur ». Ce problème est débattu dans la question W 9, *cf.* ms. W, f° 58rb (un autre renvoi indique le même *dubium difficile* : dans le même manuscrit, f° 51ra, question W 4). Et, enfin, ms. W, f° 50vb (question W 4), indique, à propos d'une conclusion qui va être prouvée (dans la question W 14) : *alias probavi*.

du Livre Trois sur l'incarnation du Verbe est connu grâce aux notices d'Étienne Gaudet (P 22) ; une question, enfin, sur « le tout et ses parties » se lit dans le manuscrit W (W 14, P 19). Toutes ces questions ont été annoncées dans le prologue du Livre Premier.

Or, avec le même prologue, nous commençons à compter les pertes dont l'étendue est aujourd'hui difficile à mesurer. Énumérons brièvement tout ce qui manque dans nos trois manuscrits.

1) Si l'article 3 du prologue est identique avec la question première, il nous manque toujours l'article 2 du même prologue. Les conclusions (ou, du moins, une des deux conclusions annoncées) de cet article devaient, selon la remarque d'Étienne Gaudet, être prouvées dans la question huitième. Or, elles ne se retrouvent nulle part. Nous pouvons donc conclure, que les textes dont nous disposons ont des lacunes, ou qu'il nous manque une question mentionnée par Étienne Gaudet[1].

2) Dans sa question première Nicolas Aston annonce le sujet qu'il allait traiter juste à la fin du Livre Second : *Consequentia probatur super Secundum librum Sententiarum, articulo ultimo, ubi tractabitur : numquid argumentum Aristolelis in 8° Physicorum probat primum motorem esse infinitae potentiae simpliciter*[2]. Cependant, dans aucune des questions conservées on ne voit cette discussion sur le Premier Moteur aristotélicien.

3) Parmi les quelques trois conclusions de Nicolas Aston, Étienne Gaudet énumère aussi la suivante : *Quod 'hoc est hoc' contradiccionem non includit quibuscumque duobus realiter distinctis demonstratis.* Et il ajoute[3] : *2° libro, articulo 2°*. Elle n'est pas non plus dans les copies dont nous disposons à présent.

À ces données du Commentaire de Nicolas Aston il faut ajouter une autre information provenant de la *Responsio VI* de Jean Hiltalingen de Bâle et, surtout, il faut bien l'examiner. Elle se trouve à la fin du passage suivant :

> Pro hiis que dicta sunt et contra posicionem huius doctoris sunt dicta Haston in illo articulo : *Utrum negaciones et privaciones sint a Deo* ; item dicta Facini de Ast, libro 2°, q. 21, qua querit : *Utrum respectu <omnium> quorum Deus est permissio*

1. Voir *supra*, p. 65-68. Étienne Gaudet résume, je suppose, toutes les questions qu'il a devant lui, même si elles ne diffèrent que par leur titre (d'où les quatre versions du prologue, d'où deux versions d'une autre question). Mais il possède également une liste des conclusions d'Aston faite par le maître désigné par la lettre R (*conclusiones aliquae collectae per magistrum R*). La conclusion que nous cherchons pouvait se trouver uniquement sur la liste du maître R. D'autre part, il se pourrait qu'elle appartienne à une question conservée, mais incomplète.

2. Worcester F 65, f° 46vb.

3. Paris, BnF, lat. 16535, f° 122r ; voir infra, p. 86, la liste du maître R. Ici je veux ajouter un autre texte encore, Worcester F 65, f° 57ra : « Negatur ista consequentia : "contradictoria incomplexa numquam vere dicuntur de eodem". Contradico tamen quod contradictoria incomplexa vere dicuntur de duobus terminis significantibus eandem rem, ut "communicabilis" et "non communicabilis" dicuntur vel praedicantur vere de istis duobus terminis : "essentia" et "pater" ; et illud non debet reputari inconveniens nec mirum apud philosophum purum cum fore simile in natura ostendi potest, ut alias dicam ». Je n'ai pas réussi à retrouver le texte correspondant.

<*respectu illorum*> *sit* <*Dei*> *volicio* <*actualis*>; sic eodem libro, q. 23 qua querit: *Utrum* <*Deus*> *summe bonus sit malorum et prave voluntatis causa efficiens principalis.* Contrahat denique opinionem. Communis opinio modernorum clamare non cessat et digne, quia ipsam, ut dicit magister Johannes Chlencoc, ubi supra, aures pii veri perhorescunt. Ex illis sequitur primo... Ad hoc faciunt Aston in isto articulo: *Utrum ad omnem accionem cause secunde Dei coefficiencia necessario requiratur*, et eodem libro q. 5 qua querit: *Utrum in qualibei accione creata influxus summi Dei necessario requiratur*[1].

La dernière des questions, attribuée ici à Nicolas Aston, n'est pas du tout connue. Est-ce donc une question perdue ? Ce n'est pas sûr. Regardons d'abord le propos de Hiltalingen. La dernière phrase n'est pas claire et son verbe demande un sujet au pluriel. On peut donc la corriger ainsi : *Ad hoc faciunt dicta Aston in isto articulo... et eodem libro q. 5...* Elle est meilleure, elle est conforme à la première phrase du texte, mais elle n'est pas possible, car Hiltalingen ne mentionne jamais le livre du Commentaire de Nicolas Aston, il ne cite que les articles. Les mots *eodem libro* indiquent une seule correction possible : *Ad hoc faciunt* <*dicta*> *Aston in isto articulo... et* <*dicta Facini de Ast*>, *eodem libro* <2°>, *q. 5 qua querit...* Si nous ouvrons le Commentaire de cet Augustin si peu connu[2], nous pouvons, effectivement, trouver, non comme cinquième, mais comme onzième, la question : *Utrum in actione qualibet creata influxus summi Dei necessario requiratur*[3]. D'ailleurs, l'expression *summus Deus* (ainsi que *summe bonus*, etc.) n'appartient pas au langage de Nicolas Aston, elle est celle de Facinus. En conséquence, la question *Utrum in qualibet actione creata influxus summi Dei necessario requiratur*, attribuée par Hiltalingen (ou par son copiste) à Nicolas Aston est à écarter[4].

En somme, il reste vraiment peu d'informations sur la partie perdue du Commentaire de Nicolas Aston[5].

Quant à la répartition des questions conservées, elles constituent presque la moitié du Premier Livre. D'autres, dans le ms. W à partir de la question W 9, se répartissent entre les trois autres livres. Leur place exacte est plus difficile à déterminer. Au Livre Second appartiennent certainement les questions W 9, W 10 et O 3 ; au Livre Trois : P 21 et P 22 ; au Livre Quart - W 11, 12, 13, 14, 15 ainsi que P 23.

1. Clm 26711, f° 262va.

2. Sa *lectura Parisiensis* date de 1361-1363. À son sujet *cf.* D. Trapp, « Augustinian Theology », p. 239-242 et 267 ; la « Bibliographie Historique de l'Ordre de Saint Augustin 1945-1975 », *Augustiniana*, 26 (1976), nos 1496, 1497.

3. Ms. Erfurt, Amplon. 2° 115, f° 105vb-106vb. La question 24e : *Utrum respectu omnium...*, f° 121vb-123rb et la 26e : *Utrum Deus summe bonus...*, f° 124rb-125vb.

4. Une autre question de Facinus (II, 3) a le titre emprunté dans le Commentaire d'Aston (O 3, P 6) : *Utrum in actione cuiuslibet causae secundae Dei coefficientia necessario requiratur* (même manuscrit, f° 89ra).

5. Mais si on compte toutes les pertes, il ne faut pas oublier que les quatre dernières questions du ms. P ne nous sont parvenues que dans un très court résumé dû à Gaudet. Le texte intégral de ces quatre questions reste à retrouver.

Les manuscrits *Worcester F 65 et Paris, BnF, lat. 16535*

Le manuscrit P est un recueil de différentes pièces constitué par Étienne Gaudet vers la fin des années cinquante et au début des années soixante[1]. Sa première partie nous apporte l'abrégé du *De causa Dei*[2], suivi par les questions d'un Agustin Anonyme d'Oxford avec leur abrégé. Or les questions de l'Anonyme d'Oxford constituaient, dans le modèle d'Étienne Gaudet, un seul volume avec les questions de Nicolas Aston, les premières en occupant trois cahiers et les secondes – les six autres[3]. Dans l'état actuel du ms. P (qui unit plusieurs volumes originels) les questions de l'Anonyme occupent 35 feuillets (f° 75-110), nous pouvons donc constater que les questions de Nicolas Aston en devaient remplir c. 70 feuillets du même format.

Étienne Gaudet porta un grand intérêt aux théologiens anglais: dans ses notices ainsi que dans sa bibliothèque on trouve plusieurs auteurs d'Oxford, franciscains et séculiers. Une grande partie des textes copiés ou abrégés, bien que très différents et originaux en soi, se rapproche par leur problématique: ils sont tous en accord ou en opposition avec la théologie de Thomas Bradwardine. Dans ce contexte il faut considérer la présence, dans la bibliothèque d'Étienne Gaudet, du *De causa Dei*, le Commentaire de Thomas Buckingham, celui de l'Agustin Anonyme d'Oxford, de Brinkley, et bien évidemment, celui de Nicolas Aston. C'est en les étudiant qu'Étienne Gaudet préparait ses propres actes universitaires[4].

Les renseignements que peut nous donner l'abrégé d'Étienne Gaudet sont assez significatifs. Essayons de les comprendre en comparant les données des trois manuscrits.

Comparé au ms. Oriel 15, le ms. P possède huit questions en plus. Ce qui le rapproche du ms. O, c'est le grand désordre de la première partie du texte. Ce qui les distingue, c'est le souci apparent dans le ms. P de donner le texte quasi complet (quant au nombre des questions) tandis que le ms. O se contente d'un choix des questions. Ce désordre, auquel se heurta également Jean Hiltalingen, s'il est, en partie du moins, explicable dans le ms. O par le fait que nous n'y avons qu'un

1. Le manuscrit était, d'abord, attribué à Thomas de Cracovie, ensuite à Jean de Falisca. Quant à moi, je l'attribue à Étienne Gaudet et donne mes raisons dans l'ouvrage mentionné *supra*, p. 53, note 3.

2. Paris, BnF, lat. 16535, f° 1-73: *De causa Dei*, I, 2-47. Le chapitre premier au Livre I se trouve dans le ms. Paris, BnF, lat. 16561, f° lllr-171v, qui est également de Gaudet. Au sujet de cette séparation du chapitre premier *cf.* H.A. Oberman, *Archbishop Thomas Bradwardine*, p. 19, note 5.

3. Le texte des questions d'Aston commence comme abrégé du 4ᵉ cahier et se termine avec le cahier 9ᵉ. Les questions de l'Augustin Anonyme appartenaient au même volume. *Cf.* P. Glorieux, « Jean de Falisca », p. 31-32.

4. À ce sujet, voir l'article cité de P. Glorieux. J'ai analysé la bibliothèque d'Étienne Gaudet en 1974, dans le cadre du séminaire de M. Paul Vignaux. Un bref résumé de mes conférences a paru dans l'Annuaire 1973-1974 (de l'École pratique des hautes Études, Vᵉ section), t. 82, p. 223-224 (sous le titre: Sources manuscrites françaises et anglaises de la formation d'un théologien parisien au XIVᵉ siècle).

choix des textes, il est incompréhensible dans le ms. P, où le copiste veut visiblement donner tout le texte. D'autre part, la tendance du ms. P (et donc de son modèle) à détacher un dubium ou un article de la question dont il fait partie intégrale, est également visible dans le ms. W (*cf.* la question W 15). Si à ces faits nous ajoutons les doutes d'Étienne Gaudet concernant l'authenticité des questions qu'il copiait, car il ne savait vraiment pas où se terminait le texte authentique, nous aurons l'image de la grande confusion qui régnait vingt ans après les leçons de Nicolas Aston, au sujet de son œuvre : sur l'authenticité, sur la disposition et sur le nombre des questions. Cette confusion ne s'explique que par le fait que Nicolas Aston lui-même n'a jamais préparé une rédaction définitive de son Commentaire des Sentences.

Sur deux points le ms. P se rapproche très sensiblement du ms. W. D'abord, le prologue dans l'un et l'autre manuscrits (W prol. ; P 11) est le même et il annonce, ici et là, trois articles ne présentant, en réalité, qu'un seul, le premier. Ensuite, les deux manuscrits ont le même ordre des questions dans la deuxième partie du texte. Regardons cela de plus près.

| ms. P : | ms. W : |
|---|---|
| q. 10 | q. 9 |
| (q. 11 | Prologue) |
| (q. 12 | q. 15 : quelques lignes rayées) |
| (q. 13 | Prologue, art. 1) |
| q. 14 | q. 10 |
| q. 15 | q. 11 |
| q. 16 | q. 12 |
| (q. 17 | Prologue, art. 1, dubium 1) |
| q. 18 | q. 13 |
| q. 19 | q. 14 |
| q. 20 | q. 15 : quelques lignes rayées du dubium 2 |
| q. 21 | q. 16 : douteuse |
| q. 22 | – |
| q. 23 | – |

Enlevons de notre tableau la question P 11, P 13 et P 17, car sous les titres différents Étienne Gaudet résume toujours le même prologue du Premier Livre. Enlevons encore la question P 12 – elle n'est que le dubium 2 de la question P 20. Maintenant, elles se suivent parfaitement dans les deux manuscrits. Et si les numéros des questions ne correspondent pas c'est parce que le ms. W avait omis une question : O 3 (P 6).

Est-il donc probable que les questions devaient se suivre dans l'ordre dans lequel elles sont copiées ? Et de ce fait, est-il probable qu'entre la question W 9 et la question W 15 (dans sa version authentique) il n'y a pas de lacunes ? Bien que nos deux manuscrits concordent, leur témoignage n'est pas aussi sûr qu'il y paraît : à la fin du Livre Second il manque la polémique anti-aristotélicienne annoncée et la question P 22 devait se trouver au Livre Trois. Et c'est ici qu'il fallait dire si Nicolas Aston avait fait tout ce qu'il avait auparavant annoncé en respectant la place prévue à l'avance. Malheureusement, ce problème, posé déjà par le prologue, reste sans solution. En tous cas dans la perspective de notre connaissance actuelle des manuscrits du Commentaire de Nicolas Aston, il faut conserver l'ordre du ms. W. Le futur éditeur de ce Commentaire n'aura qu'à apporter deux menues corrections : il devrait placer la question *Utrum certa praevisio futurorum contingentium*... juste devant la question W 8 ; et il devrait trouver la place exacte pour la question O 3 : *Utrum ad omnem actionem causae secundae*..., probablement devant la question W 9. Jusqu'à présent, le manuscrit Worcester F 65 est le meilleur témoin de la *lectura* de Nicolas Aston.

En terminant il nous faut résumer brièvement les résultats de l'enquête.

1) La tradition la plus ancienne (1350-1370 environ) de l'œuvre théologique de Nicolas Aston est très confuse. Cette confusion est due au fait que Nicolas Aston n'a jamais fait *l'ordinatio*. En effet, nous sommes aujourd'hui en présence des trois réportations dont une fort abrégée.

2) Au cours de notre enquête nous avons reconstitué l'ordre des neuf premières questions (le prologue inclus). Elles appartiennent toutes au Premier Livre. L'ordre de la suite est peut-être celui du ms. W (et du ms. P), du moins actuellement.

3) Toutes les questions du ms. Oriel 15 sont authentiques. Une seule question du ms. Worcester F 65 paraît douteuse (16). Le ms. Paris, BnF, lat. 16535 abrège le texte authentique de Nicolas Aston.

4) On ne possède pas beaucoup d'informations sur les questions perdues et l'étendue des pertes est difficile à mesurer. Toutefois, vu ces informations et vu la concordance des mss W. et P, on n'est pas tenté d'exagérer le nombre des questions perdues. Le ms. P apporte l'abrégé de quatre questions inconnues des deux autres manuscrits et ainsi il ajoute du nouveau à notre connaissance de l'œuvre théologique de Nicolas Aston.

5) Le texte du ms. W est toujours (ou presque) plus développé que celui du ms. O. Le nombre d'erreurs est aussi élevé dans l'un que dans l'autre.

*Appendice*

# LE COMMENTAIRE DE NICOLAS ASTON RÉSUMÉ PAR ÉTIENNE GAUDET

dans le ms. Paris, BnF, lat. 16535, f° 118r-122r

## ASTONA

Primus articulus : UTRUM ALIQUA PROPOSITIO SIGNIFICANS PRAECISE DEUM NON ESSE CONTRADICTIONEM INCLUDAT [a] (W 1, O 11)

Primo inquirit numquid methodus inventa a philosopho vel theologo qua falsigraphus negans Deum esse posset duci ad metam. Secundo adducit rationes pro veritate articuli.

Deinde [b] tangit processum Philosophi et Commentatoris, ubi tangitur de causis essentialiter et accidentaliter ordinatis et de condicionibus requisitis ad causas esse essentialiter ordinatas. Ex quo infertur nullas esse causas essentialiter ordinatas. Et contra hoc arguitur et respondetur, ubi quare sit ordo et non ordo in universo. Nota haec.

Deinde tanguntur argumenta Doctoris Profundi quibus probat Deum esse et respondetur. Nota de necesse esse. Deinde argumenta aliquorum probantium istam conclusionem : possibile est Deum esse, igitur Deus est.

Deinde pro modo suo probandi Deum esse praemittat propositiones seu suppositiones ; item descriptiones ; deinde conclusiones.

Prima conclusio : ista propositio claudit contradictionem : neccesse esse est contingens esse.

Secunda : omnis propositio falsa est contingens vel contradictionem includens ex suppositionibus et descriptionibus una cum quibusdam aliis.

Item, argumentum notabile quod propositio significans praecise Deum non esse contradictionem includit. Deinde ostenditur argumentum non concludere ; deinde sic. Aliud argumentum quod dicitur Achilles. Et repelluntur aliquae

(a) *Nota in marg. sup. expunc.* : Supra. Tabula hic contentorum in IX sisternis. *Dext.* : Guignicourt habet sequencia. De quodam alio (*sc. de Astona*) doctore 4$^{us}$ sisternus (b) in evasiones. Tangitur etiam de his : hoc positivum esse – formalem contradictionem non includit, igitur hoc positivum potest esse ; hoc positivum non esse – formalem contradictionem includit vel non includit, igitur hoc positivum potest non esse.

Deinde in principali proposito, scilicet an Deum non esse implicet <contradictionem>, finitur articulus. Finis huius.

(2) Alius articulus : UTRUM CUIUSLIBET PRAETERITIONIS ET FUTURITIONIS DEUS SIT CAUSA[a] (W 3, O 8)

Quod sic arguitur quinque mediis. Ad oppositum aliquibus mediis, ubi notandum est de aliquibus modis arguendi talibus : qualitercumque esset si sic esset, nunc est, demonstrando quod Deus vellet chimaeram esse etc. De his tangit primus doctor supra[1]. Deinde respondet ad articulum negative et consequenter dissolvit rationes pro parte afiirmativa articuli.

(3) Alius articulus : UTRUM <ILLUD> QUOD EST NUNC PRO NUNC SIT POSSIBILE QUOD NON SIT NUNC[b] (W 4, O 9)

In hac materia sunt duae opiniones. Una ponit quod ex positione rei in esse non sequitur aliqua necessitas, immo aeque contingenter vult Deus praesentia sicut futura. Alia ponit quod ex positione rei in esse sequitur aliqua necessitas etc., et sic voluntas etc. respectu alicuius <futuri> est contingens etc.

Contra secundam opinionem et pro parte <affirmativa> articuli arguitur duodecim mediis. Ad oppositum arguitur quatuor mediis. Respondetur ad articulum ipsum concedendo. Deinde ad rationes contra articulum.

Deinde ponuntur tres opiniones de contingentia contradictionis ad quod est articulus, respectu quorum vel in quibus est una solum, scilicet Aristotelis et Commentatoris, quod talis contingentia est solum respectu futurorum. Alia ponit non solum in futuris sed <etiam in> praesentibus, et ponit summam contingentiam in primo agente etc.[c] Tertia, quam tenet, quod omne quod non est Deus est contingens ad utrumlibet, quae positio prabatur esse rationabilis ab eodem. Et consequenter quod haec est contingens : mundus fuit ; et quod ista sola est necessaria : Deus <est> aut convertibilis cum illa. Contra de ista : si homo est, animal est etc. etc. Vide haec et considera. Finis articuli.

(4) Alius articulus : UTRUM PRIVATIONES ET NEGATIONES SINT A DEO (W 7, O 10)

Quod sic arguitur tredecim mediis. Ad oppositum totidem.

Respondendo recitat tres opiniones. Prima est quod privationes et negationes sunt a Deo volente illas esse, ita quod omnium duorum formaliter oppositorum alterum volitum est a Deo ; puta signatis istis duobus : peccatum est – nullum peccatum est, Deus[d] non vult unum, puta peccatum non esse, quia <peccatum> est.

(a) articulus. omnia hec notare *in marg.* (b) articulus. Bokinkam de preterito *in marg.* (c) Bradwardina *add. sup. lin.* (d) Deum

1. Il s'agit de la première question de l'Augustin Anonyme d'Oxford : *Utrum aliquid esse, fore vel fuisse possit Deus intelligere contingenter* (Paris, BnF, lat. 16535, f° 75-82). L'activité littéraire de l'Augustin est postérieure à celle d'Aston.

Ex quo sequitur quod vult peccatum esse. Secunda opinio se fundat in dicto Anselmi, *De casu diaboli*, capitulo <1°>, quod Deus non solum facit esse quod <est>, sed non esse quod non est, quia qui potest facere aliquid esse et non facit dicitur facere illud non esse, sicut dicitur Deus inducere in temptationem. Sed iste est improprius et falsus modus loquendi. Tertia ponit quod omne quod est et omni modo quo est a Deo volente illud esse et sic esse est, et tunc rem non esse est solum per substractionem voluntatis divinae et non per actum positivum. Exemplum de sole si esset agens liberum. Et hanc tenet.

Et respondet ad rationes factas pro parte affirmativa articuli imaginando multa ; deinde discutiendo per rationes tredecim. Et in fine solvit illud argumentum : qualitercumque esset, si sic esset[a], nunc <est>, demonstrando quod Deus creat mundum. Videntur omnia perfecte.

|(5) Alius articulus : UTRUM CERTA PRAEVISIO FUTURORUM CONTINGENTIUM **118v**
SIT EX PRAEDETERMINATIONE VOLUNTATIS DIVINAE (W5, O 4)

Recitat duas opiniones. Una ponit Deum prius velle[b] futurum fore quam scire. Alia econtrario, scilicet quod prius etc. Deinde adducit sex media quod non sit prius scire quam velle etc. Deinde septem mediis quod certa praevisio divina futurorum contingentium non sit per actum divinae voluntatis etc. Deinde fundat responsionem oppositam, scilicet affirmativam ad articulum et respondet ad rationes contra illam partem et in hoc finitur articulus. De hoc alias videnda pro alia responsione ordinaria[1].

(6) Alius articulus : UTRUM AD OMNEM ACTIONEM CAUSAE SECUNDAE COEFFICIENTIA PRIMAE CAUSAE NECESSARIO REQUIRATUR (O 3)

Quod non arguitur multis mediis. Deinde oppositum. Deinde tenetur pars affirmativa articuli ; et respondetur ad rationes contra hoc factas. De causabilitate peccati in his tangitur.

(7) Alius articulus : UTRUM SIT ALIQUA DISTINCTIO QUAE NEC SIT REALIS NEC RATIONALIS (W 8)

Quod sic aliquibus mediis de divinis. Deinde arguitur oppositum ; et de distinctione formali et ex natura rei multa reprobando talia tanguntur. Deinde ad horum rationes et motiva pro quaestione inducta respondetur. In responsione ad tertium tanguntur tres opiniones de actibus divinis, puta scire et velle respectu privationum. Deinde de communicabili et incommunicabili et de attributis divinis. Et finitur articulus.

(8) Alius articulus : UTRUM OMNE PRAETERITUM DE NECESSITATE SIT PRAETERITUM[c] (W 6, O 5)

Quod non arguitur duodecim mediis ; deinde oppositum novem mediis. Deinde respondendo videtur tenere conclusionem negativam ad articulum, et probat, et respondet ad novem media contra hoc. Et haec omnia videnda sunt et notanda.

(a) est (b) prius *add. ms.* (c) 5[us] sisternus *in marg.*

1. Étienne Gaudet renvoie à un autre résumé de la même question, indiqué, plus haut, p. 60, note 1. À ce sujet *cf.* P. Glorieux, « Jean de Falisca », p. 25 et 95 ; Z. Kaluza, *Thomas de Cracovie*, p. 69 n. 1, p. 92.

(9) Alius articulus : Utrum inter necesse esse et impossibile <esse> mediet possibile esse (W 2, O 7)

Vult inquirere utrum possibilitas qua res potest esse sit Deus vel a Deo, loquendo de possibili esse quod non est necesse esse, nec includit contradictionem esse. Quod sic quia si esset transitus a non gradu entis simpliciter ad ens simpliciter, prius occurreret ens possibile quam actuale, etc., sex mediis. Deinde ad oppositum pluribus mediis et tangit causam quare impossibile non potest fieri a Deo ; quod Deus non sit causa possibilitatis per velle suum aliqualiter tangit. Omnia haec notanda et videnda. De contingentia et possibilitate rerum.

Respondetur ad articulum distinguendo de possibilitate et tandem negatur articulus. Deinde respondetur ad argumenta partis affirmativae articuli, ubi in responsione ad quartum tangit quod Antichristum posse <esse> est Deus. Deinde respondetur ad argumenta. Haec omnia videnda.

(10) Alius articulus : Utrum voluntas creata quodcumque obiectum potest aequaliter declinare sicut in illud tendere (W 9)

Quod sic arguitur aliquibus mediis, scilicet sex. Oppositum quibusdam aliis mediis ad quorum aliqua respondetur et replicatur. Et multa illorum confirmantur, ut patet intuenti.

Respondetur, ut videtur, tenendo partem affirmativam, ubi de bono infinito clare ostenso et de eius infinita motione ; et de motione primae intelligentiae a primo motore. Postquam emergit dubium difficile, scilicet nam videtur quod cum Deus ad omnem actum causae secundae concurrat effective, videtur quod Deus voluntatem creatam necessitet ad actum suum. Et probatur quod non et respondetur ad contraria aliqualiter. Et de hac materia habetur textualiter et in glosis, ut patet[1].

**119r** |(11) Alius articulus : Utrum veritatem increatam immediate et contingenter veritates ad extra producere fundamentum sit fidei christianae (W prologue ; *cf.* O 1)

Arguitur contra quaestionem per tria principalia <media> iuxta quae formantur tres articuli. Primus : Utrum veritas increata veritatem creatam poterit hypostatice sustentare. Secundus articulus : Numquid veritas increata sit contingentia antecedens respectu sui ad extra in quo probantur duo : primum, quod omne quod eveniet, eveniet a contingentia ; secundum, si aliquo modo non est, non est causa quare sic est[2] ; tertius articulus : utrum aliqua propositio praecise significans veritatem increatam non esse contradictionem includat, in quo ostenditur quod per nullam scientiam particularem est demonstrabile Deum esse, contra falsigraphum negantem principia scientiae particularis, sed solum per scientiam universalem, scilicet dialecticam.

1. Gaudet renvoie à ses notes conservées dans le ms. Paris, BnF, lat. 16408.

2. C'est la conclusion dont j'ai déjà parlé. Elle est trois fois mentionnée (*cf.* p. 59 note 3) sous une autre forme : *si aliquo modo est, nulla est causa quare sic est*. Je pense que la leçon *si aliquo modo non est* est la seule correcte (*cf.* le propos d'Aston au sujet de l'opinion de saint Anselme, q. P 4, et sa théorie de la proposition négative).

In primo articulo declarabitur numquid relationes sint res vel non, et dicit quod multi his diebus negantes relationes <distingui ab absolutis> incidunt in inconvenientia concedentes propositionem falsam significare praecise sicut est. Et concedentes aliam partem concedunt maiora <inconvenientia>, puta quod tot fuerunt res ante creationem mundi sicut iam sunt.

Ad primum articulum procedendo ostenditur ipsum esse verum, nam omnis creatura est in potentia oboedientiali respectu hypostatis divinae etc., usque ad quinque media. Deinde oppositum et tangit de confusione personarum divinarum.

Circa hunc articulum occurrunt duo dubia. Primum est : Numquid persona sit assumpta a verbo ; secundum : Numquid unio duorum distinctorum sit illis duobus distincta[a]. Tractando primum ostenditur quod idem corpus sit bis in eodem loco et quomodo corpus Christi est in sacramento altaris, et quomodo Deus potest quidquid ad extra non implicat <contradictionem>. Deinde ostenditur quod idem corpus non potest esse bis in eodem loco aliquibus mediis. Item quod anima non sit bis in eodem situ. Et respondetur ad contraria hinc. Et de motu et quiete animae. Et quod ad unum corpus esse dimensionaliter in diversis locis multa sequuntur inconvenientia.

Et finitur articulus et dicta huius doctoris. Astona, ut videtur.

|(12) Utrum Deus sola voluntate absque alia ratione aliquos reprobet **119v**
et aliquos praedistinet viatores[b] (*cf.* P 20, dubium 2 ; *cf.* W 15)

Et arguitur quod non triplici medio. Deinde oppositum.

Prima conclusio : nullum bonum creatum quia bonum est a Deo approbatum, sed econtra. Hinc est quod nec est nec esse potest apud Deum personarum acceptio. Probatur.

Secunda conclusio : in infinitum <m>elius est esse miserum quam omnino non esse.

Tertia : nec propter merita, nec propter demerita, nec quia praevidet et praescit seipsum concurrere vel non concurrere ad actum malum vel bonum voluntatis finaliter perseverantis vel non perseverantis, reprobat vel praedestinat viatorem. Probatur.

Deinde ad argumenta facta in principio.

(13) Utrum relationes sint res vel non[c] (W prologus, art. 1 ; O 1 ; P 11, art. 1)

Et probatur quod non aliqualiter ; et quod negatio nihil est a parte rei sex mediis ostenditur. Ex his redit ad propositum quod relatio nihil sit. Deinde probatur oppositum duplici medio, quia nisi relationes essent res distinctae etc., tunc esset transitus de contradictorio in contradictorium etc. Item secundo, quia tunc iste sillogismus non valeret : qualitercumque fuit taliter est ; sed taliter fuit, igitur taliter est. Et tunc de istis duobus tangit aliqua et finitur quaestio, dubium vel articulus

(a) illa duo. (b) 6us sisternus *in marg.* (c) questio *in marg.*

praepositus. Item, argumentum in fine per quod probatur quod propositio falsa <non> significat sicut est.

Post haec colliguntur in cedula multae conclusiones, scilicet viginti duae de continentibus in hoc volumine[a]. Omnia haec notanda.

(14) Utrum omne positivum et privativum formaliter opponantur <peccato> (W10, O 6)

Arguitur quod non et quod nullum positivum formaliter opponatur peccato. Et probatur hoc multis rationibus et ad aliquas respondetur et replicatur. Deinde adducuntur ad idem quaedam aliae rationes. Deinde aliqualiter probatur oppositum, scilicet quod aliquod positivum formaliter opponitur peccato[b].

Deinde respondetur praemittendo aliqua de peccato, ubi nota quod post transitum actus peccati non remanet, unde quis possit dici peccator ? Et probatur ponendo casum, scilicet Petrum electum facere A actum peccati qui post hoc non manebit. Tunc in isto nihil manet etc., quia non obligatio ad poenam aeternam, quia electus ; nec obligatio condicionata, quia talis etiam manet post remissionem peccati, puta talis : si electus peccabit et non conteretur aeternaliter punietur. Ex his arguitur. Forsan quod aliter posset formari alia conditionalis[1], scilicet talis : taliter est vel non est qualiter si decedat vel decederet dampnaretur[c]. De hoc cogita dubium[d].

Consequenter multa de absolutione peccati et reparatione peccatorum arguuntur ; et quod Deus possit tollere peccasse a peccatore ; et quod Deus non noviter remittit ; et quod Deus nec ultra, nec citra condignum punit, quia non aliter quam vult etc. ; et quod si pro peccato veniali vellet infligere poenam aeternam sic esset dignum, unde cum dicunt doctores hoc repugnare, intelligunt lege stante. Et consimiliter lege stante repugnat Deo poenam aeternam infligere pro mortali peccato commisso a praedestinato.

Sed oritur hic dubium : quando Deus dimisit Magdalenae peccatum numquid remisit sibi poenam aeternam ? Dicitur <quod non>, quia tunc eadem ratione remisit sibi ab aeterno poenam <aeternam>, et sic antequam peccavit. Ex hoc sequitur quod quando Deus remittit peccatum mortale non fit commutatio poenae aeternae in temporalem, quia nec respectu reprobi, nec respectu electi. Sed contra lex dicit quod omnis creatura peccans mortaliter <aeterno igne punietur>[e]. Negatur. Sed electis sic transgredientibus solam poenam temporalem infligi voluit. Remissio igitur peccatorum in electis vel commutatio poenae etc. est aeternum propositum dandi temporalem poenam pro peccatis in quibus si finaliter permansissent fuissent aeternaliter puniti.

Nota totam istam quaestionem et quae sequuntur diligenter[f].

(a) Post – volumine *in marg.* (b) de peccato *in marg.* (c) dampnabetur. (d) *in marg.* (e) aeterno igne punietur WO. (f) Quod oratio fidelium pro peccatoribus debet intelligi cum circumstancia divine predestinacionis patet in quadam oracione Augustini ; quod si sciretur de aliquo quod est prescitus, etc. Quod talis oracio non est optacio non habenti, sed pocius quedam congratulacio in esse positi, etc. Quod huiusmodi oraciones non sunt frustra, nec alla ecclesiastica suffragia, etc. *add. Stephanus Gaudeti.*

1. Il s'agit, bien évidemment, d'une « conditionalis » formulée par Gaudet.

|(15) Utrum Antichristus potest esse diabolus incarnatus (W 11, O 12) **120r**
Quod sic arguitur rationibus et auctoritatibus. Deinde ad oppositum. Et quod diabolus non informabit illud corpus humanum Antichristi. Quod ens per se dicitur tripliciter.

Quo declarato arguitur quod angelus non potest esse forma alicuius. Item, quod anima non est persona infertur ; quod nulla cognitio habita ex sensibus est evidens[a] ; et de cognitione substantiae in statu naturae lapsae possibili ; exempla aliqua Augustini contra possibilitatem evidentiae ex sensibus. Deinde contra se arguit et respondet Brondice ( ? ) etc. Deinde ostendit contra quendam alium ex ista conclusione : omnis res et omnis modus rei est substantia, qualitas vel quantitas, conclusionem suam sophistice, ut patet.

(16) Utrum beata virgo fuit concepta in peccato originali (W 12)
Arguitur quod sic aliquibus mediis. Deinde ad oppositum. Deinde respondetur faciliter distinguendo de conceptione, ut communiter distinguitur. Patet clare.

(17) Utrum persona assumpta sit a verbo[b] (W prologus, art. 1, dubium 1 ; O 1, dubium 1 ; *cf.* P 11 et P 13)
Aliqualiter tangit de hoc quaesito et post inquirit numquid unio distinctorum sit res alia quae non sit illa unita, nec aliquod illorum. Et dicunt aliqui quod non, immo quod nulla relatio distinguitur ab absolutis. Sed ex hoc sequitur quod propositio falsa significat praecise sicut est. Et probat opinionem taliter arguentem esse deceptam omni modo positivo quo fuit in A instanti, adducendo tres paralogismos. Videantur[c]. Et tunc infert quod non potest probari quod propositio falsa significat praecise sicut est, nisi per paralogismum etc. Et qualiter negantes relationes distingui <ab absolutis> dicerent ; et qualiter ad rationes taliter[d] arguentium respondemus ; et quod non sequitur : ista propositio significat me esse Romae, et me esse Romae est ego et Roma, igitur ista propositio significat me et Romam – sicut non sequitur me sedere est me disputare etc. Sed replicatur difficulter nam res extra sunt causae veritatis vel falsitatis propositionis etc. Nota haec omnia.

(18) Utrum diabolum esse sit ratione naturali probabile (W 13, O 2)
Arguit pro et contra[e].

Pro materia quaestionis tractat istum articulum : Utrum suppositum posset sustentare[f] naturam mere intellectualem pro reparatione angelicae ruinae. Probatur quod sic. Deinde oppositum.

Deinde ponit multa. Primo, quod si Deus assumat A angelum, cum essentiale sit A quod sit persona, loquendo de persona ut tactum fuit ab eodem supra etc., tunc in tali assumptione erunt duae personae ; et quod Deus erit angelus et non A angelus, nec aliquis angelus erit de novo creatus. Ex hoc infert correlative istam conclusionem esse possibilem : in hoc instanti sunt duo angeli et numquam ante hoc fuit nisi unus, <nec post hoc erit nisi unus>, et tamen nullus est de novo creatus. Similiter dicit de anima posita opinione Commentatoris.

(a) de evidenciis *in marg.* (b) 7$^{us}$ sisternus *in marg.* (c) de relacionibus *in marg.* (d) contra *add. sup. lin.* (e) de incorporacione seu assumcione *in marg.* (f) sustentificare P sustentare WO

Ex eodem infert conclusionem mirabilem de duobus hominibus, quod aliqui sunt duo homines numero differentes et quaelibet pars unius est pars alterius, et tamen unus illorum non est alius. Patet clare in casu quo duae divinae personae assumerent eandem naturam humanam. Item, in alio casu : si Petrus sit Romae et hic, et assumatur Romae et non hic. Videatur deductio. Et multa consequenter deducit de huiusmodi possibilitate diversae assumptionis. Infert conclusionem quod omni modo quo nunc est, prius fuit, et tamen aliqua propositio affirmativa est nunc vera quae non fuit prius vera. Deinde de unione naturae humanae ad Verbum quod non requirit aliquod accidens medium ; et de aggregato dimisso a Filio Dei cum unione etc. ; et de anima quod non possit informare et non denominare.

His tactis ad propositum[a] dicit quod diabolum esse non est ratione naturali probabile, sed creditum ; et quale fuit primum peccatum angeli ; et an sit redimibile ; et de potentia ordinata et absoluta ; et de causa malitiae et obstinationis ; et de Dei voluntate ; numquid angelus malus peccavit in termino ( ? ) vel in via ; quod tripliciter contingit intelligi vel accipi manere in peccato.

Deinde adhuc de secundo proposito de natura dimissa an esset homo ; et quod talis distinctio requirit ad hoc quod aliquid sit persona ; et finaliter numquid unio aliquorum sit distincta ab illis unionis. Et finis quaestionis.

**120v** |(19) UTRUM UNIVERSUM SIT TOTUM IN TOTO ET TOTUM IN QUALIBET PARTE CUILIBET CATHOLICO HAEC CONCLUSIO DUBIA EST[b] (W 14)

Pro declaratione tamen eius oportet probare hanc conclusionem :

Omnem substantiam omni accidente carere per se est possibile. Et de impossibili per se et per accidens aliqua. Quibus positis probatur conclusio rationibus et auctoritatibus.

Pro declaratione primae conclusionis distinguitur in quaesito duplex positio partium in toto etc. Quo viso probatur conclusio ex praedictis. Deinde probatur eadem conclusio ex possibilitate simultaneae coextensionis duorum corporum.

Deinde probatur quod dicta conclusio sit dubia cuilibet catholico ex his quae tenemus de facto fuisse de simultanea et coextensa <praesentia> duorum corporum. Patet ex miraculis Christi. Deinde quod idem corpus sit in diversis locis etc. Tunc ex his arguit <quod> duo corpora possunt simul esse in eodem loco et unum in diversis. Ergo aliquod corpus potest esse totum in toto et totum in qualibet parte et sic universum etc. Item, sic tenetur esse in sacramento altaris etc. Et finis quaestionis.

Utrum autem ista dicta sunt de Astona vel cuius<dam alii> non bene apparet.

**121r** |(20) UTRUM SECUNDUM SUA OPERA REDDETUR UNICUIQUE VITA VERA[c] (*cf.* W 15 et P 12)

Arguitur breviter pro et contra.

In ista quaestione erit primus articulus : UTRUM VERBUM DEI SIT CREATURAE IN BEATIFICUM[d]. Praemissis multis de notitia matutina et vespertina cum subdistinctione ;

(a) ad propositum prima *in marg.* (b) questio *in marg.* (c) $8^{us}$ sisternus *in marg.* (d) in beatificum ; *corr. ex* primum b.

item, de triplici acceptione Verbi beatifici, istis, inquam, praemissis arguitur ad partem affirmativam articuli multis mediis. Ad oppositum ex constitutione in *Clementinis* de necessitate luminis gloriae. Sed dicitur quod lumen gloriae, de quo constitutio, est ipse Deus et intellectus agens. Sed contra arguitur intendendo quod Deus non posset de potentia absoluta creaturae rationali <assumere ? > unam personam, nisi ostenderet ei omnis per modum saepe dictum : omni modo quo nunc est ex parte Dei semper ante fuit etc. ; item, esset transitus de contradictorio in contradictorium sine mutatione ; item ad idem tertio, si Deus esset beatitudo etc., tunc pari ratione in viatore posset Deus supplere vicem omnis actus etc. Item, de angelis infertur quod non possent loqui ad invicem et de horum notitia etc.

<Secundus articulus : > UTRUM EX SOLA VOLUNTATE ABSQUE OMNI ALIA RATIONE DEUS HUNC REPROBET ET HUNC PRAEDESTINET. Probatur aliquibus mediis quod non, quorum ultimum est de praeventione quae videtur necessitas voluntati creatae. Sed respondetur quod non et breviter finitur hoc dubium.

Aliud dubium parvum : UTRUM SINGULIS LEGENTIBUS ET AUDIENTIBUS LIBRUM APOSTOLI TAMQUAM PRAEMIUM PRO MERITIS DABITUR BEATITUDO. Quod non, quia multa legerunt qui de adventu Antichristi et aliis falsa dixerunt. Oppositum per Apostolum dicentem : *beatus qui legit et audit* etc. Modicum de Dei praescientia, praevolutione et remuneratione.

(21) UTRUM SACRAMENTA NOVAE LEGIS EFFICIUNT QUOD DESIGNANT

Quod non, quia sacramentum eucharistiae designat corpus Christi incipere esse in hoc ubi quid ( ? ) fieri est impossibile. Item aliter. Deinde ad oppositum auctoritates. Formantur tres articuli. <Tertius : > Utrum quantitas qua corpus Christi est quantum sit aliqua res a corpore eius realiter distincta. Et iuxta materiam primi articuli dubium : UTRUM IN CONSECRATIONE CORPORIS CHRISTI ACTIO DEI TERMINATUR AD PURUM RESPECTUM AB OMNI RE ABSOLUTA ET AB OMNIBUS REALITER DISTINCTUM.

Et iuxta materiam secundi articuli sit istud dubium : UTRUM EX FREQUENTATIONE ALICUIUS SACRAMENTI RITE SUSCEPTI NATURALITER SEQUATUR GENERATIO ALICUIUS HABITUS etc. Probatur quod sic de amore amicitiae erga Deum multis mediis. Et quintum tangit quia aliquis habitus dilectionis Dei opponitur eius odio, et non infusus, igitur acquisitus. Quod non : caritas[a] infusa habeat repugnantiam ad peccatum mortale deducitur. Item de ordine essendi extra peccatum et essendi in caritate et in <ordine> naturali aliqua. Deinde arguit quod dilectio Dei acquisita virtute istius sacramenti est alia a dilectione infusa. Item tangit circa finem quaestionis de hac conclusione : quodlibet aliud a Deo est aliquo modo principiatum quo Deus non principiat ipsum. Et probatur.

|<$3^{us}$ articulus : > UTRUM QUANTITAS QUA CORPUS CHRISTI EST QUANTUM SIT **121v**
ALIA RES A CORPORE CHRISTI REALITER DISTINCTA. Probatur quod non rationibus theologicis fundatis maxime super omnipotentia Dei, item quibusdam aliis de rarefactione et condensatione maxime. Deinde ad oppositum arguitur aliquibus aliis rationibus et concedit istam viam et tunc praemittit aliqua pro solutione articuli ad oppositum. Et finitur quaestio.

(a) causalitas.

(22) UTRUM UNAM PERSONAM INCARNARI ALIA NON INCARNATA SIT VERITAS CATHOLICE DEFENDENDA [a]

Arguitur quod non triplici medio, primo scilicet ex parte assumentis ; secundo, ex parte naturae assumptae ; tertio, ex parte utriusque. Deinde ad oppositum modo consimili triplici medio, scilicet ex parte assumentis et assumpti. Et quia etiam in 3° argumento sit mentio de reduplicatione ( ? ) pro quo dicunt quidam quod sicut animal est animal rationale, ita animal inquantum animal est animal rationale. Contra hoc arguitur ad multa inconvenientia deducendo. Deinde arguitur de conceptu quidditativo speciei et individui, et <de> natura et individuo, universali et particulari. Et quod natura distinguitur aliqualiter ab individuo arguitur per Anselmum, Commentatorem et Lincolniensem etc. Finitur quaestio.

(23) UTRUM OMNIS HOMO VOLENS HABERE C LIBRAS ET NON HABENS PECCET MORTALITER

Tangitur et arguitur ex conformitate voluntatis humanae ad divinam.

Pro responsione adducitur Doctor Subtilis et Doctor Profundus. Videantur haec. Deinde vertit se ad alia proposita. Unum est circa istam conclusionem quod intelligentia est ita simplex sicut Deus. Contra istam arguitur parum. Item contra aliam quae est quod possibile est aliquid simul generari et corrumpi, creari et annihilari, et de eodem corpore in diversis locis parum. Deinde arguitur contra conclusionem per Augustinum tribus auctoritatibus. Deinde aliter, ubi de conformitate voluntatis nostrae ad divinam. Deinde respondetur dicendo quod Deus non vult aliquem peccare etc.

Finis quaestionis et finis contentorum in his 9 sisternis huius voluminis, ut patet.

**122r** |Conclusiones aliquae collectae per magistrum R. etc. contentae in suprascriptis sisternis.

Prima conclusio : si aliquo modo est, nulla est causa quare sic est. Probatur haec conclusio 8° articulo.

Quod hoc est hoc contradictionem non includit quibuscumque $2^{us}$ realiter distinctis demonstratis : 2° libro, articulo 2°.

Totum universum est totum in toto et totum in qualibet parte est conclusio cuilibet catholico dubia. Probatur in loco suo [b].

(a) $9^{us}$ sisternus *in marg.* (b) Colliguntur hec in quadam cedula post duo folia $6^{ti}$ sisterni. perfice hec *in marg.*

## L'ŒUVRE THÉOLOGIQUE DE RICHARD BRINKLEY, O.F.M.

Le franciscain anglais Richard Brinkley n'est plus un inconnu pour les historiens du XIV^e siècle. Des travaux anciens nous ont révélé l'existence de sa *Somme de logique*; ceux, plus récents, du P. Damasus Trapp ont rappelé qu'il a été également un théologien relativement bien connu à Paris. Dans les dernières années, Vincent P. Spade a préparé l'édition critique, encore inédite, du traité *De insolubilibus* provenant de la *Somme* brinkleyenne à laquelle le P. Gedeon Gál et M^me Rega Wood ont consacré une brève étude dans les *Franciscan Studies*, 40 (1980), p. 59-101. Celle-ci nous apporte enfin quelques données bio- et bibliographiques importantes, ainsi que l'édition de cinq chapitres choisis de la *Somme*. La V^e partie de la *Somme* est éditée et traduite en anglais par Michael J. Fitzgerald (*Richard Brinkley's Theory of Sentential Reference*, Leyde E. J. Brill, 1987). Malheureusement, l'ouvrage principal de la philosophie brinkleyenne reçoit ici le faux titre de *Summa Nova de Logica*.

Tout porte à croire que Richard Brinkley étudia et enseigna à Oxford. Sa *Somme* a, selon Gàl et Wood, été rédigée entre 1360 et 1373, et à partir de 1356 selon Fitzgerald. Quant à son activité de théologien, elle doit être datée après 1344 et avant 1360; sûrement dans la décennie 1350-1360. L'absence quasi totale de problèmes et d'exemples théologiques dans la *Somme* ainsi que l'abondance et l'importance de la logique dans les textes théologiques auraient plaidé en faveur d'un renversement chronologique des écrits, notamment pour dater l'œuvre logique de Brinkley du début des années cinquante et l'œuvre théologique vers 1355-1360; cependant pour l'instant nous n'avons pas les moyens de vérifier cette présomption. Remarquons seulement que la *Somme*, qui renvoie volontiers son lecteur à d'autres écrits de Brinkley, ne se réfère à aucun ouvrage théologique.

Le présent travail a pour but d'apporter quelques informations sur l'œuvre théologique de Brinkley restée jusqu'ici inconnue, et notamment sur son Commentaire des Sentences et ses Questions, appelées plus loin *Quaestiones magnae* (QM). Puisque ces deux textes ont, durant quelques décennies, été lus, annotés, critiqués et pillés par des bacheliers parisiens, entrant de la sorte dans l'enseignement théologique à Paris, ce travail veut également traiter de l'influence de Richard Brinkley à Paris, et plus particulièrement du début de celle-ci, dans les années soixante du XIVe siècle.

Enfin, ce travail veut faire connaître tout ce qui reste encore de l'œuvre théologique de Brinkley et qui est actuellement inaccessible : deux courts fragments retrouvés, l'un, celui d'une question sur les Sentences, à Florence ; l'autre, un résumé d'une QM, à Paris ; et enfin le sommaire du *Commentaire des Sentences et des Questions* fait à Paris vers 1362-1364 par Étienne Gaudet.

Voici la liste des auteurs et des textes fréquemment cités :

Ange de Dobelin, O.E.S.A., *Comm. des Sentences* (1374-75) ; ms. Iena, Bibl. univ., Elec. F 47 ;

Denys de Montina, O.E.S.A., *Comm. des Sentences* (1371-72) ; édition Paris 1511 ;

Guillaume Centueri de Crémone, O.F.M., *Comm. des Sentences* (avant 1376) ; ms. Fribourg, Cordeliers 26 ;

Henri Totting d'Oyta, *Questions sur les Sentences* (1378-1380) ; ms. Paris, B.n. F., lat. 15895 ;

Jacques d'Eltville, O. Cist., *Comm. des Sentences* (1369-70) ; ms. Paris, B.n. F., lat. 15896 ;

Jean Brammart, O. Carm., *Comm. des Sentences* (1380-81) ; ms. Florence, B.N., II II 281 ;

Jean Hiltalingen de Bâle, O.E.S.A., *Comm. des Sentences* (1365-66) ; ms. Munich, Bayer. Staatsbibl., clm. 26711 ; *IV* et *VI Responsiones* (avant 1368) ; même ms.

Pierre de Candie, O.F.M., *Comm. des Sentences* (c. 1378) ; ms. Paris, B.n. F., n. acq. lat. 1467 (corrigé quelquefois à l'aide du lat. 3084 de la même bibliothèque).

Les deux copies de la *Summa logicae* de Brinkley sont désignées par leur sigle :

P - Prague, Státní knihovna, ms. III.A. 11

L - Leipzig, Bibl. universitaire, ms. 1360.

M. Jean-François Genest m'a, à plusieurs reprises, aidé à déchiffrer l'écriture d'Étienne Gaudet ; je lui exprime ici ma gratitude. À l'invitation de M. William J. Courtenay, les résultats de ce travail ont été présentés à la *20th International Medieval Conference* (mai 1985) à Kalamazoo, Mich., aux Etats-Unis.

## ÉCRITS THÉOLOGIQUES

### *Les questions de* Braquin *dans les mss. Paris, Bibliothèque nationale de France, lat. 16535 et lat. 16408*

Nous avons déjà parlé ailleurs des Questions théologiques attribuées à un inconnu *Braquin* ou *Braquindus*, dans les manuscrits Paris, B.n. F., lat. 16535 et lat. 16408, ainsi que dans la copie partielle de ce dernier, le lat. 16409. Nous avons également essayé de les attribuer à Richard Brinkley. Son but étant très limité, cet essai ne pouvait être que bref et rapide [1]. En reprenant ici le sujet, nous commençons par exposer le problème.

Les innombrables cahiers qu'Étienne Gaudet, professeur de théologie, rassemblait durant ses études, et même plus tard encore, dans les années quatre-vingt du XIVe siècle, formaient d'abord des livres ordonnés mais non reliés, appelés « *volumina* ». Séparés, ces cahiers étaient très maniables : ils pouvaient être déplacés sans difficulté d'un volume à l'autre, et même être prêtés. L'inconvénient de cette situation est évident : ils se perdaient facilement. Plusieurs tables des matières accompagnant chaque volume sont la seule trace de cahiers perdus à jamais. C'est seulement vers la fin de sa vie, et probablement vers la fin du siècle, qu'Étienne Gaudet fit relier ses volumes en les regroupant dans l'ordre que nous connaissons aujourd'hui, ce sont les manuscrits de « la bibliothèque d'Étienne Gaudet » : les lat. 15888, 16408, 16533, 16534, 16535 et 16621 [2].

L'un des volumes dont on vient de parler constitue aujourd'hui la première partie du lat. 16535, notamment les feuillets 1-130v. La table des matières suivante (placée au f° 130v) indique son contenu :

> Hic continentur 4[or] sisterni de quadam extractione dictorum in *Summa de causa Deo* (f° 1r-73v) [3]
> item tres sisterni Questionum quarundam anglicanarum tractatarum a quodam subtili augustinensi in studio Oxoniensi (f° 75r-110r) [4] ;

1. Voir Kaluza, *Thomas de Cracovie*, p. 134-136. A la suite de D. Trapp, j'attribue au même endroit un deuxième nom à Richard Brinkley, celui de Folvil. C'est une erreur dont je parle plus loin. La concordance des mss. lat. 16408 et 16409, *ibid.*, p. 131.

2. Cette collection, à laquelle appartiennent aussi les mss. lat. 16279 et lat. 16425, a été attribuée tantôt à Thomas de Cracovie, tantôt à Jean de Falisca. Voir *Thomas de Cracovie*, p. 60-94 et une très riche étude de P. Glorieux, « Jean de Falisca », p. 23-104.

3. C'est un résumé du *De causa Dei*, I, chapitres 2-47, de Thomas Bradwardine ; le résumé du chapitre 1, dû également à Étienne Gaudet, est conservé dans le ms. lat. 15561, f° 111r-171v.

4. La liste des questions anonymes est publiée dans *Thomas de Cracovie*, p. 72 note 29. Le texte de la Q. 3 est édité par L.A. Kennedy, « A Fourteenth-Century Oxford Augustinian on the Existence of God », *Augustiniana*, 36 (1986), p. 28-47, texte : p. 35-47. À cause de très nombreuses mauvaises lectures et des omissions, cette édition est inutilisable. J'en donne quelques exemples ; § 2 – éd. : *Igitur a posito sequitur*, manuscrit : *Igitur a primo sequitur* ; § 3 – éd. : *ista negative "Deus non est" necessarie negativa est*, ms. : *ista negativa "Deus non est" mere negativa est* ; § 4 – éd. : *Pro isto articulo… nullum*

item quedam determinacio facta a magistro Nicolao Oresme Parisiis in resumpta in domo Navarre (f° 11 lr-115v) [1]
item duo sisterni continentes materias tabulatas contentorum in 3us sisternis predictis predicti augustinensis (f° 116r-117v);
et quorundam sisternorum quos habet Guignicourt de Astona etc. (f° 118r-122r)[2]
et aliorum quos habet magister Galeranus: Braquindus etc. (f° 123r-129r) [3]

À l'exclusion des autres textes, nous allons nous occuper de celui attribué à Braquindus et qui suit juste les questions de Nicolas Aston. Le sommaire – la *materia tabulata* – des Questions attribuées à Braquindus commence au f° 123r: *Scriptum cuiusdam super Sentencias quod incipit in collatione: Bonitatem et disciplinam et scienciam doce me, et in questione*... Il n'est ici attribué à personne. Voici la liste des questions résumées par Étienne Gaudet d'après le manuscrit de Galerand:

1. Utrum secta Christi principalius dependeat a fide quam a racione;
2. Utrum regule secte Christi et eius propria principia per se sufficiant ad aliquam conclusionem mere theologicam scientifice cognoscendam;
3. Utrum potentia intellectiva et volitiva hic in via eodem actu quo utitur creatura libere fruatur Trinitate benedicta;
4. Utrum aliquem Deum esse sit evidenter demonstrabile;
5. Utrum aliquem esse Deum ex racionibus philosophie sit evidenter demonstrabile;

*accidit contradictorie impossibile*, ms.: *Pro isto argumento... nullum accidit concedere impossibile*; § 5 – deux fois: *vera necessaria*, ms: *natura necessaria*; § 6 – éd.: *dicitur quod "Deus non est" sequitur*, ms.: *dicitur quod nedum "Deus non est" sequitur*; § 7 – éd.: *prima consequentia non videtur*, ms.: *prima consequentia non valet*; éd.: *Unde pro secunda communi*, ms.: *Unde pro regula communi*; § 9 – éd.: *Antecedens arguitur sic: tantum sibi precise repugnat non esse quantum distat a non-esse; igitur etc.*, ms.: *Antecedens arguitur sic: tantum sibi precise repugnat non esse quantum distat a non esse, sed solum finite distat a non esse, sed solum finite distat a non esse, igitur etc.*

1. La résompte de Nicolas Oresme est éditée d'après le ms. 893 de la Bibl. Mazarine par Ph. Boehner, « Eine Quaestio aus dem Sentenzenkommentar des Magisters Nikolaus Oresme », dans *Recherches de Théologie ancienne et médiévale*, XIV (1947), p. 305-328; texte, p. 313-328. À l'évidence il ne s'agit point d'une question provenant du commentaire des Sentences perdu, mais d'un acte officiel par lequel le nouveau docteur en théologie commençait son activité professorale. Les considérations de B. Hansen, *Nicole Oresme and the Meravels of Nature*, Toronto, Pontifical Institute od Mediaeval Studies, 1985, p. 109-113, au sujet de l'authenticité et de la nature de la *Quaestio*, restent donc sans objet: celle-ci est authentique, mais elle n'appartient pas au Commentaire. Par erreur, la copie de la Question du ms. lat. 16535 est notée parmi les inédits d'Oresme par A.D. Menut, « A Provisional Bibliography of Oresme's Writings », *Mediaeval Studies*, XXVIII (1966), p. 279-299, et par M. Clagett, *Nicole Oresme and the Medieval Geometry of Qualities and Motions*, Madison, The University of Wisconsin Press, 1968, p. 126 note 1, 647 n° 20. J'ai le plaisir de remercier M. Max Lejbowicz qui a attiré mon attention sur les deux dernières publications.

2. Ce sommaire est publié dans mon article « L'Œuvre théologique de Nicolas Aston », dans AHDLMA, XLV (1978), p. 45-82, et dans le présent volume, p. 77-83.

3. Concernant cet ensemble, voir P. Glorieux, « Jean de Falisca », p. 31-32, et mon *Thomas de Cracovie*, p. 92.

6. Utrum sola passio sit demonstrabilis de suo subiecto;
7. Utrum omnis passio sit demonstrabilis de suo subiecto;
8. Utrum aliqua demonstracio quia sit demonstracio propter quid;
9. Utrum Deus Pater sic principiet ad intra quod tantum hec dualitas personarum sit producta;
10. Utrum ad creatum et increatum sit aliquod commune univocum;
11. Utrum preter prioritatem originis in divinis ponenda est alia prioritas.

Précédées par une collation, première partie du principium, ces questions font, à l'évidence, partie d'un commentaire des Sentences : les deux premières portent sur le Prologue du Lombard, la troisième sur la Ire distinction du Premier Livre, les trois dernières sur La Trinité dont le Lombard traite dans la distinction II et les suivantes. Les questions 4 et 5 appartiennent à la distinction III. Cependant, les questions 6-8 posent un problème car leur place serait dans le prologue ; c'est là, par exemple, que Guillaume d'Ockham disserte sur la *passio* et la démonstration. Il se peut donc qu'en les replaçant ici, à la fin de la distinction III, notre auteur ait voulu regrouper de la sorte tous les problèmes concernant la démonstration. Par la suite nous allons appeler cette série de questions par le sigle QS.

Au f° 127r commence une deuxième série de questions, appelées *quaestiones breves* (QB). Selon Étienne Gaudet, l'auteur de la première et de la seconde série n'est pas le même ; les questions brèves sont de Braquin : *de quodam alio doctore, ut videtur, scilicet Braquindi*. Comme on le voit, les indications d'Étienne Gaudet se contredisent en reflétant ses doutes et son manque de conviction en la matière. Voici la liste des QB ; elles sont au nombre de dix :

12. Utrum ille homo qui creavit celum et terram ordinavit quod in cadentibus post baptismum haberet locum secunda tabula post naufragium;
13. Utrum in aliqua specie virtutis poterit viator esse magis vel minus virtuosus et eterna beatitudine magis vel minus premiandus;
14. Utrum sit possibile aliquod indivisibile, nulli divisibili coniunctum, esse localiter mobile;
15. Utrum omnipotentia Dei possit aliquod corpus naturale multiplicare in locis variis;
16. Utrum rex Salomon, fllius David, post cultum idolatrie et fornicacionis delictum vitam eternam meruit aut consecutus est per penitenciam salubrem;
17. Utrum intra divinam essenciam aliquid sit contingens;
18. Utrum viator ex verbis legis sufficienter perplexitatem poterit evitare. Moralia quedam de lege scripta et naturali;
19. Utrum gracia gratum faciens in viatore sicut in comprehensore tollere vel minuere sufficiat libertatem indifferencie;
20. Utrum Deus creavit mundum in equinoccio vernali vel autumnali;

21. Utrum predicatoribus verbi Dei liceat in suis sermonibus colores rethoricos adhibere.

Après les questions brèves, attribuées à Braquin, suivent les grandes questions : *Quaestiones magnae* (QM, f° 128r), sans aucune indication de leur auteur :

22. Utrum precise eodem modo quo Deus principiat ad intra principiet ad extra ;
23. Utrum simpliciter primum productum ad extra sit alicuius creature actualis existencia ;
24. Utrum cum omni modo agendi Dei ad extra stet quod voluntas creata sit in agendo contradictorie libera.

Comme les QS, les QM ne sont donc pas attribuées. Dans un autre manuscrit, le lat. 16408, nous retrouvons pourtant les mêmes QM abrégées une nouvelle fois mais d'une manière différente. Chacune des trois questions y est accompagnée du nom de son auteur, *Braquin* : f° 40r – *Brachin querit an Deus ad extra principiet eodem* <*modo*> *quo principiat ad intra* ; au f° 40v et 41r le nom de *Braquin* est inscrit en marge. Enfin, on lit les mêmes QM dans le lat. 16409, copié en partie sur le précédent, où, comme dans le modèle, le nom de Braquin se répète à trois reprises, au f° 73r, 73v, 74r[1].

Malgré les doutes d'Étienne Gaudet concernant l'auteur des QS, il semble que les QS, QB et QM ont un seul et même auteur. En voici deux arguments. Premièrement, l'abrégé de la première QM cite une conclusion :

> Deinde per illud 3um folium et 4um et principium 23 sisterni agitur de ista conclusione : tam vera est secta Christi quod illam esse et non esse veram claudit repugnantiam (f° 128r).

Étienne Gaudet ajoute ici une remarque : *de materia supra tacta de assentibus*. Or le sujet de l'assentiment à la foi se trouve exactement dans les deux premières QS. Étienne Gaudet note à la fin de la deuxième : *hii duo sisterni de nostris intellectivis actibus et assentibus*. En effet, la première QS contient la même conclusion *tam firme vera est secta Christi* etc. (f° 123r). L'auteur des QM a donc repris une conclusion formulée auparavant dans ses QS. Deuxièmement, la question 23 reprend une conclusion à la question 17 (QB) : *prima contingencia simpliciter summa est prima creatura in actuali existencia* (f° 127v et 128v). De plus, les deux questions soulèvent le même problème de la contingence et le développent en des termes semblables. Ces liens d'unité interne entre les trois séries de questions nous autorisent à voir en Braquin, Brachin, ou Braquindus, l'auteur aussi bien des QS, que celui des QB et des QM. Cette première constatation sera bientôt confirmée par d'autres arguments.

1. Kaluza, *Thomas de Cracovie*, p. 73 et 135.

En ce qui concerne Braquindus, nous ne savons rien. Il demeure un inconnu. Ni Mgr Glorieux, ni B. Hauréau ne l'ont identifié [1]. Nous pensons qu'il n'a jamais existé et que le nom de Braquindus n'est qu'une déformation de celui de Brinkley.

*Richard Brinkley – auteur des Questions: QS, QB et QM*

Nous ne parvenions pas à identifier l'auteur des trois séries de questions en nous servant des différents catalogues d'incipits et de commentaires des Sentences. C'est seulement une courte phrase d'un augustin, Ange de Dobelin, qui nous a mis sur la bonne voie. Celui-ci dit en substance:

> Circa istam materiam movet Brinkil talem questionem: Utrum precise eodem modo quo Deus principiat ad intra, principiet ad extra [2]

Nous connaissons déjà cette question, elle est la première des trois QM, désignée par le numéro 22.

Malheureusement, nous ne possédons qu'un abrégé fort court des questions et dans cette situation nous ne pouvons pas identifier toutes les citations attribuées à Brinkley par des théologiens du XIVe siècle. Lorsque, par exemple, Pierre de Candie, franciscain comme Richard Brinkley, nous donne un assez long passage, cité déjà par Ehrle et provenant de la première QS:

> Contra premissam… arguitur per quinque rationes, quas fecit magister Richardus Brinckel in questione prima sue lecture. Arguit ergo primo sic. Quam primo naturaliter volitiva divina cogitative et rationabiliter wlt *a* fore, tam primo naturaliter intellectiva scientia adhesiva intelligit *a* fore. Sit ita, gratia exempli, quod *a* sit aliquod volitum ad extra, tunc sic: quam primum naturaliter volitiva divina wlt *a* fore, tam primo naturaliter cognitive et rationabiliter wlt *a* fore. Ergo quam primo naturaliter volitiva divina wlt *a* fore, tam primo naturaliter intellectiva divina scientia adhesiva intelligit *a* fore, et per consequens nullus est ordo huiusmodi inter intellectivam et volitivam… [3].

Nous ne le retrouvons pas dans notre texte, ou plutôt dans la *materia tabulata* qui en reste. Nous pouvons seulement affirmer que le début de la première question est consacré au problème du rapport entre la *potentia intellectiva* et la *potentia volitiva*:

> Et pro 5° medio ponitur respectu responsionis. Primo dicitur quod volitiva creata determinat intelligenciam creatam ad assenciendum sibi neutro, sicut volitiva

1. P. Glorieux, « Jean de Falisca », p. 31, 32 (« … le "subtilis augustiniensis in studio Oxoniensi" était très probablement Braquin »), 72, 95. B. Haureau, « Notice sur le numéro 16409 », p. 345.

2. Cité par D. Trapp, « Angelus de Dobelin, Doctor Parisiensis, and his Lectura », dans *Augustinianum*, III (1963), p. 400.

3. F. Ehrle, « Der Sentenzenkommentar Peters von Candia », *Franziskanische Studien*, Beiheft 9 (Munster i. W., 1925), p. 69.

divina determinat intelligenciam divinam ad assenciendum contingenti complexo[1].

Cela montre que l'intitulé des questions citées par quelques auteurs du XIVe siècle est pour l'instant la meilleure preuve de l'authenticité brinkleyenne de nos questions. Nous nous limitons cependant au seul témoignage de Jean Hiltalingen de Bâle, sententiaire parisien en 1365-1366. Voici donc nos preuves[2].

Pour la question 9, f° 115rb et 269va :

> 3[um] corrolarium contra Gregorium in ista distinctione, art. 2°, et contra Brinkil in illa questione : Utrum Deus sic principiat ad intra quod tantum hec dualitas sit producta.
> Pro hoc sunt omnes rationes facte libro primo, dist. 7, q. prima, in obiciendo contra conclusionem, ubi ponuntur rationes magistri Ugolini et Doctoris Subtilis et quatuor raciones quas recitat Branchil in questione qua querit Utrum Deus Pater sic principiat ad intra quod tantum hec dualitas sit producta.

Pour la question 10, f° 118ra :

> Ad istam racionem dicit Brinkil in questione Utrum ad creatum et increatum sit aliquid commune univocum.

Pour la question 11, f° 268rb :

> 2[a] racio eciam non concludit quia concederet ( ? ) Brunchil proprietatem sive relacionem originis communicabilem fore, sicut patet in ista questione Utrum preter proprietatem (= prioritatem) originis sit aliqua proprietas (= prioritas) in divinis.

Pour la question 22, f° 240va :

> pro cuius etc. veritate sint 7[m] raciones quas fecit Brincil in questione qua querit Utrum precise eodem modo quo Deus principiat ad intra principiet ad extra.

Pour la question 23, f° 296vb-297ra :

> Eadem racione de hac materia pulchre prosequitur ipse Richardus Brinchil in questione qua querit Utrum simpliciter primum <productum ad extra etc.>.

À ce tableau nous pouvons ajouter encore deux arguments tirés des *Quaestiones super Sententias* de Henri Totting d'Oyta. Dans sa Question V on trouve un corollaire contre Brinkley : *Primum corrolarium, in divinis non videtur ponenda prioritas originis seu causalitatis nec communicacionis*[3]. Oyta y vise directement la question 11 de Brinkley. Plus loin, dans sa Question VI, il cite de longs extraits de la question 5 de Brinkley concernant la preuve *a posteriori* de l'existence de

1. Voir le texte publié plus bas, p. 146.
2. Je cite le ms. clm 26711 de la Staatsbibliothek de Munich.
3. Ms. Paris, BnF, lat. 15895, f° 33va.

Dieu : *Primo, arguit Brinkel contra dictum correlarium tenens eciam oppositum dicte conclusionis. Posuit Deum esse non est demonstrabile ab effectibus...* [1].

Ces données nous autorisent à attribuer avec certitude les QS et les QM à Richard Brinkley. Bien plus, si Jean Hiltalingen attribue les QS et les QM à Brinkley, et si Étienne Gaudet attribue les QB et les QM à Braquin, nous nous autorisons à attribuer les trois séries des questions au même auteur – le franciscain Richard Brinkley, appelé à tort Braquin ou Braquindus.

### *Écrits théologiques de Richard Brinkley*

Jean Bale avait, au XVIe siècle, attribué à Richard Brinkley trois ouvrages théologiques :

1) la *Lectura* sur les quatre livres des Sentences qui commence par *Utrum per aliquam disciplinam vel scientiam* ;

2) les Distinctiones scholasticae en un livre dont l'incipit est : *Ad sciendam primam originem et fin.* ;

3) les *Determinationes*, également en un seul livre, avec l'incipit : *sit aliqua conclusio theologiae* [2].

En se fondant sur le commentaire des Sentences d'Ange de Dobelin, le P. Damasus Trapp a récemment accru cette liste ancienne par des *Replicationes*, comme le suggère une courte citation relevée dans un de ses articles : *...et probat ipse <Brinkil> in Replicationibus suis argumento 4* [3]. Toutes ces données demandent quelques remarques et rectifications.

En ce qui concerne la *Lectura*, il semble que Jean Bale se soit trompé en citant quelques mots de l'intitulé de la première question. En effet, il n'aurait jamais pu terminer la phrase commencée par « Utrum » parce qu'une telle question n'existe pas. Les mots « disciplina » et « scientia » appartiennent au thème biblique de la collation du *principium* brinkleyen, comme l'indique avec précision le sommaire d'Étienne Gaudet cité auparavant. Ce thème provient du Ps. 118,66 : *Bonitatem et disciplinam et scientiam doce me.*

La seconde information de Bale concernant le nombre des livres est exacte à condition que le chiffre *IV* indique les livres des Sentences et non pas ceux du commentaire à l'évidence bien éloigné du texte commenté. Effectivement, en dehors des QS dont on a déjà parlé, les QB et les QM ont bien peu de choses en commun avec les Sentences. Dans une certaine mesure elles peuvent même choquer par les sujets abordés, un mélange de physique, de morale et de pure spéculation théologique. Cela paraît toutefois dans le style de l'école d'Oxford, à en juger par

1. *Ibid.*, f° 47vb. Pour Jean de Hiltalingen, Henri d'Oyta et quelques autres théologiens, voir aussi les notes accompagnant le texte du sommaire de Brinkley publié plus loin.

2. Les éditions du catalogue de John Bale sont citées par G. Gál-R. Wood, « Richard Brinkley and his "Summa logicae" », *Franciscan Studies*, 40 (1980), p. 73-74.

3. D. Trapp, « Angelus de Dobelin », p. 394 ; c'est Trapp lui-même qui a complété le propos cité.

la pratique de quelques contemporains de Brinkley, tel, par exemple, Nicolas Aston qui n'a pas hésité à prendre un sophisme comme point de départ d'une question de son commentaire ou à poser la question suivante : *Utrum omnis homo volens habere C libras et non habens peccet mortaliter*[1]. Ces jeux de formule, de logique et de morale, montrent l'étendue réelle de ce qu'un commentaire des Sentences a pu alors englober. Et de ce point de vue l'appartenance des QB au commentaire ne rencontre aucun obstacle.

Enfin, si Étienne Gaudet a pris pour principe de sa division des questions la longueur du texte, il semble qu'une différence plus profonde et plus radicale se cache derrière cette opération apparemment artificielle. Les emprunts et les répétitions en témoignent. En effet, à trois reprises les QM empruntent aux QS et aux QB des conclusions et les prouvent à nouveau. D'abord, dans la question 22, la conclusion *tam firme vera est secta Christi quod illam esse et non esse veram claudit repugnantiam* est identique à une des conclusions de la I^re^ question[2]. Ensuite, dans la question 23, la première conclusion : *ad hoc quod Deus producat ad extra ponere in Deo actum contingentem non est necessarium neque possibile*, répète la première conclusion de la question 17 : *Deum producere ad extra non est contingens nec contingentia*[3]. Enfin, la deuxième conclusion de la même question 23 : *simpliciter prima contingentia est aliqua creatura in actuali existentia*, est identique à la deuxième conclusion de la question 17 : *prima contingentia et simpliciter summa est prima creatura in actuali existentia*[4]. Si donc les QM appartenaient au commentaire des Sentences, un simple renvoi aurait suffi, comme cela se faisait partout. C'est pourquoi, jusqu'à plus ample informé, nous écartons les QM du commentaire ; ce sont des questions disputées bien après la *lectura*.

Ne sachant rien sur les *Distinctiones*, nous passons directement aux *Determinationes*. On sait depuis les travaux de Damasus Trapp que le franciscain Guillaume Centueri de Crémone, sententiaire parisien dans les années soixante, a connu et cité dans son commentaire les *Determinationes* qu'il aurait, selon le même historien, attribuées à Brinkil ou Brinkil Folvil. D. Trapp en a déduit que le vrai nom de Richard Brinkley est Brinkley-Folvil et que Centueri cite son ouvrage. Cependant, le P. Gál et M^me^ R. Wood ont démontré que "Folvil" est le nom d'un autre franciscain anglais, Guillaume de Folville. Quant aux *Determinationes*, les trois historiens ne semblent pas mettre en doute l'authenticité brinkleyenne de l'ouvrage[5]. À vrai dire, on n'est pas bien certain auquel des deux franciscains,

1. Z. Kaluza, *L'Œuvre théologique de Nicolas Aston*, voir *supra*, p. 78 n^os^ 4, p. 84 n° 19, p. 86 n° 23.

2. Voir p. 79, p. 92 et p. 179a.

3. Voir plus bas, p. 175 et 181.

4. Voir plus bas, p. 175 et p. 182.

5. D. Trapp, « "Moderns" and "Modernists" in MS Fribourg Cordeliers 26 », *Augustinianum*, V (1965), p. 249-257, 265 ; *Id.*, « Augustinian Theology of the 14th Century », *Augustiniana*, VI (1956), p. 245 note 87 ; G. Gál-R. Wood, « Richard Brinkley », p. 76-77. Comme D. Trapp, nous nous occupons ici de l'unique question sur le Livre II, conservée dans le Cordeliers 26 de Fribourg. Cette question

Folville ou Brinkley, attribuer ces *Determinationes* car, d'un côté, J. Bale, on l'a vu, les avait attribuées à Brinkley et A.B. Emden ne connaît aucune *determinatio* de Folville [1], mais, d'un côté, D. Trapp, G. Gál et R. Wood, qui sont unanimes pour les attribuer à Brinkley, divergent pourtant sur l'identité de Brinkley-Folville. Devant une telle situation, il nous faut réexaminer le ms. Cordeliers 26 de Fribourg, et notamment les fragments du Livre II du commentaire de Centueri qui s'y trouvent.

Divisée en trois articles, la question appartenant à ce Livre occupe les feuillets 143ra-190rb [2]. Elle a été copiée par trois copistes désignés par D. Trapp comme Wl, W2 et F2 (ce dernier étant identique à Frédéric d'Amberg) [3]. Le texte ainsi transcrit, fut ensuite relu, corrigé et annoté par son possesseur et, pour une partie, copiste, le franciscain Frédéric d'Amberg. L'écriture de ses corrections et gloses est bien lisible ; soit l'encre utilisée par le réviseur est bien plus noire que celle des copistes, soit elle est rouge. C'est au cours de la révision du texte que Frédéric d'Amberg a à huit reprises inscrit au-dessus et au-dessous du texte de Centueri le nom de *Brinkil Foluil* ou de *Brinkil*, par exemple : *argumenta et conclusiones Brinkil Foluil, opinio Brinkil Foluil doctoris anglici, prima conclusio Brinkil* etc. [4]. Bien qu'elles frappent la vue et impressionnent le lecteur, ces notes de réviseur ne présentent pourtant aucun intérêt : celles inscrites en haut ou en bas des pages sont tout simplement fallacieuses, celles inscrites en marges induisent en erreur quand elles prétendent dire plus que le texte. Pour s'en convaincre, il suffit de revoir toutes les gloses marginales – écrites par Frédéric au moment où il a copié sa partie du texte (= F2) ou plus tard, au moment de la révision (= réviseur) – partout où le nom de *Brinkil, Foluil* ou *Brinkil Foluil* apparaît et de les comparer avec le texte ainsi glosé. Le tableau suivant facilitera cette tâche.

(*Utrum a primo omnium rerum principio increato mundus produci potuit cum inicio*), divisée en trois articles (f° 144vb-164va ; 165ra-182ra ; 182ra-190rb), occupe les f° 143ra-190rb. Plus tard nous reviendrons encore sur les fragments du premier livre que garde le même manuscrit. Guillaume Centueri de Crémone a lu les Sentences à Paris plusieurs années avant 1376 ; *cf.* CUP, III, n° 1386.

1. A.B. Emden, *A Biographical Register of the University of Cambridge*, p. 236

2. Concernant ce manuscrit voir D. Trapp, « "Moderns" and "Modernists" », p. 241-270, partic. 242-243 ; Ch. Jörg, « Untersuchungen zur Büchersammlung Friedrichs von Amberg. Ein Beitrag zur franziskanischen Geistesgeschichte des Spätmittelalters », *Zeitschrift für Schweizerische Kirchengeschichte*, 69 (1975), p. 17-34 ; W.J. Courtenay, « Friedrich von Regensburg and Fribourg Cordeliers 26 », dans O. Pluta (éd.), *Die Philosophie im 14. und 15. Jahrhundert, In memoriam K. Michalski*, Amsterdam, Verlag B.R. Grüner, 1988, p. 603-613.

3. D. Trapp, « "Moderns" and "Modernists" », p. 245. Wl = f° 143ra-154vb, 165ra-172va (six premières lignes) ; W2 = f° 172ra (à partir de la septième ligne) jusqu'à la fin du texte ; F2 = f° 155ra-164vb. *Cf.* Ch. Jörg, *op. cit.*, p. 23. R. Imbach, « Die philosophische Bedeutung der Büchersammlung Friedrichs von Amberg » dans R. Imbach, E. Tremp (éd.), *Zur geistigen Welt der Franziskaner im 14. und 15 Jahrhubdert. Die Bibliothek des Franziskanerklosters in Freiburg/Schweiz.* Freiburg, Universitätsverlag Freiburg Schweiz, 1995, p. 25-44 ; sur le Cordeliers 26, p. 38-44. Je remercie le Père Otto du couvent des Cordeliers de Fribourg de m'avoir facilité l'accès à la bibliothèque dont il a la charge.

4. Ms. Cordeliers 26, f° 155v (trois fois), f° 156r, 156v, 157v, 159r, 159v (deux fois).

f° 155va, *F2:* Hic dicitur ab uno doctore anglico de ordine nostro, scilicet minorum, bene valente…
*glose du réviseur:* opinio et dicta Brinkil Foluil;
f° 156va, *F2:* Pro aliquali declaratione intendo ponere aliquas conclusiones et tunc finaliter respondere ad argumentum…
*glose du F2:* contra Brinkelinum Foluil anglicum; prima conclusio;
f° 157va, *F2:* 2ª conclusio quam pono contra fundamentum istius doctoris sit ista…
*glose du F2:* 2ª conclusio contra doctorem; *glose du réviseur:* anglicum;
f° 159vb, *F2:* Istis igitur sic declaratis respondeo ad rationes Foluil…
*glose du F2:* Ad argumenta Foluil;
f° 160ra, *F2:* Ad argumentum pro conclusione 2ª probata…
*glose du F2:* Ad argumentum pro 2ª conclusione Foluil;
f° 163rb, *F2:* Unus tamen inceptor nititur probare…
*glose du F2:* Opinio Brinkel; *au-dessus une glose du réviseur:* Nota;
f° 163va, *F2:* Sed diceret inceptor quod hoc argumentum…
*aucune glose*;
f° 163vb, *F2:* Sed contra, tanto quelibet creatura imperfecte est, quanto sibi deficit de perfectione…
*glose du F2:* Contra Fol<uil>;
f° 164va, *F2:* ex declaratis in conclusione 2ª contra Foluil…
*aucune glose*;
f° 169ra, *W1:* hic habet originem <conclusio> quam posuit reverendus inceptor Bachalaus ( ! )…
*aucune glose*;
f° 169rb, *W1:* hanc conclusionem pono contra unum doctorem, puta contra Guilelmum (*corrigé par le réviseur en* Brinkelinum) Foluil…
*glose du réviseur:* 1° contra Brinkil;
f° 177ra, *W2:* oppositum Richardi Brechil…
*aucune glose.*

L'image de l'ensemble des données est claire : Guillaume de Crémone s'en prend à un docteur anglais appelé Foluil. Centueri l'identifie avec plus de précision encore : il s'agit de Guillaume de Folville de l'Ordre franciscain. Effectivement, la majeure partie de la critique concerne le même théologien dont seules les *Determinationes* sont nommées. À deux reprises, parce que l'occasion s'y est prêtée, Centueri s'en prend aussi à un autre théologien, dit *inceptor, inceptor Bachalaus* ou Richard Brinkley. Dans tous les deux cas il s'agit de Richard Brinkley ; nous en parlerons en détail plus loin. Cependant, pour Frédéric d'Amberg (copiste F2 et réviseur) cette distinction n'existe pas : déjà au cours de son travail de copiste il inscrit en marge le nom bâtard de « Brinkelinus Foluil », ou, indifféremment et alternativement, « Brinkil » et « Foluil » ; puis, au cours de la révision, il annote le haut et le bas des pages et corrige le très correct *Guilelmum Foluil* en *Brinkelinum Foluil*, incompréhensible et inconnu de Centueri. Voilà comment est né le « Brinkelinus Foluil ».

S'il est indéniable que Guillaume de Crémone a connu le texte de Richard Brinkley, il est également sûr que plusieurs citations, et notamment les conclusions extraites des *Determinationes*, ne correspondent à rien ni dans la *materia tabulata* laissée par Étienne Gaudet, ni chez d'autres théologiens connaissant et utilisant l'œuvre de Brinkley. De plus, nous n'avons retrouvé nulle part chez Brinkley la doctrine de la distance entre, d'un côté, l'infini et le créé, et, de l'autre, l'être créé et le non-être, doctrine prêtée pourtant par Frédéric d'Amberg et par D. Trapp à Brinkley [1]. En concluant nous pouvons donc adopter la solution suivante. Les *Determinationes* citées par Guillaume Centueri de Crémone sont de Guillaume de Folville ; il s'agit, en l'occurence, d'une première information sur l'œuvre théologique du franciscain de Cambridge. En revanche, ce que Centueri a attribué à l'*inceptor*, fut emprunté soit au Commentaire des Sentences, soit à une des QM de Richard Brinkley. Cependant, la part de Brinkley dans la question sur le Livre II de Guillaume Centueri de Crémone est de loin moins importante que ne l'affirme D. Trapp [2]. Enfin, le titre d'*inceptor* donné à Brinkley signifie peut-être qu'une de ses QM fut reprise au moment de son *inceptio* et que lui-même fut à un moment le *magister regens* à Oxford [3].

En ce qui concerne les *Replicationes* citées par Ange de Dobelin et plus récemment attribuées à Brinkley, il s'agit tout simplement d'une erreur. D. Trapp croit en effet que le pronom *ipse* remplace, dans un texte de Dobelin, le nom de Brinkley mentionné auparavant. Nous avons examiné sur microfilm le manuscrit dont s'est servi D. Trapp : Iena, Bibliothèque universitaire, Elect. F 47. Or, au f° 29rb de ce manuscrit Ange de Dobelin oppose à sa troisième conclusion l'opinion de Brinkley : *Contra 3$^{um}$ correlarium est opinio Brinkil qui arguit sic*... La réponse à cette objection ne se lit qu'à l'extrême fin de la question, au f° 29vb : *Ad racionem contra 3$^{um}$ correlarium... et ideo racio Brinkil non concludit quia hoc est falsum, et per hoc patet quid sit dicendum ad racionem Brinkil.* Mais avant d'en arriver là, Dobelin répond aux objections formulées contre ses deux premières conclusions. La première et la plus longue réponse concerne Robert Holkot. Le texte des *Replicationes* indiqué par Dobelin (et, à sa suite, par Trapp) n'est qu'un résumé de la réplique de Holcot au quatrième argument d'un *socius*, Livre III, q. I, art. 5 de son Commentaire. Voici la comparaison des deux textes :

1. D. Trapp, « "Moderns" and "Modernists" », p. 150 : « Brinkil éliminates the "gradus" : from the finite to infinite there is a "saltus" and from the finite to the "non-esse" there is a "lapsus", both are umbridgeble ». *Ibid.*, p. 149-150, pour les *Determinationes* ; p. 251-253 et 256, pour l'*inceptor.*

2. Richard Brinkley n'y est cité que deux fois, f° 163rb-va (*cf.* D. Trapp, *loc. cit.*, p. 251-252 : *Unus tamen inceptor nititur probare*...) et f° 169ra (Trapp, p. 253 : *Et per istum modum potest accipi propositio conclusionis*...). Les autres identifications proposées par D. Trapp me semblent injustifiées.

3. *Cf.* W.J. Courtenay, *Adam Wodeham. An Introduction to his Life and Writings*, Leiden, Brill, 1978, p. 50-51.

| **Holkot, f° N lrb-va**[1] : | **Dobelin, ms. cit., f° 29rb-va :** |
|---|---|
| Quarta ratio mea fuit… Ad istud respondet socius… Sed ista responsio deficit in duobus… Confirmatur, quia vel philosophus talis adorans creaturam credidit quod fuit Deus, vel non. Si sic, ergo credidit se adorare verum Deum adorando creaturam ; ergo non fuit scienter idolatra. Si non, ergo non exhibuit ei adorationem interiorem que est per fidem et dilectionem ; ergo simulauit se corporaliter adorare et non adorauit mentaliter, ergo non commisit idolatriam ex intentione nec cultum interiorem prebuit creature. | Et probat ipse in replicationibus suis, argumento 4°, ex intentione quod nullus potest ydolatriam committere sic : quia talis adorans creaturam vel credit illud quod adorat esse Deum, vel creaturam. Si Deum, ergo intendit adorare Deum ; sed intentio format actum, ergo non ydolatria. Si enim credit illud esse Deum (*lire* : creaturam), non adorat ex corde sicut Deum, ergo non vere colit ydolum et per consequens non veraciter committi ydolatriam, sed fictive. |

Brinkley n'est pas l'auteur des *Replicationes*.

*La* materia tabulata *d'Étienne Gaudet*

L'abrégé fait par Brinkley finit le « volume » composé essentiellement de textes semblables : le résumé du *De causa Dei* (I, 2-47) de Thomas Bradwardine, les Questions sur les Sentences d'un Agustin Anonyme, un commentaire des Sentences de Nicolas Aston et un autre de Richard Brinkley. Toutefois deux exceptions sont à noter : outre son résumé, le volume contient aussi le texte complet de Questions anonymes ; il contient également, bien qu'inachevée, la resompte de Nicole Oresme. Dans ce volume « anglais » Nicole Oresme est d'ailleurs le seul à représenter la théologie parisienne[2].

Le texte de Richard Brinkley faisait alors partie d'un manuscrit en possession du Breton Galeran de Pendref, docteur en médecine et étudiant en théologie[3].

1. Robertus Holkot, *In Quatuor libros Sententiarum questones*, Lyon 1518, réimpression par Minerva, Frankfurt am Main, 1967.

2. Voir plus haut, p. 90 et note 1.

3. À l'université, le maître breton a appartenu à la nation française, province de Tours. Il a lu les Sentences en 1371-1372, avec Denys de Montina, et est devenu docteur en théologie en 1374. De ses nombreux bénéfices il faut mentionner celui de chantre parisien qu'il a occupé depuis 1396, à la suite de la fuite de Paris de Guillaume de Saluarvilla. Galerand de Pendref fut donc partisan des papes d'Avignon. Voir CUP, III, p. 84, 92 note 10, n° 1358, p. 190 note 3, p. 490 note 19, p. 519, n° 1558. E. Wickersheimer, *Dictionnaire biographique des médecins en France au Moyen Âge*, Paris, 1936, p. 164 ; sur son appartenance au Collège de Navarre, voir les *Principia* de Denys de Montina et J. Launois, *Regii Navarrae gymnasii historia*, Paris 1677, p. 94, 901-902 ; sur sa bibliothèque, L. Delisle, *Le Cabinet des manuscrits*, I, Paris, 1868, p. 429. N. Gorochov, *Le collège de Navarre de sa fondation (1305) au début du xv*e *siècle (1418)*, Paris, Honoré Champion, 1997, p. 685-686 et l'Index. P. Glorieux, « Jean de Falisca », p. 31-32, 103, pense qu'il s'agit, dans des manuscrits de Gaudet, d'un Galeranus Burquardus,

Aujourd'hui perdu, ce manuscrit contenait : 1) un vocabulaire doctrinal de la terminologie scotiste alors en vogue à Paris ; 2) dans le deuxième cahier un résumé, feuillet par feuillet, des sept cahiers suivants ; 3) quelques extraits des auteurs alors très estimés, parmi lesquels Guillaume d'Ockham et Grégoire de Rimini ; 4) dans les douze cahiers suivants (12-23) la copie des questions de Richard Brinkley. On sait que le même manuscrit conservait quelques textes de Jean de Ripa, il est pourtant difficile de déterminer l'endroit précis où ils se trouvaient : dans le vocabulaire englobant les *scotica* ou dans la partie des textes (cahiers 3 à 9). Toutefois, aussi bien dans ce manuscrit que dans la pensée d'Étienne Gaudet, la doctrine commune, celle d'Ockham et celle de Grégoire de Rimini, s'opposait à la théologie du docteur franciscain. La description des onze premiers cahiers du manuscrit de Galeran nous informe donc sur l'état de l'enseignement doctrinal à Paris vers 1360 et sur l'un de ces instruments de travail intellectuel dont nous savons toujours si peu, et à ce titre elle mérite d'être publiée. La voici, telle qu'Étienne Gaudet nous l'a laissée :

> In 23 sisternis, quos habet m. Galerandus, contenta in primo sisterno sunt de doctrina scotica et contentur de Ripa contra que communis doctrina, okamica, Gregorius, Parisius pro nunc cur<r>ens.
>
> In primo sisterno huius voluminis contientur ( ! ) exposiciones quorundam terminorum modo in scolis usitatorum qui sunt isti : formaliter (i. f. *sup. lin.*), essencialiter, essencia, formalitas, formaliter idem, essencialiter idem, idem secundum quid. Ex opposito : distinctum seu diuersum formaliter, diuersum essentialiter, diuersum secundum quid. Ratio rei, quidquid est rei, quiditas rei, diffinicio rei, essencia rei, subsistencia rei, existencia rei, humanitas, singularitas. Hecceitas. De formis metaphysicalibus et naturalibus. De formali ratione. Vlterius de terminis significantibus principia agendi, scilicet principium formale, essenciale, accidentale. Deinde de terminis accionum conformiter dicitur composicio et forma etc. Deinde de hiis secundum quod, sub ea racione, eatenus. Deinde de isto termino agere. Deinde de conceptibus scotica. Hec in illo primo sisterno.
> In 2° sisterno continetur tabula 9 subsequencium sisternorum distincte per folia, vt patet, et vt videtur prima facie sufficienter discur <rer>e. Etiam Okam, Gregorius quod illa contingunt.
> In 12° sisterno scriptum cuiusdam super Sentencias… [1]

autrement inconnu. Il croit aussi (p. 103) que Gaudet a prêté son texte complet à Galeran ; les notes de Gaudet ne sont cependant pas assez nettes, mais je pense plutôt que ce dernier a emprunté le texte de Brinkley auprès de Galeran, alors étudiant en théologie, mais déjà docteur en médecine. De toute manière Gaudet et Galeran comptent parmi les premiers lecteurs parisiens de Richard Brinkley. Voir aussi p. 107, note 1 ; Denys de Montina, *In I Sent.*, I Principium, f° aa2ra et suivants. Dans son II Principium, f° aa7va, Denys note à propos de Galeran : « Iste facit sicut bonus Brito qui non vult simul omnes ictus facere ; prius vult videre quid ego dicam, et postea emittet iacula ». C'était donc un tacticien de la discussion.

1. Ms. BnF, lat. 16535, f° 123r. Gaudet pensait d'abord résumer ici un manuscrit appartenant à un certain Robert ; au-dessus du texte cité, à droite, on lit encore : « tabula contentorum in alio volumine Roberti ».

Avec le cahier 12 nous commençons déjà la lecture de l'abrégé du texte de Brinkley.

Il ne sera certainement pas inutile de voir maintenant, en parcourant cahier après cahier, les proportions du texte brinkleyen, sa composition et son ordre. Pour le faire, nous nous appuyons sur les indications d'Étienne Gaudet concernant le manuscrit perdu du maître Breton. Pour plus de clarté nous donnons d'abord le numéro de la question dans le sommaire d'Étienne Gaudet, ensuite le numéro du cahier, ou des cahiers, correspondant dans le manuscrit de Galeran.

| | |
|---|---|
| q. | 1 = cahiers 12-13 |
| | 2 = cahier 13 |
| | 3 = cahier 14 |
| | 4 = cahiers 14, 15, 16 |
| | 5 = cahier 16 |
| | 6 = cahier 17 |
| | 7 = cahiers 17, 18 |
| | 8 = cahier 18 |
| | 9 = cahier 19 |
| | 10 = cahiers 19, 20 |
| | 11 = cahier 20 |
| | 12-21 = cahier 21 |
| QM | 1 = cahiers 21, 22, 23 |
| | 2 = cahier 23 |
| | 3 = cahier 23. |

En ce qui concerne le Commentaire des Sentences (qq. 1-21), on voit tout de suite que la *materia* consacrée à la preuve de l'existence de Dieu (q. 4) est la plus développée et occupe une place de choix : plus de deux cahiers. Il est à noter qu'à elle seule, la problématique logique de cette même matière remplit deux cahiers. Ce fait n'est pas surprenant, le problème de la contradiction de la proposition « Dieu n'est pas » étant alors très discuté à Oxford [1].

1. Voir Z. Kaluza, « Le problème du "Deum non esse" », repris plus haut, p. 37-51 ; « L'Œuvre théologique de Nicolas Aston », *supra*, p. 71-75 ; G. Federici Vescovini, « Discorso logico e discorso teologico secondo Biagio Pelacani da Parma », AHDLMA, XLV (1978), p. 34-44 ; L.A. Kennedy, « Oxford Philosophers and the Existence of God, 1340-1350 », *Recherches de Théologie ancienne et médiévale*, LII (1985), p. 194-208, qui, en partie, reprend les textes utilisés déjà dans mon article « Le problème ». À l'origine de cette preuve logique de Dieu on voit le *De causa Dei*, I 1, et la polémique de Bradwardine contre Duns Scot (*Ordinatio* I, dist. 43) au sujet de l'impossibilité des Idées divines. C'est au cours de cette polémique que Bradwardine formule pour la première fois son opinion sur le complexe Deum non esse : « Quod autem dicit (Johannes) : et si Deus non esset, adhuc tale quid esset impossibile, si impossibile sumatur affirmative, falsum est…, si autem sumatur pure negative, scilicet pro non possibile esse, sic verum est. — Vel aliter et forte melius potest dici, quod Deum non esse, necessariissime contradictionem includit ; quare et posito Deum non esse, nedum una pars contradictionis in multis et forte in omnibus, sed et altera necessario consequetur » (*De causa Dei*, I, 13,207C). Au chapitre suivant, la formule est déjà dans le corollaire : « O quam necessarium est hunc esse, quam tam impossibile est desinere unquam esse, et quod Deum qualitercunque non esse contradictionem

Les deux questions du Prologue (qq. 1-2), dont la première est bien plus développée, occupent deux cahiers. Cependant, prises ensemble, elles ne dépassent pas la moyenne : une question par cahier. De ce point de vue les qq. 12-21 font vraiment une exception remarquée déjà par Étienne Gaudet : elles sont très courtes et, ensemble, elles ne remplissent même pas un cahier.

Quant aux questions dites *magnae*, il n'y en a qu'une qui soit digne de ce nom – la première commençant dans le cahier 21 et prenant fin dans le cahier 23. Les deux autres sont bien plus brèves.

L'analyse des cahiers perdus et du texte du sommaire révèle quelques anomalies qu'il nous faudra maintenant envisager. Mais auparavant remarquons que le sommaire suit fidèlement son modèle comme nous pouvons le constater grâce aux indications des cahiers, et rarement des feuillets, fournies par Étienne Gaudet. Cependant, dans le cas où la division du commentaire en questions ne suit pas celle des Sentences en distinctions – et c'est précisément le cas des questions brinkleyennes – les copistes successifs risquaient de prendre la partie d'une questions pour une unité autonome, par exemple une question subsidiaire, un *dubium*, pour une question à part. D'autre part, les copies en circulation, d'abord entre l'Angleterre et la France et, ensuite, entre les différents lecteurs et copistes à Paris, ne furent pas, en règle générale, reliées. Les conséquences de ces faits sont faciles à prévoir : des cahiers se perdaient ou, bien que numérotés, pouvaient être déplacés en introduisant ainsi un désordre certain. Ces pertes et ce désordre, nous les avons déjà observés en traitant du sommaire des questions de Nicolas Aston que nous avons eu l'occasion de comparer avec deux copies du texte. Ici, dans le cas du sommaire de Richard Brinkley, nous n'avons pas cette possibilité, ce qui exige bien plus d'attention et de réserve. Voici maintenant les remarques concernant le sommaire fait par Étienne Gaudet.

1) L'incipit donné par Étienne Gaudet n'est en réalité que le thème biblique de la collation, première et peu importante partie du principium sur le Premier Livre des Sentences. Par contre, nous ne savons rien sur sa seconde partie, à savoir la *quaestio collativa*. La première question résumée par Étienne Gaudet appartient déjà au Prologue.

2) La question 6 est introduite comme si elle traitait de La Trinité : *Consequenter queritur circa materiam de personarum pluralitate*[1]. En réalité, il n'en est rien : La Trinité fait l'objet des questions 9 et 11, alors qu'avec la question 6 commence la polémique contre Ockham qui va se prolonger jusqu'à la question 8 et qui concerne la *passio*

necessariisssime continet et importat, et quod necesse esse videtur maxime proprium nomen Dei » (*ibid.*, 14,209E-210A et 210C). Avant de parler de la preuve logique, il faudra donc examiner les notions de l'impossible, du possible et du nécessaire chez Bradwardine. Quant à la preuve même, elle sera reprise et discutée à Paris dans les années soixante et soixante-dix du XIVe siècle et en Italie, comme le montre l'étude de Mme Federici Vescovini.

1. Voir *infra*, p. 165.

(propriété ou *modus* des choses) et la démonstration. Or les commentateurs des Sentences passaient toujours de la preuve de Dieu à la *materia de Trinitate*. Pour le dire plus généralement, ils traitaient d'abord de l'unicité de Dieu et de la possibilité de le connaître pour passer immédiatement à la doctrine trinitaire. La courte introduction démontre que, premièrement, l'endroit exact des questions 9 et 11 était là où se trouvent actuellement les questions 6, 7 et 8 ; et, deuxièmement, que ces trois dernières questions n'occupent pas leur place naturelle qui est celle du Prologue. Notons aussi, que Guillaume d'Ockham, critiqué ici par Brinkley, a consacré au même sujet de la *passio* et de la démonstration les questions 3, 4 et 5 de son Prologue au Premier Livre. Notre observation se confirme par la notice qui, dans le sommaire, finit en apparence la question 8, mais en fait précède la question 9 : *Habito per priora de Dei unitate et eius cognoscibilitate nunc videndum est an personarum pluralitas stet cum eiusdem essencie unitate*, etc. [1]. L'analyse de la *passio* et de la *démonstratio* n'est même pas mentionnée, et cela serait inutile, car ces deux problèmes font partie de la théorie de la théologie comme science et non pas de la doctrine trinitaire ou du traité de Dieu. Les trois questions 6, 7 et 8 appartiennent donc au Prologue.

3) Les relations entre les questions 6 et 7 ne sont pas de toute clarté. Dans la première, Richard Brinkley se propose de traiter cinq sujets : la définition, la propriété (*passio*), le sujet d'une propriété, la démonstration, la possibilité de démontrer une propriété de son sujet et, en sixième lieu, de répondre par une affirmative ou une négative à la question posée : la propriété seule est-elle démontrable ? Jusqu'au quatrième point la question se développe selon le plan prévu ; après quoi elle se termine : *Deinde pro 4$^{to}$ declarat quid sit demonstratio. Et in hoc videtur, finit questionem illam* [2]. La question 7 dont nous ne connaissons pas le plan est toute consacrée au dernier sujet de la précédente ; son intitulé : *Utrum omnis passio sit demonstrabilis de suo subiecto* modifie quelque peu l'intitulé de la q. 6, mais, du fait même que le lecteur ne sait toujours rien de la démonstrabilité de la *sola passio*, ne change pas la nature du problème posé, au demeurant irrésolu. Il semble donc que la question 7 ne peut pas être détachée de la précédente et que celle-ci a originellement été composée de cinq courtes questions ou *dubia : quid sit définitio, quid sit passio… si passio sit demonstrabilis de suo subiecto* ou *utrum omnis passio sit démonstrabilis de suo subiecto*, constituant ensemble un tout cohérent. Nous pensons donc que la question 7 fait partie de la question 6.

4) Les deux questions trinitaires, 9 et 11, ne cessent de poser des problèmes. L'un d'eux, celui de leur endroit exact dans le Commentaire de Brinkley, est déjà résolu. Un autre est celui de leur séparation. En effet, quelle peut être la raison menant un théologien à placer une question consacrée à l'analogie de l'être (q. 10)

1. Voir *infra*, p. 168.
2. Voir *infra*, p. 166.

entre deux autres, consacrées au mystère de La Trinité ? Les deux dernières, 9 et 11, analysent un article de foi alors que la première examine la possibilité de concevoir toute réalité, créée et incréée, en tant qu'être. Il semble donc que la question 10 fut à un moment déplacée et qu'elle doit suivre la preuve de Dieu (questions 4-5) et précéder la matière de La Trinité (questions 9 et 11). La note citée auparavant (dans 2° : *Habito per priora de Dei unitate et eiusdem cognoscibilitate*) fait aussi allusion à la question 10.

5) Ce que nous venons de dire concerne avant tout l'ordre des questions, identique dans la *materia tabulata* et dans son modèle. Ce parallélisme est rompu après la question 9, copiée dans le manuscrit perdu au cahier 19. Or, dans le même cahier, après la question 9, Étienne Gaudet a vu et lu trois autres questions discutant *de diuinis*, mais il n'a pas jugé bon de les résumer : *sequuntur de diuinis 3*[es] *questiones in hoc 19° sisterno / patent satis que in illis tanguntur generaliter ex tabula.* Leur doctrine était peut-être connue et n'intéressait plus Étienne Gaudet. La *materia tabulata* ne résume donc pas tout le texte brinkleyen disponible alors à Paris.

6) La question 11 sur la priorité des personnes divines fut incomplète dans le modèle d'Étienne Gaudet : *Deinde incipit respondere ad obiecta, et manet questio imperfecta, ut notum est, et folia aliqua vacua* [1]. Bien que le même sujet de la priorité soit traité dans la question 3 (*de fruitione*), il est pourtant impossible de penser que quelques feuillets aient été déplacés. En effet, si, à propos de la fruition, Richard Brinkley critique Jean Duns Scot – *et tangit aliqualiter de prioritate originis in diuinis contra Scotum* [2] – c'est que le Docteur Subtil a, à un moment, introduit ce même sujet dans la q. 2 (*Utrum finis ultimus habeat tantum unam rationem fruibilis*), a. 2 de la dist. I de son commentaire des Sentences. Le sujet fut ensuite abandonné dans l'*Ordinatio* et le texte sur la priorité *in diuinis* rayé par Duns Scot lui-même [3]. D'autre part, le carme Jean Brammart, qui reprend la critique brinkleyenne de Duns Scot, a, lui aussi, inséré celle-ci dans sa question sur la fruition [4]. A la suite de Duns Scot on pouvait donc examiner le problème de la priorité des personnes divines en discutant sur l'objet de la jouissance dans l'au-delà : est-il possible de jouir de l'essence divine sans avoir la jouissance des personnes ? et vice versa ; ou encore : est-il possible de jouir d'une seule personne

1. Voir *infra*, p. 172.
2. Voir *infra*, p. 157.
3. Grâce aux citations d'Henri d'Oyta et de Jean Brammart (voir *infra*, p. 157 note 2) nous apprenons que Richard Brinkley a polémiqué contre le texte qui, dans l'édition critique de l'*Ordinatio* de Duns Scot, est indiqué comme *textus a Duns Scoto cancellatus. Cf.* l'édition du Vatican, t. II, p. 27 note a.
4. *Lectura magistri Iohannis Bramarth* dans le ms. Florence, Bibl. Nazionale, II. II. 281, f° 77vb-78ra : « Contra 2[am] partem conclusions arguit Doctor Subtilis et primo sic : « Pater prius origine quam generat Filium est perfecte beatus… » etc. Sans le dire, Brammart emprunte ce texte à Brinkley qu'il nomme tout de même un peu plus loin, au f° 78vb. Voir aussi *infra*, p. 112.

divine sans avoir la jouissance des autres ?[1] Ainsi se justifie la critique ponctuelle de Duns Scot à la question 3 sans qu'il soit nécessaire de voir en elle une partie de la question 11.

Pour conclure, remarquons, en premier lieu, que le modèle perdu, le manuscrit du maître Galeran, n'est pas responsable du changement de l'ordre des questions ; la succession exacte des cahiers numérotés le prouve suffisamment. Ce changement a dû s'opérer bien auparavant, probablement encore en Angleterre. Du fait d'une manipulation possible des cahiers, nous ne sommes même pas assurés que le texte de Brinkley fût complet dans le manuscrit de Galeran. Par contre, nous sommes sûrs que le sommaire d'Étienne Gaudet omet trois articles ou courtes questions.

En deuxième lieu, il est hautement probable que l'ordre des questions, du moins en ce qui concerne le 1er Livre de Brinkley, fut, à l'origine, le suivant :

Prologue : q. 1,
q. 2,
q. 6 + 7,
q. 8 ;
1er Livre : q. 3,
q. 4,
q. 5,
q. 10,
q. 9 + trois questions omises par Étienne Gaudet,
q. 11.

C'est aussi l'ordre dans lequel il faut lire le sommaire.

En troisième lieu, le sommaire d'Étienne Gaudet, rédigé assez rapidement, résume avant tout ce qui intéressait l'auteur à ce moment. Avec le temps, son intérêt se déplaçait ; c'est ce que nous pouvons fort bien observer sur les deux résumés des QM publiés plus loin. Ces données indiquent que le but principal de son travail fut utilitaire, peut-être même d'une utilité immédiate.

En dernier lieu, il semble que les maîtres parisiens ne disposèrent pas d'un meilleur exemplaire que celui de Galeran de Pendref. Nous le déduisons du fait que l'augustin Jean Hiltalingen, toujours très précis dans ses citations, désigne les questions de Brinkley par le même numéro[2]. Il est donc probable que d'autres manuscrits parisiens de Brinkley furent copiés sur celui de Galeran. Cette hypothèse expliquerait peut-être le fait qu'avant les années soixante nous ne trouvons aucune trace de la connaissance de Brinkley à Paris.

1. Ce sont les sujets discutées par Duns Scot, cf. *Ordinatio*, dist. I, pars prima, q. 2, art. 1-2 ; Vat., II, p. 17 s. Voir aussi Guillaume d'Ockham, *Ordinatio*, dist. I, q. 5 (éd. Gál-Brown, I, p. 451,12-452,2 et 471,4-474,22) où Ockham polémique contre le même *textus cancellatus* de Duns Scot.

2. Voir par exemple *infra*, p. 156 notes 1 et 2.

## INFLUENCE À PARIS

### *Le* terminus a quo

Pour la plupart des questions résumées, Étienne Gaudet a indiqué la disposition générale du texte, noté les conclusions, quelquefois les arguments et même ses propres appréciations et remarques; il s'est limité à l'intitulé pour les seules « questions brèves » (19-21). Il a, d'autre part, deux fois abrégé les QM; ces deux sommaires qui se complètent, sont ici publiés côte-à-côte. Cet état du texte, lequel, on l'a vu, n'est qu'un relevé d'un manuscrit aujourd'hui perdu, rend indispensable le rassemblement de tous les *testimonia* dont nous pouvons disposer. Réunis, ces témoignages ajoutent au sommaire d'Étienne Gaudet plusieurs détails et développements utiles pour expliquer un point obscur, pour faire comprendre les raisons d'une acceptation ou d'un rejet des conclusions de Brinkley et, au-delà, pour prendre la mesure de l'utilisation des questions brinkleyennes à Paris. Nous nous sommes donc efforcés, dans les limites de nos possibilités, de présenter ce sommaire accompagné des citations retrouvées chez des sententiaires parisiens de la deuxième moitié du XIVe siècle. Ces textes parallèles ne constituent qu'une première approche du problème de l'influence brinkleyenne à Paris; derrière eux, mais aussi grâce à eux, on aperçoit des accords et des désaccords, des polémiques et des emprunts cachés; on découvre le texte de Brinkley dans son rôle, non pas certes d'une autorité au sens médiéval du mot, mais d'un ouvrage de référence pour plusieurs générations de théologiens parisiens.

L'influence de Richard Brinkley a occasionnellement été notée ici ou là, sans qu'on puisse en voir la constance et l'étendue. L'identification du sommaire d'Étienne Gaudet permet aujourd'hui de reprendre le sujet sur de nouvelles bases et l'envisager dans son ensemble. L'examen d'une vingtaine de commentaires des Sentences, manuscrits en majeure partie, atteste la présence du texte de Brinkley dans cinq milieux intellectuels à Paris : parmi les maîtres séculiers l'ont seulement possédé ou utilisé Galeran de Pendref, Étienne Gaudet, Henri Totting d'Oyta et probablement Étienne de Chaumont; dans le *studium* franciscain Guillaume Centueri de Crémone et Pierre de Candie; chez les augustins Jean Hiltalingen de Bâle, Ange de Dobelin et Denys de Montina dont le Commentaire des Sentences dans l'édition de Poncet le Preux (1511) est attribué à un *Dionysius Cisterciensis*[1];

1. A. Zumkeller, *Dionysius de Montina, ein neuentdeckter Augustinertheologe des Spätmittelalters*, Würzburg, Augustinus-Verlag, 1948 (Cassiciacum, 10), p. 13 s.; « Ein Manuscript der Sentenzenlesung des Augustinertheologen Dionysius von Montina, fälschlich genannt Dionysius Cisterciensis », Miscellanea Martin Grabmann. Gedenkblatt zum 10. Todestag, Munich, 1959 (Mitteilungen des Grabmann-Instituts der Universität München, Ht 3), p. 73-87; « Dionysius de Montina », dans *Lexikon für Theol. u. Kirche*, III (1959), col. 407. Cependant G. Gál-R. Wood, « Richard Brinkley », p. 60 note 3, et J. Auer, « Brinkil », dans *Lexikon fur Theol. u. Kirche*, II (1958), col. 696, continuent d'attribuer

chez les carmes Paul de Fonte, *socius* de Hiltalingen [1], et Jean Brammart [2]; enfin, dans l'ordre de Cîteaux Jacques d'Eltville [3]. Cette liste qui n'est pas exhaustive, confirme néanmoins que tout au long des années soixante et soixante-dix du XIV^e^ siècle le Commentaire et les QM de Richard Brinkley ont joué un rôle important dans l'enseignement et dans les discussions théologiques à Paris.

Si ensuite on se pose la question de savoir à quelle date des maîtres parisiens ont pris connaissance du Commentaire et des QM de Brinkley, la réponse doit se faire en deux temps. Premièrement, aucun texte des années 1350-1360 connu aujourd'hui et que nous avons consulté, ne cite Brinkley et ne mentionne même son nom. Nous en avons la meilleure preuve par les trois commentaires d'origine franciscaine conservés dans le ms. Vat. lat. 986 et dont le premier reste anonyme, les deuxième et troisième viennent d'être identifiés comme étant, respectivement, celui de Jean de Burgo et celui de Registre [4]. Tous les trois datent de 1355-1360, et plus précisément : le premier de 1355-1360, le deuxième de 1358 et le dernier de la même année ou un peu avant cette date [5]. Or, dans les trois le nom de Brinkley

ce commentaire à Denys le Cistercien. Voir aussi D. Trapp, « Augustinian Theology », p. 253, 265 et 267, où, parmi les *socii* de Denys de Montine, est mentionné également Galeran de Pendref (pour l'année 1371-1372). Le Commentaire de Denys a eu deux tirages, conservés à la B.n. F. sous la cote Rés. D 72 et Rés. D 74; le texte est toutefois identique.

1. Le *socius* carme de Jean Hiltalingen est identifié par D. Trapp, « Augustinian Theology », p. 249 et 267. B. M. Xiberta, *De scriptoribus scholasticis saeculi XIV ex Ordine Carmelitarum*, Louvain, 1931, ne connaît pas Paul de Fonte.

2. *Ibid.*, p. 414-452 et partic. p. 431. W.J. Courtenay, *Adam Wodeham*, p. 148-149. Jean Brammart a lu les Sentences en 1380-81 ; il a eu une bonne connaissance des auteurs anglais. J'ai étudié son texte dans le ms. Florence, Bibl. Naz., II. II. 281, qui n'est pas complet.

3. Voir J. Lang, *Die Christologie bei Heinrich von Langenstein. Eine dogmenhistorische Untersuchung*, Freiburg-Basel-Wien, 1966 (Freiburger theologische Studien, 85), p. 17-19, 48-49; N.H. Steneck, *Science and Creation in the Middle Ages. Henry of Langenstein (d. 1397) on Genesis*, Notre Dame-London, 1976, p. 9-10, 18 (et note 38 à la p. 157), 25; D. Trapp, « Augustinian Theology », p. 252; W.J. Courtenay, *Adam Wodeham*, p. 145, 147-148, 150-151.

4. K.H. Tachau, « French Theology in the Mid-Fourteenth Century : Vatican Latin 986 and Wrocław, Milich F. 64 », AHDLMA, LI (1984), p. 41-80.

5. Sans faire de distinction entre les trois textes décelés par K.H. Tachau, J.A. Weisheipl, « Ockham and Some Mertonians », *Mediaeval Studies*, XXX (1968), p. 194 note 58, date aux environs de 1370 le « commentaire anonyme », et W.J. Courtenay, *Adam Wodeham*, p. 139 et 140, entre 1360 et 1365. K.H. Tachau, « French Theology », p. 46-47 et note 11, suppose que le premier commentaire n'a pas été écrit après 1360 parce que son auteur anonyme cite un *frater Andreas* qui est probablement le franciscain André de Neufchâteau. Mais, remarque-t-elle, cette datation n'est pas sûre car il pouvait s'agir d'André de Monte Forte, mentionné par E. Ypma, « Notice sur le "studium" de Paris au cours de la deuxième moitié du XIV^e^ siècle », *Augustiniana*, XVII (1967), p. 34-35. Cependant, l'augustin André de Montfort a commenté les Sentences probablement en 1361-1362, ce qui, à mon avis, l'exclut de notre champ d'investigation. Le commentaire anonyme, le premier des trois, a été rédigé *avant 1361* parce que, citant très souvent Ascensius de Sainte-Colombe et polémiquant contre lui, l'anonyme ne remarque jamais qu'Ascensius soit évêque. Or, Ascensius fut élu au siège de Sarlat en 1361; A. Combes, « Présentation de Jean de Ripa », AHDLMA, XXIII (1956), p. 159; Jean de Ripa, *Determinationes*, éd. A. Combes, Paris, Vrin, 1957, p. 17-18. Il a été rédigé *après 1355* parce que le « frère André » n'est autre que André de Neufchâteau et parce que celui-ci connaît bien « les articles

est passé sous silence. Pour chaque question de ces commentaires nous avons comparé leurs conclusions avec celles de Richard Brinkley, et nous n'en avons trouvé aucune semblable ou directement opposée. En ce qui concerne Jean de Ripa, chez qui D. Trapp semble percevoir l'influence de Brinkley, nous avons effectivement trouvé une conclusion portant sur l'intensité des formes quasi identique à celle du franciscain anglais. Cependant elle provient de la source commune des deux auteurs, à savoir le *Tractatus secundus* de Gauthier Burley. Il suffit, pour s'en convaincre, de parcourir l'étude de M^me^ E. Sylla [1].

Deuxièmement, Étienne Gaudet a lu les Sentences en 1361-1362. Fait peu avant cette date, le plan de son commentaire, où chaque question est accompagnée du nom des auteurs chez qui il pensait puiser la doctrine, se tait sur notre franciscain. Par contre, Étienne Gaudet renvoie à sa propre *lectura* dans le sommaire des trois QM : *Per hoc sufficit quae alibi scripsisti in legendo* [2]. Nous pouvons donc conclure

de Paris compilés entre 1347 et 1354 » ; *cf.* W.J. Courtenay, *Adam Wodeham*, p. 139. Pour le texte de Jean de Burgo et de Registre, voir K.H. Tachau, *op. cit.*, p. 55, 57, 65. L'excellente étude de M^me^ Tachau peut être complétée par quelques remarques. À la liste des auteurs cités par l'anonyme il faut ajouter (p. 44-45) : Augustin, Anselme, Avicenne, Durand de St.-Pourçain, Alexandre de Gênes (*de Ianua*, mentionné au f° 28ra) et les articles parisiens. Plusieurs auteurs sont cités de deuxième main, par exemple, Richard Billingham est cité d'après Pierre de Guichard dont le texte n'a pas encore été identifié ; Duns Scot l'est d'après Roger Rosetus et Gauthier Chatton d'après Grégoire de Rimini. Il n'est pas exclu que le commentaire anonyme et celui de Jean de Burgo aient été lus dans le *studium* d'Amiens avant ou après la *lectura* parisienne. Grâce aux *Determinationes* de Jean de Ripa nous savons que les docteurs et les bacheliers formés enseignaient quelquefois dans une autre école franciscaine que celle de Paris. Ce fut précisément le cas d'Ascensius, l'adversaire principal de Jean de Ripa, *cf.* mon article « La nature des écrits de Jean de Ripa », *Traditio*, XLIII (1987), p. 282. Jean de Burgo, lui aussi, évoque son activité d'avant la *lectura* : f° 54rv : « Predictas conclusiones me recolo alias sustinuisse ». Quant au *frater Amandus* dont l'identité n'est pas sûre, W.J. Courtenay, *Adam Wodeham*, p. 140 note 66, pense qu'il s'agit *d'Amandus de Artesio* ; K.H. Tachau, *op. cit.*, p. 59, penche plutôt vers *Amandus de Valenciennes*. En réalité il ne s'agit que d'un seul et même Amand d'Artois ou de Valenciennes, *cf.* CUP, III, p. 104 et note 5 ; A. Combes, *Jean Gerson commentateur dionysien*, Paris, Vrin, 1973², p. 605. En 1350 Amand répondait dans une sorbonique, *cf.* P. Glorieux, « Jean de Falisca », p. 47-48 ; probablement était-il alors bachelier formé. Il est devenu docteur avant Jean de Ripa et avant la *lectura* de Jean de Burgo.

1. E. Sylla, « Medieval Concepts of the Latitude of Forms », AHDLMA, XL (1973), p. 223-283, partic, p. 236 note 35, où l'auteur cite Burley : « Ideo michi videtur quod causa intrinseca intensionis et remissionis est latitudo forme specifice, ut quia eadem species potest salvari in forma magis perfecta et in forma minus perfecta, ideo *una forma potest esse intensior alia eiusdem speciei et alia remissior*. Non tamen potest eadem forma secundum numerum aliquando esse intensior… (et) aliquando remissior ». – Dans la QB 13, « Utrum in aliqua specie virtutis poterit viator esse magis vel minus virtuosus et aeterna beatitudine magis vel minus praemiandus », Richard Brinkley soutient trois conclusions dont la deuxième est celle-ci : « *Una virtus alia virtute intensior esse poterit in eadem specie* ». Cf. *infra*, p. 174. – Jean de Ripa, *In I Sent.*, dist. XVII, pars II, q. unica, a. 3, concl. 2 : « *Stat in eadem specie unam formam esse intensiorem alia*, et tamen neutram habere in se latitudinem graduum realiter distinctorum ». Voir Jean de Ripa, *Conclusiones*, publié par A. Combes, Paris, Vrin, 1957, p. 148. Je reviendrai plus tard sur l'opinion de D. Trapp.

2. Ms. Paris, B.N., lat. 16408, f° 40. Sur la date de la *lectura* de Gaudet, *cf.* Z. Kaluza, *Thomas de Cracovie*, p. 89 et 139 ; « Étienne Gaudet et le problème de la preuve en théologie », dans Z. Kaluza et P. Vignaux (éd.), *Preuve et raisons à l'Université de Paris, logique, ontologie et théologie au XIV^e^ siècle*,

que le texte de Brinkley est connu à Paris à partir de 1362 ou 1363. En 1365 il est déjà largement utilisé par Jean Hiltalingen de Bâle et ses *socii*.

Outre Paris, l'université de Prague possédait son propre exemplaire du commentaire de Brinkley. Ce fait, ainsi que sa signification pour le développement du réalisme pragois, ne rentre cependant pas dans le cadre de notre propos [1].

*L'utilisation des textes de Brinkley à Paris*

Parmi les sujets analysés par le franciscain anglais et qui ont éveillé la curiosité des maîtres parisiens ou suscité des polémiques, on trouve ceux-ci : la nature et l'objet de l'assentiment, la capacité de béatitude de l'âme humaine, la possibilité d'une preuve de l'existence de Dieu, la priorité *in divinis*, l'agir de Dieu nécessaire, exprimé par un nom (*modus*), et contingent, exprimé par un adverbe, par exemple *contingenter*. Bien évidemment, chacun se servait à sa manière des textes venus d'Outre-Manche. Les uns y cherchaient une définition ou une description, comme, par exemple, Pierre de Candie pour définir la *ratio* et pour décrire le rapport entre la *potentia volitiva* et la *potentia intellectiva* en Dieu [2]. D'autres y trouvaient telle ou telle conclusion pour, ensuite, la combattre, comme le fait Henri Totting d'Oyta avec la négation brinkleyenne des preuves apostérioriques de Dieu [3]. D'autres encore, et ils sont les plus nombreux, empruntent à Brinkley, sans jamais le dire, des conclusions en les incorporant dans leur texte. Ainsi ont fait Étienne Gaudet, Étienne de Chaumont, Jacques d'Eltville, Jean Hiltalingen, son *socius* Paul de Fonte et son imitateur (pour le Prologue) Denys de Montina [4]. Quelquefois pour

Paris, Vrin, 1984, p. 231 ; sur son plan du Commentaire des Sentences, voir mon article « Quelques traces du Commentaire des Sentences de Thomas Felthorp », *Freiburger Zeitschrift fur Philosophie und Théologie*, 30 (1983), p. 191-192 et note 9, et *infra*, p 194.

1. Le nom de Richard Brinkley est mentionné sur la liste anonyme d'origine praguoise des docteurs célèbres, publiée par W. Seńko, « Nieznana lista autorów scholastycznych z połowy XV w. », *Materiały i Studia Zakładu Historii Filozofii Starożytnej i Średniowiecznej*, VII (1967), p. 140, n° 42, où on lit : *Doctor Brunkel*. À M. J.-F. Genest je dois l'information sur le ms. VI E f 8 de la Bibliothèque de Lobkovic (Lobkovicka Knihovna) à Roudnice. Ce manuscrit est composé de deux catalogues anciens, l'un de la bibliothèque du Collège d'Edvige, l'autre de la bibliothèque de la nation tchèque à l'Université de Prague. C'est cette seconde qui a gardé sous la cote *M 79* le texte de Brinkley, mentionné col. 149 : *Questiones theologales Biligam et Brinkel*. Cf. *Katalogy knihoven kolejí Karlovy University*, publié par J. Bečka et E. Urbánková, Prague, 1948, p. 68. F. Šmahel, « Verzeichnis der Quellen zum Prager Universalienstreit 1348-1500 », dans *Mediaevalia Philosophica Polonorum*, XXV (1980), p. 1-189, ne mentionne ni le Commentaire des Sentences, ni la *Somme de logique* de Brinkley, cette dernière se trouvant toujours à Prague. L'analogie de l'être exposée par Brinkley, son anti-ockhamisme, son réalisme au sujet des universaux et sa théorie de la vérité des propositions auraient bien pu intéresser les Tchèques.

2. Voir *supra*, p. 93-94, et *infra*, p. 147, 3ª ratio ; 148 note 2.

3. Voir *infra*, p. 164 note 1.

4. Pour Jean Hiltalingen, Denys de Montina et Paul de Fonte, voir ici même. Pour Étienne Gaudet, comparer la première conclusion de sa *VII Responsio* : « Sola actualis existentia (*Glorieux* : essentia)

découvrir ces emprunts, il nous a fallu comparer plusieurs textes. C'est le cas, par exemple, du carme Jean Brammart, trahi par la véracité d'Henri Totting d'Oyta. En effet, ces deux théologiens reprennent la critique brinkleyenne de Duns Scot, mais le premier cache le fait, alors que le second l'avoue :

creaturae est terminus divinae productionis ad extra » (P. Glorieux, *Jean de Falisca*, p. 97) avec la conclusion 2 de la Q. 17, reprise par la QM 2 (*supra*, p. 86-87). Pour Jacques d'Eltville, voir son Commentaire des Sentences, I, q. 1, a. 3, f° 5vb, où l'auteur prouve sa première conclusion par des propositions, dont la première est celle-ci : « Veritates theologicae sic sunt verae quod fidei et scientiae theologicae non potest subesse falsum ». C'est la concl. 4 de la Q. 1 de Brinkley, appropriée déjà par Hiltalingen et Denys de Montina ; *cf.* p. 197 et 257 note 11. — Le problème de la « preuve logique » de Dieu formulée par Nicolas Aston et combattue par Brinkley est difficile à situer dans les courants philosophiques parisiens. Si Richard Brinkley rejette cette preuve, nous ne savons pas les raisons qu'il a avancées contre elle, et par conséquent, nous ne pouvons pas mesurer l'impact de cette critique à Paris. En 1371-1372, plusieurs bacheliers ont discuté le problème de la contradiction du complexe « Deum non esse », comme en témoignent les Principia I et II de Denys de Montina. Celui-ci note cependant à ce propos (f° 7vb) : « Ad istud dico duo. Primum quod Deum non esse evidentem contradictionem formaliter non includit. Secundo dico quod magister Hugolinus (d'Orvieto) dicit quod Deum non esse implicat contradictionem latentem ». La tradition de cette discussion a donc déjà une bonne trentaine d'années. Elle est résumée par Étienne de Chaumont ; *cf.* Z. Kaluza, « Le problème du "Deum non esse" », *supra*, p. 37 *sq.*

**Jean Brammart**[1]

Ad principium 2e partis conclusionis quod est Doctoris Subtilis cum arguit sic : « Pater prius origine quam generet Filium est perfecte beatus », negatur antecedens, quia videtur implicare <contradictionem> quod Pater sit prior origine quam generet Filium, quia Patrem esse priorem Filio origine, si ponatur talis prioritas, non est aliud quam Filium esse a Patre productum. Sed Filius non productive est a Patre nisi per generationem, ergo Patrem esse priorem Filio origine est ipsum generare Filium. Ergo si Pater est prior origine quam generet Filium, ergo prius generet Filium, quam generat Filium, quod est contradictio.
(…)

In hac ergo solutione neganda prioritatem originis in divinis concordat Hocham et Adam. Brinkel vero dicit quod prius origine est illud a quo est aliud, unde Patrem esse priorem Filio origine est Patrem esse illum a quo est Filius.

**Henri Totting**[2]

Ad 5m, quando arguit Scotus : « Pater prius origine » (*ms.*-em) etc., negatur antecedens, quia contradictionem implicat quod Pater sit prior origine quam generet Filium, ergo etc. Contradictionem implicat quod Pater sit prius origine beatus quam generet Filium. Antecedens arguitur, quia Patrem esse priorem Filio origine non est aliud quam Filium esse ex Patre productive et Patrem non esse ex alio, vel potius se habet ad hoc consecutive. Sed Filius non est productive a Patre nisi per generationem, igitur Patrem esse Filio priorem origine est ipsum generare Filium vel consecutive se habere ad ipsum generare Filium. Igitur si Pater est prior origine, ergo Pater prius generet Filium, quam generat Filium, quod est contradictio. (…)
Et consimilem rationem fecit Brinkel.

Jean Brammart suggère ici que les deux arguments apportés contre Duns Scot ont déjà été utilisés par Guillaume d'Ockham et Adam Wodeham, et que Richard Brinkley a proposé une réponse différente. En réalité, les arguments de Brammart ne se retrouvent ni chez Ockham, ni chez Wodeham ; ils doivent donc se lire chez Brinkley, comme l'affirme Oyta. Mais cet exemple démontre, s'il en était encore besoin, les limites et les inconvénients de notre enquête occasionnés par l'état même du sommaire d'Étienne Gaudet.

Le rapport entre Guillaume Centueri de Crémone et Richard Brinkley pose d'abord le problème du texte même de Guillaume et ensuite celui de l'utilisation

1. Ms. Florence, Bibl. Naz., II II 281, f° 78vb. *Cf.* Jean Duns Scot, *Ordinatio*, I, d. I, pars prima, q. 2, a. 2, Vat. II, p. 27 note a.

2. Ms. Paris, BnF., lat. 15895, f° 32rb-va ; cf. *infra*, p. 157 note 2.

des questions brinkleyennes. En ce qui concerne le second point, nous allons, pour l'instant, nous limiter aux constatations du chapitre précédent, lesquelles distinguent avec assez de précision ce qui dans les fragments conservés du Livre II de Guillaume doit être attribué à Brinkley de ce qui l'est à Folville. En dehors des endroits indiqués auparavant, il n'y en a aucun autre qui aurait pu prêter à confusion. Reste cependant le texte de Centueri. Nous considérons comme absolument authentique une question sur le Livre II (ms. Cordeliers 26, f° 143ra-190rb), examinée plus haut. Nous considérons comme probable un fragment du Prologue au Premier Livre (Cordeliers 26, f° 208r-214r), attribué à Guillaume Centueri par D. Trapp [1]. Ce fragment contient l'article 1 de la question sur le Prologue – divisée originellement en trois – et quelques lignes du début de l'article 2. L'article 1 ne nous intéresse pas ici, nous n'y avons trouvé aucune trace de l'utilisation des textes de Brinkley. En revanche, et contre l'avis de Trapp [2], l'article 2 s'inspire de la Q. 1 de Brinkley (*Utrum secta Christi principalius dependeat a fide quam a ratione*), où ce dernier argumente d'abord en faveur de la foi : *de fide*, puis en faveur de la raison : *et infra argumentatur primo aliquibus mediis quod principalius a ratione* [3]. Les expressions *secta Christi, principalius dependere*, et

1. D. Trapp, « "Moderns" and "Modernists" », p. 248-259.

2. *Ibid.*, p. 263 : « The Second article of the incomplète Quaestio combats Franciscus de Marchia, as we shall see ». « Ce que nous allons voir » se lit à la p. 263-264 : « The Second article starts : *Secundus articulus erat iste Utrum de veritate catholica principaliter sit fides vel scientia.* Circa quem articulum potest adduci opinio unius moderni <Franciscus de Marchia> qui ponit sicut patet ex suis dictis et argumentis quod secta Christi et veritates christianae fidei principalius dependent a ratione quam a fide. Et arguit <Franciscus> primo sic. À quocumque principalius depedet adhaerentia conclusionis cuiuscumque, ab eo principalius dependet conclusio… » Cependant l'insertion d'un nom n'est pas encore une preuve. C'est peut-être la raison pour laquelle D. Trapp renvoie son lecteur à l'article d'A. Lang, « Die Wege der Glaubensbegründung », *Beiträge zur Geschichte der Philosophie des Mittelalters*, XXX, 1-2 (Munster, 1930), p. 92. Pourtant, je n'ai trouvé aucune preuve supplémentaire dans l'article de Lang. Je n'en ai pas trouvée non plus dans le Commentaire de François de Marchia, dans les mss. BnF, lat. 3071 et 3072, qui, selon K. Michalski, représentent deux traditions différentes du texte. Je crois donc que D. Trapp a proposé François de Marchia parce qu'il a trouvé ce nom cité dans l'art. 1, au f° 148vb. Mais ce maître franciscain n'y est pas dit « moderne ». Concernant la doctrine attribuée à ce « moderne » par Guillaume de Crémone (voir le texte cité p. 114), il faut la comparer avec celle que Hiltalingen attribue à Brinkley (*cf.* 117, concl. 7), notamment à propos du rôle de l'évidence (*praevia evidentia*).

3. Voir *infra*, p. 146. Déjà chez Roger Bacon le mot « *secta* » désigne une religion ; cf. *Rogeri Baconis Moralis philosophia*, post F. Delorme critice instruxit et edidit E. Massa, Padoue, 1953, p. 285 s.v. Le mot vient des traductions d'Averroès et avant tout des celles d'Abû Ma'shar qui fait dépendre l'origine des religions de la conjonction des planètes. Cette opinion sera reprise par Roger Bacon. Richard Brinkley la critique dans sa première question, voir *infra*, p. 152 et note 1, pour Jean Hiltalingen. Existe-t-il un lien entre l'astrologie et la preuve de Dieu, autrement dit, les amateurs d'astrologie ont-ils construit une preuve « astrologique » de l'existence de Dieu ? Un passage de la Q. 5 de Brinkley le suggère. Cette question demande : « Utrum aliquem esse Deum ex rationibus philosophiae sit evidenter demonstrabile » ; Brinkley répond par la négative : « Et adducuntur 14 media quod sic. Deinde ad oppositum arguitur quod nulla causa a philosophis inventa est Deus… » Puis il critique les raisons philosophiques : « Et quod non concludunt nisi primum efficiens finitum in hoc mundo, non in alio ; nec probant ipsum infiniti vigoris nec esse agens liberum. Et quod de motibus caelestibus

l'opposition entre la foi et la raison constituant pour ainsi dire l'ossature des deux textes écrits sur le sujet identique, démontrent leur parenté. Voici ce qui reste de l'article 2 de la question sur le Prologue attribuée à Guillaume Centueri :

> Secundus articulus erat iste : Utrum de veritate catholica principaliter sit fides vel scientia. Circa quem articulum potest adduci *opinio unius moderni* qui ponit, sicut patet ex suis dictis et argumentis, quod secta Christi et veritates christianae fidei principalius dépende<n>t a ratione quam a fide. Et arguit primo sic. A quocumque principalius dependet adhaerentia conclusionis cuiuscumque, ab eo principalius dependet conclusio ; sed principalius dependet adhaerentia conclusionis christianae fidei a ratione quam a fide, igitur principalius dependet conclusio sectae Christi a ratione quam a fide. Et sic veritas christianae fidei etc. Consequentia patet et maior, eo quod adhaerentia vel sit actus assensus vel illud quo inmediate intellectus assentit conclusioni. Minor sic arguitur. Adhaerentia totaliter causatur ab evidentia, igitur quiquid causat evidentiam, causat adhaerentiam. Sed ratio principaliter causat evidentiam, igitur principaliter causat adhaerentiam. Patet consequentia et assumptum sic arguitur. Fides ex sui natura est habitus inevidens, igitur ratio principalius causat evidentiam quam fides.
> Item. 2° sic. Secta (*ms.* secte) Christi et veritates theologicae ab eo principalius dépendent a quo recipiunt esse nobilius. Sed conclusio etc. quatenus in nobis sunt, a ratione recipiunt esse nobilius quam a fide. Igitur patet consequentia et maior. Et minor sic probatur (*ms.* -bantur). Conclusio theologica christianae fidei a fide solum habet quod sit ordinata, cum credere sit actus habitus fidei et sibi adaequatus… [1].

Le docteur moderne largement cité par Guillaume Centueri n'est autre, à notre avis, que Richard Brinkley. Le texte de Centueri complète les premières lignes du sommaire fait par Étienne Gaudet.

Un autre fait reste encore à signaler, propre à la tradition établie au cours de la seconde moitié du XIVe siècle, chez les religieux principalement, mais aussi chez les maîtres séculiers : celui de commenter les Sentences *secundum alium*, c'est-à-dire en reprenant un texte déjà rédigé auparavant par un bachelier devenu maître. Dans cette situation, il n'est aucunement surprenant que dans le *studium* des augustins quelques sententiaires aient choisi pour modèle de leur enseignement le commentaire de Jean Hiltalingen de Bâle, transplantant à cette occasion dans leur propre texte des bribes de l'énorme érudition du Bâlois[2]. Ainsi l'augustin Ange de Dobelin cite Richard Brinkley de seconde

nihil est evidenter scitum ». Le contexte montre que les astrologues allaient plus loin que la recherche et la détermination de l'origine des religions. Je n'ai trouvé rien de semblable chez les auteurs anglais et français du XIVe siècle. En revanche, G. Federici Vescovini a découvert une trace d'une « preuve astrologique » chez Biagio Pelacani de Parme ; voir son ouvrage *Astrologia e scienza, La crisi dell'aristotelismo sul cadere del Trecento e Biagio Pelacani da Parma*, Firenze, 1979, p. 389.

1. Ms. Fribourg, Cordeliers 26, f° 214r. Ce feuillet est collé sur le second plat intérieur de la reliure.

2. Concernant les *lecturae secundum alium* chez les Augustins, *cf.* D. Trapp, « Augustinian Theology », p. 249-255 ; « Hiltalinger's Augustinian Quotations », *Augustiniana*, IV (1954), p. 422s. ; « Angelus de Dobelin », p. 390. « La question d'une homogénéité de l'enseignement » s'est posée déjà en 1287, lorsque le Chapitre Général des Ermites de saint Augustin a décidé que les bacheliers devaient suivre la doctrine de Gilles de Rome ; voir E. Ypma, *La formation des professeurs chez les Ermites de*

main, à la suite de Hiltalingen. Son confrère Denys de Montina, qui a pris comme modèle Hiltalingen, Hugolin d'Orvieto et le cistercien Conrad d'Ebrach, emprunte à Hiltalingen plusieurs citations de Brinkley. Il n'est pourtant pas exclu que, dans des cas rarissimes, Denys ait recouru au texte original de Brinkley. Quoi qu'il en soit, certaines citations brinkleyennes chez Denys n'ont pas de correspondant chez Hiltalingen.

Si, maintenant, on se demande qui, parmi tous ces bacheliers parisiens, est vraiment entré en contact avec la pensée du franciscain anglais, il semble qu'avec quelques réserves on puisse indiquer quatre ou cinq noms seulement, celui de Jean Hiltalingen certainement et de Denys de Montina peut-être chez les augustins, celui de Guillaume de Crémone et de Pierre de Candie chez les franciscains, et enfin celui de Henri Totting. Tous, ils connaissent fort bien le Commentaire des Sentences et les QM de Brinkley et s'expriment volontiers par rapport à ces textes. Le premier, Jean Hiltalingen, tout en critiquant Brinkley, n'hésite pas à le dépouiller à l'occasion. Copié à son tour par des augustins, il a réussi à perpétuer l'influence de Brinkley à Paris et notamment chez les augustins.

*Jean Hiltalingen et Richard Brinkley*

Toute l'attitude de Hiltalingen face au texte de Richard Brinkley est un mélange d'acceptation et de refus. Il est toujours franc dès lors qu'il critique le franciscain anglais ; il l'est encore en lui empruntant quelques éléments d'érudition, par exemple l'opinion d'Abû Ma'shar sur l'origine des religions. Mais il ne l'est plus lorsqu'il reprend à son propre compte les conclusions de Brinkley. Le tableau suivant met en évidence cette double attitude de Hiltalingen. J'y mets d'un côté les huit premières conclusions de Brinkley, et de l'autre le texte de Hiltalingen en y indiquant les passages parallèles dans le *Commentaire des Sentences* de Denys de Montina, d'après l'édition de 1511.

*Saint Augustin de 1256 à 1354*, Paris, 1957, p. 64. Dans la seconde moitié du XIVe siècle les Ermites-Augustins choisissent, pour lire, un texte écrit par un bachelier du même ordre. En 1346 les dominicains imposent la doctrine de saint Thomas, *cf.* CUP, II, n° 1127, p. 591-592. Sur la *lectura secundum alium* pratiquée massivement au XIVe siècle, voir surtout la thèse de doctorat de P.J.J.M. Bakker, *La raison et le miracle. Les doctrines eucharistiques (c. 1250-c. 1400), Contribution à l'étude des rapports entre philosophie et théologie*, t. II, Nijmegen, 1999.

| **Brinkley, Prol, q. 1** | **Hiltalingen, clm 26711, f° 18va** |
|---|---|
| (Concl. 1) : nulla signa sensibilia vel mutabilia per se et immediate aliquam sectam evidenter probabilem sufficiunt generare [1] | $5^{ta}$ conclusio : ex signis, sensibus sensibilibus et miraculis expertis, dictis creditis, luminibus immissis potest sincera veritas nostrae sectae, et non aliter, a viatore sufficienter haberi stante lege. <br> Prima pars quae est *contra Brinkil*, q. 1, articulo 2°, conclusione prima principale probatur… ; f° 21rb : Contra $5^{am}$ conclusionem : si prima pars esset vera sequitur quod signa sensitiva et miracula sensibilia per se et immediate nostram sectam evidenter sufficerent sufficienter probabilem generare ; *contra quod arguit Brinkil*, q. 1, articulo 2°, conclusione prima sic… (*cf.* Dionysius de Montina, f° 4rb, 7 rb). <br> f° 17vb : $3^{a}$ conclusio : fides christiana est certitudo firma… |
| (Concl. 2) : quam veridicus est habitus principii vel conclusionis demonstrationis potissimae, tam veridicus est habitus fidei christianae. <br> (Concl. 3) : tam firme est vera secta Christi quod illam esse et non esse veram claudit repugnantiam. <br> (Concl. 4) : simpliciter est impossibile aliquod falsum subesse fidei christianae. | f° 18ra : Primum corollarium : fundamentum fidei christianae tantae est certitudinis adhaesivae quantae est conclusio demonstrationis potissimae. Probatur, nam tam firma est fides christiana quod ipsam esse et non esse veram est simpliciter impossibile. Ergo corollarium verum, et sic fidei non potest subesse falsum. (*cf.* Dionysius de Montina, f° 3vb). |

1. Le *signum sensibile* est identique à ce que traditionnellement on appelle *species sensibilis*. Voir R. Brinkley, *Summa logicae*, I, 1 (G. Gál-R. Wood, « Richard Brinkley », p. 81) : « Consequentia Philosophi tenet per hoc quod "quaelibet res sicut est una, ita naturaliter est tantum unius signi causativa respectu unius potentiae". Quia causat aliud signum respectu potentiae intellectivae quam potentiae sensitivae vel signum quod eidem potentiae illam rem repraesentat » ; (et p. 80) : « Species ergo rei existens in anima repraesentat animae rem ipsam cuius ipsa est species ». *Cf.* aussi *ibid.*, I, 30 (Prague, Bibl. Univer., ms. III. A. 11, f° 46ra-rb). Une seconde précision se trouve dans le Commentaire de Denys de Montina (*In I Sent.*, Prol. q. unica, a. 1, f° lvb) : « Huic declarationi addo unam talem distinctionem quod verorum vel veritatum intelligibilium quaedam sunt intelligibilia per aliquod medium distinctum et quaedam sine medio. Verum intelligibile per medium voco illud de quo notitiam intellectualem intellectus natus est recipere, sed non sine specie aliqua vel signo distincto quod illud intelligibile naturaliter repraesentat ; vel breviter : omne verum extra animam. Intelligibile autem verum sine medio voco illud quod potest apprehendi ab ipso intellectu sine tali medio ab ipso intelligibili distincto. Primo modo intelliguntur quae non sunt praesentia ipsi animae vel sunt extra animam.

(Concl. 5) : credendo falsum non potest quis mereri.

(Concl. 6) : fides per se et immediate assensum respectu alicuius articuli fidei non sufficit causare.

(Concl. 7) : ad hoc quod respectu alicuius articuli fidei sit intellectualis adhaesio praevia requiritur evidentia.

(Concl. 8) : ad intellectualem adhaerentiam praecedenter se habet intellectualis evidentia.

f° 18 ra : 3m corollarium *contra Brinkil* 6, 7 et 8 conclusionibus $2^{i}$ articuli primae quaestionis : fides sectae christianae sufficit per se et immediate et requiritur ad informandum intellectum de sincera veritate gentis (*Dionysius :* legis) Catholicae. Sumo etiam 'per se' non prout excludit potentiam vel obiectum, sed evidentiam aliam extrinsecam ab ipso. Probatur in hoc sensu, quia [non] si non foret verum, sequitur quod fides requireretur aliam evidentiam (*rb*) extrinsecam [a fide] a se, et per consequens non posset esse respectu alicuius articuli adhaerentia sine evidentia extrinseca a fide, quod est falsum et contra Augustinum...

f° 20vb : Contra $3^{m}$ corollarium sunt rationes Olkot et Brinkil, sed quia rationes Olkot récitat et solvit Hugolinus, ubi supra, ideo non pono, sed rationes Brinkil tantum, quia satis apparenter arguit. Primo sic... (*cf.* Dionysius de Montina, f° 3vb, 4ra, 6vb-7ra).

Secundo modo intelliguntur tantum quae sunt praesentia ipsi animae, cuiusmodi sunt species, conceptus etc., quae sunt in anima sufficienter ei apparentia. *Hanc distinctionem ponit Branchil, q. 2 Prologi*, ubi diffuse ex dictis Aristotelis et Commentatoris ostendit quod prius prioritate generationis intellectus intelligit quae sunt extra animam per signa (quae sunt in anima sufficienter et apparentia) quam intelligat signa illa, ut prius intellectus intelligit Sortem quam intelligat speciem Sortis, et prius intelligit intelligibile per medium quam intelligat intelligibile sine medio ». La doctrine brinkleyenne se résume donc à ce schéma :

*intellectus intelligit* { *per medium : non praesentia animae* ; *sine medio : praesentia in anima.*

Une partie des conclusions de la Q. 2 de Brinkley (et de Denys de Montina, *l. cit.*, f° 2ra) est fondée sur cette distinction. Concernant les problèmes épistémologiques de la connaissance par la *species* au XIV$^{e}$ siècle, voir avant tout les travaux de K.H. Tachau, « The Problème of the species in medio at Oxford in the Generation after Ockham », *Mediaeval Studies*, XLIV (1982), p. 394-443 ; « The Response to Ockham's and Aureol's Epistemology (1320-1340) », dans *English Logic in Italy in the 14th and 15th Centuries*, edited by A. Maierù, Naples, 1982, p. 185-217 ; *Vision and Certitude in the Age of Ockham. Optics, Epistemology and the Foundations of Semantics 1250-1345*, Leiden, E. J. Brill, 1988 ; on y trouvera une riche bibliographie. — Le mot « mutabilia » ne pose pas de problème, il n'est cependant pas exclu que dans une copie on lui a substitué le « mirabilia », introduisant ainsi dans un domaine épistémologique la question des miracles. Voir p. 119, note 1.

On voit parfaitement bien que l'école augustinienne ne rejette Brinkley qu'en partie. Quant au fond de l'opposition entre Hiltalingen et Brinkley, nous pouvons remarquer ceci. Par sa première conclusion le franciscain affirme qu'une sensation n'engendre pas un assentiment à la foi. Autrement dit, la connaissance sensible ne peut pas causer immédiatement et *per se* un assentiment ou un jugement évident de la vérité des articles de foi. Si l'on comprend bien le propos de Hiltalingen, les sensations ou les *signa sensibilia* – opposés aux *signa intelligibilia*, les intellections ou concepts – sont au centre du problème : tout jugement fondé sur une sensation présente dans la faculté cognitive et constituant un *medium* dans l'acte de connaître manque d'immédiateté. Il est donc erroné : *Sed mediante aliqua sensatione potentia sensitiva iudicat de re aliter quam res est et erronee… potentia sensitiva est errabilis in suis iudiciis… stat error in potentia sensitiva*[1]. Si, dans ce même contexte, Brinkley envisageait aussi les miracles, s'il fallait donc lire dans la même conclusion : *signa sensibilia vel mirabilia*, comme le suggèrent quelques augustins, il les aurait sans doute considérés comme des expériences qui frappent les sens et qui engendrent des sensations, pas la foi. Or, en s'appuyant sur l'autorité scripturaire – Jean 3,2 : *Nemo enim potest haec signa facere, quae tu facis* ; et Jean 4,48 : *Nisi signa et prodigia videritis, non creditis* – Hiltalingen comprend par le nom de *signum* les miracles. En abandonnant ainsi l'épistémologie de Brinkley, il déplace le problème[2]. Et

1. Étienne Gaudet (ms. lat. 16535, f° 123r) fait seulement cette remarque : « Nota de errorum possibilitate ». Hiltalingen et Denys nous apprennent plus. *Cf.* Jean Hiltalingen, *In I Sent.*, Prol. a. 3, f° 21rb : « Contra 5am conclusionem… contra quod arguit Brinkil, q. 1, articulo 2°, conclusione prima sic. Qualitercumque potentia sensitiva iudicat de re sensata mediante sensatione aliqua, taliter stat quod iudicet mediante qualibet. Sed mediante aliqua sensatione potentia sensitiva iudicat de re aliter quam res est et erronee, ergo stat quod potentia sensitiva mediante qualibet sensatione erronee iudicat de re. Ex quo faciliter deducitur falsitas primi consequentis. Plures rationes facit ibidem, sed quia omnes fundantur in eodem fundamento, scilicet quod potentia sensitiva est errabilis in suis iudiciis circa nostrae fidei obiectum, quare videtur quod ipsa per se et immediate talem sectam probare non posset, ideo alias omitto, quoniam per responsionem ad istam faciliter ad alias potest responderi ». Denys de Montina, *In I Sent.*, Prol. q. unica, a. 2, f° 7rb, répète le même texte, mais à la place du « ergo stat… consequentis », il écrit : « ergo mediante qualibet sensatione respectu cuiuslibet obiecti stat error in potentia sensitiva, sive sit obiectum commune, sive proprium. Ergo per nullam potentiam sensitivam de aliquo obiecto extrinseco potest intellectus certificari. Ergo per nulla signa vel miracula sensitiva potest intellectiva potentia certificari evidenter de alicuius sectae legislatione, quod erat probandum ». Je ne vois pas avec précision où Brinkley situe l'origine de l'erreur. Le problème semble relever du *De anima*, II, p. ex. 425b 20s ; 427a 17s ; *cf.* Averrois *Commentum magnum in De anima*, édité par S.F. Crawford, Cambridge Mass., 1953, p. 339s, 358s. Concernant les discussions à l'intérieur de l'école franciscaine au sujet de la connaissance sensible et de la certitude, voir R. Wood, « Adam Wodeham on Sensory Illusion with an Edition of "Lectura secunda", Prologus, Quaestio 3 », *Traditio*, 38 (1982), p. 213-252.

2. Jean Hiltalingen, *In I Sent.*, Prol. a. 3, f° 18va-vb : « Prima pars quae est contra Brinkil, quaestione 1, articulo 2°, conclusione prima principali probatur, nam verus moralis videns hominem, sicut fuit Christus et sui discipuli, vere moraliter et bene vivere et mirabilia quae fecerunt facere, quae nulla naturalis virtus sufficit efficere, necessario habebit virtutem supernaturalem confiteri. Sic videtur Christus arguisse cum agit… (Ioh. 10,25 ; 3,2 ; 4,48 ; 9,32 ; Matth. 27, 54). Similiter verus astronomus videns eclipsim in plenilunio vel videns sol stationalem ( ? ) ad imperium hominis alicuius (*cf.* Jos. 10,12-13) habebit idem confiteri… Sic arguit Hermecanus in *Summa de quaestionibus Hernenorum* (= Fitzralph,

pour mieux asseoir sa propre conclusion sur l'origine de l'assentiment, il introduit la distinction entre le monde de l'agent fini, où les raisons de Brinkley gardent leur force, et le monde de l'agent infini, celui des miracles précisément, où elles la perdent[1]. C'est pourquoi, selon Jean Hiltalingen, les miracles engendrent immédiatement un assentiment à la foi.

De même qu'il a rejeté la connaissance sensible, de même Brinkley rejette la foi comme cause immédiate et *per se* d'un assentiment aux articles de foi (concl. 6). En réalité, il traite de l'assentiment de l'intellect. Or celui-ci doit nécessairement être précédé par une évidence qui résulte, elle aussi, d'un acte intellectuel. Seule donc une évidence intellectuelle est capable d'engendrer un assentiment de l'esprit aux articles de foi (concl. 7 et 8). Cette évidence, répond Hiltalingen, est cependant extrinsèque à la foi, donc inopérante[2]. Pourtant, fondées sur l'inévidence des articles de foi et sur l'impossibilité d'un assentiment causé immédiatement par eux, les raisons de Brinkley semblent exiger non pas une quelconque évidence extrinsèque à la foi, mais bien celle que nous offre une analyse intellectuelle appliquée aux articles, un *discursus applicatus* qui rend acceptable l'inévident. Elles prouvent que la foi n'engendre pas par elle-même et immédiatement un acte d'assentiment, car elles se placent sur le plan purement intellectuel d'une *potentia intellectiva* et d'une *fides intellectiva*[3]. C'est pourquoi on trouve leur prolongement

*Summa Armenorum*) libro 2°, 18, 19 et 22 capitulis per totum ; similiter Doctor Profundus <*De causa Dei*>, libro 1, c. primo, multis partibus et corollariis eiusdem capituli ostendens miracula sensibiliter ex parte <nostra> nostram fidem sufficienter probare ».

1. *Ibid.*, a. 5, f° 37vb : « aliter enim haberet concedere quod mediante sens uatione qua sentio dolorem esse dolorem et sic iudico, quod mediante eadem sens uatione sentirem non dolorem et possem sic iudicare et sentire eadem sens uatione me esse sanum et infirmum, calidum et frigidum, quod non videtur. 2° dico quod vel maior intelligitur de potentia agentis finiti vel infiniti. Si finiti, falsa est, ut patet ex dictis ; si infiniti, non sequitur conclusio quam intendit. 3° dico quod omnes suae rationes non concludunt contra istam conclusionem <concl. 5 de Hiltalingen> nec probant suam. Ratio est, quia [ut] iste error iudiciorum sensus, de quo ipse in suis rationibus fecit mentionem, est solum in his et de his quae subsunt potentiis naturalibus et (38ra) finitis, sicut patet in omnibus suis exemplis ; sed ex hoc arguere et pro simili trahere ad ista sensibilia quae non possunt fieri nisi virtute infinita, patet quod consequentia non valet ». Tous les exemples donnés par Brinkley concernent donc les facultés naturelles. Lorsque Hiltalingen ajoute : « sed ex hoc arguere et pro simili trahere… », il fait allusion à la concl. 1 de Brinkley, où il semble lire *signa mirabilia* alors que Gaudet a *mutabilia*, indiquant par là que variables, les sensations n'engendrent pas l'assentiment.

2. Voir plus haut, p. 117.

3. Jean Hiltalingen, *In I Sent.*, a. 4, f° 20vb-21ra : « Contra 3m corollarium (cité *supra*, p. 117) sunt rationes Olcot et Brinkil, sed quia rationes Olkot récitat et solvit Hugolinus, ubi supra (Prol. q. III et IV, a. 2 ; *cf.* Hugolinus de Urbe Veteri, *In IV Sent.*, t. I, éd. W. Eckermann, Würzburg, 1980, p. 108-111, 131-132), ideo non pono, sed rationes Brinkil tantum, quia satis apparenter arguit. Primo sic, respectu nullius propositionis habet vel habere potest intellectiva assensum quae de se <non> est evidens sine (*ms.* super) discursu aliquo applicato ad ipsam. Sed respectu nullius propositionis inclinet fides, nisi propositionis non evidentis de se (je corrige ce texte d'après Denys de Montina, f° 6vb-7ra). Ergo respectu nullius propositionis, respectu cuius fides inclinat, fides immediate causat assensum. 2° sic, nihil per se naturaliter et immediate causat actum assensus respectu alicuius articuli cum quo stat in eodem respectu eiusdem articuli actus dissensus. Sed cum fide intellectiva respectu articuli fidei stat actus dissensus (Denys : Sed respectu articuli fidei stat in fideli dissensus oppositus assensui fidei).

dans la Q. 2 : *Utrum regulae sectae Christi et eius propria principia per se sufficiant ad aliquam conclusionem mere theologicam scientifice cognoscendam*, où Brinkley se pose la question : *cui anima primo assentit, vel significato, vel proposition*, ou, sous une autre forme : *circa quid versatur actus assensus* ? Deux conclusions de cette Q. 2 rejoignent la doctrine de l'assentiment exposée auparavant et éclairent quelque peu le *discursus applicatus :*

> 2^da conclusio : aliquod intelligibile complexum per se vel discursu applicato ad ipsum contingit esse evidenter cognitum ;
>
> 3^a, respectu cuiuslibet propositionis contingentis intellectiva habere potest actum intellectualem assensus [1].

Au début de sa 1^re question, Richard Brinkley a exposé trois opinions au sujet de l'assentiment :

> Primo dicitur quod volitiva creata determinat intellectivam creatam ad assentiendum sibi neutro… 2° dicitur quod intellectiva assentit tali vero, puta sectae Christi, non per imperium volitivae neque ex fide aut ratione, sed ex revelante illam legem. Quia enim Deus est qui istam legem revelat, ideo intellectiva creata huic legi assentit. 3° dici potest quod intellectiva hic in via primo et principaliter assentit legi Christi ex fide, eo quod fides immediate et per se ostendit intellectui evidentiam et apprehensionem articulorum fidei… [2]

À la fin de ses analyses il n'a accepté aucune d'elles. En matière de foi, il a voulu affirmer le rôle de la faculté intellective et ainsi reposer le problème sur le plan de la science théologique. Mais en définitive, Richard Brinkley s'est arrêté devant l'impuissance certaine de l'intellect. Les conclusions finales le prouvent. La première affirme que la raison naturelle est insuffisante pour engendrer un assentiment à une religion quelconque. La deuxième évacue le problème auparavant si important de l'évidence, pour affirmer que la confiance en la raison naturelle concernant une religion équivaut à la foi en la vérité de cette religion. La troisième soutient que la raison naturelle rend vertueuse la foi que la religion chrétienne est légitime, sainte et méritoire :

> Prima conclusio est haec : praecise ratione percepta in lumine naturali nulli sectae rationabiliter habet intellectus adhaerere ;
>
> 2^da conclusio : qui praecise rationi naturali credit de secta sic esse, illam sectam credit esse veram ;

Ergo fides non immediate causat actum assensus respectu articuli illius. Maior est nota et minor patet de fidelibus simplicibus qui credunt quod Christus non prius fuerit quam ipsum Virgo genuit et quod Pater non prius genuerit quam Virgo peperit ipsum, qui tamen simplices magna fervent fide. Ergo corollarium falsum. 3° sic, si alicui infunderetur habitus fidei, ex illo habitu praecise non assentiret iste cui infunditur alicui articulo. Ergo fides non per se et immediate causat actum assensus. Consequentia tenet, quia si causaret per se et immediate, tunc posita fide poneretur assensus, scilicet actus assensus. Sed hoc non fit, ergo corollarium falsum ».

1. Voir *infra*, p. 155.
2. Voir *infra*, p. 146.

Alia conclusio et 3ª est : ratio percepta <in lumine naturali> fecit virtuosum credere Christi sectam licitam esse, sanctam et meritoriam [1].

La raison naturelle n'ajoute donc aucun savoir évident dans le champs de la religion ; elle accompagne la foi religieuse.

La question concernant l'assentiment suppose chez Brinkley une épistémologie élaborée, une théorie de la science théologique et une autre de l'objet de la science – proposition ou son signifié. De cet ensemble, les textes des augustins ne laissent apparaître qu'une partie minime. Quant à Jean Hiltalingen, il ne pouvait pas ne pas critiquer Richard Brinkley car, précisément, il a été partisan des deux opinions sur l'assentiment rejetées par le franciscain anglais. Effectivement, d'après lui, seules la foi et la volonté engendrent l'assentiment aux articles : *lumen fidei cum imperio voluntatis libero, sine evidentia alia, sufficit causare assensum propositionis non evidentis evidenter*. L'opposition entre les deux doctrines est fondamentale [2]. C'est la raison pour laquelle des huit conclusions brinkleyennes, Jean Hiltalingen

1. Voir *infra*, p. 152.

2. Jean Hiltalingen, *In I Sent.*, Prol. q. 2, a. 5, f° 36rb-vb : « Ad rationes contra 3ᵐ corollarium, cum arguit Brinkal primo sic : "respectu nullius propositionis habet vel habere potest" etc., posset primo negari antecedens. Unde bene dico quod lumen illud fidei cum imperio voluntatis libero, sine evidentia alia, sufficit causare assensum propositionis non evidentis (*ms.* evidenter) evidenter. 2° potest dici quod ratio non probat intentum, quia licet probet, ut sibi videtur, quod non sine discursu potest fides causare assensum, non tamen (*ms.* tantum) probavit quod fides sufficiat illum causare discursum et per consequens assensum. 3° dico quod maior potest dupliciter intelligi secundum quod iste discursus potest dupliciter accipi : uno modo extrinsece a fide etiam extra speciem suam in gradu evidentiae eminentiori, et tunc maior est falsa, sicut experitur de multis fidelibus imperitis ; alio modo pro effectu ipsomet fidei sine discursu, secundum quod superius est dictum quod aliqualiter est notitia vel evidentia, licet remisse. Et sic concedo maiorem ; et minor tunc est falsa, quia quaelibet propositio respectu cuius fides inclinavit est sibi aliqualiter evidens et nota, ut patet per praedicta. (…) Ad 2ᵐ rationem Brinkil potest (*ms.* patet) forte primo negari minor dicendo quod respectu nullius stet dissensus respectu cuius homo habet fidem in eodem. Et cum probatur de infideli, potest dici quod respectu talium haberet fidem, sed non haberet fidem respectu talium, sicut potest dici in simili : "papam scio currere et tamen non scio currere papam". Vel potest ad idem aliter dici dicendo ad maiorem quod talis assensus potest dupliciter accipi ; similiter et fides, quia respectu talis, respectu cuius habet dissensum vel habet fidem specialem explicitam et expressam vel generalem confusam et impressam. Primo modo esset vera maior, sed tunc minorem (!) falsa. 2° modo maior est falsa et minor est vera. Vel potest aliter dici quod ly "secundum per se et immediate" excludit omne aliud quod non est fides, sive sit effectus ipsius fidei, sive quodcumque aliud. Tunc concedo et rationes et etiam conclusionem. Sed tunc nihil est ad propositum (*ms.* -tionem) nec deviat a communi via, vel excludit solum evidentias vel evidentiam fidei ulteriorem et eminentiorem (…) Per hoc tunc apparet ad 3ᵐ cum arguitur : "si alicui infunderetur" etc. Nego simpliciter consequentiam sumendo consequens in sensu quem capio et quem videntur praetendere ipsa verba. Et cum probatur "quia si sufficienter" etc., per simile argumentum probarem quod nullus habitus sufficit per se et immediate suum actum causare, quia non statim eo posito ponitur eius effectus. Quare si ad sensum communem, quem verba conclusionis videntur praetendere, intelligit conclusionem, videtur eam non probare. Si autem intelligit excludendo omne quod non est fides, sic rationes concludunt ; nec credo aliquis sanae mentis affirmaret oppositum, cum ad assentiendum requiratur ipsa potentia actus fidei et discursus quo ( ? ) actualiter ipsa potentia assentit, quorum nullum est habitus ipsius fidei ».

en a critiqué et rejeté quatre (concl. 1, 6, 7 et 9), s'appropriant toutefois les trois autres (concl. 2, 3 et 4), celles notamment qui n'ont pas trait à l'assentiment.

*Jean Hiltalingen, Richard Brinkley et le contingent en Dieu*

Lorsqu'au début de son Commentaire des Sentences Jean Hiltalingen commence à critiquer Richard Brinkley, il le fait sur deux fronts. D'abord il combat son *socius* carme qui a eu la malchance de donner comme sienne une conclusion tirée de la 1re QM de Brinkley : *Deus aliqualiter principiat ad extra qualiter non principiat nec principiare potest*[1]. Ensuite, tout au long de son ouvrage, il s'attaque de front au texte même du franciscain anglais. Les remarques qui suivent vont concerner la conclusion citée et les problèmes qu'elle suppose.

À la conclusion apparemment contradictoire commune à Paul de Fonte et à Brinkley, le Bâlois oppose six propositions en mettant en avant le mode et le pouvoir d'agir de Dieu ; indifféremment, le mode est ici décrit par un nom (*modus, nullo modo, aliquo modo*...) et par un adverbe (*aliqualiter, taliter, aliquo modo*...). La première proposition établit l'identité de l'agir et de l'être de Dieu ; la deuxième souligne l'identité du rapport entre, d'une part, le mode d'être de Dieu et son être, et, de l'autre, entre le mode d'agir de Dieu et son agir. La troisième est une pure conséquence des deux précédentes : le mode d'agir divin est Dieu lui-même ; ce qui conduit à la quatrième : à tout mode d'agir de Dieu *ad intra* ou *ad extra* correspond son mode d'exister intrinsèque, c'est-à-dire son être. La cinquième le dit autrement : la manière d'agir de Dieu correspond exactement à son pouvoir d'agir. La dernière proposition, directement opposée à celle du *socius* carme, spécifie :

1. *Ibid.*, Princ I, f° 3vb : « 3° principaliter arguo ad quaestionem sic. Vultus primus [non est etc.] non est boni universi principiativus causaliter, ergo nec contentivus radicaliter. Consequentia est satis evidens... Antecedens arguo tripliciter. Primo, quia si Primus vultus etc., sequitur quod Primus vultus aliqualiter principiat ad extra qualiter Primus vultus non principiat nec principiare potest, ut ponit Bachalarius Carmelitarum conclusione 3a sui <2i> articuli conformiter Brinkil. Sed consequens videtur repugnantiam includere, ergo etiam consequentia. Patet per bonas (*ms.* bonos) <rationes> factas per ipsum pro hac conclusione. Et potest ulterius arguere, nam Primus vultus paternus taliter principiat ad extra quod requiritur aliud ad producendum *b*, et taliter non producit nec producere potest producendo Verbum maius ; ergo consequentia bona. Antecedens est eiusdem patris articulo <2°>, corollario primo 5ae conclusionis ». Deux arguments qui suivent sont, eux aussi, dirigés contre Paul de Fonte. La première QM de Richard Brinkley (*Utrum praecise eodem modo quo Deus principat ad extra principiet ad intra*) a cette conclusion discutée par Hiltalingen : « Aliqualiter Deus agit ad extra qualiter Deus non agit nec agere potest », qui s'explique probablement à la lumière de la suivante : « Etsi Deus praecise eodem modo principiet quo modo est, ad extra tamen aliqualiter principiat qualiter non est ». Jean Hiltalingen (*ibid.*, f° 9ra) rapporte trois raisons du carme lesquelles sont peut-être celles de Brinkley : « Sed contra ista et pro sua arguit praedictus pater sic tribus rationibus. Deus Pater contingenter principiat ad extra et taliter non principiat nec principiare potest ; ergo propositio mea (*se.* celle de Hiltalingen) falsa. 2° sic, qualitercumque Deus principiat taliter principiat (*pro* est ?) ; contingenter principiat. Conclusio falsa, ergo aliqua praemissarum (*ms.* -orum) ; non minor, ergo maior. 3° sic, qualitercumque Deus principiat ad extra, taliter principiat ; sed taliter principiat ad extra quod incipit vel incepit principiare ad extra. Ergo taliter principiat. Consequens falsum, ergo ». *Ibid.*, f° 9ra-rb, Hiltalingen critique ces arguments.

Dieu ne produit pas *ad extra* selon le mode selon lequel il ne produit pas et ne peut pas produir. Trois raisons la confirment. En premier lieu, si la sixième proposition n'était pas vraie, on serait en pleine contradiction contra laquelle avertissait la cinquième conclusion. En deuxième lieu, de la même manière Dieu agit *ad intra* et *ad extra*, à savoir parfaitement et infiniment ; soit, en dernier lieu, Dieu n'agit pas autrement dans l'une et dans l'autre action : dans chaque cas il agit selon sa Toute-puissance : *omnipotenter*[1]. En établissant l'identité d'agir avec son mode, celle du mode d'agir avec le pouvoir d'agir, celle enfin du pouvoir d'agir avec l'être, le Bâlois montre facilement le non-sens de la conclusion critiquée : il est impossible qu'à l'agir *aliqualiter* ne corresponde pas le pouvoir d'agir *taliter* ou *qualiter*. Les adverbes, sur lesquels repose toute la force dialectique du raisonnement n'ont cependant ici aucune autre fonction que celle de remplacer le nom *modus* et de compliquer l'argument. La chose se présente différemment chez Brinkley. Revenons donc à son texte.

Le problème doctrinal posé par le franciscain est celui-ci : le mode d'agir de Dieu *ad intra* et *ad extra* est-il le même ? La réponse apportée par la Ire QM est bien entendu affirmative car, comme le remarque Étienne Gaudet, « Dieu est tout son mode d'agir », que confirme la première partie de la troisième conclusion : *etsi Deus praecise eodem modo principiat quo est...*, et la première partie de la quatrième : *etsi omnis modus quo Deus principiat ad intra vel ad extra est Deus...* [2]. Les sept arguments principaux en faveur de cette réponse ont été, du moins quelques années plus tard, connus de Hiltalingen qui nous les a transmis. Nous savons donc que

1. Jean Hiltalingen, *In I Sent.*, f° 8vb-9ra : « Ad 3[m] principale cum arguitur : Primus vultus non est principiativus etc., negatur assumptum. Et cum primo arguitur ex dictis Bachalarii Carmelitarum, pono modo consueto propositiones. Prima propositio : non est aliud divinum agere et eius esse. Probatur, quia divinum agere vel est eius velle, vel intelligere, vel utrumque simul ; sed quodeumque detur, sequitur propositio... 2[a] propositio : sicut se habet modus essendi Dei ad eius esse, sic se habet modus agendi Dei ad eius agere. Probatur, quia res se habent adaequate et convertibiliter quantum ad eorum (! ) esse fundamentale, ergo et eorum (! ) modi. 3[a] propositio : modus agendi Dei est Deus. Probatur, omnis actio Dei est Deus ; modus agendi Dei est actio Dei, ergo maior est prima propositio et minor sequitur ex 2[a], quia sic se habet modus agendi ad eius agere sicut modus essendi ad eius esse. Sed eius modus (*ms.* modi) essendi est eius esse, ergo modus agendi est agere. 4[a] propositio : nullo modo est Deus ad extra vel ad intra productivus, quali modo non est aliqualiter intrinsece existens. Probatur hoc ex 3[a]... 5[a] propositio : Deus non producit aliqualiter, qualiter non potest producere. Probatur, quia si sic, sequitur quod qualiter non potest producere, aliqualiter producit. Consequens videtur implicare <repugnantiam>, et consequentia satis patet. 6[ta] quam ego pono ex his contra praedictum patrem est haec : Primus vultus non est ad extra productivus qualiter non principiat vel principiare vel producere <non> potest. Hanc probo sic. Si non esset vera, sequitur quod aliqualiter principiaret qualiter non principiaret nec principiare posset. Patet, quia ad extra principiare secundum hanc oppositionem est aliqualiter principiare. 2° sic : qualiter principiat ad extra, taliter principiat ad intra ; ergo propositio mea vera et sua non. Consequentia tenet ; antecedens probo, quia perfecte et infinite principiat ad extra et taliter principiat ad intra. 3° sic : nam Primus vultus non aliter principiat ad extra quam principiat <ad intra> ; ergo propositio mea vera, quae suae est contradictio. Consequentia nota ; antecedens arguo sic : non aliter quam omnipotenter principiat ad intra et taliter principiat ad extra, ergo non aliter producit ad extra quam principiat simpliciter ad intra, quod erat probandum.

2. Voir *infra*, p. 178-179.

Brinkley a affirmé avec force l'unicité du mode de l'action divine et l'identité de l'agir et de l'être en Dieu, celle-ci fondant celle-là. Il l'a fait pour assurer la perfection de l'action divine, pour repousser l'hypothèse d'un principe extérieur de cette action et l'idée d'un changement quelconque en Dieu. En conséquence, il a affirmé l'immédiateté de la création et le fait que les créatures proviennent de Dieu, non pas selon leur mode à elles, mais selon le mode d'agir propre à Dieu qui est unique, indépendamment de l'action *ad intra* ou *ad extra*. Car chaque action divine est Dieu même qui est *uno modo* :

> qualitercumque Deus principiat, sive ad intra, sive ad extra, est Deus. Sed praecise uno modo est Deus.

Écarter cette identité, c'est introduire un antagonisme entre l'agir et l'être :

> aliter Deus principiaret qualiter non esset nec principians esset [1].

Au point de sembler se contredire lui-même, Richard Brinkley est en accord avec le Bâlois.

Bien qu'ils le prouvent d'une manière différente, les deux théologiens conviennent sur l'essentiel : tous les deux acceptent la doctrine commune d'un seul mode de l'action divine. Pierre de Candie, qui a voulu attribuer à Brinkley la thèse des deux modes d'agir en Dieu, est le seul à le soutenir et a contre lui tous les textes dont

1. Jean Hiltalingen, *IV Responsio*, ms. cité, f° 240va : « Pro cuius (*sc.* quaestionis) etiam veritate sunt 7 e^m rationes quas fecit Brincil in quaestione qua quaerit *Vtrum praecise eodem modo quo Deus principiat ad intra principiet ad extra*. Quarum prima est : secundum nullam activitatem seu modum agendi principiat Deus ad extra, quin secundum eandem activitatem et secundum eundem modum agendi generaliter principiet ad intra. Igitur quaestio vera. Antecedens probatur, quia quaelibet activitas aut modus agendi in se habet (240vb) aliquem terminum primarium adaequatum, sed nullum ad extra potest esse terminus primarius adaequatus actionis divinae cum sit limitativum et quodammodo inperfectum. Igitur etc. Haec ratio secum portat plures pulchras difficultates. 2^a est haec : Praecise eadem activitate et eodem modo agendi quo Deus principiat ad intra integrari potest efficaciter quilibet effectus ad extra. *Sed Deus et natura nihil agunt frustra* (*De caelo*, I 4, 271 a 33), igitur etc. Consequentia videtur nota. Antecedens probatur, quia aliter aliquid ad extra esset ratio agendi Dei, et etiam alio modo intrinsece se haberet quando principiat ad extra quam quando non principiat. 3^a : sit *a*, quidquid est et quandocumque est quod et omnino non est Deus ; tunc sic : aliquod *a* praecise eodem modo Deus principiavit quo principiat ad intra… 4^a : tota multitudo productorum est aliquo modo a Deo, et non est a Deo aliquo modo istius multitudinis. Igitur tota multitudo est a Deo aliquo modo qui non est eius multitudinis. Sed nullus est talis nisi quo principiat ad intra. 5^a : qualitercumque Deus principiat, sive ad intra, sive ad extra, est Deus. Sed praecise uno modo est Deus, igitur etc. Patet consequentia et probatur assumptum, quia unumquodque agit secundum quod est in actu. Item aliter Deus principiaret (241ra) qualiter non esset nec principians esset. 6^a : praecise eodem modo principiat Deus ad extra quo modo est principiare ad extra. Sed praecise eodem modo est principiare Dei ad extra quo modo est principiare Dei ad intra. 7^a : quam simpliciter et unico modo Deus Pater intelligit omnia quae intelligit, tam simpliciter <et> unico modo principiat. Igitur summum intelligere est principiare. Sed summe simpliciter et unico modo intelligit quae intelligit, igitur etc. ». *Cf.* Appendice 1-B, p. 142 ; texte complet à la p. 176, note 2.

nous disposons à présent. À la première QM Richard Brinkley a répondu par l'affirmative [1].

Mais, en polémiquant contre le carme, Jean Hiltalingen a-t-il bien saisi le sens profond de la question posée par le franciscain ? Car si l'on comprend exactement la *materia tabulata*, publiée plus loin, et l'objet du débat, on voit bien que c'est en admettant la doctrine commune et en se plaçant à l'intérieur de celle-ci, que le franciscain essaie d'expliquer la raison pour laquelle les effets de la création sont radicalement différents de ceux de la production *ad intra*. Effectivement, Dieu ne peut pas agir *modo contingenti*, car, étant donné l'identité du mode d'agir et d'être, cela aurait supposé qu'il soit lui-même d'une certaine manière contingent. Or, une telle hypothèse fut rejetée dans la Q. 17 du Commentaire, et le sera de nouveau dans la II^e^ QM. En revanche, si Dieu est *necesse esse* et s'il crée *modo necessario*, les êtres créés sont nécessaires, ce qui est absurde. Il s'agit donc de la dialectique du nécessaire et du contingent dans l'agir et dans l'être divin, sujet d'actualité depuis la publication du *De causa Dei* par Thomas Bradwardine et surtout depuis que la Faculté de théologie de Paris s'est engagée à contrôler et à condamner quelques thèses affirmées par Louis de Padoue et son maître Jean de Ripa. On en parlera plus loin. Ce qui nous importe ici, c'est de voir le contexte historique dans lequel la théologie de Brinkley apparaît et est discutée à Paris ; de discerner ce qui est original dans cette théologie et aurait pu à ce titre se répercuter à Paris.

La solution brinkleyenne propose de distinguer entre deux descriptions de l'agir de Dieu, celle qui se sert d'un nom et définit le mode d'agir, donc de l'être-agent ; et celle qui se sert d'un adverbe et définit ou indique le « causé », étant entendu que le mode d'agir et d'être de la cause est dans les deux cas identique. Étienne Gaudet a à deux reprises rappelé qu'il faut éviter de mélanger ces deux expressions, nominale et adverbiale, et ainsi distinguer entre *aliter* et *alio modo*, *taliter* et *tali modo*, *contingenter* et *contingenti modo* [2]. Les conclusions de la I^re^ QM précisément sont fondées sur cette distinction. Les adverbes qui y sont utilisés ne définissent pas le mode de l'action divine et, par conséquent, n'engagent aucunement la nature divine. Il y a cependant quelques exceptions.

1. Pierre de Candie, *In I Sent.*, q. 2, a. 3, f° 38va, voit très bien la distinction proposée par Brinkley, celle entre une description par le nom et une autre par l'adverbe, mais il l'interprète mal : « Ex quo apparet quod voluntati divinae correspondent duo modi agendi… » ; cf. *infra*, p. 177 note 1. Etienne Gaudet résume ainsi le début de la première QM : « Videtur quod pars affirmativa stet in hoc quod Deus est quilibet suus modus quo est vel agit, et ideo tantum uno modo agit. Cum hoc stat haec veritas quod ad intra agit necessario, ad extra contingenter, quamvis non modo contingenti sed necessario, quamvis fît contingenter modus agendi ad extra » ; cf. *infra*, p. 176.

2. Voir *infra*, p. 176 et *sq.* Concernant le problème de l'opposition nécessaire – contingent, voir la note précédente. Dans les conclusions première et quatrième on lit *aliquo modo* ; c'est une expression adverbiale, comme le remarque Hiltalingen, et à ce titre seulement elle décrit l'action *ad extra*. *Cf.* Appendice 1-B, p. 142.

Or, tout cela n'est pas vrai pour la polémique engagée contre Paul de Fonte, où, en apparence, l'augustin de Bâle passe d'un discours nominal (prop. 1 à 4) à un discours adverbial (prop. 5 et 6), mais où, en réalité, tous les adverbes utilisés dans les deux dernières propositions portent sur Dieu et déterminent le mode de son action. Autrement dit, le discours du Bâlois garde une forme « adverbiale », mais reste, à cause de sa fonction, nominal. Analysée dans ses aspects fonctionnels, la solution apportée par Brinkley se laisse réduire à ces quatre propositions :

> (a) *Deus necessario modo producit x*, où, à cause de l'identité mode-action-être, la locution *necessario modo* indique exclusivement la nature de celui qui produit : c'est un être nécessaire. Par un acte de déduction, nous inférons que l'objet produit est également nécessaire ; mais c'est une déduction seulement.
> (b) *Deus necessario producit x*, où, par la locution adverbiale, nous apprenons la nature de l'objet produit, et, par une inférence, celle de la cause qui l'a produit.
> (c) *Deus contingenter producit x*, où, comme dans le cas précédent, nous savons quelle est la nature de l'objet produit. Cependant, en partant de ce fait, nous ne pouvons rien dire de Dieu car la proposition.
> (d) *Deus contingenti modo producit x*, est fausse. En effet, Dieu n'est ni un mode contingent, ni un être contingent. Remarquons que cet ensemble s'accorde fort bien avec l'opinion défendue dans le Commentaire des Sentences, selon laquelle aucune preuve a posteriori de Dieu n'est possible (q. 5).

La simplicité de la réduction proposée ne peut pourtant pas cacher le fait important que le texte complet de la question fût bien plus ardu et complexe que ne le présente la *materia tabulata*. Ses difficultés et sa complexité venaient, à notre sens, de trois causes, dont les deux premières sont supposées seulement : l'analyse logico-grammaticale menant à la distinction de deux discours, et la logique des modales. La troisième difficulté est de nature rédactionnelle, elle est voulue : certains adverbes peuvent être traduits en expression nominale sans que la valeur logique de la proposition change ; en revanche, le nom *modus* peut faire partie d'une locution adverbiale. Le premier peut être illustré par cette supposition : *qualitercumque Deus principiat ad intra est necesse esse, et ad extra qualitercumque principiat est contingenter esse*, où le premier *qualitercumque* peut se comprendre des deux manières : *necessario modo* et *necessarie*, et le second *qualitercumque* également de deux manières : *necessario modo* et *contingenter*. Dans tous les cas la supposition est vraie. Le second concerne les locutions telles que *aliquo modo, quodam modo* etc. Le fait que ces locutions puissent être soit nominales, soit adverbiales a échappé à Étienne Gaudet. Lisons donc avec lui la quatrième conclusion :

> 4ª etiam non consequenter dicta prima fronte est : etsi omnis modus quo Deus principiat ad intra vel ad extra sit Deus, aliquo tamen modo Deus principiat ad extra quo non principiat ad intra. Non videtur stare cum imaginatione suae primae propositionis, scilicet qua imaginatur quod Deus modo quo est principiat.

La lecture est effectivement incertaine par le fait qu'Étienne Gaudet écrit: *aliquo tamen modo*, au lieu de *tamen aliquo modo*. Néanmoins, la réponse de Brinkley à cette critique est claire:

> Respondetur... quod 'aliquo modo' potest capi nominaliter... vel adverbialiter et connotative [1].

Tels sont les accords et les désaccords entre les deux théologiens. À notre avis, la totalité de cette première critique de Brinkley à travers une conclusion de Paul de Fonte est caduque dans la mesure où elle ne touche aucune des positions personnelles du franciscain anglais. Elle n'est qu'un exercice scolaire. Quant au problème de la contingence en Dieu, Jean Hiltalingen de Bâle convergeait avec Brinkley en la rejetant. Sa critique s'exerçait donc sur les théologies « prohibées » de Jean de Ripa et de Louis de Padoue [2].

Néanmoins, quelques années après la *lectura* et avant 1368, Jean Hiltalingen est revenu sur le texte brinkleyen, notamment dans sa *IV Responsio* [3]. Il y rappelle la position du franciscain à propos des adverbes et donne son avis sur les conclusions deuxième et quatrième de la Ire QM [4]. Il semble qu'à présent Jean Hiltalingen distingue le mode d'action divine de cette façon d'agir qu'à la suite de Brinkley, il nous faut exprimer par un adverbe. Le huitième *Notabile* du Bâlois est en tout cas fondé sur une telle distinction:

> 8m notabile. Hae propositiones non convertuntur: « eodem modo praecise quo Prima intellectiva unicum suum Verbum principiat ad intra, pluralitatem rerum producat ad extra » et « qualitercumque producit pluralitatem rerum ad extra, principiat suum unicum Verbum ad intra », vel econtra. Nec tamen aequaliter et eodem modo sumuntur haec adverbia « qualiter », « taliter » et similia. Istud notabile ponitur in quaestione per Brinchil, ubi supra. Et patet prima pars, quia de aliquo verificatur unum de quo non reliquum. Igitur etc. Sed consequentia et antecedens probantur, quia « si nihil omnino nisi Deus esset, adhuc posset Antichristum creare et tantum modo contingenti »; item de facto: « Deus contingenter vult Antichristum fore et nullo modo contingenti ». Igitur etc. 2a pars notabilis patet, quia huiusmodi adverbia sumuntur quandoque realiter tantum et non modaliter, et quandoque modaliter et realiter simul, quandoque modaliter tantum, et hoc etiam secundum antiquos. Et secundum hoc diversimode verificantur huiusmodi propositiones:

1. Pour toutes les citations, voir *infra*, Appendice 1-B, p. 143; Appendice 2, p. 178.

2. *Cf.* A. Combes, *Jean Gerson commentateur dionysien*, p. 665 *sq.*

3. Ms. Munich, clm 26711, f° 239va-247ra: « Utrum summae libertatis Ingenua Prima intellectiva ac volitiva eodem modo praecise quo unicum Verbum suum principiat ad intra pluralitatem rerum producat ad extra ». D. Trapp, « "Moderns" and "Modernists" », p. 265; *Hiltalinger's Augustinian Quotations*, p. 412, où Trapp date la *Responsio* « à Paris avant 1368 »; p. 414 — manuscrits.

4. Voir *infra*, p. 128 et note 2; et *supra*, p. 124 note 1.

> « qualitercumque Deus agit, taliter est » et similes huic etc., de quibus in principiis meis plenius dixi [1].

Ce rapprochement des points de vue peut s'observer facilement sur cette dernière critique de Brinkley. Lisons-la :

> ...contra Brinchil, ubi supra (= Ire QM), conclusione 4a : Si omnis modus principiandi Primae intellectivae ac volitivae quo principat ad intra vel ad extra sit Deus, nullo modo principiat ad intra quo non principiat ad extra, nec econtra, quamvis agat ad extra aliqualiter, qualiter ad intra non agit.

Cependant, l'opposition entre les deux théologiens n'est que verbale, car la première partie du corollaire cité répète mot à mot la première partie de la conclusion 4 de Brinkley (*si omnis modus quo Deus principiat ad infra vel ad extra sit Deus*) ; la troisième partie du corollaire répète la deuxième conclusion de Brinkley (*Aliqualiter Deus agit ad extra, qualiter non agit nec agere potest*). L'opposition ne concerne donc que la seconde partie du corollaire (*nullo modo principiat... quo non principiat*) et la seconde partie de la conclusio 4 de Brinkley (*aliquo modo principiat... quo non principiat*). Toutefois, nous avons remarqué auparavant la convergence des deux théologiens sur le mode de l'action divine et sur l'identité de ce mode et de l'être de Dieu. Où situer alors la source de ce nouveau désaccord ? Dans la logique et la grammaire. Du moment que Hiltalingen l'avait compris, il a aussitôt accepté la conclusion 4 de Brinkley :

> Ex hoc potest videri quod Brinchil in 2a parte conclusionis recipit istum terminum 'modo' non nominaliter, sed adverbialiter et sic satis potest conclusio sustineri ; sed videtur esse dictum ex proprietate terminorum positorum in eadem propositione.

C'est pourquoi lorsque Hiltalingen fait une dernière réserve :

> Ex his tamen nolo dicere quod Deus principiet aliqualiter ad extra qualiter non principiat, quia oppositum huius in Principiis Sententiarum sustinui contra Bachalarium Carmelitarum [2].

1. Jean Hiltalingen, *IV Responsio*, f° 242ra. Dans sa *Summa logicae*, I, 18 (ms. P, f° 39rb-va), Richard Brinkley dit ceci à propos des adverbes : « Sed in nulla alia parte orationis potest terminus significative sumptus esse subiectum in propositione vera (...). Item hoc patet per modum eorum significandi, nam terminus in quinta parte orationis, qui ponitur adverbium, significat suum significatum non per se, sed adiacenter ; nec significat suum significatum cuicumque adiacere, sed tantum verbo. Terminus igitur constituitur in hac parte orationis ex hoc quod significat illud quod significatum verbi déterminat, ut patet in talibus "Sor disputat acute" etc. ».

2. Jean Hiltalingen, *IV Responsio*, f° 244rb-va, concl. 3, corol. 3 : « contra Brinchil, ubi supra (= I Q. M, *cf.* p. 177, note 2) conclusione 4a : si omnis modus principiandi primae intellectivae ac volitivae quo principiat ad intra vel ad extra sit Deus, nullo modo principiat ad intra quo non principiat ad extra, nec econtra, quamvis agat ad extra aliqualiter, qualiter ad intra non agit. Prima pars huius corollarii est sua in prima parte istius 4ae conclusionis et sequitur ex ista 3a conclusione. 2am partem probo, quia detur oppositum illius partis – scilicet aliquo modo principiat ad extra quo non ad infra –, et signetur ille modus et sit *a*. Et arguo sic ex prima parte corollarii et suae conclusionis. Omnis modus quo Deus ad extra agit <*manque*>, igitur *a* est Deus. Forma est bona et maior est prima pars

nous n'y voyons qu'une clause de style. En polémiquant contre Brinkley, Hiltalingen a, en réalité, adopté sa doctrine.

Le fait que, dans les années après 1362, plusieurs théologiens soutiennent des disputes sur la question portant sur le mode de l'action divine *ad extra*, ne relève certainement pas de sa relative difficulté. Il est incontestable que cette curiosité manifeste est d'une tout autre nature. Rappelons les faits. En 1362 le chancelier Grimario Bonifacii et la Faculté de théologie de Paris ont censuré les vespéries du franciscain Louis de Padoue, disciple de Jean de Ripa, en obligeant leur auteur à la révocation. Seul l'article trois de cette révocation nous intéresse ici :

> 3° dixi in 2° correlario $I^{e}$ suppositionis quod licet perfecte voluntatis seu essencie divine quodlibet intrinsecum sit necessarium absolute secundum suum esse reale, tamen aliquod intrinsecum est contingens et non sic necessarium secundum suum esse formale, patet de velle et nolle divino ad extra. Istud sic explano et dico quod nichil intrinsecum Deo est contingens, licet aliquod intrinsecum Deo sit liberum libertate contingentie causalitatis. Unde dominus cancellarius et facultas hanc propositionem « aliquid intrinsecum Deo est contingens » secundum intellectum quem fecit tanquam fidei katholice dissonam dampnant [1].

Louis de Padoue soutient donc que « bien que tout élément intrinsèque à la volonté parfaite soit absolument nécessaire selon son être réel, il n'est pas moins vrai que quelque chose d'intrinsèque est contingent et non nécessaire de cette nécessité selon son être formel ». Nous savons que le responsable de cette thèse n'est autre que Jean de Ripa avec sa doctrine des *rationes contingentes* en Dieu [2].

conclusionis et minor secunda. Tunc arguo ex conclusione : omni modo quo Deus est, Deus agit ad intra ; *a* modo Deus est, <*manque*> Deus agit ad intra. Sed hoc est contra supra datum quo dicebatur quod aliquo mod Deus principiat, sive Prima intellectiva ac volitiva, ad extra quo non ad intra et quod iste esse (!) *a*. Igitur sequitur quod partes illius suae $4^{ae}$ conclusionis non se compatiuntur et $2^{a}$ pars istius corellarii est vera. $3^{a}$ pars probatur, quia ad extra agit contingenter et non sic ad intra, <quia ? > agit aeternaliter. Igitur sequitur illa pars vera. Ex hac potest videri quod [secundum] Brinchil in $2^{a}$ parte conclusionis recipit istum terminum "modo" non nominaliter sed adverbialiter, et sic satis potest conclusio sustineri ; sed videtur esse dictum ex proprietate terminorum positorum in eadem propositione. Ex his tamen nolo dicere quod Deus principiet aliqualiter… » etc. NB. Le terme 'modo' peut être, comme le remarque Hiltalingen, une expression adverbiale, cependant, pour Brinkley, l'expression « quodlibet quodam modo principiatum quo modo Deus non principiat » signifie que le mode (c'est-à-dire l'être) du créé (principié) est contingent, alors qu'en Dieu il n'y a aucune contingence et, par conséquent aucune action contingente. *Cf.* les quatre opinions de Brinkley, p. 126 ainsi que le texte dans l'Appendice 1B. Guillaume de Crémone voit ici d'autres difficultés et d'autres absurdités.

1. A. Combes, *Jean Gerson commentateur dionysien*, p. 645 ; *Id.*, « Présentation de Jean de Ripa », p. 184. L'article reprend le commentaire, le développe et le précise. Le texte de la révocation est le même dans les deux publications.

2. *Ibid.*, p. 633-671 ; « Présentation de Jean de Ripa », p. 177-211 ; P. Vignaux dans Jean de Ripa, *Quaestio de gradu supremo*, édition crit. par A. Combes et P. Vignaux, Paris, 1964, p. 134-136. La traduction est de Combes, *Jean Gerson commentateur dionysien*, p. 650.

Pour Jean de Ripa ce « quelque chose d'intrinsèque » à Dieu est une *prima et summa contingentia*[1].

Or, ici précisément nous rencontrons à nouveau D. Trapp qui affirme, sans apporter aucune preuve, que Brinkley « influença certainement Facinus de Ast, très probablement Jean de Ripa. La doctrine de la contingence au sein de la vraie divinité, dont l'école de Jean de Ripa fut accusée, est en relation directe avec les idées de Brinkley »[2]. Rien de moins vrai. En effet, lorsque Richard Brinkley s'est posé la question *Utrum intra divinam essentiam aliquid sit contingens*, il a répondu par ces deux conclusions :

> Deum producere ad extra non est contingens nec contingentia ; Prima contingentia et simpliciter summa est prima creatura in actuali existentia[3].

Il a par la suite repris le problème dans la II^e QM : *Utrum simpliciter primum productum ad extra sit alicuius creaturae actualis existentia*, pour affirmer dans ses conclusions :

> Ad hoc quod Deus producat ad extra ponere in Deo actum contingentem non est necessarium neque possibile ;
> Simpliciter prima contingentia est aliqua creatura in actuali existentia ; Loquendo theologice et vere nihil est contingens quod non est mutabile[4].

Pour sa part, la *materia tabulata* d'Étienne Gaudet nous informe que, dans cette même QM II, Richard Brinkley s'est élevé contre la doctrine de Thomas Bradwardine au sujet de la contingence en Dieu, et plus précisément contre le corol. 11 du chapitre 5, Livre II du *De causa Dei* : *quod solus actus voluntatis divinae ad extra est simpliciter contingens aequaliter*[5]. Et lorsqu'il a à deux reprises affirmé que seul l'être créé est la *prima et summa contingentia*, il a visé le corol. 13 du même chapitre du *De causa Dei* :

> quod prima et summa libertas contradictionis similis quoque contingentia ad utrumlibet est in voluntate divina, et quod hae sunt causae similis libertatis et contingentiae in aliis universis[6],

1. Jean de Ripa, *Conclusiones*, p. 230, 31-32 (= *In I Sen.*, d. 38, a. 2, concl. 10) ; A. Combes, « Présentation de Jean de Ripa », p. 186, où l'auteur regroupe les textes ripiens sur la contingence en Dieu.

2. D. Trapp, « "Moderns" and "Modernistes" », p. 265.

3. Voir *infra*, p. 175, q. 17.

4. Voir *infra*, p. 181 concl. 1 et p. 182 concl. 2-3.

5. Thomas Bradwardine, *De causa Dei*, p. 654B.

6. *Loc. cit.*

fondé, faut-il croire, sur la conviction que la *contingentia ad utrumlibet* et la *nécessitas* ne s'opposent pas [1], et que « la contingence de l'effet suppose nécessairement une certaine contingence de la cause » [2].

De cette rapide comparaison des différentes prises de position, on peut dégager les quelques conclusions suivantes. Premièrement, Louis de Padoue et Jean de Ripa suivent la doctrine de Thomas Bradwardine au sujet de « la première et la plus élevée contingence », alors que Richard Brinkley la rejette. Deuxièmement, si les éléments de cette doctrine repris par les uns et combattus par l'autre sont rigoureusement les mêmes, la méthode qui leur est appliquée n'est pas identique. L'analyse des deux franciscains parisiens est avant tout métaphysique, fondée sur la fameuse distinction formelle. De celle-ci cependant nous n'avons aucune trace dans les questions du franciscain anglais, qui lui préfère, semble-t-il, une analyse logico-grammaticale. Enfin, par le contenu doctrinal de son texte Richard Brinkley se rangeait du côté du chancelier Grimario Bonifacii et de la Faculté contre Jean de Ripa et Louis de Padoue. La question 17 du Commentaire des Sentences et la IIe QM de Brinkley sont arrivées trop tard à Paris pour influencer le débat autour des vespéries du Padouan ; leur valeur n'était pourtant pas amoindrie. Car, si quelque chose est resté après la révocation de 1362, c'était la grande question de l'action *ad extra* d'une cause nécessaire. À cette question Brinkley a apporté sa propre réponse, différente de toute autre, en assurant de la sorte sa présence dans les débats théologiques. C'est une des raisons de son succès à Paris.

1. *Ibid.*, p. 653E, où trois corollaires (4,5, 6) sont à rappeler : « quod omnis et solus actus liber libertate contradictionis est contingens aequaliter ; quod omne et solum contingens aequaliter est actus liber libertate contradictionis ; quod contingentia ad utrumlibet et necessitas non repugnant ».

2. A. Combes, « Présentation de Jean de Ripa », p. 185, résume ainsi la raison profonde de la pensée de Louis de Padoue : « En réalité, s'il est exact que Louis de Padoue cherche à rendre pensable la notion chrétienne de création, il ne peut éviter de mettre en œuvre à cette fin les seules notions qui puissent être efficaces dans une métaphysique où la contingence de l'effet suppose nécessairement une certaine contingence de la cause. C'est la métaphysique même de Jean de Ripa ». Ces mots résument aussi parfaitement la pensée de Bradwardine qui prouve ainsi l'un de ses corollaires (celui qui est cité p. 130, note 6) : « Decimum tertium (corollarium) quantum ad primam partem patenter consequitur ex praemissis… Et prima parte concessa, quis negabit vel dubitabit secundam ? Quis enim nescit primum in quolibet genere esse causam omnium aliorum, quatenus in illo genere continentur ? Quis insuper, consideratis prioribus, nescit quod si voluntas divina non esset libera nec contingens, sed necessaria absolute, omnia alia essent similiter necessaria absolute ? ».

*Appendice 1*

# DEUX FRAGMENTS DE L'ŒUVRE THÉOLOGIQUE DE RICHARD BRINKLEY

Le fragment A, début de la Q. 3 de la *lectura* est conservé à Florence, Bibl. Nazionale, ms. conv. soppr. B 6 910. Ce manuscrit du XIV^e siècle, est décrit par G. Pomaro, une première fois dans son article « Censimento dei manoscritti della Biblioteca di S. Maria Novella. Parte I : Origini e Trecento », dans *Memorie domenicane*, N.S., 11 (1980), p. 362-363 ; une seconde fois dans l'ouvrage *Catologo di manoscritti filosofici nelle biblioteche italiane*, vol. III, a cura di G. C. Garfagnini, M. R. Pagnoni Sturlese, G. Pomaro, S. Zamponi, Firenze, 1982, p. 24-25. La foliotation indiquée dans mon édition suit les informations du *Catalogo*, qui, cependant, en passant du n° 18 au 20, omet l'intitulé d'une question. Les questions du manuscrit florentin sont anonymes. Toutefois, M^me Katherine H. Tachau a récemment identifié l'auteur de dix-neuf d'entre elles : il s'agit de la nouvelle et en l'occurence quatrième copie du Commentaire des Sentences de Nicolas Aston (voir plus haut, p. 53-86). En me faisant part de sa découverte, M^me Tachau m'a permis d'identifier la dernière des questions, copiée à la suite du Commentaire de Nicolas Aston, comme un fragment de la *lectura* de Brinkley.

Malgré sa relative longueur le fragment A n'arrive même pas à la fin de la démonstration de la première conclusion. Non sans raison Étienne Gaudet a déjà remarqué à propos de cette démonstration : « Probatur prima (conclusio) quatuor rationibus, quarum prima valde prolixa ». Si son intérêt ne doit pas être exagéré, il faudra néanmoins souligner deux points. D'abord, le fragment A comparé au sommaire d'Étienne Gaudet (*cf.* Appendice 2) montre l'exactitude du travail accompli par ce dernier et la justesse de ses remarques ; le sommaire d'Étienne Gaudet apparaît donc comme fiable. Ensuite, mieux que ce sommaire, le fragment A indique la voie par laquelle chemine la pensée du franciscain anglais : si dans son Commentaire, comme d'ailleurs dans sa *Somme de logique*, il rejette l'ockhamisme, il n'adhère pour autant pas au scotisme. Notre fragment montre comment Brinkley oppose l'un à l'autre les deux maîtres à penser franciscains. Cette opposition constante dans la *lectura* brinkleyenne, le sommaire d'Étienne Gaudet la confirmera.

Le fragment B (résumé de la première QM), conservé dans le ms. lat. 16228, f° 247r-v, de la Bibliothèque nationale de France, a pu être identifié grâce au travail de V. Marcolino, « Die Quästionensammlung im Ms. Paris Nat. Lat. 16228 », AHDLMA, LIV (1987), p. 287. L'article cité étant consacré à ce manuscrit, nous n'avons qu'à ajouter ce qui regarde directement le texte de Brinkley. Au f° 140v, à la suite du « Tertius (liber) magistri Hugolini », on lit une longue liste composée en partie de titres de questions sur les Sentences dont le texte suit aux f° 141r-194r; en partie de thèses qui résument et de titres qui annoncent les textes copiés aux f° 194r-253v. Le fragment B y est indiqué par ces mots: « Deus eodem modo principiat ad intra sicut ad extra ». Avec quelques autres, cette indication appartient à la matière dite *sacramenta*. Les indications précises de la table, le fait qu'en réalité nous n'avons dans cette partie du manuscrit que des extraits et des copies, celui, enfin, que ces extraits et copies restent anonymes, tout cela témoigne que nous sommes devant un volume contenant un Commentaire des Sentences, ou du moins les matériaux pour un tel ouvrage compilés par un bachelier parisien anonyme, probablement un augustin, du XIV$^{e}$ siècle. Tous ces matériaux sont identifiés par V. Marcolino.

Le fragment B ne compte que 29 lignes. Le texte est interrompu au début du corollaire de la concl. 3 de la première QM. Par rapport aux deux sommaires d'Étienne Gaudet, le résumé anonyme ajoute les quatre suppositions et la démonstration des deux premières conclusions. Toutefois, et malgré sa brièveté, ce nouveau sommaire éclaire d'une manière intéressante la critique de Brinkley par Jean Hiltalingen. Il s'agit notamment du corollaire de la concl. 1 : « Quodlibet principiatum ad extra est sic principiatum quomodo Deus non principiat nec principiare potest », à laquelle se réfèrent Jean Hiltalingen et son socius carme (cf. *supra*, p. 122-131). Ces raisons justifient sa publication.

## A

## <RICARDI BRINKLEY *COMMENTUM SUPER SENTENTIAS*, QUAESTIO 3>

QUAERITUR UTRUM POTENTIA VOLITIVA HIC IN VIA EODEM ACTU QUO UTITUR CREATURA LIBERE FRUATUR TRINITATE BENEDICTA

Quod non: primo quod non est idem actus respectu utriusque, nam quam disti <n> guitur notitia habita de creatura a notitia habita de Deo tam distinguitur
47va actus volitivae conformiter elicitus | uni[a] notitiae ab actu elicito conformiter alteri notitiae. Sed una notitia specifice et essentialiter distinguitur ab alia, cum earum obiecta essentialiter distinguantur; ergo unus actus specifice et essentialiter distinguitur ab alio. Sed actus conformiter elicitus respectu creaturae est actus utendi et alius actus est actus fruendi, ergo non omni actu quo libere creatura utitur etc.

Ad idem arguitur sic. Si eodem actu etc., ergo nec firmius nec intensius aut principalius diligeret voluntas creata Trinitatem quam creaturam. Probo consequentiam: eo quod in eodem gradu actus talem unitatem esse est possibile.

(a) *cod.*

2° aliter, quod libere elicit volitiva actum fruendi sive utendi, quod arguitur sic. Omnis effectus producibilis ab aliqua causa praeveniente omnes alias causas ad idem effectum causaliter concurrentes, et non impedibili<s> ab aliqua istarum, necessario et non libere producitur vel producetur, si producetur ab aliqua causa taliter[a] praeventa. Sed omnis actus sive utendi sive fruendi est huiusmodi, ergo omnis talis actus in comparatione[b] ad creaturas necessario et non libere producitur, quod est probandum. Et assumptum quo ad maiorem videtur de se evidens, cum posita praeventione talis causae non est in potestate causae secundae taliter praeventae non agere. Et alia pars assumpti arguitur per hoc quod omnis volitiva secunda ideo elicit actum aliquem, quia volitiva simpliciter prima volet ipsam talem actum elicere et non econtra ; ergo prius vult volitiva simpliciter prima volitivam secundam actum talem elicere quam de facto elicit, quod est probandum.

<3°> Item sic, volitiva creata potest in aliquo citra Trinitatem praedictam firmiter quietari, eo quod in aliquo citra ipsam potest totaliter satiari ; ergo non requiritur quod eodem actu. Et sic quaestio vel neganda vel dubitanda. Assumptum arguitur ex hoc quod desiderium naturale cuiuslibet talis creatae praecise est finitum et limitatum. Igitur aliquid praecise finitum et limitatum esse sibi poterit.

4° sic, actus fruitionis non est principiative a creata voluntate quomodo est actus utendi ab eadem[c] ; ergo non eodem actu quo libere etc. Consequentia patet, eo quod concipere non potest absque repugnantia quod idem actus sit principiatus a potentia aliqua et quod idem actus non sit principiative ab eadem potentia. Et assumptum arguitur | sic. Quando aliqua duo sunt[d] super naturalia, si imperfectius **47vb**
propter suam imperfectionem sit a solo Deo causabile, multo magis perfectius propter suam perfectionem est a solo Deo causabile. Sed habitus caritatis et lumen gloriae si ponantur etiam super naturalia imperfectiora quam actus naturales sibi correspondentes et sunt a solo Deo secundum communiter loquentes, ergo multo magis et actus.

Ad oppositum. Quanti ambitus est aliquis actus ordinatus intellectivae[e], tanti ambitus vel maioris est aliquis actus volitivae, cum quidquid potest intellectus intelligere, potest voluntas velle vel nolle. Sed tanti ambitus est aliquis actus intellectivae quod habet pro obiecto suo tam Deum quam creaturam, ut patet de beatis in patria quod videndo Deum vident creaturam ; ergo tanti ambitus est aliquis actus volitivae quod habet pro obiecto suo tam Deum quam creaturam. Sed iste actus, cum sit ordinate elicitus, respectu creaturae est usus et respectu Dei est fruitus ; ergo idem actus est actus fruendi et utendi. Et quod iste actus libere elicitur arguitur ex hoc, nam alias non esset meritorius nec demeritorius ; ergo potentia volitiva etc.

Circa istam quaestionem causa brevitatis ponam aliquas conclusiones quibus probatis et improbatis statim erit finis.

Prima conclusio : Volitiva creata utitur creatura ordinate propter Deum quando nec utitur nec fruitur ipso Deo.

(a) taliter : proveniente *add. et exp. cod.* (b) comparationem *ante corr. cod.* (c) eodem *cod.* (d) sunt *sup. lin. cod.* (e) intensive *cod.*

Secunda : Latitudo fruitus <et> usus non sunt proportionaliter correspondentes[a].

Tertia : Cum quocumque gradu unius simpliciter et de lege stat quilibet gradus alterius.

Quarta : Etsi capacitas volitivae sit finita, non tamen praecise eam satiare potest nisi Trinitas benedicta.

Quinta pro libertate voluntatis sit haec : Actus fruitionis est simpliciter liber[b] libertate contradictionis.

Sexta : Fruitio tam meritoria quam beatifica est a voluntate effective principiata.

Arguitur prima conclusio primo sic. Signata volitiva quae actu *a* meritorio diligit Deum super omnia et *b* actu meritorio diligit creaturam, qui *a* et *b* sint
**48ra** omnes actus qui de facto sunt vel erunt eliciti ab ipsa volitiva per primam | horam futuram, tunc sic : quandocumque volitiva *b* actu diligit hanc creaturam, utitur ordinate hac creatura propter Deum. Aliquando in hac hora erit haec vera : « haec volitiva *b* actu diligit hanc creaturam quando nec utitur nec fruitur ipso Deo », quae est conclusio probanda. Maior patet ex casu, cum quandocumque *b* erit[c], dependebit ab eisdem causis a quibus modo dependet. Sed modo dependet ex gratia et libera voluntate, igitur quandocumque *b* erit, a gratia et a libera voluntate dependebit. Sed quilibet talis actus est meritorius et ordinatus constat secundum fidem, igitur quandocumque haec volitiva *b* actu diligit hanc creaturam, utitur ordinate hac creatura, quae est maior probanda. Et minor arguitur sic, nam haec consequentia est bona : 'Deus per totam istam horam concurrit cum hac volitiva ad conservandum *b* actum, et Deus non concurrit cum ista volitiva in ista hora nec in aliquo instanti istius horae ad principiandum aliquem alium actum, ergo haec volitiva per totam secundam medietatem istius horae praecise habebit *b* actum et non necessitatur ad principiandum et conservandum istum actum, quia hoc suae libertati et perfectioni repugnaret'. Ergo consequens est possibile. Quo posito in esse, aliquando in hac hora erit haec vera : 'Haec volitiva *b* actu diligit hanc creaturam ordinate propter Deum quando nec utitur nec fruitur Deo', quia nec *b* actu utitur nec fruitur Deo nec aliquo alio actu, quia nullus alius actus tunc erit.

Sed hic diceret DOCTOR SUBTILIS negando consequentiam ; et quando assumitur quod nullo actu *b* utitur vel fruitur Deo nec aliquo alio, illud negaret. Diceret enim quod *b* actu utitur creatura et fruitur Deo[d]. Unde 4° *Sententiarum*, dis. 49, dicit quod in tali casu actus istius volitivae est comparativus quo vult tam creaturam quam Deum[1].

(a) correspondantes : 3ª *add. et canc, ante signum paragr. cod.* (b) liber : absque *cod. (cf. infra, abbreviatio Stephani Galdeti, p. 156).* (c) erit : deb *add. et canc. cod.* (d) nota : eodem actu quo quis utitur creatura fruitur Deo *in marg.*

1. Jean Duns Scot, *Ordinatio* IV, d. 49, q. 10, n° 17 (Wadding, réimpression Hildesheim 1969, X, p. 541).

Et 2° *Sententiarum*, dis. 39, dicit quod eodem actu cognoscit quis principium et conclusionem, nam alias non cognosceret conclusionem et principium ; sicut, inquit, quando quis vult medium propter finem, eodem <actu> vult finem [1].

Quam conclusionem accipit Ockham et ponit d. 1, q. prima, quamvis non
| recitet. Unde super principia DOCTORIS arguit ipse sic. *Sicut intellectus se habet* **48rb**
*respectu principii et conclusionis, ita voluntas respectu finis et eorum quae sunt ad finem*, eo quod *non* [a] *minus potest voluntas super obiecta sua quam intellectus super sua. Sed intellectus potest* habere unum actum relativum *quo cognoscit conclusionem* et *principium, ergo* sic *voluntas* etc. Ex isto principio elicit quinque conclusiones in quibus stat virtus istius quaestionis [2].

Contra quod principium arguo primo sic : logicaliter contra LOGICUM ; 2° realiter contra realem DOCTOREM REVERENDUM.

Contra LOGICUM arguo tres propositiones apud omnem logicum impossibles. Primo quod ex isto principio sequitur ista conclusio : eadem propositio ab eadem anima simul et semel est scita et dubia. Arguo sic. Quandocumque intellectiva credit *a* propter *b*, eodem actu credit *b*. Sed intellectus <qui credit> *a* propter *b* actu credulitatis cum haesitatione est. Igitur intellectus credit *b* actu credulitatis cum haesitatione. Igitur intellectiva dubitat *b*. Patet consequentia, cum actus credulitatis cum haesitatione sit essentialiter actus dubius. Et intellectiva credit *b* actu scientifico et praecise isto <actu> scit. Igitur eadem propositio est scita et dubia, quae est conclusio probanda. Assumptum pro maiori est principium suum. Et quod intellectus credit *a* propter *b* actu credulitatis cum haesitatione arguo breviter sic. Sit quod aliquis sic arguat : « iste loquitur devote, ergo est devotus », et quod sciat antecedens virtute cuius generetur in eo quaedam credulitas cum haesitatione respectu consequentis ; sit consequens *a* et *b* antecedens. Aliunde non movetur intellectus ad credendum *a* nisi propter *b*, et propter *b* non habet hic [b] *a* nisi actum credulitatis cum haesitatione ex hypothesi ; ergo etc.

Ad idem, ex vero scito esse vero potest generari in me quaedam credulitas et opinio respectu non sciti a me, cum [quod] illud respectu cuius generatur credulitas non sciatur a me. Igitur si idem esset actus quo cognitive tenderem in scitum et in ipsum quod <non scitur a me>, idem esset actus scientiae et ignorantiae. Consequens falsum et consequentia tenet ; ergo illud ex quo sequitur.

(a) non *sup. lin. cod.* (b) hec *cod.*

1. Jean Duns Scot, *Rep. Paris.*, II, d. 39, q. 2, $n^{os}$ 4 et 6 (Wadding, XI-I, p. 405, 406) ; d. 38, q. unica, $n^{os}$ 1 et 3 (p. 404). Voir aussi *Lectura* I, d. 1, pars 1, q. 2, n° 59 ; pars 2, q. 2, $n^{os}$ 88, 110-111, 116 (Vat. XVI, p. 80, 14-16 ; 90, 11-20 ; 97, 4-20 ; 98-99) ; et *Ordinatio* I, d. 1, pars 2, q. 2, $n^{os}$ 80 et 147 (Vat. II, p. 60-61 et 97-98).

2. Guillaume d'Ockham, *Ordinatio*, d. 1, q. 1 (éd. Gál–Brown, I, p. 381, 22-382,8 ; aucune conclusion).

2° arguo sic ad idem, ad istam conclusionem quod idem simul et semel est volitum et nolitum ab eodem, nam quam positive propter finem ultimum habet volitiva actum volendi respectu operationis virtuosae, tam positive respectu operis
**48va** | virtuosi habet actum nolendi propter eundem finem. Sed omnis actus qui est respectu medii propter finem, est respectu finis ; ergo quam positive volitiva habet actum nolendi propter finem, tam positive est istius actus nolendi respectu finis ; ergo isto actu ille finis est volitus et nolitus. Et ex hoc simul et semel, quod est probandum.

Sed huic dicitur quod eodem actu potest odire malum et frui Deo, et hoc hic in via. Sed hoc nihil est, nam quae et qualis[a] res est in se, illud et tale erit cuicumque comparetur[b]. Sed actus nolendi ex principio suo intrinseco est actus nolendi, ergo cuicumque comparetur, est actus nolendi. Assumptum ex hoc patet quod quam distinguuntur passiones aliquae, tam distinguuntur actus proprii et correspondentes illis passionibus. Sed amor et odium sunt duae passiones ex opposito distinctae, sic quod nunquam amor est odium nec esse potest. Igitur eorum proprii correspondentes actus, qui sunt velle et nolle, sunt sic ad invicem distincti quod nunquam actus volendi est actus nolendi.

3° arguitur haec conclusio quod idem est causa et effectus sui ipsius, et hoc ex isto principio arguo sic. Actus scientificus praemissarum causat actum scientificum conclusionis ; actus scientificus conclusionis est actus scientificus praemissarum, cum sciam conclusionem propter praemissas ; ergo idem actus est sui ipsius causa et effectus, quod est probandum. Et assumptum quo ad primam partem patet *Primo Posteriorum*, 2° capitulo [23°][1]. Et alia pars est <sua>. Igitur cum consequentia sit bona, conclusio non est ab eo neganda et tamen contra eum.

Contra DOCTOREM arguo sic, probando quod non requiritur ad hoc quod diligam *b* propter *a* quod isto actu vel aliquo alio diligam *a*. Nam sit *a* felicitas et *b* medium ostensum per rationem et syllogismum[c] practicum ipsi intellectivae creatae medium intelligendi ipsum a, cuius dictamini conformiter eliciat ipsa volitiva actum volendi respectu ipsius *b*, qui actus sit *d*. Et arguo sic. Praecise respectu istius est *d* actus, respectu cuius etiam[d] iste syllogismus vel ista ratio dictat ipsam volitivam debere elicere actum volendi. Sed praecise respectu medii et non
**48vb** respectu felicitatis dictat | ipsa ratio ipsam volitivam debere elicere actum volendi, igitur *d* actus sic conformiter elicitus dictamini rectae rationis praecise est respectu medii et non respectu finis. Patet consequentia et maior, cum ista ratio sit dictans sicut regula et mensura *d* actus conformiter eliciti ad dictamen rectae rationis.

(a) qualis : est *add. et canc. cod.* (b) *ex* compararetur *corr. cod.* (c) syllogismum : pre *add. et canc. cod.* (d) etiam : est *add. et canc. cod.*

1. Aristote, *Anal. Post.*, I 2, 71b 17 *sq.*

Et minor arguitur ex hoc quod *a* esse volendum est per se notum. Et ideo ad hoc quod *a* appareat esse volendum nec est nec esse potest syllogismus a priori inferens et ostendens *a* esse volendum. Et hoc est quod dicit ARISTOTELES 1° *Ethicorum*, capitulo 3°, ubi dicit quod electio solum est respectu mediorum et nunquam respectu finis, vocans electionem volitionem volitam ( ? ) conformiter dictamini rectae rationis[1].

Item sic ad principale et contra DOCTOREM. Volitivam elicere actum dilectionis <respectu medii> propter beneficium et non tunc actu recordari de beneficio est possibile, ergo actum dilectionis ordinatum esse respectu medii propter finem et non esse respectu finis est possibile. Probatur consequentia ex hoc quod esse amatum necessario praeexigit vel coexigit cognitum. Et assumptum probatur in casu quo quis propter sanitatem habitam vel habendam visitat limina sanctorum : non quandocumque vadit per viam cogitat actualiter de sua sanitate, et tamen continue ipse, quando vadit, elicit actum dilectionis respectu medii propter finem, nam cessante velle intrinseco respectu istius medii cessaret actus exterior, cum actus iste exterior non sit nisi actus imperatus ab isto interiori actu.

Item sic, intellectus quandoque adhaeret et credit vero non scito, sed solum credito vel opinato propter verum scitum[a]. Ergo si eodem actu quo credit vero opinato propter verum scitum credit vero scito, illud esset scitum et creditum, et per consequens[b] in eadem anima respectu eiusdem simul esset fides et scientia. Consequens contra ipsum in *Prologo* q. 1 et 3° libri *Sententiarum*, dist. 24[2]. Et assumptum arguitur in casu quo quis ex praemissis scitis inferat conclusionem | nexam, non tamen sciat quod ista illatio est bona, sed tantum opinatur vel credit, **49ra** et quod non aliunde movetur ad adhaerendum illi conclusioni, nisi praecise virtute illarum praemissarum <et> virtute illationis conclusivae, quod quilibet frequenter in se ipso experitur.

Item arguitur ad principale et ultimo sic, eo quod omnia ista argumenta aequaliter sunt pro conclusione principali, sicut contra opinionem contrariam. Arguitur igitur sic. Actum naturalem quo quis amore amicitiae diligit proximum potest Deus acceptare ad vitam aeternam. Sed talis actus solum est respectu creaturae constat, igitur ordinate et meritorie potest quis uti creatura quando nec uti<tur> nec frui<tur> ipso Deo. Quae potentia ducta ad actum, ducitur conclusio in sua forma. Probatur assumptum, nam non est de intrinseca bonitate actus eliciti a gratia et a libera voluntate quod eliciens istum actum sit dignus praemio aliquo infinito, cum iste actus cum omnibus suis circumstantiis intrinsecis tam intensivae sit bonitatis finitae. Ergo quod iste actus acceptetur ad aliquod praemium infinitum potest esse ex gratia et bonitate acceptantis. Ergo aequaliter oboediet imperio voluntatis suae acceptare actum solum naturaliter bonum ad consimile praemium, sicut de lege vel de facto acceptat actum a gratia et libera voluntate elicitum.

(a) scitum : credit vero scito *add. et canc. cod.* (b) consequens : contra ipsum in prologo *add. et canc. cod.*

1. Aristote, *Eth. Nic*, III 4, 1111b 26-31 ; 1112a 13-16 ; 5, 1113b 3-5.
2. Jean Duns Scot, *Ordinatio* I, Prol. pars 3, q. 1-3, n° 205 (Vat. I, p. 138 ; voir aussi p. 148,15-16, *textus interpolatus*) ; III, d. 24, q. unica, a. 2 (Wadding, VII-1, p. 483 *sq.*).

Contra istam conclusionem arguo primo quod quandocumque volitiva ordinate diligit creaturam, diligit eam propter Deum ; quandocumque voluntas aliqua diligit creaturam propter Deum, diligit Deum. Haec est ratio Aristotelis *Primo Posteriorum*, capitulo <2°>, ubi vult quod si *a* sit scitum propter *b*, quod *b* sit magis scitum quam *a* ; igitur. Confirmatur, cum *a* sit volitum propter *b*, *b* erit magis volitum quam *a*, nam alias suum <propositum> universale non <esset> verum, cum dicitur *propter unumquodque et illud magis*[1]. Ergo quandocumque volitiva creata ordinate diligit creaturam, diligit Deum. Consequentia patet cum
**49rb** toto antecedente[a], ut videtur. Sed non stat quod volitiva creata diligat | Deum, nisi utatur vel fruatur ipso Deo, loquendo de usu ut accipitur tam pro usu ordinato quam inordinato : ergo non stat quod volitiva creata utatur creatura ordinate propter Deum, quando nec utitur nec fruitur ipso Deo, quod est oppositum conclusionis.

2° sic. Si dilectione qua actualiter et ordinate diligo creaturam non diligo Deum, ergo ultimus finis istius est pura creatura. Consequentia patet cum nihil ultra illam creaturam attingitur illo actu dilectionis. Consequens falsum et impossibile, quod arguitur sic ex definitione ipsius frui quae est *amore inhaerere alicui propter se*[2]. Ergo ex se inhaerere creaturae sequitur quod formaliter fruatur ista creatura. Sed hoc ordinate non[b] potest, eo quod immediate est contra primum praeceptum primae tabulae. Igitur repugnat, ut[c] videtur, quod ordinata dilectione diligam creaturam, nisi Deum diligam, quod est probandum. Et confirmatur ratio auctoritate. Definiens enim Augustinus 1° *De doctrina christiana*, primo capitulo, « uti », dicit sic : *Uti* est idem *quod in usum* volitum *referre ad obtinendum illud quo*[d] *fruendum est; alias*, inquit, *abuti est, non uti*[3]. Igitur si referro modo[e] istum actum quo diligo istam creaturam ad Deum, quo solo fruendum est secundum beatum Augustinum primo *De*[f] *Trinitate*, capitulo 9 de magnis[4], iste actus non est ordinatus, sed inordinatus.

3° arguo sic. <Si quis> potest ordinate uti creatura quando nec utitur nec fruitur ipso Deo, igitur e contrario creatura ordinate potest uti ipso Deo quando nec ordinate utitur[g] vel fruitur aliqua creatura. Probatur consequentia consimiliter sicut probabatur conclusio principalis. Nam arguo sic. Sit *a* actus quo Petrus <v>ult Deum esse propter bonum utile, ut ipse Petrus sit conservatus in esse vel in bene esse vel aliter huiusmodi, et *b* actus quo Petrus vult ordinate se ipsum esse ;

(a) antecedente : et *add. et canc. cod.* (b) non *bis iter. cod.* (c) ut *sup. lin (in lin.* a *canc.) cod.* (d) *ex* quod *corr. cod.* (e) *ex* modum *corr. cod.* (f) de *reit. et canc. cod.* (g) utitur : nec *add. et canc. cod.*

1. Aristote, *Anal. Post.*, I 2, 72a 29. *Aristoteles Latinus*, IV 1-4, p. 9,13-14 (transl. Iacobi, reprise par celle de "Iohannis" et celle de Guillelmi) : « semper enim propter quod est unumquodque, illud magis est ».

2. S. Augustin, *De doctr. christ.*, I, iv 4 ; Pierre Lombard, *Sent.*, I, d. I, c. 2, n° 3.

3. *Loc. cit.*

4. Comme d'autres théologiens, par exemple Thomas d'Aquin, *S. th.*, I-II, q. 11, a. 3 et Guillaume d'Ockham, *op. cit.*, p. 441, 7-9, Brinkley déduit cette opinion des textes augustiniens ; il pense probablement à *De Trin.*, I, i 20. Voir aussi Pierre Lombard, *Sent.*, I, d. I, c. 2, n° 5 et c. 3, n° 1.

sint *a* <et> *b* omnes actus qui modo sunt in Petro vel erunt per horam immediate futura<m>. Tunc sic. *A* et *b* sunt actus essentialiter distincti, nec *a* habet ordinem alium respectu *b* actus quam actus quo volitiva creata ordinate utitur creatura habet ad actum quo ipsa volitiva ordinate fruitur Deo. Ergo si actus quo ordinate utitur | creatura potest conservari in esse sine actu quo ordinate fruitur Deo, **49va**
consimiliter potest *a* actus conservari in esse non conservando *b* actum, consimiliter nec aliquem alium actum producendum. Sed ex hoc ipso quod volitiva potest ordinate uti creatura, igitur etc. ; ergo ex eodem potest ordinate uti ipso Deo.

Sed forte hic diceret aliquis negando consequentiam et similitudinem, eo quod consequens sit simpliciter impossibile et antecedens possibile, quia sicut repugnat quod aliqua creatura sit finis simpliciter ultimus, sic repugnat quod alicui creaturae et meritorie praestituatur finis ultimus <alius> vel ulterior quam finis simpliciter ultimus. Et haec assumit consequens, ut patet per definitionem ipsius « uti » prius positam. Sed si quis ordinate uteretur Deo, assumeret Deum tamquam medium ad finem ulteriorem consequendum, ergo aliquis esset sibi finis ulterior quam finis simpliciter ultimus ; et non potest praestitui nisi a ratione errante, ideo non ordinate.

Sed contra istam responsionem arguo sic. Quidquid ordinate potest velle finem aliquem, potest ordinate nolle omne illud sine quo impossibile est consequi ipsum finem. Sed volitiva creata potest ordinate velle se ipsam inesse perpetuari et hoc non potest consequi nisi propter inesse, tamquam propter finem. Ergo volitiva creata potest[a] ordinate uti Deo, quod est probandum. Et consequentia patet per definitionem AUGUSTINI de « uti ordinate », et sic redit argumentum prius factum.

4° et ultimo arguo quod conclusio includit in se repugnantiam. Nam signata illa volitiva quae ordinate utitur[b] *b* creatura propter Deum, quaero quam circumstantiam notat hoc syncategorema « propter », – quod autem notat[c] circu<m>stantiam esse patet per ARISTOTELEM 2° *Posteriorum*, capitulo 2°, et per COMMENTATOREM, capitulo 1°[1] – : non materialem, ratione imperfectionis in ista ; nec formalem, nec efficientem tantum, quia in isto secundo genere se habet Deus respectu productionis et conservationis cuiuslibet creaturae ; ergo finalem[d]. Consequentia patet, ex[e] cuius consequente arguitur sic. *Finis* respectu rationalis creaturae solum *movet ut amatum et desideratum*, ut patet 12° *Metaphysicae* de intelligentiis et motoribus orbium per magnum processum[2]. Ergo Deus ut finis movet illam volitivam ad eliciendum actum respectu *b* ; ergo Deus movet istam volitivam ut amatum et desideratum ab ista volitiva. Ex | cuius consequente ( ? ) **49vb**
formaliter sequitur et sequi videtur oppositum secundae partis conclusionis. Et consequens formaliter sequitur ex prima. Ergo conclusio includit repugnantiam.

(a) potest *bis iter. cod.* (b) utitur : creatura *add. et canc. cod.* (c) *ex* non corr. cod. (d) finalis *cod.* (e) ex : e *add. et canc. cod.*

1. Aristote, *Anal. Post.*, II 2, 89b 37 *sq.* Averroès, *Anal. Post.*, t. 3 (éd. Iunct., réimpression Frankfurt/Main 1962, 1-2, p. 403v).

2. Aristote, *Metaph.*, XII, 7, 1072 a 26-27 ; b 1-4.

Ad ista respondeo. Ad primum, cum affirmatur : 'quandocumque volitiva creata ordinate diligit creaturam' etc., concedo consequentiam primam et consequens. Et ulterius, quando dicitur quod 'non stat quod volitiva creata diligat Deum quando nec utitur nec fruitur ipso Deo' hoc falsum est et ideo negandum, nam dilectio quaedam est actualis, quaedam habitualis ; sed frui et uti solum sunt actus procedentes ab habituali dilectione, ut patet per eorum definitiones exprimentes quid nominis eorum. Et ideo sicut stat habitum esse et potentiam informari isto habitu, virtute istius habitus nullum actum elicere, sic stat diligere sine uti vel frui. Et sic argumentum ulterius non concludit.

Pro materia tamen est sciendum quod ad hoc quod creatura rationalis eliciat actum dilectionis meritorium tres condiciones requiruntur. Prima est quod ista creatura sit caritate informata ; 2ª, quod iste actus sit elicitus conformiter ad inclinationem ( ? ) istius habitus ; et 3ª, quod iste actus sit ab habitu isto praenotatus.

*Reliqua desunt.*

## B
## <RICARDI BRINKLEY QUAESTIO : UTRUM DEUS PRAECISE EODEM MODO PRINCIPIET AD EXTRA SICUT PRINCIPIAT AD INTRA> (ABBREVIATIO)

Utrum Deus praecise eodem modo principiat ad extra sicut principiat ad intra.

Videtur quod sic, quia eodem modo et eadem activitate, cum Deo nulla possit esse ratio agendi, Deus principiat ad intra et ad extra.

2°, si Deus principiat ad extra, non alio modo se habet quam si principiaret <ad intra>, igitur eodem modo etc. Patet consequentia, quia si alio etc., non semper uniformiter se haberet.

3°, tota latitudo multitudinis creatae est a Deo et non est aliquo modo qui sit modus istius multitudinis. Patet ista, quia iste modus est prior causaliter et principiative illa tota multitudine, igitur etc.

4°ª, Deus Pater unico modo sibi essentiali et aeterno intelligit omnia quae intelligit ; igitur et unico modo principiat tam ad extra quam ad intra. Antecedens est AUGUSTINI 14 *De Trinitate*[1] ; et consequentia probatur, quia suum intelligere est suum principiare et econtra.

In oppositum arguitur, quia si et[a] cetera, a principio produxisset quidquid potuisset ad extra producere. Consequens est falsum ; consequentia probatur, quia ad intra tali modo producit.

Prima suppositio : necesse esse et contingens eodem modo nulli enti conveniunt. Patet, quia necesse excludit contingens.

2ª suppositio : Deus non potest principiare ad extra nisi contingenter, et ad intra non potest principiare nisi necessario et inevitabiliter.

(a) etiam *cod.*

1. S. Augustin, *De Trin.*, XV, XXI 40.

3$^{a}$ suppositio : Deus aliqualiter intelligit aliquid posse esse qualiter illud non principiat in esse. Patet de se.

4$^{a}$ suppositio : qualitercumque Deus principiat ad intra est necesse esse, et ad extra qualitercumque principiat est contingenter esse.

Prima conclusio : quodlibet ad extra est quodam modo principiatum, quo modo Deus non principiat ipsum. Patet[a], quia modus cuiuslibet principiati ad extra est finitus et limitatus, et modus quo Deus principiat est infinitus et immensus. Item, sicut esse creaturae distinguitur ab esse Dei, sic modus esse[b] creaturae distinguitur a modo ipsius <esse> Dei quo principiat creaturam.

Corollarium : quodlibet principiatum ad extra sic est principiatum, quo modo Deus non principiat nec principiare potest. Patet ex conclusione[c].

Contra conclusionem. Modus quo creatura est principiata ad extra est contingens et taliter ipsam Deus principiat ad extra, igitur non aliter ; igitur.

2°, idem est modus | quo Deus principiat et quo creatura principiatur, sicut **247v**
idem est modus quo quis[d] diligit et alius diligitur, igitur etc.

3°, ponam [ponitur] quod *a* creatura nullo modo composita a solo Deo producatur etc., cum *a* nullo modo extrinseco nisi a Deo solo producatur, et non per aliquem modum a se distinctum intrinsecum, cum ponatur esse simplex. Sequitur quod eo modo quo Deus producit, ipsa producatur et econtra.

Respondetur ad primam. Dicitur quod Deus necessario <modo> principiat ad extra contingenter et eodem modo ad intra inevitabiliter.

Ad 2$^{am}$, conceditur antecedens et negatur consequentia.

Ad 3$^{am}$, dicitur quod nullus est modus imperfectus quo *a* producitur, sed bene est modus limitatus et imperfectus quo *a* existit.

2$^{da}$ conclusio : Deus aliqualiter agit ad extra, quia contingenter, qualiter ad intra non agit nec agere potest. Patet de se.

Corollarium : Deus aliqualiter agit ad extra qualiter non est nec esse potest ad extra.

Contra conclusionem. Deus non aliquo modo agit ad intra quo modo nec agit nec agere potest ad extra ; igitur nec aliqualiter. Tenet consequentia, quia arguitur ab una convertibili ad reliquam. Antecedens patet, quia Deus est omnis modus quo agit.

2°, Deus non nisi necessario modo agit ad extra. Patet, quia omnis modus Dei est necessario, igitur non aliter agit ad intra et ad extra.

<3°>, item ex conclusione sequitur quod Deus aliqualiter agit qualiter nec agit nec agere potest.

Respondetur <ad primam> quod « aliquo modo » potest capi nominaliter, et sic est antecedens verum ; vel adverbialiter et connotative, et sic est falsum.

Ad 2$^{am}$ respondetur ut ad primam distinguendo antecedens.

Ad 3$^{am}$ dicitur quod Deus ad extra contingenter agit et tamen non necessario agit, nec contingenter potest agere, immo necessario.

(a) *sup. lin. cod.* (b) esse : Dei *add. et canc. cod.* (c) conclusione : prima conclusione *add. et canc. cod.* (d) quis : *sup. lin.* (in lin. Deus *canc.*) *cod.*

3ª conclusio : etsi Deus eodem modo principiat quo est, tamen aliqualiter principiat ad extra qualiter non est. Patet, quia contingenter principiat ad extra et taliter non est nec esse potest.

Corollarium. Omnis modus q.

*Reliqua desunt*

*Appendice 2*

## L'ŒUVRE THÉOLOGIQUE DE RICHARD BRINKLEY RÉSUMÉE PAR ÉTIENNE GAUDET.

Le sommaire du Commentaire des Sentences et celui des Questions longues sont publiés d'après le ms. Paris, BnF, lat. 16535, f° 123r-129r. Ces deux textes font partie d'une description du contenu d'un manuscrit, aujourd'hui perdu, appartenant autrefois à Galeran de Pendref. Ils font suite à la description publiée *supra*, p. 101-102.

Le sommaire des Questions longues du ms. 16535 est mis en parallèle avec un autre résumé des mêmes Questions, conservé dans le lat. 16408, f° 40r-42r. Les deux sont dus à Étienne Gaudet et sont écrits de sa main. On n'a pas tenu compte de la copie partielle du lat. 16408 qu'est le lat. 16409, appartenant jadis à Thomas de Cracovie. Ces manuscrits sont désignés par leur sigle :

B  Paris, BnF, lat. 16535,
G  lat. 16408.

La publication des sommaires est complétée, dans les notes, par des citations empruntées aux écrits de Richard Brinkley par des bacheliers parisiens du XIV^e siècle ; leurs noms, leurs ouvrages et les manuscrits qui les conservent, sont indiqués *supra*, p. 88. On n'a pas séparé le sommaire proprement dit des remarques de l'abréviateur. Celles-ci sont facilement reconnaissables par leur style : elles concernent ou bien le texte même (*non dicit consequenter ; ista satis esset concedenda* etc.), ou bien son usage éventuel (*vide si sit opus tibi, adverte in sequentibus, hec omnia notanda sunt* etc.). En effet, il est difficile d'opérer une telle séparation dans un résumé fait comme note personnelle de lecture. Si l'on publie cette note, c'est parce qu'elle est à présent le témoin le plus complet de l'ensemble de l'œuvre théologique de Richard Brinkley.

## <RICARDI BRINKLEY *COMMENTUM SUPER SENTENTIAS*>
## <ABBREVIATIO STEPHANI GALDETI>

**B, f° 123r** | Scriptum[1] cuiusdam super Sententias quod[a] incipit in collatione *Bonitatem et disciplinant et scientiam doce me*[2], et in quaestione :

### (1) UTRUM SECTA CHRISTI PRINCIPALIUS DEPENDEAT A FIDE QUAM A RATIONE

De fide. Et infra argumentatur primo aliquibus mediis quod principalius a ratione[3]. Et pro 5° medio ponitur respectu responsionis[b].

Primo dicitur[c] quod volitiva creata determinat intellectivam creatam ad assentiendum sibi neutro, sicut volitiva divina détermìnat intellectivam divinam ad assentiendum contingenti complexo[4].

2° dicitur quod intellectiva assentit tali vero, puta sectae Christi, non per imperium volitivae neque ex fide aut ratione, sed ex revelante illam legem. Quia enim Deus est qui istam legem revelat, ideo intellectiva creata huic legi assentit.

(a) *sup. lin.* B (b) responsio B (c) *sup. lin.* B

1. In 12° sisterno scriptum cuiusdam... hic incipit descriptio ultimorum fasciculorom seu sisternorum quos habuit Magister Galerandus de Pendref; cf. *supra*, p. 101.

2. Ps. 118, 66.

3. *Cf.* Guillaume Centueri de Crémone, ms. Fribourg, Cordeliers 26, f° 214r, cité *supra*, p. 114.

4. *Cf.* Pierre de Candie, *I Sent.*, q. 6, art. 2, ms. Paris, BnF, nouv. acq. lat. 1467, f° 123rb : « $2^{a}$ conclusio est haec : Intellectus divinus cognoscit futura contingentia per hoc quod clare aspicit mutabilem determinationem primae voluntatis. Probatur sic... » (Seul lat. 3084, f° 107ra : « Sed contra istam secundam arguit OCKHAM per $3^{es}$ rationes et BRINCHIL per $5^{e}$ rationes quas adducam, ut materia sustinendi praedictam opinionem faciliter appareat ex solutionibus rationum. Arguit igitur OCKHAM...). *Ibid.*, f° 124va (lat. 3084, f° 107vb) : « Contra praemissam $2^{am}$ conclusionem arguo sic per 5 rationes quas fecit frater RICHARDUS BRINKIL in prima quaestione suae *Lecturae.* Arguo (arguit, *lat. 3084*) sic igitur. Quam primo naturaliter volitiva divina vult cognitive (-tione *ms*) et rationabiliter *a* fore, tam primo naturaliter intellectiva divina scientia adhaesiva intelligit *a* fore. Sit igitur gratia exempli quod *a* sit aliquod volitum ad extra ; sed quam primo naturaliter divina volitiva vult *a* fore, tam primo naturaliter cognitive et rationabiliter vult *a* fore. Ergo quam primo naturaliter volitiva divina vult *a* fore, tam (tamquam *ms*) primo naturaliter intellectiva divina scientia adhaesiva intelligit *a* fore. Et per consequens nullus est ordo huiusmodi inter volitivam et intellectivam. Consequentia patet et minor ex hoc apparet, quia si non est ita, tunc volitiva divina vellet quod non esset ab ea rationabiliter volitum aut intellectum, quod videtur falsum. Et per hoc oportet quod ita sit, quod quam primo vult aliquid, tam primo cognitive et rationabiliter vult illud. Sed maior probatur, quia quam primo *(lat. 3084 add. :* naturaliter volitiva divina vult cognitive et rationabiliter *a* fore, tam primo naturaliter) intellectiva divina dictat *a* fore ; immo forsan prius intellectiva sic dictat, cum ista consequentia sit bona et formalis : volitiva divina vult *a* fore, ergo vult cognitive et rationabiliter *a* fore, ergo pro omni mensura, pro qua antecedens est verum, pro eadem consequens est verum. Si igitur primo aeque volitiva divina vult *a* fore, ergo et intellectiva dictat *a* fore. Sequitur quod quam primo naturaliter volitiva divina cognitive et rationabiliter vult *a* fore, *(lat. 3084 :* tam primo intellectiva divina scientia adhaesiva intelligit *a* fore).

3° dici potest quod intellectiva hic in via primo et principaliter assentit legi Christi ex fide, eo quod fides immediate et per se ostendit intellectui evidentiam et apprehensionem articulorum fidei qui sunt regulae primariae et dignitates cuiuslibet conclusionis theologicae ex his ulterius inferendae.

<2ª ratio> Praeterea arguit sic. Qualitercumque et quam primo volitiva divina est (124vb) simpliciter perfecte volens, est volens cognitive, cum omne agens ex cognitione sit perfectius non sic agente. Sed qualitercumque et quam primo est volens <*a*>, scilicet taliter, tam primo est simpliciter perfecte volens *a*, cum omnis potentia divina qualitercumque operetur ad intra vel ad extra est potentia completa et simpliciter perfecta. Ergo qualitercumque et quam primo volitiva divina est volens *a* rationabiliter, tam primo est volens cognitive *a*. Nec valet, si dicatur quod verum est de notitia incomplexa, sed non de notitia adhaesiva, quia secundum imaginationem Doctoris Subtilis per prius est Deum notitia incomplexa cognoscere quam ipsum velle. Sed de notitia adhaesiva non est verum, et ideo argumentum non concludit de notitia adhaesiva, sed tantummodo de incomplexa, quod concedit iste doctor. Contra hoc arguitur sic. Si per prius sit in Deo velle respectu existentiae contingentis creaturae, quam complexum intelligere, ergo si per impossibile non esset in Deo tale complexum intelligere, non minus produceretur illa creatura in esse. Sed ex quocumque potest creatura in esse produci, ex eodem potest in esse conservari, ergo staret absque contradictione praeter divinam scientiam effectum produci et in esse conservari, quod theologice patenter contradictionem includit. Et prima consequentia arguitur ex hoc, nam posita voluntate divina determinante creaturam ad esse, quocumque alio non posito vel circumscripto, non minus produceretur.

<3ª ratio> Praeterea arguitur sic. Intellectiva divina nullam perfectionem simpliciter vel secundum quid recipit a sua voluntate, sed scientia adhaesiva intelligere *a* est perfectio simpliciter vel secundum quid ipsi intellectivae divinae ; ergo scientia adhaesiva intelligere *a* non causatur in intellectiva divina per aliquem actum ipsius volitivae divinae, quod est oppositum conclusionis datae. Consequentia patet et maior, cum intellectiva sit actus purus non simpliciter nec secundum quid perfectibilis aut potentialis. Et minor arguitur : existente *a* melius est adhaesive intelligere *a*, quam sibi repugnans. Igitur existente *a*, adhaesive intelligere *a* est perfectio simpliciter vel secundum quid. Ista consequentia patet ex modo investigandi perfectionem simpliciter per Anselmum, *Monologion* 15 <PL 158, 162-164>. Igitur etc.

<4ª ratio> Praeterea arguitur sic. Quam ultimate perfecta est volitiva divina, tam ultimate perfecta est eius intellectiva. Sed sic ultimate perfecta est eius volitiva, quod a nulla potentia, qualitercumque ab ea distincta, est determinabilis aut limitabilis ad aliquid vel aliqualiter volendum. Igitur sic ultimate perfecta est eius intellectiva quod a nulla potentia, qualitercumque ab ea (125ra) distincta, est determinabilis aut limitabilis ad aliquid vel aliqualiter intelligendum. Patet consequentia et minor, cum volitiva divina respectu cuiuscumque existentiae contingenter creatae sit summe libera libertate indifferentiae vel contradictionis. Et maior arguitur sic. Utraque potentia, tam videlicet intellectiva quam volitiva, est primo Deus, et neutra per aliam ; ergo utraque aeque et ultimate est perfecta. Igitur propositum.

<5ª ratio> Ultimo arguitur sic. Quidquid imperfectionis est in volitiva creata, removendum est a volitiva divina. Sed quod volitiva creata aliquid velit agere quod intellectiva non dictet agendum, imperfecte et diminute vult. Ergo quod volitiva divina ad prius causaliter velit quam intellectiva ipsum dictet esse volendum, tamquam imperfectum est a Deo removendum. Consequentia et maior patet. Et minor arguitur, nam signato aliquo apparenti bono ipsi volitivae, quod scientia adhaesiva intellectiva non indicat esse bonum, quod sit *a*, ita quod *a* appareat ipsi intellectivae neutrum, sicut ex hypothesi quodlibet contingens possibile apparet ipsi intellectivae divinae prius quam determinetur ad esse actu ipsius volitivae. Tunc arguitur sic. Si volitiva creata volitive tendat in *a* prius quam intellectiva indicat fore volitivae tendendum in a, irrationabiliter et imperfecte tendit in *a*, cum talis tendentia nata sit dirigi secundum regulam acceptam a ratione et per eam actu non dirigitur. Cum etiam quaelibet talis tendentia dirigi habeat secundum artem, secundum quam talis non dirigitur, ergo quod volitiva creata aliquid tale velit prius quam intellectiva dictet illud esse volendum, imperfecte et diminute vult. Quod erat probandum. Et confirmatur, quia si talis volitiva prius vellet quam sciret, propter quid scitur quod talis volitiva sic volendo imperfecte vellet bonum vel malum, bene vel male, sequitur quod talis volitiva sic volendo imperfecte vellet, cum ignoranter in suum volitum ferretur ».

Contra haec $3^{ia}$ per ordinem materia instantiarum. Deinde arguitur, scilicet quod[a] a fide principalius, ratione et auctoritatibus.

Decisio questionis. Primo videndum est quid sit fides ; etiam quid est ratio. 2°[b] videndum est ad quid utraque harum[c] se extendit. 3° videndum est quomodo fides se habet respectu adhaerentiae et quomodo ratio. 4° ex his ad titulum questionis respondetur. Et haec est generalis decisio questionis.

Circa primum primo quid fide<s> breviter[1].

Deinde quid ratio magis extense[2].

(a) scilicet quod *sup. lin.* B (b) 2° *sup. lin. (in lin.* 3° *canc.)* B (c) horum B

1. *Cf.* Jean Hiltalingen, *I Sent.*, Prol. q. 2, a. 2, ms. Munich, clm 26711, f° 16rb-va : « $5^{us}$ terminus est fides quam Brinkil, ubi prius <= Prol., q. 1, a. 1> sic describit, quod est habitus supernaturaliter infusus elevans primo potentiam intellectivam ad cognitive percipiendum veritates supernaturales, quo primo distinguitur in via fidelis ab infideli. Quae descriptio si vera sit et propria committo eam legenti ». Denys de Montina, I *Sent.*, Prol. q. unica, a. 1, f° 2vb, reprend cette définition à son compte. Les remarques qui la suivent dans son texte proviennent probablement du Commentaire de Brinkley : « Per primam partem distinguitur habitus fidei a quolibet habitu naturaliter acquisito vel naturali ; per secundam distinguitur fides a quolibet alio habitu theologico hic in via, eo quod nulla alia virtus primo elevat, licet inclinet voluntatem ad eliciendum actus circa illas veritates cognitas ; per tertiam distinguitur a quolibet habitu comprehensoris, ut a habitu gloriae et clara visione Dei, eo quod per nullum talem in via distinguitur fidelis ab infideli »

2. *Cf.* Pierre de Candie, *I Principium*, q. collativa, f° 7vb : « Cum enim arguit quod ratio non est sufficiens, hic dico pro materia rationis et pro subiecto positionis iuxta imaginationem Brinchil, cuius positionem sustineo, quod ratio solet multipliciter accipi : quandoque pro ista parte hominis quae ad Dei similitudinem est formata, ut capit Hugo, *De sacramentis*, libro primo, parte $3^{a}$, c. 6 <*PL* 176, 219>, et similiter Augustinus in *De libero arbitrio*, libro primo, c. 12 <c. 8 ; *PL* 32, 1231> ; quandoque pro forma syllogistica, seu discursu, ex qua nata est causari notitiam propositionis alias ignotae, et sic capiunt communiter philosophi cum dicunt : *argumentum est ratio rei dubiae faciens fidem* <Boeth., *De top. dif.*, I, *PL* 64, 1174C ; P. Hisp., *Tract. V*, De Rijk 55,17> ; quandoque pro quocumque tali quo innotescit immediate actu abstractivae intellectivae veritas vel falsitas propositionis alias incognitae, et istum modum capiunt frequenter doctores, ut Cassiodorus, libro suo *De anima*, c. primo <*PL* 70, 1284D>, dicens quod *ratio* est cum *motus qui per ea quae conceduntur atque nota sunt ad incognitum* producit, *deducens* ad intellectualem in *veritate archanum* ». Puisque Pierre de Candie accepte la « position » de Brinkley, il est fort probable que tout le contexte est emprunté à ce même auteur. Jean Hiltalingen, *I Sent.*, Prol. q. 2, a. 2, f° 16ra, décompose le texte brinkleyen : « $3^{us}$ terminus describendus est hoc incomplexum 'ratio'. Et potest dupliciter sumi. Uno modo pro portione superiori animae secundum quam homo ad Dei imaginem est factus et similitudinem perfecte conditus. Sic loquitur de ea Hugo, libro primo *De sacramentis*, pars 3, c. 6, et Augustinus primo *De libero arbitrio*, c. 12. Alio modo pro aliquo mediante quo immediate actu innotescit abstractive intellectui veritas vel falsitas propositionis alias incognitae. Sic describit rationem Brinchi<l> libro <primo>, quaestione 1, in descriptionibus terminorum. Et videtur mihi insufficiens… Huic descriptioni videtur tamen concordare Cassiodorus libro suo *De anima*, c. 2°, dicens…, et Augustinus in libro *De immortalitate animae*, c. 9, ubi dicit… »

Deinde argumentatur contra descriptionem datam de fide[1].
Deinde contra descriptionem datam de ratione[2].
Deinde respondetur ad rationes factas contra descriptionem datam de fide[3].

1. *Cf.* Jean Hiltalingen, *I Sent.*, Prol. q. 2, a. 4, f° 19va : « Contra $5^{m}$ terminum. Nullus est habitus supernaturalis, ergo prima particula descriptionis falsa. Consequentia nota. Antecedens probatur, quia si talis ( ! ) habitus essent, habens eos posset scire se ipsos habere et per consequens aliquis posset se scire habere fidem de articulo christiano. Sed contra, quoniam licet quilibet qui scit se habere fidem articuli, scit ipsum articulum verum, et cum habitus fidei aeque immediate se habeat respectu cuiuslibet articuli, sequitur quod si quis potest scire unum articulum, quod sciet quemlibet. Et per consequens posset quis scire omnia necessaria ad veritatem nostrae sectae, quod non videtur. 2° circa eundem terminum : nulla est veritas supernaturalis, ergo descriptio falsa. Patet consequentia. Assumptum arguitur sic, quia anima nostra potest naturaliter cognoscere primum principium, ergo et quodlibet contentum in illo. Sed omnis veritas in ipsa continetur virtualiter, ergo sequitur quod omnem veritatem anima naturaliter potest scire. 2°, anima nostra non violentatur in perceptione verorum divinorum, ergo talis perceptio non est sibi supernaturalis. 3°, homo est eiusdem (19vb) speciei nunc sicut fuit in statu innocentiae. Sed tunc nulla veritas fuisset sibi supernaturalis, ergo nec nunc. 3° circa eundem terminum : haec descriptio non videtur descriptione Apostoli convenire, *Ad Hebr.* 11, (1), ubi dicit : *Fides est substantia* etc., ergo ipsa non est bene data. Assumptum arguitur, quia omne cognitive perceptum est apparens vel perceptio apparentium. Sed fides secundum Apostolum non est apparens vel apparentium ; ergo etc. ». Voir aussi note 3.

2. *Ibid.*, f° 19rb : « Contra $3^{m}$ terminum primo sequitur quod forma syllogistica e<s>t ratio sic dicta, quod tamen non est dicendum. Patet consequentia, quia per formam syllogisticam innotescit intellectui veritas vel falsitas propositionis alias incognitae. 2° sic, cum ratio sic descripta sit in anima, vel ergo erit actus, vel habitus, vel species, vel aliquid supplens vicem speciei. Et nullum istorum, ut videtur ex descriptione, ergo omnino nihil est. 3° sequitur ex eadem quod laetitia et dolor et ceterae passiones forent rationes, quod est falsum. Patet consequentia, quia tales sunt evidentiae immediatae intellectum abstractive in notitiam alicuius propositionis alias incognitae ducentes (*ms.* dicentes) ». Voir aussi p. 150, note 1.

3. Jean Hiltalingen, *I Sent.*, Prol. q. 2, a. 5, f° 22vb : « Ad rationes contra notificationem $5^{i}$ (*ms.* $4^{i}$) termini. Ad primum, cum dicitur quod nullus habitus est supernaturalis, propter dicta Doctoris Subtilis et Brinkil, quid sit habitus supernaturalis proprie dictus. Pro quo est sciendum quod Doctoris Subtilis, q. 1 *Prologi* (n° 57 ; Vat., I, p. 35), duos modos ponit dicens : *potentia receptiva comparatur ad actum quem recipit et ad agens a quo recipit.* In prima comparatione nulla est supernaturalitas, sed potentia solum dicitur naturalis violentata vel neutra. Si autem comparatur ad agens a quo recipit, tunc est naturalitas quando receptivum comparatur ad tale agens quod naturaliter natum est imprimere talem formam… Sed est supernaturalitas quando non sic est. (23ra) Et declarat haec de intellectu possibili et agente, et iste est primus modus. Secundus modus est quando aliqua informatio <est> ab agente supplente vicem obiecti supernaturalis in gratia, nam obiectum huius 'Deus est trinus' est Deus in propria substantia <et> natura. Ergo illud agens quod supplet vicem istius, sive perfecte, sive imperfecte, dicitur etiam supernaturale. Ex his apparet qui habitus dicitur supernaturalis secundum modum istius doctoris. Sed contra istum, et signanter contra primum modum, arguit Brinkil, q. 1, articulo 1 : Si homo non peccasset, aeque naturaliter vel supernaturaliter recepisset formam istam impressam, sicut modo recipit. Sed tunc recepisset naturaliter, igitur et modo. Maior patet, quia modo est eiusdem speciei cuius tunc fuisset. Minor probatur, quia non recepisset istam formam, nisi ut medium ad ultimum finem. Sed naturaliter ordinatus fuisset ad ultimum finem, igitur et ad istam formae informationem vel impressionem. Et cum modo aeque ordinetur ad ultimum finem, sicut tunc, igitur si tunc fuisset ei naturaliter, et nunc. Secundo sic, quam naturaliter potentia hominis intellectiva appetit perfici per [se] medium ordinatum ad finem ultimum, tam naturaliter appetit perfici per medium et finem appetit naturaliter. 3° sic, intellectiva potest recipere actionem naturaliter ab agente ente in communi, igitur etiam a Deo in speciali. Patet consequentia, quia secundum statum conceptus entis Deo et aliis univoce est communis. Propter has rationes ponit ipse Brinkil alium modum dicendo quod qualitercumque potentia receptiva potest comparari ad formam quam recipit, taliter<cumque> potest comparari ad agens a quo recipit. Comparatur enim quandoque ad

Deinde ad rationes contra descriptionem datam de ratione [1].

Circa 2[um], scilicet [a] ad quid haec se extendunt, ponuntur aliquae conclusiones. Prima est haec : nulla signa sensibilia vel mutabilia per se <et> immediate aliquam sectam evidenter probabilem sufficiunt generare. Multipliciter probatur. Nota de errorum possibili<tate> in sensitivis potentiis [2].

Alia conclusio : quam veridicus est habitus principii vel conclusionis demonstrationis potissimae [b], tam veridicus est habitus fidei christianae. Probatur breviter.

Alia conclusio : tam firme est vera secta Christi quod illam esse et non esse veram claudit [c] repugnantiam. Patet ex praecedenti etc.

(a) *sup. lin.* B (b) potentissimae B (c) claudit : contradictionem *add. et canc.* B

formam sibi violentatam, quando scilicet potentia ad oppositum naturaliter (23rb) inclinatur. Neutra autem forma est praeter appetitum naturalem suae naturae, nec tamen promovens, nec impediens ; naturalis est quando potentia naturaliter appetit eam. Et praecise ex coordinatione utrum ( ! ) habitudinum (*pro* habituum ?) suorum naturalium vel moralium suorum et actuum non potest illam formam naturaliter acquirere. Haec descriptio potest satis faciliter calumniari ex eo quod ponit praecise ex co<o>rdinatione etc., per quam dictionem exclusivam quemlibet Dei influxum videtur excludere. Dicitur autem forma supernaturalis secundum eum, quae praecise ex coordinatione causarum 2[arum] una cum generali concursu primae causae non potest acquiri. Utrum autem argumenta sua contra Doctorem Subtilem concludant studioso relinquo, mihi tamen apparet quod faciliter posset responderi ad ipsa ». *Ibid.*, f° 23va : « Per hoc potest responderi ad formas. Ad primam, cum dicitur nullus est habitus supernaturalis etc., nego istam. Et cum probatur : quia si sic, posset talis scire etc., posset hic primo distingui de *ly* posse, quia diceretur posse potentia propria sibi intrinseca, et tunc consequentia non valet generaliter ; vel de posse extrinseco, et sic concederem consequens. Et quia hic arguitur de habitibus (*ms.* habitudinibus) cognitivis, concedo simpliciter consequentiam. Et cum arguitur quod non, quia tunc posset aliquis se scire habere articulum fidei, concedo ; et cum dicitur : inscit articulum fidei esse verum, negatur consequentia de forma, quia non valet. Sed super hoc requiritur quod sciat hanc consequentiam esse bonam : 'est articulus fidei, igitur est verus'. Sic respondet Brinkel ».

1. *Ibid.*, f° 22rb : « Ad rationes tertii termini. Ad primum, cum dicitur quod sequitur formam syllogisticam etc., nego consequentiam et probationem. Cum arguitur : quia per formam syllogisticam innotescit immediate etc., dico primo hoc non sufficit, sicut patet ex descriptione. 2° dico quia duplex est 'immediate', scilicet illationis et adhaesionis ; modo in descriptione terminorum non dicitur de prima, sed de 2[da]. Et differentia harum satis patere potest. Adverte voluntati cum non sit notum (*ms.* nomen) apud omnem ( ? ) intellectum quodlibet consequens, quod formaliter sequitur ad aliquod antecedens, ipsum consequens formaliter sequi ad tale antecedens. Sed sicut ratio sophistica alicui videtur demonstrativa, ita et demonstrativa apparere posset alicui esse sophistica. Ad 2[am] ibidem, dico quod divisio est insufficiens, nam potest dici quod sit naturalis potentia quam Philosophus in *Praedicamentis* <c. 8 ; 9a 14s> dicit esse de 2[a] specie qualitatis. Ad 3[m] (*ms.* 2[m]) ibidem, nego consequentiam et ad probationem dico quod huiusmodi passiones non ducunt (*ms.* dicunt) intellectum in cognitionem veritatis vel falsitatis abstractive, sed expertive. Sic respondet Brinkel q. 1, articulo primo circa finem. Sed per hoc non solvitur ratio tenendo viam quam sequo ».

2. Pour les conclusions qui suivent, voir *supra*, p. 116-117 et pour les textes cités de Jean de Hiltalingen et de Denys de Montina, *ibid.*, notes 64-66, 68, 72. La première conclusion est empruntée par Jean Brammart, *I Sent.*, Prol. a. 1, concl. 1, corol. 6, f° 60ra.

Ex his sequitur alia talis : simpliciter est impossibile aliquod falsum subesse fidei christianae. Probatur [a] [1].

Ex his alia, quod credendo falsum non potest quis mereri. Probatur. Instatur contra illam ; et respondetur.

Alia conclusio : fides per se et immediate assensum respectu alicuius articuli fidei non sufficit causare. Probatur. Refelluntur 3 cavillationes.

Alia conclusio : ad hoc quod respectu alicuius articuli fidei sit intellectualis adhaesio praevia requiritur evidentia. Probatur.

Alia conclusio : ad intellectualem adhaerentiam praecedenter se habet intellectualis evidentia. Deinde arguitur contra has duas conclusiones ; et respondetur.

| Deinde [b] declarat 2am partem secundi [c], ad quid scilicet se extendit ratio **123v**
respectu sectae Christi. Circa quod est opinio philosophorum quod homo nihil debet credere, nisi quod ostensiva ratione naturaliter poterit sibi concludi esse verum. Et quia aliam vitam concludere evidenter nesciunt, praesentem pro fine sibi statuunt.

Contra [d] hos probat conclusionem quod homo evidenti ratione potest inferre quod ipse ordinatur ad aliam vitam quam praesentem. Probatur.

(a) *sup. lin.* B (b) de fide et scientia adhuc infra *add. in marg. sup.* B (c) 2am partem 2di *sup. lin.* B (d) conclusio de philosophis et astrologis *in marg.* B

1. *Cf.* Jacques d'Eltville, *I Sent.*, Prol. q. 1, a. 3, f° 5vb : « Quantum ad tertium articulum et finalem totius huius materiae ponam conclusionem responsalem ad quaesitum quod veritates theologicae scientiae non repugnant veritatibus principiorum naturalis habitus aut sensualis experientiae. Pro probatione istius propositionis praemitto duas propositiones. Prima sit ista quod veritates theologicae sic sunt verae quod fidei et scientiae theologicae non potest subesse falsum. Hanc propositionem probo. Scientiae humanitus adinventae non potest subesse falsum, ergo nec fidei nec theologicae. Antecedens patet, quia tunc non esset scientia sed dubietas, opinio vel error. Et consequentia probatur, quia fides et scientia theologiae innituntur certioribus principiis et certius acceptis, quia per infusionem influxam et motionem divinam, quam sit quaelibet experientia per sensum accepta ; ergo. 2° sic, fides et theologia principaliter innituntur Deo et primae veritati ac divinae rationi, ergo ipsis nullo modo potest subesse falsum. Consequentia probatur ex eo, quia prima veritas non potest fallere, sicut nec albedo nigrificare potest. 2a propositio sit ista : principia rationis naturalis continentur in sapientia divina, ergo ipsa sic sunt vera quod non possunt esse falsa… (Conclusio responsalis) : nullum verum manens verum repugnat vero, sed veritates principiorum habitus naturalis sunt verae, quia ipsis non potest subesse falsum, ut patuit in illis duabus propositionibus ». La conclusion de Brinkley étant acceptée à Paris (voir *supra*, p. 116), je ne peux pas affirmer que Jacques d'Eltville a connu le Commentaire du franciscain anglais de première main. Pour en savoir plus, il faudrait comparer les très longues questions du cistercien sur les rapports entre la théologie et la science et le texte brinkleyen sur le même sujet dans la q. 2 : « Et tangitur de incompossibilitate scientiae et fidei… ». Nous ne savons pourtant rien sur cette partie de la q. 2 de Brinkley. Toutefois le problème semble important dans la mesure où Henri de Langenstein, homme de science par excellence, reprend dans son Commentaire des Sentences le texte de Jacques d'Eltville.

Deinde ponitur circa hoc opinio astrologorum, quae improbatur primo ratione, deinde auctoritate, deinde ex principiis opinantium [1].

Post quae contra ipsos ponit conclusionem talem : quilibet scienter docens vel volens alium falsum credere obviat fidei, arti, moribus et naturae. Hanc parum deducit. Finitur 12$^{us}$ sisternus.

In 13° sisterno [a] ad propositum redeundo ponit conclusiones, qualiter scilicet ratio dirigit intellectivam in sectam aliquam [b]. Prima conclusio est haec : praecise ratione percepta in lumine naturali nulli sectae rationabiliter habet intellectus adhaerere. Probatur.

2$^{da}$ conclusio : qui praecise rationi naturali credit de secta sic esse, illam sectam credit esse veram. Videatur eius intentio.

Alia conclusio et 3$^{a}$ est : ratio percepta <in lumine naturali> facit virtuosum credere Christi sectam licitam esse, sanctam et meritoriam. Pro suadet rationibus et auctoritate [c]; item exemplo de terra (?) etc. Deinde probat eandem auctoritatibus.

Haec omnia notanda sunt usque ad finem quaestionis.

(a) 13$^{us}$ sisternus *in marg.* B (b) qualiter… aliquam *sup. lin.* B. (c) -tatibus *ante corr.* B

1. Jean Hiltalingen, *V Responsio*, f° 248va-vb : « 7$^{m}$ notabile : licet varia sit de legibus et de distinctionibus ipsarum positiva scientia eorum qui sapientes reputati sunt in mundo (*cf. I Cor.* 3,18-19), una tamen tantum est lex vera, integra et perfecta, scilicet lex christiana quae dicitur *evangelium aeternum* (*Apoc.* 14,6) et *mandata aeterna* (*Eccli.* 1, 5). Patet hoc notionale totum per auctorem *De fide et legibus*… Alii autem diversitatem legum attribuunt caelis et stellis et hi dixerunt quod lex Hebraeorum ortum habuit a Saturno et eius caelo, et huiusmodi plures reddunt causas ; legem Sarracenorum asserunt die et hora Veneris promulgata ; de lege autem christianorum dicunt quod est lex Solis et pro hoc multas applicationes adducunt, ut recitat idem doctor, ubi idem est dictum. Haec positio videtur fuisse Albumassar, sicut tactum fuit in quaestione Prologi, articulo 4° in obiectionibus contra 5$^{am}$ conclusionem et habetur extensius in Brinchil, q. prima. Contra istam positionem arguit auctor *De fide et legibus*… ». Jean Hiltalingen, *I Sent.*, Prol. q. 2, a. 4, f° 21rb-va : « Contra 5$^{am}$ conclusionem… Contra 3$^{am}$ partem arguitur ex fundamento Albimulisar et aliorum astronomorum, ut recitat Brinkil q. 1, articulo (*ms.* capitulo) 3° : sectae generantur secundum coniunctionem superiorum <stellarum> et planetarum, igitur nec per signa, nec per dicta, nec per lumina inmissa. Consequentia nota, assumptum deducitur ab Albumase, ubi supra ». Denys de Montina, *I Sent.*, Prol. a. 2, concl. 5, f° 4rb ; a. 3, f° 7va : « Contra tertiam partem arguitur ex fundamento Albumassar et aliorum astronomorum, ut recitat Brinchil, q. prima, art. 3 : sectae generantur secundum coniunctionem planetarum. Unde ponunt duos planetas nobis benivolos, Iovem et Venerem. Sed ex coniunctione Iovis, qui maior est et fortissimus inter alios planetas, cum aliis sex planetis, cum quibus coniugi potest, sex sectae generantur principales. Unde ex coniunctione eius cum Saturno, qui est planeta primus, secta prima, scilicet secta Iudaeorum ; ex coniunctione eius cum Marte secta secunda quae est Chaldaeorum, qui colunt ignem cuius naturae est Mars ; ex coniunctione autem eius cum Sole causatur secta Aegyptiorum qui colunt militiam caeli cuius princeps est Sol ; ex coniunctione eius cum Mercurio causatur secta Christianorum qui ponunt Mercurium habere respectum ad rei veritatem et ad oracula prophetarum ; ex coniunctione eius cum Venere causatur secta Sarracenorum ; et ex coniunctione eius cum Luna causatur secta ultima et pessima, scilicet secta Antichristi. Ergo nec per dicta, nec per signa, nec per lumina inmissa causantur tales sectae » ; f° 8ra : « Ad tertium nego simpliciter Albumasar, et dico quod nulla constellatio est antecedens sufficiens ad alicuius sectae inceptionem vel definitionem, nec iudicio meo debent christiani tales pronosticatores in his quae voluntatem liberi arbitrii respiciunt aliquos assertive nominare, ut in diversis libris probat et deducit beatus Augustinus et beatus Gregorius in sermone de Epiphania ». Les deux augustins rapportent le propos de Brinkley dans leur discussion de la nature de l'assentiment, voir *supra*, p. 116-122.

### (2) Utrum[a] regulae sectae Christi et eius propria principia per se sufficiant ad aliquam conclusionem mere theolgicam scientifice cognoscendam

Arguitur quod non. Deinde ad oppositum.

Circa quaestionem $4^{or}$ sunt videnda. Primo, quid sit illud quod primo significatur per propositionem. $2^{do}$, cui anima primo assentit, vel significato, vel propositioni. 3°, si sit aliqua regula generalis quae sufficienter penes intellectivam omnem articulum sive regulam theologicam regulet et ratiocinet. 4°, ex his videbitur ad quaesitum[b].

Circa primum ostenditur quod signiflcatum propositionis sit modus rei et non res.

Deinde ostenditur quod huiusmodi significatum sit res et non tantum modus rei[1].

(a) $13^{us}$ sisternus, adhuc de fide etc. *in marg.* B (b) et hec est decisio questionis in generali; sequitur magis in speciali *add. et canc.* B

1. Richard Brinkley met en jeu le schéma devenu presque classique dans la logique anglaise:

*intellectus assentit* { *propositioni* / *significato propositionis* { *res* / *modus rei* } }

Voir, par exemple, *De veritate et falsitate propositionis* de Henri Hopton, autrefois attribué à Guillaume de Heytesbury et imprimé avec ses écrits à Venise en 1494. Sur l'attribution de l'ouvrage à Hopton, *cf.* L. M. De Rijk, *Some 14th Century Tracts on the Probationes Terminorum*. Nijmegen, Ingenium Publishers, 1982 (Artistarium, 3), p. *39*. Dans la V$^{e}$ partie de sa *Somme de logique*, Brinkley discute trois autres opinions: celle de *modus rei* attribuée à Richard Billingham, celle de *compositio mentis* de Guillaume de Bermingham, et celle de *res-significatum subiecti* attribuée à Richard Ferrybridge; *cf.* M. J. Fitzgerald, *op. cit.* Puisque les opinions critiquées dans les deux ouvrages brinkleyens ne sont pas tout à fait identiques, il est, me semble-t-il, préférable de chercher les représentants des trois opinions envisagées ici parmi les théologiens. L'assentiment à une proposition *(complexum)* a été soutenu par Guillaume d'Ockham (voir note suivante), dont Brinkley a connu le Commentaire des Sentences. Ce même Ockham a polémiqué contre l'opinion de Gauthier Chatton, partisan de l'assentiment à une *res*; *cf.* M. E. Reina, « La prima questione del Prologo del "Commento alle Sentenze" di Walter Chatton », dans *Rivista critica di Storia della filosofia*, XXV (1970), p. 48-74, 290-314, et Guillaume d'Ockham, *Quodlibeta septem*, IV, q. 16, éd. J. C. Wey, p. 376-380. Enfin, la troisième opinion, celle de *modus rei*, peut être encore une fois attribuée à Richard Billingham dont le Commentaire des Sentences ne nous est cependant pas parvenu. Concernant ces trois opinions, voir A. Maierù, « Il problema della verita nelle opere di Guglielmo Heytesbury », dans *Studi medievali*, série III, VII (1966), p. 40-74; N. Kretzmann, « *Medieval Logicians on the Meaning of the Propositio* », *The Journal of Philosophy*, LXVII (1970), p. 777-782; G. Nuchelmans, *Theories of the Proposition. Ancient and Medieval Conceptions of the Bearers of Truth and Falsity*, Amsterdam-London, 1973, p. 195-225; E.J. Ashworth & P.V. Spade, « Logic in Late Medieval Oxford, 1330-1500 », dans J.I. Catto T.H. Aston (éd.), *The History of the University of Oxford*, vol. II, Oxford, Oxford University Press, 1992, p. 35-64.

Circa 2um adducit argumenta 8 [a] quod assensus non sit [b] respectu significati propositionis, sed respectu propositionis. Et recitat super hoc positionem cuiusdam INCIPIENTIS in Anglia [1] et contra ipsam arguit [c], ubi multa de actibus intellectus. Deinde probat oppositum illius positionis.

Deinde aliter dicitur distinguendo de hoc nomine « res » etc.

Deinde circa quid versatur actus assensus et praemittuntur aliqua ; et infert ex quadam distinctione conclusiones [2]. Hae ex prima parte distinctionis :

Prima [d] conclusio : contingit intelligere intelligibile cum medio absque hoc quod intelligatur aliquod intelligibile sine medio etc.

2da : contingit intelligere Sortem non intelligendo speciem eius.

3a : contingit intellectum de pluribus habere notitiam evidentem cum [e] hoc quod nullius intelligibilis sine medio actualem notitiam habeat [3].

(a) *sup. lin.* B (b) non sit *sup. lin.* B (c) et contra ipsam arguit *sup. lin.* B (d) nota conclusiones *in marg.* B (e) cqu B

1. Les mots « quidam incipiens in Anglia », n'indiquent pas nécessairement Guillaume d'Ockham ; effectivement, Robert Holcot est parmi les partisans de l'assentiment à la proposition. Toutefois, un texte de Denys de Montina, cité plus loin, p. 155 note 2, suggère qu'il s'agit ici d'Ockham. *Cf.* Guillaume d'Ockham, *Ordinatio*, Prol. q. 1, éd. G. Gál et S. Brown, I, p. 16, 6-18 ; 17,15-18,12 ; 20,17-21,4 ; 52,3-9 ; 57,20-58,23 ; 59,14-19 ; *Quodlibeta septem*, III, q. 8, éd. J. C. Wey, p. 232-237 : l'assentiment à un complexe (énoncé) présuppose l'assentiment à un incomplexe (une intellection dans la pensée, son corrélat hors de l'âme) ; de même IV, q. 16, p. 376-377. Dans la même question (p. 380), Ockham répond à Chatton : « nullus assensus est respectu rei, quia nihil est dictu quod assentio lapidi vel bovi ». Richard Brinkley semble viser la première opinion, celle de *l'Ordinatio*. Concernant les discussions des théologiens anglais au sujet de l'assentiment et de l'objet de connaissance, voir O. Grassi, *Intuitione e significato. Adam Wodeham ed il problema della conoscenza nel XIV secolo*, Milan, 1986, p. 211-290.

2. Voir *supra*, p. 116 et note 1.

3. Denys de Montina, *I Sent.*, Prol. q. unica, a. 1, f° lvb-2ra (suite du texte indiqué dans la note 2 : « Ex qua declaratione et distinctione infero propositiones. Prima est. Contingit intellectum de pluribus veritatibus habere evidentem notitiam cum hoc quod nullius veri intelligibilis sine medio actualiter habeat notitiam. Intellectus potest intelligere totum et eius partes, et referre totum ad partes, et percipere totum esse maius sua parte, cum hoc quod nullius intelligibilis sine medio habeat actualem notitiam, cum omnia ista sufficienter intelligantur per media absque cognitione talium mediorum. Sed omnis intellectus sufficienter comprehendens totum et eius partes et totum esse maius sua parte, habet notitiam evidentem huius veritatis : totum est maius sua parte, cum notitia illius veritatis non dependeat nisi ex notitia sufficienti habita per signa particularia. Ergo intellectus potest evidentem habere notitiam huius veritatis : totum est maius sua parte, cum hoc quod nullius veri intelligibilis sine medio habeat actualem notitiam. Et sicut potest habere notitiam veritatis huius propositionis, sic potest habere cuiuslibet alterius per se notae. Ergo contingit intellectum etc., quae fuit conclusio probanda ».

4ª : absque cuiuscumque signi notitia potest esse intellectualis adhaerentia [1].

5ª est non tantum respectu propositionis esse assensum [2].

Ex 2ᵈᵃ parte distinctionis alia conclusio : primum actum intellectus sine quolibet alio terminare potest intelligibile sine medio.

2ᵈᵃ conclusio : aliquod intelligible complexum per se vel discursu applicato ad ipsum contingit esse evidenter cognitum [3].

3ª : respectu cuiuslibet propositionis contingentis intellectiva habere potest actum intellectualem assensus.

His positis respondet ad rationes factas pro opinionibus. Et primo ad rationes factas pro opinione quod nulli assentitur nisi propositioni. Deinde ad argumenta probantia significatum propositionis esse modum rei.

Ex quibus infertur oppositum 3ⁱⁱ articuli quod non est aliqua regula generalis etc., eo quod veritas affirmativae aliquid vel aliqua requirit, quod vel quae non requirit negativa [a] ; et super hoc deductiones multas. Ex his infert diversas descriptiones diversarum verarum propositionum. Nota.

Et tangitur de incompossibilitate scientiae et fidei. Deinde quid sit propositio per se nota. De scientia et scibili.

Deinde respondetur ad quasdam rationes seu argumenta quae videntur probare oppositum quaestionis ex incompossibilitate fidei et scientifici assensus.

Et deinde ad rationes principales contra quaestionem. Et finis quaestionis et sisterni. Finitur 13 sisternus vel quasi. Hi duo sisterni de nostris intellectivis [b] actibus et assentibus.

(a) quod… negativa *sup. lin.* B (b) nociᵘˢ *add. et canc.* B

1. *Loc. cit.*, fº 2ra : « Secunda propositio : absque cuiuscumque propositionis vel signi notitia potest alicui vero adhaerere intellectualis potentia. Probatur ex prima, quia potest percipi evidenter totum esse maius sua parte absque alicuius propositionis vel signi exterioris notitia. Ergo huic potest adhaerere intellectualis potentia sine talis propositionis vel signi notitia… ».

2. *Loc. cit.* : « Quarta propositio. Esse verum vel esse scitum non praecise competit propositioni, sed etiam ipsius propositionis significato totali… Vel ista sit quarta : non tantum respectu propositionis contingit esse actum assensus, nec tantum propositionem contingit scire vel esse veram. Probatur prima pars, quia respectu significati istius propositionis 'totum est maius sua parte' et cuiuslibet alterius per se evidenter notae contingit intellectum habere assensum vel actum assensus. Sed significatum huius propositionis non est ipsa propositio. Ergo non tantum respectu propositionis contingit esse actum assensus. Secunda pars posset probari ex prima et eam probat magister GREGORIUS contra OCKHAM in prima quaestione Prologi, quia (*éd.* qua) OCKHAM posuit quod solam ( ! ) propositio est vera et per consequens quod sola propositio sciebatur ». *Cf.* Grégoire de Rimini, *Lectura super Sent.*, éd. A. D. Trapp, V. Marcolino, t. I, Berlin-New York, 1981, p. 10-12.

3. Concernant le *discursus applicatus* critiqué par Jean Hiltalingen, voir *supra*, p. 119 et note 3.

124r | (3) UTRUM POTENTIA VOLITIVA[a] HIC IN VIA EODEM ACTU QUO UTITUR CREATURA LIBERE FRUATUR TRINITATE BENEDICTA

Arguitur quod non. Deinde quod sic.

Ponuntur 6 conclusiones. Prima est : volitiva creata utitur[b] creatura ordinate propter Deum quando nec utitur nec fruitur Deo.

$2^{da}$ est : latitudo fructus et usus non sunt proportionaliter correspondentes.

$3^{a}$, cum quolibet gradu unius[c] sumitur et de lege stat quilibet gradus alterius.

$4^{a}$, etsi[d] capacitas volitivae sit finita, nihil tamen eam satiare potest nisi Trinitas benedicta.

$5^{a}$ pro libertate voluntatis sit haec : actus fruitionis est simpliciter liber libertate contradictionis.

$6^{a}$, fruitio tam meritoria quam beatifica est a voluntate effective principiata.

Probatur prima $4^{or}$ rationibus quarum prima valde prolixa, et videndae sunt istae probationes[1]. Deinde arguitur contra conclusionem et respondet. Et infert conclusionem talem quod quis licite et meritorie et sancte potest uti aliqua re sine aliquo dominio civili ad eandem rem. Nota cum probatione brevi.

Deinde $2^{da}$ conclusio infertur. Describit aliquos terminos ex quibus patebit conclusio : unus est 'gradus medius' alicuius latitudinis et 'gradus summus' ; et quod non <sic> se habet gradus ad latitudinem sicut punctus ad lineam et cetera. Quae de his dicit notanda. Deinde quid est latitudo exprimitur. Deinde quid est duas latitudines ad invicem proportionaliter correspondes. Ex his patet conclusio.

Ex his ulterius infertur $3^{a}$. Probatur, sicut prima, satis diffuse uno medio et alio brevi. Deinde instat contra conclusionem, et respondet ; et[e] breviter haec facit[2]. Haec etiam, ut alia supratacta, notanda.

(a) intellectiva B ; *sed vide tit. quaest. in Appendice 1* et supple volitive *(! ) sup. lin. add.* B ; de fruitione et usu volitive create *in marg. sup.* B ; $14^{us}$ sisternus *in marg. canc.* B (b) $14^{us}$ sisternus *in marg.* B (c) *sup. lin.* B (d) si B (e) *sup. lin.* B

1. Jean Hiltalingen, *I Sent.*, q. 1, f° 49vb : « $3^{m}$ corellarium contra BRINKIL, q. 3, conclusione prima : omnis habens rectum et iustum amorem et ordinate utens proximo diligit Deum et fruitur ipso. Probatur… ». f°. 50va : « Contra $3^{m}$ corollarium est ipse BRINKIL, ubi supra, quia tam usus quam fruitio est actus, sed quilibet istorum poterit sine alio esse, igitur sequitur corollarium falsum ». f° 52vb : « Ad rationes contra $3^{m}$ corollarium quod concordat dictis HUGOLINI de ista q. 4, articulo 2°, prima, secunda et $3^{a}$ conclusionibus, patet quod non semper oportet fruitionem esse actum elicitum, et ideo BRINKIL non concludit, quia praesupponit hoc falsum ». Ange de Dobelin, f° 29ra, 29rb et 29vb, suit littéralement le texte de Hiltalingen.

2. Jean Hiltalingen, *I Sent.*, dist. I, q. 1, f° 41 va : « 3° arguo principaliter sic : Deo non convenit ratio fruitionis ordinate obiectiva, ergo quaestio falsa. Patet consequentia, cum quaelibet perfectio immensa et Deo intrinseca sit Deus. Et antecedens arguitur primo per rationem et positionem ipsius DURANDI, libro I, dist. I, q. 1… 2° per rationem OLKOT… 3° per rationem BRINKIL q. 3, in argumento contra $3^{am}$ conclusionem, quia licite potest quis diligere et velle Deum, ut conservet eum in esse et bene esse, ergo et licite uti. Sed ratio usus et fruitionis sibi repugnant obiective, sicut amatum amore relato et amatum amore non relato sed absoluto ». Le même texte chez Ange de Dobelin, f° 27ra.

4ª conclusio fuit talis : etsi[a] capacitas volitivae etc. Probat primo primam partem, scilicet finitatem capacitatis sex mediis. Deinde respondetur[1]. Et tangit aliqualiter de prioritate originis in divinis contra SCOTUM etc.[2]. Vide si sit opus tibi etc.

5ª conclusio est quod actus fruitionis est simpliciter liber libertate contradictionis, pro qua conclusione exponit istos terminos qui sunt « libertas contradictionis

(a) si B

1. Jean Hiltalingen, *I Sent.*, dist. I, q. 1, fº 43rb-va : « Ideo potest aliter dici secundum quod dicit BRINKIL q. 3, conclusione 4ta, quae est haec in forma : etiam si capacitas creaturae rationalis sit finita, nihil tamen primo satiare eam potest nisi Trinitas benedicta. Probat 2am partem per AUGUSTINUM primo *Confessionum*r circa principium et 3 *Confessionum*, ubi dicitur : hoc est amor in spiritualibus quod est pondus in corporibus <*Conf.* XIII, ix 10>, et 5° *De Trinitate*, c. 16. Et in responsione ad primam rationem qua arguitur quia omni finito potest aliud finitum adaequari, ergo et capacitati creatae si est finita, respondendo (43va) dicit quod omni finito etc., potest dari etc. adaequatione geometrica quae semper est inter similia in genere, sed non adaequatione seu proportione quae est inter perfectibile et suum perficiens, qualis est proportio inter materiam et formam, corpus et animam, sensum et eius obiectum vel intellectum et suum obiectum ». Denys de Montina, *I Sent.*, dist. I, q. 1, a. 2, fº l0ra-rb : « Sexta conclusio, licet capacitas creatae voluntatis sit finita nihil tamen eam satiare potest nisi Trinitas beata. Prima pars breviter sic probatur. De ratione cuiuslibet creaturae est finitari vel esse finitum, eo quod quaelibet creatura finitis tantum terminis est terminata. Haec capacitas, quacumque demonstrata, est creatura, ergo haec capacitas est finita. Secundam partem probat dominus AEGIDIUS in tractatu *De influentia Dei in beatos*... Secundo eandem secundam partem probat BRINCHIL in quaestione de fruitione, et est 4 sua conclusio in forma quam posui, sic. Sicut in ratione causae finalis centrum se habet ad omnia gravia, sic Deus se habet in ratione finis ad omnia spiritualia. Sed in ratione causae finalis sic centrum se habet ad omnia gravia, quod nullum grave primo quiescit, nisi in centro vel nisi fiat unum alio quiescenti in centro. Ergo in ratione finis sic se habet Deus vel Trinitas beata ad omnia spiritualia quod nullus spiritus quiescit, nisi in Deo aeterno vel nisi fiat unum alicui coniuncto eum Deo. Consequentia patet et minor. Et maior arguitur ex processu beati AUGUSTINI 1° *Confessionum* (I, I, 1) et 13° (XIII, ix 10) etiam dicentis : hoc, inquit, est amor in spiritualibus, quod est pondus in corporibus ; et modicum infra : *pondus meum amor meus, eo feror quocumque feror* ; et 5° *De Trinitate*, capitulo 16° (*De civ. Dei*, XI 28) inquit : *corpus pondere sicut animus amore fertur*. Ex quibus formaliter requiritur veritas maioris. Plura alia media adducit, sed dimitto ea causa brevitatis. Prima pars istius conclusionis est contra CLIMENTON q. 3 ». La dernière remarque a sa source dans le texte de Jean Hiltalingen ; voir, par exemple, *op. cit.*, fº 36ra-rb : « Ad rationem contra 2m corellarium, cum arguitur quod sequitur eandem rem esse finitam et infinitam, potest dici quod aliquam rem esse infinitam potest dupliciter accipi. Uno modo proprie, quia est aliquid esse infinitum vel entitas infinita in genere vel specie. Alio modo improprie, sicut dicitur aliqua res aliqualiter infinite vel infinite aliqualiter, et hoc per denominationem extrinsecam vel intrinsecam vel utramque simul ; sicut anima, licet sit finita essentia, est tamen infinita capacitas secundum opinionem CLINETON. Et actus moraliter malus... ». La quatrième conclusion soulève le problème posé par Duns Scot : comment une âme, dont la capacité de jouir est, comme elle-même, finie, peut-elle se rassasier d'un objet infini ? Voir Jean Duns Scot, *Lectura* I, dist. I, q. 1 ; t. 16, p. 63 *sq.* ; *Ordinatio* I, dist. I, pars I, q. 1 ; t. 2, p. 1 *sq.* Au cours du XIVe siècle, le problème a été souvent discuté, d'abord à Oxford, puis à Paris ; *cf.* W. J. Courtenay, *Adam Wodeham*, p. 103 note 226, 106-107, 120-121 ; K. H. Tachau, « French Theology », p. 74-78 (p. 75-76, opinion de Richard Kilvington). *Cf.* Jean de Ripa, *Conclusiones*, p. 43-54.

2. Brinkley utilise ici le *textus a Duns Scoto cancellatus : Ordinatio* I, dist. I, pars I, q. 2 (t. 2, p. 27 note a) : « Pater prius origine quam generet Filium est perfecte beatus... ». *Cf.* Henri Totting d'Oyta, *Quaest. super Sent.*, q. V, fº 32rb-va : « Ad 5m (*se.* argumentum Scoti), quando arguit Scotus etc., negatur antecedens, quia contradictionem implicat quod *Pater* sit *prior origine quam generet Filium*, ergo etc. Contradictionem implicat quod *Pater sit prius origine beatus quam generet Filium*.

simpliciter » et « secundum quid »[1]. De potentiis rationalibus et irrationalibus. De istis duabus consequentiis : ista causa irrationalis activa cum omnibus dispositionibus naturaliter praeviis ad hoc quod agat vel producat *a* ponitur, igitur ista causa agit *a* ; et hanc dicit PHILOSOPHUS esse bonam. Alia est : ista potentia rationalis cum omnibus conditionibus et causis praeviis naturaliter vel necessario requisitis ad actionem ponitur, igitur agit ista ; secundum eum non bene[2]. Deinde quid est libertas secundum quid. Deinde distinguit de fruitione. Deinde arguit ad conclusionem. Et tangitur de divina praeventione[3]. Nota qualiter non necessitat etc.

Antecedens arguitur, quia Patrem esse priorem Filio origine non est aliud quam Filium esse ex Patre productive et Patrem non esse ex alio, vel potius se habet ad hoc consecutive. Sed Filius non est productive a Patre, nisi per generationem, igitur Patrem esse Filio priorem origine est ipsum generare Filium vel consecutive se habere ad ipsum generare Filium. Igitur si Pater est prior origine, ergo Pater prius generet Filium quam generet Filium, quod est contradictio. Maior notanda (nota ?) est communiter per doctores. Unde DAMASCENUS *De fide orthodoxa*, libro primo, capitulo 14° (chap. 8,11 ; éd. Buytaert, p. 37 ; *PG* 94, 820A-B) dicit : *Si vero dicimus Patrem principium esse Filii et maiorem, non priorem eum Filio esse tempore vel natura ostendimus, per eum enim saecula fecit* (Hebr. 1,2), *neque secundum aliud quidem, nisi secundum causam ; hoc est, quoniam Filius est ex Patre genitus et non Pater ex Filio.* Haec ille. Et accipit ibi causam pro principio, sicut etiam et alii doctores, sicut AUGUSTINUS et CRISOSTOMUS etiam quandocumque utuntur hoc termino 'causa' in divinis. Concedo ibidem quod DAMASCENUS videtur invenire ( ? ) quod magis proprie Pater dicitur causa, unde dicit : *Cum* igitur *audierimus principium et maiorem Filio Patrem, causam intelligimus (loc. cit.).* Nec etiam ex dicto suo sequitur quod ibi sit prioritas originis, nec ipse hoc expresse ponit. Et AUGUSTINUS *Contra Maximinum*, libro 3°, et allegat MAGISTER hic in *Primo*, dist. 20, capitulo ultimo (*Sent.*, I, dist. 20, c. 3,7 ; Augustin, *C. Maxim.*, II (III), 18,3 ; PL 42, 786) dicit de Patre et Filio, quod inter eos est *ordo naturae non quo (ms.* qua) *prior est alter altero, sed quo alter ex altero.* Minor patet de se. Et consimilem rationem fecit BRINKEL ». Voir aussi *supra*, p. 112, le texte de Jean Brammart. Concernant la priorité *in divinis*, *cf.* q. 9.

1. *Cf.* Jean Hiltalingen, *I Sent.*, q. 2, f° 59rb : « Primum corollarium, quamvis nulla ratio conveniat intellectui creato ut sic libere agendi, sine tamen apprehensione istius articuli non est proprie meritum studendi. Prima <pars> patet, nam quam repugnat voluntati ut sic illibertati, tam repugnat intellectui ut sic libertati. Sed simpliciter primum repugnat, igitur et secundum. Ex his patet contra FASCINUM DE AST libro 3°, questione penultima in responsionibus ad obiecta. Similiter contra BRINKIL, in lectura Sententiarum, scilicet quod intellectus non est liber nec quo ad actum, nec quo ad habitum ; similiter quo ad gradum. Patet hoc, cum nulla ratio libertatis conveniat ei ut sic ». Voir aussi la dernière QM. *Cf.* Thomas Bradwardine, *De causa Dei*, III 5, corol. 10

2. *Cf.* Thomas Bradwardine, *op. cit.*, III 4, 651 D-E.

3. Guillaume Centueri de Crémone, *II Sent.*, a. 1, f° 163rb : « Et eodem modo non convenienter posset dici quod circa illud consistit libertas voluntatis. Unus tamen INCEPTOR (*in marg.* Opinio Brinkel) nititur probare aliquibus mediis quod voluntas sit libera quantum ad productionem substantiae actus et arguit sic. Aliter enim sequeretur quod aliquis una vice diligens Deum semper diligeret Deum. Oppositum tamen apparet verum. Et consequentia patet, quia <tunc> non esset actus iste in potestate sua et sic non posset ipsum dimittere. 2° sic. Si prima causa non praeveniret voluntatem creatam, tunc ipsa libere libertate contradictionis produceret actus suos. Sed tam libere libertate contradictionis modo producit, sicut tunc ; igitur voluntas creata nunc libere libertate contradictionis producit actus suos. Patet consequentia et assumptum pro prima parte. Et pro 2ª probatur. Praeventio primae causae non magis necessitat voluntatem creatam quam habitus moralis vel habitus caritatis, cum quilibet istorum mere naturaliter inclinat voluntatem, et non obstante tali inclinatione adhuc voluntas libere elicit actum suum, sicut et multotiens ad oppositum istius inclinationis agit. Igitur sequitur quod non obstante praeventione divina ipsa mere libere libertate contradictionis elicit actum suum et ipsum producit. <3°.> Praeterea sic. Aliqualiter voluntas creata elicit actus suos, non qualiter suos elicit virtus naturalis, et non aliter nisi libere. Igitur sequitur quod voluntas creata libere libertate contradictionis

6ª est quod fruitio tam beatifica quam meritoria est a voluntate effective. Probatur aliquibus [a] mediis.

Deinde ad rationes principales respondetur. Et finis huius quaestionis [b].

| Circa 2am distinctionem quaeritur: **124v**

(4) UTRUM ALIQUEM DEUM ESSE SIT EVIDENTER DEMONSTRABILE

Arguitur quod non, et nota secundum argumentum de causalitate triplici: effectiva, formali et finali. Deinde oppositum et pro quaestione arguitur.

(a) *sup. lin.* (*in lin.* multis *canc.*) B (b) hec questio (de fruitione *canc.*) de nostris affectibus, horum latitudinibus et libertate et causalitate nostra horum (ut patet *canc.*), et durant hec per duo folia ultra medium 3ii (folii *canc.*) sisterni *in marg. infer.* B

suos actos elicit. Et patet antecedens quia eorum modi principiandi sunt oppositi, puta libere principiare et naturaliter principiare. <4°.> Item sic. Tunc non esset in potestate voluntatis velle nec etiam nolle ex quo mere naturaliter actus suos produceret, et sic tolleretur omnis ratio meriti et demeriti. Consequens non videtur sanum. <5°.> Praeterea sic. Si non esset in potestate voluntatis producere suum actum vel non producere, tunc nec taliter producere suum actum esset in potestate sua. Et cum in hoc consistit ratio meriti vel demeriti, sequitur quod non esset in potestate voluntatis mereri vel demereri. <6°.> Praeterea, ad hoc videtur esse sententia ANSELMI in suo *Cur Deus homo*, (163va) ubi dicit quod *si angeli stetissent, quod fuissent confirmati* (éd. Schmitt, II, p. 75-76; éd. Roques, p. 286), ubi apparet quod ANSELMUS tribuat libertatem actus ipsi voluntati creatae ». Texte cité déjà par D. Trapp, « "Modems" and "Modernists" », p. 251-252. La réponse de Centueri aux arguments de Brinkley *ibid.*, f° 163va-vb. La suite du texte cité provoque une nouvelle polémique (f° 163va): « Sed his non obstantibus non apparet quod voluntas sit libera quantum ad productionem sui actus respectu causarum superiorum, quod probo sic. Tantum Deus concurrit ad causandum cum voluntate creata, cum sit prima causa, sicut cum igne. Igitur non magis est in potestate voluntatis creatae suum actum producere quam in potestate ignis. Haec consequentia videtur bona, cum causalitas causae primae non magis sit in potestate voluntatis creatae vel alicuius virtutis inferioris quam sit in potestate ignis, nec ipsa potest per aliquam inferiorem <causam> impediri. Igitur non plus stat voluntatem creatam non producere actum suum, ubi sit praeventa a prima, quam stet virtutem naturalem non producere suum effectum et ipsam tamen esse a prima praeventam. Ex quo sequitur quod non magis est in potestate voluntatis, hoc est non magis libere libertate contradictionis, posse suum actum producere, quam virtus naturalis, et hoc in comparatione ad primas causas vel superiorum causarum vel primae causae. Sed diceret INCEPTOR quod hoc argumentum fundatur super falsa imaginatione, quia imaginatur arguens quod Deus, cum concurrit cum voluntate creata ad producendum actum voluntatis, principaliter intendit producere actum istum; sed non sic est, quia principaliter intendit prima causa voluntatem producere actum suum libere libertate contradictionis. Sed sine dubio responsio <haec non> potest stare, immo includit contradictionem, sicut evidenter ostenditur in Prologo libri *Sententiarum*, articulo primo, argumento sexto; et etiam articulo sequenti hoc in simili clare ostendam. Nunc autem respondeo ad rationes suas. Ad primum. Argumentum non valet… ». *Cf.* D. Trapp, *loc. cit.*, qui cite le même texte, à partir de « Sed diceret ».

Circa istam quaestionem primo quaeritur si ex principiis logicae Deum esse sit demonstrabile[1]. Et videtur quod sic supponendo descriptionem de Deo[2] et de possibili[3]. Et tunc arguitur[a] quod sic undecim mediis notabilibus[b].

Deinde ostenditur quod Deus non sit in spatio infinito extra caelum.

Deinde redit ad principalem conclusionem probandam, inter quae tangit de medio inter contradictoria etc. Deinde de hac conclusione exemplum quod creatura aliqua contradictione esset possibilis per essentiam ipsam fore illimitatam sequitur evidenter.

(a) *sup. lin. (in lin.* sunt *canc.)* B (b) probat; materia quod sic *in marg.* B

1. La question que se pose Richard Brinkley fait évidemment allusion au postulat méthodologique de Nicolas Aston concernant la preuve de Dieu : « Iuxta materias tactas in 3[us] articulis factis ad partem negativam quaestionis formo mihi tres articulos isto die pertractandos… 3[us] articulus tractandus est iste : Utrum aliqua propositio significans praecise veritatem increatam non esse, contradictionem includat. In quo articulo ostendam quod per nullam scientiam particularem est demonstrabile Deum esse, contra falsigraphum negantem principia scientiae particularis, sed solum per scientiam universalem, puta dialecticam, cuius principiis nullus potest contradicere, contingit deducere negantem Deum esse ad metam quae est redargutio ». Voir plus haut, *Le problème du Deum non esse*, p. 48 ; *L'Œuvre théologique de Nicolas Aston*, p. 66 ; L.A. Kennedy, « Oxford Philosophers », p. 201. Ce troisième article (et premier sur notre liste) est « Utrum aliqua propositio significans praecise Deum non esse contradictionem includat » (cf. *supra*, *L'Œuvre théologique d'Aston*, p. 77). Il est donc légitime de voir dans la Q. 4 de Brinkley une polémique contre Nicolas Aston.

2. Denys de Montina, *I Sent.*, dist. 2, q. unica, a. 1, f° 14va : « In ista quaestione erunt tres articuli. In primo exponam terminos… Quantum ad primum, per 'Deum' intelligo summum ens summe perfectum *quo nihil melius cogitari potest*, cui convenit, quicquid est, simpliciter melius esse ipsum quam non ipsum <Anselmi, *Monol.* 15>. Patet ista descriptio per Boethium tertio *De consolatione*, prosa 10, <7-8 ; éd. Moreschini, p. 81>, et per venerabilem Anselmum, *Proslogion* capitulis 2 et 3, et per beatum Augustinum primo *De doctrina christiana*, capitulo 4 <= *Conf.*, VII, iv 6>. Praedicti tamen, scilicet Boethius et Anselmus, habuerunt ab Augustino ». Il n'y a plus aucun terme défini. Je n'ai aucune preuve pour affirmer que ce texte (à l'exception peut-être de la dernière constatation d'origine augustinienne) ait été emprunté à Brinkley. Je note cependant que, dans son Prologue, Denys a repris p. 134 note 1 à son compte la définition brinkleyenne de "foi" (voir p. 149 note 1) et que, dans la même dist. 2, a. 2, il cite Brinkley (voir p. 162, note 1). C'est donc une forte probabilité. Les rapports entre la dist. 2 de Denys et les Q. 4 et 5 de Brinkley me semblent plus profonds que ne le montre une comparaison des textes. Cela concerne également les *Principia I* et *II* de Denys. Le texte de Denys est moins technique, mais les solutions qu'il apporte sont quasi brinkleyennes.

3. Dans les deux questions, 4 et 5, Brinkley traite beaucoup du possible, de la possibilité. – Comme on l'a dit auparavant, p. 102 note 1, à l'origine de la démonstration logique « Deum esse » on trouve la polémique de Bradwardine contre Duns Scot. C'est au cours de cette polémique que Bradwardine a pour la première fois affirmé : « Deum non esse contradictionem includit », *De causa Dei*, I, 13 et 14. Toutefois ces deux chapitres sont préparés par les c. 11 et 12, où Bradwardine établit le rapport entre le principe de contradiction et celui d'identité (« primum principium necessarium verum et incomplexum ») et entre l'affirmation et la négation. Cette partie de son développement implique la « métaphysique de l'Exode » (chap. 12). Les corol. des chap. 13-14, suite logico-métaphysique des constatations qui précèdent, seront constamment mis en jeu dans les textes portant sur le problème de la contradiction du « Deum non esse » et sur la définition du « Deum esse ». Enfin, le *possible* de Bradwardine a un sens large : « quod per se et formaliter simpliciter contradictionem seu repugnantiam non includit » (I, 1, 2A). En conséquence, constater que « Deum non esse contradictionem includit », équivaut à dire que le complexe « Deum non esse » est impossible. Cette impossibilité est

Probatur aliqualiter, quia cuiuslibet creaturae esse possibile est necessarium etc. [1]. Deinde opponitur multipliciter illi conclusioni et respondetur ad media illius etc.

soutenue par la logique (les deux principes, la priorité de l'affirmation par rapport à la négation), par la métaphysique (l'être précède le non être, le nécessaire le possible, Dieu le possible et l'impossible) et par une interprétation logico-ontologique de l'Exode 3,14. Le concept du possible oppose Nicolas Aston à Bradwardine (ms. Worcester, F 65, f° 45va-vb) : « DOCTOR PROFUNDUS, <*De causa Dei*> libro primo, capitulo primo, arguit sic ad probandum Deum esse : possibile est Deum esse, igitur Deus est. Sed istud argumentum non probat Deum esse quod arguo sic breviter. Tribus modis sumitur possibile. Primo pro tali quod potest habere esse post non esse et incipere et desinere esse, quod voco possibile ad utrumlibet. Secundo pro necessario. Isti 2° modi patent per PHILOSOPHUM 2° *Perimenias*, ubi vult quod ad possibile esse non sequitur possibile non esse. Tertio modo pro tali quo posito in esse nulla sequitur contradictio ». À un autre endroit, Aston écrit (ms. Worcester, F 65, f° 48ra ; corrigé par ms. Oriel Coll., 15, f° 217va ; désormais cités W et O) : « Ad articulum respondeo et dico quod possibile multipliciter accipitur. Uno modo prout opponitur impossibili, et sic possibile tam convenit Deo quam (creaturis, tam habentibus esse essentiae quam esse *om.* W) existentiae, et tam conceptibus simplicibus quam compositis, ita quod quodlibet tale quod non includit $2^{as}$ rationes inter se repugnantes, quarum una alterius est expulsiva, dicitur possibile. Alio modo dicitur possibile quod non est necesse esse nec impossibile esse, et <sic> dicitur omne ens quod non est Deus possibile. Alio modo sumitur possibile pro necessario » ; suit le même renvoi à Aristote. Dans un premier temps, Aston combat Bradwardine en définissant Dieu comme *necesse esse*. Cette partie de la polémique est purement scolaire, car elle oublie les chap. 11-14 du *De causa Dei*. Dans un second temps, Aston se sert des règles obligationnelles. Ce dernier fait, celui également que l'art des obligations préside à la pensée de Bradwardine (I 1,2A), semblent indiquer avec une certaine probabilité que la preuve logique de Dieu dérive des traités *de obligationibus*. Il est probable aussi que le premier *dubium* de la Q. 4 de Brinkley dérive des mêmes traités.

1. Remarquons que le concept du possible est au centre de la discussion. Le problème de l'intermédiaire entre deux contradictoires est de la même nature : le possible est-il intermédiaire entre le nécessaire et l'impossible ? Ainsi posée, la question introduit le thème de la latitude d'être où est placée la conclusion examinée : « creatura aliqua contradictione... ». Celle-ci souffre assurément de quelque omission. Il faudrait probablement lire : « Ex isto (illo ?) quod creatura <sine> aliqua contradictione esset possibilis per essentiam, ipsam fore illimitatam sequitur evidenter », la possibilité d'être constituant l'essence de la créature. – Vraisemblablement Richard Brinkley vise ici la question « Utrum inter necesse esse et impossibile esse mediet possibile esse » de Nicolas Aston (W, f° 47ra-48vb ; O, f° 217ra-218ra). Aston rejette la contradiction entre le nécessaire et l'impossible et, en conséquence, la médiation du possible : « Tunc dico quod necesse esse et impossibile esse contradicunt ad istum intellectum quod si unum contradictoriorum sit necessarium, alterum sit impossibile de vi vocis. Tamen omnes huiusmodi locutiones sunt falsae : 'esse et non esse contradicunt', 'necesse esse et impossibile esse contradicunt', quia inter res signatas non est contradictio... Istis visis nego articulum. Et causa est, quia impossibile esse non est. Et omnis mediatio est inter extrema existentia, quare possibile esse non mediat inter necesse esse et impossibile esse » (W, f° 48ra ; O, f° 217va). La question posée étant fausse, Aston la formule à nouveau : « sed hoc solum (est intentionis meae inquirere) in articulo isto : numquid creaturam posse esse vel Antichristum posse esse est Deus vel a Deo. Similiter imaginando unam latitudinem omnium rerum possibilium quae terminatur in uno extremo ad Deum et in alio ad non esse simpliciter, puta ad contradictionem : numquid in ista latitudine est reperire aliquod possibile esse, loquendo semper de possibili quod non est necesse esse nec claudit contradictionem esse... Similiter intendebatur in isto articulo numquid omne ens finitum finite vel infinite distat a non esse... » (W, *loc. cit.* ; O, 217vb). C'est sur ce plan que Brinkley examine la conclusion sur la créature possible illimitée, c'est-à-dire infinie. La suite de son texte rejoint directement le texte d'Aston qui répond ainsi à sa première question : « Aliter dicitur ad articulum quod possibile esse creaturae est ipse Deus. Et ratio est, quia omne necesse esse est Deus, sed *creaturam posse esse est necesse esse* et *Antichristum posse esse* est necesse esse. Et ideo possibile esse non est effective a Deo nec mediat inter necesse esse et impossibile esse. Sed contra... » (W, 47vb ; O, 217rb). Et dans ses réponses *ad partent negativam articuli* (W, 48va-vb : O, 218ra) : « Ad argumenta alterius partis respondeo. Pro primo argumento dico sic, puta quod creaturam posse esse nullo modo habet causam, quia creaturam posse esse est realiter ipse Deus. (...) Pro 3° argumento dico : ipsum bene probat, quod creaturam posse esse est ipse Deus ».

Deinde[a] ad principale redit, scilicet ad probandum Deum esse ex ordine causarum[1].

Deinde incidenter de una tali conclusione: Dei praescientia, praedestinatio et reprobatio stant cum libertate in animo creato. Contra hanc arguitur.

(a) 15$^{us}$ sisternus *in marg.* B

1. *L'ordo causarum essentialium* conduit à la recherche *in omni genere* d'une cause première et ainsi au rejet du *processus in infinitum*. Cependant, selon Brinkley, le rejet du *processus in infinitum* n'est pas philosophiquement fondé lorsqu'il s'agit de la preuve de Dieu. Lisons Denys de Montina, *I Sent.*, dist. 2, q. unica, a. 2, f° 15ra: « Quinta conclusio: Deum esse quamquam Spiritus Sanctus theologis inspiraverit, nunquam tamen ARISTOTELES suis physicis et metaphysicis rationibus aliqualiter demonstravit. Prima pars patet ex sacra Scriptura, scilicet quod Spiritus Sanctus inspiraverit theologis et sanctis. Et secunda probatur, quia Aristoteles semper volendo hoc probare vel assumpsit dubium, ~~vel admi~~scuit impossibile, sicut deducam inferius. Nam volens hoc demonstrare, inter alia argumenta hoc est unum, quia in moventibus et motis non est processus in infinitum. Istud, ut dicit BRANCHIL, nunquam sufficienter demonstravit, sed solum ex testimoniis auctorum et aliquibus persuasionibus non evidenter notis. Corollarium primum. Si Aristoteles dixisset istam propositionem 'Deus est', sequens eam totaliter secundum suam intentionem, necessario secutus fuisset errorem. Patet, quia secundum mentem Aristotelis implicabat taliter esse, qualiter esse est impossibile, videlicet Deum esse virtutem finitam et non valentem de nihilo aliquid producere ». Sur ce dernier point, voir p. 164, Q. 5: Deinde ad oppositum... La position de Brinkley suppose la critique de l'*ordo causarum*, et donc un désaccord avec Jean Duns Scot et Thomas Bradwardine (*De causa Dei*, I 1). En revanche, Brinkley est pour une fois d'accord avec Nicolas Aston, dans sa question « Utrum aliqua propositio significans praecise Deum non esse contradictionem includat » (W, F 65, f° 45rb-47ra; O, f° 220 vb-221vb). Voici comment Aston critique l'opinion traditionnelle: « ARISTOTELES et COMMENTATOR 2° *Metaphysicae*, cap. 3 et comm. 5°, nituntur probare quod in omni genere causae est dare primum per hoc quod non est processus in infinitum, quia si infinitas sit impossibilis, primitas est necessaria. Et plures doctores (-rum W) catholici fundant se super illo, inter quos DOCTOR SUBTILIS primo *Quodlibet*, quaestione 7, et primo *Sententiarum*, dist. 2, quaest. 2, dicit quod argumentum Aristotelis stat in hoc: aliquid est causatum et non est processus in infinitum in causis, igitur aliquid est primum. (...) Sed quod (= Quia W) ista ratio non probat, arguo breviter sic. Ponens processum in infinitum in causis, utpote quod *a* causatur a *b* et *b* a *c* et *c* a *d* et sic sine fine, concedit quod tota multitudo est causata in hoc a tota multitudine, non tamen ab aliquo illius multitudinis, nec ab aliquo extra totam illam multitudinem, ita quod omnes illae causae causentur ab omnibus istis. Nec est inconveniens quod (et W) aliquae causae causentur a se ipsis ubi sunt infinitae; nec propter hoc sequitur quod aliquid est causa sui ipsius, quare ratio Philosophi non procedit contra falsigraphum. Sed aliter arguitur secundum quendam... Pro isto argumento dico, quod nullae sunt causae essentialiter ordinatae, quia tria requiruntur ad hoc quod causae aliquae sint essentialiter ordinatae. Primum est quod in causis essentialiter ordinatis 2$^{a}$ causa in causando dependet a prima. 2$^{um}$ est, in causis per se et essentialiter ordinatis est causalitas causantis alterius rationis vel alterius ordinis, quia superior est (et?) perfectior. 3$^{um}$ est quod omnes causae per se et essentialiter ordinatae simul requiruntur ad causandum. Sed tunc arguitur sic. Prima causa est infinitae potentiae simpliciter in se continens virtualiter et eminenter activitatem cuiuscumque causae 2$^{ae}$ omne positivum ad extra producere. Et per consequens nullae sunt causae simul requisitae ad causandum, igitur nullae sunt causae essentialier ordinatae. Conceditur consequens, quia illud est verum, quia primum agens simpliciter agit contingenter ad extra et omnis causa 2$^{a}$ agit in virtute primae causae, igitur etc. Sed contra hoc arguitur sic... Negatur consequentia, quia est ordo essentialis dependentiae creaturae ad Deum, quia non stat creaturam esse et non dependere a Deo. Vel aliter potest dici quod non connumerando Deum cum creaturis quod in toto universo non est aliquis ordo, propter talem rationem. Si omnes numeri aeque immediate recederent vel procederent ab unitate, inter numeros non esset ordo; sed cum Deus aeque immediate se habet ad quodlibet extra eum, [quia] si aliquid est quod non est Deus, ipsum immediatius est a Deo omni modo quam ab aliquo citra Deum » (W, 45va; O, 221ra). Il est cependant peu probable que Brinkley ait repris les mêmes arguments.

Deinde[a] ostendit quod licet rationes probantes Deum esse colorate procedant, non tamen demonstrant, pro quo ponit conclusiones aliquas, quarum prima est haec : ex nulla simplici categorica, praecise ex uno nomine et uno verbo, sequitur contradictio. Multipliciter ostendit. Ex hac infert quod ista : « Deus non est » non includit contradictionem. Et arguit specialiter quod haec propositio : « Deus est » non est talis cuius oppositum claudat contradictionem[1].

Deinde conclusio quod aliqua talis categorica composita implicat <contradictionem>. Probat de his : « ens est non ens », « Deus est non Deus ».

Alia conclusio : ex possibili logico non sequitur impossibile logicum. Contra duas penultimas arguit. Et finaliter infert ex his quod Deum esse non est evidenter demonstrabile.

Et postmodum respondet ad media quibus probabatur esse demonstrabile Deum esse.

Deinde[b] $3^{a}$ dubia pertractat. Primum : utrum ex impossibili sequatur quodlibet ; $2^{um}$: si aliqua[c] sit aeque simplex negatio in latitudine negationis sicut deum <esse> est simplex affirmatio in latitudine affirmationis ; $3^{um}$: si <ex> hoc quod [claudere contradictionem quod] non claudit contradictionem aliquo modo probabili inferi potest quod deum non esse claudat contradictionem.

Deinde arguit ad partem affirmativam primi dubii. Deinde ad negativam $2^{dl}$. Deinde ad affirmativam $3^{ii}$.

Deinde respondet ad primum dubium[d], si ex impossibili sequatur quodlibet. Pro quo dicit quod ex nulla propositione facta ex contradictoriis sequitur aliqua propositio affirmativa[2]. Ad quod arguit. Et sunt notanda ibidem aliqua.

(a) quod non *in marg.* B (b) $16^{us}$ sisternus *in marg.* B (c) qua B (d) *sup. lin.* B

1. C'est aussi l'opinion de quelques « modernes logiciens » anglais, comme l'affirme un Augustin Anonyme d'Oxford ; *cf.* ms. Paris, BnF, lat. 16535, f° 85v-86r : « Pro isto argumento et alio praecedenti dicitur [quod] per aliquos modernos logicos quod haec 'Deus non est' non est impossibilis. Persuadent sic : ex ista posita et a<d>missa nullum accidit concedere impossibile, eo quod haec mere negativa est et per consequens ex ea nullum sequitur impossibile. Igitur per definitionem possibilis Primo *Priorum* sequitur quod haec 'Deus non est' non est impossibilis. Et ideo consequenter dicunt quod haec 'Deus est' non est necessaria ». Cependant, ce texte ne vise pas Richard Brinkley, il est probablement inspiré par Nicolas Aston, question « Utrum aliqua propositio… » (W, f° 46ra ; O, 221rb) : « Istis visis dico quod omnis secta ponit Deum esse et ipsum esse necesse esse. Sed plures moderni dicunt quod talis propositio 'Deus non est' non includit contradictionem, sicut nec alia pura negatio, nec alia propositio significans praecise sic non esse contradictionem includit ». L'effort de Nicolas Aston va dans le sens contraire : « Probo quod omnes tenentes istam viam habent concedere quod propositio significans praecise Deum non esse contradictionem includat ».

2. L'impossible est ici conçu comme proposition contradictoire. De même Thomas Bradwardine, *De causa Dei*, I 1, 2A (« impossibile absolute, quod scilicet per se et formaliter simpliciter contradictionem includit ») ; Nicolas Aston, Q. « Utrum aliqua propositio… », W, 46vb ; O, 221 va : « Nulla est propositio impossibilis, nisi propositio includens contradictionem » ; une autre définition dans Richard Brinkley, *Summa logicae*, tr. *De obligationibus*, c. 1 (ms. P, f° 97va ; ms. L, f° 95rb). Quant à ce qui s'ensuit d'une impossible, Nicolas Aston affirme : « Secunda suppositio est talis : ex omni propositione includente contradictionem formaliter sequitur quaelibet alia propositio » (W, 46ra ; O, 221rb ; voir aussi W, 47ra ; O, 217ra ; et W, 48ra ; O, 217vb : « est regula generalis penes me quod ex omni propositione formaliter contradictionem includente sequitur omnis propositio »). Et l'Augustin Anonyme d'Oxford distingue : « ex negativa simpliciter impossibili sequitur quodlibet… ex negativa impossibili sequitur affirmativa necessaria » (Paris, BnF, lat. 16535, f° 86r ; puis, f° 86v, il revient à la position d'Aston).

Deinde respondet ad rationes factas pro parte affirmativa <2$^{di}$> dubii. Et de possibilitate formationis in intellectu huius[a] : « Deus non est Deus » vel non. Deinde fiunt aliqua argumenta de latitudine perfectionis et imperfectionis, affirmationis et negationis, quae videntur probare summum <gradum> esse vel Deum esse. Et respondet.

Deinde ad 2$^{um}$ dubium, deinde ad 3$^{um}$ dubium[b] respondetur.

Viso quod ex propositionibus per se notis una cum regulis logicae Deum esse non est evidenter demonstrabile, consequenter inquirendum est de aliis partibus philosophiae, <ut> pote de argumentis philosophorum quae hic conantur astringere[c].
**125r** | Est igitur talis quaestio :

### (5) Utrum aliquem esse Deum ex rationibus philosophiae sit evidenter demonstrabile

Et adducuntur quattuordecim media quod sic.

Deinde ad oppositum arguitur quod nulla causa a philosophis inventa est Deus, quia quaelibet talis est tantum finite actuativa[d]. Et deinde multa contra philosophos in hac parte[e], inter quae aliqua notanda. Et quod non concludunt nisi primum efficiens finitum in hoc mundo, non in alio, nec probant ipsum infiniti vigoris nec esse agens liberum[1]. Et quod de motibus caelestibus nihil est evidenter scitum.

(a) in beato *(? ) sup. lin. canc.* B (b) *sup. lin.* B (c) in 14° sisterno per 3$^{a}$ folia et in 15° et 16° principaliter de possibilitate probandi Deum esse, de illationibus et clausis contradictionis (! ) ; multipliciter de esse possibili creature ; et de compossibilitate predestinationis cum libertate ; patent hec discurrendo etc. *in marg. infer.* B (d) quia… actuativa *sup. lin.* B (e) in hac parte *sup. lin.* B

1. Henri Totting d'Oyta, *Quaest. super Sent.*, q. IV, art. 3, f° 47rb : « (3$^{a}$ conclusio) Tantum unum Deum esse est sufficienter naturali ratione demonstrabile, quamvis proterviens, tenens oppositum, se possit apparenter a contradictione defendere » ; f° 47va : Corollarium : Tantum unum primum ens esse infiniti vigoris et potentiae est naturali ratione demonstrabile. Contra dicta arguitur… » ; f° 47vb : « 5°. Praeterea arguit Brinkel contra dictum corollarium tenens etiam oppositum dictae conclusionis. Ponit : Deum esse non est demonstrabile ab effectibus, igitur conclusiones falsae cum corellariis. Antecedens probatur sic. Omnis intellectus praecise inquirens et arguens perfectionem causae ex perfectione effectus praecise finiti evidenter concludere potest istam causam praecise finite excedere illum effectum. Sed philosophus et omnis naturaliter inquirens perfectionem primae causae a posteriori inquirit eius perfectionem et arguit ex perfectione effectus finiti ; igitur etc. Sed nullum tale praecise finite excedens effectum finitum est Deus. Igitur nulla talis deductio evidenter infert Deum esse. Maior patet ex hoc, quia in talibus praecisis et adaequatis sicut effectus ad effectum se habet, ita causa ad causam proportionaliter. Minor probatur, nam Philosophus et omnes sui sequaces solum rationi innixi ponunt evidenter necessario primam causam agere ad extra et naturaliter, et similiter hic fundant aeternitatem mundi et motus, 7° et 8° *Physicorum*. Et ponunt eum secundum ultimum potentiae suae agere ad extra, quia nec potest aliter agere quam immediate agit, nec aliud quam illud quod immediate agit, ut ponunt 12° *Metaphysicae*, textu commenti 45 et deinceps usque ad commentum 54, ubi dicit (quoddam de sententiis Chaldaeorum et ponitur ter in textu commenti, *in marg.*) : Volumus modo Aristotelis dicere quod mundus sit unus et non est possibile ut sint plures mundi, et sempiternus, et non est factus nec cadit sub corruptionem. Ex quo videtur sequi propositum. Consimiliter 12° *Metaphysicae*, in textu commenti 40, ubi sic arguit Commentator : Si essent plures mundi, essent plures causae primae. Sed certum est cuilibet consideranti processum Philosophi quod hoc Commentator tenet per istum medium : iste mundus est ita perfectus perfectione essentiali sicut prima causa potest eum formare vel facere ; igitur etc. 2° arguit idem sic ex eodem argumento. Ex nullo finito esse praecise ratione naturali potest evidenter concludi infinitum esse.

Ponitur[a] et probatur pro conclusione quod in Dei cognitionem non potest intellectiva coniuncta evidenter devenire per aliquam notitiam abstractivam; quod Deum esse non est demonstrabile a priori; item quod nec a posteriori.

Ponitur alia conclusio 2^da^ quod per solam notitiam intuitivam evidenter percipit quis veritatem primam ex fide.

3^a^ conclusio : mediante fide et bona vita potest quis intueri Deum etiam in hac vita. Probatur, Dionysius etc., aliqua notitia Dei etc.

Deinde respondetur ad rationes philosophorum quibus nituntur probare Deum esse etc. Nota multa. Et finitur quaestio illa.

Consequenter[b] quaeritur circa materiam de personarum pluralitate. Quaeritur :

(6) Utrum sola passio sit demonstrabilis de suo subiecto

Arguitur quod non; deinde quod sic.

Primo videndum quid sit definitio; 2^do^ quid passio; 3° quid subiectum; 4° quid demonstratio; 5° si passio est demonstrabilis de suo subiecto; 6° ad quaesitum.

Primum fit breviter distinguendo de definitione quid nominis et quid rei et utraque describitur.

Pro 2^do^ recitatur opinio cuiusdam doctoris moderni quod passio non est realiter nec formaliter distincta a subiecto[1]. Probatur quinque mediis. Deinde improbatur. Deinde ponitur opinio Ockham et probatur[2]. Deinde arguitur contra ipsam. Et quod conceptus quidditativus hominis non significet omnem hominem, quia aut copulative aut disiunctive. Et de natura universali aliqua tanguntur, scilicet quod aliqua entitas adaequate et primo correspondet conceptui quidditativo rei etc.[3]. Deinde ponit opinionem propriam quid sit passio.

(a) prima conclusio *in marg.* B (b) 17^us^ sisternus *in marg.* B

Sed Deus est infinitus, igitur ex nullo finito esse praecise ratione naturali potest evidenter intellectus concludere Deum esse. Sed omnis effectus ad extra productus est finitus, ut notum est, et patet Primo *Caeli* (Ap. Iunct. 1552, summa VII, p. 23sq) ; igitur etc. Maior probatur, nam omnes apparentiae quae apparent praecise in lumine naturali sensui vel intellectui salvari possunt ponendo primum praecise finitum intensive motorem orbium et infatigabilem etc. 3° idem arguit sic. Ad rationem causae sufficiat quod sit perfectior aliquo eius causato, vel omnibus ab eo causatis, vel simul causabilibus. Sed rationes naturales non evidenter ostendunt quando sicut omnia causata a prima sunt finita, sic omnia causabilia (48ra) sunt finita et finite perfecta. Igitur nec omnia causata, nec simul causabilia praecise ratione naturali evidenter inferunt summam causam esse Deum. 4° ad idem. Circumscripta fide et communi philosophia iam usitata saltem per modum auctoritatis, scilicet quod non *(in marg)* recipiatur tamquam auctoritas, non est evidenter demonstrabile ratione naturali aliquod unum esse causam omnium causatorum. Igitur non est evidenter demonstrabile ratione naturali aliquam causam esse Deum. Assumptum probatur sic. Non est evidenter demonstrabile quando sit aliqua ordinatio extra istam quae habet suam causam primam, sicut ista habet suam, quia si est demonstrabile, hoc potissime videtur de rationibus Aristotelis. Sed suae rationes non concludunt evidenter, ut patet discurrendo per singulas. Item alii tenentes… ». Voir aussi le texte de Denys de Montina, cité *supra*, p. 162 note 1.

1. Les questions 6, 7 et 8 recopient presque en entier les qq. III et IV du Prologue au 1^er^ Livre d'Ockham. Le « docteur moderne » n'est autre que Jean de Reading; *cf.* Guillaume d'Ockham, *Ordinatio*, Prol. q. III (éd. G. Gál et S. Brown, I, p. 130-131 et 136-143).

2. Henri Totting d'Oyta, *Quaest. super Sent.*, p. 133-136.

3. Concernant les sujets abordés ici, voir principalement Richard Brinkley, *Summa logicae*, I, c. 11-12 (ms. P, f° 49rb-51rb; ms. L, f° 10ra-12va) et II, dont le premier chapitre est publié par G. Gál et R. Wood, « Richard Brinkley », p. 89-92.

Conclusio prima : passio non est formaliter et quidditative res cuius est passio. Probatur.

$2^{da}$, passio demonstrabilis non est universaliter res praedicabilis a subiecto realiter condistincta. Probatur.

$3^{a}$ est, haec « habet passio esse intellectivum », et aliae consimiles, aliquid vel [a] aliter significat, quod vel qualiter non est praecise subiectum et actus intelligendi.

$4^{a}$ est talis, passio demonstrabilis de subiecto limitato est [b] primo aliquis modus rei vel aliqualiter, qui vel qualiter non est subiectum primo, nec subiectum et alia res praedicabilis a subiecto distincta.

$5^{a}$, passio demonstrabilis de subiecto non realiter sed tantum modaliter distinguitur ab eodem. Probatur sicut praecedentes [1].

Deinde ponitur quaedam divisio de passione ex qua patet $3^{um}$, scilicet quid sit subiectum [c]. Deinde respondit ad argumenta priorum opinionum.

Deinde pro $4^{to}$ declarat quid sit demonstratio. Et in hoc, videtur, finit quaestionem illam [d].

**125v** | Deinde quaerit :

(a) aliqualiter *add. et canc.* B (b) *sup. lin.* B (c) ex… subiectum *sup. lin.* B (d) de possibilibus *(sup. lin.)* nostris demonstrationibus, de *(sup. lin.)* subiectis et passionibus, posterioritate, subtiliter per duos (*sup. lin.*; *in lin. canc.* tres) sisternos, scilicet 17 et $18^{m}$, ut patet *add.* B

1. Nous ne connaissons ni la définition, ni les distinctions de la propriété *(quid sit passio)*. Toutefois, certains points de la doctrine brinkleyenne peuvent être dégagés ici. Premièrement, comme chez Jean de Reading ou le Ps.-Campsale, la *passio* dont parle Brinkley est une *res*. Celle-ci n'appartient cependant pas à la quiddité de son sujet et ne lui est pas formellement identique. Malgré cette non-identité, le sujet et sa *passio* ne constituent ni deux êtres formels ni deux essences diverses ; les deux dernières conclusions vont le confirmer. Deuxièmement, la seconde conclusion est dirigée contre Ockham : elle élimine la distinction réelle entre le sujet et sa *passio-res*, sujet peu important dans le développement de la théorie ockhamienne de la démonstration : « … passio potest accipi multipliciter. Uno modo pro aliqua re quae dicitur alicui competere… Primo modo dico quod *passio universaliter distinguitur realiter a subiecto*, quia sic nihil est passio nisi aliquid accidens vel aliqua forma alicui inhaerens tamquam subiecto. Sed isto modo non accipitur passio communiter in scientiis » ; Guillaume d'Ockham, *op. cit.*, p. 133,15-22. Mais la différence profonde entre Ockham et Brinkley concerne le concept même de la *passio demonstrabilis* : pour le premier il s'agit d'un prédicat (*ibid.*, p. 136,1-4), alors que le second traite toujours d'une propriété appartenant à un sujet réel. Troisièmement, sur deux points la doctrine de Brinkley rejoint celle du Ps.-Campsale : tous les deux affirment contre Ockham la réalité d'une propriété démontrable et son identité réelle avec le sujet ; *cf.* Pseudo-Richard of Campsall, *Logica Campsale Anglici*, publiée avec *The Works of Richard of Campsall*, edited by E.A. Synan, Toronto, 1982, II, p. 205-206. Cependant, ils se séparent à propos de la distinction entre le sujet et sa propriété. Selon Brinkley, la propriété n'étant qu'un mode de son sujet (concl. 4), la distinction entre eux ne peut être que celle du mode : *tantum modaliter* (concl. 5). Selon le Ps.-Campsale, cette différence est seulement formelle : « *non distinguitur* (*sc.* passio) *realiter a suo subiecto sed tantum formaliter* » (*ibid.*, 35.16 ; p. 207). Concernant l'opinion de Guillaume d'Ockham, voir R. Guelluy, *Philosophie et théologie chez Guillaume d'Ockham*, Louvain–Paris, 1947, p. 175-220.

### (7) Utrum omnis passio sit demonstrabilis de suo subiecto

Quod non duplici medio. Quod sic $4^{ci}$. Ponitur opinio[a].

Deinde praemissa distinctione de triplici[b] modo passionis ponuntur[c] 3 conclusiones. Prima, nulla passio importans rem aliquam subiecto formaliter inhaerentem est demonstrabilis de illo. Probatur $3^{ter}$.

$2^{da}$, passio potest demonstrari de subiecto non primo intelligendo subiectum non primum subiectum inferius vel superius ad subiectum primum. Probatur.

$3^{a}$ conclusio sequitur ex his[1].

Contra ista diffuse arguit.

Deinde ponit opinionem propriam praemittendo quid <sit> subiectum, distinguendo de triplici immediatione[2]. Deinde conclusiones.

Prima conclusio, nulla propositio immediata 3° modo est demonstrabilis.

$2^{da}$, quaelibet passio est demonstrabilis de subiecto suo primo cuius subiecti propria et per se poterit esse definitio[3].

$3^{a}$ conclusio, quaelibet res proprie praedicabilis et per se intelligibilis est proprie definibilis[4].

$4^{a}$ sequitur ex aliis $3^{us}$.

Deinde[d] respondet ad rationes priorum opinionum[5]. Finis quaestionis.

### (8) Utrum aliqua demonstratio quia sit demonstratio propter quid

Quod non arguitur $3^{er}$.

Oppositum simpliciter. Recitatur OCKHAM describens demonstrationem propter quid et quia[6]. Deinde contra has descriptiones arguit.

(a) ponitur opinio (que *canc.*) *sup. lin.* B (b) primo *add. et cana.* B (c) ponens B (d) 18 sisternus *in marg.* B

1. Cette partie du texte est une polémique contre Ockham, *Ordinatio*, Prol. q. IV, p. 144, 5-16: « Ad istam quaestionem distinguo primo de passionibus: quia quaedam sunt quae important aliquas res absolutas… Aliquae autem important motum vel mutationem… Aliquae autem sunt connotativae… Est igitur prima conclusio quod passio importans aliquam rem absolutam formaliter inhaerentem est demonstrabilis de suo subiecto ». *Ibid.*, p. 147, 25-148,4: « Secunda conclusio est quod talis passio potest demonstrari de suo subiecto non primo. Sed subiectum non primum potest intelligi multipliciter. Uno modo, quia non est sibi adaequatum secundum praedicationem; et hoc vel quia excedit sicut superius ad subiectum primum, vel quia exceditur sicut quoddam contentum sub primo subiecto ». Par la suite, Ockham formule encore deux conclusions, voir *ibid.*, p. 150-151.

2. On doit voir ici une opposition à l'opinion d'Ockham (*Ordinatio*, Prol. q. IV, p. 145) qui a distingué une double immédiation, par le sujet et par la cause, ainsi qu'une double acceptation du terme « sujet ». Malheureusement, nous ne connaissons pas les distinctions introduites par Brinkley, nous ne comprenons donc pas pleinement ses conclusions.

3. Cette conclusion semble viser la démonstration de la première conclusion chez Ockham, *op. cit.*, p. 144-146.

4. La concl. 3 concerne déjà la q. V du Prologue de Guillaume d'Ockham, cf. *ibid.*, p. 158 *sq.*, partic, p. 162,15-163,2.

5. Brinkley répond ici aux opinions alléguées au début de la Q. 6. Concernant la structure des Questions 6-7, voir *supra*, p. 104.

6. Guillaume d'Ockham, *Ordinatio*, Prol. q. IV, p. 153-158 et 158 *sq.* Voir aussi chez Ockham, *Summa logicae*, III-2, chap. 17-23, ouvrage critiqué par Brinkley dans sa propre *Somme de logique.*

Deinde respondet ad quaestionem praemittendo unam suppositionem ; deinde unam distinctionem de demonstratione ; item descriptiones et declarationes particulares 4$^{or}$, inter quae de dici de omni[1]. Deinde quid demonstratio particularis ; quod praemissae non sunt causae conclusionis et quod non generant scientiam conclusionis[2]. Probantur haec[a] : quod demonstratio particularis sit nobilior universali ; quod medium in demonstratione propter quid non potest capi a causa[3].

Deinde ad argumenta facta contra primum medium et contra secundum et 3$^{um}$. Respondetur diffuse, quia multa sunt ut patet.

Deinde de materia quaestionis ponuntur sex conclusiones, ex quibus inferuntur sex corollaria. Et haec satis patent in duobus ultimis foliis illius 18 sisterni. Vide. Et finis talium.

Habito per priora de Dei unitate et eiusdem cognoscibilitate, nunc videndum est an personarum pluralitas stet cum eiusdem essentiae[b] unitate ; et quo modo iuxta fidem est quod Deus Pater principiet plus istum Filium quam alium, et plus istum Spiritum Sanctum quam alium ; et quare non potest Filius producere sicut Pater, cum sit aeque potens, et cetera de divinis.

**126r** | (9) Utrum[c] Deus Pater sic principiet ad intra quod tantum haec dualitas personarum sit producta

Arguitur pro et contra.

Dicit quod in ista materia tenent concorditer omnes theologi quod non possunt esse nisi 3$^{es}$ personae in divinis, una sic producens quod non producta, alia producens et producta, alia sic[d] producta quod non producens[4]. Et hoc nituntur astruere non solum probabili, sed necessaria ratione. Unde primo recitantur fundamenta et rationes sic opinantium ; 2°, obiciuntur contra ipsas et solvuntur rationes ipsorum ; 3°, propositiones alias intentionem suam in hac materia declarantes.

(a) probantur hec *sup. lin.* B (b) *sup. lin.* B. (c) de divinis *in marg. sup.* B ; 19$^{us}$ sisternus *in marg.* B (d) *sup. lin.* B

1. Voir le texte parallèle chez Ockham, *Ordinatio*, Prol. q. IV, p. 154, 5-155, 16. Concernant le signe '*omnis*' chez Brinkley, cf. sa *Summa logicae*, I, chap. 20 (P, f° 40ra-va ; L, f° 18va-19va) et 22 (P, f° 52ra-53rb ; L, f° 20va-22rb).

2. *Cf.* Guillaume d'Ockham, *Ordinatio*, q. II, p. 81, 12-16, et *supra*, Appendice 1-A, p. 137.

3. *Cf.* Guillaume d'Ockham, *Ordinatio*, q. V, p. 165,10-15 : « Ideo dico ad istam quaestionem quod demonstratio potissima est illa quae est propter quid, (...) et quia est propter quid sequitur quod sit per causam... » ; p. 166, 10-11 : « Item, in medio talis demonstrationis nihil debet poni nisi quod habet rationem causae ». Brinkley a déjà traité le problème de la démonstration dans la Q. 6.

4. S. Bonaventure, *Collationes in Hexaemeron*, I, 14 (*Opera omnia*, Ad Claras Aquas, 1891, vol. V, p. 331-332) : « Istud est medium personarum necessario : quia si persona est, quae producit et non producitur, et persona, quae producitur et non producit, necessario est media, quae producitur et producit ». Voir aussi *Coll.* VIII 12, XI 5 et *sq.* – L'action divine de *principiare* est également traitée dans la Q. 17 et QM I. Quant à l'ordre des questions 9 et 10, il correspond à celui de l'*Ordinatio* I de Jean Duns Scot, dist. II, pars 2 et dist. III, pars 1. La Q. 11 n'a rien de comparable chez Duns Scot qui traite en plusieurs endroits du problème qu'elle soulève ; à coup sûr, il nous sera plus utile de l'envisager à travers une autre source de Brinkley, à savoir l'*Ordinatio* d'Ockham.

Arguitur igitur primo a doctoribus quod in divinis ad intra sit generatio; et primo quod ibi sit pluralitas; item, quod trinitas tantum[1]. Deinde quod illae rationes non convincunt.

Alia opinio[a] aliter arguentium quod ibi sit generatio[b]; quod illae rationes etiam non concludunt.

Deinde alia opinio[c] et 3ª ponitur, quae ponit quod supposita ibi pluralitate ex fide probabile est ibi esse trinitatem[2]. Et contra illam aliqualiter.

Deinde ponit[d] quod in divinis ad intra perfectionis est productio etc.[3]. Deinde contra opinionem illam arguitur. Nota argumenta. Deinde respondetur ad rationes doctorum in hac materia. Nota quae ibidem dicuntur.

Deinde ponitur opinio propria quae supponit quod in divinis ad intra est productio aliqua. Prima conclusio, quia in Deo Patre tantum est haec memoria fecunda et non potest esse alia ratio primo, ideo primo est quod tantum est haec notitia productibilis et producta. Et demonstratur per primum terminum demonstrativum, scilicet Verbum Patris. Probatur haec conclusio diffuse[4].

2da conclusio, activitas simpliciter prima aeque primo naturalis est et libera[5]. Sequitur ex argumentis factis contra 4am <opinionem>.

3ª, si in divinis Filius Patris est Filius coaequalis, ex hoc tamen non concluditur sufficienter quod non potest ibi esse filius alius[6].

(a) 2ª opinio *in marg.* B (b) quod… generatio *sup. lin.* B (c) 3ª *in marg.* B (d) 4ª *in marg.* B

1. Probablement Richard de St.-Victor; *cf.* son *De Trin.*, III 1; PL 196, 915 C: « Primo itaque quaerendum videtur utrum in illa vera et simplici divinitate vera pluralitas sit et si ille personarum numerus, prout credimus, in ternarium assurgit ».

2. Il ne peut s'agir que de Henri de Harklay, *cf.* Jean Duns Scot, *Ordinatio* I, t. IV, p. 30*-31*, *Adnotationes*; et de Guillaume d'Ockham, *Ordinatio*, dist. 9, q. I; t. III, p. 275, 11-15.

3. Jean Duns Scot, *Ordinatio* I, dist. II, pars 2, q. 1-4; t. II, p. 259 *sq.*

4. Jean Hiltalingen, *I Sent.*, q. 4, f° 65rb: « Ad 3m in principali videtur magister HUGOLINUS satis dixisse ex hoc quod Pater totam latitudinem cognitionis in esse produxit. Sed hoc non evacuat <difficultatem>, quia cum hoc stat quaestio non soluta quare potius per illam totam latitudinem immensam potius produxerit Filium istum quam alium. Similiter magister BONSIMILANT: potentia non sufficit, quia solum redderit rationem quare non plures, sed non quare potius hic Filius quam alius generatur. Ideo BRINKIL descendens magis ad materiam credit se rationem assignare dicendo, quia in Deo Patre tantum est haec memoria fecunda et non alia potest esse fecunda, ideo prima est tantum haec notitia producibilis et producta. Sed sine dubio hoc minus sufficienter dicit, quia ita diceret quilibet philosophus de homine quolibet quod in ipso tantum esset una memoria fecunda et tamen eius sunt plura verba. 2°, quia iste reddit idem per idem, quia quaestio est: cum memoria intellectiva, cognitio et scientia sint in Verbo ita bene sicut in Patre, quare igitur est quod Patris memoria est fecunda et non Filii. Patet quod non est respondere. 3°, licet iste daret fore rationem, supposito quod haec ratio foret quare Pater non producit alium quam istum, non tamen assignat rationem, quare Filius non producit alium. Ideo aliter respondeo… ». Jean Hiltalingen, *Responsio I*, f° 217vb: « Ad aliud haberet dicere BRINCHIL, sicut patet in q. 9, ubi ponit in conclusione principali quod quam communicabilis est essentia divina, tam communicabilis est paternitas ipsa. Ex quo patet quod ipse haberet dicere quod Filius est perfectus perfectione Patris, quia nihil tam communicatur sibi, sicut essentia divina ». *Cf.* aussi *Responsio VII*, f° 277vb-278ra.

5. Jean Duns Scot, *Ordinatio* I, n° 301-302; t. II, p. 305-306. Brinkley s'oppose à Ockham, *Ordinatio*, dist. 7, q. III; dist. 10, q. II (t. III, p. 137,1-3; p. 340-341 Responsio auctoris).

6. *Cf.* Jean Duns Scot, *ibid.*, dist. 7, q. 2; IV, p. 148-151: « Utrum possint esse plures Filii in divinis ». Différentes opinions sur ce sujet sont discutées par Pierre Auriol, I *Sent.*, dist. VII, q. 20; éd. E. Buytaert, II, p. 866-882.

Alia conclusio, si per possibile vel impossibile iste Filius in divinis non esset, nullus filius esse posset [1].

Deinde respondetur ad rationes factas ad quaestionem. Et finis illius quaestionis.

Sequuntur de divinis 3 es quaestiones in hoc 19° sisterno. Patent satis quae in illis tanguntur generaliter ex tabula.

126v | (10) UTRUM ALIQUID CREATUM ET INCREATUM SIT ALIQUOD COMMUNE UNIVOCUM

Arguitur pro et contra.

Decisio quaestionis. Primo ponitur opinio DOCTORIS SUBTILIS; 2do arguitur contra ipsam; 3°, aliae opiniones facile recitantur et arguitur contra ipsas; 4°, eliciuntur aliquae propositiones pro positione propria, et finis quaestionis.

Est igitur [a] positio DOCTORIS SUBTILIS quod conceptu aliquo univoco Deo et creaturae concipitur Deus et homo, *Primo Sententiarum*, dist. 3, q. 2da. Probatur triplici ratione [2]. Arguitur primo contra formam, 2° contra materiam, 3° contra modum arguendi.

Respondet QUIDAM DOCTOR distinguendo de univocatione [3]; et arguitur contra illam responsionem.

Deinde arguitur ad principale, scilicet contra positionem SCOTI etiam auctoritatibus doctorum et sanctorum. Et postmodum multa de conceptu entis et similibus contra SCOTICOS. Et finaliter pro responsione propria ponuntur conclusiones praemissa descriptione univoci [4] et <praemissis> quibusdam suppositionibus.

Prima conclusio, conceptus entis non est de aliquo vel aliquibus praedicabilis in quid. Probatur [5].

(a) *sup. lin.* B

1. *Cf.* Jean Duns Scot, *op. cit.*, dist. 7, q. 2, n° 99; t. IV, p. 150, où le même raisonnement concerne le Père.

2. *Ibid.*, dist. III, p. 1, q. 2, t. III, p. 3-68; q. 3, t. III, p. 81-94.

3. Probablement Guillaume d'Ockham, *Ordinatio*, dist. 2, q. IX (t. III, p. 292-336, partic. p. 318 *sq.*: « Secundo distinguo de univoco… quod tripliciter accipitur »).

4. On la trouve dans les chapitres 23-25 de la Ire partie de sa *Summa logicae* (P, f° 40vb-42va; L, f° 22rb-24vb).

5. Cf. *ibid.*, II 3 (P, f° 55ra; L, f° 31vb-32ra): « Et est sciendum secundum Aristotelem, III *Metaphysicae* (3,998b 9-11), ubi arguit contra Platonem qui ponit unum et ens esse genera, quod ad hoc quod aliquis terminus sit genus requiritur primo quod sit terminus univocus illis quibus est genus; secundo quod praedicetur de eis in quid; et tertio quod habeat differentias contrahentes ipsa de quibus illud in abstracto [non] praedicatur. Quamvis igitur iste terminus 'ens' sit aliquibus terminus univocus et praedicetur in quid, tamen tertium universaliter non habet, ut patet per Aristotelem, ibidem in *Metaphysica* (III 3, 998b 9-28). Sed hic videtur dubium quod Porphyrius dicit ens esse aequivocum ad omnia (*Isag.*, 6,8; *Arist. Lat.*, p. 12,2) et Aristoteles IV *Metaphysicae* (2, 1003b 33-34) in principio, dicit quod non est aequivocum ad omnia, nec univocum, sed medio modo se habens, id est analogum. Secundo… Similiter… Ad primum istorum dicendum est quod logicus non considerat de termino ad placitum nisi quatenus subordinate ad conceptum, vel ad conceptus in anima, <qui> significat sua significata. Et ideo terminum illum qui significat plura subordinata uni conceptui vocat terminum univocum, et qui significat plura subordinata pluribus conceptibus vocat terminum aequivocum, quia non considerat de ordine inter res significatas a priori, sed tantum a posteriori. Et hoc est quod vocat Avicenna in principio *Logicae* suae (c. I, in *Opera philosophica*, Venise 1508, f° 3ra), dicens quod

2[da] sequens ex prima, conceptus entis non est conceptus rei quidditativus.

3[a] conclusio [a], conceptus entis non est de Deo et creatura univoce praedicabilis [1].

4[a] est haec : conceptus entis transcendentis maioris unitatis quam analogiae non est [b] nec potest esse Deo et creaturae etc. Prolixe probatur conclusio et repelluntur responsiones, potissime una de esse obiectivo seu intentionali [c]. Deinde arguitur contra conclusionem, inde respondetur ad rationes contrarias, ubi aliqua notanda de notitia Dei.

(a) 20[us] sisternus *in marg.* B (b) non est *sup. lin.* (*in lin.* esse *canc.*) B (c) intensionali B

logicus non considerat de rebus secundum quod sunt in speciebus, sed secundum quod sunt praedicata et subiecta. Metaphysicus autem considerat de rebus et de ordine inter res a priori, et de terminis et de ordine significationis eorum percipit per respectum ad res et ordinem earum. Unde est quod de terminis solum considerat per accidens et a posteriori. Aliter potest dici, et meo iudicio melius, quod bene stant simul quod idem terminus respectu eorundem simul et semel sit analogus et aequivocus, prout ipsae res per ipsum diversimode significantur, ut prius declaratum est de termino univoco et aequivoco ». Voir note suivante. *Cf.* Jean Hiltalingen, *I Sent.*, q. 21, f° 117vb-118ra : « 3[a] conclusio. Ens prout nomen vel terminus transcendens non est commune univocum ad substantiam et accidens. Probatur ex dictis Commentatoris… Contra istam conclusionem. Omnis intentio praedicabilis de pluribus in quid (inquit *cod.*) exprimit rei quidditatem ; ens est huiusmodi, ergo exprimit rei quidditatem. Sed omnis talis de talibus praedicatur in quid, ergo conclusio falsa. Ad istam rationem dicit Brinkil in quaestione *Utrum ad creatum et increatum sit aliquod commune univocum*, concedendo maiorem primae rationis, immo est sua secunda suppositio ; sed negat minorem eiusdem rationis et ponit oppositum in forma in prima sua conclusione. Et si quaeritur cum ens non praedicetur in quale, nec etiam in quid, videtur quod Porphyrius insufficienter divisit. 2° videtur quod oporteret invenire aliquem novum modum praedicandi praeter positos a Philosopho, Porphyrio et Commentatore. Respondet ad primum quod Porphyrius dedit ibi modos praedicandi de genere, specie et differentia, sed ens nullum est istorum. Ad aliam respondet quod non oportet dare novum, sed est antiquus <modus>, quem ponit Philosophus 7 *Metaphysicae*, commento 59, ubi ponit quod praedicatio in quid alia est naturalis, alia non naturalis. Unde dicit quid est praedicatio naturalis. Utrum haec omnia sint vera committo investigari volenti, videtur tamen textus Aristotelis esse contra eum quem ipse adducit pro se, quia Aristoteles dicit quod praedicatio in quid etc. Si quis autem viam magis communem sequi efficiat, potest negare primae rationis maiorem… »

1. *Cf.* Richard Brinkley, *Summa logicae*, I 23 (P, f° 41va ; L, f° 23rb) : « Multae aliae conclusiones, tam logicae quam theologicae, possent alici, ut quod iste terminus 'Sor' sic significando <sicut significat> non potest esse univocus… Quo ad theologicas, quod huiusmodi termini 'Pater', 'Filius' et 'Spiritus Sanctus', 'ens', 'bonum', 'voluntas', 'intellectus' et huiusmodi, quod non possunt esse univoci de Deo et creatura, quia nullus istorum terminorum quando praedicatur de Deo significat primo in Deo aliquid de se communicabile et indifferens ad Deum et creaturam, quod tamen esset requisitum si aliquis terminus de eis praedicaretur univoce. Et hoc propter multa meo iudicio expedit vobis scire ». *Ibid.*, I 24 (P, f° 41vb-42ra ; L, f° 23vb) : « Iste secundus modus aequivocationis non est ita pure aequivocus sicut primus, quia plus appropinquat ad terminum analogum. Et hoc patet per descriptionem termini analogi, quia terminus analogus est qui plura significat, quorum quodlibet postremum prout concipitur per illum terminum habet ordinem et attributionem naturalem ad primum. Et conclusio quo ad secundam sui partem videtur haberi ex IV *Metaphysicae* in principio (2, 1003a 33-35), ubi vult Aristoteles quod *ens non dicitur univoce nec aequivoce, sed analogice, quemadmodum salubre ad sanitatem.* Et ex II *Metaphysicae*, capitulo 9° (I 9, 992b 19). Et isto modo iste terminus 'ens' dicitur de substantia et [aliis] accidentibus, quod quodlibet accidens quantum significatur per illum terminum 'ens', sicut ens quod est substantia, habet attributionem naturalem <ad ens>. Et ideo dicit Aristoteles in VII *Metaphysicae* in principio (1, 1028a 18-20), quod *accidentia non sunt entia nisi quia entis.* Et IV *Metaphysicae*, capitulo 1° (2, 1003a 33-1003b 4), dicit quod omnia habent ordinem et attributionem ad ens, sicut sanitas in diaeta et sanitas in urina ad sanitatem quae est in corpore ». — Le Ps.-Campsall, *Logica*, 33.03 (éd. Synan, p. 196), écrit : « est enim conceptus 'entis' communis univoce deo et creaturis ». Brinkley n'est pas l'auteur de cette *Logica*.

(11) UTRUM PRAETER PRIORITATEM ORIGINIS IN DIVINIS PONENDA EST ALIA [a] PRIORITAS

Arguitur quod sic et quod non.

De his terminis: 'essentiale', 'notionale' et <de> 'priori' quod 5[er] accipitur. Deinde probatur quod inter essentialia sit aliquis ordo seu aliqua prioritas aliquibus mediis; deinde quod inter essentialia et notionalia [1]. Et probatur ibidem quod inter notitiam creaturarum in Deo Patre et Verbum Patris sit aliqua prioritas [2].

Deinde ad oppositum quod nec inter essentialia nec notionalia etc.

Deinde ad quaestionem respondetur distinguendo de duplici prioritate, et nota ibi multa. Inter alia obicitur contra illam descriptionem de priori, nam quod potest esse sine alio etc. [3], et quod sit alia prioritas a praedictis. Deinde incipit respondere ad obiecta et manet quaestio imperfecta, ut notum est, et folia aliqua vacua. Et finis huiusmodi materiarum [b] [4].

(a) alica B (b) He <sunt> difficultates speculative que tacte sunt in 7 sisternis, que in sequentibus V sisternis speculativa sunt et difficilia signantur, ut patet *add.* B

1. Depuis Duns Scot l'école franciscaine discute l'ordre des perfections appartenant à l'essence divine (*essentialia*) par rapport à celles qui appartiennent aux personnes (*notionalia*), de l'*esse* par rapport à l'*agere*, d'un suppôt divin par rapport à un autre. Concernant ces discussions, voir G. d'Ockham, *Ordinatio*, dist. 9, q. III (t. III, p. 293,13-294,9) et le texte de Gauthier Chatton cité *ibid.*, p. 293 note 4. Quant à Richard Brinkley, il décrit, dans un premier temps, ce que sont les perfections essentielles et personnelles, et ce qu'est la priorité. Dans un second temps il rapporte une opinion qu'il va ensuite critiquer. Le texte dont Étienne Gaudet a disposé avait perdu quelques feuillets; son résumé en souffre évidemment. Le rapport probable du texte de Brinkley avec la théologie d'Ockham semble se préciser sur deux points mentionnés dans les notes 2 et 3. Il se pourrait que la partie négative de notre texte soit, en réalité, une critique de la q. III, dist. 9 de l'*Ordinatio* d'Ockham.

2. *Cf.* Guillaume d'Ockham, *Ordinatio.* dist. 9, q. III (t. III, p. 305,14-20; 307,18-24; 308,1-6, 312,17-313,25).

3. *Ibid.*, p. 298, 10-22; 306, 11-307, 2 (« Primo contra hoc quod dicitur quod 'prius natura est illud quod potest esse sine alio et non e converso' »); 308, 22-311, 10.

4. Jean Hiltalingen, *VI Responsio*, f° 268rb: « 2ª ratio etc. non concludit, quia concederet BRUNCHIL proprietatem (= prioritatem) sive relationem originis communicabilem fore, sicut patet in ista quaestione: *Utrum praeter proprietatem* ( ! ) *originis sit aliqua proprietas* ( ! ) *in divinis.* Sed huius contrarium sustinui in Principio primo ». Il faut joindre ici un autre texte du même auteur, *I Sent.*, f° 3va: « 2° principaliter ad quaestionem sic. Nullus est primus vultus... 2° probatur illud antecedens sic. Ad intra in divinis infiniti <sunt filii>, ergo vultus infiniti. Consequentia patet cum non sit possibile ad intra aliquem esse Filium et ipsum non fore Patris imaginem et propriissimum vultum. Antecedens arguo hoc supponendo quod filiatio ad intra sit communicabilis, quod etiam Filius sit plurificabilis. Quo supposito arguo sic. Quam communicabilis est essentia divina tam communicabilis est relatio ad intra. Sed essentialiter est communicabilis pluribus, ergo et relatio. Minor est nota. Maiorem probo primo sic. Quicquid competit essentiae est communicabile; sed relatio competit essentiae, quia transit in identitatem, ergo relatio est communicabilis. 2° sic. Si (3vb) relatio in creaturis identificatur sicut in divinis in fundamento, cuicumque tunc communicaretur fundamentum, eidem communicaretur et relatio. Ergo sic erit et est in divinis. 3°, signata paternitate in abstracto filiatione, arguo sic. Hoc nulli opponitur, ergo hoc omnibus in divinis communicatur. Consequentia est ANSELMI, *De processu Spiritus Sancti*; et antecedens probatur, quia si alicui opponeretur formaliter illud, et ipsa non possent simul alicui identitate convenire ». La réponse de Jean Hiltalingen à ces arguments de Brinkley se lit au f° 8rb: « Ad 2m quo probatur idem antecedens sic: ad intra infiniti sunt filii, negatur assumptum; et cum probatur supponendo quod si relatio sit communicabilis, pono hic, ut prius, propositiones... 3ª propositio: praecise relationi tam repugnat communicabilitas quam uno in divinis pluralitas. Patet secundum Boethium, quia relatio multiplicat Trinitatem. Per hoc ad rationes BRINKA<L> ibidem in principio factas, quia in primo potest ratio negari pro maiore eius; 2°, discursus non valet, quia medium mutatur. Ad 2am, maior est falsa; similiter et in tertia ».

| (12) UTRUM[a] ILLE HOMO QUI CREAVIT CAELUM ET TERRAM ORDINAVIT QUOD IN CADENTIBUS POST BAPTISMUM[b] HABERET LOCUM SECUNDA TABULA POST NAUFRAGIUM[1] **127r**

Arguitur quod non. Deinde oppositum[c].

Pro[d] argumentis vel materia tacta in argumentis ponuntur aliquae propositiones. Pro primo argumento de relationibus est haec conclusio : aliqua res relativa ab illo homine qui fecit caelum etc. realiter est producta[e]. Probatur.

Pro $2^{do}$, ubi tangit de veritate propositionum ubi ponuntur termini negativi, ut haec : 'hoc peccatum est', praemittitur una divisio de significatione huius termini 'peccatum', et est divisio quaestionis. Tunc ponitur conclusio[f] primo modo loquendo de peccato : peccatum est aliquid ; 2° modo : nec est aliquid nec esse potest, immo nec est nec esse potest.

Pro 3° argumento de iustificatione impii et de commutatione poenae aeternae in poenam temporalem ponitur[g] talis conclusio : in iustificatione impii non est commutatio poenae aeternae in temporalem, quia tali Deus nunquam voluit poenam aeternam ; igitur non obligabatur nec erat iustum etc.

4ª conclusio pro 4ª definitione deficit in libro etc.

Sed post movet unam difficultatem pro qua ponit aliquas conclusiones. Prima est haec[h] : nullum malum regnare in civitate, quod impedire potest, debet iustus praeceptor permittere. Patet in *Decreto*, 31 q. Probatur. Nota de libello repudii etc.[2].

Alia[i] conclusio quod in lege nec praeceptum fuit, nec consultum uxoris repudium, sed praeceptum fuit repudiare volenti quod uxori daret libellum repudii. Probatur.

(a) questiones breues ; de quodam alio doctore, ut videtur, scilicet Braquindo (*cor. ex* Braquindus) *in marg. sup.* B, *postea* : 21 sisternus *add.* B (b) bâbm B (c) ubi quedam *(sic)* modo tangitur de terminis relativis *add. et canc.* B (d) primo *add. et canc.* B. (e) conclusio *in marg. iter.* B (f) conclusio *in marg. iter.* B (g) conclusio *in marg. iter.* B (h) conclusio ; moralis materia *in marg.* B (i) conclusio *in marg. iter.* B

1. La « seconde planche » du pécheur est la pénitence ; voir saint Jérôme, *Ep.* 130, 9 (PL 22, 1115 ; éd. Labourt, VII, p. 179) : « Verum nos ignoremus paenitentiam, ne facile peccemus. Illa quasi secunda post naufragium miseris tabula sit » ; et *In Is.*, II (Is. 3,9 ; PL 24, 65D-66A) : « Secunda enim post naufragium tabula est, et consolatio miseriarum, impietatem suam abscondere ». Cette impiété dont parle saint Jérôme ici, c'est la sodomie, sujet repris par Brinkley dans sa 6e conclusion. La question fait, je crois, l'écho d'un texte de Duns Scot, *Sent.*, IV, d. XIV, q. 1 : *Utrum poenitentia necessario requiritur ad deletionem peccati mortalis post baptismum commissi*, où, au n° 1, l'auteur explique le sens du terme « secunda tabula » et, au n° 2, il précise ceci (éd. Wadding, Lyon, 1639 ; réimpression G. Olms, Hildesheim, 1968, t. IX, p. 6) : « Item Hieronymus, secunda epistola ad Demetriadem, et ponitur in littera *secunda post naufragium* etc. Prima tabula comparatur navi integrae, qua fracta naufragus pereclitatur, nisi alicui tabulae adhaereat ; haec dicitur secunda tabula. Ergo a simili, cadens in peccatum mortale et in hoc passus naufragium spirituale pereclitatur, nisi adhaereat poenitentiae ». Une explication similaire dans Thomas d'Aquin, *S. th.*, III, q. 84, a. 6c. Encore chez Jean Gerson (*Œuvres complètes*, V, p. 142), on lit la même métaphore. — Le problème des relations et des *res relativae* du début de la question n'est certainement pas sans rapport avec la question citée de Duns Scot (*ibid.*, p. 9) ; concernant le terme « peccatum » dans *Pro $2^{do}$*, voir Richard Brinkley, *Summa logicae*, I 14 (P, f° 36vb-37rb ; L, f° 14va-15rb).

2. *Decreti* II pars, C. II, q. I, c. 14-17. Sur le *libellum repudii* cf. *Deut.* 24,1 ; *Matth.* 5,31-32 ; 19,7-8 ; *Mc.* 10,2-6.

Alia conclusio [a]. Pro argumento de Loth [1] sit haec conclusio : vitium sodomiticum inter omnia genera fornicationis est pessimum.

Pro 3° argumento de meretricibus permissis, distinguitur de meretrice. Post ponitur conclusio talis [b] : quilibet iudex ordinarius ecclesiae meretrices inventas in sua iurisdictione [c] per censuras ecclesiasticas prosequi, compescere et fugare debet, sicut iustitiarius regis latrones et interfactores. Probatur maxime quia propter malum intrinsecum non debet permitti malum notorium etc.

(13) Utrum in aliqua specie virtutis poterit viator esse magis vel minus virtuosus et aeterna beatitutine magis vel minus praemiandus

Pro et contra [d]. Arguitur pro et contra faciliter et breviter.

Prima conclusio : aliquam virtutem moralem vel intellectualem fore intensiorem vel remissiorem quam modo est, est simpliciter impossibile.

2da, una virtus alia virtute intensior esse poterit in eadem specie [2].

3a, virtuosus potest virtuosior esse sine cuiuscumque virtutis additione.

**127v** | (14) Utrum sit possibile aliquod indivisibile nulli divisibili coniunctum esse localiter mobile [e]

Pro et contra.

Pro responsione prima conclusio [f] : absque continuo habente partem extra partem non est possibile aliquid continue localiter esse motum.

2da, non est possibile aliquod indivisibile in vacuo se movere [g].

3a, divisibilitas et continuitas mobilis sine divisibilitate [h] et continuitate spatii, et e contrario, divisibilitas et continuitas spatii sine divisibilitate et continuitate mobilis cum causalitate actuativa agentis ad eundem [i] motum incontinuum sufficiens est principium. Probatur quoad duas partes.

(15) Utrum omnipotentia Dei possit aliquod corpus naturale multiplicare [j] in locis variis

Prima conclusio : omnis forma absoluta acquisita alicui [k] corpori in aliquo loco ubi est inerit eidem ubicumque est.

Ex hac sequitur alia, quod ubicumque Socrates acquirat albedinem habebit albedinem ubicumque est.

3a, quamvis omnis res absoluta ubicumque inexistens ubique insit, tamen aliquae propositions verificantur in uno loco quam non in alio. Probatur.

(16) Utrum rex Salomon filius David post cultum idolatriae et fornicationis delictum vitam aeternam meruit aut consecutus est per poenitentiam salubrem

(a) conclusio *in marg. iter.* B (b) conclusio *in marg. iter.* B (c) iuridictione B (d) Pro et contra *sup. lin.* (sit haec conclusio *in lin. canc.*) B (e) questiones breves *in marg. sup.* B (f) prima conclusio *in marg.* B (g) 2a conclusio *in marg.* B (h) 3a conclusio *in marg.* B (i) eandem B (j) per multiplicare (*seu* permultiplicare) B (k) prima conclusio *in marg.* B

1. *Gen.* 19,8.
2. Voir *supra*, p. 109 et note 1.

### (17) Utrum intra divinam essentiam aliquid sit contingens

Distinguitur de contingentia. Post ponuntur propositiones. Prima : Deum producere ad extra non est contingens nec contingentia [1].

2da, prima contingentia et simpliciter summa est prima creatura in actuali existentia [2].

3a, praecise talis et tanta est rei contingentia, qualis et quanta est essentia seu existentia [3].

4a, quamvis Deum principiare creaturam quando ipsam principiat necessario sit Deus, tamen antequam ipsam principiat non est Deus nec esse potest.

Ex his ad quaestionem.

### (18) Utrum viator ex verbis legis sufficienter [a] perplexitatem [b] poterit evitare. Moralia quaedam de lege scripta et naturali

Prima conclusio : Lex humana et civilis legi divinae in ligando est subordinata.

2da, lex divina scripta et promulgata lege rationis est regulata.

3a, propter evidentem rationem licitum est contraire verbis legis quantumcumque perceptione proponantur. Probatur auctoritatibus iuris.

4a, ex verbis legis absque adiuncta ratione non potest quis sufficienter perplexitatem evitare. Nota ; quae consecuntur dicuntur de perplexitate usque in finem quaestionis [4].

### (19) Utrum gratia gratum faciens in viatore sicut in comprehensore tollere vel minuere sufficiat [c] libertatem indifferentiae

Quod sic. Videatur tota, quia brevis.

### (20) Utrum Deus creavit mundum in aequinoctio vernali vel autumnali

Videatur [5].

### (21) Utrum praedicatoribus verbi Dei liceat in suis sermonibus colores rhetoricos adhibere

Videatur. Haec de brevibus.

(a) malum *sup. lin. canc.* B (b) *sup. lin.* B. (c) caritatem *add. et canc.* B

1. Voir *QM* II, concl. 1.
2. Voir *supra*, p. 129-131 et *QM* II, concl. 2.
3. À comparer avec Jean de Ripa, *Quaestio de gradu supremo*, éd. critique par A. Combes et P. Vignaux, Paris, Vrin, 1964, p. 215, concl. 1 : « Cuiuslibet essentie intellective create tanta est precise contradictionis libertas sicut correspondens essentialitatis causalitas, et e contra ». Il existe probablement une source commune des deux formules. Voir aussi *QM* II, concl. 4.
4. Concernant l'ambiguïté des lois, *cf.* Robert Holkot, *III Sent.*, q. unica, art. 5, ad 5 (Lyon, 1518, f° N lra-rb) et *De imputabilitate peccati* (*ibid.*, f° C4vb-6ra).
5. *Cf.* E. Panowsky, « Sol aequinoctialis fuit creatus. Notes on a Composition by Lelio Orsi and its Possible Connection with the Gregorian Calendar Reform », dans *Mélanges A. Koyré*, II, Paris, 1964, p. 360-380.

## <Ricardi Brinkley *Quaestiones Magnae Tres*>
## <Abbreviationes duae Stephani Galdeti>

### I

**(B, 128r) Utrum[a] praecise eodem modo quo Deus principiat ad intra principet ad extra[1]**

Quod sic diffuse[2].
Ad oppositum etiam multipliciter.

**(G, 40r) Brachon[b] quaerit An Deus ad extra principiet eodem <modo> quo principiat ad[c] intra**

Arguitur pro et contra multipliciter.
Videtur quod pars affirmativa stet in hoc quod Deus est quilibet suus modus quo est

(a) questiones magne tres vidende in tribus sisternis finalibus *in marg. sup.* B; adhuc 21 sisternus *in marg.* B; ad intra principiat persona ad extra essencia qui non sunt distincti modi; Braquin *in marg.* G (b) brach°n G (c) extra *add. et canc.* G

1. À comparer avec le titre de la *Responsio IV* de Jean Hiltalingen de Bâle : « Utrum summae libertatis ingenua prima intellectiva eodem modo praecise quo unicum Verbum suum principiat ad intra pluralitatem rerum producat ad extra » ; f° 239va.

2. Jean Hiltalingen, *Responsio IV*, f° 240va-241ra : « … pro cuius (*se.* quaestionis) etc. veritate sunt 7[m] rationes quas facit Brinkil in quaestione qua quaerit : Utrum praecise eodem modo quo Deus principiat ad intra, principiet ad extra. Quarum prima est : secundum nullam activitatem seu modum agendi principiat Deus ad extra quin secundum eandem activitatem et secundum eundem modum agendi consequenter principiet ad intra. Igitur quaestio vera. Antecedens probatur, quia quaelibet activitas aut modus agendi in se habet aliquem terminum primarium adaequatum. Sed nullus ad extra potest esse terminus primarius adaequatus actionis divinae, cum sit limitativus et quodammodo inperfectus, igitur etc. Haec ratio secum portat plures pulchras difficultates.

2[a] est haec : praecise eadem activitate et eodem modo agendi quo Deus principiat ad intra integrari potest efficaciter quilibet effectus ad extra. Sed *Deus et natura nihil agunt frustra* <Aristoteles, *De caelo*, 14, 271a 33>, igitur etc. Consequentia videtur nota et antecedens probatur, quia aliter aliquid ad extra esset ratio agendi Deo et etiam alio modo intrinsece se haberet quando principiat ad extra quam quando non principiat.

3[a] : sit *a* quidquid est et quandocumque est quod et omnino non est Deus. Tunc sic : aliquod *a* praecise eodem modo Deus principiavit quo principiat ad intra. Sed quandocumque principiat ad extra *a*, principiat quodlibet, cum uniformiter agat ad extra, quando agit. Igitur quodlibet *a* praecise eodem modo principiat, quod principiat ad intra. Assumptum arguitur sic. Aliquod *a* Deus principiat et non alio modo quam principiet ad intra, ideo aliquod *a* Deus praecise eodem modo principiat [ad intra]. Quod autem ad extra ( ? ) *a* non principiat alio modo quam principiat ad intra arguitur sic. Aliquod *a* principiatur a Deo sine modo medio inter Deum et creaturam et sine modo aliquo creaturae, igitur etc. Patet consequentia. Probatur antecedens, quia aut Deus creat creaturas per medium, aut sine medio. Si sine medio, habetur propositum ; si per medium, igitur illius medii Deus erit causa sine medio, aut respectu medii dabitur a Deo medium et erit processus in infinitum, quod est falsum.

4[a]: tota multitudo productorum est aliquo modo a Deo et non est a Deo aliquo modo istius multitudinis. Igitur tota multitudo est a Deo aliquo modo qui non est eius multitudinis. Sed nullus est talis, nisi quo principiat ad intra. Igitur etc.

5[a] : qualitercumque Deus principiat, sive ad intra, sive ad extra, est Deus. Sed praecise uno modo est Deus, igitur etc. Patet consequentia et probatur assumptum, quia unumquodque agit secundum quod est in actu. Item, aliter Deus principiaret qualiter non esset, nec principians esset.

6[a] : praecise eodem modo principiat Deus ad extra quo modo est principiare ad extra. Sed praecise eodem modo est principiare Dei ad extra quo modo est principiare Dei ad intra. Igitur etc.

7[a] : quam simpliciter et unico modo Deus Pater intelligit omnia quae intelligit, tam simpliciter <et> unico modo principiat. Igitur summum intelligere est principiare. Sed summe simpliciter et unico modo intelligit quae intelligit, igitur etc. Sic igitur videtur quod quaestio est vera, pro cuius etc.

vel agit, et ideo tantum uno modo agit [1].Cum hoc stat haec veritas quod ad intra agit necessario, ad extra contingenter, quamvis non modo contingenti sed necessario, quamvis fit contingenter modus agendi ad extra. Huius simile habemus, quamvis enim divina essentia sit eiusdem scientia omnibus modis, tamen Deus non est lapidum essentia, sed bene esse. Propter quod adverte in sequentibus, ut utaris adverbiis 'aliter', non 'alio modo', 'contingenter', non 'contingenti modo', et sic de aliis locutionibus similibus.

Ponuntur $4^{or}$ conclusiones locicae [a], quarum duae primae probantur. Vide ibi et non quaere earum intellectum [2]. Prima : quodlibet ad extra est aliquo modo principiatum quo modo Deus non principiat ipsum.

Intentio illius de hoc [b] poni potest, et ipsam ponit sub $4^{or}$ conclusionibus. <$l^{a}$> : quodlibet ad extra est aliquo modo principiatum quo modo Deus non principiat. Patet, nam quodlibet ad extra principiatum est principiatum modo quo est, sed nullo modo quo creatura est Deus principiat. Igitur conclusio vera.

$2^{da}$: aliqualiter Deus agit ad extra qualiter Deus non agit, nec agere potest [c].

$2^{da}$ conclusio : aliqualiter Deus agit ad extra qualiter Deus [d] nec agit, nec agere potest. Probat sic. Deus contingenter agit ad extra, Deus non contingenter agit, nec agere potest, igitur conclusio vera. Consequentia nota sumendo 'taliter agere' ut est convertibile cum 'contingenter agere' vel per se superius, quia ex opposito consequentis sequitur

(a) *sup. lin. B* (b) de hoc *sup. lin.* G (c) $3^{ia}$ *in fine lin. add. et canc.* B (d) *sup. lin.* G

veritate potest argui per rationes Jacobi de Viterbio… » Voir aussi le même texte dans Ange de Dobelin, *I Sent.*, f° 76rb.

1. À comparer avec la remarque de Pierre de Candie, *I Sent.*, q. II, a. 3, f° 38va : « Praeterea, quaelibet potentia, cui ex condicione intrinseca non competit nisi unus modus agendi, de necessitate excludit plures modos agendi. Sed voluntas est talis potentia quod sibi ex condicione intrinseca non competit nisi unus modus agendi ; et loquor de voluntate creata, quia de voluntate increata secus est, quoniam illi correspondent ex natura rei duo modi agendi, scilicet necessario et contingenter, quia in productione Spiritus Sancti Deus necessario modo se habet, hoc est necessario producit Spiritum Sanctum, (ut scimus ex logica Brokal, qui dicit quod Deus producit necessario modo ad intra et tamen contingenter ad extra), et in productione ad extra sic se habet quod contingenter producit creaturam. Ex quo apparet quod voluntati divinae correspondent duo modi agendi, sed voluntati creatae nonnisi unus, id est mere contingenter et libere, ut apparet ex toto processu praecedentis considerationis ». Le texte allégué, connu depuis le travail déjà cité de F. Ehrle sur *Petrus von Candia*, p. 71, est repris par G. Gál et R. Wood, « Richard Brinkley », p. 63 note 13, qui remarquent : « We cannot verify this reference (dans la *Somme de logique*), and it is possible that *Logica* is a scribal mistake for *Lectura*, especially since ail of Peter's other references to Brinkley are to his *Lectura* ». Cependant, il ne s'agit point d'une erreur de copiste ; tout simplement la *logica Brinkley* se traduit par « pensée », « raisonnement » ou « manière de raisonner de Brinkley ». Il ne s'agit pas non plus d'une « lectura », mais d'une question disputée.

2. Concernant les quatre conclusions de Brinkley, voir *supra*, p. 122-126.

oppositum antecedentis. Totum assumptum patet per eius expositiones [1].

$3^a$: etsi[a] Deus praecise eodem modo principiet quo est, ad extra tamen aliqualiter principiat qualiter non est.

$3^a$: etsi Deus eodem modo principiet quo est, ad extra tamen aliqualiter principiat qualiter non est. Ista satis esset concedenda[b] propter diversitatem inter adverbia et nomina, puta « aliter » et « alio <modo> », « taliter » et « tali modo », « contingenter » et « contingenti modo » ; sed aliqualiter videtur dictum[c] in praecedenti, ubi negavit « Deus principiat contingenter », quamvis istam concessit :

(a) et- *sup. lin.* B (b) *sup. lin.*; *in lin.* vera *canc.* G (c) in principio *add. et canc.* G

1. Guillaume Centueri de Crémone, *II Sent.*, art. 2 (de la question conservée), concl. 5, s'oppose visiblement à Richard Brinkley qu'il appelle *Inceptor Bachalaus* ou *Richardus Brechil.* Son texte est très intéressant par la très forte dose de logique appliquée à la discussion de la conclusion. N'ayant aucune possibilité de distinguer ce qui dans le texte est emprunté à Brinkley de ce qui appartient en propre à Centueri, ne pouvant pas non plus transcrire ici plusieurs feuillets de l'analyse de la concl. 5 mentionnée, je me limite aux deux endroits où Brinkley est ouvertement visé. Le premier se lit au f° 168vb : « $5^a$ conclusio sit ista : qualitercumque prima causa producit suos effectus ad extra, potest taliter ipsos producere, sed non qualitercumque ipsos producit ad extra, taliter ipsos potest producere ad extra. Istam conclusionem sic probo quantum ad sui primam partem valde breviter… (169ra) 2° arguo et probo $2^m$ partem sic… Et pro $2^a$ ipsum arguo sic… Pro prima parte et pro $2^a$ patet… Nunc probo consequentiam sic. Ex 'necessario posse producere' sequitur 'non contingenter posse producere', ergo illud argumentum fuit bonum. Patet consequentia et assumptum sic arguo : sequitur 'Deus necessario potest producere effectus ad extra, igitur potest producere effectus ad extra', et non potest esse quin possit effectus ad extra producere. Et ex hac 'Deus contingenter potest effectus ad extra producere' sequitur 'Deus potest ad extra producere et potest esse quod non possit ad extra producere'. Nunc autem ista $2^a$ particula repugnat particulae $2^{ae}$ primae propositionis et omnia ista patent per expositionem istarum propositionum. Igitur bene apparet quod hoc est bonum argumentum : Deus necessario potest ad extra producere, igitur non Deus contingenter possit ad extra producere. Et per istum modum potest accipi propositio conclusionis quae hic habet originem, quam posuit reverendus INCEPTOR BACHALAUS, puta haec : *Deus [non] aliqualiter agit ad extra, non qualiter agit vel agere potest*, quamvis haec ratio concluderet sophistice, ut respondendo patebit. (169rb) Ex hac igitur conclusione cum suis probationibus apparet quo modo tales propositiones sunt verae : 'tu aliter es, non qualiter potes esse', 'aliter tu curris, non qualiter potes movere', 'tu aliqualiter loqueris, non qualiter tu potes loqui'. Patet ex rationibus adductis. Ideo propter hoc pono istam 'non aliqualiter es, qualiter potes esse', vel 'curris' etc., immo cum hac pono oppositam, puta istam 'aliter tu es, qualiter potes esse'. Probatur sic : realiter tu es et realiter potes esse, igitur aliter tu es qualiter tu es potens esse. Nec istae repugnant, sed aliae, subcontrariae. Hic non amplius intendo immorari, cum illud sit magis factum logicale quam nostro proposito principali »… Voici maintenant le second fragment, f° 172rb : « Contra $5^{am}$ conclusionem sic arguo. Ista conclusio manifestam contradictionem includit… (176rb) Ad argumenta contra $5^{am}$ conclusionem. Ad primum concedo consequentiam et nego antecedens ; et ad probationem nego simpliciter assumptum. Et tunc quando dicitur quod in una dicitur… Unde in prima praecedit 'potest' *ly* 'taliter', puta in affirmativa ; sed in $2^{da}$, puta in negativa, praecedit 'taliter' *ly* 'potest', et multum facit quantum ad veritatem et falsitatem propositionis, quoniam cum praecedit ista (176va) dictio 'taliter' et 'potest' sequitur, tunc per 'taliter' modificatur 'potest' ; sed quando dictio 'potest' praecedit, tunc non modificatur 'potest' par illam dictionem 'taliter', sed solum denotatur quod potest esse per istum modum, puta contingenter vel necessario… (177ra) Sed numquid potest satis fieri ne appareat tanta absurditas ? Dico quod potest faciliter satis responderi sed aliter, a principio conclusionis logicae recedendo. Sed quando arguitur : Deus contingenter producit ad extra et tamen non contingenter producere potest, igitur etc., nego consequentiam et concedo antecedens. Et ad propositionem dici potest quod non idem arguitur

4[a]: etsi omnis modus quo Deus principiet ad intra vel ad extra sit Deus, aliquo tamen modo Deus principiat ad extra quo modo Deus non principiat ad intra [a].

« principiat contingenter ad extra », – in quo patet quod non dicit consequenter.
4[a] etiam non consequenter dicta prima fronte est : etsi omnis modus quo Deus principiat ad intra vel ad extra sit Deus, aliquo tamen modo Deus principiat ad extra quo modo non principiat ad intra. Non videtur stare cum imaginatione suae primae propositionis, scilicet qua imaginatur [b] quod Deus modo quo est principiat. Per hoc sufficiant quae alias scripsisti in legendo [1]

Probatur prima conclusio aliquibus mediis [c] et respondetur ad illa et replicatur. Videantur haec quia notanda sunt. Et quo modo nihil est quod non sit Deus, quin sit aliquo modo compositum.
Deinde [d] 2[da] conclusio probatur et continuantur illius probationes et materia illius conclusionis per duo folia integra 22[di] sisterni et usque infra modicum post principium 3[ii] folii illius 22[di] sisterni. Deinde per illud 3[m] folium et 4[m] et principium 23 sisterni agitur de ista conclusione : tam firme vera est secta Christi quod illam esse et non esse veram claudit repugnantiam, de materia supra tacta de assensibus [2].

(a) probantur due prime in hoc ; et videtur quod alio (modo) probentur, puta 3[a] etc. ; modicum post principium 23 sisterni vide. Utrum simpliciter primum productum ad extra sit alicuius creature actualis existencia *add. et canc.* B (b) scilicet qua imaginatur *sup. lin.* G (c) aliquibus mediis *sup. lin.* B (d) 22[us] *in marg.* B

ab exponentibus ad expositum, quoniam istae acceptae non sunt expositionis suae. Et si dicatur quae sunt istae ? – dicendum est quod sunt istae : aliter Deus agit ad extra et potest esse quod non taliter agat. Et illud est verum, ita quod non debet dici 'et potest esse quod non agat', quoniam falsa esset de productione ad intra. Nam bonum argumentum est 'non agit, nec ad intra, nec ad extra'. Debet ergo sic exponi : 'Deus aliqualiter agit ad extra et potest esse quod non taliter agat'. Sed illud non salvat oppositum conclusionum mearum, sed oppositum conclusionum Richardi Brechil et ab eo accipientium propositiones similes, videlicet 'Deus aliqualiter agit ad extra non qualiter agere potest', sed (*lac. in cod.*) non quoniam non taliter agit sive ad extra quin necessario possit taliter agere ». Voir aussi D. Trapp, « "Moderns" and "Modernists" », p. 253, 256.

1. Je n'ai pas retrouvé ce texte d'Étienne Gaudet. Concernant la conclusion, voir *supra*, p. 126.
2. Voir *supra*, p. 116 et 150.

Deinde post hoc in primo folio 23[i] sisterni[a], immediate incipit probare 3[m] conclusionem supra tactam vel positam; deinde[b] instat contra ipsam et solvit, ubi notanda aliqua de distingui formaliter a formalitate et modaliter a modalitate etc. Arguitur etiam de formalitate *a* et realitate eiusdem etc. Et de his adverbiis « taliter » etc.[1] Et tangitur de his per tria folia.

Deinde probatur 4[a] conclusio[2]. Haec vide. Tota haec materia de habitudinibus et modis videnda et duae sequentes, quamvis materia sit communis et saepe tacta.

(a) in… sisterni *sup. lin.* B ; 23[us] sisternus *in marg.* B (b) *corr.* B

1. Voir *supra*, p. 127, le « notabile » de Jean Hiltalingen, repris par Ange de Dobelin, *I Sent.*, f° 75rb-va : « In oppositum potest argui sic… ».

2. Voir *supra*, p. 122-128 note 2.

II

**(B, 128v) UTRUM[a] SIMPLICITER PRIMUM PRODUCTUM AD EXTRA SIT ALICUIUS CREATURAE ACTUALIS EXISTENTIA.**

Et arguitur quod non 4$^{or}$ mediis et inter illa arguit quod veritas disiunctive non sit Deus.
Deinde oppositum.
Circa istam quaestionem ponuntur aliquae conclusiones.

Prima est : ad hoc quod Deus producat ad extra ponere in Deo actum contingentem non est necessarium neque possibile[2]. Probatur haec conclusio 6 mediis contra BRADWARDINUM. Deinde ponitur quaedam evasiva responsio et arguitur contra illam. Et de contingentia aequaliter[e] et necessitate arguendo et evadendo multa dicuntur[f] contraBradwardinum usque <ad> 2$^{am}$ conclusinem.

**(G, 40v) UTRUM[b] PRIMUM PRODUCTUM AD EXTRA SIT ALICUIUS CREATURAE ACTUALIS EXISTENTIA.**

Quod non videtur sic arguendo. Ad cuiuslibet creaturae actualem existentiam praecedenter se habet velle divinum ipsam actualiter principians. Sed velle divinum ad extra est aliquid a Deo productum ad extra, igitur quaestio falsa. Omnia patent praeter minorem. Minor est conclusio AUCTORIS *De causa Dei contra Pelagium* 3° libro[c], capitulo 2° vel[d] 9°, in hac forma : solus actus divinae voluntatis ad extra est simpliciter contingens aequaliter[1].
Prima conclusio sua est : ad hoc quod Deus producat ad extra actum contingentem ponere in Deo non est necessarium neque possibile. Arguitur primo sic quod non sit necessarium, nam signata aliqua re ad extra producenda, puta Antichristo, quae sit *a*, et signata volutione divina qua, iuxta positionem ADVERSARII, immediate producit voluntas divina Antichristum, quae sit b, arguitur sic. Quam[g] efficax est voluntas divina respectu *b*, tam efficax et sufficiens est respectu *b*. Sed sic est efficax respectu *b* quod immediate producit <*b*> et per se. Igitur taliter sufficiet producere *a*.

Item, quam efficax est voluntas divina respectu alicuius volutionis, tam efficax est respectu cuiuscumque voluntatis et tam infrustrabilis respectu utriusque. Igitur si aliqua volutio potest produci sine medio etc.

Item[h], ex eadem causa praecise in ratione efficientis potest Antichristus produci in esse ex qua potest conservari in esse. Sed sine

(a) 23$^{us}$ sisternus *in marg.* B (b) Braquin *in marg.* G (c) 3° libro *sup. lin.* G (d) 8$^{uo}$ *add. et canc.* G (e) aequaliter *sup. lin.* B (f) usque *add. et cane.* B (g) *corr.* G (h) tam *add. et canc.* G

1. Thomas Bradwardine, *De causa Dei*, Londres, 1618, III 5, corol. 11,654B et 657C-D. Voir *supra*, Q. 3, p. 156-159.

2. Voir *supra*, Q. 17, concl. 1.

$2^{da}$ conclusio est haec quod simpliciter prima contingentia est aliqua creatura in actuali existentia[1]. Sequitur ex praecedenti. Et agitur adhuc contra dictum DOCTOREM vel AUCTOREM *De causa Dei*.

$3^{a}$ conclusio: loquendo theologice et vere nihil est contingens quod non est mutabile. Contra quam antequam probetur arguitur $4^{or}$ mediis. Pro illa conclusione praemittitur distinctio de hoc termino « mutabile », et tangit aliqualiter de veritate propositions[e] distinguendo. Ex qua infertur de veritate et causis veritatum propositionum variarum 7 conclusiones notandae, inter quas patet quid est veritas disiunctive[2]. Contra arguitur et respondetur, notatur et replicatur, quae omnia notanda. Postquam respondetur ad rationes factas contra $3^{am}$ conclusionem.

omni volutione contingenti[a] a se distincta, scilicet Deo, potest conservari in esse. Probatur minor, quia ista consequentia non valet: « ista volutio contingens aequaliter non[b] est, igitur Antichristus non est », quia est una res contingens[c] totaliter distincta ab Antichristo. Confirmatur, nam si Deus requireret istam volutionem contingenter, tunc sine ipsa non posset principiare Antechristum. Et hoc non, nam una consimili hac non existente ( ? ) posset. Non igitur valet haec consequentia: huiusmodi[d] volutio conti<n>gens <est>, ergo Sortes ( ? ) est, aut econtra.

Item, praecise eodem velle quo Deus Pater vult se, vult esse volitum ab eo; sed velle omnino necessario vult se.

Et aliae rationes fiunt ex divina simplicitate et actualitate, quas non oportet adducere, nam notum sic actuari et informari per aliud est imperfectionis in creata voluntate. Item, in divinis esset plus quam trinitas, quia 3 personae et huiusmodi actus.

Ex hac conclusione sequitur $2^{da}$ quae est haec quod simpliciter prima contingentia est aliqua creatura in actuali existentia, nam contingentia simpliciter prima vel est Deus, vel creatura.

$3^{a}$ conclusio est quod nihil est vere contingens quod non est mutabile. Sed contra: Antichristum esse futurum <est> contingens antepositum in esse et tamen non est mutabile, saltem antepositum in esse. Pro ista instantia distinguit de mutabili. Faciliter potest dici conclusionem intelligi de entibus, vel potest <dici> quod Antichristum esse futurum nihil est, vel quod vere est mutabile quia mutabitur.

(a) *sup. lin.* G (b) *sup. lin.* G (c) una res contingens *sup. lin.* G (d) huius G (e) de veritate materie *in marg.* B

1. *Cf.* Q. 17, concl. 2.
2. Cf. *supra*, p. 153 note 1 et 166 note 1.

4[a] conclusio pro esse possibili intelligibili et esse volito et cognito et[a] ab aeterno sit haec: tanta et praecise eadem est rei possibilitas quae et quanta est rei entitas. Probatur mediis notandis. Deinde arguitur contra argumentis DOCTORIS SUBTILIS, ubi etiam aliqua notanda. Et respondetur ad illa diffuse, ubi aliqua notanda. Et continuatur haec usque ad solutionem rationum principalium. Et finis quaestionis. Omnia haec videnda et tota quaestio notabilis.

III

**(B, 129R) UTRUM CUM OMNI MODO AGENDI DEI AD EXTRA STET QUOD VOLUNTAS CREATA SIT IN AGENDO CONTRADICTIONE LIBERA.**

Arguitur quod non. Deinde oppositum.

**(G, 41r) UTRUM[b] CUM OMNI MODO AGENDI DEI AD EXTRA STET QUOD VOLUNTAS CREATA SIT IN AGENDO CONTRADICTIONE LIBERA.**

Et videtur quod non. Primo, nam haec consequentia est bona: Deus vult volutionem creatam[c] principiare *a* actum, igitur voluntas creata principiat *a* actum. Antecedens non est in potestate voluntatis creatae igitur nec consequens.

Item, si Deus vult aliquo modo *a* <esse> vel fore, igitur est aliquis modus agendi Dei ad extra cum quo non stat quod voluntas creata in agendo sit contradictione libera.

Item, omnia quae eveniunt de causa, qua posita cum omnibus dispositionibus requisitis non poterunt non evenire, necessario eveniunt. Omnes actus voluntatis creatae sunt huiusmodi. Patet, nam posita voluntate divina et actu contingenti quo determinat se ad volendum *a* actum esse vel fore, vel quo vult *a* esse vel fore, *a* actus non poterit non esse vel fore. Ad idem, omnia quae de ista necessitate evenient, de aliqua necessitate evenient excludente libertatem contradictionis respectu eiusdem causae, demonstrando velle divinum respectu eorum quae

(a) erit ( ? ) *add. et canc.* B (b) Braquin *in marg.* G (c) creatam *(corr. ex* increatam) G evenient. Sed omnia quae evenient, de ista necessitate evenient; igitur omnia quae evenient de aliqua necessitate excludente libertatem contradictionis evenient.

Ad idem, quam invariabilis est divina scientia, tam invariabiliter et necessario est cuiuslibet sciti scientia. Sed quodlibet futurum est aliquod scitum ista scientia; igitur ista scientia est cuiuslibet futuri necessario et invariabiliter scientia. Sed non firmius est istius futuri scientia quam istud est futurum; igitur quodlibet futurum invariabiliter et necessario est futurum.

Circa istam quaestionem recitantur tres opiniones. Prima ponit libertatem contradictionis in creatura rationali et ad hanc salvandam excludit a Dei voluntate libertatem, ita quod Deus nihil agit ad extra nisi necessitate naturae. Et haec fuit PHILOSOPHI, scilicet ARISTOTELIS et aliorum. Et haec destruit omnem sectam et tot habet adversarios quot sunt legum rationabilium professores, et omittitur pro irrationabili.

Hic sunt $3^{es}$ opiniones famosae ab invicem discrepantes, quarum prima ponit libertatem contradictionis simpliciter in rationali creatura et ad ha<n>c salvandam excludit a Deo libertatem huiusmodi, asserendo quod Deus nihil agit ad extra nisi necessitate naturae, et quod non habet scientiam, curam ac providentiam de istis inferioribus.

$2^{da}$ est extremalis primae contraria, attribuens scilicet Deo libertatem et auferens a creatura, et est opinio AUCTORIS *De causa Dei*.

$2^{da}$ extrema, huic contraria, est[a] asserens libertatem contradictionis esse in solo Deo respectu sui primi actus ad extra et excludit eandem libertatem simpliciter ab omni creatura, dicendo quod nulla creatura in aliquo suo actu est simpliciter contradictione libera, sed tantum secundum quid[1].

$3^{a}$ est opinio communis asserens in utroque libertatem contradictionis.

$3^{a}$ opinio huic contraria asserit quod creatura rationalis est simpliciter in actu suo contradictione libera, secundum quid tamen non libera ante, ex suppositione.

Prima opinio quo ad eius primam partem fuit opinio PHILOSOPHI et suorum sequentium; quo ad $2^{am}$, fuit opinio CICERONIS, ut recitat AUGUSTINUS 11 *De civitate Dei*, cap. 9°[2] Secunda fuit AUCTORIS *De causa Dei*, ut patet parte $3^{a}$,

(a) *sup. lin.* G

1. Thomas Bradwardine, *De causa Dei*, III 5 corol. 10-14,654A-B; *cf.* p. 185, note 1.
2. *Cf.* S. Augustin, *De civ. Dei*, V, IX 1-2; Thomas Bradwardine, *De causa Dei*, III 13-14 et 19.

cap. 27[1]. $3^{a}$ vero opinio est communis, sed difficilis ad sustinendum, ut patet inspiciendo difficultatem. Prima destruit omnes leges, quis enim se ipsum districte ratione recta dictante eligeret negare [se ipsum], nisi crederet suae morti aliquod praemium etc. similia. Omittitur.

Contra $2^{am}$ descriptis prius aliquibus terminis, scilicet « modus agendi Dei ad extra », « libertas contradictionis secundum quid » etc., arguitur septem mediis diffuse.

Ad procedendum[a] contra $2^{am}$ praemittit quid intelligendum est per necessitatem antecedentem. Uno modo sumitur[b] pro causa necessario agente omnibus impedimentis deductis et positis omnibus necessario requisitis. Et potest sic describi : necessitas antecedens est causa, qua posita cum omnibus suis dispositionibus naturaliter praeviis, quibus effectum producit, et remotis impedimentis, necessario et[c] inevitabi<liter> sequitur effectum produci. Ista ponitur ab illo DOCTORE, ubi supra. Ex hac patet qualiter describi valeat effectus necessarius[2].

(41v) His praemissis contra opinionem. Primo sic. Quam ex ratione naturae suae potentia irrationalis determinatur ad alteram partem contradictionis, sic quod omnibus impedimentis deductis et positis omnibus necessariis requisitis, ab ea tollitur posse propinquum in oppositum sui actus, tam, inquit, ex intrinseca ratione naturae suae potentia rationalis indeterminatur ad alteram partem contradictionis, positis omnibus praevie requisitis etc.[d], et non tollitur ab ea posse propinquum etc.[3]. Confirmatur, quia quam contingentia contradictionis repugnat potentiae illiberae, tam convenit potentiae liberae et sibi opposita necessitas repugnat. Et aliquas alias <rationes> adducit super

(a) contra $2^{am}$, scilicet contra Breduardin ; contra hoc Bokinkam *in marg.* G (b) *sup. lin.* G (c) *corr.* G (d) *sup. lin.* G

1. Thomas Bradwardine, *op. cit.*, III 27, 704D : « actus quoque voluntatis divinae ad extra... est solus simpliciter contingens ad utrumlibet et liber simpliciter libertate contradictionis ». Voir aussi p. 184 note 1.
2. *Ibid.*, III 2,646E-647A ; et III 27,705C
3. *Ibid.*, III 4,651D-652A

simili fundamento. Item, Deus sic concurrit cum causa 2^da quod sicut non adimit ab ea actum suum proprium, ita nec modum agendi ; Deus enim sic res dispensat ut tales (?) modos[a] proprios. Et per consequens modus proprius agere sumat.

Item, si Deus vellet Sortem *a* actum suum ab eo producendum[b] facere et per consequens *a* fore non solum sic absolute, sed libere libertate contradictionis, tunc sicut ad hoc velle Dei sequitur *a* fore, ita sequitur *a* fore libere contingenter contradictione. Assumptum autem velle Dei non solum possibile videtur, immo rationabile. Confirmatur. Quam sequitur : Deus vult *a* necessario produci, igitur necessario producitur, tam sequitur : Deus vult *a* produci libere libertate contradictionis, igitur sic producitur, scilicet libere libertate contradictionis. Et tamen producitur a causa qua posita etc., nec tamen antecedenter necessario.

Item, [tunc] si Deus necessario et non contingenter praeveniret voluntatem in agendo nulla mutatione facta in voluntate, tunc talis voluntas non minus libere ageret. Et hoc concedit ille DOCTOR[1]. Ideo nec nunc, nec tunc libere agit[c]. Cuius impossibilitas probatur, nam haec consequentia est bona : voluntas divina necessario determinat et principiat creatam ad actum[d], igitur non contingenter contradictione et libere producitur. Non improbat ADVERSARIUM.

Ulterius argui potest contra illam positionem in hoc specialiter quod ponit <voluntatem creatam> esse liberam contradictione respectu causarum 2^arum et non respectu causae primae, nam, ut dicit, positis omnibus causis secundis naturaliter praeviis non sequitur voluntatem velle, sed indifferenter potest velle et non velle[2].

(a) modus G (b) fieri non so *add. et canc.* G (c) Ideo… agit *sup. lin. et in marg.* G (d) ad actum *sup. lin.* G

1. Thomas Bradwardine, *op. cit.*, III 9-11. Il s'agit probablement d'une source commune de Bradwardine et de Brinkley, les *Retractationes* (I, XXII4) de saint Augustin, citées par Bradwardine, *ibid.*, III 9,675E.

2. *Ibid.*, III 5 corol. 9-10,654A, 656D-E.

Ex his arguitur sic, signata voluntate et aliquo[a] obiecto sufficienter praesentato inclinante ipsam ad eliciendum actum volendi respectu sui, quae voluntas sit *a* et obiectum *b*. Tunc iuxta modum loquendi istius <DOCTORIS> ista consequentia non valet : *b* et omnis causa secunda cum omnibus dispositionibus praeviis necessario requisitis ad hoc quod *a* agat ponitur, igitur *a* agit. Sed si omnis causa $2^{da}$ cum omnibus dispositionibus etc. ponitur, Deum agere cum illis ponitur, cum nulla secunda agat, inclinet etc. sine prima. Igitur positis causis $2^{dis}$ et Deo cum illis, non sequitur *a* agere, igitur nec sequitur Deum <agere> posito <*b*> cum omnibus dispositionibus etc. Responsio patet quod Deus agens cum illo obiecto non ponitur cum omnibus dispositionibus etc.

Item, si positis omnibus causis secundis cum omnibus etc. stat voluntatem non agere, vel hoc est Deo coagente cum illis, et tunc contra positionem quod voluntas potest contraire toti illi ordini causarum $2^{arum}$ et Dei ; si Deo non coagente, tunc illae causae $2^{ae}$ possunt agere Deo non coagente etc.

Item ad principale, signata voluntate cum omnibus dispositionibus quibus principiat *b* actum voluntatis creatae, quare aut cum omnibus istis potest non principiare *b* actum, aut non potest non principiare *b* actum ? Si detur primum[b], igitur voluntas divina non potest necessitare aliquam voluntatem creatam, nisi ipsa prius necessitata. Si detur $2^{um}$ quod divina voluntas cum[c] omnibus etc. potest non principiare actum creatae voluntatis, nec ex illis sequitur ipsam principiare. Igitur nec ex ista praeventione sequitur voluntatem creatam principiare. Sed ex nulla alia praeventione magis sequitur, igitur ex nulla, et propositum.

(a) absolute *( ? )* G (b) $2^{m}$ G (c) *sup. lin.* G

Deinde resurgit 3ª opinio et antequam arguatur contra illam ponuntur quattuor conclusiones. Prima sit haec : nulla voluntas creata se sola est in agendo contradictione libera.

2da : omnis voluntas creata hic in via est tam simpliciter quam secundum quid contradictione libera.

3ª : omnis vel aliqua[b] voluntas creata est ad volendum antecedenter necessitata vel necessitabilis[c].

4ª : essentia increata sub ratione finis et non efficientis creatam potentiam necessitat ad volendum.

Deinde arguit contra opinionem 3am probando primam conclusionem.

Deinde probatur 2da conclusio ; contra quam arguitur et respondetur, ubi de praescientia Dei et multis aliis, circa hoc diffuse arguitur.

Inde movetur dubium de necessitate qua voluntas est concomitanter necessitata : an sit distincta ab antecedente et consequente, et multa de his arguuntur et dicuntur. Videnda sunt cum aliis.

(42r) Contra illam opinionem fundat quattuor conclusiones. Prima : nulla voluntas creata se sola est in agendo contradictione libera[a].

2da : omnis voluntas hic in via est tam simpliciter quam secundum quid libera.

3ª : omnis voluntas creata est ad volendum antecedenter necessitata.

4ª : essentia increata sub ratione finis et non sub ratione efficientis creatam potentiam necessitat ad volendum.

Prima stat in hoc, quia non potest libere hoc vel illud ante iudicium et deliberationem <rationis velle>, nam actus praecedentes iudicium rationis, ut dicit, sunt ita naturales ut appetitus bruti.

2am probat et satis probata est superius. Et contra illam fiunt aliquae instantiae de divina praescientia et futurorum eventu. Materia communis est de contingenta futurorum et praescientia.

3ª conclusio probatur supposito quod omnis voluntas creata sit actualiter volens, nam tunc arguitur sic : omnis causa qua posita etc. Sed omnis voluntas creaturae volentis prius naturaliter quam est volens est aliqua causa, qua posita cum omnibus causis naturaliter praeviis suae operationi ac omnibus dispositionibus necessario requisitis, necessario sequitur ipsam esse volentem. Igitur etc. Patet consequentia et maior ex definitione supra data de necessitate antecedente ; minor, nam posita receptione alicuius actus volendi in ipsa voluntate quae praevia est naturaliter ipsi voluntati volenti ut sit volens, non potest voluntas naturaliter non velle. Et illa receptio est mere naturalis. Igitur voluntatem esse volentem dependet et sequitur ex aliquibus dispositionibus necessario requisitis etc. Et propositum. Argui potest per simile de intellectu quod non contingit sine receptione quae est ad ipsum necessitas antecedens.

(a) Bokinkam melius fundat se contra Braduardin quam isti *in marg.* G (b) vel aliqua *sup. lin.* B (c) vel necessitabilis *sup. lin.* B

Exinde ex his infertur $4^{a}$ conclusio supra tacta. Deinde resumitur $4^{a}$ conclusio supra tacta. Probatur conclusio ad utramque partem, ut patet. Et finis eorum quae de his habentur in illo volumine. Finis 23 sisterni et totius voluminis illius.

$4^{a}$ conclusio quo ad $2^{am}$ partem probata fuit supra. Quo ad primam, scilicet quod sub ratione finis et obiecti necessitat, deducit multipliciter

## QUELQUES TRACES DU COMMENTAIRE DES *SENTENCES* DE THOMAS FELTHORP

1. Si la personne et l'œuvre de ce théologien d'Oxford nous intéressent ici, c'est parce que Thomas Felthorp était, au XIVe siècle, connu et lu à Paris. Son Commentaire des Sentences, aujourd'hui perdu, constitue donc une des sources anglaises de la théologie enseignée à l'Université de Paris.

Sur sa vie et son œuvre nous sommes toujours très mal renseignés. Un ouvrage récent de M. W.J. Courtenay vient de rappeler quelques dates. Les voici : originaire du diocèse de Norwich, Thomas Felthorp (Feltorp, Feltop, Felcop) fut, en 1321, membre et régent au collège de Balliol à Oxford. Peu de temps après, il entreprit les études théologiques et lut les Sentences entre 1331 et 1333, donc un ou deux ans après Adam Wodeham qui cite son Commentaire dans une question sur le continuum dernièrement publiée [1]. Il devint maître en théologie entre 1337 et 1343, après quoi on le perd complètement de vue [2].

Pour sa part, Mgr Glorieux signalait, il y a plusieurs années déjà, l'existence, dans le manuscrit Paris, BnF, lat. 16621, f° 180v, d'une « table relevant 30 questions » attribuées à Thomas Felcop et donnait son incipit. Il supposait également qu'il s'agissait de questions disputées et qu'un étudiant parisien s'en est servi pour rédiger son propre commentaire des Sentences [3]. Voyons donc de plus près la table des questions et le rôle que Thomas Felthorp joua à Paris.

2. Le ms. lat. 16621 possède effectivement, au f° 180v, une table des questions de Thomas Felthorp. Mais il s'agit en l'occurrence des questions d'un commentaire sur le Livre des Sentences. Voici la table des questions.

Questiones Thome Feltop

1. Utrum omnis actus intelligendi intellectus creati ab eo libere producatur.

1. J. Murdoch, E. Synan, « Two Questions on the Continuum : Walter Chatton ( ? ), O.F.M. and Adam Wodeham, O.F.M. », *Franciscan Studies*, 26 (1966), p. 282-283.

2. W.J. Courtenay, *Adam Wodeham. An Introduction to His Life and Writing*, Leiden, Brill, 1978, p. 85-86. Voir aussi A.B. Emden, *A Biographical Register of the University of Oxford to A.D. 1500*, vol. II, Oxford, Oxford University Press, 1958, p. 676.

3. P. Glorieux, « Jean de Falisca », p. 62.

2. Utrum Deus possit facere aliquam creaturam rationalem infinitam intenssive.
3. Utrum Deus sit a quolibet habente usum liberi arbitrii plus quam omne creabile diligendus.
4. Utrum intellectus libere possit eodem tempore finito infinitos discontinue intelligere et intelligere intellectionem.
5. Utrum commissio vel actus oppositus actui meritorio omisso sit tam malus quam ille actus est bonus.
6. Utrum voluntas possit necessitari ad tenendum aliquam volucionem libere elicitam per tempus, distinguendo volucionem contra apprehensionem sensitiuam.
7. Utrum omne quod intellectus creatus potest intelligere potest velle.
8. Utrum forma per se acquisita per modum <...> [1] vel eciam una intellectio ad aliam possit aliquam prosecucionem habere quam non potest una voluntas ad aliam.
9. Utrum Deus possit esse causa effectiva peccati.
10. Utrum angeli beati aliquando suam beatitudinem meruerunt.
11. Utrum Deus potuit incarnari.
12. Utrum in Christo fuit necessitas moriendi.
13. Utrum Deus meruit sibi gloriam resurrectionis.
14. Utrum cuilibet habenti < ... > salvando graciam et gloriam merebatur.
15. Utrum aliquis fidelis possit habere scienciam et fidem de eodem articulo.
16. Utrum ad veram beatitudinem consequendam necesse sit conteri de peccatis suis.
17. Utrum peccata facta ex infidelitate per eandem excusentur.
18. Utrum quilibet viator adultus omnes articulos fidei tenetur credere.
19. Utrum omne illud quod homo potest credere ex fide informi possit credere ex fide formata catholice.
20. Utrum <...> creata scilicet inperfecta possit ad gradum perfectionis augeri.
21. Utrum omnis beatus ex necessitate fruatur.
22. Utrum cuiuslibet rei create causa sit bonitas Creatoris.
23. Utrum omnis actio Dei fiat in creaturam contingenter et libere.
Utrum voluntas creata necessario diligat summum bonum clare et in particulari ostenssum [2].
24. Utrum semper in voluntate maliciam precedat error [in voluntate] vel ignorancia in intellectu.

1. Aux numéros 8, 14 et 20, on signale ainsi les omissions des mots dans le manuscrit.

2. À rapprocher *I Sent.*, dist. I, q. 10, dans la *lectura* d'Oxford d'Adam Wodeham : « Utrum creatura rationalis clare videns Deum necessario diligat ipsum ». *Cf.* W.J. Courtenay, *Adam Wodeham*, *op. cit.*, p. 189.

25. Utrum decedens in mortali et veniali pro suo veniali eternaliter puniatur.
26. Utrum omnis (*ms.* omne) intellectus creatus equaliter possit memorari, intelligere et velle.
27. Utrum Deus sit infinite potencie productiue.
28. Utrum intellectus creatus possit producere actum intelligendi distinctum realiter a specie in memoria.

Comme nous allons le voir tout de suite, les théologiens parisiens disposèrent non seulement de la liste des questions, mais également du texte du Commentaire de Thomas Felthorp. Cependant, nous ne pouvons pas affirmer s'ils en eurent le texte complet. Le fait même que cette liste soit conservée est certainement dû à un heureux hasard [1].

3. On sait depuis longtemps que les futurs sententiaires préparaient, bien à l'avance, leurs leçons des Sentences, ils le faisaient en lisant, en ramassant des notes et des extraits, en cherchant des conclusions à défendre ou à combattre etc. [2]. Parmi tous les documents déjà mentionnés par quelques historiens, nous allons voir un relevé, feuillet par feuillet, fait par Étienne Gaudet de son propre Commentaire, conservé dans le ms. Paris, BnF, lat. 15888, f° 157v [3]. Il ne contient qu'une table détaillée des questions du Prologue-Principium et des deux premiers Livres des Sentences. Son originalité et son intérêt consistent dans le fait que chaque question est accompagnée d'une indication précise de la source ou du modèle recopié. Grâce à ce relevé, nous pouvons constater une évidente prépondérance des auteurs anglais alors en vogue à Paris au détriment des auteurs parisiens [4]. Toujours grâce à ce même relevé, force nous est de dire que Thomas Felthorp non seulement était connu et lu à Paris, mais qu'il y joua un certain rôle dans le développement de la théologie, du moins de celle qu'enseigna Étienne Gaudet : neuf des questions de ce dernier s'inspirent directement du Commentaire de Thomas Felthorp :

1. Une grande partie des extraits, des notes et des textes rassemblés par Gaudet a été perdue. Çà et là il note lui-même quelques pertes. Le ms. lat. 16621 contient, en principe, des textes scientifiques.

2. P. Glorieux, « Jean de Falisca », p. 43-100 (p. 63 : « on amasse ; on classe ; on trie ; on regroupe ; on utilise »). *Idem*, « L'enseignement au Moyen Âge. Techniques et méthodes en usage à la Faculté de théologie à Paris, au XIIIe siècle », AHDLMA, 35 (1968), p. 96-100, 111-118, 138-141 etc. *Idem*, « Un avant-projet de Commentaire sur les Sentences », *Recherches de Théologie ancienne et médiévale*, 28 (1965), p. 260-276.

3. Tous les manuscrits cités ici font partie de la bibliothèque d'Étienne Gaudet, attribuée autrefois par erreur à Thomas de Cracovie ou à Jean de Falisca. Sur ce sujet voir mon *Thomas de Cracovie*, p. 61-64, 84-94 et 139-142.

4. Comme modèle sont cités du côté français : maître Raymond (quatre fois), Guillaume de Salvarvilla (deux fois), Jean de Mirecourt (huit fois) ; et du côté anglais Guillaume d'Ockham (une fois), Adam Wodeham (quatre fois), Thomas Felthorp (neuf fois), Robert Holcot (dix fois), Richard FitzRalph (dix-neuf fois). Dans les notes presque illisibles du f° 158r, on trouve encore un *Contra astrologos de potestate liberi arbitrii - Feltep, Eliphat; et quod Deus potest non necessitare, contra Gregorium.*

Prologus – Principium:

Utrum infidelitas excuset peccata facta ex ea - Feltop (*cf.* question 17);

Primus liber:

Utrum omnis accio voluntatis Dei in creaturam fiat contingenter et libere - Feltop (*cf.* q. 23);

Utrum voluntas Dei sit causa effectiva peccati - *idem* credit (*cf.* q. 9);

An (Deus) sit infinite potencie intenssive - Feltop (*cf.* q. 2 et 28);

An (Deus) possit facere effectum actualiter infinitum (et au-dessus de la ligne:) et en est aliquod actu infinitum - Adam (Wodeham), Feltop (*cf.* q. 2);

Secundus liber:

An cuiuslibet rei causa sit bonitas Creatoris - Feltop (*cf.* question 22); an creacio soli Deo conveniat - Olkot;

An angeli boni meruerunt suam beatitudinem - Feltop (*cf.* question 10);

Utrum intellectus creatus possit producere actum intelligendi realiter distinctum a specie in memoria - Feltop (*cf.* question 29);

An ex presencia speciei in memoria necessario sequatur actualis cognicio - Ybernicus; an libere producatur huiusmodi actus - Feltop (*cf.* question 1).

On peut penser que ce plan, dont nous venons de reproduire les titres de quelques questions, n'est qu'une première ébauche. En effet, si l'en-tête de la liste annonce: *hic dispone materias bonas pro principio et prologo*, et ensuite: *nunc accipe pro prologo hec 12 (conclusiones) de quibus pauca valent*, ces derniers mots ainsi que les titres des questions qui suivent ont été rayés[1]. Au-dessus Étienne Gaudet a ajouté: *ponitur primo questio de contingencia et necessitate: Bokinkam contra Braduardin in 4or foliis*[2]. Il est de toute évidence qu'Étienne Gaudet ne fût pas trop satisfait de son plan primitif et qu'en réalité il n'en esquissât que des variantes possibles.

Un autre relevé du Prologue au Commentaire, publié déjà par Mgr Glorieux, se trouve dans le ms. Paris, B.N., lat. 16408, f° 217r. Il ne concerne que quatre matières: *de merito et fide, de fruitione, de unitate et trinitate, de divina sciencia*. Thomas Felthorp y est cité à deux reprises. D'abord au sujet de la foi et du mérite: *An peccata facta ex infidelitate excusentur per eam - Feltop, per folium vel circiter*. Ensuite au sujet de la fruition: … *et an quis plus teneatur diligere unam personam alia. Et de licita fruicione et de dilectione Dei propter beneficium. Et (de) multis similibus, et quibus dubiis tangunt Olkot, Ybernicus, Adam, Climinton, Eliphat, Felcop et similes, ut habetur* (ms. *habet*), *quorum aliqua in ordine carpsisti in quodam sisterno parui voluminis, que habuit le Boles*[3].

1. *Cf.* P. Glorieux, « Jean de Falisca », p. 76. Les douze conclusions se retrouvent dans le ms. lat. 16535, f° 189r et f° 190r.

2. Il s'agit probablement du texte portant comme en-tête: *Predestinacio. De creatione (?). Bokinkam contra Breduardin. Prima conclusio*… et qui se trouve dans le ms. BnF, lat. 15888, f° 158v-161v.

3. *Cf.* P. Glorieux, « Jean de Falisca », p. 67-69, où l'on trouvera également quelques informations sur Jean de Pontcroix, dit le Boles. Sur ce dernier voir aussi P. Glorieux, *Aux origines de la Sorbonne*,

Étienne Gaudet revient pour la troisième fois au texte de Thomas Felthorp en donnant, dans le ms. Paris, BnF, lat. 16535, f° 176r, la description du contenu de quelques cahiers précédents. Il écrit notamment :

> Ultimum dubium hic habitum et positum est de obligacione ad fidem : utrum fidelis quisque credere articulis fidei teneatur, ubi multa ad probandum quod non a Saruarvilla ; sed hic non illi respondetur (ms. cité, f° 173v-174r). Item de reuelacione et <de> doctore idem Saruarvilla et aliqualiter respondetur (f° 174v-175r). Post adducuntur aliqua contra questionem de Feltop (f° 175r-v). Et incipit questio de infidelitate que alibi habetur. De hiis lectio. Hec hic habentur in duobus sisternis cum dimidio [1].

La matière *de infidelitate* nous rappelle, pour la troisième fois, la question 17 de Thomas Felthorp ; elle revient donc le plus souvent dans les notices laissées par Étienne Gaudet. L'autre indication est de loin plus intéressante encore : Étienne Gaudet lut auparavant le Commentaire de Guillaume de Salvarvilla bien qu'il n'ait jamais été achevé [2]. Il semble également qu'au sujet de l'obligation de la foi il ait, par la suite, opposé la réponse affirmative de Thomas Felthorp à celle, négative, de Salvarvilla. Or le sujet de cette discussion, tel que nous le lisons dans les notes d'Étienne Gaudet, est le suivant : *Utrum fidelis quisque credere articulis fidei teneatur.* Tel est également le titre de la question de Guillaume de Salvarvilla [3]. Il est hautement probable que les deux sorbonnistes, Guillaume de Salvarvilla d'abord et Étienne Gaudet ensuite, chacun à sa manière, se sont inspirés de la q. 18 de Thomas Felthorp : *Utrum quilibet viator adultus omnes articulos fidei tenere debeat* [4].

Grâce à ces données nous sommes en mesure d'affirmer qu'Étienne Gaudet disposait du Commentaire de Thomas Felthorp, qu'il s'en est servi pour le sien et que, dans ses notes et dans ses esquisses, nous pouvons retrouver quelques passages de Thomas Felthorp.

t. I, Paris, Vrin, 1966, p. 316. Le relevé du f° 217r est rayé. Gaudet l'a annoté : *istud volumen fuit perditum.*

1. Voir ci-dessous, p. 197, note 3. Sur le sorbonniste Guillaume de Salvarvilla *cf.* R.R. Post, *The Modern devotion, confrontation with Reformation and Humanism,* Leiden, Brill, 1968, p. 80-85, 120, 130, 137, 146-150 ; Z. Kaluza, « Note sur Guillaume de Salvarvilla auteur des deux poèmes sur le Grand Schisme », *Mediaevalia philosophica Polonorum,* 19 (1974), p. 159-171. Salvarvilla a dû lire les Sentences entre 1355 et 1358, car il se trouve maître en théologie en 1362 et « magister » seulement en 1355. Les fragments de son Commentaire transcrits par Gaudet sont analysés dans mon article « Étienne Gaudet devant le problème de la preuve en théologie », dans Z. Kaluza, P. Vignaux (éd.), *Preuve et raisons à l'Université de Paris ; logique, ontologie et théologie au* XIV*e siècle,* Paris, 1984, p. 231-251.

2. En effet, Gaudet note (ms. lat. 15888, f° 157v, dans son relevé) : « Inter hec de fide sunt aliqua inperfecta de Saruauilla ».

3. Voir ci-dessous, p. 197. Quelques extraits qui nous intéressent ici du Commentaire de Salvarvilla se lisent dans le même ms. lat. 16535, f° 173v-174v.

4. Nous savons déjà qu'un autre sorbonniste, Jean de Pontcroix, dit le Boles, avait dans ses mains le volume contenant entre autres les extraits du Commentaire de Felthorp ; voir p. 194, texte à la note 3.

4. Sans nous arrêter trop longtemps sur le difficile problème de l'identification de tous les écrits de notre théologien parisien laissés dans ses manuscrits, indiquons toutefois ce qui reste de son Commentaire sur les Sentences[1]. À la suite de sa minutieuse analyse des trois manuscrits provenant de la bibliothèque d'Étienne Gaudet (Paris, BnF, lat. 16408, 16535 et 15888), M^gr^ Glorieux identifie comme faisant partie du Prologue les folios 163r-169r du ms. 16535; les folios 155r-162v du ms. 15888 et, enfin, comme Principia - le ms. 16535, f° 195r-246r[2]. Cependant, cette identification requiert quelques remarques. D'abord en ce qui concerne le ms. 15888, les f° 155r, 156v, 157r ne posent pas de problème, car le texte qu'on y lit a, depuis longtemps, été identifié comme un « résumé fort bien fait de 3 questions » de Jean de Mirecourt[3]. Ensuite, si le ms. 16535, f° 163r-169v, contient un morceau de la deuxième partie du Prologue, celle consacrée à la fruition, les f° 151r-162v et les f° 170/171r-175v appartiennent à la première partie: *de fide*[4]. Enfin, la suite (f° 179r-194v) ramasse des matériaux en but de la future rédaction des principia, comme l'indique l'en-tête inscrit au f° 179r: *pro principio aliqua collige; de essenciis; creatis; increatis; distanciis, potenciis; noticiis*... Le nom de Thomas Felthorp ne se trouvant que dans la matière *de fide*, nous allons voir maintenant cette partie du Prologue[5].

1. Notons qu'une grande partie de l'œuvre d'Étienne Gaudet est identifiée par M^gr^ Glorieux qui, malencontreusement, l'attribue à Jean de Falisca (« Jean de Falisca », p. 34-37). Aujourd'hui nous pouvons ajouter à cette liste deux esquisses autographes de commentaire biblique: le premier sur le Livre de Job, dans le ms. Paris, BnF, lat. 15561, f° 82r-101v (et non 82r-97v, comme le note Mgr Glorieux, *ibid.*, p. 102, note 8); le second sur le Livre de la Genèse, dans le ms. lat. 15561, f° lr-41r. Au sujet des Responsiones, voir Glorieux, *op. cit.*, p. 90-100, et mon *Thomas de Cracovie*, p. 80-81. Bien que M^gr^ Glorieux (*op. cit.*, p. 104) n'ait pas voulu se prononcer au sujet des Questions sur le Grand Schisme, elles sont sans aucun doute possible celles de Gaudet, voir mon *Thomas de Cracovie*, p. 87-88, et surtout mon article « Le brouillon de trois questions d'Étienne Gaudet sur le grand schisme », dans A. Cacciotti, P. Sella (éd.), *Revirescunt chartae codices documenta textus. Miscellanea in honorem fr. Caesaris Cenci OFM*, Rome, PAA – Edizioni Antonianum, 2002, t. II, p. 1115-1146. Le ms. lat. 16534 contient le sermonnaire de Gaudet, bien que d'autres sermons se lisent encore dans le lat. 15561, f° 42v-46v, 52r-55r.

2. P. Glorieux, « Jean de Falisca », p. 74 (où l'auteur remarque: « Ces mêmes notes nous livrent-elles quelque chose de l'œuvre définitive et de la rédaction de son Commentaire? Il n'est pas très facile de le dire ». La principale difficulté consiste dans l'impossibilité d'une nette distinction entre les textes de Gaudet et les extraits et sommaires qu'il a ramassés et incorporés dans ses propres textes et notes) et 77-90.

3. Il s'agit de *In I Sent.*, q. 30, 33, 34 de Jean de Mirecourt, selon la numérotation de G. Tessier, « Jean de Mirecourt philosophe et théologien », *Histoire littéraire de la France*, XL, Paris, 1965, p. 34 (l'identification est due à M. Gilbert Ouy). Cependant, cela n'exclut pas l'hypothèse selon laquelle ces trois questions auraient été incorporées dans la lectura de Gaudet. Le fait que nous n'ayons aucune question sur les distinctions du I^er^ et du II^e^ Livre laisse supposer les limites de l'originalité de notre sorbonniste. Le caractère éclectique de son Prologue en est une belle illustration.

4. Ces textes correspondent en partie à la table L, publiée par P. Glorieux (« Jean de Falisca », p. 67) qui présente le deuxième relevé du Prologue. Le contenu de ces cahiers est décrit dans le ms. lat. 16535, f° 176r (voir plus bas, p. 197, note 3) et analysé dans mon article « Étienne Gaudet devant le problème », cité *supra*, p. 195, note 1.

5. Étienne Gaudet a déjà perdu la première partie du *de fide*; voir p. 194, texte à la note 3.

La matière *de fide* est divisée en quatre questions, auxquelles s'ajoutent les notes et les extraits supplémentaires. Voici les questions :

> Primum dubium. Utrum credere articulis fidei sit in viatorum libera potestate (f° 151r-153v) ;
>
> 2um dubium. Aliud dubium de fide sit istud : Utrum fides sit ratione probabilis seu rationabilis. Et ista materia de rationabilitate potest per dubia explicari seu tractari. Primum dubium : an expediat adducere raciones probabiles ad ea que sunt fidei (f° 154r-157r) [1] ;
> 3um dubium. Incipiatur nova materia de principio credendi in corolario tercie racionis, supposita fide probabili (f° 157r-159v) [2] ;
> 4um dubium : An fides sit dubitabilis vel infallibilis (f° 160r-162v).

À partir du f° 170/171 r, Étienne Gaudet développe quelques arguments de la quatrième question, comme l'indique la note suivante :

> Adhuc aliqua de fide. Quia in nono [argumento] et 10 argumentis 4i dubii de fide, quo querebatur utrum esset fallibilis, agebatur an Deus decipere potuit aut aliquando decipit et quia modicum de hiis tangebatur, ideo nunc amplius est tangendum [3].

Aux f° 173v-175r nous lisons le premier jet d'une question inspirée du Commentaire inachevé de Guillaume de Salvarvilla et précédée par la note : *est sequens dubium : an quisque fidei articulis credere teneatur. Saruarvilla. Dubium : an quisque fidelis fidei articulis credere teneatur.* C'est ce dubium qui, à notre avis, s'inspire directement de la q. 18 de Thomas Felthorp. En effet, quelques extraits provenant du Commentaire de Thomas Felthorp vont bientôt se présenter. Ils se lisent au f° 175r-v, suivis des conclusions de la q. 8 du Livre Ier de Jean de Mirecourt.

En somme, dans tous ces papiers nous ne trouvons que deux citations clairement indiquées en marge comme tirées de l'œuvre du docteur anglais. La première se

1. D'autres *dubia* manquent. La question *An expediat catholico adducere rationes probabiles ad ea quae sunt fidei* a fait l'objet de la troisième réponse (à la Sorbonne), et à ce titre elle se trouve dans le même manuscrit lat. 16535, aux f° 132r-134r, 134v (début seulement) et 135r-138v. Voir aussi P. Glorieux, « Jean de Falisca », p. 93-94, et mon *Thomas de Cracovie*, p. 81. En somme, je ne trouve le nom de Thomas Felthorp que dans les notes faisant partie du Prologue.

2. La question ne porte aucun autre en-tête.

3. Voici la description de ce cahier, au f° 176r : « In 3° sisterno in duobus foliis cum dimidio (f° 170/171r-173r) adducitur Olkot : an Deus possit decipere, de quo potest fieri lectio, cum aliquibus additis, nam questio ad multa ( ? ) oppositum potest teneri ; et delet de casu Abrahe ; est contra Iohannes Scotus. Ultimum dubium hic habitum et positum est de obligatione ad fidem : utrum fidelis quisque credere articulis fidei teneatur, ubi multa ad probandum quod non a Saruauilla ; sed hic non respondetur (f° 173v-174r, où on lit : « Ad istas rationes a catholicos est respondendum, sed hic non respondetur pro nunc… »). Item de reuelatione et (de) doctore idem Saruauilla (f° 174v) ; et equaliter respondetur (f° 174v-175r avec cinq conclusions de Gaudet). Post adducuntur aliqua contra questionem de Feltop (f° 175r-v) et incipitur questio de infidelitate que alibi habetur ». Je n'ai pas retrouvé cette dernière question.

lit dans la question deuxième, f° 154v. On y note à la marge : *4° Feltop.* Voici le texte :

> Item quod tales (se. rationes probabiles) non expediant, nam nec tales raciones, nec miraculum tollunt inevidenciam fidei. Si dicatur quod tunc homo non foret forcior uel non facilius foret credere huius<modi> racionibus habitis quam non habitis, nam tota difficultas ad credendum oritur ex inevidentia que nec tollitur nec minoratur per huius<modi> raciones probabiles, posset dici quod est facilius, quia tales raciones disponunt ad euidencias. Contra, quia de talibus non possit haberi euidens cognicio (*in marg :* quamuis vehemens opinio). Inde est quod dyaboli faciliter credunt, ut ex miraculis, diem iudicii futurum, licet non sciant, sicut nec nos.

La deuxième, comme nous l'avons dit, occupe le feuillet 175r-v. L'origine de ce fragment est confirmée par la note marginale : *Feltop arguit probabiliter.* Voici le texte :

> Ulterius ad premissum dubium arguitur, nam si foret verum, tunc quilibet adultus omnes articulos fidei credere teneretur[1]. Sed contra hoc arguit *quidem* ( ! ) *doctor,* quia si sic, sequeretur quod quis teneretur credere falsum. Patet, quia cum ex illis articulis sequantur alique conclusiones, de quibus difficile (est) scire an sequantur ex fide, valde probabile est omnes maiores ecclesie errare in tali difficultate. Sed laycus tenetur ex fide in universali et parti<cula>ri credere omne quod ecclesia credit. Igitur.
>
> (Responsio quedam.) Sed forsan dicatur, quod in tali casu in quo omnes dubitant an sequatur, debet credere sicut optimus in ecclesia, quia semper in ecclesia est aliquis optimus dicente Domino Petro, Luc. 22, (32) : oraui *pro te, ut ne deficiat fides tua.*
>
> (Quod quis potest credere falsum 2° obiciatur.) Item quis teneretur ex spe sperare falsum, quia finaliter dampnandus tenetur sperare se esse salvandum, igitur credere, quia sequitur : sperat quis ad futurum, igitur credit eventurum.
>
> (Responsio quedam.) Dicitur quod non tenetur sperare nisi sub conditionibus : si finaliter perseueret, aliter spes esset incerta et falsa ; tamen tenetur non desperare.
>
> (Obicitur.) Sed contra, reueletur sibi sua dampnacio assertive a Deo vel angelo.
>
> (Respondetur.) Dico quod non teneretur desperare, quia non obstante reuelatione stat contingencia, vel si fiat in eo credulitas de sua dampnacione, tunc tollitur peccatum in sic credendo.
>
> (Item 3°.) Item quis tenetur (credere) post eleuacionem sub speciebus panis et vini esse veraciter corpus Christi et hoc potest non esse. Dicitur quod non tenetur credere absolute sed sub condicionibus.

1. Les extraits proviennent donc de la q. 18 de Felthorp. J'insère entre parenthèses les notes marginales.

(Item 4°.) Item ponatur aliquem facere plura et apertiora miracula quam Christus, igitur est sibi magis credendum, nam euidentius videtur eum verum dicere [cum] qui plura miracula et aperciora facit per fidei assertionem.

Dicitur quod hoc non est sufficiens medium vel potest non esse sufficiens, nec concludit aliquam euidenciam in fide.

(Item 5°.) Item ponatur quod aliquid latenter sequens ex fide appareat esse contra fidem, tunc quis teneretur credere aliquid apparens contra fidem et contra dictamen racionis. Dico quod in illo casu teneretur suspendere assensum in particulari usque habebitur maiorum deliberationem vel reuelacionem vel aliquid huiusmodi. Tenetur tamen pro tunc (credere) generaliter omnia que sunt fidei fore vera.

(Item 6°.) Item aliqui articuli fidei sunt contrarii : « Deus est incarnatus » - « Deus non est incarnatus » ; unus est nunc articulus fidei (f° 175v) et alter fuit. Patet per Magistrum, Libro 3°, d. 21 [1] et <Augustinum>, 13° *De Trinitate*, capitulo 17° [2]. Igitur fides aliquando inclinauit ad Deum non esse incarnatum, igitur adhuc inclinat. Igitur ex fide credemus falsum.

Respondetur quod fides nunc inclinat ad oppositum eius ad quod aliquando inclinauit.

(7°.) Item si sic, tunc homo teneretur credere heretico quem credit esse christianum.

Dicitur sicut supra de latenter sequente ex fide et apparenter esse contra fidem.

(8°.) Item si sic, hoc maxime teneretur (credere) ex fide infusa. Et hoc non, quia si talis foret ponenda, quis posset scire articulos fidei ? Quia aliquis potest scire se habere fidem infusam, quia potest scire quod Deus infudit sibi fidem et tunc potest scire fidem suam esse veram et ea credita esse vera. Et sic idem esset scitum et creditum, licet posset inpediri ista consequencia : scit fidem sibi infundi, igitur scit ipsam esse veram, eo quod Deus posset infundere fidem de facto, quamvis pie credamus quod non sic facit. Et si arguatur quod tunc Deus posset decipere, negatur consequencia, quia decipere sonat in malam intentionem.

(Ad dubium breviter.) Ad dubium dico quod non omnis, puta laycus, tenetur omnes articulos credere nisi in generali, nullum vero in particulari, quia nec hunc, nec illum, nec est magis racio de uno quam de alio et nec magis sub una forma quam sub alia, nec uno tempore quam in alio. Melius autem videretur dicendum, quod aliquem vel aliquos in actu in particulari distincte ( ? ) tenetur credere, reliquos vero in generali. Et hoc dicitur iuxta Apostolum, Ad Hebr., XI° (6) : *sine fide inpossibile est placere Deo*. Et iterum accedentem oportet credere quia est et quia etc.

1. P.L., t. 192, col. 800 (édition Grottaferrata, 1981[3], p. 130 *sq.*).
2. P.L., t. 42, col. 1031-1032.

Item in casu in quo fit mentio et unus dubitat <de> ipso affirmare propositum articulum non solum in universali, sicut ecclesia credit, et per consequens magis uno tempore quam alio, - contra : si exponerentur sibi omnes in particulari, successive teneretur eos credere. Dico quod si sint vulgati, tenetur ; si non - tenetur prehabita deliberatione sufficiente credere. Sed numquid magis teneatur credere aliquos quam alios ? Dico quod sic, puta de humanitate assumpta, quia propter hoc tenetur Deum magis diligere.

<*Idem doctor* in alio dubio circa istam materiam de infidelitate[1].> Item si quis articulis fidei credere teneretur, tunc infidelitas talium articulorum foret peccatum.

Sed hoc non, nam tunc vel per eam peccata sequentia excuserentur vel non. Non primum potest dari, nam si infidelitas excusaret peccata sequentia posset in eis excusare tantam maliciam, quanta est ipsamet, cum non sit maior difficultas excusare se quam aliam maliciam equalem. Et sic sequitur quod poterit excusare seipsam. Assumptum patet, quia ponatur quod malicia infidelitatis sit $3^{um}$ gradum. Vel quotlibet tunc in sequentibus poterit excusare tantam maliciam per multitudinem peccatorum[2].

Comme on l'a indiqué plus haut, c'est la question 17 de Thomas Felthorp qui revient le plus souvent dans les papiers laissés par Étienne Gaudet. Cela provient du fait qu'appartenant au Prologue de ce dernier, elle est mentionnée dans tous les relevés conservés jusqu'à nos jours. D'autres extraits et d'autres abrégés des questions de Thomas Felthorp se sont perdus avec le corps du Commentaire d'Étienne Gaudet. Ce Commentaire n'ayant rien d'original, la perte en soi n'est pas très importante. Elle est plus grave lorsqu'on voit qu'elle nous a privés d'un témoignage précis sur quelques textes perdus ou considérés comme tels, comme c'est le cas des questions de Thomas Felthorp. Ainsi, au terme de cette notice, nous voulons exprimer le souhait qu'elle permette au plus vite d'identifier ces questions et que Thomas Felthorp retrouve sa place dans l'histoire des théologies du XIV$^{e}$ siècle.

1. Il s'agit cette fois-ci de la question 17 de Felthorp.

2. Au f° 175v, le texte poursuit : « Cetera argumenta ad hanc partem et ad oppositum et responsio ad questionem et ad rationes appositas habet satis ordinate in alio volumine magno in prologo, f° 12°, ibi de ide (m) cum videbitur expediens ». Suit le texte de Jean de Mirecourt. Je n'ai pas retrouvé la suite de la question dans le grand volume (ms. lat. 15888 ? ). Aux f° 176v-177r, extraits de Hugolin d'Orvieto.

SECONDE PARTIE

# PARIS–PRAGUE–OXFORD

## ORIGINE DES TEXTES

« Le chancelier Gerson et Jérôme de Prague », AHDLMA, 51 (1984), p. 81-126.

« Jérôme de Prague et le *Timée* de Platon », AHDLMA, 61 (1994), p. 57-104.

« La question de Jérôme de Prague discutée à Heidelberg », dans A. de Libera, A. Elamrani-Jamal, A. Galonnier (éd.), *Langage et philosophie. Hommage à Jean Jolivet*. Librairie Philosophique J. Vrin, Paris, 1997 (Études de philosophie médiévale, LXXIV), p. 123-152.

« La notion de matière et son évolution dans la doctrine wycklifienne », dans M. Fumagalli Beonio Brocchieri et S. Simonetta (éd.), *John Wyclif logica, politica teologia*. Atti del Convegno Internazionale, Milano, 12-13 febbraio 1999, Edizioni di Galluzzo, Firenze, 2003, p. 113-151.

Que soient ici remerciés les éditeurs des revues, qui ont bien voulu nous accorder leur autorisation à reproduire.

*À la mémoire du Professeur*

*VILÉM HEROLD*

# LE CHANCELIER GERSON ET JÉRÔME DE PRAGUE

Jérôme de Prague, devenu en 1405 maître régent à la Faculté des arts à Paris, a tenu cette même année une discussion publique *de universalibus*. Trente ans plus tard, au concile de Bâle, un témoin oculaire de l'événement, Gilles Charlier, le rappellera en ces termes :

> Estimo forte quod si proponens articulos Wiklif et Johannis Hus attendisset et in libris eorum legisset, ut patres, qui fuerant in Constancia, nobiscum diceret non posse eos fateri catholicos. Jeronymum non nimium nobis extollat ! coram expertis loquitur doctoribus et magistris alme matris mee universitatis studii Parisiensis, qui verbositatem suam (sc. Jeronymi) pluries agnoverunt elacionem suam non modicam triduo substinentes in repeticione per eum facta in sancto Bernardo Parisiis ad omne quare et omnibus. Volente autem ita Domino, ne inaniter gloriaretur, soli regentes vici Straminis et in pauco numero se illi obiecerunt illius tumencia verba reprimentes. Non enim dignum iudicabatur gravissimos patres, in theologia et decretorum facultatibus professos, se tam levi persone debere opponere. Ego autem tunc conflictum vidi, finem expectavi, confusionem suam noui, ita ut recesserit hospite insalutato ; et necesse sibi erat, alioquin aliqua minus bene dicta coactus fuisset reuocare[1].

1. Aegidii Charlerii, *Positio*, dans J.D. Mansi, *Sacr., concil. nova et ampliss. collectio*, t. 29, Venise, 1788, col. 964. Mais je corrige le texte d'après l'autographe, ms. 1683, f° 168r, de la Bibliothèque Mazarine. Gilles Charlier répond ici à Nicolas le Taborite. Sur sa vie et ses écrits voir J. Toussain, « Carlier (Gilles) », dans *Dictionnaire d'Hist. et de Géogr. ecclésiastique*, XI, Paris 1949, col. 1046-1050 ; S. Swieżawski, « Note sur le Commentaire des Sentences de Gilles Charlier », *Mediaevalia philosophica Polonorum*, X (1961), p. 77-86 ; *Id.*, « Les reflets des problèmes métaphysiques du moyen âge tardif dans le Commentaire des Sentences de Gilles Charlier (†1472) », *Miscellanea mediaevalia*, 2 (1963), p. 737-742 ; Z. Kaluza, « Matériaux et remarques sur le catalogue des œuvres de Gilles Charlier » AHDLMA, 36 (1969), p. 169-187 ; *Id.*, « Nouvelles remarques sur les œuvres de Gilles Charlier », AHDLMA, 38 (1971), p. 149-191. – Jérôme de Prague s'inscrit à l'Université de Paris le 7 avril 1404 en tant que bachelier d'un autre *studium generale*, celui de Prague, où il était devenu bachelier en 1398. Il avait auparavant étudié à Oxford, très rapidement donc il est devenu licencié : peu après le 2 mai 1404. Vers la fin de janvier 1405, il commence son enseignement et figure sur la liste des maîtres régents de la nation anglo-allemande (septembre 1405). Voir Auctarium CUP, I, 879, 29 et note ; 880, 39 ; 894, 7 ; 906, 32. Comme le Praguois est le premier immatriculé, sur dix-sept au total, à Cologne,

Ainsi Charlier fut de ceux qui à plusieurs occasions connurent la verbosité (Gerson dira *eloquentia*) de Jérôme de Prague et son exagération (peut-être sa superbe) démesurée. Ce trait rapide confirme le caractère, connu par ailleurs, du Praguois et son extraordinaire sens de la provocation. Nous apprenons aussi que les maîtres parisiens endurèrent pendant trois jours les réponses données au cours d'une dispute publique tenue à l'église saint Bernard ou au collège des Bernardins. Dans ce beau monde des intellectuels parisiens, Jérôme a été taxé dès le départ de *levis persona* indigne d'une réplique professorale ; on l'a, pour ainsi dire, laissé faire pendant trois jours. Il n'y eut, en effet, que les seuls artiens, plus jeunes et toujours prêts à en découdre, pour s'opposer à l'outrancier. Le résultat n'attendit pas longtemps : dans un tumulte qui déborda la salle de la réunion, ayant contre lui toute la Faculté excédée, Jérôme s'enfuit. Il n'avait pas payé son hôte parisien, mais il n'avait pas davantage rétracté les *minus bene dicta*.

Jean Gerson, qui a, le 23 mai 1415 à Constance, assisté au premier interrogatoire public du Praguois, rappelle, après que la salle s'est tue, le même événement :

> Et surgens omnis multitudo varias accusationes et testimonia contra eum ibidem producebat clamorose. Cum autem alii conticuissent, dixit Cancellarius Parisiensis, is erat Gerson : Hieronyme, et tu, cum esses Parisiis putabas te esse Angelum cum eloquentia tua, et turbasti universitatem ponens multas in scholis conclusiones erroneas, cum earum correlariis, et praesertim in materia universalium, et de ideis, et alia quam plurima scandalosa. Cui respondit M. Hieronymus : Respondeo, Magister : Ea quae ego posui Parisiis in scholis publicis, et quae respondi magistrorum argumentis, posui philosophice, et ut philosophus et magister istius Universitatis. Et si aliqua posui, quae non debui ponere, doceto quod sint erronea, volo humiliter emendare et informari [1].

sous le deuxième rectorat de Jean Vogel (24 mars-28 juin 1406) et le quatorzième (sur trente-six) à Heidelberg sous le rectorat de Louis dit de Buschko (19 décembre 1405 - 23 juin 1406), M. Šmahel, « Leben und Werke des Magisters Hieronymus von Prag », *Historica*, XIII (1966), p. 91-92 suppose, et nous avec lui, que Jérôme est d'abord allé à Cologne, juste pour se faire immatriculer. À Heidelberg, il est immatriculé le 7 avril 1406 et y séjourne encore vers la Noël 1406 ; cf. *Processus iudiciarius contra Jeronymum de Praga habitus Viennae a. 1410-1412*, éd. par L. Klicman, Prague 1898 (Historický archiv, 12), p. 12. Concernant la vie et l'activité de Jérôme, voir F.M. Bartoš - P. Spunar, *Soupis pramenů k literární činnosti M. Jana Husa a M.* Jeronýma Pražského, Prague, 1965, p. 277-289 ; A.B. Emden, *A Biographical Register of the University of Oxford to A.D. 1500*, III, Oxford, 1959, p. 1512-1513 ; F. Šmahel, « Leben und Werk des Hieronymus von Prag », dans Šmahel/Silagi, p. XI- CXL. Je signale l'existence d'une nouvelle monographie due également à F. Šmahel, *Život a dílo Jeronýma Pražského*, Prague, Argo, 2010. Le sujet de cette étude a été repris par V. Herold, « Der Streit zwischen Hieronymus von Prag und Johann Gerson. Eine spätmittelalterliche Diskussion mit tragischen Folgen », dans Z. Włodek (éd.), *Société et Église. Textes et discussions dans les universités d'Europe centrale pendant le moyen âge tardif*, Turnhout, Brepols, 1995, p. 77-89.

1. H. Von Der Hardt, *Res concilii Constantiensis*, t. IV, Frankfurt 1699, p. 217. Ce texte provient de la *Narratio de magistro Hieronymo Pragensi*, chap. III, publiée auparavant dans *Iohannis Hus et Hieronymi Pragensis confessorum Christi historia et monumenta*, Nuremberg, 1588, t. II, f° 349r-354r (première édition patronnée par Martin Luther, en 1536) ; voir f° 350r-v. P. Glorieux, *Le Concile de Constance au jour le jour*, Tournai 1964, p. 76 : « Monseigneur (Gerson) a argumenté contre lui (Jérôme)

Ce que retinrent de cet événement les *patres gravissimi* réunis à Constance, et ce qui est arrivé jusqu'à nous, ce sont des cris, des tumultes et de violentes protestations. Si, en revanche, on s'interroge sur les causes de ce tohu-bohu, on est beaucoup moins renseigné. Non seulement parce qu'aucun écrit de Jérôme reflétant cette discussion n'est conservé, mais aussi parce que, en ne retenant que l'aspect supposé scandaleux de la doctrine, les défenseurs de l'orthodoxie ont eu le temps d'oublier les « conclusions avec leurs corollaires » du maître praguois. Essayons toutefois de rechercher quelques traces de la polémique qui, en dernière analyse, fut l'une des causes de la mort courageuse de Jérôme[1].

Jérôme de Prague, qui, après avoir séjourné à Paris, fut incorporé à la Faculté des arts de Cologne et à celle de Heidelberg, était connu, bien avant Constance, pour son réalisme en matière des universaux et pour son wyclifisme. Il quitta secrètement Heidelberg, comme auparavant Paris, pour ne rien révoquer de sa doctrine ; à Vienne on lui fit un procès régulier ; à Prague, dans une dispute quodlibétique tenue en présence d'une ambassade franco-brabançonne comprenant un évêque, il défendit publiquement le wyclifisme[2]. Il n'est donc nullement surprenant qu'à Constance on lui reprochât les erreurs enseignées « en différents

de façon très serrée. La séance a été houleuse. Quelqu'un est allé jusqu'à parler de bûcher ». Sur l'*eloquentia* du Praguois, voir la lettre de Poggio Bracciolini, mentionnée note suivante.

1. On est moins bien renseigné sur le procès de Jérôme que sur celui de Jean Hus. Outre les collections des documents du concile de Constance et les travaux consacrés au concile, voir F. Palacký, *Documenta mag. Joannis Hus vitam, doctrinam, causam in Constantiensi concilio illustrantia*, Prague, 1869. Le courage de Hus et de Jérôme a frappé plusieurs témoins ; le plus célèbre témoignage en est une lettre de Poggio Bracciolini, publiée et analysée maintes fois ; *cf.* Palacký, *Documenta*, p. 624-629, traduite en français par A. Molnar, *Jean Hus témoin de la vérité*, Paris, 1978, p. 243-253 ; Aeneae Sylvii *Historia Bohemica*, chap. XXXVI, Cologne, 1532, p. 76. Une allusion à ce courage dans l'œuvre de Gerson a été repérée par A. Combes, *La théologie mystique de Gerson*, vol. I, Romae-Parisiis, Desclée et Socii, 1963, p. 312 et note 116 ; R.N. Watkins, « The Death of Jérôme of Prague : Divergent Views », *Speculum*, XLII (1967), p. 104-131. Pour le rôle considérable des Français, notamment de Jean Gerson, dans le déroulement du procès de Constance et son issue fatale, voir les remarques justes et pondérées de P. De Vooght, *L'hérésie de Jean Huss*, Louvain, Bureaux de la Revue d'Histoire ecclésiastique – Publications Universitaires, 1960, p. 473-478 ; sur l'ambiance régnant pendant l'audience du justiciable, p. 386-387.

2. Les documents du procès de Vienne sont édités dans le *Processus indiciarius*. En 1407 Jérôme a discuté la double question *Utrum sint formae universales, quae neque formatae sunt nec etiam formabiles* (deuxième partie) : *Utrum sub ente analogo aliqua uniuersalia sunt ponenda extra signa humanitus adinventa et rationes ad intra* ; Sedlák, p. 229-258 ; Šmahel/Silagi, p. 13-69. Sur le *Quodlibet* de Mathias de Knín de janvier 1409, voir J. Kejř, *Kvodlibetní disputace na pražské universitě*, Prague, Universita Karlova, 1971, p. 77-90. À ce *Quodlibet* appartient une question de Jérôme : *Utrum a parte rei universalia sit necessarium ponere pro mundi sensibilis armonia*, éditée par Sedlák, UAPR, p. 215-223 ; par Šmahel/Silagi, p. 83-95 et 99. Le *Quodlibet* de Knín s'est achevé avec une *Recommendatio artium liberalium* de Jérôme, éditée par Šmahel/Silagi, p. 201-222 (bibliographie, p. CXXXV). En 1411 Jérôme a participé au *Quodlibet* de Jean Hus en répondant à la question *Utrum omne dependens sit ens per participationem primae causae* ; voir Iohannis Hus, *Quodlibet*, edidit B. Ryba, Prague, 1948, p. 151-153 (réédition chez Brepols, Turnhout, 2006, p. 201-204). Trois courts textes, dont l'un de Blaise Vlk (Lupus) et deux autres anonymes, ont été écrits contre la position de Jérôme ; on les retrouvera chez Šmahel/Silagi, p. 101, 261, 265.

endroits, et en particulier à Paris, Cologne et Heidelberg ». Le document officiel énumère une dizaine de thèses erronées :

1. In Deo sive divina existentia non solum est trinitas personarum, sed etiam quaternitas rerum, et quinternitas.
2. Item, istae res in divinis sunt distinctae, quod una non est alia, et tamen quaelibet earum est Deus.
3. Item, istarum rerum una est alia perfectior.
4. Item, in rebus creatis, ut anima hominis, est ponere trinitatem rerum in una essentia, videlicet memoriam, intellectum, et voluntatem in essentia animae humanae.
5. Anima hominis est perfecta imago trinitatis, isto solo dempto, quod anima hominis est creata et finite perfecta.
6. Memoria Angeli sive voluntas eius seu intelligentia est essentia Angeli, et tamen non est persona.
7. De potentia Dei absoluta Deus Pater potuit non generare Filium.
8. Omnia futura de necessitate conditionata eveniunt.
9. Substantia panis vi consecrationis non convertitur in corpus Cristi.
10. Dixit Johannem Wicleff non esse haereticum, sed sanctum hominem[1].

Après ces articles, soutenus un peu partout, on lit ce que Jérôme enseigna à Paris exclusivement. L'information est, sans aucun doute possible, donnée par Gerson et son entourage ; on la retrouvera dans des ouvrages du chancelier :

> Item, dictus Hieronymus Parisiis in quadam determinatione publicavit *quod Deus nihil poterat annihilare.* Propter quod fuisset per universitatem et cancellarium compulsus ad revocandum nisi clam a civitate recessisset.

En partie du moins, Jérôme confirme avoir tenu ces assertions, mais sous une autre forme[2].

La fameuse discussion parisienne revient une fois encore :

> Item cum dudum dictus Hieronymus per almam universitatem studii Parisiensis fuisset in magistrum dicti studii assumptus, de articulis Wicleff conferre incepisset aliquosque ad conferendum induxit, laudasset et commendasset dictum Johannem Wicleff et eius perversam doctrinam ; tandem in quadam disputatione publica dictus Hieronymus certos errores publice tenuit et praesertim *quod Deus nihil possit alienare* (*lire :* annihilare), prout in articulis alias contra eum datis... plenius continetur. Tandem cum esset per plures notabiles magistros dicti studii Parisiensis

1. Mansi, *Sacr., concil. nova et ampliss. collectio*, t. 27, 842-864 : *Articuli dati in causa fidei contra Hieronymum de Praga*, avec différentes pièces du procès. Le texte cité provient de la col. 847 n° 42. Pour les articles 1, 2, 8, 9 et 10 voir aussi le *Processus iudiciarius.* Les deux premiers seulement vont retenir notre attention par la suite.

2. *Ibid.*, n° 43. Jérôme a répondu (n° 44) : « Dixit quod istae propositiones, quamquam ad debitum intellectum sint verae, tamen non sunt in forma mea ; quaedam tamen sonant sententiam dictorum meorum ».

> fidei zelatores graviter notatus ac vehementer de iis per eos habitus suspectus, iidem magistri, et praesertim honorabilis Joannes de Sarsano (*lire:* Gersonno), dicti studii cancellarius, ipsum ad revocandum huiusmodi errores compulissent; sed dictus Hieronymus nescitur per quem, occulte a dicta civitate et studio recessit. Item, quod de praedictis omnibus et singulis fuit et est publica vox et fama [1].

Ce que nous pouvons retenir des témoignages cités concerne d'abord les faits. À Paris, durant son activité à la Faculté des arts, Jérôme s'est fait connaître comme un fervent partisan de Wyclif; il a même tenté de faire accepter par quelques personnes la doctrine du théologien anglais. Ce prosélytisme ne peut surprendre de la part d'un wyclifiste convaincu. Le Praguois est venu à Paris après avoir séjourné à Oxford (1399-1401), où il a non seulement étudié la doctrine de Wyclif mais s'est également procuré des copies des écrits du maître anglais : le *Dialogus* et le *Trialogus* au moins. À Paris, il avait sur lui la *Logica* [2]. Le fait d'une discussion publique est également confirmé. S'agit-il d'une dispute des trois jours (*in triduo*), comme l'affirme Charlier ? La chose n'est aucunement improbable si l'on garde en mémoire la *libido arguendi* (l'expression est du XIV$^{e}$ siècle) des universitaires d'alors et le fait que la dispute de Jérôme à Heidelberg durera quatre jours. Enfin, à la suite de la discussion, plusieurs maîtres, dont le chancelier de l'Université, mirent sérieusement en doute l'orthodoxie du Praguois et voulurent l'obliger à rétracter quelques thèses soutenues en public. On connaît la suite et l'atmosphère de scandale (*publica vox et fama*) qui poursuivit dorénavant Jérôme [3].

Reste la doctrine. Dans les documents du concile aussi bien que dans les ouvrages de Gerson, on reproche au Praguois une seule assertion peu orthodoxe énoncée à Paris : que Dieu ne peut rien annihiler. Quel est son sens précis ? Jérôme a-t-il soutenu une telle assertion ?

Gerson s'intéressait depuis plusieurs années à la théorie des idées de Platon et s'interrogeait sur l'interprétation exacte à lui donner [4]. En écoutant Jérôme

1. *Ibid.*, col. 859, n$^{os}$ 80 et 81.

2. F. Šmahel, *Wiklif's Fortune in Hussite Bohemia*, « Bulletin of the Institute of Historical Research », XLIII (mai 1970), p. 16-34; *cf.* p. 20 : « More significant was Jérôme of Prague's visit to Oxford in 1399-1401, which resulted in his acquisition of copies of Wiclif's *Dialogue* and *Trialogue*, and most probably also the Eucharistie tracts ». Mansi, *Sacr., concil. nova et ampliss. collectio*, t. 27, 842 : « Verum hoc profiteor, cum eram adolescens, habens ardorem discendi, perveni in Angliam et audiens famam Wicleff, qui fuit vir subtilis atque magnae excellentiae ingenii, dum exemplaria potui (reperire), *Dialogum* et *Trialogum* transcripsi et mecum in Pragam transduxi ». Pierre Pergochsl, septième témoin au procès de Vienne et ancien étudiant à Paris, ajoute une autre précision (*Processus iudiciarius*, p. 21) : « Interrogatus, utrum sciatne magistrum Jeronymum habuisse seu habere libros Wiklephianos, dicit, quod Parisius habuerit *logicam* Wikleph, et audiverit ab ore suo. Et ipso magistro Petro redeunte de studio Parisiensi versus Pragam magister Jeronimus tradiderit sibi litteras missiles ».

3. F. Šmahel, *Universalia realia sunt heresis seminaria*, « Československý časopis historický », 16 (1968), p. 804 note 32; *Processus iudiciarius*, p. 21.

4. *Cf.* A. Combes, *Jean Gerson commentateur dionysien*, Paris, Vrin, 1973$^{2}$, p. 299 note 3, 305-306 et notes, avec une masse de textes plus significatifs. Jean Gerson, *Contra curiositatem studentium*, dans *Œuvres complètes*, III, p. 246 (Jean Gerson, *Œuvres complètes*, Introduction, texte et notes par M$^{gr}$ Glorieux, vol. I-X, Paris-Tournai-Rome-New York, 1960-1973, notées par la suite O.C.).

de Prague ou en lisant le rapport de la dispute universitaire, il remarque deux points au moins : le Praguois, comme Platon, a séparé l'universel du singulier ; et, pis encore, il lui a attribué le statut d'un être éternel en Dieu mais d'une certaine manière différent de l'être divin. Attentif à l'orthodoxie, Gerson a compris que le Praguois a proposé aux parisiens une ancienne hérésie plusieurs fois condamnée. Il l'écrit avec clarté dans une lettre du 7 décembre 1426, où, parmi d'autres assertions hérétiques, on lit : *multae sunt veritates ab aeterno et multa aeterna quae non sunt Deus*. Celle-ci a été condamnée en 1240, puis en 1277, enfin au concile de Constance :

> Iste est unus articulus inter praememoratos damnatus anno Domini 1240... Damnata est novissime per celeberrimum Constantiense Concilium inter errores Hus et Hieronymi de Praga positio ista de universalium realium et aeternorum positione, et maxime *quod aliqua sit entitas realis aeterna communis Deo et creaturae*, quia tunc nulla creatura potuisset creari quasi de nihilo, sed nec posset annihilari ; ita fuit tunc argutum me audiente et a dicto Hieronymo statim concessum, sed damnatum ; nuper etiam Parisiis revocatum [1].

Contrairement aux documents cités auparavant, Gerson introduit ici une distinction, pour nous extrêmement importante, entre l'assertion supposée du Praguois et la raison de la condamnation. Ce dernier, selon le chancelier, attribuait donc aux universaux un être éternel et, avant tout, affirmait « qu'il existe une éternelle entité réelle commune à Dieu et à la créature ». La nature de cette communauté ne sera jamais éclaircie. Avec le *quia tunc* commence la justification de la sentence prononcée au concile : il est évident que si l'on admet l'existence d'un être, commun à Dieu et aux créatures, à qui on attribue une sorte d'éternité, ni la création *de nihilo*, ni l'anéantissement des créés ne seront possibles. Seulement voilà, Jérôme de Prague n'a jamais dit une pareille bêtise ; c'est Gerson et, avec lui, les *grauissimi patres* chargés d'instruire l'affaire qui l'ont déduit du propos attribué au Praguois. Jérôme, a-t-il au moins affirmé l'existence d'une entité réelle et éternelle, commune au Créateur et à la créature ? On ne la trouve dans aucun des écrits du Praguois [2]. Gerson s'agite dix ans après la fameuse dispute parisienne ;

1. Jean Gerson, O. C., II, p. 276-280, partic. p. 278. Gerson cite la thèse condamnée d'après S. Bonaventure, *In II Sent.*, d. XXIII, a. 2, q. 3 (*Opera omnia*, II, p. 547).

2. Nous prenons en considération deux questions de Jérôme discutées en 1407 et 1409 et les conclusions et corollaires de sa dispute universitaire de Heidelberg en 1406. Ce dernier texte (Bâle, Bibl. univers., ms. A VIII 24, f° 45v-48r ; Paris, BnF, ms. lat. 1508, f° 17r-21r – copie du XVIIIe siècle que nous utilisons, l'édition faite sur le même manuscrit ne nous étant pas accessible ; *cf.* Bartoš-Spunar, *Soupis pramenů*, p. 278 n° 330 ; elle se lit aujourd'hui dans Šmahel/Silagi, p. 3-12) doit obligatoirement attirer notre attention car il est chronologiquement le plus proche de la discussion parisienne. Et comme Jérôme de Prague aime se répéter, il est fort probable que le texte de Heidelberg reflète assez fidèlement sa position de Paris. Sur le fond, Jérôme n'a jamais changé de doctrine ; il a seulement et selon les circonstances augmenté le nombre des raisons et des autorités, ajouté des explications ou précisions. Son effort allait dans le sens d'une recherche de nouvelles preuves confirmant une doctrine déjà arrêtée. Aussi il se distingue des autres maîtres praguois non par sa pensée, qui reprend les idées communes à ce milieu, mais bien par la manière d'aborder ces idées, de les prouver et de les présenter.

il dispose à Constance d'une masse de « documents » accablants pour le justiciable ; il est entouré, comme dans la « cabale montée contre Huss » [1], de mauvais conseillers nourris de haine, soumis, dans une atmosphère de vengeance, aux pressions essentiellement nationalistes venant soit de l'empereur Sigismond soit d'obscurs maîtres tchèques et allemands. Se rappelle-t-il encore les thèses du Praguois avec la précision qui seule aurait d'une certaine manière justifié la sentence capitale ? La réponse fournie par le chancelier est fort ambivalente. Gerson se fait un témoin neutre : *ita fuit tunc* – c'est-à-dire au concile – *argutum me audiente*. Nous le savons déjà car les documents et le texte de Gerson le confirment : Jérôme fut

Il est donc l'auteur d'une œuvre unique sur les universaux mais ayant plusieurs rédactions. – À ma connaissance aucun wyclifiste praguois n'a soutenu la communauté de l'être créé et incréé. Dans le texte de Heidelberg, Jérôme souligne d'abord (UVGS, concl. 1, corol. 1, Šmahel/Silagi, p. 5) que l'*exemplar* est nécessairement séparé de l'*exemplatum* ; ensuite que l'idée est une *supersubstantialis substantia* car elle est essentiellement identique à Dieu et « quidquid est in Deo est Deus » (concl. 2, corol. 3, Šmahel/Silagi, p. 6-7 ; USFU, Sedlák, p. 243 ; Šmahel/Silagi, p. 32-33). La différence entre les idées et Dieu est formelle ; nous reviendrons plus tard sur ce point. L'erreur d'appréciation pourrait provenir du fait que les idées (*exemplaria, veritates*, etc.) sont dites aussi *universalia* ou *formae universales*. Mais sur ce point Jérôme est clair : « forme universales eterne sunt in suis singularibus minime fundate, sed potius eorum esse existere longe antecedunt » (UAPR, Sedlák, p. 216, Šmahel/Silagi, p. 85-86 ; USFU, Sedlák, p. 230, Šmahel/Silagi, p. 16, 25-28). Le monde sensible est seulement image du monde archétypal (UAPR, Sedlák, p. 222, Šmahel/Silagi, p. 93, 257). Les créés sont en Dieu en tant qu'il est leur cause et non selon leur être propre (*esse existere*) ; ils y sont par leur idée (*esse intellectuale*), laquelle, nous le savons déjà, n'est nullement identique avec l'*ideatum* (USFU, Sédlak, p. 238, Šmahel/Silagi, p. 26, 340). — Jérôme affirme deux sortes de communauté. La première, propre à tous les wyclifistes praguois, est celle de l'*ens analogum*. Celui-ci est conçu soit comme ce par quoi on répond à la question *an sit*, être sans aucune détermination ; soit comme la couche la plus profonde de chaque étant ; soit comme l'*esse primum creatum* du *Livre des causes* (*cf.* chez Sedlák, p. 219, 243 ; Šmahel/Silagi, p. 33, 585 ; 89, 144). Or, l'être analogue étant créé, il est commun à tous les créés. Une autre communauté est celle des formes exemplaires parce qu'entre les deux mondes il existe une symétrie : « Quamvis forme exemplaires ab invicem differunt, ipse tamen in una forma exemplari suprema conveniunt. Patet corr. ex 2 conclusione, quoniam iuxta dicta formarum exemplarium est proporcionata diversitas, ut exemplatarum formarum, verum tales, quantumcunque differunt, in supremo creato, h. e. in ente analogo, conveniunt — igitur proporcionaliter omnes forme exemplares, quantumcunque differunt, ipse tamen in suprema forma, que est mundus architipus, necessario conveniunt » (USFU, p. 242, Šmahel/Silagi, p. 32, 538). La troisième remarque porte sur la fonction créatrice des exemplaires. Si Jérôme appelle les idées concréatrices (*rerum externarum* ; Sedlák, p. 230, Šmahel/Silagi, p. 15, 10-11), il le fait à la suite de Robert Grosseteste, *In Anal. Post.*, I, c. 7 (éd. P. Rossi, Firenze, Olschki, 1981, p. 139) : « Cognitiones enim rerum creandarum que fuerunt in causa prima eternaliter sunt rationes rerum creandarum et cause formales exemplares, et ipse sunt etiam creatrices. Et he sunt quas vocabit Plato ydeas… ». Elles ont donc la fonction des *rationes* de saint Augustin, *LXXXIII quaestiones*, q. 46. — Cela étant, on ne voit aucune *entitas realis aeterna communis Deo et creaturae* dont a parlé Gerson. Que Jérôme, maltraité et malade, a à un moment de désespoir avoué toutes les erreurs que ses juges lui avaient attribuées, est bien connu. Par la suite il est revenu sur son aveu.

1. P. De Vooght, *Hussiana*, Louvain, 1960, p. 205. Pour le procès de Jean Hus voir du même, « Jean Huss et ses juges », dans *Das Konzil von Konstanz. Beiträge zu seiner Geschichte und Theologie*, Freiburg i. B., 1964, p. 152-173 (repris dans la seconde édition de *L'Hérésie de Jean Huss*, Louvain, 1975, t. II, p. 895 *sq.*) ; *Id.*, *L'hérésie de Jean Huss*, chapitre X-XI, p. 269-459 ; E. Delaruelle, E.-R. Labande, P Ourliac, *L'Église au temps du Grand Schisme et de crise conciliaire*, Paris, 1964 (Histoire de l'Église, Fliche-Martin, 14), p. 1001-1013.

accusé d'avoir soutenu une conclusion théologique découlant de sa prise de position – conclusion que le chancelier a non seulement formulée et déposée à la charge de l'accusé mais aussi laissé inscrire parmi les articles arrêtés contre celui-ci.

Regardons maintenant l'assertion attribuée à Jérôme de Prague accusé d'une faute grave en matière d'universaux. Lisons bien Gerson : *Damnata est novissime... positio ista de universalium realium et aeternorum positione.* Quelle position ? Gerson nous renvoie à la condamnation de 1240, à l'article 7 : *multae sunt veritaies ab aeterno quae non sunt Deus.* Mais Jérôme, du moment où le statut universitaire l'interdit, aurait-il eu assez de courage pour soutenir, devant toute la Faculté, telle quelle la thèse indiquée ? Ensuite, l'assertion que le chancelier attribue à Jérôme n'est pas identique à l'article de 1240 ; ils diffèrent sensiblement. Jérôme aurait affirmé la communauté du créé et du non-créé : *aliqua entitas realis aeterna communis Deo et creaturae*, alors que l'article condamne la séparation de Dieu de ces êtres éternels. Mais nous avons déjà dit : la thèse attribuée à Jérôme ne se trouve pas dans ses écrits. Par contre, on peut supposer qu'elle n'est qu'une déduction faite à partir des conclusions réellement soutenues par le Praguois – une première déduction, complétée ensuite par une deuxième devenue l'ultime justification de la sentence capitale.

Ce que nous retenons du texte analysé peut donc se résumer de la façon suivante. D'abord, l'opinion sur la double impossibilité en Dieu (de la création *ex nihilo* et de l'annihilation) n'a jamais été formulée par le Praguois à Paris ni ailleurs. Ensuite, la thèse que Gerson lui attribue dans la lettre citée n'est pas extraite d'un texte rédigé par Jérôme ; elle est formulée dix ans après le concile et vingt ans après la discussion parisienne ; sa valeur est donc assez faible. Elle diffère notablement de l'article de 1240 auquel Gerson veut la lier. Troisièmement, le chancelier ne précise point en quoi consiste la communauté de cette *entitas realis aeterna* pour le Créateur et pour la créature, et il est le seul à la mentionner, dans la lettre citée, précisément. Enfin, Gerson assimile la position du Praguois à une ancienne hérésie, plusieurs fois condamnée. La proposition en apparence philosophique de Jérôme, simple maître es arts, indisposait le théologien par les conséquences fâcheuses qu'il lui prêtait. Pour mieux asseoir son jugement, Gerson a certainement reformulé le propos tenu par Jérôme. C'est la raison pour laquelle ce dernier a toujours contesté les formules qui lui ont été attribuées : *istae propositiones... non sunt meae in forma ; sonant sententiam dictorum meorum* [1].

1. Cf. *supra*, p. 210, note 2. Nous touchons ici un problème plus général, celui de la non-distinction entre le traitement d'une assertion doctrinale, propre au théologien, et le traitement d'une assertion juridique, propre au légiste ; celui aussi de la subordination des problèmes juridiques à la doctrine théologique. Ce mélange des genres implique la falsification (ou du moins une profonde reformulation) des thèses doctrinales où chaque mot compte et a un sens défini. Cet aspect du problème est remarqué par F. Šmahel, *Universalia realia*, p. 798-799. Des exemples d'iniquité et du défi au bon sens ne manquent pas. En nous limitant à l'époque et au milieu traités, nous citerons : les documents du synode parisien sur le tyrannicide (Ioannis Gersonii *Opera omnia*, éd. E. Du Pin, vol. V) ; les documents du procès de

Le chancelier parisien ne s'embarrassait pas de ces détails. Une fois mise en

Jean XXIII (H. Finke, *Acta concilii Constantiensis*, IV, 1928) ; la liste des erreurs « extraites » du *De ecclesia* de Hus par Gerson et les théologiens parisiens (Jean Gerson, O.C., II, p. 163-166 ; *cf.* De Vooght, *L'hérésie*, p. 364 : « Sedlák croit devoir concéder que les articles des Parisiens n'étaient tirés du *De ecclesia* que d'après le sens… On dirait plus justement que la plupart ne fut surtout pas extraite selon le sens. À moins de dire avec Novotny que les articles furent extraits, non selon le sens de Huss, mais selon celui de Gerson ») ; les laborieuses rédactions des erreurs de Hus au concile de Constance (*cf.* De Vooght, *ibid.*, p. 329-335, 337-423) ; le *De futuri summi pontificis electione* (Gerson, O.C., VI, p. 278-282) ; et pour Jérôme de Prague, le *Processus iudiciarius*, déjà cité. — Certains écrits de Gerson postérieurs au premier bûcher de Constance permettent d'expliquer ses mobiles lors du concile, par exemple le sermon *Prosperum iter* (O.C., V, p. 471-480) ; *Nova positio* (O.C., VI, p. 146-154) ; *De protestatione circa materiam fidei* (VI, p. 155-165), *Considerationes XII de pertinacia* (VI, p. 165-167), *De futuri summi pont. electione* (VI, p. 278-282), *Octo regulae super stylo theologico* (X, p. 256-260), *Errores circa praeceptum : non occides* (X, p. 271-280), etc. Ils nous montrent les liens subtils qui s'établissent entre son ecclésiologie et sa conception de la théologie et du théologien. Son ecclésiologie, et notamment le pouvoir immense qu'il a attribué au concile, sont connus par plusieurs travaux ; sa conception de la théologie l'est moins. Elle se forge dès le début de son activité à la chancellerie et trouve sa première forme dans le *De duplici logica* (O.C., III, p. 57-63 ; voir aussi G. H.M. Posthumus Meyjes, *Jean Gerson zijn kerkpolitiek en ecclesiologie*, 'S-Gravenhage 1963, p. 254-255). Elle trouve à s'appliquer à Constance : il y a, selon Gerson, une logique propre à la théologie, une méthode de travail propre au théologien (*stylus theologicus*). Et de même qu'en ecclésiologie le monde entier est justiciable devant le concile général, en théologie chaque proposition doit être jugée par le théologien, sans qu'entre justice et sapience théologique il y ait des liens autres que ceux de subordination. Parmi les erreurs énumérées par Gerson, on lit donc celle-ci : « quod iustitia et sapientia in divinis sunt formalitates realiter distinctae » (O.C., X, p. 276). Les *Octo regulae* sont plus loquaces : « In condemnatione errorum magis attendenda et consideranda sunt iura divina quam humana… In condemnatione errorum magis attendendus est et considerandus est stylus theologicus quam stylus juridicus. Et haec regula sequitur ex prima. Unde hiis qui in causis fidei stylum iuridicum, immo verius eius malum intellectum aut iudicialem strepitum, qui in causis profanis solet observari, praeferre satagunt stylo theologico humili et simplici, improperat Dominus illud Jeremiae (8, 8) : *vere mendacium operatus est stylus mendax scribarum* ; quod non est intelligendum de stylo iuridico vere intellecto et bene practicato, quia talis semper est conformis stylo theologico, sicut ius humanum iuri divino. Pro cuius declaratione sciendum est quod quaelibet scientia, immo ars quaelibet, etiam mechanica, habet stylum suum, id est modum procedendi sibi proprium. Quid enim est stylus nisi procedendi modus cuicumque scientiae appropriatus ? Cum ergo sacra theologia sit omnium scientiarum signum, habet suum stylum sive modum appropriatum ; sicut scientia canonica habet suum stylum iuridicum ; et sicut scientia canonica pro maiori et digniori sui parte subalternata est sacrae theologiae, sic stylus iuridicus theologico, maxime in causis fidei subalternatus est et subiectus, et non e contra » (O.C., X, p. 257-258). Voici comment on met en œuvre cet « humble et simple » *modus procedendi* : « In condemnatione errorum attendendum est et singulariter considerandum ad sensum quem (Glorieux : *quae*) faciunt secundum communem intelligendi modum, habito etiam respectu ad materiam subiectam et causam dicendi et alias circumstantias, quae possunt esse occasiones scandali… Et ideo si una assertio habeat unum sensum erroneum, scandalosum aut piarum aurium offensivum, potest rationabiliter condemnari, non obstante quod de virtute sermonis grammaticalis aut ex vi vocis logicalis, ipsa habere posset aliquem sensum verum » (*Ibid.*, p. 259). En cette matière délicate l'erreur n'est pas à exclure ; en voici quelques-unes : « Quod philosophicalia et moralia non sunt de fide, neque spectant iudicium fidei. — Quod nulla propositio quae potest ad aliquem sensum verum trahi vel exponi, etiam de vi logicae vel grammaticae, debet condemnari, maxime iudicio fidei. — Quod sensus grammaticalis vel logicalis est sensus litteralis Sacrae Scripturae et ideo saepe falsus » (*Errores circa praec. non occides*, n^os^ 1, 9, 13 ; O.C., X, p. 273). Cette confiscation de la vérité s'est précisément opérée au concile de Constance : « Concilium generale potest damnare propositiones multas cum suis auctoribus, licet habere glossas aliquas vel expositiones vel sensus logicales veros possint. Hoc practicatum est in hoc concilio de multis articulis Wiclef et Joannis Hus, éveil, son intelligence ne s'occupait plus du réalisme philosophique de Jérôme mais des conséquences qu'un théologien est capable d'en déduire. Le deuxième texte de Gerson que nous allons voir maintenant est, sur ce point précis, bien éloquent. Il s'agit du *De modis significandi* écrit le 24 décembre 1426. Selon le chancelier « poser les universaux hors de l'âme, ailleurs et autrement qu'en Dieu » constitue un cas d'hérésie : *Universalia realia extra animam ponere alibi et aliter quam in Deo est haeresis expresse damnata*[1]. Gerson distingue donc entre deux modes de résolution du problème : soit poser l'universel *ailleurs* qu'en Dieu, et ici le texte vise Platon (*Plato ponebat quidditates separatas aeternas et universales extra Deum, et hoc est error, secundum Thomam*[2]) ; soit le poser *autrement*. Le mot *aliter* doit alors être complété : autrement que je viens de le faire ; car les considérations qui précèdent (25-27) résument la théorie gersonienne des idées en Dieu. Le lecteur est ainsi en droit de penser que Gerson expose la seule solution envisageable du point de vue de la théologie.

Il s'agit en effet de l'esse *obiectale* que tout ce qui est en dehors de Dieu possède en plus de son *esse reale (esse existentiae, in proprio genere)* ; cet être objectal correspond au mode de signifier des grammairiens et au mode de concevoir des logiciens. L'être objectal doit être distingué de l'objet même car toutes les « choses », objets de la pensée divine, le possèdent en Dieu sans même avoir l'existence actuelle. Ainsi les deux modes d'exister diffèrent comme le contingent et le nécessaire, comme le concret que l'on conçoit et le concept qui est universel. Singulier dans son existence, l'être objectal signifie toutefois l'universalité des choses, grâce à quoi il est dit *universaliter esse*. En embrassant tout de la sorte, c'est-à-dire en dominant tout, cet être est unique et demeure le même aussi bien par rapport à Dieu que par rapport aux créatures. Par cette suréminence de l'être objectal, à quoi rien ne correspond dans le monde créé, l'introduction en Dieu d'une pluralité des idées, distinctes formellement de lui, perd son sens. Gerson réduit donc la « pluralité des formes, des choses et des formalités à l'unité » : *quoniam omne multum reducitur secundum Dionysium et Boethium ad unum. Quid autem erit illud unum nisi Deus ?*[3]. En tant qu'être objectal chaque étant est

quorum aliqui poterant vel de vi logicae vel grammaticae defensionem aliquam recipere, ut in articulis qui sunt indefinite traditi vel qui loquuntur de possibilitate… unde moralis scientia, similiter et theologia, suam habet propriam logicam et sensum litteralem aliter quam speculativae scientiae » (*Prosperum iter*, O.C., V, p. 476-477). Jérôme de Prague n'avait aucune chance de quitter vivant le concile. Il a été exproprié de sa pensée devenue l'objet de cet extraordinaire *stylus theologicus*. Déjà pour le compte de Jean Hus, Pierre d'Ailly a inféré le rémanentisme de son réalisme philosophique ; voir P. De Vooght, *L'hérésie*, p. 388-389. — Voir aussi Appendice I.

1. Jean Gerson, *De modis significandi*, II : *De concordia metaphysicae cum logica*, consid. 28 (O.C., IX, p. 637).

2. *Ibid.*, *Notulae super quaedam verba Dionysii*, O.C., III, p. 219 ; édition de Combes (*Jean Gerson commentateur dionysien*), p. 305-306, voir aussi p. 399. Désormais je cite les *Notulae* d'après l'édition de Combes.

3. Jean Gerson, *De causa finali*, O.C., IX, p. 621-622 ; *De modis significandi*, II, consid. 25, *ibid.*, p. 636. Ce problème concerne également la mystique de Gerson, *cf.* S. Ozment, « Mysticism, nominalism

en Dieu éternellement. Saint Augustin a interprété dans ce sens les versets de Jean 1, 3-4 : *quod factum est in ipso vita erat, et vita erat lux hominum*. La vie dont parle Jean est Dieu (ou le Verbe, ou encore l'Essence créatrice) pris dans son « rapport objectal », c'est-à-dire Dieu contemplant en soi les créables. Mais en admettant l'être objectal des créatures en Dieu, Gerson rejette toute l'existence des choses *ab aeterno*. Il y a toutefois chez Gerson la possibilité d'une pluralité des idées. Il suit sur cette voie Augustin et Jean Duns Scot : le premier pour admettre la multiplicité, le second pour la définir. Lisons son texte : « De chaque étant créé, aussi petite que soient son entité et son individualité, on peut, par comparaison à Dieu, affirmer qu'il a de toute éternité l'être idéal. Ainsi donc comme il existe plusieurs choses créées, on peut affirmer qu'il y a aussi plusieurs idées et que l'homme a été créé par une raison et le cheval par une autre, comme dit le bienheureux Augustin. De la sorte on pouvait sauver l'opinion selon laquelle du même en tant que même ne procède que le même, puisque les différentes causes objectales concourent à divers effets. Les uns appellent cette cause objectale « distinction de chose », (*distindio rei*) ou « formelle » soit une certaine « non-identité ». Mais d'autres, qui ne comprennent rien… » [1]. Si Gerson a enfin admis la multiplicité des idées c'est pour donner une réponse de plus aux « formalizantes » dont nous parlerons encore. Sur le fond du problème, à savoir l'identité absolue des idées avec Dieu, il n'a pas varié et sa définition nominale de l'idée, donnée pour la première fois vers 1400 dans les *Notulae*, garde toujours sa valeur : *Idea est nomen connotativum significans divinam essentiam et connotans creaturas ut producibiles sunt ab ea* [2].

Si telle est la norme de l'orthodoxie, quels sont les écarts visés par l'*aliter* de Gerson ? Le chancelier répond par une longue liste des condamnations qui frappent la théorie des universaux réels. En premier lieu il allègue une décrétale d'Innocent III condamnant le *perversissimum dogma impii Almarici* qu'il éclaire par une glose

and dissent », dans Ch. Trinkaus et H.A. Oberman (ed.), *The Pursuit of Holiness in Late Medieval and Renaissance Religion*, Leiden, Brill, 1974, p. 69 *sq*. A. Combes, *Essai sur la critique de Ruysbroeck par Gerson*, III, Paris, Vrin, 1959, p. 211 *sq*.

1. *Ibid*., *De modis significandi*, II, consid. 26-28 ; O.C., IX, p. 636-637.

2. Jean Gerson, *Notulae*, p. 319. *Ibid*., p. 197-201 et 201-202, Gerson indique trois modes de poser les idées en Dieu ; p. 207, il adopte le mode d'Albert le Grand ; p. 109, il mentionne la perception objectale ; p. 299, l'être objectal. A. Combes remarque (p. 319 notes 3 et 5) que les deux termes : *connotativum* et *producibile*, viennent d'Ockham (*Ordinatio*, d. 35, q. 5 ; *Opera theologica*, IV, p. 485-507), sans que Gerson suive sa doctrine. Toutefois Gerson nomme sa source. Il a peut-être connu la critique de la solution ockhamienne faite par Gauthier Burley dans le *Liber universalium* (*Super Artem veterem*, Prologus, Venise, 1497 ; réimpression à Frankfurt am Main, Minerva, 1967), f° a6 ra-rb. Le rapprochement fait ici entre l'existence objective des idées en Dieu et l'*esse obiectivum* des universaux (*ibid*., f° b1 ra-b) aurait pu obliger Gerson à forger la notion d'être objectal. Pour la théorie des idées chez Ockham voir K. Bannach, *Die Lehre von der doppelten Macht Gottes bei Wilhelm von Ockham*, Wiesbaden, 1975, p. 225-248 ; A. De Muralt, *La théologie occamienne de l'idée. La critique terministe d'une question disputée*, dans O. Höffe et R. Imbach (éd.), *Paradigmes de théologie philosophique*, Fribourg, Éditions Universitaires, 1983, p. 33-97. — Pour l'unicité de l'effet d'une cause une, voir aussi plus loin, p. 221.

d'Henri de Suse (*Ostiensis*) et par un texte tiré de la *Chronica summorum pontificum* de Martin d'Opava, dit le Polonais. Il résume les informations de l'un et de l'autre :

> Universalia realia extra animam ponere alibi vel aliter quam in Deo est haeresis damnata per Decretalem Innocentii III (...) Sed qualis fuit haec doctrina recitat praedictus Hostiensis... et Martinus... Primus, inquit Hostiensis, et summus error fuit quod omnia sunt Deus. Unde dicit Almaricus : motum Deo dare non possum. Et sequitur : cum in ipso sunt omnia, immo cum ipse sit omnia. Et sequitur : non facile posse negari creaturam et creatorem idem esse. Alter error quod primordiales causae quae vocantur ideae, id est forma sive exemplar, creant et creantur, cum tamen secundum sanctos in quantum sunt in Deo idem sunt quod Deus[1]. (...) Martinus vero ita dicit de eodem Almarico... quod asseruit ideas, quae sunt in mente divina, et creare et creari... Dixit etiam quod Deus ideo dicitur finis omnium quia reversura sunt in ipsum, ut in Deo omnia immutabiliter conquiescant et unum individuum atque incommutabile in eo permutabunt. Et sicut alterius naturae non est Abraham, alterius Isaac, sed unius atque eiusdem, sic dixit omnia esse unum et omnia esse Deum. Dixit enim Deum esse essentiam omnium creaturarum et esse omnium. Haec Martinus. Constat quod ad positionem universalium realium prout exponunt, sequitur haec doctrina vel forsan insanior, ut quod sit ens unum transcendens in re quod nec est Deus nec creatura, nec aeternum nec temporale[2].

La première erreur d'Amaury de Bène est son panthéisme ; la seconde, c'est sa doctrine des idées dans l'esprit divin – non identiques à Dieu, à la fois créées et créatrices. Toutes les deux ont leur source dans le *Periphyseon* de Jean Scot dont Gerson parle par la suite ; mais déjà c'est cet ouvrage qui lui fournit l'occasion de conclure sur le statut contradictoire de l'universel réel : ni Dieu ni créature, ni temporel ni éternel. Ici peut-être, dans cette idée à la fois créée et créant, on aurait pu voir l'entité réelle et éternelle commune à Dieu et au créé dont nous a parlé le texte précédent, mais Gerson n'en dit mot.

Dans le même ordre d'idée, il énumère d'autres assertions, déjà condamnées par des évêques ou des chanceliers parisiens, parmi lesquelles, en premier lieu, celle que nous connaissons déjà :

> Universalium huiusmodi positio reprobata est pluries Parisius tam ab episcopis Parisiensibus sub anathemate quam a cancellariis Parisiensibus cum sacrae theologiae facultate doctrinaliter et determinaliter. Patet primo per damnationem Guillelmi Parisiensis de consilio omnium magistrorum inter quos fuit frater Alexander de Hales prout recitat dominus Bonaventura in suo II°, dist. 23, circa

1. C'est exactement l'opinion de Jérôme de Prague ; voir le texte cité p. 212, note 2.

2. Jean Gerson, *De modis significandi*, II, consid. 29, p. 637-638. *Cf.* Martinus Polonus, *Chronicon pontificum et imperatorum* : sub Innocentio III. G. C. Capelle, *Autour du décret de 1210,* III, *Amaury de Bène, étude sur son panthéisme formel*, Paris, Vrin, 1932, p. 96-97 ; et sur la valeur de cette source, p. 17. A. Combes, *Essai...*, I, Paris, Vrin, 1945, p. 850-856.

finem, circa annum Domini 1240 : quod multae sunt veritates ab aeterno quae non sunt Deus…

Puis il rappelle la grande condamnation de 1277 :

> Universalium huiusmodi positio damnata fuit per Stephanum Parisiensem… articulo 52, ubi sic dicitur… quod multa sunt aeterna… Ecce quod error est dicere quod multa sunt aeterna sicut tamen essent universalia realia si ponantur [1].

Et Gerson de continuer :

> Universalium (*Glorieux :* Univocatio) huiusmodi realium positio damnata fuit novissime per sacrum Constantiense Concilium contra Hus et Hieronymum Pragenses combustos ; *et qui vidit* et audivit *testimonium perhibet* de his [2].

La longue liste des erreurs confirme notre hypothèse : le problème des universaux est pour Gerson étroitement lié à celui des idées. Aussi, selon le chancelier, en empruntant une autre voie que celle qu'il propose lui-même, l'on ne peut choisir qu'entre deux solutions : soit celle des universaux–idées en Dieu, créées et créatrices, et l'on tombe alors dans l'erreur des amauriciens ; soit celle des universaux *extra Deum*, et l'on tombe sous le coup de l'article de 1240 et de 1277. À laquelle rattache-t-il la position de Jérôme ? L'on n'en sait rien et Gerson se tait, ou plutôt il apostrophe tous les réalistes. Il n'attribue aucune formule, aucune opinion précise ni à Jérôme ni à Jean Hus. Or, s'il y a des fautes et des hérésies différentes, on doit savoir avec le plus de précision possible celle qui a conduit les deux Praguois sur le bûcher. Si, comme dans la lettre, la position de Jérôme tombe sous l'article de 1240, on est en pleine contradiction, puisque celui-ci exclut la communauté de l'être universel éternel, pourtant attribuée à Jérôme par Gerson. Si, en revanche, elle renouvelle l'hérésie des amauriciens, alors Gerson se trompe en la combattant avec le fameux article. Il ne reste que la troisième possibilité offerte par l'emploi de l'adjectif *aeterna* (*entitas*) : l'opinion que l'on voudrait voir condamnée tombe alors sous une rubrique et sous une autre. Cette solution a cependant deux inconvénients ; d'abord, elle nous éloigne de toute précision, du besoin de comprendre le sens exact des thèses soutenues par Jérôme à Paris ; ensuite, elle nous incite à appliquer la méthode de Gerson-hérésiologue, et des auteurs des articles, et jusqu'au *stylus theologicus*, en nous obligeant à lire une assertion *secundum inlellectum quem facit* sans aucun souci pour la grammaire ou même la logique.

Nous pensons en conséquence qu'il ne peut y avoir de doute sur deux points. Le premier, c'est que Gerson-hérésiologue est le mauvais témoin d'un événement et une mauvaise source pour reconstituer une doctrine enseignée à un moment

1. Jean Gerson, *De modis signiflcandi*, consid. 30-31, p. 638. Pour S. Bonaventure, voir p. 212, note 1.

2. *Ibid.*, consid. 32, p. 639, où est cité Jean 19, 35. Gerson ajoute : « Ex quibus sequitur evidenter quod assertor pertinax doctrinae talis cum suis sequelis haereticus est censendus, immo impius et insanus… ». Rien qui nous éclaire sur la doctrine de Hus ou de Jérôme.

donné à Paris. Il la reformule, la réinterprète et la réduit à une conclusion qu'il envisage du seul point de vue de sa fonction ecclésiastique et universitaire, c'est-à-dire en homme ayant le pouvoir de condamner. En fait, dans le cas qui nous occupe ici, la doctrine réaliste a bien été condamnée et son auteur brûlé. Les conséquences qu'en tirait un théologien, lui rappelaient trop une ancienne erreur, sans que nous sachions précisément laquelle. Le second, c'est que derrière la bataille pour telle ou telle solution au problème des universaux, il s'en trouve une autre, concernant au premier chef les théologiens : celle des idées en Dieu et leur statut ontologique. De ce point de vue, Gerson n'était peut-être pas plus acharné contre Jérôme de Prague que contre les « formalizantes » qu'il poursuivait avec acharnement depuis son installation à la chancellerie. C'était pour lui le même combat.

En réalité, le rapprochement de la position des deux réalistes praguois les plus connus avec celle des « formalizantes » parisiens a été fait, dès 1940, par A. Combes dans cette « espèce de livre–malgré–lui » – *Jean Gerson commentateur dionysien*[1]. Ce que Gerson reproche aux « formalizantes », c'est leur réalisme introduisant des distinctions et des idées dans l'être divin et mettant ainsi en cause son absolue simplicité. Ce reproche ressort avec évidence du *De mystica theologia*, Tr. I, considération 9, consacrée à la nature de l'âme et de ses facultés. Gerson soutient que la meilleure méthode pour connaître l'âme est celle d'une analyse abstraite (*per resolutivas abstractiones*) qui, en dénudant l'être de ses accidents, peut se poursuivre jusqu'aux premiers principes ou jusqu'aux simples quiddités des choses (*dum fiunt usque ad prima per se nota principia vel usque ad simplices rerum quidditates*). Un peu comme les mathématiciens, les « formalizantes » appliquent ce genre d'analyse. Tenu dans ces limites, leur effort n'est que louable. « Cependant, estime Gerson, lorsqu'ils affirment en plus que, au-delà de toute opération intellectuelle, les choses abstraites existent réellement (*sunt in rebus*), absolument telles que l'intellect dans une abstraction se les représente, par exemple qu'elles

1. Cité *supra*, p. 216, note 2 ; *cf.* p. XVII : « ce modeste travail, cette espèce de livre-malgré-lui ». Mais je pense à la p. 306 note 1. En parlant de « la notion d'*universaux réalisés* hors de Dieu et hors de l'âme », A. Combes ajoute avec un humour noir involontaire : « C'était pour Gerson une question d'actualité brûlante puisqu'elle était liée, plus étroitement qu'on ne le pense parfois, à la condamnation de Jean Hus et de Jérôme de Prague par le concile de Constance ». Et pour le prouver, A. Combes allègue le texte du *De modis significandi* que nous connaissons déjà. En réalité, la question n'était plus « brûlante » en 1426, au moment de la rédaction de ce traité ; elle ne l'était pas encore lorsque, en novembre 1402, Gerson lisait devant la Faculté de théologie ses fameuses leçons *Contra curiositatem studentium*, texte pour nous important et cité déjà par Combes. Gerson a dû connaître le Praguois en 1404 ou 1405 ; la dispute qui a mis fin à la carrière parisienne de Jérôme date du printemps 1406. Ils se sont rencontrés ensuite au concile. Quant à Hus, le chancelier commence à en connaître les textes en 1414 seulement. Un autre cas se présente avec le *De mystica theologia*, tr. I : *speculatiuus* – « leçons données au cours de l'hiver 1402-1403 », publiées avec le tr. II : *practicus*, en 1408, mais révisées plusieurs fois dans les années vingt (*cf.* O.C., III, p. XII, n° 100). Ce texte qui aurait pu contenir des allusions à l'affaire des « deux Praguois », n'en fait aucune. Par contre, on peut y lire quelques lignes sur les *formalizantes*. Pour ces derniers, voir A. Combes, *Jean Gerson commentateur dionysien*.

existent d'une manière universelle, distinctement, éternellement, etc., sans aucun doute, moi, avec toute ma résolution, je ne suis plus d'accord avec eux parce que je ne comprends pas pour quelle raison cette opinion-là, particulièrement au regard de la simplicité divine, pourrait être tenue sainement ou pour vraie »[1]. Ce que Gerson reproche dans ce premier texte aux « formalizantes » c'est de prendre leurs abstractions, notamment les quiddités des choses, pour des réalités ontologiques ayant un être éternel et universel, distinct des choses mêmes et de l'intellect opérant l'abstraction. Le chancelier ne précise pas si ces quiddités existent en Dieu, mais il le laisse supposer lorsqu'il donne la raison de son désaccord : ces quiddités contredisent la simplicité divine.

Le second texte à analyser est celui de la seconde leçon du *Contra curiositatem studentium*, considération 7. Son auteur attire l'attention des théologiens de Paris sur le danger d'emprunter aux philosophes païens tel ou tel principe. Il en donne deux exemples. Le premier, que nous avons déjà rencontré, c'est le principe de l'unicité de l'effet à partir de la cause une, dirigé, dans les *Notulae*, contre le plus célèbre des « formalizantes », Jean de Ripa[2]. Le second concerne l'influence de Platon et de la théorie des universaux : « Platon, si toutefois est vrai ce qu'on lui impute, a posé les idées éternelles des choses, comme par exemple l'idée séparée de l'homme qui était la quiddité des tous les hommes, l'idée du bien et les éternels universaux réels hors de l'âme et de Dieu, parce qu'il a voulu séparer (*abstrahere*) les quiddités du mouvement et de la matière, du temps et du lieu et des autres choses extérieures. Certains de nos théologiens désirant faire usage de telles abstractions tombent dans cette même erreur, contraire non seulement à la philosophie péripatéticienne mais aussi à la doctrine catholique. Ils admettent donc en dehors de l'âme les quiddités éternelles qui ne sont ni Dieu, ni créées par Dieu, ni créables ni annihilables par Dieu, ce qui va à l'encontre de l'Article parisien du temps de Guillaume de Paris et de Bonaventure, comme celui-ci le dit dans son Commentaire des Sentences, livre II, distinction 23. Autrement, disent-ils, si rien en réalité ne correspondait à une telle chose conçue, notre concept spéculatif et quidditatif serait une pure imagination »[3]. La raison profonde de cette fuite vers Platon est évidente, c'est la hantise du nominalisme. Mais au-delà, les « formalizantes » ne voient qu'une seule solution possible et ils la prennent à leur compte. Ils acceptent donc une existence réelle des quiddités hors de l'âme et *extra Deum*. Ils admettent également l'éternité de ces essences. Mais ils ne s'aperçoivent pas qu'une telle position conduit à renier le pouvoir de créer et d'annihiler de Dieu, et donc à renier la foi. Sur ce point Gerson est fort affirmatif : « Le concept divin intérieur est le premier, le seul et le nécessaire ; les autres

1. Ioannis Carlerii de Gerson, *De mystica theologia*, éd. A. Combes, Lucani, Thesaurus Mundi, 1958, p. 23 ; O.C., III, p. 257. *Cf.* Jean Gerson, *Sur la théologie mystique*. Textes introduits, traduits et annotés par M. Vial, Paris, Vrin, 2008, p. 72-73.

2. A. Combes, *Jean Gerson commentateur*, p. 306-307 ; voir aussi p. 583-587. *Cf. supra*, p. 217.

3. Jean Gerson, *Contra curiositatem studentium*, O.C., III, p. 246.

concepts sont temporels car Dieu seul est éternel ; (cela est dit) spécialement contre Platon et contre d'autres philosophes, et même contre certains théologiens qui ont admis les universaux réels éternels, que condamnent et la règle de la foi et l'article parisien »[1]. Enfin, pour Gerson, la raison ou la cause universelle n'est que Dieu, chez qui il est impossible d'introduire une distinction réelle ou formelle[2].

Nous percevons maintenant que dans les deux cas, celui de Jérôme de Prague et celui des « formalizantes », la nature des objections de Gerson est la même, et identique est la sanction doctrinale, l'article 7 de 1240. Il s'agit du platonisme, tel du moins que Gerson le concevait et, avec lui, des philosophes et théologiens contemporains. Les essences abstraites auraient eu une existence réelle *extra animam* : en Dieu ou en dehors de Dieu – l'attitude de Gerson accuse ici, tout à fait comme dans le *De modis significandi*, un certain flottement. Leur être serait distinct des choses concrètes et de l'intellect, universel – l'être d'une idée ou d'un modèle, et éternel. Les conséquences d'une telle solution sont, du point de vue théologique, désastreuses : si les universaux–idées sont en Dieu, ils contredisent la simplicité de son être ; si, selon la seconde possibilité, plus soutenue, ils existent hors de Dieu, ils ne sont pas créés, ni créables, ni susceptibles d'être anéantis : ils sont éternels.

Il est fort difficile d'indiquer les auteurs qui, vers 1400-1403, auraient soutenu aussi brutalement jusqu'à ses conséquences extrêmes ce genre de platonisme, sans vouloir l'adoucir par des distinctions. Pour hérétiques qu'elles soient, les opinions citées ne nous sont connues par aucune rétractation, ni par aucune condamnation. Il s'agit donc plutôt, comme dans la lettre analysée auparavant, des conséquences tirées par Gerson lui-même – résultat ferme d'un examen minutieux, commencé vraisemblablement dans les *Notulae* et déjà achevé dans le *Contra curiositatem studentium*[3]. Mais si nous éliminons les formules qui d'un écrit à l'autre se répètent et qui, sans aucun doute possible, sont de veine gersonienne, il reste le fond : le caractère ontologique des universaux distincts de Dieu et leur multiplicité, tout ce qui s'oppose à la conception de l'être objectal de Gerson. Ce fond est attribué aux « formalizantes » et peut-être plus particulièrement à Jean de Ripa qui, y voyant une théorie des « raisons immuables, originelles et exemplaires », a admis en partie la doctrine platonicienne et a tenté de l'accorder avec celle de Denys et

1. *Id.*, *Centilogium de conceptibus*, O.C., IX, p. 501 ; Glorieux a : « qui *universa* realia posuerunt aeterna », que je corrige : « qui *universalia* », etc. Les textes cités ici l'ont déjà été par A. Combes, *op. cit.*, p. 582 *sq.* Je les ai seulement traduits et les ai présentés dans l'ordre le plus adapté à mon propos.

2. A. Combes, *Jean Gerson commentateur*, p. 582 ; Jean Gerson, *De simplicitate cordis*, O.C., VIII, p. 87. Voir aussi plus haut, p. 216-217.

3. *Ibid.*, p. 588, remarque, après É. Gilson, à propos d'une autre thèse des formalizantes, « qu'il pourrait bien n'y avoir là qu'une formule de théologien condensant à sa manière la doctrine qu'il juge sans qu'il l'ait jamais trouvée littéralement exprimée par ses protagonistes ». Nous pensons de même au sujet des universaux *ante rem*.

de saint Augustin [1]. Toutefois, les textes cités démontrent l'existence, au sein de la Faculté de théologie, d'un débat à la fois théologique et philosophique. Ils prouvent aussi que, d'une part, il y existait réellement une tendance platonisante, objet, tout au long du premier quart du siècle, d'une réflexion critique de Gerson, et que, de l'autre, les reproches et critiques à l'égard de Jérôme ne sont pas neuves ni originales : elles ont déjà été formulées plusieurs années avant son arrivée à Paris et en termes identiques. Aux yeux de Gerson donc, le réalisme de Jérôme était identique au réalisme platonisant des « formalizantes ». S'agissant des détails de la philosophie de Jérôme, le chancelier ne nous apprend rien. Tout ce qu'il a écrit sur cette philosophie est soit une justification de la condamnation prononcée par le concile de Constance, et il ne cite en fait que des délibérations du concile, soit une réduction à la doctrine des « formalizantes », contemporains de Gerson et de Jérôme de Prague.

Jean de Nova Domo résume à sa manière l'erreur des platoniciens : « Ils affirment donc, écrit-il, que la chose universelle existe au-delà des singuliers, hors des singuliers, ce qui est hérétique et contraire à la sainte foi. Car alors, si une nature universelle de ce genre était séparée des singuliers et si elle était hors et au-delà des singuliers, il aurait fallu qu'elle soit une substance intellectuelle puisqu'elle serait épurée de la matière et du résidu de la matière. Et ainsi il aurait fallu admettre un ordre nouveau des bienheureux ou des êtres à béatifier, à savoir celui de ces natures universelles séparées, car, comme on l'a dit, celles-ci seraient des substances intellectuelles *per se* qui existent hors des singuliers. Or cet ordre des natures universelles ne serait pas celui des anges ni celui des âmes saintes, mais en serait distinct, ce qui est faux ». La faute des platoniciens est aussi celle de Jérôme de Prague : « Jérôme l'hérétique et ses disciples en admettant la chose universelle séparée des singuliers et en dehors d'eux, se sont trompés. Et voyant qu'elle n'appartient pas à l'ordre des âmes ni à celui des anges, ils l'ont affirmée co-éternelle avec Dieu et peut-être de toute éternité. Et ainsi ils sont parvenus à admettre, contre La Trinité divine, quelque chose d'égal à La Trinité, alors que selon la pure foi il n'y a dans La Trinité que trois personnes et il n'y a rien d'égal à La Trinité qui soit distinct du Père et du Fils et du Saint-Esprit » [2].

1. Jean de Ripa, *Lectura super Primum Sententiarum, Prologi* qq. I & II, éd. critique par A. Combes, Paris, Vrin, 1961, p. 199 ; aussi Q. I, a. 2, concl. 7 et 8 (p. 106-127, 192). Dans les *Notulae*, p. 299, les *novi formalizantes* posent les idées in *re extra Deum*. Voir aussi A. Combes, *Un inédit de saint Anselme ? Le traité De unitate divinae essentiae et pluralitate creaturarum d'après Jean de Ripa*, Paris, Vrin, 1944, surtout les chap. V et VI. Le traité en question est d'Achard de Saint-Victor, *cf.* M.-Th. d'Alverny, *Achard de St-Victor. De Trinitate — De unitate et pluralitate creaturarum*, « Recherches de Théologie ancienne et médiévale », 21 (1954), p. 299-306. Il est aujourd'hui édité : Achard de Saint-Victor, *L'Unité de Dieu et la pluralité des créatures* (*De unitate <Dei> et pluralitate creaturarum*). Texte latin inédit établi, traduit et présenté par E. Martineau. Saint-Lambert des Bois, Authentica, 1987.

2. Jean de Nova Domo, *De universali reali*, éd. A.G. Weiler, *Un traité de Jean de Nova Domo sur les universaux*, « Vivarium », VI (1968), p. 108-154, partie, p. 127.

La différence entre Jérôme et les platoniciens serait donc minime : elle se réduirait au fait que le Praguois aurait poussé sa pensée jusqu'aux dernières limites possibles en embrassant ouvertement l'hérésie. Or, si nous regardons de près le texte, nous distinguerons facilement deux couches dans le propos du maître parisien. Prenons-en la première. Des philosophes, sans plus de distinctions, affirment que les universaux ont un être autre que celui des singuliers : *enuntiant rem universalem esse praeter singularia*. Leur thèse se réduit à cette affirmation. Nous apprenons ensuite que cette thèse est, aux yeux de Jean de Nova Domo, hérétique : *quod est haereticum et sanae fidei contrarium*. Tout le reste n'est qu'une déduction qui veut prouver le bien-fondé de ce constat : *quia tunc oporteret*. Ce développement appartient donc en propre à Jean de Nova Domo ; il ne nous renseigne pas sur le mode d'exister de l'universel selon les platoniciens, ni sur les raisons qui ont conduit les platoniciens à admettre les universaux séparés. Les propos de Jean ne prouvent, en définitive, que deux choses : la crédulité de leur auteur et l'impact de l'enseignement de Gerson à la Faculté des arts. C'est une conclusion à retenir.

La seconde couche du texte – outre qu'elle pose le problème des *sequaces* de Jérôme, lesquels, à la lumière des données fournies par Gerson, sont probablement les platonisants parisiens –, répète une objection constamment adressée au Praguois : on peut discerner en Dieu plus que les trois « réalités » admises par la doctrine trinitaire. En effet, les deux premiers articles de Constance mentionnent, nous l'avons vu, une *quaternitas* et une *quinternitas*[1]. D'une manière plus nuancée l'objection fut traitée au procès de Vienne :

> … asseruit, quod in mente divina essent formalitates formaliter et realiter distincte ;
>
> publice asseruit et dixit in Heidelberga in mente divina ponendas esse ideas seu formalitates realiter et formaliter distinctas[2].

Or la nuance est d'une importance certaine, car discrètement elle déplace le problème. En effet, il ne s'agit pas de l'objet de foi, La Trinité, que Jérôme n'a jamais mise en cause, ni de la quaternité, comme brutalement et avec naïveté l'ont avancé Jean de Nova Domo et les pères du concile, mais d'une raison prouvant les idées en Dieu ainsi que du mode approprié de la distinction. Car, à Heidelberg, mais certainement aussi à Paris, Jérôme a admis la multiplicité des idées[3] et la distinction formelle entre elles et Dieu :

> interrogatus (Jérôme à Vienne) respondit, quod non vult respondere ad presens ; attamen respondit et posuit scholastice, quod idee ponende sunt in mente divina

1. Voir plus haut, p. 210.
2. *Processus iudiciarius*, p. 5 et 9.
3. *Cf.* plus haut, p. 212, note 2.

> secundum distinctionem realem, non ut res dicit realitatem creationis, sed ut dicit realitatem ex parte obiecti formalis distinctionis [1].

Cela est exact. Déjà à Heidelberg Jérôme a affirmé l'identité essentielle des idées avec Dieu et la distinction formelle :

> Quamvis veritates ideales neque factae neque creatae sunt, ipsae tamen nequaquam in se ipsis subsistunt. Probatur… nam quod aeternum est, nec est factum, nec creatum, sed tales veritates aeternae sunt ex iam dictis… Sed secunda pars corollarii, scilicet quod nequaquam in se ipsis subsistunt, patet, quia nihil praeter Deum est sibimet substantia. Sed veritates huiusmodi non sunt formaliter Deus.
>
> Quamvis veritates aeternae nec sunt substantiae nec accidentia, quaelibet tamen ipsarum est essentialiter supersubstantialis substantia. Pars prima corellarii patet, quia omne esse creatum antecedunt et per consequens esse cathegoriarum omnium, et per consequens substantiae principalis (*lire :* praedicamentalis) atque cuiusvis generalissime accidentis. Et secunda pars patet, quia quaelibet veritas huiusmodi est essentialiter Deus, cum iuxta theologos quidquid est in Deo est Deus, qui iuxta Dionysium est supersubstantialis substantia, quia substantia super principalem (!) substantiam. Et cum quaelibet huiusmodi sit aeterna atque in Deo aeterne fundata patet plene quod sequitur [2].

La première partie du texte s'oppose à la substantialisation des idées : envisagées en tant qu'idées précisément, elles sont formellement distinctes de Dieu et à ce titre seulement non identiques avec l'être divin subsistant en soi. Par contre, si l'on se demande ce qu'elles sont en tant qu'êtres, la réponse est nette : elles ne sont ni des substances ni des accidents catégoriaux – c'est-à-dire des entités créées – car chacune d'elles est essentiellement identique à Dieu, et ainsi leur substance est supersubstantielle. En Dieu, ajoute Jérôme en suivant tous les théologiens, il n'y a que Dieu, ce qui à l'évidence exclut la création des idées et leur existence hors de Dieu. La réponse donnée au procès de Vienne fournit les termes par lesquels on doit poser le problème. La distinction entre les idées en Dieu et Dieu lui-même n'est pas inventée ou introduite par notre entendement, elle n'est donc pas une distinction de raison. Tout en étant une distinction réelle, elle n'est pourtant pas aussi grande que la distinction entre Dieu et créature, ou entre les êtres créés : *non ut res dicit realitatem creationis*. Elle se fonde sur cette réalité qui constitue l'objet formel : *dicit realitatem ex parte obiecti formalis distinctionis*. Il s'agit donc d'un genre de la « non-identité formelle » de Duns Scot dans un être essentiellement

1. *Processus iudiciarius*, p. 8. La même distinction formelle définit les rapports entre les universaux créés et les singuliers : « Licet non est dare genus separatum a specie, aut speciem ab individuo, aut retrorsum existere verum, tamen necesse est existere genus a specie et speciem ab individuo formaliter distinguere » (*Positio* de Heidelberg, art. II, concl. 1, corol. 1 ; Šmahel/Silagi, p. 8, 89-92) ; « quamvis universale sit suum singulare essentialiter, differt tamen ab eo formaliter » (*ibid.*, corol. 2 ; Šmahel/Silagi, p. 8, 97-98) ; « Quamvis homo communis non sit homo singularis formaliter, verumtamen est essentialiter » (USFU, Sedlák, p. 257 ; Šmahel/Silagi, p. 49, 1110-1111).

2. *Positio* de Heidelberg, concl. 2, corol. 2-3 ; Šmahel/Silagi, p. 6-7. Le même texte dans USFU, Sedlák, p. 242-243 ; Šmahel/Silagi, p. 32, 548-567.

un et simple, la non-identité qui ne contredit pas la simplicité[1]. Il est bien peu probable que Jérôme ait puisé sa doctrine dans les écrits du Docteur Subtil : la distinction formelle lui a été enseignée par Stanislas de Znoyma qui l'a trouvée chez Jean Wyclif[2]. Malheureusement, l'effort de Jérôme va toujours dans le sens

1. Il est bien évident que la notion de la non-identité demeure inconnue de Jérôme. Il est non moins évident que la distinction formelle n'est nullement éclairée, ni par Jérôme lui-même, ni par son adversaire Biaise Vlk. Enfin, le problème de la simplicité de Dieu n'a jamais été abordé par Jérôme. Pour Duns Scot voir É. Gilson, *Jean Duns Scot. Introduction à ses positions fondamentales*, Paris, Vrin, 1952, p. 244-245 ; sur sa théorie des idées, p. 279-306.

2. Pour Stanislas de Znoyma, maître de Hus, la distinction formelle a été objet d'une étude de S. Sousedík, *Pojem "distinctio formalis" u českých realistů v době husově*, « Filosofický časopis », XVIII (1970), p. 1024-1029. Selon M. Sausedík, Zoyma utilise cette distinction dans le même sens que Duns Scot. Cette constatation est valable aussi pour Hus, Páleč et Jérôme (p. 1025 note 6). La *distinctio maxima* (*essentialis et realis*) porte sur Dieu et les créatures ; la *media* (*realis non essentialis*) sur les personnes divines ; la *minima* (*formalis, tenuissima, rationis*) sur l'essence divine et les personnes ou encore sur les parties quidditatives d'une personne. Cette dernière est toujours *a parte rei actualis*, on ne peut pas donc la considérer comme une distinction de raison. Elle n'introduit aucune distinction numérique réelle. Cet exposé est illustré par quelques exemples tirés du texte de Znoyma. Je pense que pour être pleinement comprise la distinction formelle doit être analysée dans ses applications à la théologie et notamment à la théorie des idées, sujet-clef pour le réalisme (extrême ou non) des maîtres praguois. Ce réalisme paraît d'ailleurs relever d'une inspiration plus théologique que philosophique ; et, pour cette raison, la distinction entre le réalisme extrême et modéré est sans objet, ou doit être limité à la seule partie de la doctrine qui traite des universaux créés. Ici nous nous limitons au seul « réalisme théologique » des idées divines, au platonisme dans l'acception des médiévaux – objet d'attaques de Gerson. Revenons au père des wyclifistes praguois, Stanislas Znoyma, et à ses distinctions. Le grand traité *De universalibus*, attribué à tort à Wyclif (Johannis Wyclis, *Miscellanea philosophica*, II, ed. M. H. Dziewicki, London, 1905, p. 1-151), est plus riche en renseignements que ne le dit M. Sousedík. La question devant laquelle se trouve Znoyma est celle-ci : comment accorder la foi catholique en la Trinité des personnes avec la doctrine augustinienne de la multitude des idées (« *licet secundum veritatem catholicam in deitate solum sint tres res eterne realiter inter se differentes… tamen in mente divina ille ydee secundum beatum Augustinum… sunt res, et sic sunt valde multe res* » ; p. 10, 22-27). Znoyma tente de résoudre le problème en précisant l'identité et la différence entre, d'une part, les personnes en Dieu, et de l'autre, les idées et l'essence divine. Prenons d'abord le cas des personnes :

a. une personne divine et une créature diffèrent *realiter, suppositaliter* et *essentialiter* ;
b. les personnes divines diffèrent entre elles *realiter* et *suppositaliter* ;
c. elles sont identiques à Dieu *formaliter* et *naturaliter*. (Notons que pour J. Wyclif, *De Trinitate*, ed. A. DuPont Breck, [Boulder], Universty of Colorado Press, 1962 (imprimé : MCLXII !), p. 143 et 149, l'essence divine et les personnes diffèrent formellement ; le wyclifisme de Znoyma n'est donc pas total).

Dans le second cas :

d. entre elles, les idées diffèrent *realiter* ;
e. les idées et l'essence divine diffèrent *formaliter* ;
f. mais les idées ont *l'unitas* et *l'identitas* avec l'essence divine.

La différence réelle entre les idées se justifie par le fait que celles-ci sont des *res* et des *rationes reales* de loin plus parfaites que les simples objets de penser (pour l'ensemble *De universalibus*, p. 10, 34-11, 22). L'explication de l'identité des idées avec l'essence de Dieu prend pour exemple celle du dogme de l'unité personnelle du Christ : « Et videtur quod sicud deus temporaliter, gratiose, contingenter, communicat homini in Christo unitatem et ydemptitatem personalem verbi dei, ut homo in Christo sit una et eadem persona cum verbo dei, quod sic (*édition* : sit) tota trinitas principians multitudinem ydearum in mente divina necessario et eternaliter miro modo communicat (*édition* : communicans)

de la preuve de la nécessité des idées sans aborder réellement leur statut ontologique ; et cette restriction nous empêche d'apporter plus de précisions sur la fameuse distinction.

Le procès de Constance n'en fournit pas davantage. Il faut dire que le concile n'a offert à Jérôme aucune occasion de s'expliquer. Au procès de Vienne il en a eu plusieurs mais, en dehors de la réponse déjà citée, il n'a rien dit d'intéressant pour nous. Ses affirmations antérieures ne sont d'ailleurs que scolaires – *posuit scholastice* –, c'est-à-dire comme prises de position dans un exercice scolaire, une dispute. Est-ce de sa part une fuite dans les règlements et procédures universitaires ? Les actes du procès de Vienne nous interdisent de le penser. Regardons d'abord ce qu'on y dit de la dispute tenue à Heidelberg. Nicolas Tell, un témoin oculaire, est formel : Jérôme n'a pas avancé dans la discussion, et donc n'a pas écrit dans le texte préparé à l'avance, le premier des deux articles cités plus haut. En revanche, au cours de la discussion, il a été obligé de le déduire des principes initialement posés :

> Jeronimus non posuit Heidelberge in posicione sua, sed demum ex articulis suis deductis et via, quam tenebat, per magistros argumentis fuerit convictus, quod tamquam consequens concesserit articulum presentem [1].

omnibus illis unitatem et ydemptitatem divine essencie, ut unaqueque earum sit una et eadem divina essencia et unus solus verus deus » (*ibid.*, p. 11, 3-11 ; *cf.* p. 12, 19-22). Principées en Dieu et donc d'une certaine manière n'appartenant pas à la déité, à la « structure » intérieure de Dieu — sa forme, les idées diffèrent formellement de l'essence divine : « nulla tamen illarum potest esse formaliter deus, sicut deitas, et trinitas, et quelibet personarum divinarum formaliter est deus. Nulla enim illarum habet deitatem ab intrinseco per modum forme sue intrinsece, sed quod forte cuilibet earum modo nobis inestimabili communicatur nobilitas, unitas et ydemptitas deitatis et divine essencie » (*ibid.*, p. 11, 11-17). On peut dire qu'elles « deviennent » Dieu : « et quelibet earum eternaliter et necessario redditur deus et essencia divina » (*ibid.*, p. 11, 18-19). Dans l'hypothèse d'une seule idée, toute différence entre Dieu et elle serait éliminée car alors l'essence divine serait formellement cette même idée et seulement elle. Dans l'hypothèse de Znoyma Dieu n'est pas identique exclusivement à cette idée-ci ou cette idée-là comme l'essence du feu n'est pas seulement ce feu-ci, mais aussi tous les autres feux. Ce sont donc la pluralité des idées et le fait qu'elles sont réellement distinctes qui soutiennent et justifient la distinction formelle : « Vel dicendum quod ydea in mente dei est divina essencia et deus, quia racio create essencie corporee habet essenciam et est essencia corporea, et racio spiritualis creata rei intellectualis est essencia spiritualis intellectualis. Et quia ydee sunt infinite nobiliores quam ille create, igitur quelibet habet essenciam eternam et est essencia eterna, cum sola divina essencia quamlibet talem ydeam in se eternaliter relucentem principiat quemadmodum (vel quasi per modum quo) essencia corporea principiat in se creatam racionem, scilicet quidditatem totam ignis, aque, terre vel alterius rei corporee. Igitur sicut creata racio, puta tota quidditas ignis,… est essencia corporea ignis, est et ipse ignis, sic videtur quelibet ydea in mente divina esse divina essencia et est deus. Non tamen ydea formaliter est essencia divina vel deus, sicut nec tota ignis quidditas est formaliter ipse ignis vel eius essencia corporea, que transit de uno esse substanciali in aliud » (p. 12, 27-13, 4).

1. *Processus iudiciarius*, p. 12. Mais la suite paraît contredire cette déposition : « Ad sextumdecimum articulum interrogatus respondit, quod sic. Interrogatus unde sciat : quia interfuit actui Heidelberge, et ista materia interfuerit quodam modo materia principalis (il s'agit du second des deux articles cités auparavant) posicionis sue, et magister Jeronimus nisus fuerit deducere ex illo logicam realem et quod universalia communia realia deberent subici et predicari in proposicionibus, et propter hoc intulerit magistros Okhan, Moulved, Buridanum, Marsilium et eorum sequaces fuisse non dialecticos, sed

Toujours concernant le même article, un autre témoin, inconnu par ailleurs, Pierre Pergochsl, se rappelle de la discussion parisienne. Il s'agit à nouveau d'une réponse donnée *scolastice* et si évasive qu'elle peut contenter tous les participants :

> audierit magistrum Jeronimum Parisius respondere de materia illa, et ipse sic respondit scolastice, quod quilibet steterit contentus de ipso.

Mais parmi ses corollaires, ou parmi les conclusions qu'il a peut-être été obligé de tirer, certains choquèrent les maîtres parisiens :

> verumtamen quod aliquot correlaria in posicione sua pro tunc posuerit, super quibus fuerit sibi impositum silencium, et ipse ulterius illa frivole non defenderit. Dixerunt enim magistri sibi, cum huiusmodi correlaria deduxit : « Magister, istud dimitte, quia forte duceremini ad inconvenientia maiora ! » Et sic ipse responderit : « Libenter ! »[1].

Si l'on comprend correctement la déposition de Pergochsl, c'est au cours d'un tortueux cheminement, et vers la fin de la discussion, que les maîtres parisiens imposèrent le silence à Jérôme. Ils ont essayé de l'amener, car c'était une dispute, à formuler des conclusions découlant logiquement de sa position (de sa *via*, selon Tell), tout en sachant les inconvénients qui en découleraient. Ces conséquences ultimes n'ont point été formulées car Jérôme a, non sans soulagement à coup sûr, acquiescé à la demande de ses collègues. D'ailleurs il se peut que les mots *istud dimitte* indiquent une partie de sa réponse finale. Toutefois le silence lui étant imposé, Jérôme ne s'aventura plus sur ce terrain miné.

Cela dit, le mot *scholastice* a pour le Praguois un sens précis : tout ce qu'il pouvait affirmer au cours d'une discussion scolaire ne l'était qu'à titre d'exercice et non à titre doctrinal – *assertive, determinative, doctrinaliter*. De son point de vue Jérôme n'était donc pas coupable. D'autre part, les imputations de Jean de Nova Domo et de Jean Gerson ne concernent pas ce qui a été dit mais les *maiora inconvenientia* sur lesquels les maîtres lui ont imposé le silence. Formellement Jérôme pouvait ne pas se sentir coupable d'une hérésie. Par contre, il était hérétique pour Gerson qui appliquait la méthode du *stylus theologicus*. Enfin, les dépositions de Vienne démontrent qu'il existe un écart réel entre les écrits de Jérôme, tels que nous les connaissons aujourd'hui, et ses propos tenus au cours des disputes universitaires.

diabolice hereticos ; et hoc fuerit ultimum correlarium suum, ut appareat sibi ». La dernière partie du texte est une allusion au *De incarnatione Verbi* de s. Anselme (éd. F.S. Schmitt, II, p. 9, 21-10, 1), texte souvent évoqué contre les nominalistes. Marsile d'Inghen, mort en 1396, fut pendant de longues années recteur de l'Université de Heidelberg, le corollaire de Jérôme était donc particulièrement choquant. Les deux articles de Vienne cités plus haut ont un sens identique. La logique réaliste est effectivement formulée dans la *Positio* de Heidelberg, a. II, f° 19 r-v ; Šmahel/Silagi, p. 10, aussi bien que dans la seconde question de 1409 (Sedlák, p. 258). La citation du *De incarnatione Verbi* d'Anselme est dans la *Positio* de Heidelberg, concl. 4, corol. 4, Šmahel/Slagi, p. 11, où aucun nominaliste n'est nommé.

1. *Processus iudiciarius*, p. 21.

En ce qui concerne le témoignage de Jean Gerson, nous avons d'abord vu qu'il était bien tardif; il date, pour une partie, d'une dizaine, et, pour une autre, d'une vingtaine d'années après le passage de Jérôme à Paris et la fameuse dispute publique.

Ensuite nous avons distingué ce qui dans le témoignage gersonien justifie le jugement du concile de ce qui, du moins en apparence, rapporte la thèse de Jérôme. À la même occasion nous avons observé que cette justification reprend d'anciennes formules employées contre les « formalizantes ». Nous constatons donc que cette justification ne reflète pas les détails de la doctrine de Jérôme ou des « formalizantes », mais constitue plutôt la conséquence tirée par le théologien d'une *varietas doctrinarum*; chacune d'elles avait au départ ses propres principes et s'appuyait sur ses propres raisons et autorités. Même si aux yeux de Gerson, de ses contemporains et, peut-être, d'un lecteur non averti, Jérôme de Prague partageait quelques erreurs des « formalizantes », on ne doit pas oublier que tout au long de sa vie il n'a jamais cessé de se réclamer de Wyclif. Les déductions de Gerson passent sous silence cette filiation doctrinale.

En troisième lieu, nous avons vu que le chancelier ne reproche à Jérôme qu'une seule assertion: *quod aliqua sit entitas realis aeterna communis Deo et creaturae*. Il s'agit du problème des idées divines que Gerson, en adoptant la théorie d'une seule idée, a résolu à sa manière: *idea est nomen connotativum*. La thèse imputée à Jérôme parle aussi d'une seule *entitas*, bien que l'article de 1240, à la lumière duquel cette thèse est jugée, parle des *multae veritates ab aeterno*. Cependant, l'orthodoxie a fort bien su s'accommoder de la pluralité des idées, à condition toutefois que celle-ci ne soit pas créée et soit identique à l'essence divine, ce que Jérôme affirme sans cesse. Donc ce n'est pas la multiplicité qui a effrayé Gerson. Ce ne doit pas être non plus leur éternité, admise généralement à la suite de saint Augustin (comme la multiplicité d'ailleurs). Le caractère commun de cette entité n'a suscité aucun commentaire de Gerson. Si l'on entend par le *communis* « éternel et créé », donc distinct de Dieu et son égal par la durée, ainsi que le suggère le rappel constant de l'article de 1240, tous les écrits de Jérôme contredisent cette interprétation, d'ailleurs contradictoire. Si, d'autre part, on entend l'assertion attribuée à Jérôme comme une forme de panthéisme, nous forcerions les accusations des théologiens du concile: la séparation du monde créé et du non-créé est chez Jérôme évidente et plusieurs fois soulignée. Gerson a cru bon d'évoquer la doctrine d'Érigène et des amauriciens – sans que ce rappel soit directement lié à l'affaire de Jérôme –, et nous sommes sûrs aujourd'hui que le Praguois a une certaine connaissance du *Periphyseon*[1]. Mais la thèse d'une influence doctrinale de Jean

1. S. Sousedík, *Hieronymi Pragensis ex Johanne Scoto Eriugena excerpta*, « Listy filologické », 88 (1975), p. 4-7, l'a montré. Voir plus loin, Appendice II. M. Sousedík résume en trois thèses la doctrine de la question USFU (*Utrum sint alique forme...*; Sedlák, p. 229-258; Šmahel/Silagi, p. 13-69): « Hieronymus tres conclusiones facit nempe: a) Omnes res temporales atque corruptibiles habent formas eternales et incorruptibiles. b) Omnium rerum ad extra factarum est proporcionata

Scot sur Jérôme doit être précisée dans ce sens que les emprunts que le Praguois a fait à Jean Scot proviennent en réalité du *Corpus dionysien de l'Université de Paris*. En revanche, une lumière nouvelle a pu être apportée grâce aux dépositions faites au procès de Vienne. Elles nous ont appris que la *distinctio formalis* était en quelque sorte au cœur du débat : à Paris entre Gerson et les *formalizantes* et peut-être entre Jérôme et les artiens, à Heidelberg, Vienne et Constance entre Jérôme, ses collègues et ses juges. Nous ne pouvons pas ici examiner ce débat : une intelligence correcte du réalisme des wyclifistes praguois requiert une analyse spéciale de leur théorie des idées. Nous espérons traiter ce sujet à une autre occasion.

Enfin, aucun des documents que nous venons de passer en revue n'a pleinement confirmé l'opinion selon laquelle Jérôme de Prague aurait publiquement et ouvertement soutenu à Paris des assertions hérétiques. Devant les généralités d'un Gerson, devant la déposition formelle d'un Pergochsl, on doit constater que de son propre gré et par prudence, ou obligé, le Praguois a su adopter la retenue.

Quant au témoignage de Jean de Nova Domo, il est à la fois décevant et précieux. Décevant car la principale thèse qu'il impute aux platoniciens est si générale qu'elle n'est guère utilisable pour l'historien ; elle est sujette à trop d'interprétations ; celle avancée par Maître Jean découle de sa propre imagination et des bruits qui couraient alors dans l'Université. Précieux car il reflète la conscience du danger et nous informe des attitudes des artiens à l'égard du réalisme et de la théorie des idées ; l'historien de cette période doit le prendre en compte. Comparé aux subtils développements du chancelier, le bref et candide propos de Jean de Nova Domo révèle aussi l'influence de Gerson sur la Faculté des arts.

Enfin, au cours de notre enquête nous avons pu constater le caractère répétitif des textes de Jérôme de Prague, la constance de ses arguments, conclusions et corollaires, l'unicité du thème principal de ses disputes et interventions universitaires. À la lumière de cette constatation nous jugeons donc que la dispute de Heidelberg – dont un manuscrit conserve le schéma – n'était qu'une reprise de la dispute parisienne, antérieure de quelques mois, avec quasiment les mêmes conclusions et corollaires. C'est la raison pour laquelle nous avons pris en considération la *positio* de Heidelberg et les textes rédigés à Prague. Mais ni cette *positio*, ni aucun autre écrit ne confirment les affirmations de Gerson, sauf celle

diversitas eternarum racionum. c) Quoniam forme ydeales neque facte nec create sunt, ipse tamen nequaquam in seipsis subsistunt ». Nous avons déjà parlé de la dernière conclusion. La première, laissée sans aucune explication, est ambivalente : on ne sait pas encore si ces formes éternelles sont dans les objets créés ou en Dieu. L'explication de la conclusion et le premier corollaire précisent le problème : elles sont en Dieu seulement ; elles sont les *exemplaria* increés des *exemplata* créés ou créables. Jérôme n'a jamais cessé de soutenir cette distinction radicale. La deuxième conclusion, fondée sur la doctrine augustinienne de la pluralité des idées, souligne la symétrie des deux ordres des formes, créées et increées.

qui met en avant la distinction formelle. Et pourtant Gerson n'a jamais reproché cette distinction au Praguois mais aux « *formalizantes* ». Quant au réalisme philosophique, il faut souligner que le mot *universale* a chez les « wyclifistes praguois » une double signification. Dans sa première acception, trop largement utilisée, l'*universale* ou la *forma universalis*, etc. ne signifie que l'idée dans la pensée divine. Dans la seconde il a le sens que lui donnent en général les philosophes, du prédicable. Un tel universel n'a pas d'être séparé de l'être singulier dont il est formellement distinct. Cela étant, l'universel en Dieu ne prolonge pas la structure des universaux créés : le premier est essentiellement Dieu, les seconds sont essentiellement les singuliers créés. Obscurcie au niveau du langage, cette distinction fondamentale est maintenue au niveau de la doctrine. C'est d'ailleurs la doctrine de tous les « wyclifistes » de Prague [1].

1. M. Édouard Jeauneau a mis à ma disposition sa riche bibliothèque où j'ai trouvé la plupart des publications tchèques citées dans cet article et introuvables ailleurs. M. Jerzy Drewnowski a bien voulu me procurer la photocopie des écrits de Jérôme de Prague édités par J. Sedlák et dont aucun exemplaire n'est disponible dans les bibliothèques publiques en France.

*Appendice 1*

## À L'ORIGINE DU *STYLUS THEOLOGICUS* DE JEAN GERSON

(*Cf.* p. 214 et note 1)

Dès 1400 au moins Gerson voit en Buridan l'homme qui, dédaignant la production philosophique de ses contemporains, lui préférait celle des auteurs anciens. Il écrit en effet, à cette date, aux « Messieurs de Navarre » :

> Propter quod memorandum est dictum viri qui multa vidit, legit atque conscripsit, Buridanum loquor, qui in egregii scripti sui super Ethicam prohemio ingenue fatetur se novis rationibus nunquam adhaesurum quantumcumque apparentibus quoniam ab illis pluries deceptus est ; ex antiquorum autem dictis nunquam, praesertim in moralibus. Propter quod etiam dicit Aristoteles sexto Ethicorum : Oportet attendere expertorum et seniorum vel prudentum demonstrationibus vel enuntiationibus non minus demonstratione ; propter habere enim experientiam usus videt multa [1].

Dans la même lettre Gerson-théologien suit l'exemple de Buridan et propose aux étudiants de théologie les lectures de Bonaventure, de saint Thomas, d'Henri

1. Jean Gerson, *Épître Jucundum est*, O.C., II, p. 32. Le propos attribué à Aristote – ici comme dans l'édition L.E. Du Pin (Ioannis Gersonii *Opera omnia*, I, Anvers, 1706, col. 107C) – est corrompu. Rappelons donc le texte de Buridan que Gerson eut devant les yeux : voir Jean Buridan, *Quaestiones super decem libros Ethicorum*, Paris, 1513 (réimpression Frankfurt a. M., Minerva, 1968), f° ii ra : « In hoc autem opusculo, propter meam inexperientiam et ineptitudinem mei iudicii, sententiis et auctoritatibus doctorum antiquorum magis quam nouis rationibus, etiam quantumcunque mihi apparentibus, adherebo. Pluries enim me inueni deceptum rationibus nouiter emergentibus, aniquorum autem sententiis nunquam, specialiter in moralibus. Propter quod in hoc opere aliqua corrigam eorum que alias credidi esse vera. Rationes enim in hac scientia ex actibus humanis sumuntur quorum noticia non habetur sine experientia multa. Propter quod dicit Aristoteles, sexto Ethicorum : Oportet attendere expertorum et seniorum prudentum in demonstrabilibus enuntiationibus non minus demonstrationum, propter habere enim experientiam visum vident principia ». *Éth. Nic.*, VI 11, 1143 b 11-14 (Aristoteles Latinus, XXVI, fasc. III – Recensio pura, p. 267, 5-8 : « Quare oportet attendere expertorum et seniorum vel prudentum indemonstrabilibus enunciacionibus et opinionibus, non minus demonstracionum. Propter habere enim ex expriencia visum, vident principia » ; même texte dans le fasc. IV – Recensio recognita, p. 489, 25-490, 3). Gerson est intéressé par le caractère indémontrable, du point de vue de la logique au sens propre, des thèses appartenant à l'éthique.

de Gand, de Durand de Saint-Pourçain, de Guillaume de Paris et de quelques Pères. La même lettre, datée du 29 avril 1400 à Bruges, s'inscrit dans les méditations de son auteur sur l'état de l'Université de Paris et sur la nécessité de sa réforme commencées exactement en avril 1400 [1]. Si l'on considère que le retour aux textes de grands scolastiques du XIIIe siècle fait partie du programme de réforme gersonien [2], on constatera aisément que l'introduction de Buridan à son Commentaire de l'Éthique est une source importante de Gerson-réformateur. Elle a été jusqu'à présent négligée [3].

Si, alité à Bruges, Gerson ait eu le temps de lire et de méditer le prologue buridanien, il ne l'a pas oublié en entreprenant ses réformes de retour à Paris. Nous en sommes assuré par sa leçon *De duplici logica* que l'on date de novembre 1401. Ses réflexions sur le texte de Buridan se prolongeaient et prenaient différentes directions. Celle, annoncée par le *De duplici logica*, axée sur le langage et la méthode en théologie, ouvrait aussi d'autres perspectives et, à vrai dire, ne devait plus jamais être abandonnée. Le deuxième apport du texte buridanien est donc ce que Gerson appelle le *stylus theologicus* ou la *logica theologiae*. Regardons le texte.

En 1401 Gerson commente aux théologiens l'Évangile de Marc. Il arrive aux versets 5 et 6 du premier chapitre. Le verset 5 : *Et egrediebatur ad eum (sc. Jean-Baptiste) omnis Judeae regio, et Jerosolymitae universi*, pose, dit Gerson, un problème aux logiciens et les scandalise :

> Ad hoc verbum stupet logica et logicae tractatores vel scandalizantur vel inculpant locutionis huius formam.

À l'évidence Jean-Baptiste n'a pas pu attirer tous les habitants de Jérusalem et encore moins ceux de la région de Judée :

1. A. Combes, *Essai sur la critique de Ruysbroeck par Gerson*, t. IV, Paris, Vrin, 1972, p. 229 *sq.*, 232-236, 238-248 ; Gerson est alors malade. L'*Essai*, on le sait, n'est pas terminé ; le regretté A. Combes était arrivé à la production littéraire de Gerson durant l'année universitaire 1400-1401. L'analyse du *De duplici logica*, qui nous occupe ici, y aurait eu sa place si l'ouvrage avait été achevé ; *cf.* p. 33-34, 253, 293. Pour dater cet écrit nous adoptons l'année 1401 (novembre-décembre) proposée par l'éditeur des *Œuvres complètes*, bien que Combes ait émis plusieurs critiques sur l'*Œuvre magistrale* (O.C., vol. III) et sur la datation de différentes pièces ; cf. *Essai*, IV, p. 285-319. De cette critique, nous acceptons celle qui refuse de voir dans « l'œuvre magistrale » un commentaire suivi de l'Évangile de Marc. En réalité, le *De duplici logica* peut avoir été écrit entre la fin de l'année 1400 et celle de l'année suivante. Le « Mémoire » sur la réforme de l'enseignement théologique » (O.C., II, p. 26-28) est du mois d'avril 1400. A. Combes, *Essai*, IV, p. 240-243, écarte Pierre d'Ailly comme destinataire de la lettre n° 3 et du « Mémoire » qui l'accompagne et propose Pierre d'Orgemont, évêque de Paris.

2. Plusieurs points du fameux « Mémoire » et des deux leçons *Contra curiositatem studentium* (O.C., III, p. 224-249) sont d'inspiration buridanienne. Concernant la réforme, on peut consulter P. Glorieux, *Le chancelier Gerson et la réforme de l'enseignement*, dans « Mélanges Ét. Gilson », Paris, Vrin, 1959, p. 285-298 ; A. Combes, *La théologie mystique de Gerson*, p. 37-64, 67-69 ; *Id.*, *Essai*, IV, p. 238-246.

3. P. ex. A. Combes et S.E. Ozment, (« The University and the Church : Patterns of Beform in Jean Gerson », *Medievalia et humanistica*, N.S., I (1970), p. 111-126) voient dans les pièces concernant la réforme, donc principalement institutionnelles, une sorte de textes mystiques.

> Igitur logicae virtus et sermonis proprietas videntur falsitatis arguere evangelistam Marcum qui hoc universali sermone usus est [1].

Le problème posé concerne non seulement les versets cités, mais toute l'Écriture. Pour le résoudre Gerson donne une réponse générale, suivie de trois considérations et de remarques. Comme fondement de sa réponse, donc comme principe de tout ce qu'il a pu déduire, il a choisi le concept de la logique, ou, pour être plus précis, celui de la double logique dépendant d'un différent niveau du langage. Ce concept apparaît comme une idée déjà mûre, bien pensée et réfléchie. Nous en sommes d'autant plus sûr que l'idée leui est venue de l'introduction à l'*Éthique* de Buridan, texte que Gerson avait examiné en avril de l'année précédente. Pour nous en rendre compte, comparons les deux textes :

**Ethica, f° ii a-b** :

Ipsa autem scientia seu philosophia moralis duas habet partes primas, unam principalem, aliam adminiculatiuam seu instrumentalem. Sicut enim in speculatiuis hec quidem scientia naturas rerum docet, videlicet metaphysica, physica et mathematica, illa vero modum docendi et dicendi subministrat, scilicet logica, sic in moralibus oportet hanc quidem docere moralem vitam, hanc autem illi modum docendi sumbinistrare.

Prima ergo et principalis pars, scilicet que docet bene viuere ad salutem, traditur in libris Ethicorum, Economicorum et Politicorum. Secunda vero pers que hunc modum docendi docet traditur in libris Rhetorice et Poetrie. Unde scientia dictorum duorum librorum vere et proprie dicenda est non logica simpliciter neque moralis scientia simpliciter, sed logica moralis.

**De duplici logica, p. 68** :

Pro qua dissolvenda notandum summo opere arbitror iuxta etiam Philosophi sententiam quod duplex est logica ; quaedam subserviens scientiis naturalibus ac pure speculativis, quae usitato nomine et quasi antonomastice logica nominatur et quae « ad omnium methodorum <principia> viam habere » describitur ab Hispano (de Rijk, p. 1, 4-5) ; quae sermocinalis a quibusdam nominatur. Porro altera est logica quam appropriato vocabulo rhetoricam dicimus ; quae principaliter ancillatur, servit et adminiculum praestat scientiis moralibus, politicis et civilibus, ad intellectum practicum spectans.

1. Jean Gerson, *De duplici logica* (O.C., III, p. 57-63), p. 57-58.

S'il est évident que Buridan est bien la source de Gerson, il est non moins évident que les deux hommes ne développent pas exactement les mêmes idées. Déjà dans le texte cité Gerson a éliminé la *Poetria*, inutile pour l'application de la deuxième logique à la théologie, cette *Poetria* qui, selon Buridan, n'éclaircit rien, mais « s'efforce d'obscurcir agréablement la science par les figures de style »[1]. Aussi pour distinguer et décrire les deux logiques, pour montrer la nécessité de la logique morale (*dicta est idcirco logica haec esse necessaria*[2]), Gerson suit le canevas de Buridan mais ne reprend plus son texte. La démonstration de Gerson devient plus précise, plus technique et plus claire. Ainsi on en arrive rapidement au point où les deux textes divergent, d'abord parce que Buridan abandonne la logique morale et passe au commentaire de l'Éthique, ensuite parce que Gerson voit différemment les rapports entre les deux logiques. Pour Buridan la logica simpliciter est supérieure à la logica moralis :

> Et hec vocatur dialectica moralis que subest dialectice simpliciter sicut et subalternata, nam dialectica simpliciter respicit intellectum simpliciter, rhetorica vero siue moralis dialectica respicit intellectum sub contracta ratione, scilicet secundum hoc quod trahibilis est per appetitum[3].

Pour Gerson elles ne sont pas à proprement parler comparables parce que l'une se rapporte à l'intellect spéculatif, l'autre à l'intellect pratique, et parce que leur champ d'application est totalement différent :

> Illa enim inquirit tantummodo veritatem in rébus prout veritas est adaequatio rei intellectae ad intellectum speculativum ; ista autem prout est adaequatio quaedam ad affectum seu practicum intellectum. Dicamus ergo quod, dum quaeritur de veritate propositionis alicuius secundum vim vocis aut proprietatem sermonis, aliter iudicandum est et requirendum in speculativis scientiis ad quas deservit logica prior, aliter in moralibus atque politicis ubi rhetoricam vigere docuimus. Et quisquis istas logicas duas vellet confundere ita ut rhetoricam in speculativis et logicam priorem in practicis scientiis exigeret, ille in absurdissimos ineptissimosque errores totus corrueret[4].

Le Cicéron du *De inventione* et d'autres auteurs non nommés[5] tournent en ridicule tous ceux qui appliquent la première logique à l'interprétation des lois ou des expressions courantes. Non moins ridicules sont ceux qui se servent de la

1. Jean Buridan, *Quaest. super Eth.*, f° ii ra : « Poetria vero scientiam delectabiliter obscurare nititur per verborum transsumptionem vel alio modo ».

2. *Loc. cit.* : « Sed statim aliquis dubitabit propter quid philosophia moralis habet specialem logicam magis quam alie artes vel scientie. (…) Propter quod duplici logica seu dialectica indigemus, vna quidem que simpliciter docet modum inueniendi dubiam veritatem et illam vocamus logicam simpliciter vel dialecticam ; et alia contracta que docet modum quo simul et dubium et verum inuenitur et appetitus sic afflcitur et disponitur vt determinet vel non impediat intellectum ad concedendum conclusum, et hec vocatur dialectica moralis que subest dialectice simpliciter… ».

3. *Loc. cit.*

4. Jean Gerson, *De duplici logica*, p. 58-59.

5. *Loc. cit.* : « … a Tullio in rhetorica veteri et aliis politizantibus irridentur ».

rhétorique dans le domaine de la vérité spéculative. Pourtant Gerson ne nie pas qu'une logique peut avoir besoin de l'autre ou que toutes les deux peuvent concourir à la recherche d'une seule vérité ; mais quand, où et comment (*quando, ubi, qualiter*), cela dépend de la décision de l'homme sage ou habile : *sapientis et artificis est*, de celui qui domine bien les deux logiques et sait s'adapter aux circonstances. Ceux qui, s'occupant de doctrine ou composant des traités, manquent de la première logique, sont peu préparés à leur travail : ils restent toujours grossiers et confus. Les autres, en s'arrêtant à cette première logique sans connaître la seconde, sont des sophistes, des insignifiants ; verbeux, presque insupportables dans la vie sociale, ils sont incapables de s'élever lorsqu'ils prêchent ou lorsqu'ils délibèrent [1]. Cet idéal d'une double compétence, cette nécessité d'acquérir une discipline pour bien cultiver l'autre, est certainement plus proche des conceptions de Cicéron.

Le terrain ainsi préparé, la réponse n'est pas difficile : les textes historiques, prophétiques et moraux ne peuvent aucunement être interprétés selon les strictes règles de la première logique. On doit alors adopter le langage usuel qui convient le mieux aux canons de la rhétorique. Pour cette raison, certains vont jusqu'à affirmer que la théologie a son propre mode de parler et qu'en théologie rien n'est faux de *virtute sermonis* :

> Iuxta hoc non operosum est obiectionem praetactam dissolvere dicendo quod nullo modo in historicis narrationibus sicut nec in prophetiis et documentis moralibus exigitur vel attenditur veritas dictorum conformiter ad strictas régulas prioris logicae, sed sufiicit quod modus loquendi communis, cui maxime se conformat rhetorica, servetur, ubi figuratae locutiones tropicae et transsumptae per parabolas et similitudines admittuntur, et amplius quam reliquae. Et hoc est quod quidam non irrationabiliter dicunt quod theologia suam habet logicam et modum loquendi proprium et quod in ea nihil esse falsum de virtute sermonis debet admitti ; immo dictum huiusmodi tamquam irreligiosum, impium et blasphemum a catholicis auribus reiici congruit. Si quis vero dixerit oppositum et recte sensit, ille dumtaxat ad vim loquendi prioris logicae oculos convertebat quamvis non usquequaque rationabiliter [2].

Le langage commun, qui est celui de l'histoire, de la morale, de la religion et enfin de la théologie, peut servir correctement cette deuxième logique : il est un

1. *Loc. cit.* : « Neque tamen nego quin vicissim logica una alterius opem quandoque requirat et quin pari quodam sensu ad veritatis unius inquisitionem plerumque concurrant. Sed quando, ubi et qualiter hoc flt, non cuiuscunque sed sapientis et artificis est istud discernere, et eius insuper qui utramque perfecte cognoverit et qui sciverit secundum materiae exigentiam cognitos inferre sermones. Hic fit ut aliqui carentes logica priori reperiuntur in tractatibus aut doctrinis parum resoluti sed rudes et indigesti, sicut e contra dictum est quod soli logicae innitentes sophistae sunt, leves et garruli, et in civili communicatione parum aut vix tolerabiles inventi ; immo ad praedicationes aut deliberationes positas raro videntur elevati quia nec in illorum exercitationes seipsos tradiderunt ». Voir aussi Cicéron, *Orator*, 4, 16 ; 33, 113-118. Mais Gerson l'ignore ici.

2. Jean Gerson, *De duplici logica*, p. 59-60.

bon support pour la rhétorique et ses figures. Ici Gerson cite en exemple le *De doctrina christiana* de saint Augustin[1].

Cet exposé général fini, le chancelier passe aux considérations particulières. Elles sont trois, et la dernière, la plus longue aussi, est pour nous la plus intéressante. En effet, la première attribue aux prédicateurs la rhétorique même si les purs logiciens s'en scandalisent. Les textes bibliques abondent en expressions littéraires[2]. La deuxième interdit d'importuner les prédicateurs qui se servent de la *logica moralis*, si les circonstances s'y prêtent et s'ils ne causent pas de scandale. En effet, le choix des circonstances (*ubi, quando*), n'est pas enseigné par la rhétorique qui laisse au sage le soin de décider[3].

La troisième considération est d'abord critique à l'égard de tous ceux qui appliquent les *modi loquendi* de la première logique à la théologie. Elle montre ensuite l'origine du mal répandu en France, celui de la dialectique introduite dans la théologie. Lisons la première partie de la considération :

> Tertiam addo considerationem contra illos qui in locutionibus moralibus ponunt captiosos loquendi modos, in logica priori servatos, licet veros. In quibus tamen est falsitas aperta aut scandalosa iuxta locutiones usitatas et secundum rhetoricam in materia tali servandam. Exempli gratia, ponetur una indefinita quae apud morales aequivalet universali, quae tamen indefinita de vi logicae vera erat, et apud rhetoricum et politicum falsissima. Propterea non imprudenter condemnatae sunt aliquando propositiones tamquam articuli erronei aut revocandi in quibus tamen erat veritas de vi vocis et logicae prioris, ut ista : Ecclesia manens Ecclesia potest errare ; Deus et creatura nihil sunt, et similes multae. Et aliae etiam quae in philosophia fuissent receptae ut verae vel saltem probabiles sicut sunt articuli qui de evidentiis loquuntur contra mysteria. Et maxime consideratio haec locum habet ubi audientes non sunt triti vel usitati tales locutiones audire vel admittere ; sed vulgares sunt aut puri morales, legistae scilicet vel canonistae. Et sane imprudenter agunt, ne dicam impudenter, qui coram talibus in actibus publicis logicam puram aut philosophiam adducunt seu metaphysicam, praesertim ubi materia talis quae nihilominus mores respicit est apud eos scandalum. Observandum est enim illud Gregorii : iuxta mores auditorum formetur sermo doctorum[4].

Ce sont exactement ces règles que Gerson a observées avant, pendant et après le concile de Constance. En 1413-1414 :

> Sensus litteralis Sacrae Scripturae accipiendus est non secundum vim logicae seu dialecticae, seu potius iuxta locutiones in rhetoricis sermonibus usitatas et iuxta tropos et figuratas locutiones quas communis usus committit, cum consideratione circumstantiarum litterae ex praecedentibus et posterius appositis. Habet enim

1. *Ibid.*, p. 60.
2. *Ibid.*, p. 60-61.
3. *Ibid.*, p. 61.
4. Jean Gerson, *De duplici logica*, p. 61-62.

> Scriptura Sacra, sicut et moralis et historialis scientia, suam logicam propriam, quam rhetoricam appellamus [1].
> Sensus litteralis Scripturae, praesertim in sermonibus moralibus, utitur plerumque indefinita pro universali, iuxta communem modum accipiendi.
> (...) Propterea talis indeflnita locutio non excusat semper asserentem a falsitate, supposito quod sit in aliquo particulari casu verum illud quod indefinite positum est [2].

En 1423 :

> Deducitur ex terminis, quoniam Spiritus sanctus in manifestatione veritatis intima, nec fallere nec falli potest ; quemadmodum theologi fundant quod nec fldei, nec sensui litterali Scripturae subesse potest falsum ; alioquin nihil auctoritatis ad credendum, nihil roboris ad persuadendum sibi subsisteret. Est autem sensus litteralis non solum grammaticalis, sed nec stricte logicalis, verum ille quem Spiritus Sanctus principaliter intendebat, qui ex circumstantia litterae cum causis dicendi et modis exponendi magis patet [3].

En 1426, le *De modis significandi* prolonge, développe et érige en système les mêmes idées.

La différence entre les deux logiques peut se résumer ainsi :

a. Appliquée à la théologie, la rhétorique n'admet pas qu'il y ait dans l'Écriture une proposition fausse, ce qui conduit au

b. rejet, dans la seconde logique, de toute analyse selon le sens propre des mots (*vis sermonis, vis vocis*). Le « sens littéral » ne se prend pas dans la même acception en théologie et dans les sciences spéculatives.

c. Les propositions indéfinies des logiciens ont la valeur des universelles pour les théologiens et comme telles, elles sont souvent fausses et scandaleuses.

d. La proposition modale *de posse* peut être condamnée comme une catégorique affirmative.

e. Les règles de la première logique (*suppositio*, *ampliatio*, *appellatio*, etc.) n'ont pas cours en rhétorique.

f. Les règles de la seconde logique sont celles de la rhétorique, elles servent l'intelligence de l'Écriture et l'élucidation du sens des mots par le contexte.

Les considérations gersoniennes ont un deuxième volet : l'indication de l'origine du mal qu'est l'Angleterre, d'un mal déjà présent à la Faculté de théologie de Paris. Nous voilà à la source même de la réforme menée par le chancelier :

> Huius oppositum creberrime fieri dicitur in Anglia et, proh dolor, nisi provideatur, invalescet in Francia. Quam vero aperta esset et lata fenestra ad errores et scandala seminandos talis permissio, liquet ex praemissis et experientiae vox conclamat.

1. Jean Gerson, *De sensu litterali Sacrae Scripturae*, O.C., III, p. 334.
2. *Ibid.*, p. 335. Supra, p. 214, note 1, nous avons cité plusieurs textes de la période du concile de Constance.
3. Jean Gerson, *De examinatione doctrinarum*, I, n° 6 ; O.C., IX, p. 463.

> Denique cur ob aliud appellantur theologi nostri temporis sophistae et verbosi, immo et phantastici, nisi quia relictis utilibus et intelligibilibus pro auditorum qualitate transferunt se ad nudam logicam vel metaphysicam aut etiam mathematicam, ubi et quando non oportet, nunc de intensione formarum, nunc de divisione continui, nunc detegentes sophismata theologicis terminis obumbrata, nunc prioritates quasdam in divinis, mensuras, durationes, instantia, signa naturae et similia in medium adducentes, quae etsi vera atque solida essent, sicut non sunt, ad subrisionem tamen magis audientium vel irrisionem quam rectam fidei aedificationem saepe proficiunt [1].

Toutes les théologies du XIVe siècle sont pratiquement rejetées.

Nos conclusions sont brèves :

– À la suite de Buridan, Gerson distingue deux logiques : logique au sens propre et rhétorique.

– Contrairement à la solution de Buridan, celle de Gerson ne subordonne pas la seconde logique à la première. La logique de la théologie est identique à la seconde logique.

– L'égalité originelle des deux logiques conduit à la subordination de la première logique à la seconde, laquelle devient de la sorte l'instrument de Gerson-hérésiologue.

– La double logique prolonge et renforce la tradition parisienne de la philosophie, c'est-à-dire la tradition buridanienne, au prix de certains réaménagements ; elle coupe les ponts entre Gerson (et la Faculté qu'il réforme) et la tradition théologique anglaise ; elle constitue un moyen pour chasser cette dernière de Paris.

– Malgré un premier essai pour accorder la rhétorique et la dialectique, Gerson, dans l'ensemble, ne s'inspire pas de Cicéron mais de la *Rhetorica ad Herennium* qui oppose les deux disciplines. Dans toute son œuvre, mais surtout dans le *De duplici logica*, le *De doctrina christiana* d'Augustin est la principale source de ses connaissances rhétoriques.

– Hus et Jérôme de Prague n'avaient aucune chance de quitter le concile de Constance : leurs propositions indéfinies, vraies pour les logiciens et pour les grammairiens, étaient indéfendables, parce que universelles, pour un théologien comme Gerson. Cette dernière conclusion est d'ailleurs la sienne [2].

1. Jean Gerson, *De duplici logica*, p. 62.
2. Voir plus haut, p. 214, note 1.

*Appendice 2*

## JÉRÔME DE PRAGUE, ÉRIGÈNE ET LE *CORPUS DIONYSIEN* DE L'UNIVERSITÉ DE PARIS

(*Cf.* p. 229-230)

Dans son article déjà cité « M. Hieronymi Pragensis ex Iohanne Scoto Eriugena excerpta » M. Stanislas Sousedík montre que Jérôme de Prague a utilisé certains passages du livre III du *Periphyseon* de Jean Scot. La comparaison des deux textes, imprimés côte à côte, semble convaincante. Il s'agit d'une transcription *ad verbum*, comme le dit M. Sousedík, avec cependant quelques raccourcis, ce qui est tout à fait courant dans la pratique des auteurs médiévaux.

Pourtant, en regardant de près la question *Utrum sint forme universales que neque formate nec eciam formabiles sunt*, où M. Sousedík a trouvé des fragments d'Érigène, on est saisi d'un doute. D'abord, on voit bien dans les questions éditées par J. Sedlák que Jérôme préfère faire étalage de ses autorités et de ses sources plutôt que de les cacher. Peut-être, certainement même, savait-il qu'Érigène avait jadis été condamné et ne voulait-il pas s'exposer aux attaques de ses nombreux adversaires. Cette dissimulation aurait pu signifier qu'il se sentait quelque peu coupable d'une connivence avec l'hérétique ; mais après la lecture de ses écrits et l'examen de ses procès, une telle attitude de prudence est absolument à exclure. Alors, savait-il, au moins, qu'il copiait le *Periphyseon*, texte, somme toute, bien peu lu à son époque ? Voilà notre doute et la question qu'il a engendré. M. Sousedík ne répond pas à cette question, mais nous ne lui en tenons pas rigueur car sa découverte constitue déjà un grand progrès dans la recherche des sources du maître praguois. Nous voulons faire ici un pas de plus.

Donc le problème qui s'est posé à nous après la lecture de l'article de M. Sousedík est celui-ci : Jérôme de Prague a-t-il connu de première main le texte de Jean Scot ? Après avoir répondu à cette question on pourra seulement essayer de répondre à celle formulée auparavant. Notre première tentative s'est portée sur le *Clavis physicae* d'Honorius, lequel est, comme on le sait, « un ampio compendio del *De divisione nalurae* »[1]; quelques manuscrits de cet ouvrage existent toujours en Europe centrale. Malheureusement, le long texte occupant dans la Patrologie latine, t. 122, les colonnes 625 A à 626 B, a été résumé en cinq lignes dans le *Clavis*[2]. Notre deuxième examen s'est porté sur l'œuvre de saint Albert qui a utilisé les fragments du *Periphyseon* connus de lui par le *Corpus dionysien*; d'ailleurs son œuvre était lue dans toute l'Europe. Cependant, la lecture de son commentaire *Super Dionysium* s'est révélée infructueuse[3]. Pour d'autres écrits d'Albert le Grand nous nous sommes servi du tableau: « Extraits du *De divisione naturae* dans les œuvres d'Albert le Grand », composé par le P. H. F. Dondaine[4], avec le même résultat. Nullement découragé, nous nous sommes tourné vers le *Corpus dionysien de l'Université de Paris*, l'objet de la belle étude de H. F. Dondaine. Nous voulons nous y arrêter plus longtemps.

Guidé par le livre du P. Dondaine, nous avons constaté que le passage d'Érigène indiqué par M. Sousedík (PL 122, col. 625 A-626 B) avait été repris par le *Corpus*. Il est mentionné dans le tableau « Fragments du *De divisione naturae* dans le *Corpus* ». On peut le lire donc dans le ms. parisien de la Bibliothèque nationale de France, lat. 17341, f° 249 va, où il sert de commentaire au chapitre V du *De divinis nominibus* du Pseudo-Aréopagite[5]. Le fragment d'Érigène repris dans le *Corpus* est exactement le même que celui découvert par M. Sousedík chez Jérôme. Ce qui nous restait donc à faire c'était de repérer tous les sauts de lignes commis par Jérôme et l'ordre des mots dans les textes en cause pour savoir si Jérôme avait puisé directement dans le *Periphyseon* ou s'il avait suivi le *Corpus*, Voici les différences significatives en trois colonnes: *a* – le texte du *Periphyseon*, livre III, avec renvois à l'édition H.J. Floss (PL 122, on indique seulement colonne et lettre) et à l'édition de É.A. Jeauneau (volume, page, lignes)[6]; *b* – le texte du *Corpus dionysien*, ms. BnF, lat. 17341 et feuillet; *c* – Jérôme de Prague, *Question Utrum sint alique forme universales*..., dans l'édition de J. Sedlák (avec l'indication de la page) et dans celle de F. Šmahel et G. Silagi[7].

1. Honorius Augustodunensis, *Clavis physicae*, a cura di P. Lucentini, Rome 1974; texte cité à la p. VII.

2. Honorius Augustodunensis, *Clavis physicae*, p. 88, 29-33.

3. Alberti Magni *Opera omnia*, t. XXXVII, pars I: *Super Dionysium De divinis nominibus*, primum edidit P. Simon, Munster 1972; pars II: *Super Dionysii Mysticam theologiam et Epistulas*, edidit P. Simon, Munster 1978.

4. H. F. Dondaine, *Le Corpus dionysien de l'Université de Paris au XIII^e siècle*, Rome 1953, p. 138-139.

5. *Ibid*., Appendice V. La description du ms. lat. 17.341, p. 15-21.

6. Iohannis Scotti seu Eriugenae *Periphyseon*. Liber tertius. Editionem novam curavit E. A. Jeauneau. Turnhout, Brepols, 1999 (Corpus Christianorum. Continuatio Mediaeualis, CLXII).

7. Jan Sedlák, « Filozofické spory pražské v době Husově », dans *Studie a texty k náboženským dějinám českým*, red. J. Sedlák, II, Olomouc, 1915, p. 229-258; Magistri Hieronymi de Praga *Quaestiones, Polemica, Epistulae*. Ediderunt F. Šmahel, G. Silagi, Turnhout, Brepols, 2010 (Corpus Christianorum. Continuatio Mediaeualis 222; Magistri Iohannis Hus Opera omnia, t. XXVIIA; Supplementum I).

| col. 625 A: Jeauneau, 3, p. 11, 254-259: | C.D., f° 249 va: | Jérôme – Sedlák, p. 239: Šmahel/Silagi, p. 28, 413-417: |
|---|---|---|
| centrum et circumscriptum ei circulum diligenter intuere rectasque lineas a centro inchoatas et ad circulum porrectas ibique terminatas. A. Saepe hoc aspexi, seu in animo per phantasiam interius, seu in figura uisibili corporeaque exterius sensibus subiecta. N. Non intuitus es | Centrum et circumscriptum ei circulum diligenter intuere rectasque lineas a centro inchoatas et ad circulum porrectas ibique terminatas, et tunc uidebis | quisquis enim centrum et circumscriptum ei circulum diligenter intuetur rectasque lineas a centro inchoatas et ad circulum porrectas ibidemque circumferencia terminatas prospiciet, videbitque |
| quomodo omnes lineae in centro adunantur… | quomodo omnes linee in centro adunantur… | quomodo omnes linee in centro adunantur… |

On remarque aisément que Jérôme suit le *Corpus*: les deux textes ont la même omission. Les deux mots ajoutés par Jérôme ne proviennent même pas du *Periphyseon* d'Érigène. Les exemples suivants confirment cette première constatation:

| col. 625 B: Jeauneau, 3, p. 11, 673: | C.D., *loc. cit.*: | Jérôme – Sedlák, p. 240 Šmahel/Silagi, p. 28, 427: |
|---|---|---|
| discerni a se inuicem possint… | discerni inuicem *a se possint…* | discerni invicem *a se possint…* |
| **col. 625 C: Jeauneau, 3, p. 12, 280-281:** | **C.D., f° 249 vb – 250ra** | **Jérôme: Sedlák, p. 240: Šmahel/Silagi, p. 29, 435-436:** |
| nullae longiores aliis aut breuiores sint, naturali rationabilique aequalitate in utrisque seruata… | nulle longiores aliis aut breuiores sint *rationabili naturalique* equalitate in utrisque seruata… | nulle longiores aliis aut breviores sint *rationabili naturalique* equalitate in utrisque servata… |

Dans chaque cas l'ordre des mots suivi par Jérôme est celui du *Corpus*, non celui du texte authentique du *Periphyseon*.

En nous limitant toujours aux fragments dont s'est servi M. Sousedík pour sa comparaison, nous avons encore deux exemples qui apportent la preuve définitive qu'entre le *Periphyseon* et la question de Jérôme il y a un autre témoin – le *Corpus dionysien*. Jérôme ne le suit pas mot-à-mot et pourtant il lui reste fidèle.

| col. 625 D : Jeauneau, 3, p. 12, 293-311 : | C. D., f° 250 ra : | Jérôme – Sedlák, p. 240 : Šmahel/Silagi, p. 29, 437-444 : |
|---|---|---|
| Continua nanque quantitate pollet. Ac per hoc nullo certo principio inchoat, nullo constituto fine concluditur, sed totus suimet in toto et principium est, et finis subsistit. Hinc est quod circulais motus ANAPXOC a graecis (hoc est principio carens) recte nominatur aliorumque motuum (id est recti et obliqui) obtinet principatum. (626A) N. In his omnibus non falleris ut opinor. Non enim… A. Huic etiam conclusioni… | Continua namque quantitate pollet ac per hoc nullo certo principio inchoat, nullo constituto fine concluditur, sed totus suimet in toto et principium est. Hinc est quod circularis motus anarchos a grecis, hoc est principio carens, recte nominatur aliorumque motuum, id est recti et obliqui, obtinet principatum. | Circulus namque continua quantitate pollet ac per hoc nullo certo principio inchoat nulloque constituto fine clauditur, sed totus suimet in toto et principium est et finis subsistit. |
| (p. 13,307) N. Non aliorsum, nisi ut luce clarius cognoscamus summos theologos eorum que pedisequos omnino posse, nulla ratione obstante, et ab omnibus primordialibus causis contemplationis earum initium sumere et in omnibus, prout cuique uisum fuerit… | *Hec omnia ad hoc tendunt, ut* luce clarius cognoscamus summos theologos eorumque pedissequos omnino posse nulla ratione obstante et ab omnibus primordialibus causis contemplationis earum initium sumere… | *Hec omnia ad hoc tendunt, ut* nulla racione prohibente noscamus posse sumere inicium ab omnibus primordialibus causis contemplacionis earum et in omnibus, prout unicuique visum fuerit… |

Il est maintenant évident que Jérôme de Prague copie non pas le texte du *Periphyseon* mais le commentaire du *De divinis nominibus* dans le *Corpus dionysien*. Il abrège ce commentaire mais non pas l'œuvre originale de Jean Scot ; il lui emprunte des mots qui ne se trouvent point dans le *Periphyseon*. Le dernier exemple le démontre encore :

| col. 626 B : Jeauneau, 3, p. 13, 316-322 : | CD., f° 250 ra : | Jérôme – Sedlák, p. 240 : Šmahel/Silagi, p. 29, 449-456 : |
|---|---|---|
| Et dum haec in mentibus theorizantium diuinae disciplinae diuinarumque theophaniarum modis diuersis mirabilibusque peraguntur, ipsae per se ipsas omnium quae sunt primordiales rationes uniformiter et incommutabiliter in uerbo dei, in quo factae sunt, unum et id ipsum ultra omnes ordines omnemque numerum aeternaliter subsistunt. | Et dum hec in mentibus theorizantium diuine discipline diuinarum theophaniarum modis diuersis mirabilibusque peraguntur, ipse per se ipsas omnium que sunt primordiales rationes uniformiter et incommutabiliter in uerbo dei unum et id ipsum ultra omnes ordines omnemque numerum eternaliter subsistunt. *In effectibus autem suis quodam modo ordines quosdam et numeros sue multiplicationis accipiunt.* | et dum hec in mentibus speculancium peraguntur, modis mirabilibus ipse per se ipsas omnium que sunt primordiales raciones, uniformiter et incommunicabiliter (!) in verbo Dei unum et id ipsum sunt et ultra omnes ordines omnemque numerum eternaliter subsistunt, *in effectibus autem suis quodammodo ordines quosdam sue multiplicacionis accipiunt*, sicque ille circulus eternus omnia in se complectitur. |

L'utilisation du *Corpus dionysien* étant démontrée, d'autres problèmes se posent : Jérôme de Prague a-t-il réellement eu entre ses mains le *Corpus*, l'a-t-il lu et copié ? A-t-il copié d'autres fragments encore ? Ou, peut-être dépend-il d'un auteur, inconnu de nous, qui a eu un accès direct au *Corpus* ? Enfin, quelle est l'étendue des emprunts – directs ou indirects – du *Corpus* dans les écrits de Jérôme ? Il nous faut, tout d'abord laisser de côté le problème d'un médiateur : nous ne connaissons aucun écrit où le Praguois aurait pu trouver les mêmes extraits du *Corpus*. Par contre, nous pensons que lors de son séjour parisien, Jérôme a disposé de beaucoup de temps pour étudier sur place le *Corpus*, dont la bibliothèque du collège de Sorbonne et le couvent des Dominicains possédaient alors des exemplaires. De plus, il est absolument certain que Jérôme a utilisé soit le manuscrit des Dominicains, aujourd'hui à Paris, Bibliothèque nationale de France, lat. 17341 (manuscrit C du P. Dondaine), soit un autre, appartenant à la même famille, mais aujourd'hui perdu. En effet, comme l'indique H. Dondaine, le manuscrit C « porte en marge un système complet de titres-manchettes très détaillés, qui signalent les questions théologiques intéressées et les arguments qu'on peut tirer du texte ou des commentaires »[1]. Or, et nous le montrerons dans un instant, Jérôme a intégré dans le texte de sa question un de ces titres-

1. H.F. Dondaine, Le *Corpus dionysien*, p. 77 note 26. Voir aussi *ibid.*, p. 117-122. Le ms. E du P. Dondaine (Paris, BnF, lat. 15630) qui a été légué par Gérard d'Abbeville à la Sorbonne, n'a pas de

manchettes. Enfin, en un autre endroit que le texte cité auparavant, Jérôme distingue soigneusement la traduction nouvelle de Denys dont il se sert et qui est celle de Jean Sarrazin, l'*antiqua translatio* qui est de Jean Scot, et *la glosa antiquae translationis*[1]. À notre avis ces informations ont été puisées dans le *Corpus*.

Pour pouvoir répondre à la question portant sur l'étendue des emprunts, nous devons encore une fois retourner au texte du *Corpus* et à la question de Jérôme.

À la page 230 de l'édition Sedlák (édition Šmahel/Silagi, p. 15), le Praguois passe en revue les différents noms donnés aux idées : *Que quidem universalia diversi diversis appellerunt nominibus. Plato...* Comme dernier nom, il indique celui de 'paradigmata' : *quidam vero Greci istas res paradigmata votant – patebunt hec et alia, cum auctoritates pro hiis rebus adducentur*. En effet, ces autorités seront citées à la page 236 (Šmahel/Silagi, p. 23-24). Toutes ont été puisées dans le chapitre V du *De divinis nominibus*, plus précisément dans les gloses et commentaires qui entourent ce chapitre intitulé : *Capitulum V de ente in quo et de paradigmatibus*[2]. Examinons donc ces autorités.

À la page 236 de la même édition (Šmahel/Silagi, p. 23-24), Jérôme transcrit deux assez longs fragments du chapitre V, 8-9 (dans le texte de Jérôme on lit *cap. 4*) du *De divinis nominibus*. L'éditeur, J. Sedlák, a identifié ces fragments sur l'édition d'Anvers 1634, t. II, p. 645, et remarqué que les deux traductions diffèrent. En réalité Jérôme de Prague suit ici la *translatio nova*, celle de Jean Sarrazin, reproduite dans le *Dionysiaca*, I, p. 357-362[3]. S'il avait connu de première main le *Periphyseon*

titres et de notices marginaux ; le ms. D (Paris, B.N., lat. 1619) possède des notes marginales mais différentes de celles du C (lat. 17341). Nous travaillons donc uniquement sur le ms. C.

1. Sedlák, p. 236 ; Šmahel/Silagi, p. 23, 268 : « antiqua translatio habet : "paradigmata" » ; il s'agit de la traduction des Noms divins par Jean Scot ; p. 24, 277 : « glosa antique translacionis » ; inscrite en marge de la traduction de Jean Scot, cette glose qui évoque l'opinion de saint Clément, est citée plus loin.

2. Hilduin écrit : « De esse et de paradigmis » ; Eriugena : « De ente in quo et de paradigmatibus seu exemplaribus » ; les autres ont « de exemplaribus ». *Dionysiaca*, I, 321, 1. Le mot est expliqué d'abord par la glose interlinéaire, ms. C, f° 252ra : (*paradigmata*) « id est exemplaria siue rationes » ; et ensuite deux fois par le commentaire qui entoure le texte : « Notandum quod uocet paradigmata et uisiones... » ; « Notandum quia paradigmata uocat in deo existentium substantificantes et uniuersaliter preexistentes rationes et predestinationes... ». *Cf.* Pseudo-Maximus, *Scholia*, PG 4, respectivement col. 329 A-B, 331 A (= Jean de Scythopolis ; *cf.* H. U. von Balthasar, *Kosmische Liturgie*, 2e éd., Einsiedeln, 1961, p. 662).

3. Notons cependant les variantes :

| *Dionysiaca*, I, $357^{3}$–$362^{2}$, Sarrazin : | Jérôme, Šmahel/Silagi, p. 23, 255-273, 284-291 : |
|---|---|
| differentes existentes | differenter existentes |
| et germinabilia esse facit | om. (homoeoteleuton ?) |
| praeaccepit | preacceptat |
| —— | superni solis *add.* |
| et omnium praeexistere omnium existentium | et omnium existencium preexistere |
| unam | om. |
| esse dicimus | dicimus esse |

La plupart des cas sont probablement dus à l'inattention du copiste.

d'Érigène, il aurait cité Denys plutôt dans la traduction de Jean Scot, car ce dernier, à la fin du livre II de son ouvrage, reprend exactement le même passage du ch. V, 8 du *De divinis nominibus*[1]. Cette citation prouve que Jérôme ne connaissait pas le *Periphyseon* de Jean Scot. Or, la traduction de Sarrazin citée par Jérôme a été interrompue deux fois. À la première interruption, là où Sarrazin écrit : *Exemplaria autem dicimus esse in deo*, Jérôme ajoute :

> et antiqua translatio habet : paradigmata autem dicimus esse in deo.

À dire vrai, cette *antiqua translatio* n'est pas, à proprement parler celle de Jean Scot ; c'est Hilduin qui traduit *paradigmata autem dicimus esse in deo*[2], alors que Scot a : *paradigmata autem dicimus esse ipsas in Deo*[3]. Or, à la deuxième interruption du Sarrazin, Jérôme renvoie précisément au commentaire qui entoure la traduction de Scot ; il faut donc admettre que le mot 'ipsas' a été omis par Jérôme pour accorder l'ancienne traduction de Scot à la nouvelle.

Jérôme continue la phrase de la traduction de Sarrazin pour l'interrompre pour la seconde fois :

> Et post pauca removet opinionem b. Clementis, qui antequam secutus est Petrum apostolum, ponebat exemplaria talia sive paradigmata seu ydeas creatas esse et dici ad aliquid.

Jérôme a bien eu le manuscrit sous les yeux, son *post pauca* renvoie non pas au texte mais au commentaire transcrit à côté du texte de Denys :

> Profert autem et sanctum Clementem citius meminit apostolus quique Rome tercius a sancto Petro episcopus fuit dicentem in existentibus esse paradigmata antiquiora siue principaliora, ut pote eorum que ad aliquid sunt (...) Sanctum itaque Clementem prohibet dicere esse quoque in facturis paradigmata generaliora, id est uisiones eorum que ad aliquid sunt pro eo quod est inferiorum specierum que ad aliquid superiorum exemplum subsistunt, ut puta materialis ignis ad ethereum. Sed non hec proprie uisiones ait pater iste, sed intelligentias dei ; licet enim dicant paradigmata in creatura, sed non adoranda, ut ait Moyses. Vbi uero ista dicat Clemens nondum legi[4].

Jérôme continue et renvoie cette fois-ci à la glose :

> Unde glosa antique translacionis sic dicit : « Ymmo b. Clemens opinionem quandam sectatus est dicentem exemplaria sive paradigmata dici ad aliquid et esse creata, quia exemplaria (*lire :* exemplata) eorum, sc. inferiores res, dicuntur ad aliquid .

1. PL 122, 618 C-620 A ; Iohannis Scotti seu Eriugenae *Periphyseon*. Liber secundus. Editionem nouam curauit E.A. Jeauneau. Turnhout, Brepols, t. 2, p. 128, 3265-3281 ; c'est la première partie du texte allégué par Jérôme.

2. *Dionysiaca*, I, 360 ; G. Théry, *Études dionysiennes*, II, Paris, Vrin, 1937, p. 243, 14. *Ibid.*, p. 494, sur un manuscrit praguois contenant la traduction de Hilduin.

3. *Cf.* PL 122, 1150 C ; *Dionysiaca*, I, 360 ; Johannis Scotti, *Periphyseon*, éd. Jeauneau, t. 2, p. 128, 3276 ; (PL 122, 619 A) ; de même dans le *Corpus dionysien*, ms. C, f° 252 ra.

4. Ms. C, f° 252ra~b. *Cf.* Pseudo-Maximus, *Scholia*, PG 4, 330 B-D.

Pour écrire sa phrase Jérôme de Prague a cherché un modèle dans deux endroits : d'abord il a copié le commentaire qui accompagne le texte du Pseudo-Aréopagite :

> *Immo beatus Clemens opinionem quandam sectatus est dicentem* et in natiuitate sensibilium esse principales quosdam causas… [1] ;

ensuite il a transcrit la glose marginale que nous ne lisons que dans le manuscrit C (lat. 17341), f° 252rb :

> Clemens dicebat *exemplaria siue paradigmata dici ad aliquid et esse causas quia exemplata eorum, scilicet inferiores res, dicuntur ad aliquid.*

Voilà la preuve que Jérôme s'est servi du manuscrit C ou d'un autre manuscrit de la même famille, ayant donc les mêmes titres-manchettes copiés en marge ; pour l'instant, nous ne connaissons que le C. Le mot *glosa* semble désigner à la fois le commentaire courant et les notices marginales. Si tel est le cas, Jérôme ne connaissait pas les auteurs de ces commentaires.

En poursuivant notre examen de la question nous arrivons aux exemples ; ils sont trois, le premier tiré de l'arithmétique, l'autre de la géométrie et le dernier « naturel ». Ce sont eux qui ont attiré l'attention de M. Sousedík. Nous avons à notre tour examiné plus haut l'exemple « géométrique ». À propos de l'exemple « arithmétique » M. Sousedík a noté : « Exemplum hoc perantiquum a Proclo Scholarcha Pseudo-Dionysius Areopagita récépissé videtur (cf. *De divinis nominibus* 5, 6 ; PG 3, col. 820) a quo id iterum Iohannes Scotus Eriugena (cf. *De divisione naturae* 3, PL 122, col. 621C et alibi) mutuatus est » [2]. En réalité Jérôme copie un autre exemple que l'on trouve dans le même ouvrage de Jean Scot, dans le volume indiqué, mais à la colonne 652B[1]-654A[4] (dans les versiones I-II, III et IV de l'édition Jeauneau). Jérôme l'a lu dans le *Corpus dionysien*, au f° 248vb-249rb. La comparaison des deux textes ne laisse planer aucun doute car la dernière phrase n'appartient plus au *Periphyseon*, mais au seul *Corpus dionysien :*

1. Ms. C, f° 252 rb, Pseudo-Maximus, *op. cit.*, 332 A.
2. S. Sousedík, « M. Hieronymi Pragensis… excerpta », p. 4.

Jérôme de Prague, Sedlák, p. 238-239 : Šmahel/Silagi, p. 27, 371-28,408 :

Et primo exemplo arismetrico arguo sic : Sicut se habent numeri arismetrici ad unitatem, quam Greci monada vocant, sic se habent numeri intelligibles, qui et forme universales sunt, ad causam primam, que est monada per anthonomasim. *Sed omnis numerus uniformiter subsistit in monade*[1] tamquam in suo primordiali principio, cum monada sit omnium numerorum primordiale principium. Nam qui hoc hesitat, constat eum arismetricam in tenebris studuisse. Omnes denique numeri, quos racio quantum vult multiplicare potest, originaliter in monade sunt, sicque in ea sunt simul et simpliciter secundum causam, ut et ipsa in omnibus multipliciter ineffabili distribucione intelligatur secundum substanciam. Cumque omnes numeri ab ea profluunt, in ea esse non desinunt, quia statum suum naturalem deserere non possunt. Sic proporcionaliter omnes numeri intelligibiles sive forme suppreme universales ex monade secundum anthonomasiam se diffundunt, que est Deus, existens omnium numerorum intelligibilium substancia, et dum statum immutabilem sue nature non deserit, se ipsum in omnes multipliciter diffundit, eternaliter vero predicti numeri in eo subsistunt, quoniam in eo temporaliter esse non incipiunt. Nam non erat monada multiplicibus omnium numerorum racionibus, in quibus subsit, carens. Quis enim pure intelligencium monada dicat inchoasse, cognoscens eam in infinitum tendere ? Et quomodo, queso, infinita progressio posset esse a finito principio ?

CD., f° 248 vb-249 rb :

Numerorum, quorum scientia arithmetica est, monada esse principium non est dubium. Qui enim in hoc hesitat arithmeticus non est. Est enim principium et medium et finis numerorum monas, id est unitas, omnesque numeri, quos ratio quantum uult multiplicare potest, causaliter in monade sunt et eternaliter. In ea enim causaliter sunt, quia omnium numerorum subsistunt principium. Et ibi omnes unum sunt indiuiduum simpliciter et uniuersaliter et multipliciter, hoc est sola ratione, non autem actu et opere ; neque unum ex multis cumulatum, sed unum sua simplici et multiplici singularitate preditum. Ita et omnes numeri in ea sunt simul et simpliciter secundum causam, ut et ipsa in omnibus multipliciter ineffabili distributione intelligatur secundum substantiam. Ipsa est enim omnium numerorum causa et substantia, et dum statum inmutabilem sue nature non deserit, se ipsam in omnes multipliciter diffundit. Eternaliter uero in ea subsistunt, quoniam in ea esse temporaliter non incipiunt. Nam non erat unitas multiplicibus omnium numerorum rationibus, in quibus subsistunt, carens. Quis autem pure intelligentium monada dixerit inchoasse, cognoscens eam in infinitum tendere ? Quomodo enim fieri potest infinita progressio a finito principio ? Infinitum uero ab infinito procedit…

1. *De div. nom.*, V 8 ; *Dionysiaca*, I, 343, translatio Eriugenae : « Etenim *in monade omnis numerus* ante*subsistit* » ; translatio Sarrazeni : « Etenim in unitate *omnis numerus uniformiter* praeexistit ». *Cf.* Iohannis Scotti, *Periphyseon*, III, éd. Jeauneau, t. 3, p. 32, 868-877.

| | |
|---|---|
| Et sicut non ubi fons apparet, ibi aqua incipit esse, sed aliunde per occultos poros sensibusque incognitos longe ante manat, priusquam in fonte appareat…<br>At si ita est, nemo contradicat eternos numeros suis racionibus in unitate subsistere. | (…) Siquidem non ubi fons apparet ibi aqua incipit esse sed aliunde per occultos poros sensibusque incognitos longe ante manat, priusquam in fonte appareat… (…) At si ita est, nemo nisi impudens contradicet eternos in unitate numeros suis rationibus subsistere. |

Si le texte du *Corpus* suit, avec des brèves omissions, le *Priphyseon*, Jérôme, en revanche, copie, résume et saute à deux reprises quelques dizaines de lignes. Le rapport entre sa question et le *Periphyseon* se présente de façon suivante :

I fragment = PL 122, 652B-C = Jeauneau, III, 1392-1415 ;
II fragment = PL 122, 653A$^{10}$-B$^{9}$ = Jeauneau, III, Nota 7, p. 50,67-79.
III fragment = PL 122, 654A$^{2\text{-}4}$ = Jeauneau, III, 1442-1443 [1].

Du troisième exemple, M. Sousedík n'a pris en considération que l'image de l'arbre de Porphyre : « Exemplum hoc a pictura scholastica, quae arbor Porphyriana vocabatur, derivatum… » [2]. Mais avant d'arriver à l'arbre, le Praguois jette un dernier regard sur le *Corpus dionysien :*

| Jérôme de Prague, Sedlák, p. 240-241 :<br>Šmahel/Silagi, p. 30, 464-471 : | CD., f° 250ra-b : |
|---|---|
| Verum naturali racione exemplari arguitur sic : Perspicuum est, quod in toto partes sunt, igitur diffiniciones sive raciones, que in singulis existencium naturaliter contemplantur, in universali natura clarius conspiciuntur, ut ea que sunt logice philosophie, omniaque que per se sunt et non in aliis, tam animata quam inanimata, corporea atque incorporea, in cathegoria substancie unita sunt, velut clare arbor Porphyriana docuit. | Perspicuum est quia in toto partes sunt, ergo sermones siue rationes que in singulis existentium naturaliter contemplantur, uirtutum scilicet et motionum que sibi insunt, in uniuersali accepta natura conspitiuntur ait, ut hee que sunt exterioris philosophie omnia que per se sunt et non in aliis conspiciuntur, tam scilicet animata quam inanimata, hec omnia sub unam kategoriam reduxerunt dicentes essentiam. |

1. Ce dernier texte du *Corpus* a déjà été identifié par le P. H.F. Dondaine, Le *Corpus dionysien*, p. 137. Voir aussi *Periphyseon*, III, lignes 2454-2494, 2521-2538 et 2581-2584, dans l'édition Jeauneau.

2. S. Sousedík, « M. Hieronymi Pragensis… excerpta », p. 7.

Nos conclusions sont donc les suivantes. Il est certain que, pour rédiger ses propres écrits, le Praguois n'a pas utilisé le *Periphyseon* de Jean Scot. En revanche, il a trouvé dans le *Corpus dionysien de l'Université de Paris* quelques fragments provenant de cette œuvre et les a recopiés. S'il est vrai, comme nous le pensons, qu'il a étudié le texte du *Corpus* au cours de son séjour à Paris, il est alors certain qu'il avait accès à la bibliothèque des Dominicains où il pouvait facilement consulter l'actuel ms. lat. 17341 de la Bibliothèque nationale de France. De toute manière les extraits qu'il a jugés bon de copier proviennent du même manuscrit ou d'un autre, aujourd'hui inconnu, copié sur celui-ci. Toutefois, vu l'étendue de ces extraits et la précision des informations tant sur les traductions du *De divinis nominibus* que sur la glose qui accompagne la traduction ancienne, on est quasiment certain que Jérôme a travaillé directement sur le texte du *Corpus*. Mais il a copié tout ce qui l'intéressait, c'est-à-dire indifféremment les fragments provenant du *Periphyseon* et des *Scholies* du Pseudo-Maxime. En lisant les extraits qu'il a retenus, il est extrêmement difficile de dire que Jean Scot l'intéressait au premier chef.

Cela étant, plusieurs remarques s'imposent. Premièrement, la découverte de la vraie source ne change en rien notre interprétation de la pensée de Jérôme, celle-ci étant, comme d'ailleurs celle de Znoyma et de Hus, avant tout d'inspiration augustinienne et donc faussement platonicienne. Conception anthropomorphique de Dieu et théorie des *rationes* justifient la rationabilité du fait même de la création ; ainsi chaque chose a sa propre cause exemplaire dans la pensée divine et on arrive en fin de compte à une symétrie entre les créés et les formes universelles éternelles. À ce fond augustinien s'ajoute la théorie wyclifienne de l'être analogue auquel correspond, dans la pensée divine, le « monde archétypal ». Des mêmes sources vient l'affirmation de l'identité essentielle des *rationes* avec Dieu et leur distinction formelle. L'explication de celle-ci pose vraiment un problème qui doit être abordé à part, dans une étude systématique de la pensée des wyclifistes praguois.

Deuxièmement, à l'encontre d'autres Praguois, Jérôme cherche à élargir la base de ses sources. Outre de nombreux textes d'Augustin, il cite aussi saint Ambroise, Boèce, Eustratius, saint Anselme; pour mieux connaître Platon, il a recours non seulement à saint Augustin, mais aussi à Sénèque (*Ép.* 58). Le Pseudo-Aréopagite n'est cité qu'à deux reprises. Plus haut nous avons analysé le premier extrait du *De divinis nominibus*. La seconde fois Jérôme évoque le nom de Denys pour prouver le corollaire : *Quamvis formae universales eternae nec sunt substantiae neque accidentia, quaelibet tamen earum est supersubstantialis substantia* – car, selon Denys, Dieu *est supersubstantialis substantia* [1]. L'ouverture vers le néoplatonisme dionysien n'est que verbale puisque, sans chercher aussi loin, Jérôme aurait dû trouver que Dieu est la substancia *supra praedicamentalem substanciam*. Les autorités alléguées le sont pour prouver l'existence des idées en Dieu, elles n'aident aucunement à l'analyse doctrinale, la seule exception étant celle de saint Augustin.

1. Sedlák, p. 243 ; Šmahel/Silagi, p. 32, 557-559.

Troisièmement, ce même corollaire, on le lit également dans le schéma de la question discutée à Heidelberg[1]; il doit donc, selon nous, figurer dans le texte parisien perdu. Limité aux conclusions et corollaires, ce schéma est malheureusement privé de tout développement. Or, si Jérôme a réellement lu à Paris le *Corpus dionysien*, il aurait bien pu alors, dans le feu d'une discussion des trois jours, s'engager dans la voie tracée par Érigène. Ici nous voyons seulement l'explication des deux faits rapportés par les documents : d'abord, Jérôme a été obligé d'admettre des conclusions imprévues et ainsi la dispute a débordé le cadre rigide indiqué dans le schéma coservé ; ensuite, le silence lui a été imposé pour qu'il ne s'écarte pas trop de l'orthodoxie. Les mêmes péripéties se sont répétées à Heidelberg. Au cours de cette longue discussion il a probablement appris que l'anonyme qu'il a soigneusement copié sur le ms. lat. 17341 n'était autre que l'auteur du *Periphyseon*.

1. Question Uvgs, Šmahel/Silagi, p. 6, 49.

# JÉRÔME DE PRAGUE ET LE *TIMÉE* DE PLATON

*Hommage à Sophie Włodek*

Au terme de sa belle étude intitulée *Plato apud Bohemos*, Édouard Jeauneau écrit : « Je laisse à de plus compétents que moi le soin de déterminer l'importance et la signification de l'influence exercée par les œuvres de Wyclif, par son *De ideis* en particulier, en terre tchèque. En toute hypothèse, si le *De ideis* a pu créer, en Bohême, un climat favorable à l'éclosion ou à l'épanouissement d'une certaine renaissance platonicienne, celle-ci est restée discrète. Les maîtres tchèques de la première moitié du XV$^{e}$ siècle citent plus volontiers Aristote que Platon. Par ailleurs, certaines attitudes hostiles à Platon et au platonisme sont à enregistrer ». Ces lignes supposent qu'au début du XV$^{e}$ siècle Platon n'a été lu que fort peu en Bohême. En ce qui concerne Jérôme de Prague, les érudits tchèques sont d'avis qu'il n'a connu directement aucun dialogue de Platon[1].

1. E. Jeauneau, « Plato apud Bohemos », *Mediaeval Studies*, 41 (1979), p. 161-214 ; *cf.* p. 213 ; pour Jérôme de Prague, voir p. 212. Le Praguois mentionne souvent le nom de Platon, mais le *Timée* n'est cité ouvertement qu'une fois dans tous ses écrits sur les Idées ; il s'agit de *Timée* 41 a ; cf. *Timaeus a Calcidio translatus commentarioque instructus*, ed. J. H. Waszink, Londres-Leyde, 1975$^{2}$, p. 35, 9-11 ; Calcidius, *Commentaire au Timée de Platon*. Éd. critique et traduction française par B. Bakhouche avec la collaboration de L. Brisson pour la traduction. Paris, Vrin, 2011, t. 1, p. 176, 31-33. V. Herold, « Wycklifs Polemik gegen Ockhams Auffassung der platonischen Ideen und ihr Nachklang in der tschechischen hussitischen Philosophie », in *From Ockham to Wycklif*, Edited by A. Hudson and M. Wilks, Oxford, 1987, p. 185-215, part. p. 204-211 ; *Id.*, *Pražská univerzita*, p. 210, 215, 260 note 403. Selon Herold, Wyclif ne cite pas Platon dans son *De ideis*. Voir aussi V. Herold, « Magister Procopius von Pilsen, ein Schüler und Anhänger Hussens, und seine frühen philosophischen Schriften », in *Historia philosophiae medii aevi. Studien zur Geschichte der Philosophie des Mittelalters. Festschrift für Kurt Flasch*, hrsg. von B. Mojsisch-O. Pluta, Amsterdam-Philadelphia, 1991, p. 363-385, part. p. 372 note 39 : « Die authentische Kenntnis des *corpus Platonicum* fehlte selbstverständlich auch im mittelalterlichen Prag. In den Prager Ideentexten konnte man nur in einem Fall - bei Hieronymus von Prag - eine direkte Zitation aus dem *Timaios* feststellen. Es handelt sich um ein Zitat, das aber auch in den mittelalterlichen Florilegien vorkommt (*Parvi flores*), obwohl der Text der Übersetzung dieser Schrift Platons von Calcidius auch damais in Prag zur Verfügung stand ». Voir plus loin, p. 264, note 3.

Sans aucune prétention à la compétence en la matière, surtout avant l'édition critique annoncée et espérée des principaux auteurs tchèques et du *De ideis* de Wyclif, j'aimerais néanmoins dans le présent article attirer l'attention des historiens sur l'usage fait par Jérôme de Prague du *Timée*, connu directement dans la traduction-paraphrase de Calcidius. Je considère donc ce travail comme une contribution à l'histoire du platonisme en Bohême, envisagée dans son ensemble par Jeauneau, et comme une continuation de ma précédente étude sur Jérôme et le *Corpus dionysien* de l'université de Paris [1]. Et puisque cette étude-là eut pour objet la *Positio de universalibus (Utrum sint <aliquae> formae universales, quae neque formatae sunt nec etiam formabiles*; USFU) des années 1406-1407, celle-ci ne s'occupe que de la *Quaestio de universalibus*, intitulée *Utrum a parte rei universalia sit necessarium ponere pro mundi sensibilis armonia* (UAPR), datant de 1409 [2].

Plus précisément, je me propose, tout d'abord, d'établir les sources de la question UAPR et, en particulier, sa dépendance à l'égard du *Timée* [3]. Une fois cette

1. Z. Kaluza, « Le chancelier Gerson et Jérôme de Prague », *AHDLMA*, 51 (1984), p. 84-126 ; texte repris dans ce volume, voir surtout p. 241-252. J'ai noté dans mes conlusions (p. 251) que la pensée de Jérôme est « avant tout d'inspiration augustinienne et donc faussement platonicienne ». La première partie de cette affirmation est toujours vraie, mais la seconde doit être nuancée : Jérôme ne signale aucune différence entre la doctrine des Idées de Platon et celle des Idées divines d'Augustin, car il considère Augustin comme un des *antiqui sequaces* de Platon. Dans la dernière partie de la présente étude j'essaie donc de préciser ce que le platonisme de Jérôme doit à Augustin.

2. La question, désignée dans la littérature historique tchèque par le sigle UAPR (alors que l'autre est dite USFU), est conservée dans le manuscrit X E 24, f° 250v-253v, de la Bibliothèque universitaire de Prague. Elle est éditée par Sedlák, p. 215-224 ; p. 229-258, édition de la question USFU. Ici et par la suite, la localisation d'un texte chez Sedlák est complétée par un renvoi à l'édition Šmahel/Silagi, respectivement p. 83-95 et p. 13-51 La question UAPR fait partie du quodlibet de Mathias de Knín, voir J. Kéjř, *Kvodlibetní disputace na pražské univerzitě*, Prague, 1971, p. 82-88, et 119, note 16. Concernant l'ensemble de l'œuvre de Jérôme et son économie, voir F. Šmahel, « Univerzitní kvestie a polemiky mistra Jeronýma Pražského », *Acta Universitatis Carolinae-Historia Universitatis Carolinae Pragensis*, XXII-2 (1982), p. 7-41, part. p. 11-18 ; du même, « Leben und Werke des Hieronymus von Prag », publié comme introduction dans Šmahel/Silagi, p. XI-CXXVIII ; une liste complète des écrits de Jérôme, *ibid.*, p. CXXIX-CXLIII.. Šmahel démontre que la polémique de Blaise Vlk (Lupus) contre la question UAPR est conservée dans le manuscrit N 12, f° 37r-45v, de la Bibl. du Chapitre metrop. de Prague, alors que l'attribution des deux textes publiés par Sedlâk (p. 224-229, 258-262) à Blaise Vlk, est douteuse. Pourtant, tous les deux attaquent la doctrine de Jérôme. Šmahel démontre aussi que le premier des deux transcrit les arguments et les conclusions du *Tractatus de differentia universalis ad individuum* de Jean Buridan, à présent édité par S. Szyller, *Przegląd Tomistyczny*, 3 (1987), p. 135-178. L'introduction mentionnée de Šmahel est la plus importante contribution à l'histoire de l'œuvre de Jérôme ; F. Šmahel, *Život a dílo Jeronýma Pražského*, Prague, Argo, 2010. Concernant Blaise Vlk, voir P. Spunar, *Repertorium auctorum Bohemorum provectum idearum post universitatem Pragensem conditam illustrans*, t. 1, Wrocław, 1985 (Studia Copernicana 25), p. 53-54 ; concernant la doctrine des Idées, voir Herold, *Pražská univerzita*, p. 156-157, 204-219, où cependant notre question est à peine rappelée. Les travaux tchèques mentionnés ici donnent une bibliographie plus ancienne.

3. Regrettable en soi et fâcheux pour la recherche historique, le fait que le *De ideis* de Wyclif ne soit pas encore édité ne nous handicape que partiellement : si le théologien anglais citait Platon, ce traité pourrait influencer la question UAPR sur le point précis de ses rapports avec le *Timée*. Or, V. Herold, *Pražská univerzita*, p. 21, remarque que la théorie des Idées formulée dans le *Timée* 29a-30c a joué un certain rôle chez Wyclif, mais ne le précise pas ; ensuite, p. 210, en visant le *De ideis*, il affirme

dépendance démontrée et délimitée, je poserai la question plus générale du sens et de la valeur du réalisme philosophique de Jérôme. Cela étant, je n'ai aucune intention d'envisager une nouvelle fois la question de « l'hérésie de Jérôme » en matière des Idées et des universaux : une telle question m'aurait amené à réexaminer bien plus les positions des théologiens et les actes du procès de Constance que les écrits du Praguois. Ce travail est déjà fait, du moins en partie. En revanche, même si à un moment je touche à une question qui peut regarder la théologie, je me limiterai à ses aspects philosophiques. En effet, Jérôme est un philosophe qui n'a jamais étudié la théologie. Il est même le seul ou presque le seul parmi les grands wyclifistes praguois à ne s'être jamais engagé dans des études purement théologiques ; cette attitude le sépare également de Wyclif, dont la doctrine en dépend grandement. Ce qui importe donc ici, c'est le fond de sa doctrine, payée de sa vie, et le sens philosophique de sa démarche intellectuelle. J'espère qu'au terme du présent travail je serai à même de définir l'un et l'autre.

L'intitulé de notre question demande si, compte tenu de l'harmonie du monde sensible, il est nécessaire de poser l'être réel des universaux. Les conclusions apportent deux précisions nécessaires. La première, malgré le silence du texte, c'est que l'harmonie du monde sensible, donnée dès le départ, implique l'harmonie du monde intelligible (*coroll.* 1) ; la seconde, qu'elle implique aussi deux genres d'universaux, les Idées (*universalia idealia*) et les universaux créés : les formes communes et quidditatives (*concl.* 1 et 2). La question postule donc l'être réel de ces trois types d'universaux. Le mot latin *harmonia*, que je rends par son décalque, désigne aussi bien l'ordre que la symétrie, c'est-à-dire, comme le veut Jérôme, l'accord des proportions (*consonantia proportionata*). Le problème posé par notre question suppose donc une certaine correspondance entre les parties du monde sensible, et une certaine analogie entre les mondes sensible et intelligible, entre ces deux ordres et ces deux systèmes [1]. Cette harmonie du monde sensible étant

que Wyclif ne cite pas le *Timée* dans cet ouvrage, voir plus haut, note 1. Ma propre analyse de la question UAPR, qui profite des traités wyclifiens *Trialogus*, *De ente* (1.1, tr. 1-2), *De logica* avec *Logicae continuatio* et *De universalibus*, ne peut pas prendre en compte le *De ideis*. Jérôme a eu dans sa bibliothèque personnelle au moins le *Dialogus*, le *Trialogus* et une *logica Wikleph* ; dans la seconde partie du présent travail je montre que le Praguois a connu la *Logicae continuatio*. Pour l'ensemble de l'œuvre latine du docteur anglais, voir W.R. Thomson, *The Latin Writings of John Wyclyf, an Annotated Catalog*, Toronto, 1983 (Subsidia mediaevalia 14). L'ensemble de l'influence wyclifiste à Prague et la question de méthode historique pour l'examiner sont envisagés par F. Šmahel, « Wiklif's Fortune in Hussite Bohemia », *Bulletin of the Institute of Historical Research*, 43 (mai 1970), p. 16-34, et « Prolegomena zum Prager Universalienstreit : Zwischenbilanz einer Quellenanalyse », dans *The Universities in the Late Middle Ages*, édité par J. Usewijn et J. Paquet, Louvain, 1978, p. 242-255, et par d'autres travaux de cet historien cités ici, ainsi que les travaux de Herold mentionnés *supra*, note 1.

1. La question UAPR, art. 1, 1re partie, concl. unique, Sedlák, p. 218 ; son corol., p. 219 ; Šmahel/Silagi, respect. p. 88, 101 et p. 89, 140 ; la conclusion de l'art. 1, seconde partie, Sedlák, p. 221 ; Šmahel/Silagi, p. 92, 225. L'art. 2 n'a aucune conclusion. L'affinité entre quelques notions mises en rapport par Calcidius est, de notre point de vue, bien plus intéressante, cf. son *Commentarius*, c. CCCIV (Waszink, p. 305, 21-306, 3 ; Bakhouche, p. 532, 17-20) : « Ordo autem sine harmonia esse non potest, harmonia demum analogiae comes est, analogia item cum ratione et demum ratio cornes indiuidua

fondée sur un parallélisme des universaux matériels et formels – dont les premiers constituent, d'après Jérôme de Prague, l'objet de notre connaissance sensible (*obiectant sensus*), alors que les seconds sont connus intellectuellement (*obiectant intellectum*)[1] –, et sur la dépendance des premiers par rapport aux seconds, l'ouvrage peut se comprendre comme un réexamen du caractère rationnel du monde créé : l'harmonie ne s'explique que par les formes exemplaires éternelles. Je reviendrai sur ce sujet après avoir précisé la signification du mot *harmonia*[2].

La structure de la question est assez curieuse. Les premières lignes annoncent la division de l'ouvrage en deux articles, dont le premier doit traiter des universaux formels, et le second des universaux matériels. Cependant, composé de deux parties, le premier article englobe et épuise successivement la matière des deux sujets indiqués. En réalité, les deux parties de ce premier article sont calquées en plus bref sur la double question Usfu. Écrit à partir du *Timée* et n'ayant aucun correspondant dans l'œuvre déjà éditée du Praguois, l'article 2 apparaît comme une annexe de ce raccourci[3].

prouidentiae reperitur, nec uero prouidentia sine intellectu est intellectusque sine mente non est ». La question de Jérôme touche donc cette harmonie qui a pour fondement l'ordre et la proportion des parties dans un ensemble. Concernant la distinction entre les deux mondes, sensible et intellectuel, chez les wyclifistes praguois, dont Jérôme et Jean Hus, *cf.* V. Herold, *Pražská univerzita*, p. 203, 204, 256-257 n. 360, 361, 364. Voir plus loin note 7 et surtout plus bas, comparaison 7 ; *Id.*, , « Magister Hieronymus von Prag und die Universität Köln. Ein Beitrag zur Geschichte der Differenzierung in der spätmittelalterlichen Philosophie », in *Miscellanea mediaevalia*, hrsg. von A. Zimmermann, Band 20 : *Die Kölner Universität im Mittelalter*, Berlin-New York, 1989, p. 255-273. L'auteur reconstitue le bref séjour de Jérôme à Cologne et sa doctrine réaliste. Sur le séjour colonais de Jérôme et son wyclifisme, voir aussi G.-R. Tewes, *Die Bursen des Kölner Artisten-Fakultät bis zum Mitte des 16. Jahrhunderts*, Köln-Weimar-Wien, 1993, p. 302-332.

1. Uapr, Sedlák, p. 215 ; Šmahel/Silagi, p. 85, 4-8. Situé dans les choses (*a parte rei*), l'universel implique une distinction entre chose et signe : la première ne signifie rien d'autre qu'elle-même, alors que le second est à la fois perçu par les sens comme un objet, et intelligé comme représentant quelque chose d'autre ; Sedlák, p. 215-216. Cette distinction est largement exploitée dans la question Usfu, *ibid.*, p. 229-258 (p. 15-51 chez Šmahel/Silagi) où le signe est identifié au concept. Introduite en tête de la question, la distinction a pour but d'écarter toute tentative d'une considération de l'ordre conceptuel : il ne s'agira donc que des choses réelles hors de l'intellect (*res externae*).

2. Le texte de Jérôme suggère que l'*harmonia* en question est fondée sur un accord analogique ou symétrique entre les seuls universaux matériels : « Articulus primus erit de universalibus ex parte rei formalibus, quae obiectant intellectum secundum altius et bassius. Secundus articulus erit de universalibus materialibus, quae praecipue obiectant sensus, ex quorum proportionata consonantia constat huius mundi sensibilis harmonia » ; Šmahel/Silagi, p. 85, 4. Le corollaire cité auparavant affirme deux harmonies séparées : « Tota harmonia rerum sensibilium supponit harmoniam rerum intelligibilium », dont la première implique la seconde. Toutefois, puisqu'il existe entre les deux mondes un rapport de cause à effet, il s'agit de la symétrie universelle, empruntée à Platon.

3. *Cf.* le texte cité dans la note précédente. La question Uapr possède deux articles, dont le premier est divisé en deux parties. Privé de toute conclusion, doté d'un faux corollaire qui semble presque un accident de copie, l'article 2 est probablement ajouté pour allonger la question. En fait, il n'est qu'une suite d'extraits du *Timée*. Concernant un autre défaut de construction, voir note suivante.

## LES SOURCES

Bien qu'il y ait trois groupes d'universaux formels, les suprêmes, les médians et les infimes, seul le premier groupe intéresse sérieusement Jérôme dans notre question[1]. Ces universaux formels suprêmes sont ainsi définis :

> universalia suprema… sunt formae exemplares et stabiles et resplendentes in divina essentia nedum rerum formatarum, quin et formabilium, cum sint similitudines germanae, quinimo rerum harum exterarum consanguineae atque causae legitimae, cum fit nihil cuius ortum non hae rationes praecesserint[2].

Les universaux dont il est question ici sont les Idées divines. Leur description est faite à partir de deux sources, dont la première, qui n'est pas suivie à la lettre, est la question *De ideis* d'Augustin, bien connue de Jérôme[3] :

> Sunt namque ideae principales quaedam formae uel rationes rerum stabiles atque incommutabiles, quae ipsae formatae non sunt ac per hoc aeternae ac semper eodem modo sese habentes, quae in diuina intellegentia continentur. Et cum ipsae

1. UAPR, Sedlák, p. 216 ; Šmahel/Silagi, p. 85, 22, Jérôme écrit : « Supposita igitur distinctione supremorum, mediorum et infimorum universalium formalium, hoc pro prima manerie est sciendum… » ; or une telle distinction n'a pas été faite. Cela montre que notre question UAPR dérive d'une autre question ou plutôt d'une autre rédaction, plus complète. La division des universaux adoptée ici ne correspond pas exactement à celle des « cinq manières » de Wyclif ; voir John Wyclif, *Tractatus de universalibus*, c. 2, édité par I. J. Mueller, Oxford, 1985, p. 59, 165 *sq.*, et de sa source, Robert Grosseteste, *Commentarius in Posteriorum Analyticorum libros*, I, 7, édité par P. Rossi, Florence, 1981, p. 139, 96 *sq.* Wyclif connaît une triple distinction des universaux incréés, annoncée comme « trois genres des universaux premiers » dans le *De ente*, I, tr. I, c. 4 (Thomson, p. 55, 8-9). Mais on ne voit aucune raison, si ce n'est la cosmologie aristotélico-arabe, qui aurait hiérarchisé les formels. Leur nombre ne correspond pas à la division des universaux qu'Aristote (*Metaph.*, A 6, 987b 14-18) attribue à Platon, car celle-ci englobe les sensibles. Un maître praguois fort influent avant son abandon du wyclifisme, Stanislas de Znoyma, connaît trois classes d'universaux non créés – « Igitur in mente divina sunt tres intelligibilitates maxime propriae. Prima singularis, scilicet Sortis, ut Sor est. Secunda communis, et tertia universalior. Igitur est dare universalem ideam hominis, ut homo est, in mente divina, et aliam animalis, ut animal est, et aliam corporis, ut corpus est » – mais cela s'accorde avec la triple Idée enseignée par Wyclif ; voir Stanislas de Znoyma, *De universalibus*, c. 1 (attribué à tort à Wyclif, l'ouvrage est édité dans Johannis Wyclif *Miscellanea philosophica*, éd. M. H. Dziewicki, Londres, 1905, réimpression en 1966, p. 1-151, *cf.* p. 3, 31-36). Concernant la production littéraire de la période ici envisagée, les manuscrits, éditions et bibliographie, voir F. Šmahel, *Verzeichnis der Quellen zum Prager Universalienstreit 1348-1500*, Varsovie, 1980 (*Mediaevalia Philosophica Polonorum*, 25, 1980), et, concernant Stanislas de Znoyma, P. Spunar, *Repertorium auctorum*, p. 286-304 ; G. Nuchelmans, « Stanislaus of Znaim (d. 1414) on Truth and Falsity », dans *Mediaeval Semantics and Metaphysics. Studies dedicated to L. M. de Rijk*, Nimègue, 1985 (Artistarium, Supplementa, 2), p. 313-338. À mon avis, Jérôme parle de trois « causes universelles », lesquels sont les *universalia causatione*. Voir Note explicative, n° 1.

2. UAPR, Sedlák, p. 216 ; Šmahel/Silagi, p. 85, 24. Ici et plus loin, je modernise l'orthographe.

3. S. Augustini Aurelii *De div. quest. LXXXIII*, q. 46, 2 ; je cite l'édition de A. Mutzenbecher, Turnhout, 1975 (CC SL 44A), p. 71, 21-32 ; la question 46 est dorénavant citée par son titre latin *De ideis*. Puisqu'elle est souvent étudiée, je me contente de mentionner la contribution la plus récente, qui est celle de Jean Pépin, « Augustin, *Quaestio "De ideis"*, les affinités plotiniennes », dans *From Athens to Chartres, Néoplatonisme and Médiéval Thought. Studies in Honour of Édouard Jeauneau*, édité par H. J. Westra, Leyde-New York-Cologne, 1992, p. 117-134.

> neque oriantur neque intereant, secundum eas tamen formari dicitur omne quod oriri et interire potest et omne quod oritur et interit.

Les deux auteurs soulignent d'une manière égale le caractère immuable des formes, dites aussi universaux ou Idées, situées dans l'essence divine selon Jérôme, dans l'intellect divin selon Augustin. Le rapport entre ces formes suprêmes et les autres choses est celui de cause à effet ou encore celui de la forme (*formare*) et de ce qui la reçoit (*formari*). Cependant, en abordant le sujet du rapport entre les deux natures, cause éternelle et être contingent, Jérôme abandonne le *De ideis* d'Augustin pour s'adresser à la source de celui-ci, devenue ainsi leur source commune, le *Timée* de Platon qu'il cite littéralement [1] :

> Omne autem quod gignitur ex causa aliqua necessario gignitur ; nihil enim fit, cuius ortum non legitima causa et ratio praecedat.

Voilà la première rencontre des deux plus importantes sources de la pensée du Praguois. Cette rencontre se prolonge, car dans la suite immédiate du texte cité de Jérôme, Platon et toute l'école platonicienne prêtent leur voix à Augustin. Voici le propos de Jérôme [2] :

> Horum universalium Plato, rex philosophorum, fidelis doctor extitit suique sequaces, imo posteriores sapientes quam plurimi tantam vim in his universalibus dicunt consistere, ut nisi his intellectis sapiens quis esse non possit ;

et voici sa source, un Augustin qui enseigne la doctrine platonicienne [3] :

> Ideas Plato primus appellasse perhibetur. Non tamen si hoc nomen antequam ipse institueret non erat, ideo uel res ipsae non erant, quas ideas uocauit, uel a nullo erant intellectae… Nam non est uerisimile sapientes aut nullos fuisse ante Platonem aut istas quas Plato, ut dictum est, ideas uocat, quaecumque res sint, non intellexisse, siquidem tanta in eis uis constituitur, ut nisi his intellectis sapiens esse nemo possit.

Les lignes qui suivent maintenant dans notre question, et qui touchent à la possibilité de connaître les Idées, combinent un propos d'Augustin – dont le nom n'apparaît cependant nulle part – emprunté au *De Trinitate* avec un autre emprunté au *De ideis*, deux extraits déjà utilisés auparavant dans la question Usfu. En donnant alors ouvertement la parole à quelques « platoniciens » illustres – *ne fiat*

1. *Timée* 28a (Waszink, p. 20, 20-21 ; Bakhouche, p. 154, 28-29 et t. II, p. 600, note 259). Quelques termes utilisés par Jérôme dans le texte cité p. 257, note 2 sont empruntés à la version de Calcidius, ainsi *similitudines germanae* (paraphrase de Calcidius), Waszink, p. 32, 16 et Bakhouche, p. 174, 2-3 ; *rerum consanguineae*, Waszink, p. 22, 2-3 et Bakhouche, p. 156, 21-22 ; *venerabile exemplum* (paraphrase), Waszink, p. 21, 20 et Bakhouche, p. 156, 15, et plus bas, texte 3 de ma comparaison *Jérôme-Timée ; causae legitimae* (paraphrase), Waszink, p. 20, 21 et Bakhouche, p. 154, 29 ; cf. *Timée* 29b, 39 e.

2. Uapr, Sedlák, p. 216 ; Šmahel/Silagi, p. 86, 33-37. Bien que plus développé, le même mélange (Platon et son école ; Aristote, *Phys.*, *A* 1, 184a 12-14 ; Augustin, *De ideis*) se lit au début de la question Usfu, Sedlák, p. 230-231 ; Šmahel/Silagi, p. 15-16.

3. Augustin, *De ideis*, 1, p. 70, 2-5, 7-11.

*iniuria viris priscis illustribus*, Jérôme suggère qu'il est lui-même l'auteur de la combinaison qui précède. Il n'en est pourtant rien [1]. Comparée à la liste des autorités étalée dans la question USFU, celle de notre question est toute brève et n'aligne que Sénèque, Augustin, Boèce et deux autorités scripturaires : un « ancien philosophe hébreu » et un « métaphysicien céleste » [2]. Cependant, si l'on prend en considération toutes les autorités alignées dans les questions USFU et UAPR (la nôtre), on remarquera facilement qu'elles sont là pour prouver que les Idées-universaux existent, qu'elles ont leurs caractères propres : *stabilitas, incommutabilitas, aeternitas*, etc., et aussi leurs fonctions.

Une fois épuisée la liste des autorités, Jérôme passe au travail personnel du philosophe, aux conclusions, corollaires et à leur démonstration. Nous avons, en effet, pour chacune des deux parties du premier article une conclusion et un corollaire. Voici la première conclusion [3] :

> Suprema universalia idealia extra singularia creata ac universalia necesse est reponere in divina essentia pro huius mundi sensibilis harmonia,

ce qui semble dire que, étant donné l'harmonie du monde sensible, les Idées, qui sont autre chose que les singuliers et les universaux créés, doivent être situées dans l'essence divine. La conclusion est prouvée par trois arguments (*Probatur conclusio...*, *Ex eodem probatur...*, *Quod et sic arguitur...*), suivis d'un corollaire (*Corollarium unicum sequens ex conclusione*). Toutefois, les mêmes arguments ont déjà servi à démontrer une conclusion légèrement différente de la question USFU : *Tales formas universales quas Plato ideas vocat cuilibet philosophanti ponere <in Deo> condignum est* [4]. La structure et le vocabulaire du premier argument – Dieu produit éternellement

1. UAPR, Sedlák, p. 216 (Šmahel/Silagi, p. 86, 35-55), la combinaison dans laquelle je distingue trois éléments : (a) « plurimi tantam vim in his universalibus dicunt consistere... » = Augustin, *De ideis*, 1, p. 70, 10-11 ; (b) « De his ergo cum sermo fit... iterum fit, ut sit, quo redire possit » = Augustin, *De Trinitate*, XII, xiv, 23 ; (c) « Anima autem negatur... oculum intelligibilem habens » = Augustin, *De ideis*, 2, p. 71, 33-35.

2. Sedlák, p. 216-217 ; Šmahel/Silagi, p. 86-88 (*cf.* question USFU, Sedlák, p. 233-237 ; Šmahel/Silagi, p. 16-24). Il s'agit de Sénèque, *Ad Lucil.*, 58, 18, 26-27 ; Augustin, *Conf.*, I, vi, 9 ; Boèce, *Phil. Cons.*, III, IX m : « O qui perpetua » ; Eccli., 34, 12 ; 39, 2-3 ; 42, 24-25 ; Jo. 1, 3-4, avec une glose (citée déjà dans USFU, Sedlák, p. 237, Šmahel/Silagi, p. 25, 303) tirée du Ps.-Denys, *De div. nom.*, V, 8 : « esse autem ipsum nequaquam ab esse derelinquitur » (PG 3, 821D 9-10 ; éd. B.R. Suchla, Berlin-New York, 1990, p. 186, 14-15 ; PL 122, 1150A 4-5 ; *Dionysiaca*, I, 352, 4-353,1 ; je dois ces précisions à la gentillesse de Monsieur Édouard Jeauneau) ; même texte dans le *Corpus dionysiacum*, ms. Paris, BN, lat. 17341, f° 251r, connu de Jérôme de Prague. Le texte cité n'est fidèle à aucune des traductions connues. Concernant la question UMAQ, voir Herold, *Pražská univerzita*, p. 260 note 407, où cependant le texte dionysien n'est pas mentionné. Quant au *De ideis* de Wyclif, la seconde partie de son chapitre premier essaie de fonder la doctrine des Idées sur l'autorité du Pseudo-Denys, d'Augustin, de Boèce, de Sénèque et de la Bible, voir Herold, *ibid.*, p. 84-88. Déjà Wyclif donne l'exemple en parlant (*De ente*, I, tr. I, c. 4 ; Thomson, p. 48, 6) de « praecipuus philosophus Moises ».

3. UAPR, Sedlák, p. 218 ; Šmahel/Silagi, p. 88, 101-103, où la correction du "supremo" de Sedlák en "suprema".

4. Sedlák, UAPR, p. 218-219 et USFU, p. 237-238 ; Šmahel/Silagi, UAPR, p. 88, 106-89, 142 et USFU, p. 25, 310-26, 345. Seul le début du premier argument de notre question est arrangé pour être en

(*est productivus*) parce qu'il y a en lui une capacité éternelle de produire (*producibilitas*) qui est l'exemplaire ou l'Idée – visiblement inspirés par Wyclif[1], ne pouvaient pas cacher une subtile allusion au *Timée* 28 b[2]. Le deuxième argument – puisque Dieu crée de manière raisonnable (*rationabiliter*), on doit admettre qu'il a en lui des Idées (*rationes*) qu'il regarde, et qu'il a autant d'Idées qu'il y a de choses, et qu'elles sont non en dehors de lui, mais en lui-même – est fondé sur le *De ideis* d'Augustin, deux fois cité[3]. Le dernier argument – tout ce qui regarde la sagesse doit être posé en Dieu, donc aussi les Idées, dont dépend la sagesse humaine – est fondé sur le verset Ps. 146, 5 de la Vulgate: *Magnus est Dominus… et sapientiae eius non est numerus*, et sur la même question *De ideis*[4].

Cette liste des sources utilisées par Jérôme dans la question UARP doit être complétée par de longs extraits tirés du *Timée* lesquels, comme cela a été dit, constituent tout l'article 2 de la question. En effet, il est facile de démontrer que, outre *Timée* 28 a-b, dont il a déjà été question, le maître Praguois connaît et utilise *Timée* 28 b-33 b, c'est-à-dire le début du premier récit de la fabrication de l'univers. Je le démontre en comparant très rapidement chaque paragraphe de l'article 2 dans l'édition de Sedlák et dans celle moderne, avec le texte du *Timée* latin dans l'édition de Waszink et dans celle de Bakhouche.

accord avec la conclusion: « Non est possibile fore harmoniam mundi sensibilis, nisi sit debita proportio productorum effectuum a Deo. Deus autem non est producens aliquem effectum, nisi praesit productivus… ». Le même argument dans la question USFU commence ainsi: « Non est possibile Deum producere aliquem effectum, nisi praesit productivus… ». Avant la fin de l'argument, on peut lire une évidente allusion au *Timée*, voir note 3. Les arguments 2 et 3 exigent que la conclusion empruntée à la question USFU soit complétée par les mots placés entre <>.

1. Voir, par exemple, *Logicae continuatio*, III, chap. 2 (éditée à la suite du *De logica*, dans J. Wyclif, *Tractatus de logica*, par M. H. Dziewicki, 3 vol., Londres, 1893-1899; t. 2, p. 32-33), et *De universalibus*, chap. 15 (Mueller, p. 371-373), où Dieu est défini comme *creativus et productivus*, l'Idée ou l'Être intelligible du créé comme *creabilitas* et *producibilitas* de Dieu, l'être créé comme *creatum* et *ideatum*, etc. Pour Wyclif comme pour Jérôme l'Idée est en Dieu; elle est essentiellement Dieu, dont elle est formellement distincte; mais la distinction formelle est une distinction de raison, V. Herold, *Pražská univerzita*, p. 81 et 205.

2. Sedlák, UAPR, p. 218; *cf.* USFU, p. 237; Šmahel/Silagi, UAPR, p. 88, 117-119; UFSU, (p. 25, 319-321.): « et ista producibilitas est *exemplar*, ratio aeterna sive idea, *ad cuius aemulationem Deus producit* quidquid producit ad extra »; dans la question USFU, Sedlák, p. 235; Šmahel/Silagi, p. 22, 227-228: Plato nempe mundum intelligibilem longe pulcriorem astruebat isto mundo sensibili, *ad cuius aemulationem* fiebat »; *cf.* Waszink, p. 20, 22-21, 2 et Bakhouche, p. 154, 30-31: « quippe *ad immortalis* quidem et in statu genuino persistentis *exempli* similitudinem atque *aemulationem formans* operis effigiem honestum efficiat simulacrum necesse est ».

3. Sedlák, UAPR, p. 218 et USFU, p. 237; respectivement Šmahel/Silagi, p. 89, 125-132; et p. 25, 324-333: « Necesse est Deum omnia condita rationabiliter facere, sed impossibile est quidquam fieri rationabiliter sine ratione, ergo necesse est dare rationes quibus Deus causat mundum istum sensibilem, quoniam ex Augustini sententia non eadem ratione conditus est homo…, cum per Augustinum sit sacrilegum aestimare Deum intueri extra se… »; voir Augustin, *De ideis*, 2, p. 72, 49-57.

4. Sedlák, UAPR, p. 218 et USFU, p. 238; respect. Šmahel/Silagi, p. 89, 134-135 (et p. 26, 334-336). *Cf.* Augustin, *op. cit.*, 1, p. 70, 10-11.

| | |
|---|---|
| 1. *Sedlák*, p. 221 ; *Šmahel-Silagi*, p. 92, 230-239 : ...est considerandum cum hunc mundum sensibilem constat esse corporeum, quin immo visibilem atque tangibilem, aetatem eius atque durationem incipere necesse est, etsi non ex tempore, verumtamen cum tempore, cum sensibilia sint, quae aliquo sensu commota eidem presto sunt... Igitur genitorem mundi huius sensibilis tam invenire difficile quam inventum impossibile digne profari. | *Waszink*, p. 21, 4-13 ; Bakhouche, p. 154, 33-156, 9 : Omne igitur caelum uel mundus seu quo alio dignatur nomine - faciendum est enim, quod in omni tractatu fieri decet, ut inter initia consideretur, quid sit quo de agitur ; item mundus fueritne semper citra exordium temporis an sit originem sortitus ex tempore, considerandum – factus est, utpote corporeus et qui uideatur atque tangatur, cuncta siquidem huius modi sensilis corporeaeque naturae... Igitur opificem genitoremque uniuersitatis tam inuenire difficile quam inuentum impossibile digne profari. |
| 2. *Sedlák*, p. 221 ; *Šmahel-Silagi*, p. 92, 239 : Nec vertitur ex praedictis in dubium, ad cuiusmodi exemplar opifex universitatis adverterit huius mundani operis fundamenta constituens, hoc est utrum ad immutabile exemplum aspexerit prope suam obtinens proprietatem, an fortasse, quod nec secundum Platonem fas est cogitare, ad factum exemplum... | *Waszink*, p. 21, 13-18 ; Bakhouche, p. 156, 9-12 : Certe dubium non est, ad cuius modi exemplum animaduerterit mundani operis fundamenta constituens, utrum ad immutabile perpetuamque obtinens proprietatem an ad factum et elaboratum... |
| 3. *Sedlák*, p. 221-222 ; *Šmahel-Silagi*, p. 93, 251-264 : Ex quo liquet deum universorum opificem in constituendo istum mundum sensibilem normam venerabilis exempli, hoc est mundi architypi fuisse secutum... Igitur mundo architypo praecellenti principalique naturae... | *Waszink*, p. 21, 19-22, 8 et 23, 16-20 ; Bakhouche, p. 156, 15-27 ; 158, 29-32 : Quod cum sit rationis alienum, liquet opificem deum uenerabilis exempli normam in constituendo mundo secutum... Ergo intellegibili substantiae praecellenti principalique naturae... |

4. *Sedlák*, p. 222 ; *Šmahel-Silagi*, p. 93, 265-273 : Patet exhinc ad cuius animantis similitudinem eum suus constituerit conditor…

*Waszink*, p. 23, 10-14 ; Bakhouche, p. 158, 23-27 : Hoc ita posito quae sequuntur expedienda sunt : ad cuius animantis similitudinem constituerit eum suus conditor…

5. *Sedlák*, p. 222 ; *Šmahel-Silagi*, p. 93, 274-285 : Nunc vero an mundum unum profiteamur vel plures aut innumerabiles disserere nequaquam est obmittendum. Verum plane profiteor, quando clare conicitur iuxta venerabile exemplum fuisse formatus, cuius non deest ratio – nam illud quod universa continet intelligibilia cum alio simul (secumdum Š-S) esse non poterit…

*Waszink*, p. 23, 20-24, 4 ; Bakhouche, p. 158, 32-160, 7 : Nunc, utrum recte mundum unum dixerimus an plures dici oportuerit uel innumerabiles, etiam considerandum. Unum plane, quoniam iuxta exemplum formatus est, id enim quod universa continet intelligibilia cum alio secundum esse non poterat…

6. *Sedlák*, p. 222-223 ; *Šmahel-Silagi*, p. 94, 286-295 : Et quia corpulentus, visibilis atque contiguus… Nec Augustinus dubitat, quin ignis nomen Plato caelo tribuit, ut et libro de Trin. dei c. XI, quod incipit *Mirantur nostri quidem*[1].

*Waszink*, p. 24, 5-8 ; Bakhouche, p 160, 8-11 : Et quia corpulentus visibilisque et contiguus…

7. *Sedlák*, p. 223 ; *Šmahel-Silagi*, p. 94, 296-302 : Patet ergo quod ignis et terra sunt mundani corporis primaeva initia. Verum quia nulla duo sine admixtione tertii firme (*sed* firma) indissolubiliterque cohaerent, cum opus sit nexu medio extrema nectente, ille vero nexus constat esse firmissimus, qui et se ipsum facit unum et ea quae secum vinciuntur ; hoc vero non efficit nisi modus et congrua partium mensura *quœ vocatur huius mundi <sensibilis> harmonia.*

*Waszink*, p. 24, 8-11 ; Bakhouche, p. 160, 8-14 : Quoniamque nulla duo sine adiunctione tertii firme et indissolubiliter cohaerent – nexu enim medio extrema nectente opus est, nexus uero firmissimus ille certe est, qui et se ipsum et ea quae secum uinciuntur facit unum – hoc porro modus et congrua mensura partium efficit.

1. Augustin, *De civ. Dei*, VIII, xi, édition de E. Dombart et A. Kalb reprise dans CCSL 47, Turnhout, 1955, p. 227, 1 et suiv.

8. *Sedlák*, p. 223 ; Šmahel-Silagi, p. 94, 302-95, 332 : et etiam quia soliditate opus erat mundano corpori… quatenus iste mundus sensibilis in toto sui similis fieret, similitudine sui mundum esse iudicans meliorem, armoniam quoque suam, quam habet intrinsecus, ad extra figura ostendens.

*Waszink*, p. 25, 1-24 ; Bakhouche, p. 160, 25-161, 16 : Nunc quoniam soliditate opus erat mundano corpori… quo totus sui similis foret, meliorem similitudinem dissimilitudine iudicans.

Ici se terminent les extraits du *Timée* et la *Quaestio de universalibus* dans sa rédaction connue actuellement. Parmi les autorités alléguées en faveur de la doctrine des universaux *a parte rei* il y a deux textes scripturaires, trois noms de philosophes – ceux de Sénèque, d'Augustin et de Boèce –, et fortuitement celui de Denys. L'apport réel de l'œuvre augustinienne, couvert par l'anonymat des emprunts, s'est révélé bien plus important que l'auteur et l'éditeur ne l'ont laissé supposer. L'apport de Wyclif, totalement caché, est connu depuis toujours ; on se contente seulement des comparaisons minutieuses des textes et des idées. L'apport de Platon, tel qu'on vient de le voir, est resté inconnu jusqu'à aujourd'hui. Pourtant, du point de vue purement matériel, c'est-à-dire en nombre de lignes recopiées à la suite, il dépasse tout le reste, et, dans l'architecture de l'ouvrage, il s'oppose au reste : l'article 2 a l'allure d'une adhésion résolue et sans intermédiaire à la doctrine platonicienne.

Il faut maintenant préciser les limites de cette adhésion, et en premier lieu les limites chronologiques. Le *Timée*, on vient de le voir, est cité dans la question de 1409. Mais nous avons trouvé quelques mots empruntés à ce dialogue dans la question Usfu[1], antérieure de trois à quatre ans. À lui seul, l'argument paraît faible ; il y en a cependant un autre : les noms des idées empruntés au *Timée* calcidien. J'en parlerai en détail plus loin, me contentant ici d'un seul exemple. Il s'agit d'une raison en faveur du corollaire 1 de la Première conclusion de la même question Usfu : *Patet hoc correlarium ex conclusione predicta et per illud Platonicum : Deus in formando istum mundum sensibilem, [quae prima res creata est] erat venerabilis exempli normam secutus*[2]. Cet argument a la même source que le texte 3 de la comparaison, ce qui prouve que Jérôme a pris connaissance

1. Voir plus haut, p. 260, n. 3.

2. Sedlák, p. 242 ; Šmahel-Silagi, p. 31, 521-524. Pour le *venerabile exemplum* voir p. 258, note 1, texte 3 de notre comparaison et plus bas, p. 268, note 2. L'argument cite le *Liber de causis*, prop. IV 37 : « Prima rerum creatarum est esse et non est ante ipsum creatum aliud ». Puisqu'aussi bien Wyclif que Jérôme considèrent que la première chose créée » est l'être analogue (voir plus bas, à propos de l'*esse analogum* et dans la Note explicative n° 3), il faut supposer une omission dans le texte cité, à savoir après *sensibilem* et avant *quae*. Cela vaut également pour le texte cité dans la note suivante. Cependant, la répétition de la même faute dans deux questions, transcrites par deux copistes, suppose soit un intermédiaire qui ferait de notre texte une citation de seconde main, soit une erreur mécaniquement

du *Timée* à une date antérieure au quodlibet de Knín. De plus, comme Jérôme se répète scrupuleusement, il n'est pas difficile de trouver ce même argument dans sa disputatio de Heidelberg de 1406, laquelle est très proche de celle de Paris (du début de 1406), voire identique à elle. En conséquence, même si dans les trois ouvrages pris en compte le degré de fidélité à l'égard du *Timée* est différent, le vocabulaire utilisé, ainsi que deux citations identifiées dans la question USFU et une dans la question de Heidelberg (UVGS) nous obligent à admettre que Jérôme a connu le *Timée* avant sa fuite de Paris au printemps 1406[1].

En second lieu, les emprunts énumérés constituent trois blocs : *Timée* 28 b-29 c (pour les textes 1-3 ; mais il faut y ajouter aussi 28 a, cité séparément), *Timée* 30 c-31 c (pour les textes 3-7), et *Timée* 32 c-33 b (pour le dernier texte). Ils proviennent donc tous du premier récit de la formation du monde par le Démiurge. Puisque dans le second récit, qui commence à la p. 48 e, on peut lire des lignes parallèles à celles qui sont extraites par Jérôme ou auxquelles il fait allusion – notamment au sujet des Idées, de la double connaissance et de son objet (51 b-e)[2] –, mais qui ne semblent pas avoir attiré son attention, il est légitime de penser que le Praguois n'a pas connu ce second récit. En tout cas, je ne dispose d'aucune preuve décisive d'une telle connaissance[3].

répétée, à la suite par exemple d'une copie défectueuse faite dans le « volumen magnum » dont nous n'avons pour l'instant aucune trace ; voir plus bas, note 3.

1. Je cite la *disputatio de Heidelberg* d'après la copie Bâle, Bibl. universitaire, ms. A. VIII. 24, f° 45v-48r, ici f° 46r (Šmahel-Silagi, p. 7, 62-66) : « Patet illud corollarium ex iam dictis et per illud platonicum : Deus (*ms.* Deum) causando istum mundum sensibilem, [que prima veritas (*res ?*) creata est], erat venerabilis exempli, id est mundi architypi, preclaram normam secutus ». F. Šmahel, « Univerzitní kvestie », p. 33, montre les liens entre le texte de Heidelberg et la question USFU. Ici comme dans la question USFU, l'expression *illud platonicum* renvoie chaque fois au même texte de Platon (*cf.* ma comparaison Jérôme-Platon, 3). Le mot *veritas* doit être remplacé par *res*, car il s'agit ici d'une citation du *Livre des causes*, dont je parle plus loin, p. 271, note 1. L'édition Šmahel/Silagi, p. 7, 76-77, introduit une erreur évidente : *quecumque separata <singularia> existere* – en se couvrant de mon autorité : « *emendavit Kaluza, La Question, pag. 134* ». Cependant, à l'endroit indiqué (*Langages et philosophie. Hommage à Jean Jolivet.* Édité par A. de Libera, A. Elamrani-Jamal, A. Galonnier, Vrin, Paris, 1997, p. 134), j'écris ceci : *quecumque separata <a singulari> existere* ; pourtant j'aurais dû écrire *<a singularibus>* ; le tout serait alors plus clair.

2. Mais Jérôme ne cite pas non plus littéralement *Timée* 28a, à propos de la science et de l'opinion. Jean Hus a formulé en 1408 ou 1409 le corollaire suivant : « Opinio Platonis de factione mundi corporei est physice ( ! ) sustinenda », ce qui suppose la connaissance de cette opinion et de l'écrit où elle est formulée, *cf.* S.H. Thomson, « Four Unpublished *Questiones* of John Hus », *Medievalia et Humanistica*, 1 (1952), p. 71-88, partic. p. 81. En 1411, dans son *Quodlibet* (édité par B. Ryba, Prague, 1948, p. 34-35 ; réédition chez Brepols, Turnhout, 2006, p. 54-55 ; CCCM 211), Hus parle élogieusement du *Timée*, mais à partir des *Confessions* d'Augustin ; il s'agit alors d'un morceau de rhétorique.

3. Si l'on prend en considération le vocabulaire emprunté au *Timée*, on constatera que Jérôme a au moins connu le début de la *Pars secunda* dans la traduction de Calcidius, voir plus haut, p. 258, note 1. V. Herold (voir note 1) remarque que Jérôme cite *Timée* 41a, Waszink, p. 35, 9-10 : « O dii deorum, quorum ego opifex, natura quod corruptibilia vestra, me autem volente incorruptibilia ». Cependant, ce passage est, de tout le *Timée*, le plus souvent cité dans la littérature médiévale et on le trouve dans les florilèges. V. Herold affirme avec raison que les mots cités ne proviennent pas des *Auctoritates Aristotelis* éditées par J. Hamesse (Louvain-Paris, 1974, p. 297, n° 12). Comme l'a démontré É. Jeauneau, *Plato apud Bohemos*, p. 197-204, les *Parui flores* ou les *Auctoritates Platonis in Timaeo*, tels qu'ils sont conservés dans plusieurs manuscrits praguois, diffèrent de l'édition Hamesse. Le propos rapporté par Jérôme, sensiblement différent du texte établi par Waszink, s'apparente en effet à la sentence XIV des *Parui*

En troisième lieu, l'examen du premier bloc révèle que Jérôme emprunte au *Timée* la considération sur le commencement du monde, puis celle sur le modèle immuable des choses soumises à la génération. Il ne remarque cependant pas que ce modèle, connu intellectuellement, est à l'origine de la science, et que les choses faites, appréhendées par les sens, engendrent l'opinion. Il omet le raisonnement sur la bonté et la beauté du monde, d'où Platon a tiré la conclusion « que ce monde... est véritablement un être vivant, pourvu d'une âme et d'un intellect »[1]. Le problème des vivants et du Vivant-en-soi n'apparaît, dans le second bloc, qu'à travers la question : « À la ressemblance duquel d'entre les vivants l'Ordonnateur a-t-il ordonné le monde ? » (30 c), rédigée pourtant comme une réponse : il s'agit des similitudes éternelles. Enfin, le texte de Jérôme reprend le problème de l'unicité du monde et – dans ce même bloc et dans le suivant –, celui de la nécessité des quatre éléments.

En dernier lieu, l'omission de toute la problématique de la vie, et notamment de la thèse selon laquelle le monde est un organisme doté d'une âme et d'une intelligence, pourrait sans doute s'expliquer par la fidélité à la doctrine chrétienne. Moins compréhensible est l'omission, dans la première partie de la question, de tout texte traitant ouvertement de la distinction entre la connaissance intellectuelle et la connaissance sensible, la science, l'opinion et leurs objets propres, car ce sont précisément ces distinctions qui, dès l'ouverture de notre question UAPR, imposent sa division en deux articles et lui donnent ainsi une allure et un caractère platoniciens. Cependant, on peut aussi supposer que le dialogue de Platon servit à des élaborations personnelles et que nous sommes ici en présence à la fois d'une élaboration inspirée du *Timée* (dans la première partie de la question) et des matériaux rassemblés pour une future rédaction libre de toute répétition littérale (dans la seconde)[2].

Empruntée à la version de Calcidius, la définition de l'harmonia – qui est le mode d'une disposition congrue des parties dans un ensemble uni (*congrua partium mensura*), leur accord (*consonantia partium*), – correspond à la beauté d'une proportion entre deux termes liés au moyen d'un troisième, dont parle le texte grec[3]. Cet emprunt est une marque de la pensée de Platon imprimée sur le titre même de l'ouvrage, qui demande si la belle disposition des parties du monde

*flores* praguois édités par É. Jeauneau (p. 203). Les arguments qui tentent de prouver que Jérôme a connu plus que la première partie du *Timée* sont donc toujours fragiles. Deux seraient certainement probants : des citations explicites provenant de la seconde partie du dialogue, et les textes conservés dans ce fameux « grand volume d'extraits » que Jérôme lui-même a compilé au cours de ses voyages : « Explicit de posicione Jeronimi, ut audivi hoc dici, quam posicionem dicitur extraxisse de magno quodam volumine, quod aggregavit Parisius, Anglie et in aliis studiis, ubi fuit, de materia universalium realium », cité par Sedlák, p. 211, Šmahel/Silagi, p. 69, 578. Ce manuscrit n'est malheureusement pas encore retrouvé.

1. *Timée* 30b-c ; traduction d'Albert Rivaud accompagnant son édition des Belles Lettres, Paris, 1985.

2. Voir plus haut, texte cité p. 256, note 2. Toutes les questions de Jérôme que j'ai étudiées sont des condensés. Il est certain que nous n'avons pas là une rédaction définitive. Mais on peut se demander si ces condensés ne sont pas des résumés faits plusieurs semaines avant la *disputatio* et distribués par leur auteur aux participants de la discussion. Ce n'est toutefois qu'une probabilité.

3. *Timée* 31c et 32c. Voir plus haut, le texte 7 de la comparaison, p. 255, note 1 et p. 256, note 2.

connu par les sens implique l'existence réelle des universaux. Cette même perspective doctrinale est soutenue par la distinction des deux groupes des universaux réels et par le traitement réservé aux Idées. Depuis le titre jusqu'à la dernière ligne du texte, la question UAPR trahit ainsi sa dépendance à l'égard du *Timée* latin.

## LA DOCTRINE

Jérôme de Prague est donc un fervent de Platon, qu'il appelle rex philosophorum, et est partisan de ses successeurs. Cela explique pourquoi tout naturellement il emprunte des thèses, des arguments et du vocabulaire à Platon et à son « école ». Quant au vocabulaire, Jérôme étale publiquement ses sources, par exemple dans la question *Utrum sint <aliquae> formae universales quae neque formatae sunt nec etiam formabiles* (USFU), éditée par Sedlâk, et dans l'inédite *Utrum mundus architypus, qui est multitudo idearum in mente divina aeternaliter relucentium, rerum huius mundi sensibilis sit concausa, potissima ratio et exemplar* (UMAQ). Autant que je puisse m'en rendre compte, cette liste est dans les deux textes presque identique, et comporte les noms de Platon lui-même, d'Augustin, de Boèce, de Robert Grosseteste, et plus généralement de *quidam Graeci.* Les principaux ouvrages d'Augustin dont Jérôme s'est servi, sont la question *De ideis*, les *Confessiones*, le *De Trinitate*, le *De civitate Dei*, et le chapitre 3 du premier livre des *Retractationes.* Augustin, l'*Êpître* 58 de Sénèque, Grosseteste, peut-être même la *Métaphysique* d'Aristote (A, 6, 987b 8), l'ont informé que Platon avait inventé le nom de '*idea*' Le syntagme '*numeri exemplares*' provient du *De arithmetica* I, 2, de Boèce ; celui de '*causae creatrices*', déformé à la suite de Wyclif en '*causae concreatrices*, vient du Commentaire sur les *Seconds Analytiques* de Grosseteste ; enfin, le nom de '*paradigmata*' attribué aux Grecs, est emprunté au *Periphyseon* de Jean Scot Érigène, connu de Jérôme par le *Corpus dionysien* de l'Université de Paris [1].

1. Au sujet de la question UMAQ, voir Šmahel, *Verzeichnis*, note 179 A ; Herold, *Pražská univerzita*, p. 142-143. Herold, p. 205, traite brièvement de cette terminologie à partir de la question UMAQ qu'il cite dans les notes. Le chapitre consacré à Jérôme (p. 204-219), intitulé « La question UMAQ, sa place dans l'ensemble de l'œuvre de Jérôme de Prague et sa signification », suit de près le texte. Concernant l'usage de Jean Scot Érigène, voir *supra*, p. 241 *sq.* ; pour quelques termes empruntés à Wyclif, voir plus haut, p. 260, note 2. La liste des sources citées ici est différente de celle, bien plus longue, des autorités alléguées par Jérôme en faveur de la doctrine des Idées. À propos des doctrines médiévales des Idées divines, *cf.* V. Herold, *Pražská univerzita*, passim, et l'article de L. M. De Rijk, « Quaestio de ideis. Some Notes on an Important Chapter of Platonism », dans *Kephalaion. Studies in Greek Philosophy and its Continuation offered to professor C. J. de Vogel*, édité par J. Mansfield et L. M. De Rijk, Assen, 1975, p. 203-213 ; concernant Ockham, voir A. De Muralt, *L'enjeu de la philosophie médiévale*, Leyde, 1991, p. 168-255 ; deux études d'une grande importance, celle de P. Vignaux, « L'être comme perfection selon François de Meyronnes », dans le recueil du même auteur *De saint Anselme à Luther*, Paris, Vrin, 1976, p. 253-312, où l'auteur montre comment le franciscain sépare les Idées divines dont parlent les théologiens, des Idées de Platon, et quel est le status ontologique des formalités ; et celle de M. J. F. M. Hoenen, *Marsilius of Inghen. Divine Knowledge in Late Médiéval Thought*, Leyde, 1993, p. 121-156, qui découvre une forte influence d'Eustrate de Nicée.

À côté des termes dont l'origine platonicienne est confirmée, il y a un stock de leurs combinaisons et de termes forgés d'après Platon – par exemple ce fameux 'mundus architypus' [1]–, propriété de toute l'école de Platon. Cependant, ce qui nous importe à présent, ce sont les noms empruntés au *Timée* dans la version de Calcidius, car apparemment Jérôme n'en a connu aucune autre. Et puisque nous savons déjà qu'il utilise ce dialogue, nous pouvons les retrouver aisément. Si une telle liste nous semble à présent tout à fait à sa place, la vraie surprise vient du fait qu'elle apparaît comme une précision ou une glose ajoutée au texte de Wyclif. En fait, il n'y a aucun doute que la reconstitution du vocabulaire platonicien est inspirée par le théologien anglais, par ce texte précisément [2] :

> Aliqua enim sunt universalia priora singularibus corruptibilibus, non fundata in ipsis. Et hoc dupliciter : vel quod sint rationes fundatae in Deo sine alterius indigentia, vel in intelligentiis… Omnes enim maneries universalium vocanturi ideae, vel formae exemplares vel rationes, numeri, aut principia producendi aut causandi ista corruptibilia. Et primae sunt ideae aeternae et vocantur a Lincolniensi concreatrices rei…

En 1406-1407, Jérôme de Prague reprend le texte de Wyclif, l'incorpore dans sa *Positio*, mais à la liste des noms des Idées qu'il y lit, il substitue sa propre liste, riche des noms trouvés dans le *Timée* [3] :

> prima et suprema universalia sunt rationes aeternae atque exemplares, fundatae in Deo sine alterius indigentia, quas quidem exemplares rationes vocat dominus Robertus Lincolniensis, rerum exterarum concreatrices. Quae quidem universalia diversi diversis appellarunt nominibus. Plato enim ille nobilis philosophus multis nominibus communibus ea vocavit, nam nunc dicit ea rerum exiſtentium consanguineas, nunc exempla veritatis, nunc germanas similitudines, nunc causas legitimas et nunc eorum convolucrum mundum intelligibilem appellat. Verum ultra haec nomina cum aliis communia uno nomine, quod sibi soli ascribitur, ideas haec nuncupavit… Sunt denique formae universales aeternae non fundatœ in suis singularibus.

Les noms ouvertement attribués alors à Platon sont les suivants : *rerum consanguinae, exempla veritatis, germanae similitudines, causae legitimae, mundus intelligibilis* et *ideae.* Nous avons déjà vu que trois d'entre eux appartiennent effectivement au *Timée* traduit par Calcidius [4], et que l'invention du dernier est généralement attribuée à Platon. Le 'monde intelligible', connu de la tradition

1. Le terme est utilisé par Calcidius dans son commentaire, Waszink, p. 282, 10 ; 323, 12 et 14 ; mais voir aussi p. 30, 17 ; Bakhouche, p. 506, 25 ; 554, 8 et 9 ; puis p. 168, 31 : *archetypum exemplum, munius archetypus.*

2. *Logicae continuatio*, tr. III, c. 2 (Dziewicki, t. 2, p. 32, 15-23).

3. Question Usfu, Sedlák, p. 230 ; Šmahel/Silagi, p. 15, 6-19, 25-26 ; voir aussi Sedlák, p. 235. La dernière ligne est un retour au texte de Wyclif. La même liste de noms attribués à Platon se trouve dans une autre question de Jérôme, identifiée par F. Šmahel, « Univerzitní kvestie », p. 35, où cependant on doit lire « nunc » au lieu de « nec », et dans la question Umaq, *cf.* V. Herold, *Pražská univerzita*, p. 257 note 374.

4. Voir plus haut, p. 258, note 1.

platonicienne, s'y retrouve aussi [1]. Seul à ma connaissance 'exemples de la vérité' ne se lit pas tel quel dans la traduction de Calcidius. Mais ce nom composé aurait bien pu être forgé à partir de *germana similitudo exempli et veritatis,* de *venerabile exemplum*, etc. [2] Toutefois, le cas incertain de cette expression ne nous empêche pas de conclure qu'une partie importante du vocabulaire philosophique de Jérôme est puisée directement dans le *Timée* calcidien.

Puisqu'ils ont une même signification, tous ces noms sont interchangeables. Entraîné par ses prédécesseurs, et par Platon lui-même, Jérôme de Prague ne se prive pas du plaisir de jouer avec ces 'raisons', 'formes', 'exemples', 'principes', 'causes', etc., ce qui donne à ses ouvrages une coloration riche et vive, et oblige son lecteur à se demander quelquefois s'il comprend encore le texte et les intentions de son auteur. La situation devient vraiment sérieuse lorsque le lecteur apprend que tous ces noms sont synonymiques d'un autre bien mieux connu, *universale* [3]. La difficulté du réalisme wyclifiste repose, entre autres, sur l'usage inconsidéré de tous ces termes, dans un mélange des Idées de Platon avec les Idées divines, et de tous les « universaux » en général [4]. La notion de l'universel causal – *universale causatione, in causando* – montre ces difficultés.

1. Waszink, p. 44, 22; Bakhouche, p. 190, 12. Ce syntagme, traduction de *noetos cosmos*, « n'apparaît que dans le moyen platonisme », J. Pépin, *op. cit.*, p. 126 note 40. Voir aussi V. Herold, *Pražská univerzita*, p. 26-30, 57 note 92, et « Magister Procopius », p. 380.

2. Texte cité plus haut, comparaison 3. À ma connaissance, aucune analyse du vocabulaire doctrinal des wyclifistes tchèques n'a été faite à ce jour. On trouvera cependant une ouverture dans cette direction dans l'article de Herold, « Magister Procopius », p. 380-381.

3. Les Idées de Platon sont par excellence des « universaux », sujet de la critique aristotélicienne (*Metaph.*, A, 9, etc.). L'exposé des « universaux » de Platon fait par l'aristotélicien Eustrate de Nicée est de première importance aussi bien pour Wyclif que pour Jérôme de Prague qui l'utilisent; son influence sur Albert le Grand et Marsile d'Inghen vient d'être démontrée. En plaçant les Idées de Platon dans la *mens divina*, Eustrate a obtenu au moins trois résultats : il a légitimé l'identification des universaux avec les Idées divines des théologiens, donc aussi le réalisme wyclifiste; il a compliqué la problématique de la causalité – formelle, efficiente et finale, créée et incréée – des universaux; en dotant le mot « séparé » d'un sens nouveau et positif – le séparé des choses est logé en Dieu –, il a enlevé le poison d'un adage aristotélicien selon lequel les genres et les espèces de Platon sont des monstres. Voir *The Greek Commentaries of the Nicomachean Ethics of Aristotle in the Latin Translation of Robert Grosseteste, Bishop of Lincoln*, I : *Eustratius on Book I and the Anonymous Scholia on Books II, III, and IV*, édité par H. P. F. Mercken, Leyde, 1973 (Corpus Latinorum commentariorum in Aristotelem Graecorum, VI, 1), p. 68-71; A. de Libera, *Albert le Grand et la philosophie*, Paris, Vrin, 1990, p. 186-192; *id.*, « Albert le Grand et le platonisme. De la doctrine des Idées à la théorie des trois états de l'universel », in *On Proclus and his Influence in Medieval Philosophy*, édité par E. P. Bos et P. A. Meijer, Leyde, 1992, p. 89-119, part, p. 100, 102-108; M. J. F. M. Hoenen, *op. cit.*, p. 148-151.

4. Pour illustrer une certaine ambiguïté de la doctrine wyclifienne, j'aimerais citer quelques exemples empruntés au livre I, tr. I, du *De ente* (*Summa de ente, Libri primi tractatus primus et secundus*, éd. S. Harrison Thomson, Oxford, 1930), où, superposées, coexistent différentes divisions des universaux, où le terme « universel » semble être employé à la fois au sens propre et au figuré, alors que d'autres semblent mélanger l'ordre réel avec le conceptuel. Wyclif affirme, par exemple, qu'il y a trois universaux : *causatione, communicatione, signatione*, mais le premier est une cause, alors que le dernier n'est universel qu'au sens très large du mot : « magis remote dicitur universale quam urina dicitur sana » (p. 54, 27-55, 6). Seul donc le second universel est vrai : il correspond grosso modo aux cinq prédicables de Porphyre (p. 55, 6 suiv.). À ces cinq vrais universaux on oppose immédiatement trois vrais genres des universaux premiers et qui sont aussi des causes universelles : « tria genera universalium priora »,

Il m'est difficile d'indiquer la date à laquelle apparaît ce dernier terme, en usage au XIIIe siècle, par exemple dans la *Somme de théologie* attribuée à Alexandre de Halès, et au XIVe, par exemple chez Ockham et Buridan. Il ne signifie chez ces auteurs ni une chose étant *in multis*, ni une chose affirmée *de multis*. Plus simplement, il qualifie une cause : un être qui est à l'origine de plusieurs effets, comme, par exemple, le soleil selon Ockham, Dieu, les intelligences et les corps célestes d'après Buridan. S'il s'agissait d'un universel, comme Aristote cité par Buridan le suggère, cet universel serait séparé des choses singulières comme la cause l'est de ses effets[1]. La traduction de l'expression *universale in causando* par 'cause' ou 'cause universelle'

c'est-à-dire les formes exemplaires (p. 55, 8-9). Les transcendants et les dix catégories sont prédiqués, mais ils ne sont pas des universaux : « transcendentia et principia generum cum aliis per reductionem in genere sunt communia et praedicantur de pluribus, et tamen non sunt formaliter universalia » (p. 58, 12-15). Cette communauté constitue l'« identité d'analogie », par opposition aux trois autres identités : de genre, d'espèce et de nombre ; *De logica*, chap. 2 (*Tractatus de logica*, 3 vol., ed. M. H. Dziewicki, Londres, 1893-1899, 1, p. 10, 3-25). Cependant, la prédication analogique est considérée comme un second type de l'univocation (*De ente*, p. 96, 19-97, 23). La définition du sens propre du verbe « praedicari » porte sur les mots : être dit (affirmé), et sur les choses existantes : être identique à, être dans (appartenir) : « idem est praedicari vel dici et formaliter inesse in suo inferiori » (p. 58, 5-6). Voir aussi l'ouvrage de A. D. Conti, cité dans la note suivante ; et plus bas, p. 271, note 2. La même acception de « praedicari » se retrouve dans la logique de Jérôme. Je cite ici quelques fragments de sa dispute de Heidelberg, pour montrer que son réalisme logique s'apparente à celui de Wyclif, de Burley et de Brinkley. Il s'agit de l'art. 2, concl. 2, coroll. 1 (Bâle, Bibl. univers. A. VIII. 24, f° 46v) : « Veritas propositionum realium non consistit in coherencia signorum, sed in habitudine suo<rum> proprie primarie (*ms.* primario) significatorum. Prima pars huius corelarii patet, <nam> veritas propositionum realium est ante esse <sui> signi huiusmodi, igitur habet esse completum ante esse sui signi huiusmodi. Igitur habet esse completum principiorum principiatorumque <in quo> consistit, que <veritas> est habitudo mutua realis subiecti ad reale predicatum (*ms.* principium) ». F° 47r : « Quarta conclusio. Quamvis veritates propositionales quedam sunt in signis, manent tamen in eorum primarie significa [n] tis. Probatur, nam veritas huius "Homo est animal" non est in voce, scripto aut conceptu primario, sed in significato primario, id est in re, que res est hominem seu naturam humanam esse animal… Corellarium primum. Veritas significati primarii est [in] causa suo modo (47v) veritatis signi. Patet hoc corelarium per Aristotelem in *Predicamentis*… Corellarium secundum, quamvis predicatio terminorum ad invicem est figura veritatis, tamen non est vera…, quia vere predicari est unum inesse alteri et unum esse veraciter reliquum, quamvis non quolibet modo… Tertium corrolarium, vera logica non est in signis, sed in rebus est fundata. Probatur, nam vera logica cum sit virtus discursive <et? > facile inquirendi veritates seu veritatem, non in signis, sed in rebus consistit. Patet, quia logica vera tantum ibi est fundata, ubi suum principale propositum est fundatum, sed hoc est in rebus ».

1. Alexander de Hales, *Summa theologica*, I, q. I, c. 1, ad 2 (éd. Quaracchi, 1924, I, p. 3a) : « Universale dicitur quatuor modis : in prœdicando… in exemplando… in significando… in causando : ut Deus, causa universalis conditionis rerum, et Christus, causa universalis reparationis hominum ». Guillaume d'Ockham, *Summa logicœ*, I, 14 (Opera philosophica I, p. 49, 47-52) : « Dicitur enim sol causa universalis quia est causa plurium, scilicet omnium istorum inferiorum generabilium », etc. Jean Buridan, *In Metaph.*, VII, q. 15, Paris, 1518, f° 50va : « …pluribus modis aliquid dicitur universale. Uno modo aliquid dicitur universale secundum causalitatem, scilicet quia causa est multorum. Et sic universalissimum in causando esset Deus, et consequenter intelligentiae, et corpora celestia. Et isto modo statim concedendum esset, quod universalia sunt separata a singularibus generabilibus et corruptibilibus. Unde de ipsis dicebatur secundo huius (= *Metaph.*, I, 2, 982a 23-25), quod maxime universalia sunt difficillima ad cognoscendum, quia sunt a sensu remotissima ». Jean Sharpe fait une allusion à cette opinion de Buridan ; *cf.* Johannes Sharpe, *Quaestio super universalia* a cura di A.D. Conti, Florence, Olschki, 1990, p. 49, 4-7. Wyclif lui-même et les wyclifistes distinguent la causalité proprement divine, dont il est ici question, de l'efficace des Idées désignée par des termes tels que « causabilitas », « producibilitas », etc. Voir *infra* Notes explicatives, n° 1.

ne semble pas au premier abord erronée. Elle doit cependant s'accompagner d'une détermination de la place de cette cause parmi toutes les autres, de sa nature, et de la nature de ses rapports avec ses effets. Une telle traduction ne trahit pas l'intention des wyclifistes et ne déforme pas leur ontologie, car même selon Jean Wyclif l'*universale causatione* est la 'cause universelle' : *triplex est maneries universalium in genere. Primum est universale causatione, ut Deus est causa universalissima et post eum res universales creatae… ; universale causatione, ut quaelibet causa multorum ; universale causatione, ut Deus, sol et luna, etc* [1]. Il existe pourtant une différence fondamentale entre, d'une part, une concession de langage chez Ockham et chez Buridan, et, de l'autre, la conception philosophique de Wyclif. Car, tout en étant une cause et un exemplaire, l'*universale causatione* demeure, du moins dans le cas de la causalité divine, un universel, et garde entière la richesse de signification que Platon et les platonisants lui ont accordée.

Ces brèves remarques terminologiques doivent nous prévenir contre une interprétation précipitée et complaisante des questions de Jérôme de Prague. En fait, toute interprétation de Wyclif, de Znoyma, de Jérôme et de tant d'autres wyclifistes, rencontre plusieurs difficultés de différentes natures. Elle se heurte presque toujours aux problèmes textuels : les copies manuscrites difficilement accessibles jusqu'à ces derniers temps, les textes presque toujours mal établis. Mais elle devra affronter aussi la prose prolixe et incertaine de Wyclif [2] et de sa postérité intellectuelle. Enfin, elle trouvera une difficulté supplémentaire dans ce mélange de notions venues de différentes traditions platoniciennes et de l'enseignement universitaire aristotélicien. Prévenus, nous pouvons à présent continuer en rencontrant deux « universaux » *ex parte rei*, l'*esse analogum* et les Idées. Si l'on omet ici les cinq universaux dits « par communication », c'est pour alléger le texte et parce que l'analyse de la notion de l'être fait apparaître les liens

1. Respectivement Wyclif, *De universalibus*, chap. 1 (Mueller, p. 15, 8-10) ; *De ente*, I, tr. I, chap. 4 (éd. Thomson, p. 54, 27-55, 1) ; *De logica*, chap. 2 (Dziewicki, 1, p. 8, 3-4). Mais cette « causa universalis » fait partie de l'ensemble des causes et on en parle en traitant de la causalité, cf. *Logicae continuatio*, III, c. 5 (Dziewicki, 3, p. 94, 20-21). Voir aussi P. V. Spade, *Introduction* à Wyclif, *On Universals*, Text translated by A. Kenny, Oxford, 1985, p. XVIII-XX. L'universel causal est signalé par J. Tricot dans sa traduction des *Seconds Analytiques*, Paris, 1979, p. 10 note 2. Cependant, il faut distinguer deux sens du terme « universale causale/causatione ». Dans le premier cas, il s'agit de la causalité propre de l'universel, mentionnée par Aristote, par exemple dans *Anal. Post.*, I 24, 85b 24 : « universale magis causale » selon la *recensio Guillelmi, Aristoteles Latinus*, IV 1-4, p. 312, 37. Plusieurs commentateurs des *Seconds Analytiques* ont conservé ce sens de l'*universale*, par exemple Robert Grosseteste, *op. cit.*, p. 246 suiv. Dans le second cas, illustré dans la note précédente, il s'agit d'un être singulier qui est la cause de plusieurs effets. Voir aussi infra, Note explicative, n° 1. La théorie des universaux de Wyclif est présentée par A. Kenny, « The Realism of the *De Universalibus* », dans *Wyclif in his Times*, édité par A. Kenny, Oxford, 1986, p. 17-29 ; plus complètement par A.D. Conti, à la suite de son édition de Jean Sharpe, p. 298-309 ; le réalisme du wyclifiste Sharpe est analysé par A. de Libera, « Question de réalisme. Sur deux arguments anti-ockhamistes de John Sharpe », dans *Revue de métaphysique et de morale*, 97/1 (1992) p. 83-110 ; et concernant les problèmes que posent les rapports analogie-univocité, *id.*, « Les sources gréco-arabes de la théorie médiévale de l'analogie de l'être », dans *Les Études philosophiques*, 3-4 (1989), p. 319-345.

2. Anthony Kenny fait quelques remarques au sujet du latin de Wyclif dans sa « Note du traducteur » placée en tête de la traduction *On universals* déjà citée.

entre la communauté et la prédication de l'*esse analogum* et des universaux. La notion de l'être est au centre de l'ontologie et de l'épistémologie de Wyclif.

La seconde partie de l'article 1 de la Question UAPR de Jérôme commence par une conclusion ayant pour objet la communauté de l'être analogue. Puisque le même texte se lit également dans la question USFU où il est mieux édité, je le donne ici en suivant cette dernière :

> Ens analogum est primum esse creatum communissimum, omnium aliarum creaturarum contentivum pro data mensura ante quidditatem entis, terminans quaestionem 'si est' ante quaestionem 'quid est' ; cui succedit esse quidditativum sive esse actuale in genere, in quo res est aliquid distinctum ab aliis. Et tunc sequuntur passiones, quae sunt per se habitudines posteriores naturaliter quam subiecta earundem, quinimmo genera subalterna et species catenatim sic descendunt. Qui quidem essentialis descensus a generalissimis usque ad specialissima claudit in se omnia creata universalia. Ex quibus colligitur, cum quaelibet pars subiectiva speciei sit ipsa specie natura posterior, quod tota universitas suppositorum sit natura posterior analogo, quod est universitas universalium, eo quod partes se habent ad partes sicut totum ad totum...[1]

Ce texte, dont il nous faut à présent élucider les termes, exprime les rapports entre les dix prédicaments, cinq universaux, trois *esse* hiérarchiquement disposés, le Créateur et les créatures. Dans les textes que j'ai pu consulter, Jérôme revient une seule fois encore sur cette même notion pour souligner la dépendance hiérarchisée des différents ordres de réalités, notamment des catégories, des universaux, de l'être et du monde intelligible, par rapport à Dieu, l'existence du plus haut étant nécessaire à celle du plus bas[2] :

1. Sedlák, p. 243-244 ; Šmahel/Silagi, p. 33, 585-599 ; voir aussi question UAPR, respectivement p. 219 et p. 89, 143 suiv., au début de la seconde partie de l'art. 1. Le « primum esse creatum » fait allusion au *Liber de causis*, IV 37 (« Prima rerum creatarum est esse et non est ante ipsum creatum aliud » ; éd. Pattin, p. 54), ouvertement cité par Wyclif - par exemple dans le *Trialogus*, II, 3 (éd. G. Lechler, Oxford, 1869, p. 86), et le *De universalibus*, chap. 6 et 12 (Mueller, p. 122 et 281) -, et régulièrement lié à la notion de l'être analogue. Cependant, quelques lignes auparavant, p. 242, Jérôme qualifie le monde sensible créé par Dieu comme une « première chose créée », voir plus haut, texte cité p. 263-264 avec les notes. Dans ses écrits philosophiques, Jean Hus admet l'analogie de l'être, *cf.* S. H. Thomson, « Four Unpublished », p. 80 et 82 ; et pour le *Quodlibet*, p. 14, 9 suiv. ; 27, 10 suiv. Au cours de la même dispute universitaire, Jérôme aborde rapidement l'*ens analogum* (p. 152), alors qu'un certain maître Zdyslaus répond à la question suivante : « Utrum ad perfectum ordinem essentialem universi necessario sit ponendum ens analogum, commune Deo et creaturis » (p. 170). Tout cela est pourtant peu claire. Voir Šmahel, « Jan Hus a viklefské pojetí universálií », *Acta Universitatis Carolinae - Historia Universitatis Carolinae Pragensis*, XXI-2 (1981), p. 49-68, part. p. 64. Il faut dire que pratiquement tous les wyclifistes praguois admettent soit dans le titre d'une de leurs questions, soit dans une de leurs conclusions ou de leurs suppositions la position tout à fait exceptionnelle de l'*ens analogum*.

2. Question USFU, Sedlák, p. 241 ; Šmahel/Silagi, p. 30, 493-31, 506, où de manière très imagée Jérôme explique « l'arbre de Porphyre ». À comparer cependant avec Wyclif, *De universalibus*, chap. 7 (Mueller, p. 130, 138-131, 156). Dans la même question USFU (p. 242), Jérôme défend l'unité de convenance des formes supérieures par rapport à la diversité des inférieures. La forme suprême créée, dans laquelle toutes les autres conviennent, est l'être analogue. Enfin, il me semble que l'impossibilité d'annihiler l'être analogue, supposée par notre texte, implique la thèse wyclifienne sur l'impossibilité d'anéantir l'œuvre de la création ; voir plus loin p. 277 et note 2.

Sciunt enim philosophi quod accidentia non possent subsistere nisi sustentarentur a singularibus substantiis, neque singulares substantiae esse possent nisi a suis speciebus specialissimis tenerentur, sed nec species specialissimae esse possent, nisi tenerentur a sibi immediato genere, quod etiam nequaquam esset nisi esse suum esset tantum a generalissimo genere, quod etiam nec se nec alterum posset sustinere si non ab ente analogo foret tentum, quodque analogum mox praeceps in nihilum rueret si ab eo esse intelligibile recederet, in quo esse sui esse existere manet radix, quod etiam esse intelligibile nec intelligibile esset nisi in Deo miro modo subsisteret. Sicque omnia reducuntur in unum, sicut omnia facta sunt ex uno per unum.

Les deux textes se complètent, ou plutôt le second illustre le premier et justifie la priorité de l'être par rapport à toute autre détermination. Cependant, puisque les explications de Jérôme ne vont pas plus loin et ne nous facilitent pas la tâche, puisqu'il ne se prononce pas au sujet de la différence entre l'univocité et l'analogie de communauté et de prédication, pourtant très embrouillée dans les écrits de Wyclif[1], nous allons recourir à quelques textes du théologien anglais[2] pour comprendre l'ensemble des problèmes posés par l'*esse analogum*. En retrouvant le sens profond de cette analogie wyclifienne, nous rencontrerons la seule justification crédible de deux thèses, parmi une dizaine d'autres, attribuées à Jérôme par le

1. À propos de l'*esse analogum*, qui est chez lui un quasi-universel, Wyclif évoque constamment Aristote, *Metaph.*, III 3, 998b 22-27, négation de l'être conçu comme un genre; et IV 2, 1003a 34 suiv. (*cf.* le commentaire de Tricot, *ad locum*, sur l'universel analogique), source de l'analogie. C'est en traitant de la priorité de l'*esse* par rapport à l'*esse quidditativum* que Wyclif (*De universalibus*, chap. 7; Mueller, p. 130, 127-131) précise son point de vue: « Nec videtur mihi quod sit prioritas naturae inter essentiam et quidditatem individui, quia ens in sua analogia non est genus, cum non dicit quid res est, quod oportet de genere, sed dicit quod res est ». L'*esse analogum* est donc « commun à plusieurs », mais différemment des cinq universaux. Cependant, dans le *De ente*, I, tr. II, chap. 4 (voir *infra* Note explicative, n° 2), il parle de la double univocité, dont une analogique. Il me semble que le *De natura generis* attribué à Thomas d'Aquin est l'une des sources de l'universalité analogique de Wyclif. Celui-ci mentionne cet apocryphe dans son *De ente*. Le seul qui rappelle, d'ailleurs très brièvement, l'analogie de l'être chez Wyclif est S. H. Thomson, « The Philosophical Basis of Wyclif's Theology », *The Journal of Religion*, 11 (1931), p. 86-116, part. p. 98-100.

2. Ce qui suit dans la seconde partie de l'article 1, est une brève description de neuf catégories, lesquelles inhèrent à la substance soit en raison de la forme (*qualitas, quandalitas, actio*), soit en raison de la matière (*quantitas, ubi, passio*), soit en raison des deux (*relatio, habitus, positio*); la "*quandalitas*" est d'origine wyclifienne, voir *Trialogus*, II, 2 (Lechler, p. 81: « quando vel quandalitas est illud quod derelinquitur ex adiacentia temporis »). À l'endroit parallèle de la question Usfu (Sedlák, p. 244; Šmahel/Silagi, p. 34, 600-601), suit un bref passage accidenté qui commence par une distinction tripartite des universaux: « supposita universalium divisione… causatione, praedicatione et repraesentatione… notandum est ». En fait, aucune division ne précède ces lignes; la distinction même est faussée, car elle omet l'universel « communicatione », et du dernier (terme ou concept) en fait deux. Le texte qui suit immédiatement après le « notandum » est consacré à l'universel « communicatione ». Les p. 244-245 de l'édition Sedlâk (Šmahel/Silagi, p. 35, 628-36, 669) sont une suite d'extraits et de résumés faits à partir du *De universalibus*, chap. 1 et 3. Voici la concordance des deux textes: Sedlák, p. 244. 8-17 (Šmahel/Silagi, p. 34, 602-623) = éd. Mueller, p. 70, 11-19; Sedlák, p. 244, l. 17-26 (Šmahel/Silagi, p. 34, 602-612) = éd. Mueller, p. 74, 88-97; Sedlák, p. 244, 28-30 (Šmahel/Silagi, p. 34, 625-627) = Mueller, p. 16, 27-40; pour la suite du texte chez Sedlák de la p. 244 (*Est autem…*) à la p. 245 (*Per se vero secundo… subiecto adaequato*) (Šmahel/Silagi, p. 35, 628-36, 669) = Mueller, successivement p. 17, 27-18, 49; p. 19, 66-20, 70; p. 18, 50-19, 58 et p. 19, 59-60. L'édition Šmahel/Silagi ne remarque pas ces rapports.

concile de Constance et par Gerson, la négation de la création *ex nihilo* et l'affirmation que l'annihilation de l'œuvre créée est impossible. Énumérons donc les dogmes wyclifiens véhiculés par le texte cité de Jérôme.

a) Bien qu'il soit commun à plusieurs, l'être analogue n'est pas à proprement parler un premier universel et un genre suprême. Il est la première chose créée, comme le dit la description empruntée au *Liber de causis*: *Prima rerum creatarum est esse, et non est ante ipsum creatum aliud.* Mais si cet être n'est pas, selon Wyclif, formellement un genre suprême – *ens in sua analogia non est genus, cum non dicit quid res est quod oportet de genere, sed dicit quod res est... Quod si inveniatur doctores dicere ens analogum esse genus, aequivocant in genere* –, cela est moins clair pour Jérôme de Prague qui l'appelle « universalité des universaux ». Fait-il ici une distinction entre les universalités semblables à celle que Wyclif a faite entre les univocités ? Je ne saurais le dire pour l'instant [1]. Notons toutefois le cas curieux du genre. Celui-ci se communique et donne leur quiddité aux espèces. Cependant cette communication n'est pas univoque mais graduelle : les espèces des animaux sont plus ou moins parfaites [2].

b) Puisqu'il contient tout, il est commun à tout ce qui existe, sans aucune exception. Cette communauté universelle, dite « identité analogique », unit le Créateur et la créature, la substance et les accidents [3]. Le premier créé est dit analogiquement des dix catégories, dont la première et la plus importante, celle de la substance, contient les neuf autres. C'est pourquoi l'être analogue peut se confondre avec la substance. Ensuite, si on compare les catégories avec les prédicables, on constate qu'en raison de la primauté absolue de la substance, les quatre premiers

1. Wyclif, *De universalibus*, chap. 7 (Mueller, p. 130, 127-136), cité partiellement p. 272, note 1 ; voir aussi p. 268, note 4. Pour Jérôme, voir Sedlák, p. 219 (Šmahel/Silagi, p. 89, 143-157), et le texte cité plus haut, p. 246. Je pense qu'il faut voir plus en détail le rapport de Wyclif avec le *Liber de causis*, notamment au sujet de l'être, de l'éternité, du multiple et de la multiplication à partir de l'*esse analogum*. En admettant l'être comme la première des choses créées, le théologien anglais oublie qu'« avant toutes choses fut créée la sagesse » (Eccli. 1, 4). Dans ma Note explicative, n° 3, je présente le chapitre 12 du *De universalibus*, où Wyclif expose sa doctrine de la double création. Cette doctrine est fondée sur Eccli. 18, 1, que Wyclif lit à sa manière : « Qui vivit, in aeternum creavit omnia simul ». Cela implique deux conséquences : d'abord la conservation de la création pure dans l'être analogue, ensuite l'impossibilité de l'annihilation par Dieu de la création et de la réduction de cette dernière à l'Idée exemplaire. La première des deux se justifie également par la prop. IV du *Livre des causes.* Concernant la philosophie et l'exégèse de Wyclif, voir les ouvrages collectifs suivants : *Wyclif in his Times*, déjà cité ; *The Bible in the Medieval World. Essays in Memory of Beryl Smalley*, édité par K. Walsh et D. Wood, Oxford, 1985 ; *From Ockham to Wyclif*, édité par A. Hudson et M. Wilks, Oxford, 1987 (Studies in Church History, Subsidia 4 et 5) ; *John Wyclif e la tradizione degli studi biblici in Inghilterra*, Gênes, 1987. D'autres travaux sont déjà cités ou le seront plus loin.

2. *De ente*, I, tr. II, 4 (Thomson, p. 96, 28-97, 13). Voir *infra* Note explicative, n° 2.

3. *De logica*, chap. 2 (Dziewicki, p. 10, 3-10) : « Identitas analogica est inter Primam Causam et causatum, est inter substantiam et accidens... quia omnia quae sunt, sunt entia analogice, et sic omnia sunt idem in entitate ». Les dix catégories, qui sont les genres par excellence, participent de l'être analogiquement ; l'être est donc pour eux un genre généralissime. Mais cette opinion est prêtée à Robert Grosseteste dans le *De ente*, I, tr. I, chap. 4. (Thomson, p. 51, 5-11), et d'ailleurs formellement les transcendants ne sont pas des universaux ; *ibid.*, chap. 5 (p. 58, 12-15). La substance n'étant pas un universel, elle ne peut pas être définie ; elle n'a qu'une description, *De universalibus*, chap. 10 (Mueller, p. 230, 531 *sq.*).

prédicables sont dits d'elle seule, alors que le cinquième est affirmé des neuf autres catégories [1].

c) Le premier *esse* créé est dit *contentivum* non seulement parce qu'il englobe tout l'être catégoriel, mais aussi parce qu'il est la norme et la mesure des futures essences: *pro data mensura ante quidditatem entis*. La mesure qui précède toute quiddité générique est le principe de chacune des catégories, Dieu étant celui de la substance [2]. Tout se trouve donc dans l'*esse primum creatum* soit au titre de l'être catégoriel, soit au titre de son principe et, par conséquent, en tant que principe et mesure des universaux. Les dix principes sont dans les genres dont ils sont principes comme les causes sont dans leurs effets, mais ils ne constituent pas les espèces (*partes subiectivae*) des genres ainsi constitués: Dieu n'est pas l'espèce du genre substance [3]. La structure générale semble donc la suivante. L'être analogue est au sommet des êtres créés. Il se communique aux dix catégories (par leurs principes-causes-mesures) dans lesquelles toutes les réalités sont classées selon l'ordre hiérarchique des genres et des espèces. Neuf catégories « accidentelles » se réduisent à la première, la substance. L'ordre prédicamental suit l'ordre catégoriel et l'organise « de l'intérieur ». Les deux textes de Jérôme cités plus haut expliquent et illustrent la même structure ontologique du monde et la même dépendance de toute la réalité créée à l'égard de l'être analogue: le premier par un mouvement descendant, le second par un mouvement ascendant. La priorité absolue de l'être justifie celle de tout supérieur par rapport à son inférieur.

d) Le texte analysé de Jérôme suppose qu'il existe plusieurs *esse*, dont sont nommés « l'être premier créé » et « l'être quidditatif », le premier apportant la réponse à la question de savoir si quelque chose est, le second à la question concernant l'essence de la chose dont l'existence est déjà confirmée. Il confirme d'une autre manière la priorité de l'être. Ce point de vue est identique à celui de Wyclif: *Sicut enim res prius est ens quam est aliquid, cum quaestio « Si est? » praesupponit quaestionem « Quid est? » et homo prius est ens quam est substantia, ita videtur quod essentia ponens nudam quaestionem « Si est? » praecedit quidditatem quae ponit genus citra esse. Est igitur in talibus distinctio rationis* [4]. Quant à *l'esse*

1. *De universalibus*, chap. 9 (Mueller, p. 199, 414-200, 422): « Aristoteles autem consideravit realius (= quam Porphyrius) universalia pro suis denominatis ut omnes res reducuntur ad decem modos rerum inquantum sunt de prima intentione naturae. Et sic uterque eorum sententiat quod categoria substantiae est primum praedicamentum in quo sunt omnia alia. Et per consequens in eo sunt omnia universalia ut <in> basi fundata, sic quod solum de illo genere sunt proprie genus, species, differentia et proprium, ut patet VII *Metaphysicae* ».

2. *De logica*, chap. 4: « In omni praedicamento est dare unum principium quod est metrum et mensura omnium aliorum contentorum in illo praedicamento, sicut primum principium de praedicamento substantiae est Deus… » etc. (Dziewicki, 1, p. 13, liste complète). Les principes des genres ou les dix catégories considérées comme le second *esse* sont dits quelquefois *causae secundae*.

3. *De ente*, I, tr. I, chap. 5 (Thomson, p. 60, 20-61, 3).

4. *De universalibus*, chap. 1 (Mueller, p. 129, 113-120, 119). Wyclif soulève dans ce chapitre la question de la distinction entre l'*esse* et l'*essentia* (en donnant à ce dernier terme des significations différentes) et celle de la priorité de l'être par rapport à la quiddité générique. La solution générale est très simple, si l'on se rend compte du fait que l'être éternel d'un homme ne coïncide pas avec l'essence de son être singulier, ni l'existence singulière avec l'essence quidditative, par exemple d'une espèce;

des choses, Wyclif distingue tout d'abord l'être intelligible qui est celui de l'Idée éternelle en Dieu où l'on remarque quelquefois une Idée de genre, une autre d'espèce et une troisième d'individu. Vient en deuxième lieu l'être de l'essence ou l'être des principes, autrement dit l'être de genre ou d'espèce. Il semble que cet être potentiel, tout en ayant un commencement par l'acte de création, ne soit pas soumis à la corruption. En troisième lieu enfin, il y a l'être d'individu : *existere individuum secundum quod esse incipit et corrumpitur*. Ces trois êtres portent des noms différents, le premier est dit par exemple *esse ideale*, le second *esse essentiae, essentia quidditativa, esse quidditativum speciei/generis, esse potentiale*, et le dernier *esse existere, sic esse, existentia singularis*, que Jérôme remplace quelquefois par un terme plus ancien et plus vénérable d'*esse caducum* [1].

La distinction de trois *esse*, commune aux Praguois, pose un problème assez difficile à résoudre car, malgré le principe wyclifien selon lequel chaque chose créée a son Idée, elle omet dans la hiérarchie des trois Idées (de genre, d'espèce et de singulier) celle de l'*esse primum creatum*. Et pourtant, celui-ci n'est identique ni à l'être d'un universel ni à celui d'un singulier. Il est presque impossible en effet de trouver chez Wyclif un texte clair sur ce sujet. Le seul que je connaisse traite du nombre limité des Idées et réduit l'être premier créé à la substance : *Quantum ad processum <in> infinitum in ideis... alia sit idea universalium, alia singularium et per consequens prima idea est idea substantiae vel entis analogi*. Cela

*ibid.*, p 128, 80-86. Certains wyclifistes praguois exploitent ces distinctions entre les *esse*. La priorité de l'être par rapport à l'homme, et de l'homme par rapport à cet homme-ci n'est pas une priorité de nature, car l'être n'est pas un genre, mais une priorité d'origine (p. 130, 120-137 ; 146, 486-147, 526). Pour les deux questions, *cf.* Aristote, *Anal. Post.*, I 1, 71a 11-12, mais surtout II 1, 89b 24-25 ; *cf.* aussi *De ente*, I, tr. I, chap. 1 (Thomson, p. 6, 3-23). La réponse à la question « si est », ou la constatation qu'une chose est, est dite « notitia » et « intentio transcendentis », *De ente, loc. cit.* (p. 1, 16-20).

1. *De universalibus*, chap. 7 (Mueller, p. 126, 33-127, 64) : « ...notandum primo quod creatura habet multiplex esse. Quorum primum et altissimum est esse intelligibile aeternum quod habet in Deo... Secundo... esse in suis causis sive universalibus sive particularibus... Tertio habet creatura esse existere individuum secundum quod esse incipit et corrumpitur... » ; p. 128, 80-86 : « ...quaelibet creatura habet multa esse quorum aliquod et essentia distinguuntur, ut, notato Petro, certum est quod esse suum ideale distinguitur a sua essentia singulari. Et iterum existentia singularis, quae est esse existere et sic esse, distinguitur a sua essentia quidditativa speciei vel generis. Et ita de aliis ». À ces trois *esse* s'ajoute encore l'*esse accidentale*, lequel, en ne s'opposant pas aux deux premiers, est considéré comme un mode d'être de la substance ; p. 127, 65-128, 69. A. Kenny, *Wyclif*, Oxford-New York, 1985, p. 18 suiv. – Pour Jean Hus, le second être est identique aux causes secondes ou à l'être premier fait et analogue (S. H. Thomson, « Four Unpublished », p. 80). Jérôme de Prague mentionne dans ses questions un *esse* ou un *ens caducum* (question USFU, Sedlák, p. 238 (Šmahel/Silagi, p. 26, 356) ; et dans la question UMAQ, analysée par Herold, *Pražská univerzita*, p. 259 note 401, p. 260 notes 403 et 407). L'adjectif « caducus » qualifie ce qui est transitoire et temporel, ce qui n'est pas stable et éternel ; Jérôme utilise donc une formule pléonastique « caducum et temporale ». En suivant Apulée, *De deo Socr.*, IV 127, Augustin (*De civ. Dei*, IX, xii, éd. citée, p. 259, 21) rappelle l'opposition entre « caduca et subsiciva » et « aeterna et indefecta » ; en suivant l'*Hortensius* de Cicéron, il rapproche (De Trin., XIV, xix, 26, éd. citée, p. 458, 52) « mortale et caducum ». Boèce, *Consol. philos.*, II m. III 15 : « fortunae caducae » ; II 4, 26 : « caduca felicitas » ; II 5, 2 : « caduca et momentaria fortunae dona » ; III 9, 29 : « in his mortalibus caducisque rebus » ; *Trin.*, 6, ligne 354 : « cognata caducis rebus alteritas » ; je suis l'édition et sa division par C. Moreschini, Boethius, *De Consolatione philosophiae, Opuscula theologica*, Monachii et Lipsiae 2000. Le terme est bien connu de la littérature médiévale, mais je cite ces trois textes parce qu'ils sont connus de Jérôme.

suppose peut-être que la substance est analogue non en raison de sa transcendance, ce qui est d'ailleurs faux, mais parce qu'à elle seule, elle résume, organise et soutient toutes les autres catégories. Cependant, cela contredirait nombre de textes de Wyclif, comme celui cité juste ci-dessus : *homo prius est ens quam substantia*. La solution adoptée par Étienne de Páleč faisant de l'entité analogique un genre généralissime était peut-être trop radicale pour le théologien anglais, qui ne savait pas trancher définitivement entre l'analogie et l'universalité de l'être [1]. Il semblerait donc que nous soyons ici en présence d'une trace des diverses tensions et tendances de la pensée philosophique de Wyclif.

Le second problème posé par l'être analogue est son rôle non encore élucidé de principe matériel de la création, ou plus exactement de substitut de ce principe, que l'œuvre de la création paraît présupposer. Puisque le théologien anglais est à plusieurs reprises revenu sur ce rôle, nous nous contenterons ici d'une rédaction un peu obscure, mais qui a l'avantage de le montrer dans un ensemble de problèmes lié à la notion de l'être analogue. Il s'agit du *Trialogus*, cité immédiatement après. Le problème posé est celui de l'origine des choses créées, lesquelles, selon les philosophes, sont faites à partir de la matière primordiale. L'accord recherché de la doctrine de la foi avec la philosophie sera trouvé au prix de la multiplication des créations des singuliers – *eadem res habet multas creationes per ordinem se habentes* – et de la redéfinition de l'être analogue [2]. En effet, selon Wyclif, l'auteur anonyme du *Liber de causis* aurait correctement et profondément compris cette matière de remplacement – *istam materiam profunde considerans* – en l'identifiant à l'*esse primum creatum*, et celui-ci à l'être analogue. Cette brève remarque peut se comprendre comme suit. Prenons toutes les choses qui sont déjà produites ou

1. Le texte cité provient du *Trialogus*, I, chap. 10 (Lechler, p. 72), dont la solution est un peu trop rapide. Le *Trialogus* date de la fin 1382 ou du début 1383. Le *De universalibus*, qui contredit l'identification de l'être analogue à la substance, de 1368 ou 1369. Quant aux autres écrits utilisés ici, les traités logiques sont de 1360-1363, le *De ente* est de 1365, *cf.* W. R. Thomson, *The Latin Writings*, p. 4-6, 17-18, 20, 79. Dans sa très wyclifienne *Positio de universalibus*, éditée scandaleusement par R. Palacz, *Mediaevalia Philosophica Polonorum*, 14 (1970), p. 121, le Praguois Étienne de Palecz (Pálče, Páleč) considère l'être analogue comme un *ideatum*, en admettant ainsi l'Idée de l'analogue. En vérité, Palecz considère la communauté analogique comme un des universaux. La nécessité des Idées, commune à Wyclif et à son école, est mieux exprimée par Jérôme dans sa question USFU (Sedlák, p. 242 ; Šmahel/Silagi, p. 31, 512 et 520), concl. 1 : « Omnes res temporales atque corruptibiles habent formas aeternales et incorruptibiles » ; coroll. 1 : « Omnia entia creata sunt ab entibus increatis exemplata », et dans UMAQ, voir Herold, *Pražská univerzita*, p. 259 note 401 : « Omne factum et productum ultra esse caducum et temporale habet et habuit in Deo esse aeternum et vitale ». Quant au nombre des Idées, la question est soulevée à Prague par Jérôme dans UMAQ (Herold, p. 259 note 392) et par Procopius de Plzna (Pilsen) au cours du quodlibet de Jean Hus (*Quodlibet*, p. 158, n. 8).

2. La création de toutes les choses dans l'être analogue est subite et simultanée, la création de toute chose individuelle est multiple. Il y a autant de créations que *d'esse* créés. Voir *De universalibus*, chap. 12 (Mueller, p. 294, 508-519). Dans le *Trialogus*, p. 85, Wyclif attribue à des philosophes non identifiés l'opinion suivante : « omnis res citra Deum fit a Deo sine praeiacente materia, quam Deus necessario praesupponit, et hoc sive in se ipsa sive in suo materiali principio ». Cette opinion est apparemment contradictoire, car la création à la fois présuppose la matière primordiale et se fait sans elle. Il faut donc comprendre que la création est faite sans matière, *ex nihilo*, mais sa suite, l'administration, la nécessite. J'abandonne ici mon ancienne interprétation du texte de *Trialogus* cité plus loin. Je reviendrai sur le même texte dans mon travail sur la matière chez Wyclif, voir plus loin, p. 354.

le seront un jour. Dieu les créa toutes ensemble, dès le premier instant du monde et dans la totalité de leur essence matérielle. Mais il les créa alors dans leurs causes secondes et leurs principes universels situés dans l'être analogue pour tout étant catégoriel[1]. Aucune chose créée ne provient donc d'un autre principe que Dieu. À cette œuvre de création (*opus creationis*) est opposé le gouvernement du monde (*opus administrationis*), c'est-à-dire la production à un moment précis des choses dans leur esse existere à partir des causes secondes qui sont à l'origine des substances matérielles. La création au sens propre donne aux choses l'*esse exemplare* dans leurs causes et principes, alors que l'administration leur accorde leur être individuel, l'*esse existere*. À l'état successif de chaque chose correspond donc un autre être : l'*esse intelligibile* d'une Idée, l'*esse exemplare* créé au commencement du monde et l'*esse existere* ou complet dans l'être particulier. Le premier est incréé, le deuxième est créé *ex nihilo*, le dernier est créé à partir d'autres choses : *ex aliis*. L'être analogue est donc considéré comme la matière de cette ultime création des choses, dite *administratio*.

Il reste la question du principe matériel : en le mentionnant, Wyclif fait-il une allusion au mythe du Démiurge et à la causalité platonicienne pour l'accorder avec le récit biblique et le *Liber de causis* ? Essayons de distinguer la nature de cette matière, de son rôle. Évidemment, Wyclif a connu le récit du *Timée*, et, par conséquent, sa conception de la matière. Celle-ci lui a plu ; il lui a préféré cependant celle d'Aristote : *Et est sententia huius viri (se. Platonis) satis bona... Sed sermo Aristotelis est mihi placentior*. L'éternité de la matière affirmée par Aristote s'accordait mieux, à ses yeux, avec la génération et la corrupion, la création des choses particulières et l'impossible annihilation par Dieu de l'œuvre de la première création, problèmes largement exposés dans les chapitres XII et XIII du *De universalibus*. Ensuite, en mentionnant deux fois l'accord des philosophes, Wyclif vise l'opinion précise d'Aristote. Il polémique alors contre le seul Aristote. Comme théologien, Wyclif savait enfin qu'il pouvait admettre non seulement la création subite et simultanée, mais aussi une matière placée *ante omnem diem*. Par conséquent, il n'y a pour l'instant aucun argument pour affirmer que la matière et le principe auxquels fait allusion le *Trialogus* viennent du *Timée*[2]. Mieux encore, on doit

1. *De universalibus*, chap. 7, où Wyclif traite de l'*esse essentiae* : « Primum autem membrum istius esse est esse in suis causis universalibus, ut omnis creatura singularis habet esse in sua specie vel suo genere creato in mundi principio. Et sic intelligitur illud Ecclesiastici 18 : *Qui vivit, in aeternum creavit omnia simul*. In causis autem particularibus dicitur creatura quantumcumque futura esse in mundi principio. Ad quem sensum dicunt sancti omne genus hominum fuisse primum Adam. Et in tali esse sunt quotlibet gradus secundum propinquitatem et remotionem causarum, ut declarabitur alibi » (Mueller, p. 126, 43-127, 53). L'*alibi* renvoie au chapitre 12 que j'analyse dans la Note explicative, n° 3.

2. *Cf.* l'opposition des deux doctrines de la matière dans *Logicae continuatio* tr. III, chap. 9 (Dziewicki, 3, p. 120, 33-121, 7). Au même endroit, et p. 2, 33, Wyclif cite *Timée* 49 a, Waszink, p. 46, 18 ; Bakhouche, p. 192, 25 : « fraudem crassis tenebris inuolutam ». Pour l'éternité de la matière chez Aristote, voir par exemple *Phys.*, I 9, 192a 25-34. Pour la création simultanée et la matière créée « in exordio conditionis primariae », voir Pierre Lombard, *Sent.* II, d. 2, c. 1, 3-4, et c. 5 ; d. 12, c. 2, et c. 5, etc. Par ailleurs, si les Idées sont les causes formelles, elles sont aussi des causes efficaces, *De universalibus*, c. 15 (Mueller, p. 368, 374-382 ; 371, 449-450). Le rejet de l'annihilation du monde créé s'expliquerait

peut-être envisager une évolution de la pensée wyclifienne, laquelle, après une tentation platonicienne, choisit la matière enseignée par Aristote et se décide finalement pour la première chose créée du *Liber de causis*. Mais cela ne concerne que la nature de cette matière qui a pour « vocation » d'être un élément extérieur à Dieu, à côté de lui, à partir duquel Dieu produit les existences particulières. En dehors de cette nature-là, le rôle que la matière joue dans la production des choses est justement celui qui assimile définitivement le premier être créé à la matière du *Timée*. Cela nous explique mieux l'inexistence d'une Idée de l'être analogue ainsi que l'identification hasardeuse de ce dernier avec l'Idée de la substance. En fait, tenu hors de Dieu et face aux Idées, l'être analogue reçoit en lui, pour les conserver, les quiddités modelées sur les Idées ; tout ce qui est en lui et qui provient de lui est déjà ou serait modelé (*ideatum*), alors que lui ne l'est aucunement. Étant le réceptacle de toutes les formes, il n'est modelé par aucune d'elles.

On le voit, riche en significations, la notion de l'être analogue est un lieu de rencontre des transcendantaux et des catégories, de l'universalité analogique et de l'universalité de genre, des catégories d'Aristote et des universaux de Porphyre, de la cause universelle et de l'universel prédiqué, des causalités aristotélicienne et platonicienne, des langages propre et figuré. Un bref passage du *Trialogus* rassemble tous les points que nous venons de voir :

> Pseustis. Adhuc claudicas in descriptione creationis, cum secundum sensum tuum quodlibet individuum, etiam indivisibile quo ad molem, componitur ex genere et differentia et per consequens non fit ex nihilo, quia concorditer dicunt philosophi : *ex nihilo nihil fit*.
>
> Phronesis. Hic aequivocas ad colorandum tuas argutias, cum communiter accipitur a philosophis quod omnis res citra Deum fit a Deo *sine praeiacente materia* quam Deus necessario praesupponit, et hoc sive in se ipsa sive in suo materiali principio. Unde auctor *De causis* (IV 37) istam materiam profunde considerans notat, quod *prima omnium rerum creatarum est esse, et ante ipsum non est creatum aliud* ; esse quidem analogum ad decem genera est prima omnium creatarum rerum et ex illo procedunt species et genera ordinate, et primo genus substantiae, secundo genus quantitatis, tertio genus qualitatis cum suis partibus subiectivis. Et sic in illo esse analogo Deus creavit omnia simul, et praeter haec quo ad simultatem primi instantis temporis, ac tertio quo ad creationis simultatem totius materialis essentiae. Istis quidem tribus modis *qui vivit in aeternum creavit omnia simul* (Eccli. 18, 1), unde

en partie, selon W.J. Courtenay, *Schools and Scholars in Fourteenth-Century England*, Princeton, 1987, p. 353, par l'influence d'Uthred de Boldon. Puisque nous ne connaissons l'opinion de ce dernier que par un « article » extrait de ses écrits, il est difficile de suivre M. Courtenay. Quant à Wyclif, sa thèse, largement exposée dans le *De universalibus*, chap. 13, s'appuie sur trois groupes d'arguments qui mettent en perspective plusieurs aspects de sa doctrine. Le premier des trois est fondé sur la conception de l'être analogue ; le deuxième montre les absurdités qui découlent de la thèse opposée, admettant aussi bien l'annihilation subite que successive ; le dernier, dit moral et métaphysique, met en avant la nécessité d'une proportion entre le crime et le châtiment. Le rapport de la thèse défendue par Wyclif avec l'atomisme apparaît rapidement ici ou là, par exemple à la p. 309. L'ensemble de la problématique n'a pas été étudié. La thèse de l'impossible annihilation de la création par Dieu aurait été publiquement défendue par Jérôme à Paris, voir *supra*, p. 211-214. Jean Hus attribue à l'être analogue la causalité efficiente, formelle et finale, S. H. Thomson, « Four Unpublished », p. 82.

quacunque creatura signata, illa fit a Deo pro aliqua mensura et non ex aliquo materiali principio praecedente. Et illud supponitur esse descriptive creari. Unde creaturae habent triplex esse notabile : primo esse intelligibile vel ideale aeternum in Deo ; secundo esse exemplare in suis principiis, quomodo creaturae productae posterius creantur in principio mundi in suis principiis ; et tertio esse individuum in suo completo existere quod fit opere administrationis ; et propter medium esse dicuntur omnia facta a Deo creari, licet opere administrationis ex aliis producantur [1].

Je laisse de côté toutes les difficultés que posent les textes examinés ici et que je ne saurais pour l'instant mieux interpréter, et me tourne à nouveau vers l'écrit de Jérôme. Il nous reste à voir sa théorie des Idées, donc des universaux formels ou incréés. Pour donner une description de ces Idées aussi complète que possible, je prends en considération la question UAPR, en complétant ses données par celles de la question USFU et, si l'occasion s'y prête, en recourant à la question dite de Heidelberg (*U. veritas generalis sit signanda pro quacumque propositione vera denominanda*) et aux menus fragments publiés de la question UMAQ.

Bien qu'il y ait trois groupes hiérarchiquement disposés d'universaux formels, Jérôme ne s'intéresse vraiment qu'aux suprêmes, nommés formes, exemplaires, similitudes, causes, Idée de toute la réalité [2]. Mais, en se couvrant d'un vocabulaire emprunté à plusieurs sources, même à Platon, Jérôme ne cesse de travestir la doctrine des Idées divines d'Augustin en théorie des Idées de Platon. En fait, tout ce qui dépasse les citations des autorités et qui est présenté comme exposé de la pensée propre de l'auteur, se réduit à quelques pages d'Augustin. Nous allons le voir en détail.

1. *Trialogus*, II, 3 (Lechler, p. 86). Voir p. 276, note 2. Il est vrai que, du point de vue de la méthode, ce recours à la doctrine de Wyclif pour comprendre celle de Jérôme peut paraître peu « orthodoxe ». Cependant, je n'ai à présent aucun autre moyen de donner une signification plus correcte et plus précise de ce terme *ens analogum*. Je souligne donc une certaine concordance entre le texte tiré du *Trialogus* et ce qu'écrit Jérôme au sujet de l'être analogue, cité p. 271. À ces deux textes il faut encore ajouter plusieurs mentions rapides : pour l'être analogue et les catégories, Sedlák, p. 219 (Šmahel/Silagi, p. 90, 158) ; l'être suprême créé et l'être analogue, Sedlák, p. 242 (Šmahel/Silagi, p. 32, 535) ; l'ensemble des créatures est postérieur à l'analogue, (Sedlák, p. 244 Šmahel/Silagi, p. 33, 595) ; ainsi que la critique de la position de Jérôme dans les textes de Blaise Vlk (Lupus), Sedlák, p. 259 (ps. Blaise Vlk) et F. Šmahel, « Univerzitní kvestie », p. 17 et 22. La priorité de l'être analogue (*omnium contentivum*) par rapport à toute autre créature inférieure est affirmée dans la question USFU, concl. 2, Sedlák, p. 257, (Šmahel/Silagi, p. 49, 1118). Cependant, je ne connais qu'une partie de l'œuvre du Praguois.

2. UAPR, Sedlák, p. 216 (Šmahel/Silagi, p. 85, 30) où est signalé le rapport entre les deux types de réalité : « formae exemplares... rerum formatarum... et formabilium » ; « rerum exterarum... causae légitimae », etc. ; USFU, Sedlák, p. 230 Šmahel/Silagi, p. 13, 1) ; Herold, *Pražská univerzita*, p. 259 note 387. Nous savons déjà qu'il y a trois familles de formes incréées, mais nous ne savons pas les distinguer, plus particulièrement nous ne pouvons pas distinguer entre les Idées des singuliers et celles des universaux, c'est-à-dire les Idées des *esse* créés. Quelquefois Jérôme identifie tout être intelligible à l'être suprême universel (Sedlák, p. 238 ; Šmahel/Silagi, p. 26, 340) ; une autre fois l'Idée du cheval ou de l'homme mentionnée au passage par Augustin est une Idée spécifique, voir texte cité p. 280, à la note 2. Bien plus riche est le chap. 15 du *De universalibus* de Wyclif. Nos questions constituent de vrais morceaux de compilation, on s'en est déjà rendu compte ; cependant, je ne signale pas à chaque occasion l'auteur véritable d'un passage analysé. Je l'ai fait en analysant la structure et les sources de la question et le ferai uniquement lorsque cela semblera utile.

S'il paraît évident que chaque chose créée (*omnia condita*) a sa raison d'être, Jérôme en englobant les trois genres des Idées ne mentionne pourtant que les raisons spécifiques : *non eadem ratione conditus est homo qua equus, igitur quot species rerum creatarum distinctae sunt, tot rationes aeternales causaliter distinctas ponere in Deo necesse est*[1]. Ces lignes prennent pour prétexte une opinion d'Augustin formulée dans son *De ideis*. Cependant, là où Augustin semble parler des raisons des individus (*omnia ratione sint condita, nec eadem ratione homo qua equus... Singula igitur propriis sunt creata rationibus*)[2], Jérôme, en remplaçant le *mot singula par species*, donne au propos d'Augustin un sens favorable à sa propre doctrine. C'est le seul endroit où notre question affirme ouvertement l'existence des Idées d'espèces.

Les formes incréées s'analysent soit en tant qu'essences des objets séparés, soit en tant qu'objets connus intellectuellement. Séparées, elles existent pourtant en Dieu : *in Deo, in divina essentia*[3] ; causes des choses créées, elles ne sont aucunement dans leurs effets, mais contiennent ces derniers en elles-mêmes : *omnes in se tenentes creatos effectus*[4]. C'est en raison de cette causalité que, d'après Wyclif et selon plusieurs autres théologiens, chaque chose possède son *esse ideale*. Enfin, elles sont immuables et éternelles, et elles possèdent beaucoup d'autres caractères (*stabilitas, incommutabilitas, incorporabilitas, aeternitas, cognoscibilitas, praeexistentia, separatio, etc.*), dont la justification et l'énumération suivent les auteurs cités, principalement Augustin[5].

1. UAPR, Sedlák, p. 218 ; Šmahel/Silagi, p. 89, 126 (pour la question USFU, Sedlák, p. 237 ; Šmahel/Silagi, p. 25, 328).

2. Augustin, *De ideis*, 2, p. 72, 51-53.

3. *Ibid.*, Augustin écrit : « in divina intelligentia continentur » (p. 71, 29), puis : « in divina mente » (p. 72, 58) ; finalement : « Has autem rationes ubi esse arbitrandum est nisi in ipsa mente creatoris ? Non enim extra se quidquam positum intuebatur, ut secundum id constitueret quod constituebat ; nam hoc opinari sacrilegum est » (p. 72, 53-57). Le dernier texte est partiellement cité dans les deux questions, la nôtre, où le nom d'Augustin est mentionné, et, avec plus de précision, dans l'USFU : Sedlák, p. 237 ; Šmahel/Silagi, p. 25, 331-333 : « Et quia non est eis locus extra Deum, cum sacrilegum est estimare Deum intueri extra se exemplar sui producti, igitur oportet eas rationes poni aeternaliter in Deo ». Étienne de Palecz reprend à son compte les mêmes textes d'Augustin.

4. UAPR, Sedlák, p. 216 ; Šmahel/Silagi, p. 86, 33.

5. UAPR, Sedlák, p. 216, et la liste des autorités, p. 216-217 ; Šmahel/Silagi, p. 85, et p. 85-88 ; pour la question USFU, Sedlák, p. 230, et pour les autorités, p. 231-237 ; Šmahel/Silagi, p. 15 et p. 16-26. Dans la question de Heidelberg Jérôme souligne qu'elles sont « separatae », « aeternae » et « veridicae » ou « veritates ideales ». La première concl. de l'art. 1 est la suivante (ms. Bâle, Bibl. univers. A. VIII. 24, f° 45v ; son édition se lit dans Šmahel/Silagi, *cf.* p. 5, 5-12, qui ont le texte légèrement différent) : « Ponere ideales veritates <per creationem incipere> est directe fidei christianae contradicere ». La question suppose une distinction des trois verbes substantifs, dont l'« existere » ne s'applique qu'aux créatures singulières. Voici la démonstration de la conclusion : « Probatur, quia ideae sunt separatae, aeternae... Sed ea quae aeterna sunt ponere (*ms.* ponitur) per creationem incipere, est directe fidei christianae contradicere, et philosophiae (*ms.* ph. et), quia ponere ideas *existere* est ponere eas per creationem incipere, cum incipere sit ad extra in universitate creata sistere ». De même, dans la démonstration de la première concl. de l'art. 2 (f° 46r ; éd. citée, p. 8, 80), où il s'agit de l'universel créé : « ponere veritatem universalem specificam a singulari existere separatam est error artis logicae ». Dans la même démonstration Jérôme admet qu'il n'existe aucun genre sans espèces ni aucune espèce sans individus (f° 46v). Il traduit ainsi la position de Wyclif, selon laquelle les universaux et les singuliers sont des termes de relations : « Universale

Les Idées, les exemplaires éternels, constituent le « monde intelligible », c'est-à-dire une classe d'objets qui ne peuvent être connus qu'intellectuellement : ils sont intelligés. La connaissance et la contemplation des Idées ne restent cependant pas sans effets, et ces effets dépendent de celui qui voit les Idées, l'homme ou Dieu. Séparons donc les deux aspects et voyons d'abord comment le problème se présente du côté de Dieu. Le créateur qui produit, nommé aussi *genitor mundi, opifex universitatis, fabricator*, etc., est à la fois le Démiurge de Platon et le Dieu d'Augustin. En Démiurge, il regarde les modèles pour les imiter (*ad aemulationem*) en fabriquant le monde ; en Dieu d'Augustin, il les possède en lui-même, les regarde en tant que raisons des choses à créer de façon raisonnable (*rationabiliter*)[1]. Mais, en fait, puisque les Idées-raisons sont apparentées aux choses (*consanguineæ rerum*) modelées sur elles, elles sont aussi, tant selon Platon que selon Augustin, la source éternelle de la rationalité du monde et, par conséquent, de notre propre rationalité. Le sont-elles vraiment au même titre ? Jérôme ne dit pas comment les Idées divines, qui sont l'essence même de Dieu, s'apparentent aux choses.

Il reste le second volet du problème de la connaissance : l'homme et les Idées. La nature de cette connaissance humaine est définie par Platon : les formes ne peuvent être connues qu'intellectuellement, et cette connaissance certaine et éternelle constitue la science. Une trace sûre de cet aspect du problème apparaît au début même de la question, à l'occasion de sa division en articles. J'en ai déjà parlé et je n'y reviendrai plus car, dans la suite de la question, le problème est passé sous silence. En revanche, ce que Jérôme semble nous présenter comme sa propre pensée sur ce sujet, revient au *De ideis* et au *De Trinitate* d'Augustin, à savoir que seule l'âme sainte et pure pourrait connaître les réalités intelligibles, que celles-ci « sont présentes au regard de l'esprit, comme les objets étendus sont visibles aux yeux, palpables au toucher »[2].

Un autre thème, présent aussi bien dans la *Quaestio* que dans la *Positio de universalibus*, concerne à la fois la sagesse et le sage. Évidemment, il est d'inspiration augustinienne et il est développé à l'aide de textes empruntés à Augustin. Pour définir le concept de sagesse, Jérôme ouvre le *De Trinitate* d'où il transcrit une page fort importante pour la doctrine des Idées. Il en ressort que la sagesse a pour objet les choses éternelles, intelligibles et difficilement accessibles à l'esprit humain. « Parvenir à les saisir… est le privilège d'un petit nombre : et, quand on y parvient, dans la mesure du possible, on n'y peut demeurer, une fois parvenu ». En passant par les disciplines qui instruisent l'âme, la connaissance des Idées fait qu'il y a là

enim et singulare dicuntur relative, et tamen universale est prius natura, ut contingit in multis relativis », *De ente*, I, tr. I, chap. 5 (Thomson, p. 58, 20-24). Enfin, comme tous les wyclifistes, Jérôme affirme dans la même question (*loc. cit.*) l'identité essentielle de l'universel avec le singulier et leur distinction formelle.

1. UAPR, Sedlák, p. 218 ; Šmahel/Silagi, p. 88, 118 et 122 : « Ratio aeterna sive idea ad cuius aemulationem Deus producit quidquid producit ad extra » ; « necesse est Deum omnia condita rationabiliter facere, sed impossibile est quidquam fieri rationabiliter sine ratione… », etc. Voir plus haut, p. 260, notes 3 et 4.

2. Cf. *De ideis*, n. 2 ; *De Trinitate*, XII, xiv, 23 (cité dans la traduction d'Agaësse, BA, t. 16, p. 255). Concernant l'usage et la localisation précise de ces passages, voir plus haut, p. 259, note 1.

un lieu où elle pourra revenir : *Quae (cogitatio) transiens per disciplinas quibus animus eruditur, iterum fit, ut sit, quo redire possit.* D'après Augustin, ce lieu s'appelle la mémoire[1].

La sagesse humaine n'est toutefois qu'une ombre de la sagesse divine, car tout ce qui appartient à la perfection de la sagesse doit être à titre principal attribué à Dieu, dont la sagesse est sans mesure (Ps. 146, 5). Et puisqu'aucun homme ne peut être sage sans avoir connu les formes universelles, le bon sens exige qu'on les place d'abord en Dieu, qui est la Sagesse même[2]. L'argument est fondé sur l'opinion d'Augustin que, pour être sage, il faut d'abord connaître les Idées : *tanta in eis vis constituitur, ut nisi his intellectis sapiens esse nemo possit.* Le même texte est cité une première fois deux pages auparavant où il est attribué aux philosophes de l'école de Platon[3] :

> Horum universalium Plato, rex philosophorum gentilium, fidelis doctor extitit suique sequaces, imo posteriores sapientes quam plurimi tantam vim in his universalibus dicunt consistere, ut nisi his intellectis sapiens quis esse non possit.

Voilà comment en nous entretenant des Idées et des universaux de Platon et d'Augustin, Jérôme abandonne le terrain où il venait de placer la question de la sagesse, pour aborder un problème plus large, celui de l'école philosophique platonicienne, de l'autorité propre de Platon et de la fidélité de ses successeurs à sa doctrine. L'autorité d'Augustin ne se justifie dans nos textes que par son appartenance à la même tradition. Il s'avère donc que l'enseignement de Platon et de son école a pour objet cette sagesse et cette philosophie qui enseignent à connaître et contempler les universaux. Plus même, puisqu'il est impossible d'être philosophe sans connaître les universaux, l'école platonicienne apparaît comme la seule vraie école de philosophie. C'est ainsi, à l'aide d'un texte d'Augustin, que Jérôme milite en faveur des Idées de Platon et de sa propre théorie des universaux.

Cela ne nous surprend pas vraiment, car, déjà en 1406-1407, Jérôme avait su tirer deux conclusions d'ordre pratique de sa conception de la philosophie et de

1. UAPR, Sedlák, p. 216 ; Šmahel/Silagi, p. Šmahel/Silagi,86, 51-52. *De Trinitate, loc. cit.*, p. 377, 1-3 : « Quae tamen cogitatio transiens per disciplinas quibus eruditur animus, memoriae commendatur, ut sit quo redire possit, quae cogitur inde transire ».

2. UAPR, Sedlák, p. 218 et p. 238 ; Šmahel/Silagi, p. 89, 133 et p. 26, 334 : « Illud quod ad perfectionem sapientiae pertinet maxime est in Deo ponendum, *cuius sapientiae non est numerus* (Ps. 146, 5). Sed *tanta vis est in his* universalibus formis, iuxta dictum Augustini (*De ideis*, 1, p. 70, 10-11), *ut nisi his intellectis sapiens quis esse non possit* ; igitur erga Deum non tam sapientem quam ipsam in abstracto sapientiam has formas universales ponere necesse est ».

3. Sedlák, UAPR, p. 216 et USFU, p. 230 ; Šmahel/Silagi, respectivement p. 86, 33 et p. 16, 28 : « Haec (= universalia) Plato fideliter docuit constanterque tenuit et sui sequaces. Imo postremi sapientes quam plurimi arbitrantur neminem esse scientem (sapientem) qui haec universalia ignorat, quia iuxta Aristotelem in prologo *Physicorum* (I 1, 184a 12-14) tune enim unumquodque scire arbitramur, cum causas primas et prima principia cognoscimus et usque ad elementa. Cum igitur praefatae formae universales sint causae atque prima principia nedum omnium creatorum sed etiam creabilium… » Le même texte d'Augustin est cité encore une fois chez Sedlák à la p. 231 et chez Šmahel/Silagi, p. 16, 45. Il revient donc à deux reprises dans chacune des deux questions de Jérôme. Wyclif y fait une allusion dans la *Logicae continuatio*, III, chap. 6 (Dziewicki, 2, p. 109, 30-31)

son histoire. La première, c'est qu'enseigner les Idées est tout à fait digne d'un philosophe, qu'il existe même pour tout philosophe une nécessité de s'adonner à la doctrine platonicienne des Idées: *tales formas universales quas Plato ideas vocat cuilibet philosophanti ponere condignum est*[1] ; *necessaria est philosopho harum rerum cognitio, cui sapientia amica est, cum 'philosophus' graece latine 'amator sapientiae' dictus est*[2].

La seconde conclusion, c'est la proposition de passer outre à l'interdiction faite par les théologiens et d'ouvrir l'enseignement des Idées aux philosophes de la Faculté des arts de Prague[3] :

> Sed fortasse quidam intra se aiunt: non in scholis artistarum me istam materiam debere disserere, cum facultas superior hanc sibi attraxit. Responsum accipiant quod facultas superior non sic cepit istam ab artibus materiam, ut et facultatem loquendi de praedicta materia ab artistis reciperet, sicut nec hanc sibi sic attraxit, ut a nobis totaliter retraheret, cum quemvis verum artistam, qui *in rebus non in verbis* gloriatur, decet ista praecipua materia et praesertim cum reali et subtili metaphysico conveniat, et insuper cum scientiae communes sunt a natura omnibus eis uti volentibus et obhinc *sunt de numero bonorum honorabilium*. Quisquis ergo scientiam appropriare sive artare voluerit, ipse ei iniuriam facit, eam extra suum locum naturalem reponendo, qui est numerus bonorum communium.

À l'évidence, ce texte exploite un désaccord entre les deux Facultés sur les universaux. En le constatant, Jérôme s'identifie aux artiens et lance son « nous » contre les théologiens. Il se considère comme un réaliste et un subtil métaphysicien, l'un de ceux qui se réclament non des mots, mais des choses: *qui in rebus gloriantur*, non des termes prédicables, mais des universaux *in rebus*. Cependant, s'il fallait soulever publiquement le problème que certains avaient jusqu'alors gardé dans leur for intérieur, c'est précisément parce que, en dépassant le privé et l'intime, le problème est devenu public; et si la réponse faite aux théologiens est publique, la question doit être, elle aussi, posée publiquement. La réplique que nous venons de lire montre donc que Jérôme et ses collègues s'étaient employés, depuis un certain temps déjà, à faire renaître la doctrine des Idées dans un environnement

1. UFSU, Sedlák, p. 237; Šmahel/Silagi, p. 25, 308.

2. USFU, Sedlák, p. 231 ; Šmahel/Silagi, p. 17, 51. Touchant à l'origine du mot « philosophe », voir Augustin, *De Trinitate*, XIV, i, 2 ; éd. cit., p. 422, 32-35 : « Nonne terrebimur exemplo Pythagorae ? qui cum ausus non fuisset sapientiam profiteri, philosophum potius, id est amatorem sapientiae se esse respondit ».

3. USFU, Sedlák, p. 231 ; Šmahel/Silagi, p. 17, 54. Jérôme cite Sénèque, *Ad Lucil.*, 16, 3, et Aristote, *De anima*, I 1, 402a 1, dans la version connue par les *Auctoritates Aristotelis*, *cf.* J. Hamesse, *op. cit.*, p. 174, n° 1. Voir aussi Wyclif, *De universalibus*, chap. 8 (Mueller, p. 175, 623-626) : « Ideo notitia universalium est gradus praecipuus scalae sapientiae ad indagandum veritates absconditas. Et haec credo est ratio quare Deus non permittit scholam de universalibus in toto deficere. Si enim in altissima trinitate Pater est omne illud quod est Filius... », etc. Mais l'École dont parle Wyclif n'est pas la Faculté des arts du philosophe tchèque. Un statut parisien de 1272 interdit aux artiens de traiter les questions théologiques dans leurs leçons sur Aristote, voir *Chart. Univer. Paris.*, I, p. 499-500 et L. Bianchi et E. Randi, *Vérités dissonantes. Aristote à la fin du Moyen Âge*, Fribourg (Suisse)-Paris, 1993, p. 26, 61-65. Cependant, je ne peux affirmer qu'un même statut était en vigueur à Prague et que Jérôme y fait allusion.

hostile. D'ailleurs, il est certain que, en considérant le sujet des Idées divines comme une partie de la matière théologique, les théologiens se sont emparés d'une doctrine que Jérôme, suivant Augustin, considère comme l'héritage de Platon et de son école. Alors il remarque que la décision des théologiens n'a pas dépouillé les philosophes de leur droit à s'occuper des Idées. De plus, étant une partie des disciplines du savoir, la doctrine des Idées appartient au domaine du « bien commun ». La cantonner, l'interdire, c'est dénaturer l'essence même de la science.

Derrière la défense et la polémique, il y a pourtant une assurance du philosophe et un programme pour la Faculté des arts. L'assurance, c'est la conviction que la doctrine des Idées est, quoi qu'en disent les théologiens, une des parties principales de toute philosophie digne de ce nom. Nous avons déjà vu que cette philosophie, qui est avant tout l'amour de la sagesse, porte le nom de platonisme et qu'elle intègre toute la tradition de l'école depuis son fondateur : *Plato suique sequaces, immo posteriores sapientes quam plurimi.* Le programme, c'est la revendication de l'enseignement des Idées et, par conséquent, de la philosophie de Platon et de ses successeurs à la Faculté des arts, promue du même coup Faculté de philosophie. Effectivement, l'enseignement de la sagesse, née de la connaissance des Idées, dépasse celui des sept arts et se pose en rival de l'aristotélisme de l'École. Tissue de citations d'Augustin, de Wyclif et de Platon, la *Quaestio de universalibus* de 1409 se laisse interpréter comme une première réalisation du projet de 1406-1407.

Le contexte doctrinal dans lequel Jérôme construit sa théorie des universaux est exclusivement philosophique, en quoi le Praguois se sépare radicalement de son maître et modèle anglais et de ses propres collègues, les théologiens wyclifistes praguois. En effet, si Wyclif ne s'est intéressé aux « universaux » qu'à titre de théologien – les universaux, croyait-il, lui font comprendre les Écritures saintes et les dogmes de la foi [1] –, le Praguois vise la sagesse et reste sur le terrain de la philosophie. Wyclif exalte la Bible dans sa philosophie, alors que Jérôme exalte Platon sans prétendre se substituer aux théologiens. Il est pourtant vrai que le

1. Cette perspective théologique est remarquée par A. D. Conti (Johannes Sharpe, *Quaestio*..., p. 298) qui rappelle un passage du *De universalibus*, chap. 15. Mais on peut mentionner aussi d'autres ouvrages, par exemple le *Trialogus*, I, chap. 9 (Lechler, p. 65), II, chap. 3 (p. 85) et le *De ente*, I, tr. I, chap. 4 (Thomson, p. 47, 26-49, 25 où p. 48, dernières lignes) : « Scio autem quod "genus" in Scriptura aliquando accipitur pro stirpe vel linea generationis... Aliquando accipitur pro principio stirpis... Sed nunquam legi in Scriptura quod genus accipitur pro conceptu. Ex quo patet quod periculosum est exponere Scripturam facientem mentionem de universalibus solum de conceptibus vel terminis secundum sensum eius litteralem. Et indubie non in conceptu Aristotelis fundabitur sensus ille de universalibus. Sed praeter duas dictas significationes generis accipitur tertio pro universali quidditative communicato multis speciebus... » ; chap. 5 (p. 57, 17-20) : « Et ad hoc specialiter valet notitia universalium, ut cognoscatur sensus litteralis Scripturae loquentis de universalibus et defectus paralogismorum in materia de trinitate ». À Prague, Stanislas de Znoyma écrit sur les universaux en se fondant sur l'Écriture, voir son « petit » *Tractatus de universalibus* de 1408, édité jadis par Sedlák ; *cf.* P. Spunar, *Repertorium auctorum*, p. 293 n° 795. Pour Jean Hus, voir la question *Utrum omne testimonium fidei christianae sit verum et credibile menti sanae*, dans S. H. Thomson, « Four Unpublished », p. 85-86, et F. Šmahel, « Jan Hus », p. 62-67.

Praguois, tout comme les wyclifistes, situe les Idées en Dieu, qu'il les identifie à l'essence divine et qu'il les sépare formellement tant de cette essence qu'entre elles[1] ; mais c'est la foi chrétienne qui lui a imposé ces précisions, d'ailleurs empruntées à un Père de l'Église, Augustin, et à un docteur en théologie, Wyclif. Augustin n'est-il pas aux yeux de Jérôme le principal témoin, le plus souvent cité, de l'enseignement de Platon et de la fidélité de l'École à son fondateur ?

S'il s'avère effectivement que la voie choisie et défendue par le Praguois est celle de la sagesse, sa pensée, telle qu'elle est présente dans les écrits déjà publiés, doit pouvoir se définir par rapport à Platon, Augustin et Wyclif. Ce dernier n'est jamais mentionné nommément. Et pourtant sa spéculation structure de l'intérieur le schéma général platonicien, en établissant les différents ordres des « universaux » créés et incréés et leur hiérarchie. L'Anglais transmet à Jérôme sa propre théorie des universaux, médiocrement réaliste, et tous les éléments de doctrine autres que la théorie des Idées. Il lui fournit le vocabulaire et la technicité de l'exposé et de la dispute scolastiques. Il lui transmet ses *auctoritates*, dont la liste s'allongera par un effort ardent de recherche et de lecture assez extraordinaire de Jérôme lui-même. Bref, Wyclif fait du Praguois un *magister in artibus*. Cependant, son rôle d'inspirateur dans l'histoire du platonisme en Bohême reste encore à déterminer avec plus de précision. Augustin était ici un guide de loin le plus sûr et le mieux renseigné.

Le Praguois n'entre pas dans les problèmes de la théologie d'Augustin. Ses emprunts muets et ses citations sont strictement limités à la doctrine de Platon. De plus, Jérôme ne rapporte et n'utilise aucun texte augustinien au sujet de doctrines de Platon et des platoniciens que le saint docteur n'aurait pas approuvées : Augustin enseigne à Jérôme un platonisme qui est confirmé par l'orthodoxie de la foi. Nous avons déjà vu en détail cet apport doctrinal et nous pouvons à présent le généraliser. Augustin a donc appris au Praguois la nécessité des Idées, leur rapport à Dieu, leur nature et leurs caractères. Il lui a inculqué ensuite l'opinion sur le caractère raisonnable de la création assuré par les raisons éternelles. Il lui a transmis enfin la conviction que le philosophe est un amant de la sagesse, et que la sagesse n'est accessible qu'à condition de connaître les Idées. En ce sens, Augustin est à l'origine du programme d'enseignement proposé par Jérôme à sa Faculté.

À ce thème de la sagesse Jérôme en joint un autre, celui des *viri prisci et illustres* qui lui apportent les *rationes antiquorum*. L'artifice de ce recours à l'antiquité l'amène à éliminer de ses écrits pratiquement tous les scolastiques à l'exception notable d'Anselme, de Robert Grosseteste et de Wyclif – son nom étant toujours passé sous silence. Il cite donc les « Grecs » (c'est-à-dire les fragments du *Periphyseon* d'Érigène lus dans le *Corpus dionysien de Paris*) puis Platon, Aristote, Sénèque,

1. Wyclif, *De universalibus*, chap. 15 : « ...omnis idea est essentialiter ipse Deus, licet formaliter distinguantur ab invicem et a Deo » ; « ...idea, quae absolute necessario est in Deo » (Mueller, p. 368, 370-373 ; p. 371, 445). Telle est aussi la position de Jérôme ; les écrits utilisés ici le confirment largement. Z. Kaluza, « Le chancelier Gerson et Jérôme », p. 84 et ici même p. 210 (acte d'accusation de Constance). Concernant la distinction formelle chez Wyclif, voir les analyses de A. D. Conti dans son Johannes Sharpe, *Quaestio...*, p. 302 *sq.* ; et ici même, *infra*, p. 321-325.

Eustrate, Avicenne et Averroès ; et les Pères : Ambroise, Augustin, Jean Damascène et Denys. Le goût de l'antiquité et, plus généralement, de l'ancienneté le conduit à des mises en scène charmantes par leur naïveté pré-humaniste : Boèce apparaît ainsi comme *Severinus sive Anitius nobilis Romanus philosophus*, et sa *Consolation*, tombée sous le régime de la quatrième déclinaison, s'appelle *De consolatu philosophico* ; Jean Damascène est devenu *nobilis Graecus* et Denys *magnus Atheniensis philosophus* ; Jean l'Évangéliste *est caelestis metaphysicus*, alors que l'Ecclésiastique est l'œuvre d'un *vetustus Hebraeorum philosophus*. Par ce recours à la rhétorique, imitant d'ailleurs celle de Wyclif, mais surtout par son authentique effort de renouvellement des sources du réalisme par sa recherche lexicographique dans le domaine des Idées-universaux, enfin par son aspiration à la sagesse des anciens, Jérôme se donne l'allure d'un humaniste et d'un commentateur des écrits hermétiques. Tout en restant dans la tradition latine, son esprit est consciemment ouvert sur la tradition grecque de Platon et de son école, d'Eustrate, de Denys, d'Erigène et du « bienheureux Clément ». Tout porte à croire que cette recherche menée dans la direction de la sagesse grecque n'était pas achevée lorsque Jérôme mourut à l'âge de trente-six ans [1].

Les trois dernières pages de la *Quaestio de universalibus* (UAPR) ne sont que des extraits et des résumés du *Timée* [2]. Il n'y a donc plus de doute : Jérôme a connu la traduction-paraphrase de Calcidius. La construction même de la Quaestio imite le dualisme de Platon : on y traite séparément des objets intellectuels et des objets sensibles. Il n'y a cependant aucune autre allusion aux textes fondateurs du dualisme épistémologique. La notion de l'harmonie entre les deux ordres de réalités est empruntée au *Timée*, mais elle est interprétée à la manière wycliftenne : la description des Idées-universaux, des universaux créés et des singuliers dépend de la doctrine du docteur anglais. En bref, l'ontologie inscrite dans le schéma platonicien est une ontologie de Wyclif. Le fait même que les extraits du *Timée* aient été placés à la suite du débat doctrinal, sans lien apparent avec lui, prouve que Platon, l'historique ou le calcidien, n'a pas été invité au débat.

Cependant, il y a ici deux moments à souligner. Le premier : entraîné par Augustin, Jérôme a su trouver la vraie source des platonismes, donc de celui d'Augustin et de celui de Wyclif aussi. À la lecture du *Timée*, il a découvert des problèmes qu'il n'aurait jamais connus dans les livres de ses deux précepteurs. Il en a choisi trois pour sa Question : le dualisme ontologique, l'unicité du monde et la formation et constitution du monde matériel. Le second moment : si Jérôme

1. Nous touchons ici au problème de l'humanisme en Bohême et de l'art oratoire pratique à l'université de Prague (voir par exemple le *Quodlibet* de Jean Hus) que je ne puis aborder ici. On consultera un livre récent *Studien zum Humanismus in den Böhmischen Länder*, hrsg. von H.-B. Harder und H. Rothe unter Mitwirkung von J Kolnár und S. Wollman, Cologne-Vienne, 1988.

2. Une copie de la traduction et du commentaire de Calcidius, conservée encore à Prague, date des années 1400-1420 ; une autre, aujourd'hui perdue, fut effectuée entre 1403 et 1420, É. Jeauneau, *Plato apud Bohemos*, p. 163 et 168. Lors de son quodlibet de 1409, Mathias de Knín montre une certaine connaissance du *Timée*, V. Herold, *Pražská universita*, p. 187, 251 note 258. Jérôme utilise le *Timée* en 1409, mais il est certain maintenant qu'il l'a connu dès avant 1406. L'a-t-il copié dans son « grand volume » ?

ne savait pas introduire Platon dans l'économie de ses propres ouvrages, il l'a bel et bien fait dans les débats entre les maîtres praguois, soit en abordant et en soumettant au jugement de ses collègues les thèmes directement empruntés au *Timée*, soit en revendiquant pour les philosophes la *facultas loquendi*, c'est-à-dire le droit et la liberté d'enseigner le platonisme. C'est ainsi qu'il a innové.

## *Notes explicatives*

1. (Voir *supra*, p. 257, note 1 ; p. 269, note 1 ; p. 270, note 1). Le nombre des universaux « formels » ainsi que leur nature posent, dans la philosophie de Wyclif et de ses partisans praguois, quelques problèmes, notamment dans la division de ces universaux en suprêmes, médians et infimes, ce qui pourrait à tort conduire à leur identification aux trois Idées de genre, d'espèce et d'individu. Le problème est d'autant plus compliqué que Wyclif varie quelquefois dans ses élucidations. Parfois, lorsqu'il divise les universaux, il renvoie à Robert Grosseteste, *In Post. Anal.*, I 7 (Rossi, p. 139-140) qu'il interprète à sa manière. Par exemple dans le *De universalibus*, c. 2 (Mueller, p. 59, 165-177) il énumère cinq genres d'universaux (*est dare quinque maneries universalium, ut declarat Lincolniensis*), dont le premier et suprême est l'Idée en Dieu (*ratio vel idea exemplaris aeterna*) ; le deuxième genre est la « raison commune » créée dans les intelligences et les corps célestes, causes supérieures des choses ; le troisième est la forme commune, générique et spécifique, dans les êtres singuliers ; le quatrième est la forme commune accidentelle connue intellectuellement ; et à la dernière place le concept. Peu précise, cette énumération ne correspond exactement ni à la triple division des universaux formels mentionnée par Jérôme, ni à la distinction en Dieu entre les Idées de genre, d'espèce et d'individu, soutenue par tant d'autres.

Les trois universaux formels de Jérôme correspondent à une autre disposition, plus précise, inspirée elle aussi du même chapitre du Lincolniensis, et exposée dans la *Logicae continuatio*, tr. III, c. 2 (Dziewicki, 2, p. 32, 17-33, 22), ouvrage certainement connu, nous l'avons vu, du Praguois. Il y a, selon cette division, trois genres d'universaux qui ne sont pas fondés dans les choses singulières. Ils épuisent l'universel *ante rem* selon une autre division. En effet, il s'agit des Idées éternelles en Dieu, des raisons dans les intelligences et des raisons dans les corps célestes, pris cette fois séparément. Ils portent le nom de *causabilitates* et de *producibilitates*. Les deux autres sont, comme auparavant, les formes communes substantielle et accidentelle. Le concept ne compte pas parce qu'il est dit « universel » au sens impropre du mot. Voici le texte de Wyclif :

> Ad 3m dicitur quod est dare universalia ex parte rei, et hoc secundum quinque gradus, ut docet Lincolniensis primo *Posteriorum*. Aliqua enim sunt (I) universalia

priora singularibus corruptibilibus, non fundata in ipsis. Et hoc dupliciter, (A) vel quod sint rationes fundatae in Deo sine alterius indigentia, vel (B 1) in intelligentiis, vel 3° (B 2) in constellationibus caelestibus. Omnes enim maneries universalium vocantur ideae vel formae exemplares vel rationes, numeri aut principia producendi aut causandi ista corruptibilia. Et primae sunt ideae aeternae, et vocantur a Lincolniensi concreatrices rei, nec ponunt aliud nisi Deum esse et talia posse produci a Deo secundum ordinem debitum et mensuram, ut producibilitas hominis in Deo esset, quamvis non esset alia essentia praeter Deum, cum sit coaeterna et correspondens produc<tivit>ati Dei… Nec potest illa veritas poni nisi in Deo… Et notum est quod illa ratio est exemplar extrinsecum iuxta quod Deus producit, cum non possit producere illas nisi secundum suam productivitatem. Ideo sunt causae principantes et numerantes, hoc est mensurantes esse rei… Causabilitas vero correspondens causativitati intelligentiae est universale secundi modi. Sed causabilitas correspondens causativitati orbis caelestis est universale tertii modi… Sed praeter illa tria est dare (II A) universales substantias fundatas in singularibus, ut esse hominem est veritas, immo necessitas communis cuiuslibet hominum… (II B) Sed plebei et bruta cognoscendo hominem in suis accidentibus… primo cognoscunt accidens vel proprium, posterius specie ; et illud vocat Lincolniensis universale quinti modi.

Ce texte présente deux avantages. Le premier est qu'il permet d'identifier les trois universaux formels mentionnés par Jérôme de Prague ; le second, qu'il implique la concordance de différentes divisions des universaux, notamment celle qui se réfère à la chose et à l'intellect (*ante* et *post rem, in re*), celle qui considère ensemble la causalité, la communication et la représentation, et celle transmise par Porphyre et Boèce. Les deux dernières divisions sont mises ensemble dans le *De ente*, I, tr. I, chap. 4 (Thomson, p. 54, 27-56, 1). En les prenant tous en considération, nous obtenons le tableau suivant.

I. U. formale-causatione-ante rem : (A) increatum : Idea (causabilitas divina) : generis ;
speciei ;
individui ;
(B) creatum : (1) causabilitas intelligentiae ;
(2) causabilitas corporis caelestis ;

II. U. communicatione-in re singulari : (A) quid est :
(1) mediate - genus ;
(2) primo et immediate – genus generalissimum ;
(3) secundo et mediate - genus intermedium ;
(4) immediate - species specialissima ;
(B) quale est : (1) qualitas essentialis - differentia ;
(2) qualitas accidentalis - proprium, accidens ;

III. U. repraesentatione-signatione-conceptus-post rem.

Dans ses multiples ouvrages, Wyclif fait appel à l'une ou l'autre partie de ce schéma. D'un ouvrage à l'autre, son vocabulaire peut varier légèrement. On note cependant que lorsqu'il affirme : *dictae maneries universalium non distinguuntur ex opposito* (*De ente*, p. 58, 25-26 ; cf. *De universalibus*, p. 16, 17-18), il ne s'agit pas d'une juxtaposition ou d'une superposition de diverses divisions, mais du fait qu'une chose apparaît tantôt comme un genre et tantôt comme une espèce, bien que jamais dans une même relation : *nunquam respectu eiusdem est idem formaliter genus, differentia, proprium et accidens, nec duo istorum*. La position d'un universel change en fonction de la prédication, qui peut être quidditative ou analogique, et des intentions, qui sont premières ou secondes (*De ente*, I, tr. 4, chap. 5, p. 58, 25-61, 19). Toutefois, l'universel causal peut être envisagé aussi comme un universel par représentation, et le genre et l'espèce comme un causal (*De universalibus*), p. 16, 17-22 ; A.D. Conti dans Johannes Sharpe, *Quaestio*..., p. 299.

Le tableau éclaire aussi le bref passage de la Métaphysique de Buridan cité précédemment, p. 269, note 1 et montre la différence entre les trois universaux formels, dont deux créés, et les trois universaux incréés que contient l'Idée. Toutefois, la liste de ces derniers peut se trouver élargie à l'Idée des accidents. Cela étant, il nous reste à faire quelques dernières remarques au sujet de l'universel causal. Ockham et Buridan regardent ce terme en lexicographes et ne nous disent pas qu'une cause universelle est un universel, mais ils précisent en quels sens s'emploie le mot 'universale'. On peut à la rigueur attribuer le même point de vue à la *Summa Halensis*, selon laquelle « l'universel se dit de quatre manières... ». Cette première distinction entre les tenants d'un point de vue et les lexicographes qui se contentent de l'enregistrer doit être suivie d'une seconde qui touche aux causes universelles. En effet, on en énumère soit une seule, Dieu, soit un système causal, Dieu-intelligences-corps célestes. La troisième distinction pourrait concerner la nature de la causalité universelle.

La règle générale observée déjà par nos lexicographes est confirmée par Albert le Grand : *una numero causa dicitur universalis, quia factiva est multorum* (*De caelo*, I, 1, 3 ; éd. Col. V-l, p. 10, 13-14). C'est cette règle qui distingue la cause universelle de la cause particulière. Le nom de « cause universelle », la hiérarchisation de telles causes, de leur force et de l'étendue de leur action suivent la prop. I du *Liber de causis*, alors que la prop. II, 21 identifie la cause seconde avec l'intelligence. L'activité causale des intelligences et des corps célestes décrite par Avicenne (*Metaph.*, IX, chap. 4) est analysée par Gilles de Rome, *Errores philosophorum*, chap. VI, 7-9 (Koch, p. 28-30). Dans l'ensemble, on a donc un mélange constitué par quelques éléments de la cosmologie arabe, de la doctrine de la causalité et de celle des universaux. Une éventuelle étude de la causalité propre des universaux devra le prendre en considération.

Si les auteurs donnent Dieu comme exemple d'un universel causal, ils le font en vertu de la règle générale citée. C'est là une position courante, dont la *Summa Halensis* fait état vers 1236. En stigmatisant le mauvais usage du terme « universel », Albert le Grand poursuit le même travail lexicographique. Il va cependant plus loin que les autres sources citées car il donne la raison pour laquelle le mauvais usage s'est instauré. Il se réfère en effet, dans son commentaire de la *Métaphysique*, à une distinction des universaux en quatre groupes : *actu*, *potentia*, *natura* et *opinione*. Dieu est considéré comme l'universel par ceux qui oublient l'incommunicabilité de la nature divine, et qui, voyant l'action divine communiquée à plusieurs, croient Dieu prédicable (*Metaph.*, V, 6, 5 ; éd. Col. XVI, 1, p. 285, 39-56) :

> Universale autem secundum opinionem quidam dicunt universale, non tamen vere est universale. Et hoc est quando aliquid secundum sui quidem naturam est incommunicabile multis, putatur tamen communicabile esse ideo, quod partes eius vel operationes, a quibus nomen accipit, sunt communicabiles… Secundi autem exemplum est Deus, cuius operationes sunt providere et gubernare et huiusmodi, et quia ista communicabilia sunt multis, multi putaverunt Deum esse quoddam universale, quod praedicatur de multis, cum tamen natura divina dicat quoddam incommunicabile simplex et primum et solum.

La même remarque vaut pour la Cause première universelle du *Liber de causis* (*De causis et proc. univers.*, II, 1, 5 ; éd. Col. XVII, 2, p. 65, 47-51, 71-75) :

> Causa enim universalis non dicitur, quia praedicabilis sit de multis, sed quia universaliter influit omnibus sub se existentibus. Hoc enim est secundum dicta Platonis universale, quod est ante rem… Propter quod causa primaria ad omnia secundaria, in quae causalitate sua extenditur, est in multis. Et in quantum communicat formam et rationem et nomen sicut causa univoca, secundum aliquid est etiam de multis. Et sic accipit universalis nomen et rationem.

Si Dieu est l'universel à cause de la communicabilité de ses opérations, la même raison peut valoir pour les étoiles et les sphères célestes, qui sont les dieux secondaires (*Metaph.*, XI, 1, 8 ; XVI, 2, p. 468, 64-66, où une telle identification est attribuée à Platon). Toutefois, ce raisonnement n'est pas formulé ici.

Les universaux formels dont parlent les Praguois, et parmi eux Jérôme de Prague, correspondent aux universaux de cause. La *Positio de universalibus* du Praguois Étienne de Páleč (édition citée, p. 117 ; *cf.* P. Spunar, *op. cit.*, p. 327, n° 908) combine plusieurs divisions des universaux. Ces divisions dépendent des écrits de Wyclif, mais elles sont intéressantes en ceci qu'elles précisent le rôle des universaux formels (*ante rem*) et mettent en rapport les universaux, les trois esse et les trois verbes substantifs. Voici quelques lignes de cette *Positio* que je tente de rendre compréhensibles en m'éloignant quelquefois du texte imprimé :

> Universale ante rem est duplex : uno modo est forma communis… in mente divina… Alio modo universale ante rem est ratio communis creata in causis superioribus,

> ut orbibus caelestibus vel etiam in causis inferioribus, quae rationes vocantur formae seminales insitae rebus. Et quia tales formae sunt concausae effectuum, eo quod praeter causationem Dei concurrunt ad productionem multorum effectuum, et ideo vocantur universalia ante rem quia praecedunt rem antequam res habeat esse in propria existentia vel natura. Nam a philosophis cuiuslibet rei citra primum ens assignatur triplex esse: primum esse est intelligibile vel ideale in mente divina quoad primum universale ante rem; secundum esse virtuale in suis causis quoad secundum universale ante rem; tertium esse actuale in propria existentia et natura, quod esse est singulare ipsius effectus. Tertium esse est par secundum esse et secundum esse per primum... propter quod ipsi grammatici convenienter ponunt tria verba substantiva, scilicet 'sum', 'fio', 'existo': 'sum', quod importat immutabilitatem quoad primum esse ideale, quod est aeternum; 'fio', quod désignat mutabilitatem aliqualem in causis secundis... 'existo' propter tertium esse actuale...

Jean Hus fait le même usage des verbes substantifs, *cf.* S. H. Thomson, « Four Unpublished », p. 80; la même vue sur ces verbes est seulement supposée dans un argument de Jérôme, cité plus haut, p. 280, note 5, et elle est partagée par son collègue de la Faculté des arts de Paris, l'albertiste Jean de Maisonneuve.

Les différentes divisions des universaux et les différentes significations des mots genus, species etc. sont traitées chez Wyclif dans: *De logica*, chap. 2 (Dziewicki, t. 1, p. 8, 2-21; 8, 22-10, 2); *Logicae continuatio*, III, chap. 2 (t. 2, p. 32, 13-14, 22); *De ente*, I, tr. I, chap. 4 (p. 47, 26-52, 6; 54, 27-56, 14); *De universalibus*, chap. 1 (Mueller, p. 15-16); chap. 2 (p. 59, 165-177); chap. 9 (p. 197, 365-200, 436) et *passim*.

2. (Voir p. 269-275). L'analogie des noms est un cas particulier de l'équivocation ou de l'homonymie. L'analogie métaphysique, c'est l'attribution de l'être à la substance par priorité de nature (*prioritate naturae*) et aux accidents en un autre sens. Elle implique une gradation entre les réalités mises en commun, elle exclut le genre commun à la substance et aux accidents: *non sit una communis quidditas omni enti inquantum ens. De universalibus*, chap. 12 (p. 277, 103-279, 132). L'identité d'analogie est la plus large car elle englobe la Cause Première et les choses causées, la substance et les accidents. Dieu, substance et accident n'appartiennent pas à un genre commun; ce qui leur est commun, c'est l'être qui transcende tous les genres, qui est partagé et dit analogiquement. Cf. *De logica*, chap. 2 (t. 1, p. 10, 4-10).

Il existe une double participation (communication) univoque, en raison de la différence et en raison de la transcendance. La première, toujours quidditative, concerne les universaux (*convenire in aliqua quidditate communi*), la seconde est analogique. Cf. *Logicœ continuatio*, III, chap. 2 (t. 2, p. 38, 10-19). Toutefois, l'analogie s'apparente à l'univocité, si bien que la communauté analogique pourrait être considérée comme un cas particulier de l'univocité. Wyclif distingue en effet deux univocités ; voici son schéma :

I – l'univocation de convenance (in quo conveniunt), lorsque la *ratio* de la communauté est participée uniformément et dans une parfaite égalité des participants ; telle est, par exemple, l'égalité entre les hommes qui participent la nature humaine ;

II – l'univocation graduelle (*communicatio gradualis*), lorsque la *ratio* est participée analogiquement (*communicatio analoga*) et lorsque, avant d'être partagée, elle est *naturaliter* dans l'un, sans être dans les autres. On peut envisager deux cas de cette communication graduelle :

A – l'univocation de genre, inspirée par la *Physique* d'Aristote, a lieu lorsque la raison d'analogie (*ratio analoga*) est à titre premier dans ce qui est commun, donc dans le genre, et qu'elle est prédiquée quidditativement des « inférieurs », donc des espèces et des individus. Une telle ratio est constitutive du genre et de la prédication quidditative. La première inégalité entre le « supérieur » et l'« inférieur » est suivie par la seconde, qui a lieu entre les « inférieurs » car ceux-ci ne participent pas uniformément la *ratio*. Il s'avère donc que l'univocité l'emporte ici sur l'analogie à cause de la quiddité participée et, consécutivement, de la prédication *in quid* et de la réponse possible à la question *quid est* ?

B – l'analogie de l'être, lorsque la *ratio entis* appartient à titre premier à un seul. Participée graduellement, elle ne dit pas ce qu'est la chose mais que la chose est. Ne constituant pas la partie quidditative de ce qui est dit « être », l'être n'est pas un genre pour Dieu et les créatures. Un exemple illustre ce cas, celui de l'être affirmé de Dieu à titre premier et des créatures par analogie, *De ente*, I, tr. II, chap. 4 (p. 96, 7-97, 23). La gradation dans l'univocité rejoint celle de l'homonymie.

La même parenté entre les deux notions se voit dans l'analyse de la signification du terme « genre » et dans la division des genres qui s'ensuit. On y apprend que le genre logique, qui est aussi métaphysique, (a) est partagé entre les dix genres catégoriels, (b) est identique à l'être analogue supérieur aux catégories, et (c) est un ensemble de choses assimilables (un genre de péchés, un genre de religieux, etc.), qui ne nous intéresse pas. Le deuxième est défini comme ce qui est participé analogiquement à titre essentiel (*per se*) par les espèces, où l'adverbe analogice sous-entend une opposition au quidditative. En haussant ainsi l'être à la place du genre généralissime, Wyclif suit, selon son propre aveu, la position de Robert Grosseteste pour qui, affirme-il, cette position de l'être assure l'unité du sujet de la métaphysique et, par conséquent, le caractère scientifique de la discipline. Il renvoie son lecteur à *In Post. Anal.*, I 5 (Rossi, p. 119, 49-51) : *Sciendum autem quod super universale ambiguum erigitur demonstratio,… et nisi hoc esset, non esset ens subiectum metaphysicae*. Remarquons en passant que le chapitre est important à cause de la description qu'il y donne de l'universel et de l'analogue (*universale ambiguum*). D'ailleurs, l'influence de Grosseteste sur Wyclif se manifeste déjà sur le plan du langage, comme en témoigne cette formule utilisée plusieurs fois par Grosseteste, *purgans errorem* au début du chap. 3 et *purgant errores* au début du c. 5 (Rossi, p. 105, 2; 117, 1), passée ensuite dans plusieurs écrits de Wyclif et mise en tête du chap. 1 du *De universalibus*: *In purgando errores*... Il est très probable que l'usage ambigu des mots 'universel', 'univoque' et 'analogue' a sa source dans le même commentaire de Grosseteste, mais ceci n'est pas notre sujet. Voir *De ente*, I, tr. I, chap. 4 (p. 50, 1-51, 15).

On sait donc qu'à elle seule la communicabilité ne différencie pas suffisamment l'analogie de l'univocité et qu'elle doit être à chaque fois qualifiée, soit comme quidditative soit comme analogique, et répondre à l'une des deux questions *si est*? et *quid est*? Ces dernières constituent le meilleur moyen pratique de distinguer les deux communicabilités. La participation graduelle ajoute une précision intéressante à la seconde des trois conditions de l'universalité formulées dans le *De universalibus*, c. 2, la communicabilité (ou prédication au sens d'une inhérence) précisément, les deux autres étant d'être une chose de première intention et d'avoir sa propre intelligibilité, c'est-à-dire de pouvoir être abstrait (p. 64, 278-65, 290).

Dieu n'est « sous » l'être qu'analogiquement. Deux hypothèses sont à exclure, que l'être fasse partie de la quiddité de Dieu, et que Dieu le présuppose. Si l'on admettait la première, l'être serait le genre suprême et, par conséquent, prédicable *in quid* de ses inférieurs et inhérent comme leur partie quidditative. En constituant de la sorte le sujet (*subiectum*) formé par l'in-existence de l'être et en essayant de l'opposer à tous les autres, nous nous apercevons de l'impossibilité d'une telle opposition, car aucun sujet ne s'oppose à un autre uniquement parce qu'il est. On revient ainsi aux questions *si est*? et *quid est*? Dans le cas de la seconde hypothèse, la vérité que Dieu est (*Deum esse*) ne serait pas première, *Logicæ continuatio*, III, chap. 1 (Dziewicki, t. 2, p. 7, 29-41); cf. *De ente*, I, tr. II, chap. 3 (p. 88, 24-90, 5; 92, 6-93, 20).

Aucun transcendant et aucun principe des dix genres catégoriels n'est reconnu formellement comme l'universel univoque, *De ente*, I, tr. I, chap. 5 (p. 58, 12-15; les principes-mesures des genres sont énumérés dans le *De logica*, chap. 4; t. 1, p. 13: *primum principium de praedicamento substantiae est Deus, et ipse est super omnem substantiam creatam; primum principium de praedicamento quantitatis est unitas..., etc.*). Tout principe d'un genre est dans son genre (*in genere*) de la même manière qu'une cause est dans son effet. Dieu est donc dans la catégorie de la substance. Mais, exception faite du principe qui est aussi une partie subjective de son genre, aucun des dix principes n'est espèce ou individu de son genre (*res talis generis*), *De ente*, I, tr. I, chap. 5; p. 60, 20-61, 3.

3. (Voir p. 276-278). Le chapitre 12 du *De universalibus* présente l'être comme un « endroit » où sont « déposés » au premier instant de la création les universaux et leurs principes, ceux des dix catégories. Nous avons rencontré plus haut, p. 253, ce problème posé dans le *Trialogus* à partir du principe matériel tel qu'il était

réinterprété par Wyclif à la lumière de la prop. IV du *Liber de causis*. À la différence du *Trialogus*, le *De universalibus* s'interroge sur la possibilité de la création, mais en partant des positions aristotéliciennes. Puisque ce dernier ouvrage éclaire, du moins partiellement, le précédent en articulant avec plus de précision les arguments pour et contre, je le présente ici pour comparer les deux solutions. Et puisqu'elles se suivent tout au long du chapitre, mon texte, à la fois résumé et paraphrase, ne renvoie qu'aux lignes.

Dans les chap. 12-15, Wyclif traite une série de six questions, dont les deux premières dans le seul chapitre 12. La seconde demande si l'universel peut être engendré, mû ou créé (l. 147). En ne considérant ici que le troisième cas, la réponse affirmative semble acquise dès le départ parce que l'universel est fait proprement à partir de rien : *pure fit ex nihilo, quod supponitur esse creatio* (189-191). On donne pour preuve la prop. IV du *Liber de causis*, avec sa « glose » (§ 37-38) : *Prima omnium rerum creatarum est esse, et ante ipsum non est creatum aliud. Quia… esse est supra sensum et supra animam et supra intelligentiam, et non est post primam causam prius ipso* (192-203). À proprement parler cependant, ce premier créé n'est pas un universel mais l'être qui est, nous l'avons vu, analogue. Par la suite, Wyclif parle tantôt de l'être, tantôt des universaux et tantôt des genres et espèces, sans distinguer nettement entre l'analogie de l'être et la communauté de l'universel. Comment donc résoudre la question de la création des universaux *ex nihilo* ?

Wyclif avance trois arguments contre la création, que l'on résume ainsi. Le premier : ni une chose individuelle, ni une espèce ne peuvent être créées car l'une et l'autre se composent d'un genre, qui est la matière, et d'une différence, qui est la forme ; elles proviennent donc de quelque chose (*ex aliquo* ; 396-413). Le deuxième : toute substance divisible est composée de parties quantitatives, lesquelles doivent donc être antérieures au composé et constituer son principe et sa cause matérielle. De telles parties étant déjà quelque chose (*nullae tales sunt nihil*), aucune substance composée n'est faite à partir de rien et, par conséquent, aucune substance n'est plus créature, puisque toute créature est créée (*creatur*) (415-435). Le dernier : tout ce qui devient est fait à partir de Dieu et des raisons exemplaires : *nihil potest fieri nisi fiat ex Deo et rationibus exemplaribus*, donc rien n'est créé (437-444).

Les trois arguments sont confirmés par deux raisons supplémentaires, dont la première est fondée sur la notion de la possibilité d'être (*posse*), qui est la matière et qui doit précéder l'effet dont elle est la cause matérielle, excluant la création. La seconde considère la création passive : celle-ci étant un accident, elle suppose un sujet créé, lequel par nature précéderait cette création. Et puisqu'un tel sujet n'a aucune existence naturelle avant d'être créé, ce qui est une création, il s'ensuit que rien n'est créé sans création, rien ne peut donc la précéder. Cela est soit une contradiction, soit une voie ouverte à argumenter à l'infini, car si le sujet recherché *x* de l'accident de création *a* est créé avant ladite création *a*, alors il est créé en vertu d'une création *b*, laquelle à son tour demande un sujet créé *y*, qui serait alors créé par un autre accident, et ainsi de suite (445-466).

Avant de répondre aux trois arguments, Wyclif fait une mise au point. (a) Il est nécessaire que tout philosophe pose la création du monde, car il est nécessaire que le monde soit produit dans son existence actuelle à partir du pur être intelligible. Une telle production est la création. En fait, toute chose que nous appelons « créature » peut exister, mais à condition d'être créée, c'est-à-dire produite par un acte de création. Dans sa réponse, Wyclif introduira une distinction entre la création pure et la création partielle des choses, une *factio*. (b) Cette production créatrice n'étant pas éternelle, elle est soudaine (*subita*). Elle est donnée comme le premier instant du monde. Ensuite, si une chose est produite maintenant (*nunc*) dans son existence, c'est parce que son être intelligible précède son existence, et, conséquemment, parce que l'instant qui est donné comme le premier précède celui qui mesure la seconde. Ces deux instants sont introduits pour montrer la priorité naturelle du premier et plus encore la succession immédiate des deux moments. Il me semble que cette immédiateté sera en cours de route oubliée, (c) D'autres arguments contre l'éternité de la création en faveur de la priorité de l'être intelligible et du commencement (*inceptio*) des choses produites ont été présentés ailleurs, dans un livre que j'ignore (470-489, 495-506).

Réponse au premier argument. Tout individu appartenant à une espèce est créé dans l'être analogue, dans lequel « les choses sont créées toutes ensemble » (509-510 : *quia creatur in suo analogo, in quo creata sunt omnia simul* – c'est une reprise du verset *Eccli.* 18, 1, cité auparavant, c. 7, ligne 47, et dans le *Trialogus*, *cf.* plus haut, p. 277, note 1 et p. 278). En vertu de cette création initiale et par appropriation, toute production postérieure est appelée elle aussi « création ». Il y a donc plusieurs créations, au moins autant qu'il y a d'*esse* créés. Il est possible que Dieu crée sans cesse, parce que, tout comme la lumière, il produit sans cesse. Et toute cette opération, avec la production dans l'être analogue, peut s'appeler « création » bien qu'il s'agisse plutôt de conservation. L'expression *ex nihilo* doit donc être réinterprétée. En fait, la préposition *ex* signifie ici ce qui joue le rôle de cause matérielle (*circumstantiam causae materialis*), alors que le *nihil* « distribue négativement, selon sa propre mesure à lui, l'existence d'une chose faisable » (*distribuit negative pro sua mensura existentiam rei factibilis*), la première supposant quelque chose et le second rien du tout. Il n'est donc pas contradictoire que, dans une production, une chose soit faite à partir de rien et que, dans une autre production, elle soit faite à partir de quelque chose : *Et ita non repugnat aliquid una factione fieri ex nihilo et alia factione fieri ex aliquo*. Suit l'autorité de saint Anselme, *Monologion*, chap. 8. La dernière explication est celle-ci : à n'importe quel moment après la création du monde, les choses sont faites à partir de la création originelle et des causes secondaires situées dans l'être analogue. Une partie seulement de cette production composée est la pure création (*factio, cuius una pars est pura creatio. Et illa factione aggregata nunc creatur*). Il s'ensuit que seul Dieu peut créer car il est le seul à pouvoir produire l'être analogue à partir d'un être intelligible pur : *nihil potest creare nisi quod potest producere ens analogum a puro esse intelligibili ad existentiam analogam. Sed solus Deus hoc potest* (508-564).

Réponse au deuxième argument. Bien que ses prémisses soient vraies, sa conclusion est fausse. En effet, les parties quantitatives d'un composé sont sa matière. Mais celui qui a produit la matière primordiale l'a faite à partir des atomes, particules indivisibles. Or, aussi bien cette production-ci d'une substance matérielle dans ses principes ultimes, que la production d'une créature dans son genre et que toute autre production dans son être analogue ne peuvent être attribuées qu'à Dieu. Et si une telle production ad extra n'est attribuable qu'à Dieu, la production *ad intra*, dans l'Idée, l'est d'autant plus. Cela concorde avec une opinion communément partagée, selon laquelle ce qui est fait en vertu de la cause seconde est fait auparavant par Dieu (*cf. L. de causis*, I 14). En répondant directement à l'argument (*Et pro illo priori « creatur »*..., renvoie à la ligne 420), Wyclif met en avant l'antériorité de l'action divine : si Dieu précède et surpasse toute action de la cause seconde, il précède et surpasse aussi celle de la cause matérielle (569-585).

Une difficulté (sur les deux annoncées) termine cette réponse. En posant tout d'abord la distinction entre la création passive, qui a Dieu pour auteur, et la production effectuée par une cause seconde, qui n'est pas une création, et en donnant ensuite pour vrai qu'il y a autant de productions que de causes secondes agissant indépendamment l'une de l'autre, il faut admettre comme évident que, lorsqu'il s'agit de la production réelle (*in natura*), toute production d'une cause seconde, qui peut avoir lieu sans l'action d'une cause successive, peut être distinguée d'une telle production successive. Autrement dit, tout comme on distingue la causalité divine de l'humaine et une cause de l'autre, on distingue également leurs effets. Wyclif se contente pour réponse d'une courte remarque. Il note qu'il faut séparer « production simple » de « production quantitative » car la seconde est composée de la création dans son être analogue et des productions successives : *productio, quae est creatio quantitative, componitur ex creatione in suo analogo et productionibus sequentibus*. Wyclif distingue et sépare la succession naturelle des causes secondes et de leurs effets, succession individualisée par le temps, le sujet de l'action et du changement, c'est-à-dire l'effet ; mais il ne compte qu'une seule production lorsque celle-ci résulte d'une action commune de la cause première et d'une cause seconde : *verumtamen est dare unam productionem qua<m> facit prima causa et instrumentum eius* (586-602, je change la ponctuation ; la suite répond probablement à un argument perdu).

Réponse au dernier argument. Celui-ci est fondé sur un malentendu concernant l'expression *ex nihilo*. En réalité, toute créature est faite « à partir de Dieu » (*ex Deo*), son principe originel (*originante*), « par Dieu », sa cause exemplaire, et « en

Dieu », sa cause finale. Dieu n'est pas cependant sa cause subjective (*c. subiectiva*), qui l'aurait matériellement (*ex qua*) et formellement (*in qua*) constituée dans son espèce. Toute créature est à la fois « à partir de rien » et « à partir de quelque chose » (*eadem creatura est ex aliquo et tamen est ex nihilo*; 619-626).

La réponse à la première raison supplémentaire distingue entre deux posse, dont le premier, logique, est situé hors du genre et le second, créé dans le genre, est situé dans l'être analogue (*in creata essentia absoluta*). Identique à la matière première, le second posse ne fait pourtant pas partie des choses. La réponse à l'argument concernant le sujet et son accident introduit une distinction entre la création active (*creantia*) et la création passive (*creatio*), dont la première précède et implique la seconde, comme l'action précède et implique la passion. La première n'est pas un accident et n'implique aucun changement dans son sujet, lequel est Dieu. Elle est la raison qui opère le principe d'action essentielle dans le genre, donc sur le plan de la création pure, alors que la création passive est un accident du sujet créé. Dans l'ordre de succession (*consequentia*), le sujet précède son accident et il en est la cause subjective. Cela étant, le rapport de priorité entre la création passive et son sujet s'établit tantôt dans le temps, tantôt au-dessus de temps (*simul <in> tempore... simul supra tempus*). Dans le temps, le sujet est créé et crée son accident (*creatur et subiectat illam creationem*) sans que ces deux moments se succèdent; au-delà du temps, il y a la priorité naturelle de la succession: le sujet créé précède la création passive (627-649).

Le chapitre 13 ajoute quelques menus détails à ce qui vient d'être dit. Il affirme avec force que, même s'il faut admettre la génération et la corruption, tout être, universel ou individuel, est créé pour toujours et que Dieu ne peut l'anéantir, c'est-à-dire le réduire à son *esse ideale*. Sur ce point Wyclif se sépare de la longue tradition scolastique et rejoint l'univers parfait de Nicolas d'Autrécourt. Selon le témoignage de Gerson, Jérôme de Prague aurait défendu en 1406 à Paris la thèse de la création à partir de quelque chose et celle de la non-annihilation. Dans la mesure où ces thèses sont solidaires de la doctrine de l'être analogue enseignée par le Praguois, cela n'est plus à exclure.

Les deux descriptions de la création, celle du *Trialogus* lue auparavant et celle du *De universalibus*, divergent, et pas seulement par leur longueur. Le point de départ pour chacune d'elles n'est pas le même: la première, inspirée du *Timée*, soulève la question du principe matériel que « présuppose » la création, alors que la seconde se propose d'examiner la position aristotélicienne au sujet de l'impossibilité de la création (467). Le développement ici et là est donc différent. Le fond du problème est cependant le même: la création dans la double signification du mot, création à partir de rien et production à partir de quelque chose (*factio*), et le rôle de l'« élément matériel », nommé dans le premier texte, décrit sans être nommé dans le second. C'est en raison de cette description que l'on peut donner sa pleine signification au nom, c'est à cause de l'appellation qu'on retrouve le sens philosophique de la description. Les deux descriptions offrent une transposition acceptable par l'École du mythe ancien du Démiurge.

Dans chaque cas l'universel, qu'il soit éternel ou créé, précède l'individuel : l'éternel, parce qu'il est essentiellement la nature divine ; le créé, parce qu'à l'instant de la création subite du monde il fut à jamais déposé dans l'*esse*, première des choses créées. Seule cette partie de l'œuvre divine s'appelle proprement *creatio*. La création est donc une *factio ex nihilo* de l'être analogue et, « sous » ce premier créé, des genres et des espèces disposés dans les dix catégories. L'autre partie de l'œuvre divine, l'*administratio* démiurgique, gouverne les existences particulières faites toujours partiellement du rien, partiellement de quelque chose. Ce « quelque chose », ce sont l'être, le genre et l'espèce déjà créés. L'anéantissement étant exclu pour des raisons philosophiques et religieuses, tout ce qui est créé l'est pour toujours ; ce qui est en partie fait et en partie créé reste éternel mais soumis à la génération et à la corruption. Les œuvres créées et faites étant éternelles, les principes formels et exemplaires de la création le sont autant. À partir de l'être analogue et éternel Dieu peut continuer son œuvre de production : pour faire-créer les choses individuelles Dieu dispose ainsi d'un élément extérieur à lui. C'est le troisième principe, identifié à l'*esse primum creatum*, à la suite du *Liber de causis*. En réalité, tout comme la *factio* divine qui est binaire, l'être analogue a une double fonction, formelle et matérielle : il est plutôt une « matière » pour Dieu-architecte qui regarde les exemplaires en son sein, il est certainement une forme, une quiddité formelle pour les choses faites.

Profondément inspirée de Platon, la version wyclifienne de l'origine du monde et de la production des choses est une réinterprétation de la notion de création subite et simultanée empruntée à l'Écriture, de celle d'analogie venue de l'École et de celle de première chose créée connue par le *Liber de causis*. Si nous y ajoutons encore celles de matière, de temps et d'éternité, et d'annihilation, nous aurons autant de directions pour l'investigation à laquelle nous invite la spéculation de Wyclif.

# LA QUESTION DE JÉRÔME DE PRAGUE DISPUTÉE À HEIDELBERG

La question dite de Heidelberg, disputée dans cette ville en avril 1406, n'est pas inconnue des érudits. Intitulée *Utrum veritas generalis sit significanda pro quacunque propositione vera denominanda* – en abrégé UVSG –, elle nous est parvenue sous forme d'un schéma général des conclusions et des corollaires, conservé par deux manuscrits et édité par Augustin Neumann, O.S.A., dans un volume presque introuvable des *Studie a texty*[1]. Cependant, mieux que ces conclusions, l'histoire a retenu les circonstances de la *disputatio* de Heidelberg. Rappelons-les rapidement. Les conclusions et corollaires de la question UVGS sont proches de la dispute parisienne, antérieure de quelques mois, après laquelle Jérôme a été obligé de quitter secrètement la ville. Après avoir provoqué un tohu-bohu général à Heidelberg, Jérôme, conduit de force auprès de Matthieu de Cracovie, alors évêque de Worms et chancelier de l'université, a une fois de plus réussi à s'échapper. Le contenu de la dispute a été examiné tant au procès doctrinal de Jérôme à Vienne, en 1410-1412, qu'au concile de Constance. L'ensemble des conclusions et corollaires n'a jamais, que je sache, été étudié[2].

1. J. Kratochvíl, « Problém všeobecnin v ceské filosofii XIV. století » [Le problème des universaux dans la philosophie tchèque du XIV<sup>e</sup> siècle], *Studie a texty k náboženským dějinám českým*, 4 (1925), p. 153-161 ; texte, p. 156-161 ; le nom de Neumann n'est mentionné qu'à la fin de l'introduction rédigée par Kratochvíl. F. Šmahel, « Verzeichnis der Quellen zum Prager Universalienstreit 1348-1500 », *Mediaevalia philosophica Polonorum*, 25 (1980), p. 44, n° 175 A-B. Dans le manuscrit de Bâle, dont je parle plus loin, on voit, après le « significanda », une abréviation *pp*. Les deux lettres sont rayées de telle façon qu'on peut les lire comme une abréviation de « propter ». Cependant, deux lignes plus loin, le copiste a rayé d'une manière identique un « quia » inutilement répété. Je le fais remarquer, car Bartoš (p. 304, note 1) a transcrit cette abréviation avec le titre de la question. Je remercie vivement M. Vilém Herold, de l'Académie des sciences de la République tchèque, de m'avoir procuré une copie de l'édition Neumann.

2. Sur le séjour de Jérôme à Heidelberg, voir en premier lieu F. Šmahel, « Leben und Werk des Magisters Hieronymus von Prag », *Historica*, 13 (1966), p. 81-111, part. p. 85-86 et 91-92 ; sur la question de Heidelberg, voir Šmahel, « Univerzitní kvestie a polemiky mistra Jeronýma Pražského » [Questions et polémiques universitaires du maître J. de P.], *Acta Universitatis Carolinae - Historia*

Quant au texte de UvGS, nous ne sommes pas plus avancés. Probablement en raison de la Grande Guerre et de ses suites, son éditeur n'avait pas eu l'occasion d'examiner le manuscrit de Bâle et a dû se contenter de la copie tardive, car exécutée en 1722 ou 1723, conservée à la Bibliothèque nationale de France sous la cote du fonds latin 1508. Le seul résultat tangible obtenu jusqu'à présent est la démonstration faite par František Šmahel de la dépendance de la double question *Utrum sint (alique) forme universales que neque formate sunt nec etiam formabiles* (UsFU) par rapport à notre question UvGS, à laquelle cette question-là emprunte huit conclusions et corollaires [1]. Ici même, j'ajouterai quelques précisions nouvelles sur ce point. Cependant, lorsque le même historien affirme que la copie parisienne est transcrite fidèlement sur son modèle bâlois [2], il est impossible de le suivre. En effet, amené à deux reprises à consulter la question de Heidelberg dans sa copie parisienne, je me suis chaque fois heurté à des passages fort peu compréhensibles et à un vocabulaire quelquefois inattendu. L'édition de Neumann n'a aucunement facilité le contact avec la pensée de Jérôme, tout au contraire, le texte édité est par endroits encore plus difficile à comprendre que la copie manuscrite du XVIII$^{e}$ siècle [3]. C'est pourquoi, confronté aux multiples difficultés que pose l'utilisation de ces deux recensions de notre question, je me suis rendu à la Bibliothèque universitaire de Bâle pour examiner sur place le ms. A VIII 24, lequel, aux f° 45v-48r, conserve

*Universitatis Carolinae Pragensis*, 22-2 (1982), p. 7-41, part. p. 8-11 et passim. Voici comment les manuscrits notent les circonstances de la dispute : « Explicit positio magistri Jeronymi de Praga facta Heidelberge quando ipse Jeronymus venit de Parisiis, ubi fuit magistratus... ». Les actes du procès de Vienne sont édités dans *Processus iudiciarius* ; deux maîtres témoignent de la dispute de Heidelberg : Nicolas Tell de Tongern et Conrad Duvel de Hildesheim, p. 12-13, et 14-15 ; voir aussi plus bas, p.295, note 1. En dernier : A.A. Strnad, « Die Zeugen im Wiener Prozess gegen Hieronymus von Prag. Prosopographische Anmerkungen zu einem Inquisitionsverfahren im Vorfelde des Hussitismus », in *Husitství - Reformace - Renesance. Sborník k 60. narozeninám F. Šmahela*. Édité par J. Pánek, M. Polívka, N. Rejchrtová, Prague, 1994, I, p. 331-368.

1. F. Šmahel, « Univerzitní kvestie », p. 33. La double question UsFU est éditée par J. Sedlák, dans l'annuaire *Studie a texty*, 2 (1915), p. 229-258 ; sa seconde partie est intitulée *Utrum sub ente analogo aliqua quidditas universalis sit ponenda extra signa humanitus adinventa et intenciones ad intra* (= USEA dans la littérature historique tchèque). La double question, discutée exclusivement un jour férié, était imposée à tout magister d'une autre université lors de son incorporation à Prague. Ce fut donc aussi le cas de Jérôme, fait maître à Paris. F. Šmahel, « Univerzitní kvestie », p. 25.

2. F. Šmahel, « Univerzitní kvestie », p. 8-9, dont l'opinion est fondée sur l'examen d'une photocopie. Il est probable que M. Šmahel a étudié notre question dans la première partie des Kvestie a polemiky mistra Jeronyma Prazského, ouvrage annoncé en 1980 (« Verzeichnis der Quellen », p. 44, n. 175/A-B), mais, à ma connaissance, jamais publié. L'introduction de Kratochvíl à l'édition de Neumann est un exposé général de la doctrine « platonicienne » des Idées chez les médiévaux et ne porte sur aucun de ces manuscrits.

3. Voir plus haut, « Le chancelier Gerson », p. 212, note 2, p. 224-225, et « Jérôme de Prague », p. 263, note 2, p. 269, note de la page 268, p. 271, note 1, p. 280, note 5. Je ne suis pas le premier à remarquer les difficultés de compréhension que posent les textes et la doctrine de Wyclif (*ibid.*, p. 242-243), le lecteur français les trouvera toutes énumérées par E. Delaruelle, E.-R. Labande, P. Ourliac, *L'Église au temps du Grand Schisme et de la crise conciliaire (1378-1449)*, t. II, Paris, 1964 (Histoire de l'Église, Fliche-Martin, 14), p. 956.

une copie effectuée au XVe siècle, modèle du manuscrit parisien recopié à son tour par Neumann.

Ma première tâche ici sera donc de rendre compte de l'état du texte transmis par les deux manuscrits et par l'édition donnée de l'un d'eux, et de dire à tous ceux qui s'intéressent à la philosophie de Jérôme de Prague ou à celle des wyclifistes praguois et des réalistes en général laquelle des trois recensions est à consulter, laquelle doit être évitée et pour quelles raisons. Et puisque la copie parisienne (dorénavant notée **P**) est exécutée sur le manuscrit bâlois (plus loin **B**), alors que l'édition de Neumann (notée **N**) est faite sur le **P**, la présente analyse se fera en deux temps. Tout d'abord, on comparera **N** avec son modèle **P**, pour voir si **N** a amendé les erreurs de **P** ou s'il transmet le texte dégradé. Car si **N** est de la même qualité que **P**, ou même meilleur, il nous sera utile dans notre comparaison de **P** avec **B** ; dans le cas contraire, il nous faudra le rejeter. La comparaison des deux copies manuscrites de la question de Heidelberg se fera en un second temps.

## I

### *L'édition et son modèle*

Pour alléger cette première comparaison, je ne renvoie pas aux conclusions et corollaires de la question UVGS, mais à la page et la ligne de l'édition citée. Je note cependant que les lignes dans cette édition ne sont pas numérotées ; je les ai numérotées à la main pour le présent travail. Voici les plus importantes des différences entre **P** et **N** ; elles montrent la négligence de l'éditeur.

| | | |
|---|---|---|
| p. 156, | 6 | per creationem] BP, *bis* N |
| | 7 | philosophice N, philosophie B, philosophiae P |
| | 9 | fit N, sit BP |
| p. 157, | 8 | veritatem N, veritatum BP |
| | 13 | esse N, esse causati BP |
| | 16 | omnium rerum ad extra facturarum BP, *om.* N |
| | 24 | substantiae N, veritates BP |
| | 29 | est N, esse BP |
| | 34 | per N, super BP |
| p. 158, | 17 | sine NP, sive B |
| | 35 | in multis N, multis B, *corr. ex* in multis P |
| p. 159, | 5 | utque N, atque BP |
| | 16 | veritates N, veritate BP |
| | 24 | quo dum N, quam ( ? ) dum B, qua dum P \| per se N, de per se BP |
| | 33 | ad realem propositionem. Probatur quia propositio ut signum B, *en marge avec un signe de renvoi et l'indication : supple* P, *om.* N |
| | 35 | hominem BP, *om.* N |

Il est donc absolument certain que Neumann n'a pas amélioré le texte qu'il a édité : les quelques corrections qu'il a effectivement introduites en établissant sa propre version de la question sont dues bien plus à des interventions du copiste et de son correcteur dans le corps du texte et en marge qu'à sa propre perspicacité et à son intelligence de l'ouvrage de Jérôme. S'il est évident qu'il n'est pas responsable des erreurs commises par **P**, il en a ajouté d'autres, même de graves, comme les omissions de plusieurs mots, et ce en nombre assez important pour un texte aussi court et presque toujours aussi facile à lire. La dégradation du texte édité par rapport à son modèle oblige à l'écarter de la seconde comparaison, qui est celle de **B** avec **P**.

*Les deux manuscrits*

Le manuscrit bâlois, notre **B**, n'a fait jusqu'à maintenant l'objet d'aucune description moderne complète[1].

Le manuscrit parisien, notre **P**, a été copié directement sur **B** à Bâle même, comme en témoigne le papier, dont les filigranes portent les armes de la ville, et qui fut utilisé par l'équipe des copistes engagée par le théologien bâlois Jakob Christoph Iselin et le secrétaire de la Bibliothèque du roi, l'abbé Jacques Nicolas Jourdain. Les copistes ont alors transcrit dans trente volumes in-folio une riche documentation de concile de Bâle, censée confirmer les anciens privilèges de l'Église gallicane. Iselin, l'homme qui fut à l'origine de cette « campagne bâloise »,

1. Bien que Bloomfield ne connaisse pas notre ms. B, mon identification des textes renvoie cependant à M.W. Bloomfield, B.-G. Guyot, D.R. Howard, T.B. Kabealo, *Incipits of Latin Works on the Virtues and Vices, 1100-1500 A.D.*, Cambridge (Mass.), Mediaeval Academy of America, 1979, p. 559. – Écrit sur papier, ce manuscrit de 289 feuillets, 21 x 14 cm, contient : f° 2r-45r, Nicolas Magni de Jawor, *Tractatus de superstitionibus*, copié en février 1440 ; f° 45v-48r, Jérôme de Prague, question Uvgs ; f° 48r-v, Jean Lagenator de Diepurg, connu aussi sous le nom de Jean de Francfort, début de la *Posicio contra Jeronimum de Praga*, (édité par A. Häse dans Johannes von Frankfurt, *Zwölf Werke des Heidelberger Theologen und Inquisitors.* Erstmals hrsg von D. Walz, Heidelberg, 2000, p. 99-100 ; Šmahel/Silagi, p. 263-264) ; f° 50r-101r, Gérard de Vliederhoven ( ? ), *Libellus de quatuor novissimis*, copié en février 1440, Bloomfield n° 3057 ; f° 110r-130r, Jean Gerson, *De auferibilitate sponsi ab ecclesia* ; f° 130v-139r, Jean Gerson, *De probatione spirituum*, copié en 1442 ; f° 139v-152r, *Speculum de V floribus mundi*, Bloomfield n° 4761 ; f° 152v-161r (Explicit Speculum peccatoris anno 1441 a beato Augustino compilatum), *Speculum peccatoris*, Bloomfield n° 4918 ; f° 161v-170v, *Speculum amatorum mundi*, Bloomfield n° 6443 ; f° 172r-281v, *Tractatus de X praeceptis*, Bloomfield n° 2018 ; voir G. Haenel, Catalogi librorum manuscriptorum qui in bibliothecis Galliae, Helvetiae… asservantur, Leipzig, 1830, col. 646 ; Ph. Schmidt, « Die Bibliothek des ehemaligen Dominikanerklosters in Basel », *Basler Zeitschrift für Geschichte und Altertumskunde*, 18 (1919), p. 160-254, part. p. 200, n° 105 ; F.M. Bartoš, « Hussitika a bohemika několika knihoven německých a švýcarských » [Hussitica et bohemica dans quelques bibliothèques allemandes et suisses], *Věstník Královské české společnosti nauk*, Classe philos. – hist., 1931, V[e] partie, p. 54. B.M. von Scarpatetti, *Katalog der datierten Handschriften in der Schweiz in lateinischer Schrift vom Anfang des Mittelalters bis 1550. Die Handschriften der Bibliotheken von Aarau, Appenzell und Basel*, Band I, Text, Dietikon-Zürich, 1977, p. 69 n. 185.

s'est mis au travail probablement déjà en 1716, après être retourné de Paris, où toute action avait été examinée et préparée par lui-même, le chancelier Daguesseau et le grand érudit Baluze, dont les travaux auraient dû être les premiers à profiter des textes ramenés de Suisse. Sa mort en 1718 n'a cependant pas interrompu le travail de ses collaborateurs qui s'est prolongé jusqu'en 1723. En 1724, sur l'ordre de Jean Paul Bignon, bibliothécaire du Roi, tous les manuscrits copiés ont été renvoyés à Bâle pour obtenir de la ville une attestation de la conformité des copies. Puisque sur toutes les listes des manuscrits copiés, la *Quœstio* de Jérôme de Prague est placée à la fin, parmi les rares pièces provenant du concile de Constance, il est certain que cette copie a été exécutée en 1722 ou même en 1723. La Bibliothèque nationale garde toujours les volumes de cette collection « bâloise »[1].

La question de Jérôme pourrait bien illustrer la mauvaise qualité du travail effectué à Bâle[2]. Les gloses laissées dans le modèle démontrent que le copiste et l'homme qui a vérifié son travail ont fait un grand effort pour comprendre le texte copié, mais qu'ils ne savaient pas toujours bien le lire, le vocabulaire technique de la question était pour eux un obstacle insurmontable. Nous avons trois témoins de leur effort et, finalement, de leur échec : les gloses et les faux amendements effectués dans les marges de **B**, que j'appellerai désormais **B*** ; la copie exécutée vers 1722, soit notre **P** ; et enfin quelques gloses dans cette même copie, dorénavant **P***. Voici donc les rapports entre, d'une part, **B** et, d'autre part, **B***, **P** et **P***, rapports fondamentaux pour la suite de ces considérations. Les mots soulignés dans les manuscrits sont mis ici en italique.

**B f° 45v** : ponitur ; **B*** : est *ponitur* sed sensus requirit *ponere* ; **P** : ponere (*cor. de* ponitur). – L'amendement est juste ; voir aussi plus bas, texte (α).

1. Par « volume » on doit comprendre l'ouvrage. La description de P se lit dans *Bibliothèque nationale. Catalogue général des manuscrits latins*, t. II, publié sous la direction de Ph. Lauer, Paris, Bibliothèque nationale, 1940, p. 47. Voir *ibid.*, notices consacrées aux manuscrits suivants du Fonds latin : 1439, 1441, 1442, 1445-1447, 1494, 1500, 1504, 1508, 1510, 1513, 1516, 1517, 1519-1521. Jourdain est à Bâle pour « soulager M. Iselin dans ce travail » en 1717, 1719, 1723 et 1724. La multitude de mains démontre l'emploi de plusieurs copistes. La documentation de toute l'action est réunie dans le ms. BnF, lat. 17173 où l'on trouve plusieurs listes des manuscrits copiés, aux f° 26r suiv., 63r suiv., 76r ; la Quaestio de Jérôme de Prague est mentionnée au f° 35v au n° 4, 72v au n° 4, et 84v. Voir aussi l'abbé Jourdain, « Mémoire historique sur la Bibliothèque du Roy », placé en tête du *Catalogue des livres imprimés de la Bibliothèque du Roy, Théologie, première partie*, Paris, 1739, p. LXI et LXII, et L. Delisle, *Le cabinet des manuscrits de la Bibliothèque nationale*, t.1, Paris, 1868, p. 370-371. Pour la vie de J. Ch. Iselin (1681-1737), auteur d'ouvrages, éditeur et successivement professeur d'histoire et d'éloquence, d'histoire et de monuments de l'Antiquité, et enfin de théologie, voir *Historischbiographisches Lexicon der Schweiz*, IV, Neuenburg, 1927, p. 364a, et *Schweizer Lexikon*, III, Luzern, 1992, p. 596a.

2. Le grand historien tchèque, F. Palacký, « Bericht an die akademische Commission zur Herausgabe der Acta conciliorum, über die in der Pariser Bibliothek vorhandenen Handschriften zur Geschichte des Basler Concils », dans *Sitzungsberichte der keiser. Akademie der Wissenschaften*, Philos.-hist. Classe, XI, 1853, p. 277-309, part. p. 287 (tiré à part, p. 11), juge ainsi le travail : « Wir werden die darin enthaltenen Werke um so mehr aus den Originalien selbst schöpfen müssen, als die Pariser Handschriften an vielen Stellen unrichtige Lesarten bieten, indem Prof. Iselin, welcher ihre Collation besorgte, im Lesen mittelalterlicher Handschriften überhaupt nicht sehr fest gewesen ».

**B** fº 45v : Quamvis Plato nomen ydee primo invenerit ; **B* :** sensus flagitat omnino : *propositio necessariae ydeae primo inveneris* ; **P** : Quamvis propositio necessariae ideae primo invenerit. – La correction est fantaisiste. Voir plus bas, texte (β).

**B** fº 45v : nam licet unicuique rei nondum nomen habenti universitati quodlibet nomen imponere ; **B* :** Primo autem hic notat *demum*. Et notandum sane crebro hic lapsum esse amanuentem ; l<ege> *universitatem* ; **P :** nam licet unicuique rei nondum necessario habenti universitatem (*cor. de* universitati) quodlibet (quodlibet *en marge*) necessario imponere. – La seule idée bonne concerne le remplacement du datif par l'accusatif, mais le mot est inexact aussi bien dans **B** que dans **B*** et **P.** Voir aussi plus bas, texte (β).

**B** fº 45v : prem- primi..eice ( ? ) ; **B*** : forte leg. *praeeminentiae* quamquam non plane satisfecit ; **P** : praeminentiae ( ! ) ; **P*** : Sic MS quamvis non plane satisfacit. – Le mot est effectivement difficile à lire ; voir plus bas, texte (γ).

**B** fº 45v : increate ; **B*** : l<ege> increati ; **P** : increati (*corr. de* increatae).

**B** fº 46v : quidditates ; **B* :** l<ege> *quidditates* vel qualitates vel potius numero singularitatis quidditas, qualitas ; **P** : quidditates ; **P*** : MS, sed potius in numero singulari *quidditas.*

**B** fº 47r : ut ex Antepredicamentis ; **P :** ut ex antepntis (*avec le signe d'abréviation sur p*) ; **P* :** Sic MS puto leg. *ex antepredictis.*

Les gloses **B*** ont été inscrites en partie avant ou pendant le travail du copiste du **P**, en partie lors de la vérification du texte copié, faite probablement par Iselin lui-même, car, bibliothécaire de la Bibliothèque universitaire de Bâle depuis 1716, il était le seul à être en situation d'annoter le manuscrit. Toutefois, exception faite de quelques corrections heureuses d'ordre grammatical, ses interventions dans le texte et ses commentaires marginaux se sont révélés néfastes. Malheureusement, **P** l'a suivi fidèlement.

*L'examen des deux copies*

La comparaison nécessaire des deux manuscrits, **B** et **P**, ayant été jusqu'à présent totalement négligée, je la fais ici en montrant en même temps et les différences entre les deux et la supériorité de **B.** Cette comparaison se limite aux endroits que je considère comme importants et souvent difficiles à corriger, à l'exception toutefois du premier corollaire de la conclusion 3, art. 2, qui, me semble-t-il, souffre d'une omission trop importante. La question UVGS étant réduite au schéma des conclusions et des corollaires disposés en deux articles, je retiens la même structure : I ou II, concl. et corol. Seuls les textes amendés de manière satisfaisante et les citations des sources sont imprimés « en retrait ».

(α) I, concl. 1, **B** fº 45v : *Ponere ydeales veritates est directe fidei christiane contradicere. Probatur, quia ydee sunt separate, eterne, veridice, ut ex Augustini* *verbis atque sensu ostensum est*[1]. *Sed ea, que eterna sunt, ponitur per creacionem incipere est directe fidei christiane contradicere philosophie, et quia ponere ydeas existere est ponere eas per creationem incipere, cum incipere sit ad extra in universitate creata sistere…*

**P** f° 17r, nous l'avons déjà vu, n'introduit ici qu'un seul amendement, l'infinitif '*ponere*' à la place de l'impersonnel '*ponitur*'. Cela ne suffit cependant pas, car il reste toujours ce double désaccord de la conclusion, avec la foi chrétienne et avec la philosophie. Déjà **N**, en prenant le diphtongue *ae* du **P** pour la terminaison adverbiale en *-ce*, a remplacé dans ce latin douteux de **P** le substantif '*philosophiæ*' par la forme adverbiale '*philosophice*'.

On peut tenter de réparer ce désordre en considérant tout d'abord les mots '*philosophie et*' comme un ajout postérieur dû à un copiste inattentif, et lire : *est directe fidei christiane contradicere [philosophie et], quia…* Le fait que Jérôme se taît sur le caractère philosophique de la conclusion justifierait l'amendement qui se garde de dépasser les limites de la théologie. D'ailleurs, on va plus loin voir un autre ajout inexplicable, dû sans aucun doute possible à la négligence des copistes. Mais, en gagnant ainsi en clarté, la phrase perd quelque chose de sa gravité et de son balancement entre les aspects théologique et philosophique de l'argumentation. Il faut donc chercher une autre solution.

À mon avis le désordre syntactique ne s'explique que par l'inattention du copiste de **B** (ou de son modèle), et cela de deux manières : soit parce qu'il n'a pas remarqué le signe indiquant le changement de l'ordre des mots mal alignés, et dans ce cas-là il faudrait lire : *directe fidei christiane contradicere, et philosophie, quia…* ; soit parce qu'il a omis un 'et' avant '*philosophie*'. Dans ce second cas nous avons un argument en deux temps, introduits par la conjonction de cause '*quia*' : la conclusion est vraie puisque les Idées sont éternelles, mais ce qui est éternel ne commence pas par l'acte de création ; or dire qu'elles existent, c'est affirmer qu'elles ont commencé à exister. La force de l'argument repose sur l'opposition entre l'être éternel et l'être qui a un commencement. À ce dernier s'applique le verbe '*existere*', lequel n'indique pas le mode d'être des Idées, mais celui des choses singulières créées, ce qui est décrit par le '*sistere in universitate creata*'. Comme on le voit, l'argument implique un rapport entre la philosophie et la grammaire, à savoir entre les trois verbes substantivés (*esse*, *fieri*, *existere*) et les

1. S. Augustin, De ideis, 2 (p. 73, 60-62) : « Has rationes rerum principales appellat ideas Plato, non solum sunt ideae, sed ipsae uerae sunt, quia æternae sunt et eiusdem modi atque incommutabiles manent ». Le premier corollaire explique la nature de ce caractère qu'est la « distinction » : il s'agit de la séparation radicale entre le modèle (*exemplar*) qui donne l'être, et les choses qui le reçoivent (*exemplata*). À cette même occasion Jérôme réaffirme que le verbe « exister » ne s'applique pas aux Idées : « Licet idee separate non existant, ipse tamen veridice separate sunt. Probatur… » Quelques conjectures sont à introduire dans la partie finale de cette démonstration ; je propose donc de lire : « … et negandum hoc, scilicet exemplatum, precedere <exemplar>. Igitur ideas tamquam exemplaria certissima necesse est [exempla] exemplata precedere. » À ma connaissance, Jérôme ne parle jamais de « exemplum exemplatum ».

trois classes d'êtres (les Idées, les universaux, les singuliers). Ce jeu de grammaire et de spéculation fut alors en usage aussi bien à Paris qu'à Prague [1]. Je propose donc de compléter le texte par un seul mot, et de le lire comme suit :

> Probatur, quia ydee sunt separate, eterne, veridice, ut ex Augustini verbis atque sensu ostensum est, sed ea, que eterna sunt, ponere per creationem incipere est directe fidei christiane contradicere <et> philosophie ; et quia ponere ideas existere est ponere eas per creationem incipere, cum 'incipere' sit ad extra in universitate creata sistere, quod veritatibus idealibus nequit competere.

Cela nous montre combien absurde est la première conclusion transmise par **B** et **P**, et qui dit ceci : « Affirmer l'être des vérités idéales, c'est contredire directement la foi chrétienne », alors que Jérôme affirme dans toutes ses questions la réalité d'un tel être. Complétée par une des trois expressions équivalentes, cette première conclusion doit donc prendre la forme suivante, compatible avec la foi et les deux arguments :

> Ponere ideales veritates <per creacionem incipere> est directe fidei christiane contradicere.

(β) I, concl. 1, cor. 2, **B** f° 45v : *Quamvis Plato nomen ydee primo invenerit, ipsa tamen res cum Platonis sententia est eterna. Prima pars patet per Augustinum in libro 83 questionum, ut extitit superius allegatum, nam licet unicuique rei nondum nomen habenti universitati quodlibet nomen imponere* [2].

**P** f° 17r : *Quamvis propositio necessariae ideae primo invenerit, ipsa tamen res, cum propositionis sententia est æterna. […] Nam licet unicuique rei nondum necessario* (corr. ex *necesse* ?) *habenti universitatem* (corr. ex *universitati*) *necessario* (corr. ex *necesse*) *quodlibet* (in marg.) *imponere.*

Malheureusement, **P** est, comme on l'a vu auparavant, resté fidèle à **B***, lequel, à l'évidence, n'a rien compris au corollaire et n'a pas remarqué qu'il s'agit d'une citation. En fait, le '*universitati*' de **B**, corrigé en '*universitatem*' par **B*** et **P**, correspond à '*usitatum*' de la source de Jérôme. Car tout ce corol. 2 reprend et arrange le début du *De ideis*, déjà mentionné, d'Augustin, que voici :

> Ideas Plato primus appellasse perhibetur. Non tamen si hoc nomen antequam ipse institueret, non erat, ideo uel res ipsæ non erant, quas ideas uocauit, uel a nullo erant intellects ; sed alio fortassis atque alio nomine ab aliis atque aliis nuncupatæ sunt ; licet enim cuique rei incognitæ, quæ nullum habeat usitatum nomen, quodlibet nomen imponere [3].

1. Voir plus haut, p. 292-293.

2. Ici, comme dans les deux autres questions éditées de Jérôme, nous n'avons qu'un schéma distribué probablement aux participants de la discussion. Le *De ideis* d'Augustin est pour la première fois cité dans la démonstration de la première conclusion ; voir p. 278, note 1. L'ouvrage est largement utilisé par Jérôme, voir *supra*, « Jérôme de Prague », p. 257-260, 279 *sq.*

3. Augustin, *De ideis*, 1 (éd. Mutzenbecher, p. 70, 2-7).

Les lignes citées de la question *De ideis* ainsi que la répétition de notre corollaire dans la question Usfu, concl. 1, cor. 2 : *Quamvis Plato primus nomen ydee invenerit, ipsa tamen res cum Platonis sententia est eterna* [1], permet de corriger la partie altérée du corollaire de la manière suivante :

> Quamvis Plato… Prima pars patet… ut extitit superius allegatum : Nam licet unicuique rei, nondum nomen habenti usitatum, quodlibet nomen imponere.

(γ) I, concl. 2, cor. l, **B** f° 45v-46r : *Quamvis deus sive prima causa non existit quodlibet, habet tamen ab esse in se esse causati cuiuslibet. Probatur ex dictis, nam veritas ydee cognominate sunt essentialiter non eadem prima. Que quidem veritates sunt prem… eice (?) entitatis increate omnium rerum ad extra facturarum | sive factibilium, igitur corolarium verum.*

P f° 17v : *Quamvis Deus sive prima causa non existit quodlibet, habet tamen ab esse in se esse causati cuiuslibet. Probatur ex dictis. Nam veritas ideae cognominatae sunt essentialiter non eadem prima, Quae quidem veritates sunt praeeminentiae entis increati* (corr. ex *increate*) *omnium rerum ad extra facturarum sive factibilium, igitur corrolarium verum.*

Le corollaire est divisé en deux parties, dont la première reprend la conclusion 2 (*Dicere causam primam quodlibet existere est ordinem veridicum vel veritatum confundere*), et la seconde apporte une précision : la Cause première conserve en elle-même l'être de toutes les choses, l'être dont elle est aussi la source. Les deux copies sont d'accord sur ce point.

Quant à la démonstration du corollaire, il faut tout d'abord admettre un amendement de **N** et écrire '*veritates*' au lieu de '*veritas*', ce qui concorde avec le verbe '*sunt*' et qui nous persuade que l'expression '*idee cognominate*' est au nominatif du pluriel. Toutefois, même avec cette correction, le sens de la seconde phrase – *Nam verita<te>s, idee cognominate, sunt essentialiter non eadem prima* (*causa* ?) – est difficile à saisir, parce que la différence entre la Cause première et les Idées est formelle, alors que, précisément, leur identité est essentielle. C'est une opinion constamment défendue par Wyclif et les wyclifistes praguois, confirmée ici même, dans le corollaire 3 (de la même concl. 2) : *quaelibet veritas huiusmodi est essentialiter Deus, cum iuxta theologos quicquid est in Deo est Deus*, et dans la conclusion 3, corollaire 1 de la question Usfu [2]. Je suppose donc que la phrase citée souffre d'une importante omission où il serait à la fois affirmé un rapport de nature essentielle et nié un autre, une identité essentielle, les deux expliquant

1. Usfu, Sedlák, p. 242 ; Šmahel/Silagi, p. 31, 525-527 ; il s'agit de la concl. 1, corol. 2. *Cf.* Šmahel, Verzeichnis, p. 44, n. 176. Šmahel, « Univerzitní kvestie », p. 33, ne remarque pas cette reprise du corollaire.

2. B, f° 46r, et Usfu, Sedlák, p. 243 ; Šmahel/Silagi, p. 33, 67-68. Autant qu'on puisse le voir grâce aux textes allégués par V. Herold, *Pražská univerzita*, p. 90 et 127 notes 109-112 ; la concl. 1 et son premier corollaire (du présent article 1 de notre question Uvgs) s'apparentent au *De ideis*, chap. 2, de Wyclif.

la nature des deux *esse* du corollaire. On peut donc imaginer la construction suivante : *Probatur ex dictis, nam verita<te>s, idee cognominate, sunt essencialiter <ipsa causa prima, sed formaliter> non <sunt> eadem prima <causa>*, fondée sur le même principe d'identité essentielle et de différence formelle qui gouverne l'universel *in re* et que l'on trouve, plus loin, II, concl. 1, cor. 2 (**B** 46v) : *Quamvis universale sit suum singulare essentialiter, differt tamen ab eo formaliter.*

Enfin, s'agissant de la dernière phrase du corollaire, elle n'est pas tout à fait sûre, car, d'une part, le mot difficile à lire, *prem-* ou *prim..eice* ne se lit pas dans les textes déjà édités de Jérôme, et, d'autre part, il est certain que pour obtenir un sens, il faut lire soit '*entitatis* [*in*] *create*' soit '*entitat<e>s increate*', par exemple : *Que quidem veritates sunt premeice<s> entitat<e>s increate omnium rerum ad extra facturarum sive factibilium* [1].

Un autre amendement est toutefois possible, et il semble même plus fidèle à la formule stéréotypée de Jérôme. En effet, à deux reprises, lorsqu'il parle des « choses créées (ou : à créer) et créables », Jérôme utilise un autre terme, l'adjectif '*proportionatum*', impliquant à la fois la correspondance analogue du créé et du non créé ainsi que la dépendance du premier par rapport au second. Il s'agit tout d'abord de notre question Uvgs, I, concl. 2, cor. 5 (**B** 46r), et de la question Usfu, déjà citée, concl. 2 : *Omnium veritatum* (*rerum*) *ad extra factarum sive factibilium est proportionata diversitas eternarum veritatum* (*racionum*) [2]. En introduisant ce même adjectif dans notre corollaire, nous obtenons ceci : *Probatur ex dictis, nam verita<te>s, ydee cognominate, sunt essentialiter <ipsa causa prima, sed formaliter> non <sunt> eadem prima <causa>. Que quidem veritates sunt <proporcionate> entitat<e>s increate omnium rerum ad extra facturarum sive factibilium, igitur corolarium verum.* L'être des vérités éternelles ainsi décrit porte ailleurs le nom d'*esse ideale*'. En d'autres termes, la démonstration n'est qu'une explication du corollaire : l'être du causé provenant de l'être de la Cause première, et qui est contenu dans celle-ci, est essentiellement identique à la Cause ; il y a une symétrie formelle entre l'être des choses contenu dans la Cause première et l'être des choses créées et créables.

Cela étant, aucune de ces tentatives de restaurer l'ensemble du corollaire ne semble vraiment décisive. On doit espérer que la question *Utrum mundus architypus, qui est multitudo ydearum in mente divina eternaliter relucentium, rerum huius*

1. La graphie du mot peut se lire comme suit : p (avec une barre au-dessus), puis m (ou : nn), et enfin eice (avec une barre au-dessus). Šmahel/Silagi, dans leur édition de Uvgs, p. 6, 38, reprennent la correction de J. Ch. Iselin déjà acceptée par P et N : preeminencie. Voir supra, notre comparaison entre : B, B*, P et P*.

2. Usfu, Sedlák, p. 242 ; Šmahel/Silagi, p. 31, 528-529. Mais la démonstration n'est pas la même dans les deux textes.

*mundi sensibilis sit concausa, potissima racio et exemplar*, encore inédite, apporte une solution définitive[1].

(δ) I, concl. 2, cor. 4, **B** f° 46r : *Omnes veritates create sunt a ueritatibus increatis ex prima parte. Patet illud corollarium ex iam dictis et per illud Platonicum : Deum causando istum mundum sensibilem, que prima veritas creata est, erat venerabilis exempli, id est mundi architipi, preclaram normam secutus.*

**P** f° 18r : *Omnes veritates creatae sunt a veritatibus increatis. Ex prima parte patet illud corrolarium ex iam dictis, et per illud Platonicum, Deum causando istum mundum sensibilem, quae prima veritas creata est…*

Plusieurs erreurs sont à corriger. **P**, qui fut tenté par ce travail, n'omet pas les mots inintelligibles '*ex prima parte*', mais les réemploie pour construire une phrase lourde et impossible, puisque redoublant l'explication : *Ex prima parte patet… ex iam dictis*. Dans le propos attribué à Platon, les deux copies répètent tout d'abord l'accusatif '*Deum*', lequel, du moins en apparence, ne se justifie pas, car si le verbe principal '*secutus est* ou *erat*' a, comme cela semble, le nom '*normam*' pour complément direct, la phrase n'a pas le sujet. Enfin, il y a ces mots qui désorganisent profondément la seconde phrase : '*que prima veritas creata est*'. Comment donc rendre son sens à un corollaire aussi accidenté ?

Puisque ce même corollaire se lit à la fois dans les questions ISFU et UAPR, je crois qu'on doit reproduire ici et comparer les deux rédactions encore non examinées. Regardons donc la question USFU, concl. 1, corol. 1. Elle banalise l'opinion de Platon en lui donnant un sujet au nominatif et en remplaçant le verbe '*causare*' par '*formare*', mais, en faisant précéder le gérondif de la préposition *in*, elle semble vouloir le libérer de sa valeur de participe présent, remplie dans notre corollaire par '*causando*'. À cause de l'accusatif qui suit, la tentative n'a pas complètement réussi : *Omnia encia creata sunt ab entibus increatis exemplata. Patet hoc corrollarium ex conclusione predicta et per illud Platonicum : « Deus in formando istum mundum sensibilem, que prima res creata est, erat venerabilis exempli normam secutus »*[2]. Voici maintenant la question UAPR (II, cor. unique) qui revient à l'accusatif '*Deum*' justifié par la proposition infinitive introduite par le '*liquet*'. Enfin, on y retrouve également la préposition '*in*' placée devant le gérondif '*constituendo*', ce qui nous donne : *Ex quo liquet Deum universorum opificem in constituendo istum mundum sensibilem normam venerabilis exempli, hoc est mundi architipi, fuisse secutum*[3].

Après l'examen de toutes les similitudes et de toutes les différences entre ces trois témoins, je pense que la rédaction du corollaire dans **B** ne saurait s'expliquer que par l'hypothèse des trois interventions suivantes. Premièrement, en comparant

1. Elle est analysée par V. Herold, *Pražská univerzita*, p. 204-219. L'édition Princeps, dans Šmahel/Silagi, p. 161-188.

2. USFU, Sedlák, p. 242 ; Šmahel/Silagi, p. 31, 520-524. F. Šmahel, « Univerzitní kvestie », p. 33 ; et plus haut, p. 263-264, où je n'ai pas pu résoudre le problème posé par ce texte.

3. UAPR, Sedlák, p. 221-222 ; Šmahel/Silagi, p. 93, 251-253 ; et *supra*, p. 261, texte n° 3.

notre texte avec celui de la question Usfu, on doit considérer que les mots '*exprima parte*' résultent d'une mauvaise lecture du copiste de **B** ou de son modèle, et qu'il faut lire '*exemplate*'. Cet adjectif qualifie les vérités créées.

Deuxièmement, le relatif '*que*' de l'opinion attribuée à Platon ne peut pas être remplacé par un '*qui*', et s'accorder avec '*iste mundus sensibilis*' car le monde sensible n'est ni la première vérité, ni la première chose créée. Cette première chose créée est l'être, défini par le *Liber de causis*, IV 37 : *Prima rerum creatarum est esse et non est ante ipsum creatum aliud*, celui que Jérôme appelle tantôt 'être analogue', tantôt 'être contenant toutes les choses' : *ens* ou *esse analogum, ens omnium rerum contentivum*[1]. Je considère donc que les mots '*que prima res creata est*' appartiennent à un argument signalé quelque part en marge, et qui, par l'inadvertance d'un copiste, fut placé au milieu de la phrase, dont il ne faisait pas partie, et même au milieu de la citation qui va nous occuper maintenant. C'est la raison pour laquelle le corollaire unique de la question Uapr ne comporte pas ces mots.

Troisièmement, les cinq mots inutiles ainsi éliminés, nous nous trouvons devant une citation du *Timée* de Platon fortement déformée ; c'est même la plus ancienne citation du *Timée* dans l'œuvre de Jérôme. Voici donc le propos de Platon traduit par Calcidius :

> Quod cum sit rationis alienum, *liquet opificem Deum uenerabilis exempli normam in constituendo mundo secutum* – quippe hic generatorum omnium speciosissimus, ille auctor maximus – operisque sui ratione prudentiaque his quae semper eadem existunt accomodatus imago est, opinor, alterius[2].

On voit immédiatement que l'accusatif '*Deum*' de notre corollaire, conservé par **B**, jamais mis en doute par **B*** et **P**, trouve sa pleine justification dans la subordonnée infinitive introduite par '*liquet*'. Conservé dans plusieurs copies, cet accusatif est même le principal témoin de l'exactitude de la citation reproduite par Jérôme dans la rédaction originale de son texte. Il faut donc revenir à la construction calcidienne. En effet, le *erat… secutus*, n'est qu'une déformation ultérieure de l'infinitif parfait (*secutum esse*) en faveur de l'indicatif plus-que-parfait, probablement en raison du fait que l'*esse* est resté sous-entendu chez Calcidius.

1. Usfu, Sedlák, p. 243 ; Šmahel/Silagi, p. 33, 585-588 : « Noto primo quod ens analogum est primum esse creatum comunissimum, omnium aliorum contentivum pro data mensura ante quidditatem entis, terminans questionem "si est" ante questionem "quid est"… » ; et la question *Utrum a parte rei universalia sit necessarium ponere pro mundi sensibilis armonia* (Uapr, Sedlák, p. 219 ; Šmahel/Silagi, p. 89, 144-146) : « Noto primo quod ens analogum est primum creatum comunissimum, omnium aliorum contentivum… ». Concernant la notion de l'être analogue, voir *supra*, p. 271-278, 293-295. Le monde sensible n'ayant rien de l'*entitas analoga*, tout amendement par cette voie est à exclure.

2. Waszink, p. 21, 19-23 ; Bakhouche, p. 156, 15-19.

Le choix entre les verbes *causare*, *formare* et *constituere* doit probablement être confirmé par l'examen du manuscrit utilisé par Jérôme, si un tel manuscrit existe encore. Toutefois, on remarque qu'au moins dans un de ses textes le Praguois utilise exactement le même verbe que dans l'édition critique de la traduction calcidienne, à savoir *constituere*. On peut donc le conserver sans courir le risque de déformer gravement le texte. La même règle nous ordonne de garder la préposition '*in*', laquelle se lit et dans le *Timée* et deux fois chez Jérôme. Mais cela impose l'ablatif au complément de l'adjectif verbal : *in constituendo isto mundo sensibili*.

Les trois endroits où cette citation de Platon revient montrent une grande hésitation des copistes et une dégradation successive jusqu'à USFU, qui a le texte le plus altéré. La question UAPR semble toutefois autoriser le retour à la lettre et à la syntaxe de la phrase calcidienne. C'est pourquoi, en le modelant sur le *Timée*, c'est-à-dire en suivant de la sorte Jérôme lui-même, le corollaire examiné se laisse construire comme suit :

> Omnes veritates create sunt a veritatibus increatis exemplate. Patet illud corolarium ex iam dictis et per illud Platonicum : *<Liquet opificem> Deum <in> constituendo isto mundo sensibili venerabilis exempli*, id est mundi architipi, preclaram *normam secutum*.

(ε) II, concl. 1, **B** f° 46r-v, amendée en trois endroits, donne le texte acceptable :

> Firmiter asserere veritates universales esse creatas a singularibus separatas est error nedum logicus, sed et phylosophicus. Probatur hec conclusio, <et primo quod sit error logicus>. Nam <ponendo> quecunque separata <a singulari> existere, Deus potest corrumpere unum conservando reliquum in esse suo perfecto, iuxta articulum Parisiensem [1] ; sed contradictionem implicat speciem esse sine genere aut individuum sine specie, igitur ponere veritatem universalem specificam a singulari existere separatam est error artis loyce. Et quod sit error phylosophicus probatur sic. Dicere aliquid posse esse sine suis principiis intrinsecis est error phylosophicus ; sed quicunque dicit speciem, id est veritatem specificam, posse esse sine generali veritate, que genus est siue esse generis, dicit rem creatam posse esse sine suo intrinseco principio. Igitur nedum errat loyce, sed et phylosophice [2].

(ζ) II, concl. 4, **B** f° 47r, nous donne le texte presque satisfaisant :

1. Par exemple, Dieu aurait pu détruire l'espèce humaine, en conservant les hommes ou, au contraire, il aurait pu détruire les individus, tout en conservant l'espèce humaine. J'ignore l'article auquel se réfère Jérôme.

2. En revanche, P, f° 18r-v, transmet un texte très dégradé. Šmahel/Silagi, question UVGS, p. 7, apparat critique ad lin. 76/77, se référant aux corrections introduites ici (*emendavit Kaluza*), attribuent à Jérôme un propos privé de sens dont je ne suis pas responsable : « nam <ponendo> quecumque separata <singularia> existere ». *Ibid.*, p. 8, 81, Jérôme écrit : « veritatem… a singulari existere separatam ». Dans la mesure du possible, je corrige Jérôme par Jérôme.

> Quamvis veritates propositionales quedam sunt in signis, manent tamen in eorum primarie significa[n]tis. Probatur, nam veritas huius 'Homo est animal' non est in voce, scripto aut conceptu primario, sed in <suo> significato primario, id est in re, que res est hominem seu naturam humanam esse animal;

alors que **P**, f° 20r, le déforme sensiblement: …*manent tamen in eorum prima significatione. Probatur, nam veritas huius 'Homo est animal' non est in voce, scripto aut contextu primario, sed in servato primario…* Je note à cette occasion que, parallèlement au couple 'phylosophus-physicus', l'abréviation de '*significatum-significatorum*' est invariablement résolue par **B***, **P**, et **P*** en '*seruatum-seruatorum*'.

(η) Pour terminer les présentes considérations, j'ai gardé l'article II, concl. 2, corol. 1, assez détérioré, mais que nous pouvons comprendre à la lumière des analyses déjà faites. Le voici, **B**, f° 46v: *Veritas propositionum realium non consistit in coherentia signorum, sed in habitudine suo proprie primario significatorum. Prima pars huius corolarii patet, veritas propositionum realium est ante esse signi huiusmodi, igitur habet esse completum ante esse sui signi huiusmodi, igitur habet esse completum principiorum principiatorumque consistit, que est habitudo mutua realis subiecti ad reale principium.* Exception faite de la leçon *servatorum* pour *significatorum*, **P**, f° 19r, reproduit le même texte.

On voit immédiatement que ce texte est grammaticalement incohérent. Étant donné que, d'après Jérôme, seul le signifié est premier et fondamental, et que le pronom '*suo*', présentant une faute de déclinaison, se rapporte certainement à '*signorum*' et non à '*habitudo*', il ne faut surtout pas, pour pouvoir comprendre le corollaire, aligner le genre grammatical des mots sur ce substantif féminin. En fait, notre corollaire dit presque la même chose que la concl. 4: *Quamvis veritates propositionales quedam sunt in signis, manent tamen in eorum primarie significatis.* À son tour, le corol. 1 de la même conclusion 4, affirme que la vérité d'une chose engendre la vérité du signe qui la signifie – *Veritas primarii significati est causa suo modo veritatis signi* –, et de ce fait elle a un être complet, dont le signe est privé. Cet être est décrit ici par deux termes, il est à la fois l'être du principe et de ce qui est effectué ou causé par ce principe, donc l'être principié. Or nous savons déjà par le texte (ε) que tout ce qui est « supérieur » est le principe intrinsèque de ses « inférieurs », comme le genre l'est pour ses espèces et l'espèce pour ses individus. La vérité en question, c'est-à-dire l'être complet, existe donc dans l'accord qui se réalise chaque fois entre un « supérieur » et ses « inférieurs »: dans une espèce ou dans un être singulier. Considérée de la sorte, la vérité réelle est un rapport entre le sujet (le *principiatum*) et le prédicat (le *principium*) réels qui ne diffèrent pas de la chose même. Construite à partir des termes réels, fondée sur leur relation entre eux, la proposition réelle ne peut pas être composée d'un sujet et d'un principe, mais d'un sujet et d'un prédicat. L'acte précis de la composition des deux termes, nommé ici '*habitudo*' s'appelle chez Wyclif '*copulatio*' Voici donc le même corollaire amendé :

> Veritas propositionum realium non consistit in coherentia signorum, sed in habitudine suo<rum> proprie primarie significatorum. Prima pars huius corolarii patet, <nam> veritas propositionum realium est ante esse <sui> signi huiusmodi, igitur habet esse completum ante esse sui signi huiusmodi, igitur habet esse completum principiorum principiatorumque <in quo> consistit. Que <quidem veritas> est habitudo mutua realis subiecti ad reale predicatum.

Les conclusions qui découlent de notre examen rapide des deux copies existantes et de l'édition faite à partir de l'une d'elles sont les suivantes. En premier lieu, il nous est apparu que l'édition de Neumann est inutilisable à cause de ses omissions, de ses mauvaises leçons et de son infidélité à **P**. Les interventions de Neumann dans le texte sont trop rares et ne concernent que des fautes grammaticales évidentes. En deuxième lieu, le glossateur **B*** n'a pas compris grand chose au texte qu'il annotait et presque toutes ses interventions induisent en erreur. En troisième lieu, la copie parisienne et ses rares gloses dépendent totalement des conjectures de **B***. En quatrième lieu, des deux copies, qui divergent profondément, la bâloise est manifestement meilleure que la parisienne. Cependant, cela ne veut pas dire qu'elle est sans défaut. Tout au contraire, notre analyse démontre aussi bien sa supériorité sur **P** que son état lacunaire. Cela m'amène à constater que, dans l'état actuel de notre connaissance des manuscrits, seule la copie **B** pourra servir de manuscrit de base pour une future édition de la question de Heidelberg. En dernier lieu, une erreur commune aux questions UVGS et USFU, discutées dans deux villes différentes et à plusieurs mois d'intervalle, jette une ombre sur la qualité, sinon des textes complets en possession de leur auteur, du moins de ces schémas originaux qu'il a préparés, hâtivement peut-être, pour les distribuer aux participants. Toutefois, le caractère répétitif de ses conclusions, corollaires et démonstrations, est à l'origine d'omissions mécaniques.

## II

### *L'économie de la question*

La question de Heidelberg apparaît comme un texte important dans la production littéraire de Jérôme pour deux raisons. En premier lieu, contrairement à d'autres questions où s'étalent de longues listes d'autorités suivies de deux ou trois conclusions seulement, la nôtre témoigne d'un effort sérieux pour présenter en ordre logique, et sans recours exagéré aux autorités, des opinions propres, ce qui a donné comme résultat un alignement des vingt-cinq conclusions et corollaires, nombre jamais atteint ailleurs[1]. Une telle mise en ordre n'est pas restée sans conséquences car Jérôme reviendra plusieurs fois sur ces mêmes conclusions et corollaires pour en emprunter une petite dizaine et les incorporer dans des textes postérieurs. En second lieu, aussi bien la structure de la question que son contenu me paraissent refléter avec beaucoup d'exactitude l'enseignement parisien de Jérôme et être très proches de sa fameuse *disputatio* parisienne. En effet, F. Šmahel a bien montré le caractère répétitif des écrits de Jérôme. Or, de tous ses écrits, la *disputatio* de Heidelberg est chronologiquement la plus proche de la dispute parisienne, quelques mois seulement les séparent. De plus, toutes les deux ont pris les universaux *ante rem* pour l'un des sujets à traiter, et, en le faisant, elles ont toutes les deux provoqué une réaction si impétueuse des maîtres que le Praguois se vit obligé de fuir, la ville de Paris d'abord, celle de Heidelberg ensuite. Ces faits me persuadent que même si la disputation de Heidelberg ne répète pas mot à mot la parisienne, indubitablement elle nous apprend la même doctrine. Cette conviction est d'autant plus ferme que, tout en s'enrichissant des conclusions et autorités nouvelles, la doctrine de Jérôme n'a jamais changé de fond[2].

Le réalisme exposé à Heidelberg est donc le même que celui qui auparavant a été mis à l'épreuve lors d'une discussion publique à Paris. Il repose sur une réinterprétation de la doctrine platonicienne des Idées, une affirmation des universaux réalisés dans les singuliers, une logique qui postule la priorité des choses et des propositions réelles (*propositiones reales, in re*) par rapport aux signes et aux diverses espèces de propositions, pensées, proférées et écrites, selon la distinction de Wyclif. Par la première partie de son enseignement Jérôme illustre le réalisme dit traditionnellement « extrême »; par la seconde, il est solidaire de l'école dite « modérée »; enfin, par la troisième, il rejoint le petit groupe des

1. Pour le moment, le seul texte comparable est la double *Positio de universalibus* (Usfu, éditée dans Sedlák, *op. cit.*, p. 229-258 et dans Šmachel/Silagi, p. 13-51) qui, dans chacune de ses deux questions, a trois conclusions accompagnées de deux corollaires chacune, soit en tout dix-huit conclusions et corollaires. À ce chiffre, il faut ajouter un corollaire « ultime » de la seconde question. Toutefois, sept de ces conclusions et corollaires proviennent de notre question Uvgs de Heidelberg. Considérée comme le texte le plus long de Jérôme, la question inédite Umaq (à présent dans l'édition Šmahel/Silagi, p. 161-188) a, dans ses deux articles, cinq conclusions et sept corollaires. Elle a été préparée pour la dispute quodlibétique du maître Simon de Tišnova (Tissnow), tenue seulement en 1416; *cf.* P. Spunar, *Repertorium*, p. 341, n° 953. Voir pour tout cela V. Herold, *Pražská univerzita*, p. 142-143 et 204-211, 236 note 15.

2. Sur les rapports entre la question de Heidelberg et les textes postérieurs de Jérôme, voir F. Šmahel, « Univerzitní kvestie », p. 32 *sq.* On observe comme fait significatif qu'au sujet de l'art. 2 du procès de Vienne (cité plus bas, p. 324, note 2), relatif à la présence des Idées dans la pensée divine, les témoins du procès évoquent la discussion de Heidelberg (Nicolas Tyll, Conrad de Hildesheim) ou celle de Paris (Pierre Pergochsl : « audiverit magistrum J. Parisius respondere de materia ista ») ou encore celles de Prague (Jean de Vohburg, Jean de Karinthia, Henri de Aura). Et non sans raison, car, sans tenir compte d'autres fragments, les cinq corollaires qui traitent des Idées de la dispute de Heidelberg font office de conclusions et de corollaires de la question Usfu. Pergochsl affirme qu'auparavant ils ont été discutés à Paris. Mais Pergochsl ne parle que de la partie effectivement suspecte de la disputation. Voir aussi V. Herold, « Magister Hieronymus », p. 271.

logiciens-réalistes anglais : Walter Burley, Richard Brinkley, Jean Wyclif. L'intitulé de la question – *Pour dénommer 'vraie' une proposition quelle qu'elle soit, faut-il que la vérité du genre soit signifiée* –, souligne cette perspective logique [1]. L'économie du texte lui est subordonnée, car, en partant des vérités éternelles, causes du monde créé, la question progresse vers les réalités causées d'où, finalement, jaillit l'ordre des signes. Celui-ci représente les vérités créées du genre et de l'espèce, comme, à son tour, les choses créées reflètent les Idées incréées. Ce lien organique entre l'ontologie et la logique fut remarqué à Heidelberg et confirmé au procès de Vienne par Nicolas Tell, témoin de la dispute : *Ista materia fuerit quodam modo materia principalis posicionis sue, et magister Jeronimus nisus fuerit deducere ex illo loicam realem et quod universalia communia realia deberent subici et predicari in proposicionibus* [2].

1. Par la suite, j'utilise le nom de « proposition réelle » dans le sens wyclifien, en distinguant, d'une part, ce qui est *in rebus*, de ce qui est *in signis* ; et, d'autre part, la proposition réelle de son signifié réel ; voir le texte de Wyclif cité *infra*, p. 328, note 2. Le nom de « vérité du genre » (*generalis*) représente aussi la vérité de l'espèce. La logique, dont parle la question, est la fonction de l'ontologie, car la « vérité du genre signifiée à titre premier » est la nature générique dans un être singulier. Le nom primitif (vérité, humanité) désigne ici la nature commune *in re*, le paronyme qualifie la prédication réelle, c'est-à-dire le rapport entre le sujet et le prédicat réels, entre l'inférieur et le supérieur : le singulier, l'espèce et le genre. La « vérité » et le « vrai », tout comme l'« humanité » ou « nature humaine » et l'« homme », etc., appartiennent à l'ordre ontologique. Toutefois, dans notre question il s'agira surtout de la dénomination universelle, donc de celle qui a pour prédicat soit un nom générique soit un nom spécifique. Concernant les théories des *denominativa*, voir deux études de J. Jolivet, « Vues médiévales sur les paronymes », *Revue internationale de philosophie*, 29-3 (n° 113 ; 1975), p. 222-242, et « Rhétorique et théologie dans une page de Gilbert de Poitiers », dans *Gilbert de Poitiers et ses contemporains, aux origines de la Logica modernorum*. Actes du septième symposium européen d'histoire de la logique et de la sémantique médiévales, Poitiers, 17-22 juin 1985, édité par J. Jolivet et A. de Libera, Naples, Bibliopolis, 1987 (History of Logic, 5), p. 183-197. Les deux travaux sont repris dans J. Jolivet, *Aspects de la pensée médiévale : Abélard, doctrines du langage*, Paris, Vrin, 1987, respectivement p. 138-158, et 293-311.

2. Concernant la « proposition réelle » (*in re*), voir G. Nuchelmans, *Theories of the Proposition : Ancient and Medieval Conceptions of the Bearers of Truth and Falsity*, Amsterdam-London, North-Holland, 1973 (North-Holland Linguistic Series, 8), p. 219-225 ; *id.*, « The Semantics of Propositions », dans N. Kretzmann, A. Kenny, J. Pinborg, *The Cambridge History of Later Medieval Philosophy*, Cambridge University Press, Cambridge, 1988, p. 207 ; A. de Libera, « Question du réalisme. Sur deux arguments anti-ockhamistes de Jean Sharpe », dans *Les universaux*, numéro spécial de la *Revue de métaphysique et de morale*, n° 1, 1992, p. 84, note 1, où la position des logiciens réalistes est appelée « réalisme des faits ou des propositions ». Selon Nicolas Tell, la « matière » qui a permis la déduction d'une « logique réaliste » à partir d'une ontologie est la doctrine wyclifienne, indiquée par l'art. 16 de l'accusation : « Magister Jeronimus asseruit et temerarie tenuit pocius et melius esse adherendum doctrine dicti Johannis Wicleph quam doctrine sancti Augustini, palam, publice et notorie ». Nicolas Tell de Tongern rappelle avec exactitude la dernière conséquence de la position de Jérôme : « Et propter hoc intulerit magistros Okkan, Maulveld, Buridanum, Marsilium et eorum sequaces non dialecticos, sed diabolice hereticos ; et hoc fuerit ultimum correlarium suum. » Cf. *Processus iudiciarius*, p. 9, n° 16 ; 13, n° 16. Toutefois, la question de Jérôme ne mentionne aucun nom. Les derniers mots du témoin sont une allusion au passage très connu du *De incarnatione Verbi* d'Anselme de Cantorbéry (éd. F. Schmitt, II, p. 9, 21-10, 1), dont les réalistes praguois font souvent usage dans leurs polémiques anti-nominalistes.

Malgré cette triple et apparente manifestation du réalisme, la construction de la question de Heidelberg s'attache à la division dichotomique de la réalité en incréée et créée, cette dernière faisant l'objet de considérations soit ontologiques soit logiques. Effectivement, la question est divisée en deux articles, dont le premier définit les vérités éternelles, c'est-à-dire des Idées divines, et établit leurs rapports avec les vérités créées, alors que le second est consacré aux vérités créées, les genres et les espèces, les objets extramentaux en tant que sujet et prédicat d'une proposition réelle. Les trois aspects fondamentaux du réalisme de Jérôme s'accordent ainsi avec cette ontologie dichotomique.

En opposition aux différentes modélisations du platonisme, faites surtout à partir des textes d'Aristote et du Commentateur et souvent dans un but ouvertement polémique, le Moyen Âge tardif a connu deux formes principales du réalisme ontologique admettant l'existence des universaux « séparés des choses singulières ». La première, inspirée d'Eustrate de Nicée, assimile ces universaux aux Idées divines et les situe en Dieu, alors que la seconde, qui est d'inspiration avicennienne, admet l'existence des quiddités-essences non déterminées par un lieu et par une existence. Grâce à ces deux réinterprétations de la doctrine platonicienne, les universaux « séparés » ont cessé d'avoir l'existence incertaine des monstres que leur accordait une sentence pseudo-aristotélicienne : *Gaudeant genera et species Platonis quoniam si sunt, monstra sunt...* Cela n'est qu'une de multiples conséquences de ces interprétations de Platon [1]. La première voie a été choisie, entre autres, par Wyclif

1. La sentence est citée d'après J. Hamesse, *Les Auctoritates Aristotelis*, p. 317, n° 77 ; *cf.* Aristote, *Anal post.*, I 22, 83a 32-35. Eustrate de Nicée, *In I Eth. Nicom.*, c. VII-VIII, cf. *The Greek Commentaries of the Nicomachean Ethics of Aristotle in the latin Translations of Robert Grosseteste, Bishop of Lincoln*, vol. I : *Eustratius on Book I and the Anonymous Scholia on Books II, III and IV*, critical édition by P. F. Mercken, Leiden, Brill, 1973, p. 68-71. Pour les conséquences philosophiques de la démarche intellectuelle d'Eustrate, voir plus haut, p. 243, note 4. Jérôme de Prague extrait deux longs passages des chapitres VII et VIII d'Eustrate. Concernant la seconde interprétation, faite par le franciscain François de Meyronnes, voir P. Vignaux, « L'Être comme perfection selon François de Meyronnes », à présent dans le recueil du même, *De saint Anselme à Luther*, Paris, Vrin, 1976, p. 265-278, et pour les rapports Scot-Avicenne, O. Boulnois, « Réelles intentions : nature commune et universaux selon Duns Scot », Revue de métaphysique et de morale, 97-1 (1992), p. 3-33, part, p. 12-19. – La critique aristotélicienne de la doctrine des universaux attribuée à Platon est rejetée par des auteurs proches du courant scotiste, comme, par exemple Nicolas d'Autrécourt (voir son *Exigit ordo*, édité par R. O'Donnell, dans *Mediaeval Studies*, 1 (1939), p. 266, 28 *sq.*), par Wyclif (cf. son *De ideis* cité par Herold, *Pražská univerzita*, p. 130 notes 148-149) et par les wyclifistes praguois, tel Étienne de Páleč, dans sa *Positio de universalibus*, (citée p. 276, note 1) p. 124 ; voir aussi V. Herold, *Pražská univerzita*, p. 96, 184, 185, 124 note 69. La critique des positions réalistes par Ockham est examinée par P. Alféri, *Guillaume d'Ockham, le singulier*, Paris, Minuit, 1989, p. 39-65, et C. Michon, *Nominalisme. La théorie de la signification d'Occam*, Paris, Vrin, 1994, 382-426 ; alors que C. Panaccio, « Guillaume d'Ockham et la perplexité des platoniciens », dans M. Dixsaut (éd.), *Contre Platon*, t. 1 : *Le platonisme dévoilé*, Paris, Vrin, 1993, p. 117-135, s'occupe plus particulièrement de l'image du platonisme et de sa critique. Telles qu'elles ont été formulées par Ockham, les trois thèses attribuées aux platoniciens et à Platon (Panaccio, p. 121) ne se trouvent pas chez les réalistes médiévaux ; précisées, elles ne seraient pas susceptibles de la même critique. Le « présupposé platonicien » (« à toute abstraction intellectuelle justifiée doit correspondre une séparation dans l'être », *ibid.*, p. 126) est quelquefois, à la suite de

et ses partisans, la seconde étant celle des scotistes. Toutefois, pour préserver l'unité et l'identité essentielles de l'Être divin et des êtres créés, Jean Wyclif et son école ont emprunté aux scotistes la notion de la raison et de la distinction formelles. C'est un fait de première importance.

*Le réalisme des Idées*

La doctrine des Idées divines enseignée par les wyclifistes tchèques ne fait pas partie d'une spéculation théologique, mais d'une théorie des universaux et d'une interprétation philosophique du monde. Considérée comme telle, elle est consciemment et ouvertement revendiquée par les philosophes-réalistes praguois. C'est pourquoi la plupart des traités des universaux rédigés à Prague commencent par un exposé des Idées divines et d'un parallélisme entre celles-ci, d'une part, les universaux créés et les choses singulières, d'autre part, ou, comme ils le disent, entre le monde archétypal et le monde créé. Désireux d'éclairer les liens des Idées-universaux avec l'acte de la création unique et simultanée de toute chose, Wyclif a souligné deux aspects de sa doctrine. Tout d'abord, il a mis l'accent sur le rôle de modèle que jouent dans la création active les universaux increés. Ensuite, il a réinterprété la notion analogique de l'être, donc, dans une des acceptions de ce terme, commune à Dieu et à la créature, pour réfuter l'objection des philosophes qui affirment que rien ne peut provenir du néant, car tout ce qui vient à l'être vient à partir de la matière préexistante. En attribuant à l'être – le *primum creatum* du *Liber de causis* –, le rôle de cette matière primordiale, Wyclif, imitateur inattendu de S. Augustin[1], a en outre fait de « l'être analogue » un réceptacle des normes éternelles, des règles et des modèles d'après lesquels sont par la suite faits les singuliers. C'est grâce à cette interprétation, et seulement grâce à elle, qu'on peut donner un sens au propos de Gerson selon lequel Jérôme aurait soutenu à Constance la communauté de l'être éternel chez Dieu et la créature. D'après Gerson, deux conséquences, inadmissibles pour un chrétien, mais, nous le savons, soutenues par Wyclif, plaident contre une telle analogie de l'être, à savoir l'impossibilité de

Gerson, attribués à tous les réalistes, alors même que selon le chancelier il constitue seulement l'un des principes des « formalizantes ». En effet, il n'est admis que par ceux qui, de Duns Scot à nos jours, conçoivent la distinction formelle ex natura rei. Toutefois, Gerson semble ne pas savoir avec précision où les platoniciens situent les réalités « séparées », en Dieu ou hors de Dieu ; *cf. supra*, « Le chancelier Gerson », p. 221-222.

1. La doctrine wyclifienne de la création « à deux temps », avec la *creatio* du néant et l'*administratio*, est une réinterprétation de la doctrine augustinienne, voir S. Augustin, *De Gen. ad litt.*, IV-V. En particulier voir les Notes complémentaires 21 et 26 dans l'édition de la Bibliothèque augustinienne, 48 (Paris, 1972), p. 653 *sq.*, p. 676 *sq.* Ce caractère augustinien de la doctrine wyclifienne pose plusieurs problèmes à l'histoire de l'enseignement doctrinal à Prague en général, et à celle du wyclifisme praguois en particulier. Il s'agit, par exemple, de la connaissance et de l'influence du *De Genesi ad litteram* à Prague, de la connaissance claire des positions théologiques qu'implique la philosophie de Wyclif et de la raison pour laquelle les Praguois réalistes passent sous silence sa théologie de la création, seule en mesure de justifier la singularité de la notion wyclifienne de l'analogie.

la création *ex nihilo* et l'impossibilité de l'annihilation des êtres créés. Gerson affirme ainsi, peut-être parce qu'il connaît la doctrine de Wyclif, que les trois thèses sont solidaires :

> Damnata est novissime per celeberrimum Constantiense concilium inter errores Hus et Hieronymi de Praga positio ista de universalium realium et aeternorum positione, et maxime quod aliqua sit entitas realis aeterna communis Deo et creaturae, quia tunc nulla creatura potuisset creari quasi de nihilo, sed nec posset adnihilari. Ita fuit tunc argutum me audiente et a dicto Hieronymo statim concessum, sed damnatum[1].

Tout en soutenant, dans leur ontologie, la position exceptionnelle et fondamentale du premier créé – le seul vestige évident de la doctrine de la création de Wyclif et en même temps la voie unique par laquelle l'universel incréé modèle et forme les singuliers –, les wyclifistes tchèques font un grand effort pour atténuer presque totalement ce lien organique entre la doctrine des universaux et celle de la création, qui représente l'apport le plus original de Wyclif. C'est probablement la raison pour laquelle les Tchèques ont finalement fait de l'être le genre généralissime précontenant tous les autres genres et espèces[2]. La question de Heidelberg ne fait,

1. Jean Gerson, *Épître 58, Ignem veni mittere* (*Œuvres complètes*, éd. par P. Glorieux, II, Paris, 1960, p. 278). La lettre est du 7 décembre 1426. À Lyon, dans les dernières années de sa vie, Gerson traverse une crise philosophique qui le conduit à souligner le rejet de toute notion commune à Dieu et à la créature, donc aussi bien de l'analogie que de l'univocité de l'être. Il leur substitue le rapport Créateur-créature ; voir Z. Kaluza, *Les Querelles doctrinales à Paris. Nominalistes et réalistes aux confins du* XIV*e et du* XV*e siècles*, Bergamo, Lubrina, 1988, p. 46-50, surtout le texte cité dans la note 47. Le concile de Constance attribue à Jérôme la thèse wyclifienne de l'impossible annihilation, J.D. Mansi, *Sacr. conc. nova et amplis, collectio*, 27, col. 847, n° 43 ; 859, n° 80. voir *supra*, p. 210-214, et V. Herold, « Magister Hieronymus », p. 271-272, ont ressenti quelques difficultés dans leur interprétation du texte gersonien. Les textes de Jérôme confirment la position exceptionnelle de l'être analogue, défini, comme chez Wyclif, à l'aide du *Liber de causis*. Mais si l'analogie wyclifienne implique la théologie de la création formulée par le docteur anglais, cette théologie, comme d'ailleurs la doctrine de l'impossible annihilation, sont absentes des textes de Jérôme actuellement accessibles. Finalement, les questions que soulève la problématique de l'analogie wyclifienne chez Jérôme invitent à un réexamen sérieux du procès de Jérôme à Constance.

2. *Supra*, « Jérôme de Prague », p. 270-279, 295-300, où sont analysés les textes de Wyclif et de Jérôme au sujet de l'être analogue. La critique de l'*ens analogum* de Jérôme, par un inconnu (Biaise Vlk ?), fait, elle aussi, abstraction de la doctrine de la création, *cf.* Šedlák, *op. cit.*, p. 259. Pour Jean Hus, cf. *II Sent.*, d. I, 4, dans sa question sur la création ; *cf.* Mag. Joannis Hus *Super IV Sententiarum*, édité par. W. Flajšhans et M. Komínková, Prague, 1905 (*Opera omnia*, 2), p. 211, 37-212, 4. Bien que de toute chose créée il y ait une Idée, je n'ai trouvé jusqu'à présent chez Wyclif aucune affirmation concernant l'Idée de l'être analogue. Cependant, Étienne de Páleč soutient que cet être est *ideatum comunissimum*, et qu'il a donc son Idée : *idea comunissima*. Tout comme l'école de Wyclif, il affirme que « l'entité analogue » est le premier créé ; cf. *op. cit.*, p. 121, 186-193, où, cependant, il ne mentionne pas le *Liber de causis* et ne se réfère pas à la doctrine de la création qui justifie la notion et la position de ce premier créé. Cependant, il me semble que la brève question de Páleč dans le *Quodlibet* de Hus fait une allusion à la doctrine wyclifienne de la création ; c'est dans ce texte que Páleč définit l'être comme *primum creatum* du *Liber de causis*, clairement cité, *cf.* Magistri Iohannis Hus *Quodlibet*, edidit B. Ryba, Prague, 1948, p. 57-61 (édition Turnhout, 2006, p. 80-86). Toutefois, dans la mesure

elle non plus, aucune allusion à la fonction des Idées dans l'acte de la création subite et simultanée de l'*esse*, ni à la fonction des universaux créés – causes secondes précontenues dans l'être – dans la formation des choses particulières. En réalité, exception faite d'un corollaire inspiré par le Ps.-Aréopagite, les conclusions de Jérôme portant sur les Idées divines ne s'éloignent pas, dans les écrits que nous connaissons, de la doctrine augustinienne : les Idées sont à la fois causes, formes et vérités éternelles, modèles séparés des choses modelées, etc. [1]

### *La raison formelle*

Empruntée aux scotistes, commune à Wyclif et aux wyclifistes, la distinction formelle a chez les philosophes-réalistes deux emplois majeurs : elle sert à distinguer les Idées en Dieu, elle définit les rapports entre l'universel et le singulier. On voit immédiatement son importance dans le débat doctrinal qui a opposé Jérôme aux docteurs de Paris et aux pères conciliaires de Constance, car depuis sa malheureuse discussion parisienne du début de 1406 jusqu'à sa condamnation à Constance,

où, d'après Páleč, l'être est le genre généralissime, l'analogie du premier créé est difficilement concevable ; voir ses *Argumenta de universalibus realibus*, édités par F. Šmahel, « Ein Disputationsbehelf aus der Blütezeit des Prager Universalienstreites : Argumenta de universalibus realibus magistri Stephani Páleč », *Studia mediewistyczne*, 19-2 (1978), p. 164-173, part. 171, 94-103 : « Deus est causa communissima omnium, igitur dat communissime esse omnibus entibus. [...] Queritur ergo, quid est illud communissime datum. Vel est universale, vel singulare. Non singulare, quia nec esse meum, nec esse tuum est communiter datum [...]. Et per consequens sequitur, quod tale esse communissime datum ad extra omnibus entibus est universale, quod fuit probandum ». La position de Jérôme me semble identique à celle de Páleč, *cf. supra*, p. 276. D'ailleurs, il est probable que le texte cité à la page indiquée dépend d'Étienne de Páleč, *cf.* V. Herold, *Pražská univerzita*, p. 249, note 226. En fait, tout comme la notion de l'être formel, la position de l'être analogue est l'un des points les plus obscurs chez les réalistes praguois. Cette obscurité s'explique par le caractère dérivé de leurs écrits – laborieuses applications de la doctrine et de la terminologie de Wyclif –, adressés à ceux qui s'exercent à les pratiquer sans se préoccuper de leurs présupposés théologiques. C'est leur situation d'épigones qui semble avoir dispensé ces philosophes de tout effort de clarification.

1. B, f° 46r, I, concl. 2, cor. 3 : « Quamvis veritates eterne nec sunt substantie nec accidentia, quelibet tamen ipsarum est essentialiter super substantialis substantia. <Prima> pars corellarii patet, quia omne esse creatum antecedunt [antecedit B), et per consequens esse categoriarum omnium, et per consequens substantiae predicamentalis (principalis B) atque cuiusvis generalissime accidentis. Et secunda pars patet, quia quelibet veritas huiusmodi est essentialiter Deus, cum iuxta theologos « quidquid est in Deo est Deus », qui, iuxta Dionysium, est supersubstantialis substantia, quia substantia super predicamentalem (principalem B) substantiam... ? » Même texte dans Šedlák, *op. cit.*, 243. Pour la sentence « Quidquid est in Deo est Deus », voir Pierre Lombard, *Sent.*, I, d. VIII, c. 8, 1 (éd. Grottaferrata, 1971, I, p. 101 et note). La doctrine augustinienne des Idées est le fond commun des wyclifistes de Prague ; voir, par exemple, la question citée ici d'Étienne de Páleč, art. 1, édition citée, lignes 89-211, où, l. 92-111, on a quelques allusions évidentes au *De ideis* d'Augustin. C'est grâce à cette partie de la doctrine augustinienne que les praguois explicitaient la notion de monde archétypal. N.B. 1. Par inattention (car le texte manuscrit est bien lisible) j'ai écrit : (*principalis* B), alors que le manuscrit et l'édition Šmahel/Silagi, p. 7, 53-54, ont : *principales* ; par conséquent, ma correction doit être à son tour corrigée en : substantiae predicamentales. 2. Concernant l'opinion des théologiens, *cf.* L. Valente, « Alla ricerca dell'autorità perduta : "Quidquid est in Deo, Deus est" », *Medioevo*, 25 (2000), p. 713-738.

et même plus tard encore, Jérôme est constamment accusé d'avoir introduit en Dieu une distinction formelle mais réelle, donc aussi une composition réelle, contraire à la simplicité de l'essence divine. Cependant, il est clair qu'aussi bien Wyclif que ses partisans tchèques ont toujours, et sans hésitation aucune, soutenu que, distinctes formellement de Dieu, les Idées-universaux sont identiques à l'essence divine. Quel genre de distinction suppose donc la raison formelle chez les philosophes praguois ? Des textes suggèrent que la distinction formelle n'est autre que celle de raison, une manière de concevoir : *secundum rationem aut formaliter distinguitur, distinguitur formaliter vel secundum rationem, differentia formalis vel secundum rationem* – selon Wyclif ; *differunt racione sive formaliter* – selon Hus [1]. Si tel était le cas, comme je l'ai pensé auparavant, le problème du réalisme wyclifien serait, pour une part au moins, une pure invention de ses adversaires.

Cependant, dans son étude sur Jean Sharpe et le réalisme anglais, A.D. Conti présente la distinction formelle comme l'une des trois distinctions *a parte rei* admises par Wyclif. Ces distinctions sont : l'essentielle, située entre les genres catégoriels, entre les espèces et entre les choses différantes numériquement ; la réelle, entre les personnes de La Trinité et entre les facultés de l'âme ; et enfin « la formelle ou selon la raison ». Wyclif illustre cette dernière par trois cas d'application qui ont tous en commun d'accoupler ladite distinction à l'identité essentielle, ou substantielle [2], du sujet. Il s'agit donc, dans le premier cas, de la distinction entre les accidents d'une même substance. Dans le deuxième, on distingue entre les parties d'un individu complet, par exemple la matière et la forme substantielle. Dans le dernier, il s'agit de la distinction entre les réalités plus ou moins communes, comme le contenant et le contenu, par exemple, la nature et les trois personnes divines, le monde pris absolument et ce monde-ci, ou encore un universel et ses *partes subiectivae* considérées en acte, en puissance ou seulement en pensée. Cependant, toute distinction formelle implique nécessairement l'identité d'essence [3]. C'est ici qu'il faut voir la justification de la seconde appellation de cette distinction,

1. Jean Wyclif, *Tractatus de trinitate*, édité par A. DuPont Breck, [Boulder], University of Colorado Press, MCLXII (= 1962), p. 143, 149 ; *id.*, *Tractatus de universalibus*, (Mueller, p. 91, 138 et 148) ; Jean Sharpe, *Quaestio super universalia*, p. 65, 5 : opinio Wyclif ; Jean Hus, *In I Sent.*, d. XXXIII, 3 (éd. cit., p. 150, 14), souvent cité dans la littérature historique tchèque. L'importance de la distinction formelle chez les wyclifistes est soulignée par S. Sousedík, « Pojem "distinctio formalis" », p. 1024-1029, et par F. Šmahel, « Hus und Wyclif : opinio media de universalibus in re », *Studia mediewistyczne*, 22-1 (1983), p. 123-130, en part. 128-129.

2. Jean Wyclif, *Logicae continuatio*, tr. III, c. 2, éd. Dziewicki, *Logica*, II, p. 36, 21-22 : « Essentia enim famose vocatur substantia que potest per se subsistere. » C'est François de Meyronnes qui a vulgarisé les noms de ces distinctions. En y ajoutant la « modale », il a porté à quatre le nombre des distinctions *a parte rei*. D'autres scotistes en ont connu neuf « réelles ».

3. Jean Sharpe, *Quaestio super universalia*, p. 302-303. Voir Jean Wyclif, *De universalibus*, p. 91-92, et *De trinitate*, p. 148-149, pour les analyses parallèles ; une autre déclaration plus précise du caractère réel de la distinction formelle dans le *De Trinitate*, p. 95 : « Hoc tamen scio apud quemlibet subtilem philosophum qui novit perfecte distinccionem formalem encium ut realiter distinguuntur ».

à savoir *secundum rationem*. Car si, en simplifiant quelque peu le problème, on admet que l'essentielle sépare les choses et la réelle les parties des choses, on admettra aussi que la formelle constate une non-identité entre une essence et l'un de ses aspects ou de ses caractères : l'opération de notre intellect abstrait cet aspect de l'essence, le prend comme tel, c'est-à-dire comme une quiddité à part, qu'elle considère comme une formalité, une *ratio formalis*. Les deux écoles, scotiste et wyclifienne, soulignent avec force que la formalité, source de la distinction formelle, est dans la chose et que l'intellect ne fait que la découvrir. Ainsi donc, l'expression *secundum rationem* n'indique-t-elle pas seulement, et cela depuis Duns Scot déjà [1], notre raison à nous et notre manière de concevoir, mais aussi toute raison formelle que nous savons abstraire et définir : *tercio dicuntur aliqua differre secundum racionem, quando eadem est essencia utriusque, sed raciones formales sunt diverse* [2]. Ce texte montre que Wyclif a repris à son compte la raison et la distinction formelles de Duns Scot. Correctement comprise, la définition de cette distinction donnée par Wyclif est donc celle-ci : « La troisième distinction est formelle, c'est-à-dire selon la raison formelle par laquelle les choses diffèrent, bien qu'elles convergent entre elles dans la même essence singulière ou dans le même sujet » [3]. Le nom de différence « *secundum rationem* » est un raccourci commode peut-être, mais certainement trompeur.

Ayant fait un large usage de la même distinction, les principaux wyclifistes praguois – Stanislas de Znoyma, Étienne de Palecz, Hus et Jérôme –, ne l'expliquent cependant nulle part. Ils la supposent connue de leurs lecteurs. Seul le premier d'entre eux est un peu plus explicite. Et il accepte la tripartition de Wyclif : *distinctio maxima (essentialis et realis)*, pour la première ; *distinctio média (realis non*

1. Jean Duns Scot, *Ordinatio*, d. 2, pars 2, q. 1-4, 401 (éd. Vat., II, p. 355) : « Potest (*sc.* non-identitas formalis) autem vocari "differentia rationis", [...] non quod "ratio" accipitur pro differentia formata ab intellectu, sed ut "ratio" accipitur pro quiditate rei secundum quod quiditas est obiectum intellectus ». Et puisque cette raison formelle a sa propre définition, on l'appelle aussi, par exemple chez François de Meyronnes et dans l'école scotiste, « definitio ».

2. Jean Wyclif, *Logicae continuatio*, éd. citée, II, p. 36, 9-11. La division présentée ici est : *secundum essentiam, parcialiter*, et *secundum racionem*. Voir aussi le *De trinitate*, p. 143, où Wyclif montre l'opération de l'intellect dégageant un aspect de la chose, une raison formelle.

3. Jean Wyclif, *De universalibus*, p. 91, 138-140 : « Tertia est differentia formalis vel secundum rationem, qua res differunt, licet conveniant in eadem singulari essentia vel supposito ». Pour que cette phrase puisse avoir un sens, le relatif « qua » doit porter sur la « ratio », et non pas sur la « differentia ». C'est pourquoi je ne pense pas que la traduction anglaise de ces lignes et sa justification puissent être acceptées ; *cf.* Jean Wyclif, *On Universals*, texte translated by A. Kenny, with an Introduction by P.V. Spade, Oxford, Clarendon Press, 1985, p. XXII et p. 29, 138-140 : « The third différence is the formal différence, or notional différence, by which things may differ... », A.D. Conti, *op. cit.*, p. 302, attribue au philosophe anglais le propos suivant : « differentia formalis est qua res differunt, licet conveniant... ». En déformant la phrase de Wyclif, il échappe à la difficulté. Concernant la raison formelle, voir Duns Scot, *Ordinatio*, I, d. 8, pars 1, q. 4, 191-194 (Vat., IV, p. 260-262), traduit par O. Boulnois in Jean Duns Scot, *Sur la connaissance de Dieu et l'univocité de l'étant*, Paris, PUF, 1988, p. 283-285 ; E. Gilson, *Jean Duns Scot. Introduction à ses positions fondamentales*, Paris, Vrin, 1952, p. 224-225, 252-253 ; O. Boulnois, « Réelles intentions », p. 21 *sq*.

*essentialis)*, pour la deuxième; *distinctio minima (tenuissima, formalis, rationis, secundum rationem)*, pour la dernière. Celle-ci est donc « réelle », et, de l'avis de S. Sousedík qui l'a étudiée, elle est une réplique exacte de la distinction formelle *ex natura rei* des scotistes. De fait, même les noms de cette division sont empruntés à Duns Scot[1]. Je note donc que si les auteurs tchèques ne développent pas cet aspect de la doctrine wyclifienne, ils ne le critiquent pas non plus et, à ma connaissance, ne le modifient pas d'une manière significative. En conséquence, on peut, on doit même considérer que lorsqu'ils parlent de la distinction formelle, ils sont, du moins dans leurs intentions, fidèles à Wyclif.

Ni chez Duns Scot (*I Sent.* d. II, pars 1, q. 4), ni chez Wyclif (*De Trinitate*), ni chez les wyclifistes l'être formel de l'Idée ne détruit l'absolue simplicité de l'essence divine qui lui sert de « support ». Tout au contraire, jamais un wyclifiste n'a affirmé une autre identité des Idées avec Dieu que celle de l'essence, et aucune autre différence que formelle. Sur ce point, Jérôme de Prague est aussi clair que ses collègues: peu développée dans la *disputatio* de Heidelberg, sa conception est largement confirmée par ses écrits ultérieurs et par d'autres sources[2]. Les mêmes

1. S. Sousedík, « Pojem "distinctio formalis" », p. 1025, 1027-1029. Voir pour ces noms Duns Scot, *Quaest. in Metaph.*, VII, q. 19, 8 (éd. Vives, VII, p. 468b), cité par O. Boulnois, « Réelles intentions », p. 22 note 63. Selon l'historien tchèque, cette distinction a trois caractères: elle est *a parte rei*, elle est toujours *a parte rei in actu*, les termes qu'elle sépare ne constituent pas des réalités numériquement distinctes. Et voici les trois conclusions qui terminent cette étude: bien que Stanislas donne à la distinction formelle le sens scotiste, les wyclifistes praguois ne sont pas scotistes; d'ailleurs, à lui seul, cet emprunt au scotisme ne permet pas de déterminer la nature du réalisme des wyclifistes; puisque Znoyma a soutenu le « multiplication spécifique » dans les individus, et qu'il a décrit les universaux comme des intentions secondes, il doit être considéré comme un réaliste modéré. Il est regrettable qu'aucune confrontation avec la doctrine de Wyclif n'ait été envisagée; elle était probablement impossible avant la publication du *De universalibus* de ce dernier. Toutefois, l'identité des vues de Znoyma et de Duns Scot n'est pas démontrée, elle est inférée à partir de quelques publications récentes. D'autre part, Sousedík semble oublier que, pour Znoyma, les Idées divines sont aussi des universaux: Znoyma leur a consacré les quatre premiers chapitres de son grand traité (à distinguer du petit) *De universalibus*. Enfin, en excluant par principe les Idées de la théorie des universaux, les médiévistes tchèques, mais aussi P. De Vooght et M. Markowski, pris dans le piège des catégories néoscolastiques, limitent leurs considérations à l'*universale in rebus*, par lequel ils cherchent à confirmer ou à invalider la thèse du réalisme praguois « extrême » (selon les uns), « modéré » (selon les autres). À mon avis, au centre des difficultés que l'on rencontre chez les auteurs tchèques, il y a les notions de la raison formelle et de l'être analogue en tant que premier créé. Malheureusement, pour pouvoir les interpréter correctement nous ne disposons pour l'instant d'aucun texte praguois qui les expliquerait, il nous faut donc recourir chaque fois aux textes de Wyclif.

2. Voir le texte (γ) cité plus haut ainsi que le corollaire cité p. 321, note 1, qui confirment l'identité essentielle des Idées avec Dieu. Et voici quelques opinions formulées dans la question USFU, concl. 3: « Quamvis forme ideales neque facte nec create sunt, ipse tamen nequaquam in seipsis subsistunt… Et secunda pars conclusionis, videlicet quod nequaquam in seipsis subsistunt, patet ex hoc, quia nichil preter deum est sibimet substantia, sed forme ideales non sunt ipse deus formaliter »; USFU, Sedlák, p. 242; Šmahel/Silagi, p. 32, 548-556. L'accusation (l'art. 2 de la première liste, et l'art. 20 de la seconde; seul ce dernier précise: « dixit in Haidelburga »), la réponse de Jérôme et quelques dépositions au procès de Vienne sont très nettes au sujet de la distinction formelle, cf. *Processus iudiciaris*, p. 5, n° 2 (« asseruit, quod in mente divina plures essent formalitates formaliter et realiter distincte »); p. 8, n° 2,

identité essentielle et distinction formelle caractérisent les rapports entre l'universel et l'être singulier : essentiellement, il n'y a que les singuliers dont la nature commune se laisse distinguer formellement. C'est la fameuse position médiane, entre celle de Thomas d'Aquin et celle de Walter Burley, que Wyclif a choisie. La polémique au sujet de la doctrine des universaux de Hus, qui a en son temps opposé M. Šmahel au P. De Vooght n'avait aucune raison d'être : Hus et les hussites répètent les formules de Wyclif, et il est impossible de les qualifier de thomistes, comme l'a fait avec trop de précipitation le savant bénédictin [1].

*L'universel et le singulier*

La question discutée à Heidelberg est, jusqu'à présent, le seul texte dans lequel Jérôme s'explique au sujet des vérités créées, c'est-à-dire des universaux *in re*, en leur consacrant une conclusion et deux corollaires placés en tête de l'article 2. Il ne se demande pas si les universaux existent, mais où ils existent. La conclusion est citée plus haut, dans notre texte (ε). Elle nie l'existence des universaux « séparés » de « l'existence singulière », car une telle opinion contredit la logique et la philosophie. La logique, parce que Dieu aurait pu détruire, par exemple, un genre ou une espèce, tout en conservant les espèces du premier et les singuliers de la seconde ; le 'genre' et l''espèce' aurait alors perdu leur sens. La philosophie, parce que, selon la même hypothèse, il faudrait admettre la possibilité soit d'une espèce, soit des êtres singuliers sans leurs causes et principes intrinsèques que sont le

pour Jérôme : « Respondit et posuit scolastice, quod idee ponende sunt in mente divina secundum distinccionem realem, non ut res dicit realitatem creacionis, sed ut dicit realitatem ex parte obiecti formalis distinccionis » ; p. 9, n° 20 : « Publice asseruit et dixit in Haidelburga, in mente divina ponendas esse ideas seu formalitates realiter formaliter distinctas » ; p. 12, n° 2, maître Nicolas Tell va jusqu'à dire que Jérôme a été obligé d'admettre l'article 2 : « Magister Jeronimus non posuit Haidelberge in posicione sua, sed demum ex articulis suis deductis et via, quam tenebat, per magistros argumentis fuerit convictus, quod tamquam consequens concesserit articulum presentem, et fuerit notabiliter notatus in illo, ita quod eciam quam plures magistri ibidem voluerunt, quod revocasset in kathedra, et sic fuerit super quatuor articulis coram episcopo Wormaciensi accusatus, quorum articulorum presens articulus erat unus… » V. Herold, « Magister Hieronymus », p. 262 et 271. Jérôme soutient la même opinion dans sa logique, voir par exemple le texte cité p. 323 à la note 2. Cependant, cette capacité de convaincre un adversaire que Tell attribue aux maîtres de Heidelberg est affaiblie par le fait que l'*articulus* était présent dans le schéma de la question bien avant le déroulement effectif de la disputation.

1. Concernant l'opinion de Wyclif, cf. *De universalibus*, p. 87, 56 : « Ego autem per medium incedo concordando extrema… ». L'opinion du P. De Vooght, est exposée dans son livre magistral *L'Hérésie de Jean Huss*, 2 vol., Louvain, 2e éd. 1975, t. II, p. 877-894 (« Huss et la philosophie ») ; les répliques de F. Šmahel se trouvent, la première dans un article rédigé en tchèque, « Jan Hus a vyklefské pojetí universálií » [J. H. et la notion wyclifite de l'universel], *Acta Universitatis Carolinae – Historia Universitatis Carolinae Pragensis*, 21-2 (1981), p. 49-68 ; la seconde est écrite en allemand : « Hus und Wyclif : opinio media de universalibus in re », *Studia mediewistyczne*, 22-1 (1983), p. 123-130. Outre les textes de Hus et Wyclif, Šmahel utilise aussi la *Positio de universalibus* de Páleč, citée ici-même, plus haut.

genre pour l'espèce et l'espèce pour les individus. Il nous faut donc admettre que les « monstres » aristotéliciens, séparés des choses particulières, n'existent pas. En revanche, on doit admettre l'existence des universaux qui, dans la hiérarchie des genres et des espèces, sont constitutifs de la nature de leurs inférieurs, et qui sont même leurs principes intrinsèques.

Cela une fois établi, les deux corollaires précisent la non-identité formelle d'un universel. Tout d'abord, on sépare formellement un genre de ses espèces et une espèce de ses particuliers, car pour être et pour avoir une nature les « inférieurs » ont besoin de leur « supérieur ». Autrement dit, tout A qui pour être a besoin d'un B diffère du B[1]. A et B sont donc envisagés comme deux raisons formelles qui justifient la distinction. Ensuite, malgré leur identité essentielle, que démontre l'identité de leur définition, l'espèce et le singulier diffèrent formellement parce que la première possède certains caractères dont le second est privé, par exemple, seul l'homme « commun » est communicable[2]. La question Usfu, qui reprend le même problème, imagine le rapport entre l'universel et l'être singulier comme celui d'une forme et d'une matière. C'est la forme qui donne son être à la matière, c'est la matière qui le reçoit ; les choses singulières existent par leur nature commune, alors que la nature commune reçoit son être de Dieu[3]. C'est ici peut-être que nous

1. B, f° 46v, II, concl. 1, cor. 1 (Šmahel/Silagi, p. 8, 89-96) : « Licet non sit dare genus separatum a specie aut speciem ab individuo, aut retrorsum, existere, verum tamen necesse est genus a specie et speciem ab individuo formaliter distinguere. Probatur, nam quodcumque requiritur ad esse alterius essentialiter atque intrinsece, illud ponere distinctum ab altero est necesse ; sed sic se habet esse generis ad speciem et species (= esse speciei) ad individuum. Igitur corolarium verum. » Ces lignes sont reprises dans la seconde partie de la question Usfu, Sedlák, p. 252-253 (Šmahel/Silagi, p. 44, 935-944), au début d'une série des arguments en faveur de la séparation *a parte rei* entre l'universel et le singulier, et contre la *via nominalium* : « Ad esse istum hominem requiritur esse hominem tamquam naturaliter prius et non econtra. Sed quod ad esse alterius necessario requiritur intrinsece, hoc nemo causam eius esse dubitat, ergo esse hominem est causa intrinseca necessario prerequisita ad esse istum hominem, cum sine esse hominem inpossibile est esse quemvis hominem singularem. Igitur esse hominem distinguitur a quolibet singulari homine tamquam causa a suo effectu, et per consequens est dare hominem sic distinctum a quolibet singulari, quod abhorret ista via ». Selon Wyclif, *De universalibus*, p. 204, 532-537, les noms « genus » et « species » expriment une quiddité tout court, alors que « esse genus » et « esse species » appellent la quiddité d'une manière générale et spécifique.

2. B, f° 46v, II, concl. 1, cor. 2 (Šmahel/Silagi, p. 8, 97-106) : « Quamvis universale sit suum singulare essentialiter, differt tamen ab eo formaliter. Probatur, nam species humana, sive homo in communi, quod idem est, est essentialiter animal rationale mortale, et hoc idem est quilibet homo singularis… Et secunda pars, scilicet quod differt ab eo formaliter, patet, nam homo communis est quidditates omnium hominum singularium, sine qua nemo singularis potest esse homo ; etiam homo in specie est commmunicabilis multis, singularis vero nequaquam ». La démonstration ne répond pas à la question de savoir pourquoi la distinction entre l'universel et ses singuliers est formelle. On peut donc penser qu'elle a été empruntée.

3. Usfu, Sedlák, p. 254-255 ; Šmahel/Silagi, p. 46, 1011-1022 : « Item proporcionabiliter ut se habet forma ad materiam sic se habet esse formale universale ad suum materiale suppositum. Sed forma dans esse materie non habet esse a materia, quamvis habeat esse in materia, sed pocius habet ab agente secundum formam univoce ; et secundum quod est ab agente, vere est et extra omnem creatum conceptum, quamvis non sit formaliter hoc vel illud. Sic proporcionabiliter homo communis sive homo universalis, quod idem est, quamvis sit in quolibet suo singulari, non tamen habet esse ab aliquo

avons l'ultime écho de la doctrine wyclifienne de la création simultanée des universaux dans l'être analogue.

Telle est la seconde facette du réalisme de Jérôme. Malheureusement, ce qu'il a cru bon de nous révéler de ses opinions, est limité à quelques formules qui ne s'éloignent pas de la théorie élaborée par Wyclif. Ces formules complètent toutefois l'ensemble de son ontologie réaliste qui embrasse dans une seule vision les *vérités éternelles* et les *vérités créées*. Et il faut envisager au moins ces deux volets du réalisme de Jérôme pour pouvoir accoler à cette philosophie le nom de *wyclifisch-platonische Realismus* que quelques historiens tchèques ont trop longtemps réservé au second volet seulement. Cependant, si l'on considère cette double dimension de son réalisme, on remarque que Jérôme ne s'intéresse vraiment qu'à la causalité – efficiente et formelle – des Idées : c'est la raison de son retour constant à la dichotomie harmonieuse de l'universalité des êtres s'exprimant dans une suite des opposés : monde archétypal-monde créé, éternel-caduc, idée-« idéé » (*ideatum*), cause-causé, forme-formé, etc. Il est à noter que cette vision dichotomique demeure imperméable à toute considération néoplatonicienne du monde créé comme ordre hiérarchique des perfections, fondé sur son éloignement du Créateur. Tout comme Wyclif, Jérôme reste fidèle au platonisme des Idées et à l'aristotélisme des substances, avec la seule hiérarchie qui est celle des genres et des espèces et qui a, à son sommet, l'être analogue. Quant au second volet de ce réalisme, l'universel *in re*, Jérôme a su s'accommoder de quelques remarques qui permettent certes de situer son opinion dans l'école de Wyclif, mais qui sont d'un schématisme si confus qu'il est tout à fait impossible de pousser plus loin l'interprétation.

### *La logique dans les choses*

La troisième composante du réalisme de Jérôme, c'est son affirmation de la priorité du réel par rapport au conceptuel, de l'ordre ontologique par rapport au langage et à la logique. Ce réalisme proche de la pensée burleyenne est connu déjà de Wyclif et de quelques Praguois dans la dernière décennie du XIVe siècle[1]. À ma connaissance, cette partie de la doctrine de Jérôme n'a jamais attiré l'attention des

eorundem nec simul ab omnibus, sed a suo effectivo principio, quod est Deus. Et tale esse formale universale est positum extra omnem creatum conceptum ».

1. Concernant la proposition réelle de Wyclif, voir plus bas, p. 328, note 2. L'exposé de la *propositio in re* fait par Burley se lit dans l'introduction à son commentaire des *Catégories*, cf. *Super Artem veterem*, Venise, 1497 (réimpression Francfort, 1967), f° c3va-4va ; ce texte est évoqué par Wyclif, *De universalibus*, p. 21, 91. Dans la *Positio de universalibus* de Páleč (p. 125, 359-362) on peut lire cette trace du réalisme wyclifien des propositions : « Convenientia et differentia rerum essentialis fundatur essentialiter in rerum principiis et non in signis, quia praedicatio signorum vel eorum praedicabilitas non est causa convenientiae et differentiae rerum ad extra, sed econverso ». Concernant Stanislas de Znoyma, voir son traité *De vero et falso*, édité par V. Herold, Prague, ČSAV, 1971, et G. Nuchelmans, « Stanislaus de Znaim (d. 1414) on Truth and Falsity », dans *Mediaeval Semantics and Metaphysics. Studies Dedicated to L.M. de Rijk on the Occasion of his 60th Birthday*, Nimègue, 1985 (Artistarium, Supplementa, 2), p. 313-338.

historiens. Nous savons déjà par le texte (η) que les propositions construites avec des mots supposent une relation réelle entre les choses (*habitudo mutua realis subiecti ad realem predicatum*), génératrice de la vérité. L'importance de cette relation à la fois de priorité et de causalité entre les deux genres des propositions justifie la constance avec laquelle Jérôme envisage tous les rapports entre les faits d'arts et de nature (pour nous en tenir à la terminologie wyclifienne) : les signes et les choses signifiées, les propositions dites ou pensées et les propositions réelles, la vérité des signes et la vérité des choses, l'être complet des choses et l'être incomplet des faits linguistiques, la dénomination extrinsèque des choses et des propositions précédée par l'être même et ses principes essentiels et intrinsèques. Le recours à une comparaison fameuse illustre parfaitement la ressemblance lointaine de l'art à la nature : *Sicut se habet homo pictus ad verum hominem, ita propositio ut signum ad realem propositionem*, le signe ne se rapportant qu'analogiquement à la chose signifiée [1]. On s'aperçoit que le rapport *denominatio-significatio*, mis en avant par le titre de la question, ne repose pas sur la relation entre les choses (faits) et les termes (propositions), mais que les termes (*denominatio universalis*), les propositions, la signification, et aussi la prédication, sont des rapports aussi bien entre les composantes formelles des choses qu'entre les formalités et l'unité de leur essence. Là est le nœud de la question. Nous allons maintenant parcourir les conclusions et corollaires pour découvrir le sens de l'intitulé de la question et la réponse proposée.

Il existe un rapport de priorité entre une vérité du genre et une vérité de l'espèce qui reproduit exactement le rapport d'un genre à son espèce. Ce rapport est de nature causale, car l'être du genre en tant que tel (*esse genus*) est la cause intrinsèque et nécessaire de son espèce : *esse genus est causa intrinseca sue speciei necessario ad eandem requisita, sed veritas generalis sic se habet respectu veritatis specifice* [2]. Mais, si le genre diffère en quelque sorte de la vérité du genre, quelle est donc cette vérité ? Ici, comme dans la logique, la vérité est une qualité de la proposition. Cependant ici, il s'agit de la proposition réelle. Or, la vérité d'une proposition réelle – cette notion apparaît ici pour la première fois – réside dans le rapport entre les choses signifiées à titre premier (*primarie*) : *Veritas propositionum realium*

1. Voir l'art. II, les concl. 2-4, avec leurs corollaires. Pour le texte cité, *cf.* B, f° 47r, II, concl. 3, cor. 2 : « Sicut se habet homo pictus ad verum hominem, ita propositio ut signum ad realem propositionem. Probatur, quia propositio ut signum est accidens separabile atque signum analogice significans propositionem realem. Igitur sicut se habet homo pictus ad viventem hominem, etc., ut ex *Antepredicamentis* ». *Cf.* Aristote, *Cat.*, la 3 ; cependant le participe « pictus » ne se lit pas dans les traductions latines des *Catégories*, mais dans la *Paraphrasis Themistiana* (*Aristoteles Latinus*, I 1-5, edidit L. Minio-Paluello, Bruges-Paris, 1961, p. 135, 21-22).

2. B, f° 46v, II, concl. 2 : « Sicut via naturae genus antecedit speciem, sic veritas generalis specialem veritatem. Probatur, quia esse genus… ». La priorité de nature est en fait la priorité causale, *cf.* le texte de la question Usfu, cité plus haut, p. 326, note 1. Dans sa *Dialectica*, chap. 13 (*Dialectica*. Version of Robert Grosseteste, edited by O.A. Colligan, St. Bonaventure (N.Y.)-Louvain-Paderborn, 1953, p. 15), Jean Damascène traite la « priorité de nature » (*De natura priori*), mais il n'attribue pas la causalité à ce genre de priorité. Voir aussi les remarques subtiles de Jean Sharpe, dans sa *Quaestio super universalia*, ad 7 ; *cf.* A.D. Conti, *op. cit.*, p. 106-107.

*non consistit in coherentia signorum, sed in habitudine suorum proprie primarie significatorum*. La signification *proprie primaria*, ou *proprie propria* selon Znoyma, correspond à celle que Wyclif désigne par l'adjectif '*primaria*'. Il s'agit en somme de « la signification naturelle à titre premier », dans le cas d'une chose qui se signifie elle-même et prédique d'elle-même (*dicit se*), et qui est distincte de « la signification artificielle à titre premier », appartenant à l'art du langage. À titre premier, la vérité appartient donc à l'ordre ontologique des choses, puisque tout d'abord le sujet et le prédicat en font partie. Elle est chaque fois identique à un être complet, et chaque fois un tel être précède et cause le signe[1].

Il s'ensuit que la dénomination des choses ne dépend aucunement de celle des signes. Cela est évident. Cependant, l'intention de Jérôme va plus loin, car il ne s'agit ni du rapport entre un mot primitif et son dérivé, ni de l'attribution d'une quelconque qualité à une substance, mais d'un principe intrinsèque inhérent à un sujet: *Nulla denominatio rerum fundatur in denominatione signorum [...] quia una denominatio rerum est resultans ex essentialibus atque intrinsecis principiis.* Une dénomination dans la proposition réelle ou naturelle est une pure conséquence de la composition même de cette proposition, car le substantif 'dénomination' a ici le sens de la '*denominatio universalis*' wyclifienne, indiquant l'attribution d'un genre à une espèce ('*homo est animal*') ou d'une espèce à un singulier ('*Petrus est homo*'). La dénomination réelle exprime la vraie nature des choses, fondement de la vérité de notre langage. Jérôme de Prague va au-delà d'une séparation de l'ontologique du linguistique et de l'affirmation de la primauté du premier sur le second, car il transfère les rapports entre les mots et les fonctions des mots dans

1. B, II, concl. 2, cor. 1, cité plus haut, texte (η). Jean Wyclif, *Logica*, chap. V (éd. M. Dziewicki, Londres, 1893, t. I, p. 14, 14-24): « Sed notandum quod duplex est primaria significatio, scilicet naturalis et artificialis. Primaria significacio naturalis proposicionis est illa mediante qua proposicio significat naturaliter se ipsam. Primaria significacio artificialis est illa mediante qua proposicio significat ex imposicione idiomatis veritatem sicut est, vel sicut non est. » La division des propositions, *ibid.*, p. 14, 25-28: « Quintuplex est propositio, scilicet mentalis, vocalis et scripta propositio; realis, ut quelibet res movens ad componendum vere vel false; et quinta propositio est sic esse sicut propositio significat. » La description de la proposition réelle montre comment une essence copule le sujet avec le prédicat, comment elle se dit elle-même; *ibid.*, p. 15, 12-22: « Proposicio realis est, ut *iste homo, iste lapis*, etc., quia sicut in alia proposicione est subiectum et predicatum et copula, sic in isto homine est dare istam personam, que est pars subiect<iv>a speciei humane, que est tamquam subiectum; et est dare similiter naturam humanam que essencialiter inest isti homini tamquam predicatum, et realiter prediactur de isto homine. Et est dare essenciam istius hominis, que est realis copula copulans istum hominem cum sua natura. Et sicut in proposicione artificiali predicatum dicitur de subiecto, sic in ista proposicione reali *iste homo* est essencialiter et realiter natura humana. » Ainsi, doit-on affirmer que chaque fois qu'il y a une essence, il y a aussi une proposition réelle, une inhérence d'un prédicat à un sujet, une prédication réelle, que tous ces termes peuvent être considérés comme des synonymes, qu'en se disant les choses existent. La dernière proposition est la vérité signifiée réellement, par exemple, ce complexe réel *hominem esse*. Celui-ci étant un vrai complexe, il est une vraie proposition; *ibid.*, p. 15, 23-25.

le langage à l'intérieur de chaque chose [1]. La suite va dans le même sens : la priorité est donnée aux propositions dénominatives réelles, les seules qui peuvent justifier une proposition composée de mots : *Ante omnem denominationem propositionis extrinsecam necessarie primo requiritur denominatio inseparabiliter consequens naturam eius intrinsecam* [2].

Nous nous approchons de la fin de la question. Voyons ce que ses derniers corollaires nous disent. D'abord, puisque la vérité appartient à l'ordre ontologique, un terme universel en tant que tel est « dénominativement » invalide. Ensuite, même si une vérité est dans les signes, elle demeure toutefois dans leur signifié premier : *in significato primario*, qui est une chose. Enfin, le signifié premier est la cause de la vérité des signes. En définitive, la dénomination universelle est fondée sur la structure ontologique des choses, signifiée proprement et à titre premier par les termes universels. Telle est la solution du problème posé par l'intitulé de la question.

1. B. f° 46v, II, concl. 2, cor. 2 ; *cf.* Wyclif, *De universalibus*, p. 22, 102-112. Le texte de Jérôme est corrompu, j'essaie de le corriger ainsi : « Nulla denominatio rerum fundatur in denominatione signorum. Probatur sic, quia una denominatio rerum est resultans ex essentialibus atque intrinsecis principiis ; sed cum omne signum [non] extrinsecum est rei (B si'), cum sibi post completum esse adveniet, igitur nullum tale vere atque realiter aliquam rem denominat ». L'art. II, concl. 3, de la question de Heidelberg introduit une autre division des propositions et un autre sujet de la discussion : « Etsi veritas propositionis contingentis atque necessarie conveniunt, ipse tamen ab invicem (47r) specifice differunt… quia una est contingens et de presenti, alia necessaria et de preterito ». Ses trois corollaires n'ont aucun rapport avec la conclusion. On peut penser que la vraie conclusion 3 est identique avec le « Primum corrolarium » de l'actuelle conclusion 3. Une telle solution écarterait un texte apparemment étranger et permettrait de voir en cet article II la composition numérique suivante : 1re conclusion + 2 corollaires ; 2e conclusion + 2 corollaires ; 3e conclusion + 2 corollaires ; 4e conclusion + 5 corollaires + 1 corollaire ultime, soit probablement 2 conclusions + 4 corollaires + 1 corollaire ultime. Quant à l'article I de la question de Heidelberg il est composé comme suit : 1re conclusion + 2 corollaires, 2e conclusion + 5 corollaires. Il est certain que ces cinq corollaires font en réalité : 2 corollaires (de la concl. 2) + 3e conclusion avec ses 2 corollaires. En effet, il est évident que pour certains textes, Jérôme a choisi une composition numérique personnelle, en suivant en cela plusieurs auteurs du XIVe siècle. Je note donc que sa double question USFU présente deux séries des trois conslusions, dont chacune est accompagnée des deux corollaires – donc 1 + 2 –, avec un « corollaire ultime » à la fin de chaque série. Mais la question UAPR semble suivre le modèle 1 + 1. Pour les textes cités, *cf.* Šmahel/Silagi, p. 9, 131-134.

2. B, f° 47r, II, concl. 3, cor. 1 (Šmahel/Silagi, p. 9, 136-149) ; voici la suite du corollaire : « Patet illud ex illo, quia omne esse essentiale prerequiritur suum effectum tanquam suum intrinsecum principium, quem † dum de per se es [se] t effectum, non est ipsum possibile ab eodem separari. Esse autem extrinsecum cum sit ipsa re posterius non repugnat ab ipsa re separari, sed non secundum esse actuale, verum tamen secundum esse intellectuale, et cum omne esse separabile super esse inseparabile fundatur tanquam esse extrinsecum (intrinsecum B) super esse intrinseco. Et <quod> denominatio [non] extrinseca est ipsa re posterior, patet quia prerequirit denominationem realem intrinsecam se priorem. »

> Nullum signum sub ratione huiusmodi est denominative verum, [et] quia nullum signum ut huiusmodi est esse inseparabile illius quod significat; sed verum vel veritas sunt huiusmodi, igitur nullum tale signum ut huiusmodi est verum, etc.
> Quamvis veritates propositionales quedam sunt in signis, manent tamen in eorum primarie significatis. Probatur, nam veritas huius : « Homo est animal », non est in voce, scripto aut conceptu primario, sed in <suo> significato primario, id est in re, que res est hominem seu naturam humanam esse animal.
> Veritas significati primarii est [in] causa suo modo veritatis signi. Patet hoc corollarium per Aristotelem in *Predicamentis*, capitulo de substantia : « Ab eo quod res est vel non est… » [1]

Reprise quelque mois plus tard dans la question USFU, la même réponse précisera même que la dénomination appartient à l'ordre ontologique, au même titre que le signifié des termes universels et la proposition réelle :

> Item termini instituti sunt ad signandum res ad extra, cum sint signa rerum ; igitur termini generales atque specifici extra se signant res quibus inest principaliter denominacio huiusmodi, et tales res sunt universalia ex parte rei. Quelibet enim talis res generalis atque specifica verius incomparabiliter habet racionem universalis quam signum eiusdem. Quod eciam patet ex hoc, quia quelibet res naturalis dicit seipsam, sicut accidens sensibile dicit naturaliter subiectum taliter accidentatum, terminus autem solum ex institucione humana et non naturaliter significat [2].

Les deux corollaires qui suivent dans notre question de Heidelberg attestent la conformité de la pensée de Jérôme à la doctrine wyclifienne et déploient une perspective plus générale, le premier en apportant un supplément de précision au sujet de la prédication réelle [3] ; l'autre en montrant le caractère réel de la logique,

1. B, f° 47r-v (Šmahel/Silagi, p. 10, 156-172). Pour le dernier corollaire, *cf.* Aristote, *Cat.*, 5,4b 9-10, et J. Hamesse, *Les Auctoritates Aristotelis*, p. 303, n° 17. À comparer avec ce corollaire de la question USFU, Šedlák, p. 258 ; Šmahel/Silagi, p. 51, 1158-1162 : « Omnis denominacio signorum causatur ex proprietatibus suorum adequate signatorum. Patet, quia quelibet proposicio pro tanto est necessaria quia hoc quod primarie significat (*éd.* predicatorie signat) necesse est esse ». L'opinion de Jérôme est à comparer avec celle de Wyclif, *De universalibus*, p. 140, 356-367 : « Et sic [...] patet quod non est possibile propositionem nostram sensibilem esse veram vel necessariam differenter a propositione falsa, nisi propter veritatem aut necessitatem ex parte rei, quia, cum de se non habet denominationem huiusmodi ultra propositionem falsam, manifestum est quod oportet rimari obiective significatum – quod sit veritas sive necessitas – a quo capitur talis denominatio in signo, ut urina non dicitur sana si non sit sanitas in subiecto. Sic autem locuti sunt sancti quomodocumque moderniores sophistae fuerint variati ».

2. USFU, Šedlák, p. 254 ; Šmahel/Silagi, p. 45, 986-995.

3. B, f° 47v, II, concl. 4, cor. 2 (Šmahel/Silagi, p. 11, 173-179) : « Quamvis predicatio terminorum ad invicem est figura veritatis, tamen non est vera. Probatur corollarium, quia vere predicari est unum inesse alteri et unum esse veraciter reliquum, quamvis non quolibet modo. Sed nullus terminus vocalis aut scriptus aut mentalis est reliquus, quod est per se manifestum, igitur corolarium verum ». Dans la question USFU, Šedlák, p. 258 ; Šmahel/Silagi, p. 50, 1153, le même corollaire dit plus ouvertement que « Omnis predicatio signorum ad invicem est falsa ». USFU, Šedlák, p. 244 *sq.* ; Šmahel/Silagi, p. 35, 632-636, une division de la prédication qui reprend le texte de Wyclif ; on y lit que la prédication réelle

fondée non pas sur les termes, mais sur les choses. Cependant, il ne dit pas si elle a cessé d'être une discipline « sermocinale »[1]. Et c'est ainsi, par ce manifeste du réalisme logique, que se termine la disputation de Heidelberg.

Au terme de ce travail, il serait peut-être utile de résumer brièvement les principaux résultats obtenus. L'analyse du texte – des deux manuscrits qui le conservent et de son édition de 1925 – a permis d'établir que le seul manuscrit qui, avant une édition correcte attendue, puisse rendre un service à la recherche historico-doctrinale est le codex de Bâle. Concernant la pensée du Praguois, je me suis attaché à montrer les trois dimensions de son réalisme : la doctrine des universaux incréés, celle des universaux créés et la logique réaliste. Elles forment un ensemble cohérent d'où découlent, pour être ensuite développées, les thèses particulières. Fondées sur une argumentation variée et personnelle, ces trois dimensions du réalisme semblent communes à tout wyclifiste de Prague. Quant à la dernière des trois, elle se manifeste dans une confrontation des deux logiques et des deux types de propositions (*in rebus, in signis*). Elle accorde la priorité aux rapports entre les réalités formelles dans une essence, donc à l'ordre ontologique. Dès lors, toute la problématique posée par la question de Heidelberg est transférée à l'intérieur des choses : elle ne concerne plus que leur nature intrinsèque, leur forme, leur essence, en un mot, la *res* qui se prédique et se signifie elle-même. Un tel transfert n'est pas sans intérêt, car il nous instruit comment, dans la pratique de l'enseignement, le réalisme logique défendait ses positions et résolvait ses difficultés. En effet, la disputation de Heidelberg n'est pas là pour nous apprendre toute la logique réaliste, mais pour affirmer, prolonger et défendre la cohérence du réalisme ontologique. Cela une fois établi, l'historien de la philosophie peut s'efforcer de délimiter dans cet ensemble la part revenant à Platon, à Aristote et à tout autre philosophe, l'inspiration scripturaire ou wyclifienne, les influences des contemporains, mais à condition de ne pas faire disparaître leur harmonie nouvelle.

« non est aliud quam participari a multis, dici communicative de multis, sive inesse multis vel esse in multis. Et hoc modo predicandi omne universale in actu predicatur de suis inferioribus ».

1. B, *loc. cit.*, cor. 3 (Šmahel/Silagi, p. 11, 180-185) : « Vera loyca non in signis, sed in rebus est fundata. Probatur, nam vera loyca cum sit virtus discursive facile inquirendi veritates seu veritatem, non in signis, sed in rebus consistit. Patet, quia loyca vera tantum ibi est fundata, ubi suum principale propositum est fundatum, sed hoc est in rebus ». Le corollaire est repris en des termes similaires dans la question UsFu, Šedlák, p. 258 ; Šmahel/Silagi, p. 50. Concernant le réalisme propositionnel de Wyclif, voir l'ouvrage de Laurent Cesalli, cité *supra*, p. 12, note 1. Concernant le procès de Vienne, *cf.* A. A. Strnad, « Die Zeugen im Wiener Prozess », voir plus haut p. 302, note 2 qui commence en page 301.

## LA NOTION DE MATIÈRE ET SON ÉVOLUTION DANS LA DOCTRINE WYCLIFIENNE

On sait bien que, d'après Wyclif, comme d'après tant d'autres médiévaux, chaque chose *ad extra* peut être envisagée selon l'un des trois êtres qu'elle possède, dont le premier est celui qu'elle a en Dieu; le deuxième, appelé aussi l'être de l'essence ou l'être potentiel, est contenu dans *ses* causes, ou principes; et le troisième, son être propre de substance ou d'accident, être singulier dans le temps [1]. Le premier - qui est aussi le mieux connu, le plus souvent analysé dans des travaux historiques, peut-être même le plus facile à traiter - ne regarde que secondairement le sujet de la présente communication: cet être premier des choses est identique aux idées divines qui n'ont qu'un rapport lointain et faible avec la matière. Modèles idéels de tout ce qui existe et peut exister, les idées divines sont essentiellement Dieu lui-même.

En revanche, on voit immédiatement que les choses qui nous entourent sont matérielles ou liées à la matière. Elles vont donc nous occuper un instant.

1. John Wyclif, *De universalibus*, ed. I. J. Mueller, *op. cit.* chap. VII, 33-64, texte cité *infra*, p. 359, note 1 (pour cet ouvrage, j'indique le numéro du chapitre et les lignes). J'utilise les ouvrages suivants de Wyclif: *Trialogus*, ed. G. Lechler, Oxford, 1869; *Tractatus de logica*, ed. M. H. Dziewicki, 3 vol., Londres, 1893-1899; *De materia et forma*, dans Johannis Wyclif *Miscellanea philosophica*, ed. M. H. Dziewicki, Londres, 1902, p. 163-242; *Tractatus de Trinitate*, ed. A. du Pont Breck, [Boulder], University of Colorado Press, 1962, et le *Tractatus de universalibus*, déjà mentionné. Ils sont cités par leur titre. Pratiquement tous les travaux consacrés à Wyclif abordent son réalisme, j'en mentionne les plus récents: A. Kenny, « The Realism of the *De Universalibus* », dans A. Kenny (ed.), *Wyclif in his Times*, Oxford, 1986, p. 17-29; *Id.*, « Realism and Determinism in the Early Wyclif », dans A. Hudson, M. Wilks (ed.), *From Ockham to Wyclif*, Oxford, Basil Blackwell, 1987, p. 165-177; Johannes Sharpe, *Quaestio super universalia*, a cura di A.D. Conti, Florence, Olschki, 1990, p. 295-309; A. de Libera, *La querelle des universaux*, Paris, Seuil, 1996, p. 407-409; A.D. Conti, « Analogy and Formai Distinction: On the Logical Basis of Wyclifs Metaphysics », *Medieval Philosophy and Theology*, 6 (1997), p. 133-165. Pour une bibliographie plus complète, voir A. Hudson, « Wyclif, John », dans *Dictionary of the Middle Ages*, 12, p. 706-711. En février 1997, à l'invitation de M. Ruedi Imbach, j'ai pu aborder, dans son Séminaire de l'histoire de la philosophie médiévale à l'Université de Fribourg, la question de l'influence du *De Genesi ad litteram* d'Augustin sur le *De universalibus* de Wyclif et sur quelques textes praguois. Je reviendrai brièvement sur ce problème dans la dernière partie du présent travail.

Entre ces deux genres extrêmes, il y a cependant ce que Wyclif appelle tantôt 'les causes universelles' et tantôt 'les principes', noms dont le sens serait faux si par ces causes et principes on voulait comprendre des créatures concrètes, constituées d'une matière, d'une forme et de leur composé, ce troisième élément étant pour Wyclif aussi important que les deux premiers. Leur statut et leur fonction dans l'ontologie et la théologie de Wyclif n'ont pas été éclaircis. Je tâcherai donc d'élucider ce point de la doctrine wyclifienne en établissant le lien méconnu de son réalisme avec la théologie, et, en poursuivant cette analyse, de démontrer que ce réalisme est pour une part non négligeable une interprétation philosophique de la théologie de la création ou, si l'on préfère, de l'exégèse biblique de s. Augustin [1]. Cela étant, je pense pouvoir répondre à deux questions qui concernent l'histoire de la philosophie médiévale, à savoir quelles sont les principales articulations du réalisme wyclifien et en quoi consiste ce réalisme décrié comme extrême. Telle est la principale raison qui m'amène à m'occuper de la matière et plus particulièrement de la matière première.

La suite de mon exposé est organisée autour de trois points qui me semblent essentiels. En premier lieu, je me propose d'aborder la notion de *maxima materia* dans les traités de logique qui comptent parmi les premiers écrits philosophiques de Wyclif. En deuxième lieu, je tente de montrer comment cette notion est devenue celle de *materia prima* et puis celle de *materia informis* au sens qu'Augustin avait donné à ce nom. Pour terminer, et par un retour chronologique, je souhaite montrer le lien entre la conception de *materia informis* et celle des universaux. Mon parcours est ainsi doublement celui du philosophe anglais : je commence avec la logique pour entrer en théologie et je montre comment, dans la pensée de Wyclif, Platon a cédé la place à Augustin.

## *MAXIMA MATERIA EX QUA MUNDUS CONSTAT*

La matière dont le monde est composé porte le nom inusité de *maxima materia*, 'la plus grande matière'. Ce nom se trouve dans l'œuvre logique de Wyclif rédigée autour des années 1360-1363, alors que le philosophe anglais était encore un simple maître ès arts à Oxford. Il y apparaît en deux endroits, d'abord en marge du problème de la causalité, puis à l'occasion du traitement des propositions pourvues d'un adverbe de lieu, par exemple *ubi*. Comme souvent chez Wyclif, le type des propositions dont il traite en logicien lui sert à envisager le sujet philosophique lié, de près ou de loin, au problème logique. Le chapitre consacré à la proposition contenant un adverbe de lieu n'est pas, de ce point de vue,

1. Sans pouvoir l'expliquer plus en détails, j'ai déjà formulé cette idée dans le chapitre 18 du collectif *Medieval Philosophy*, edited by J. Marenbon, Londres-New York (Routledge History of Philosophy, vol. III), 1998, p. 434.

exceptionnel. En constatant que le terme 'lieu' est équivoque, Wyclif se propose de nous faire connaître ce qu'est le lieu qu'on appelle, dans le langage aristotélicien : 'position' (*situs*) [1]. Dans le passage analysé, le langage des catégories – *locus, situs, ubi* – doit cependant s'accorder avec deux idées d'origine étrangère à l'aristotélisme : avec la doctrine atomiste et avec la théorie platonicienne du Lieu. En dernière analyse, le discours wyclifien d'apparence aristotélicienne introduit le lecteur au platonisme.

En effet, selon Wyclif, pour pouvoir comprendre ce qu'est le lieu, on doit d'abord savoir ce qu'est le monde ; c'est pourquoi il commence par énumérer les qualités propres du monde. (a) Le monde est composé d'indivisibles, dont le nombre, quel qu'il soit, semble toujours le même, alors qu'une certaine quantité des atomes correspond à une certaine quantité continue et à une forme. Le monde comme tel est donc informe. (b) Il ne peut pas se mouvoir en ligne droite, ni augmenter ni diminuer : sa masse globale de matière reste inchangée et, avec elle, sa structure. (c) Il persiste nécessairement et ne finira jamais d'exister, bien que les parties infinies qui le composent périssent pour continuer ailleurs par une recomposition de la matière. La disparition des choses doit donc être entendue comme une corruption, et non comme un anéantissement, car Wyclif distingue soigneusement la génération et la corruption de la création et l'anéantissement (*annihilatio*). À la fois, il affirme l'éternité de la matière et exclut la possibilité de son anéantissement : *manet necessario.* (d) Gouverné par des lois immuables, le monde garde sa structure très convenable et très spacieuse : il est *capacissimus et convenientissimus in figura*, deux propriétés qui peuvent être attribuées tant du monde qu'à la matière première [2] et qui assurent au monde son site et sa permanence [3].

1. *Logica*, III, p. 1, 19-24. Les trois écrits de logique datent de 1360 à 1363 ; *cf.* W. R. Thomson, *The Latin Writings of John Wyclyf*, Toronto, Pontifical Institute of Mediaeval Studies, 1983, p. 4-6.

2. *Logica*, III, p. 2, 1-2 : « capacissimus et convenientissimus ». Ces termes, dont le premier signifie à la fois l'étendue et l'aptitude à recevoir des corps et des formes, font écho à la description du Monde dans le *Timée* (30d-31a, 51a-b) traduit et commenté par Calcidius, *cf.* J. H. Waszink, p. 23, 16-20 ; 49, 7-14 ; 325, 13-326, 9 ; 327, 20-328, 21 (Bakhouche, p. 158, 29-32 ; 196, 23-29 ; 556, 22-558, 5 ; 560, 4-27). Voir par exemple Augustin, *Conf.*, XII, VI 6, Jean Scot Érigène, *Periphyseon*, I (éd. É. A. Jeauneau, Turnhout, Brepols, 1996, p. 81, 2499-2517) et, pour la littérature scolaire, *Anonymi Accessus philosophorum VII artium liberalium* : « Ordinatio enim partium uniuersi elegantissima est et conuenientissima » ; C. Lafleur, *Quatre introductions à la philosophie au XIII*^e^ *siècle*, Montréal-Paris, Institut d'Études Médiévales, Vrin, 1988, p. 232-233. Dans un accessus anonyme à Ovide, daté du XII^e^ siècle, mais utilisé, enrichi et glosé encore à la fin du XIII^e^ ou au début du XIV^e^, on lit : « Idem quod Plato ylen dicit, poete chaos appellant. (…) Ylen materiam quamdam rerum primam dicunt, nullo prope modo formatam sed omnium rerum corporalium capacem, ex qua hec visibilia elementa formata sunt ». *Cf.* P. Demats, *Fabula. Trois études de mythographie antique et médiévale*, Genève, Droz, 1973, p. 180 ; la même opinion se lit dans l'*Elementarium* de Papias, le *De universo* de Raban Maur (*ibid.*, p. 154 et 184) et les *Etymologiae* d'Isidor de Séville. Wyclif appartient à cette même tradition déjà pluriséculaire, cf. son *De materia et forma*, p. 202, 26-30 : « Deus pro primo instanti temporis cognoscit essenciam cui inseparabiliter inest quod ipsa est capax cuiuscumque forme substantialis corporee ; et illa capacitas est materia prima ».

3. *Logica*, III, p. 1, 25-2, 3 : « Pro quo noscendo, notandum mundum componi ex certis athomis et nec posse maiorari nec minorari nec moveri recte localiter vel aliter figurari, ita quod tantam multitudinem athomorum consequitur tanta quantitas continua et talis figura, propter causas immutabiles

Ces formules expriment donc correctement l'idée de la perfection du monde : il est inchangeable, indestructible, le plus spacieux, le plus harmonieux et soumis toujours aux mêmes lois.

Puisque les propriétés énumérées assurent au monde son site (*situatio*), celui-ci peut être décrit en termes catégoriels, en tant qu'une quantité et, plus précisément, qu'un lieu. La quantité continue semble ainsi le caractère principal de la plus grande matière. Effectivement, en suivant à la lettre les *Catégories* d'Aristote, Wyclif considère comme espèces de cette catégorie générique la ligne, la surface et le corps, mais aussi le lieu et le temps. Cependant il abandonne rapidement Aristote. D'abord, pour soutenir que ces espèces ont ceci en commun qu'elles sont toutes réductibles au point, qui est leur principe, alors que le principe du point est l'un ou l'unité (*unitas*), tout comme le principe des nombres naturels ; ensuite, pour définir le lieu comme « une quantité continue, immobile et durable par laquelle un corps est formellement placé », en opposition ouverte à Aristote et au *Liber sex principiorum* [1]. Le lien entre la plus grande matière et le lieu prend donc un caractère nécessaire et conduit à confondre en quelque sorte les deux. Car si l'étendue d'un corps individualise le lieu en ce sens que ce dernier s'identifie à l'extension du corps contenu, dans le cas de la plus grande matière qui n'est pas individualisée, le lieu ne l'est pas non plus. Il est inséparable de la grande matière [2]. Il s'agit donc du lieu que sont à la fois le monde et la très grande matière dans ce début du discours qui mélange les deux.

naturales. Aliter enim non esset mundus capacissimus et convenientissimus in figura. Ex illis sequitur situatio mundi et eius duratio » ; p. 2, 13-15 : « Manet autem necessario ista materia, etsi infinite eius partes corrumpantur, quia oportet illas continuari aliunde cum residuo huius materie ». *Cf.* Calcidii *Comm.*, 312 (Waszink, p. 311, 10-11 ; Bakhouche, p. 538, 13-14) : l'éternité de la matière ; une grandeur déterminée est accompagnée d'une forme ; 313 (p. 312, 3 ; Bakhouche, p. 538, 25) : « Eademque (silua) nec incrementum nec imminutionem pati dicitur ». Pour l'atomisme de Wyclif, voir B. Pabst, *Atomtheorien des lateinischen Mittelalters*, Darmstadt, 1994, p. 306-316, qui note, à propos du texte cité, une corrélation entre le point mathématique et l'atome des corps physiques (p. 310). Pour la distinction entre les couples génération-corruption et création-anéantissement, cf. *Logica*, III, 120, 34-40. Je suis de près le texte de Wyclif pour mieux montrer sa dépendance à l'égard du *Timée* de Platon et la voie par laquelle Platon est introduit dans les considérations sur le lieu.

1. *Logica*, III, p. 5, 37-6, 5 : « Unde descriptive locus est quantitas continua, immobilis, permanens, qua corpus formaliter est locatum ; licet auctor *Sex principiorum* extendit locum ad omnem locacionem substancie sive punctalis sive corporee » ; la définition donnée par Aristote, *Phys.*, IV, 4, 212a 20, est déformée. Wyclif se réfère au *Liber sex principiorum*, 54 (éd. L. Minio-Paluello, Aristoteles latinus, I, 6-7, p. 46-47), où il ne trouve pas la distinction qu'il a adoptée lui-même entre la position du point (*situs punctalis*) et le lieu du corps. Cependant son propre vocabulaire souffre de fluctuations.

2. *Ibid.*, p. 2, 3-12 : « Unde Aristoteles nominans quantitates continuas, nominat species per ordinem se habentes, ut *lineam, superficiem et corpus*, et *preter hec* (hoc *ed.*) *locum et tempus*, quorum omnium principium est punctus ; et unitas est principium puncti. Et tam necessario consequitur locus materiam quod ubicumque fuerit ista maxima materia mundi, ibi est iste locus. Sic quod si moveatur recte (per impossibile) in vacuo infinito, foret continue idem situs, cum ad individuacionem illius situs sufficit extensio illius materie ». *Cf.* Aristote, *Cat.*, 6, 4b 22-25. Selon Aristote (5a 1-2), le point est une limite commune exclusivement pour les parties de la ligne. Voir aussi *infra*, p. 339, note 1.

De même que le point est considéré comme le principe de toutes les quantités continues, de même le site du point (*positio punctalis* ou *punctualis*) est considéré comme celui de tous les sites, ou lieux successifs et divisibles (*ubi*) ; il est leur plus petite mesure. Il est ainsi à l'origine de la constitution et du renouvellement constant de tous les sites particuliers. Opposons maintenant le site du point au site total du monde (*totalis situs mundi*). Ce n'est pas le premier, mais bien le second qui nous permet de distinguer les lieux particuliers et divisibles (*situs particulares*). Autrement dit, les lieux donnés se distinguent à partir d'un tout, d'un ensemble où ils se trouvent, et non pas à partir d'un minimum, même si ce dernier est considéré comme leur principe en quelque sorte ontologique [1]. L'atome et son site demeurent indivisibles et sans quantité, mais ce qui s'organise à partir d'eux, les quantités continues et les sites particuliers, est quelque chose d'autre et de divisible, faisant partie d'une totalité bien plus grande. En fait, Wyclif pense le site en parallèle avec le point et la plus grande matière.

Pouvons nous connaître cette matière ? Parmi les objets que nous connaissons les uns précèdent les autres dans l'ordre d'une priorité de nature, ils sont plus connus selon leur nature. D'autres gardent la priorité pour nous, dans l'ordre de connaissance, car on les connaît en premier. Au premier groupe appartiennent les objets qui correspondent le mieux à la finalité (*intentum*) de la nature – idée, comme plusieurs autres, empruntée sans doute à Aristote [2] -, tels que les objets parfaits, comme par exemple un tout par rapport à ses parties. La très grande matière, *maxima materia ex qua mundus constat*, conserve cette priorité de nature, elle est donc plus parfaite que les parties et les atomes qui la composent. En revanche, la matière ponctuelle, Wyclif dit *punctualis*, est la première dans l'ordre de connaissance, c'est-à-dire pour nous. Elle est même plus parfaite que la matière première de ceci ou de cela [3]. Le cas de la grande matière et celui du « lieu total du monde » est alors identique : ce lieu et cette matière sont un tout et, dans l'ordre de nature, précèdent leurs parties ; ils sont plus parfaits que les parties qui les composent car ils réalisent le projet de la nature. L'*intentum naturae*, qui implique

1. *Logica*, III, p. 2, 16-18 : « Et sic, quamvis species situs punctalis sit principium integrandi omnem situm divisibilem, tanquam minimum metrum illius generis, tamen totalis situs mundi est nobis mensura cognoscendi alios situs particulares ». Le texte examiné ici et celui de la note 3 de la page suivante n'ont pas attiré l'attention de B. Pabst.

2. *Cf.* Aristote, *De gen. et corr.*, II 10, 336b 27-29 ; au même chapitre, mais aussi dans le premier livre du *De caelo*, Aristote souligne la perfection de l'univers, l'impossibilité de son accroissement et de son décroissement (l'idée est présente aussi chez Calcidius), etc.

3. *Logica*, II, p. 94, 5-15 : « Nota tamen quod dupliciter aliquid dicitur nocius : vel prius natura, vel quia ipsum est principalius intentum tanquam perfeccius in natura quam est aliqua eius pars, vel quia ipsum precedit in ordine cognoscendi, qualiter omnis pars naturaliter precedit suum totum. Et sic est ordo naturalis inter materias primas omnium, cum prima quo ad primum modum sit maxima materia ex qua (quo *éd.*) mundus constat, et prima omnium quo ad secundum modum est materia punctualis ; et sic <de> aliis quantis ». Pour le rapport causal entre un tout et ses parties, voir *ibid.*, p. 93. Le rapport entre la très grande matière, la matière première et les atomes n'est pas encore clair dans le texte cité. Nous verrons par la suite que la matière première est elle aussi composée d'atomes.

la cause finale, n'est pas, dans les deux cas, de produire une partie quelconque d'une chose, mais un être complet, c'est-à-dire parfait. C'est pourquoi Wyclif affirme que le lieu total du monde est, par rapport à ses parties, le premier dans l'ordre des perfections et le premier selon la disposition de la nature : *totalis situs mundi est... prior in perfectione et intentione naturae*[1]. Plus tard, dans le *De universalibus*, Wyclif soutiendra la thèse selon laquelle la production de l'universel est la fin de la nature.

Car pour réaliser ce projet principal qui est le lieu total du monde, la nature multiplie les sites au départ indivisibles, de telle sorte que les sites particuliers puissent correspondre au nombre des individus qui vont les occuper. En fait, un site, ou lieu particulier, n'est pas autre chose que le fait qu'une partie de la matière ou du lieu total est située en se distinguant ainsi de cette matière ou du lieu total. Au fondement du monde, il y a donc des points, et tous ces points occupent les parties respectives du monde, immobiles et menues, comme les idées dans le Vivant-en-soi[2]. À ces sites et parties est associée « la force qui régit le monde » (*virtus mundi regitiva*), laquelle donne forme aux vivants et opère d'autres œuvres secrètes. Celles-ci ne sont cependant pas énumérées. À leur tour, les corps peuvent entrer dans des sites partiels : *possunt ingredi*, et occuper ces parties de la matière[3].

J'avoue que, voilé et allusif, ce texte est difficile à comprendre et à interpréter. Il l'est d'autant plus que la matière et le lieu y sont traités sur trois plans différents,

1. *Logica*, III, p. 2, 19-20.

2. *Logica*, III, p. 2, 24-25, l'édition a : « comitanter ad speciem in animali », ce qui semble peu compréhensible. Le contexte fait penser à *l'animal* et aux *animantia* de la traduction calcidienne du *Timée*. Voir la note suivante. Il est probable que les remarques de Wyclif au sujet de la position du point et de la position partielle, citées dans la note suivante, s'inspirent du *Liber sex principiorum*, 54 (éd. cit., p. 46-47) : « Locus autem simplex est origo et constitutio eius quod continuorum est, locus vero (...) compositus habet particulas quidem ad eundem terminum copulatas ad quem et corporis particule coniunguntur, corporis vero partes ad punctum. Loci ergo partes iuxta punctum necesse fieri ; erit itaque locus simplex in quo punctum adiacere constabit, loci vero particule soliditatis particulas claudunt ; etenim loca quidem simplicia minimi corporis occupativa sunt ».

3. *Ibid.*, p. 2, 19-29 : « ... et [totalis situs mundi est] prior in perfectione et intencione nature, cum gracia illius situs quem principaliter intendit, ordinat natura situm indivisibilem tociens multiplicari secundum eius individua. Si ergo mundus habet ad omnem eius punctum partes immobiles, subtiles, comitanter ( ? ) ad speciem in animali, cum quibus copulatur virtus mundi regitiva, que facit informaciones vivencium et alia opera latencia, tunc facile est distinguere situs parciales, cum quilibet situs parcialis foret talem partem situari. Et in talem partem ac eius situm possunt quotlibet corpora vicissim ingredi, sicut theologi ymaginantur omnem ultimum inmobile se habere. Et illius opinionis videtur fuisse Plato, vocans locum materiam, ylen, vacuum vel *fraudem* fictam *crassis tenebris involutam* ». Wyclif cite Platon, *Timée*, 49a ; Waszink, p. 46, 18 ; Bakhouche, p. 192, 25 ; la même citation revient à deux reprises dans le *Trialogus*, p. 87. Je ne sais pas de quelle tradition manuscrite ou doctrinale vient le qualificatif *ficta*. L'opération secrète de la nature est une allusion au *Liber sex principiorum*, 9 (éd. cit., p. 37) : « Natura igitur occulte in his operatur » ; et 10 : « Subtiliter autem spéculantes, sicut naturam in actionibus latenter operari invenimus, sic creaturarum creatorem in natura ex actu ». L'ouvrage est bien connu de Wyclif et cité dans sa *Logica*. Mais *cf.* Calcidii *Comm.*, 310 (Waszink, p. 310, 17-19 ; Bakhouche, p. 538, 3-5).

celui de la théorie atomiste de la matière, celui des catégories aristotéliciennes, et celui de la théorie platonicienne du Lieu, ou Matière-Lieu, et que le monde y est envisagé en objet ressortissant à la fois à la théorie physique et à l'ontologie. Wyclif passe insensiblement d'un plan à l'autre et d'une théorie à l'autre. Sans m'engager dans la théorie atomiste traitée récemment par Bernhard Pabst et sans entrer dans la question des catégories du lieu, du site, de la position, dont l'explication est donnée après le texte analysé [1], j'aimerais souligner plutôt la ligne directrice de la pensée de Wyclif. Celle-ci commence par esquisser les propriétés du monde (dont certaines sont aussi celles de la matière) en introduisant, entre autres notions, celle de point, ou atome, et celle de lieu. Le problème des catégories est donc posé par leur principe. À chaque point correspond un site du point, dont la multiplication constitue les sites partiels, pour arriver au lieu total du monde, dont la distinction d'avec le monde s'avère malaisée. Dans cet ensemble constitué par le lieu total, une force du monde régit et forme les vivants. Les corps peuvent alors entrer dans leur lieu et en occuper les parties. Tel me paraît le sens général du texte portant sur la très grande matière.

Celle-ci semble coextensive au monde, lequel, du moins quant à son étendue, s'identifie au lieu. Une telle identification exclut le mouvement du monde en ligne droite et le vide extramondain. Car si le monde pouvait se mouvoir en ligne droite, il faudrait admettre le vide, mais alors le lieu se serait déplacé avec le monde [2]. Autrement dit, le mouvement du monde est impossible parce que, le monde étant identique au lieu, il n'existerait plus de lieu de départ ni de lieu d'arrivée qui sont supposés par la *Physique* aristotélicienne. Dans sa globalité, le monde est donc immuable, éternel et soumis à des lois nécessaires. Il est composé d'atomes, dont les sites sont à l'origine de la multiplicité des sites partiels et des corps formés par la force régissant le monde sous l'impulsion de la nature. Le lieu reçoit ces corps, ils peuvent y entrer. Il faut alors souligner une certaine priorité du lieu par rapport aux corps singuliers, et sa plasticité par rapport aux formes corporelles. Il faut aussi remarquer une certaine priorité du lieu par rapport à la matière, dans la mesure où celle-ci est conceptualisée en tant que lieu, parce que 'matière' n'est qu'un nom du lieu. En effet, Wyclif évoque à ce propos l'autorité de Platon : car, dit-il, « Platon qui a appelé le lieu 'matière', 'yle', 'vide', ou 'ruse imaginée enveloppée

1. *Ibid.*, p. 3-9. Chacune des dix catégories dépend, selon Wyclif, de son premier principe, lequel est sa mesure et sa règle. Ainsi donc toutes les espèces de la quantité ont-elles pour principe, mesure et règle l'*unitas*. La catégorie de *ubi* a pour principe le site du point et la catégorie de position, le site du centre (*situs centri*). Le terme « *locus* » fonctionne une fois comme quantité, une autre fois il se substitue à *ubi*. Cf. *Logica*, I, p. 13, et *De universalibus*, X, 651-682. *Cf.* B. Pabst, *Atomtheorien…*, p. 308, qui suit le propos de Wyclif cité *supra*, p. 336, note 2.

2. Voir *supra*, p. 335, note 3 et p. 336, note 2. Le vide est rejeté dans la *Logica*, II, p. 146-150. Le problème implique l'article *66* de la condamntation de 1277, *cf.* R. Hissette, *Enquête sur les 219 articles condamnés à Paris le 7 mars 1277*, Louvain-Paris, Publications Universitaires – Vander-Oyez, 1977, p. 118-120, et A. Koyré, « Le vide et l'espace infini au XIV^e siècle », dans le recueil du même auteur *Études d'histoire de la pensée philosophique*, Paris, Gallimard, 1971, p. 37-92.

des ténèbres épaisses', fut du même avis »[1]. Wyclif nous introduit ainsi au cœur des considérations de Platon sur le Lieu.

L'utilisation de Platon est intéressante pour deux raisons. Tout d'abord, parce qu'elle éclaire les allusions du texte et met en évidence ce que Wyclif a emprunté au *Timée*. Avant tout il faut remarquer l'idée du lieu-réceptacle (*Timée*, 49a, 50b-51a) présenté tantôt comme la matière, tantôt comme l'ensemble des sites où les corps peuvent entrer : *ingredi* – ce verbe est emprunté à la traduction de Calcidius[2]. L'identification du réceptacle et de l'extension pouvait d'ailleurs s'inspirer de quelques remarques d'Aristote, mais il semble douteux que Wyclif ait cherché un appui dans la *Physique* aristotélicienne, où d'ailleurs l'opinion de Platon est critiquée[3]. Ensuite, l'idée de la génération des corps au sein de ce Lieu-matière, et donc de la priorité du Lieu par rapport aux corps qui l'occupent, est également d'origine platonicienne. Il est, d'autre part, impossible d'oublier la *virtus regitiva mundi* que la tradition scolaire identifiait à l'Âme du monde[4]. Elle donne la forme aux vivants. Leur nombre n'étant pas indiqué, il est difficile de savoir s'il s'agit

1. Voir p. 338, note 3. Les médiévaux connaissaient la théorie platonicienne de la matière grâce à la traduction incomplète du *Timée* faite par Calcidius et le commentaire dû à celui-ci. Quelques éléments de cette théorie ont été mis en circulation tant par les *accessus* à Platon que par les travaux lexicographiques. Pour les études plus détaillées, voir J. Jolivet, *La matière et l'idée : Bernard de Chartres, Bernard Silvestre*, dans *Vie spéculative, vie méditative et travail manuel à Chartres au XIIᵉ siècle*, Actes du Colloque des 4 et 5 juillet 1998, Chartres, 1998, p. 125-134 ; *Id.*, « La question de la matière chez Gilbert de Poitiers », dans H. J. Westra (ed.), *From Athens to Chartres. Neoplatonism and Medeval Thought. Studies in honour of É. Jeauneau*, Leyde-New York-Cologne, Brill, 1992, p. 247-257 (aujourd'hui dans le récueil du même auteur intitulé *Perspectives médiévales et arabes*, Paris, Vrin, 2006, p. 131-141) ; G. Dahan, « Éléments philosophiques dans l'*Elementarium* de Papias », *Ibid.*, p. 225-245, part. p. 231-232. Quant à Wyclif, je note cette remarque d'A. Kenny, « The Realism of the *De universalibus* », p. 25 : « Wyclif himself, of course, did not know Plato at first hand ». Quelques incohérences observées dans le texte analysé semblent le confirmer. En réalité, dans ses écrits des années soixante et soixante-dix, Wyclif revient constamment sur les problèmes que lui posent le Lieu de Platon et la transformation d'un élément en un autre. La définition de la forme exemplaire (« ad quod respicit artifex, ut ad eius imitationem vel similitudinem formet suum artificium » ; *De materia et forma*, p. 174, 30-31) qui semble s'inspirer directement de Platon, est empruntée à Robert Grosseteste.

2. Waszink, p. 48, 8-10 ; Bakhouche, p. 194, 34-196, 1 : « Quae vero ingrediuntur, formas mutant…, eademque quae introeunt et egrediuntur simulacra sunt uere existentium rerum ».

3. Aristote, *Phys.*, IV, 2, 209b 11-17. La même conception est également critiquée par Robert Grosseteste, *Comm. in VIII l. Physicorum Aristotelis*, edidit R. C. Dales, Boulder, University of Colorado Press, 1963, p. 74, ouvrage connu de Wyclif.

4. Anonymi *Accessus philosophorum* (*cf.* p. 335, note 2), p. 236, 894-898 : « At, quia omnia sunt ordinata ad primum mobile, ideo omnia secundum sui ordinationem et inclinationem ad primum mobile recipiuntur influentiam motus ab anima mundi, tanquam ab uniuersali uirtute régulante et dirigente naturam particularem in sui operatione secundum possibilitatem et capacitatem recipientium ». La *virtus* mentionnée dans les deux textes n'est qu'une réponse à la question posée dans le *Timée* calcidien : « Quam igitur eius (sc. receptaculi) uim quamue esse naturam putandum est ? Opinor, omnium quae gignuntur receptaculum est, quasi quaedam nutricula » (49a) ; et le *Comm.* 321 : « Uim nunc appellat oportunitatem siluae uultus induendi… » (Waszink, p. 316, 17-20). Si toutefois, à l'époque où il rédigait sa *Logique*, Wyclif connaissait déjà le *De Genesi ad litteram* d'Augustin, ce qui n'est pas certain, on serait à même d'identifier cette *virtus* à la seconde création, ou *administration* largement traitée par l'évêque d'Hippone et admise par Wyclif dans ses écrits postérieurs à la *Logica*. Cf. *De Gen.*

des quatre vivants du *Timée* (39 e) ou plus simplement de ces *animantia* mentionnés un peu partout dans le dialogue [1]. Ces allusions et emprunts au dialogue platonicien nous permettent d'identifier « l'animal » mentionné à un endroit corrompu du texte wyclifien au Vivant-en-soi de Platon et à l'*animal* de la traduction calcidienne. Enfin, la nécessité qui gouverne le monde de Platon et qui est indissociable de la matière correspond aux causes immobiles de la nature auxquelles est soumis le monde wyclifien. Tel est l'apport de Platon à la conception wyclifienne du Monde, de la plus grande matière et du Lieu, les trois faisant un seul.

L'utilisation de Platon est intéressante pour une seconde raison. Le Lieu de Platon, ce troisième genre d'êtres qui apparaît entre, d'un côté, les Idées intelligibles et immuables, et, de l'autre, les êtres sensibles, modelés sur les Idées et soumis à la génération et corruption, ce troisième genre donc semble disparaître assez rapidement des écrits de Wyclif. Il n'est pratiquement jamais mentionné dans les textes où sont traitées les Idées, thème majeur de la doctrine wyclifienne, comme si nous étions ici, dans la *Logica*, devant un bref et rapide aperçu de la vision platonicienne du monde et devant l'une des sources de la pensée wyclifienne qui à l'avenir ne joueraient plus grand rôle. D'ailleurs, en revenant, dans sa *Logica*, sur le même passage du *Timée*, Wyclif déclare : *Et est sententia huius viri satis bona… Sed sermo Aristotelis est michi placentior* [2]. Mais tout cela n'est qu'une apparence qui reste à vérifier. Puisque le problème concerne la part du platonisme dans la philosophie réaliste de Wyclif, je vais tenter de l'élucider.

## *MATERIA PRIMA – MATERIA INFORMIS*

En évoquant pour la première fois le *Timée*, Wyclif affirme que le Lieu de Platon porte le nom de 'matière', 'yle', 'ténèbres', etc. Cent-vingt pages plus loin, dans la même *Logica*, il soutient que ces mêmes noms 'yle', 'ténèbres', 'chaos', etc., désignent chez Platon la matière première. Dans la pensée de Wyclif, il y a incontestablement un lien secret entre la *maxima materia*, le Lieu platonicien et la matière première. Il est même certain que, dans sa pensée, la matière première se substitue à la plus grande matière et au Lieu. Et c'est précisément de cette substitution que vient la principale difficulté de Wyclif, laquelle, malgré le texte apparemment tronqué, se laisse formuler ainsi : comment se fait-il que la même matière devient une fois le feu, une fois l'eau et une autre fois un autre élément ? Faisant écho aux difficultés exposées dans le *Timée* [3], elle sera rapidement et

*ad litt.*, IV, XII, 22 : « Quae (*sc.* Creatoris potentia) uirtus ab eis, quae creatura sunt, regendis si aliquando cessaret, simul et illorum cessaret species omnisque natura concideret ».

1. Waszink, p. 46, 18-19 ; Bakhouche, p. 192, 25-26.

2. *Cf.* page suivante, notes 1 et 2.

3. Platon, *Timée*, 49a-50b ; Waszink, p. 46-48 ; Bakhouche, p. 192-194. *Logica*, III, p. 122, 29-123, 4 : « Et per idem non sequitur quod materia illa vel natura generatur aut corrumpitur, quamvis illud

définitivement résolue dans la même *Logica*, puis dans le *De universalibus* et le *De materia et forma*. À l'époque de la *Logica*, Wyclif pense que, selon Platon, les éléments et les corps mixtes naissent de la matière comme d'une « essence absolument négative » par une augmentation ou une configuration de la matière, ou plutôt de ses atomes, car, nous l'avons vu, cette matière sans forme est composée d'atomes. Constitué de la matière seule, l'être serait chaque fois créé et sa disparition équivaudrait à l'annihilation, alors que Wyclif souhaite préserver la génération et la corruption tout en les séparant de la création et de l'anéantissement. Autrement dit, le *Timée* semble poser à la pensée wyclifienne deux difficultés importantes, d'ailleurs liées entre elles. La première concerne la nature et la composition des substances matérielles, alors que la seconde regarde ce qui, dans ces substances, est éternel et ce qui est corruptible[1]. Wyclif se tourne alors vers Aristote qui, affirme-t-il, a su sauvegarder la séparation des deux couples de notions en distinguant entre, d'une part, la matière éternelle, et, d'autre part, la forme et le composé soumis à la génération et à la corruption[2].

compositum sic se habet… Et si queratur cuius speciei est illa essencia, dicitur quod nunc est individuum unius speciei et nunc alterius… (…) Plato tamen demonstravit illam (*sc.* materiam = essenciam), quod illa nunc est individuum unius speciei, et nunc alterius, quod est verum. Nec sequitur ex hoc quod ignis erit aqua ». Et puis, p. 127, 17-20 : « Unde pro leviori locucione in illa materia notandum, secundum modum loquendi Platonis et Scripture, quod essencie possunt accipere denominaciones secundum species diversas. Et sic concedi potest quod ignis est aqua, terra, et sic de quotlibet speciebus ». Voir aussi *De materia et forma*, chap. IV, V, et surtout VII (avec renvoi au *De universalibus*, I) où Wyclif soulève la question de la prédication essentielle et la détermine en théologien. Le recours à la matière première considérée comme essence justifie un cas de la prédication essentielle ; Wyclif y affirme que le feu est l'eau : « In secundo exemplo naturali patet quod claudit contradictionem formalem igneitatem esse aqaeitatem. Ideo ignis non est aqua secundum formam vel formaliter secundum ultimum singulare, sed essentialiter vel materialiter, quia eadem essentia, quae nunc est ignis, nunc est aqua » ; *De universalibus*, I, 197-198, 204-209. Fort diverses, les formes dites *aquaeitas* et *igneitas* déterminent la même essence simple apte à devenir soit l'eau, soit le feu. La matière première est donc une fois ceci, une autre fois cela. A. Kenny, « The Realism of *De universalibus* », p. 21, note, à propos de l'exemple cité : « The notion of "essence" involved here is obscure, and clearly different from the standard medieval scholastic one. Anyone who could clarify it would do a great service to Wyclif scholars » ; A.D. Conti, dans son ouvrage consacré à Jean Sharpe (*cf.* p. 333, note 1), p. 306, omet cet exemple, tout en commentant les deux autres ; de même dans « Analogy and Formal Distinction », p. 156.

1. *Logica*, III, p. 120, 33-121, 7 : « Sed diversimode locuti sunt philosophi in ista materia ; ut Plato voluit concedere eandem materiam vel essentiam quam appellavit hylen, tenebram, vel caos, nunc fore ignem, nunc aerem, et sic de ceteris elementis et mixtis. (…) quia in nulla accione nature superadditur negativa essencia absoluta secundum totum, eo quod generacio esset tunc creacio, et corrupcio esset annichilacio. Et est sententia huius viri satis bona sicut et sentencia philosophorum ponencium latenciam formarum, negancium generacionem esse in corporibus, sed solum alteracionem ». La dernière phrase est une allusion à une doctrine atomiste de l'Antiquité ou, si Wyclif l'a connue par l'acte de la rétractation parisienne de 1347, à celle de Nicolas d'Autrécourt.

2. *Ibid.*, p. 121, 3-7 : « Sed sermo Aristotelis est michi placencior, quia materia est eterna cum <sit> illa essencia, sed forma et compositum simul inceperunt. Et sic salvatur generacio substancie et tollitur annichilacio cum creacione forme extense ». *Cf.* Aristote, *Métaphysique*, VIII, 1, 1042a 25-30. La création exclue l'annihilation alors que « l'administration » implique la génération et la corruption.

La matière première peut être considérée soit comme un des trois éléments, ou trois parties, qui selon Wyclif constituent la substance, soit en elle-même, en tant que *materia informis*. Dans sa première acception, la matière première ne se manifeste pas sans que les deux autres parties de la substance, à savoir la forme et le composé (*compositum*, *connexio*, etc.), n'y soient présents. Ensemble, ils forment une trinité à l'image de la Trinité divine et des facultés de l'âme. Mis au service de son idée, le latin de Wyclif illustre cette situation : la matière première n'est qu'une potentialité à devenir une matière déterminée dans la substance ; l'*igneitas*, l'*aeritas* et la *lapideitas* ne sont que des formes ; enfin l'*ignis*, l'*aer* et le *lapis* sont des composés, distincts à la fois de leur forme et de leur matière. Puisque ces trois composantes de la substance portent quelquefois le nom d'essence, il serait peut-être utile de noter les autres noms sous lesquels ils apparaissent dans les écrits de Wyclif, et d'autant plus que ces noms indiquent l'importance de la matière première dans l'ontologie wyclifienne. Ainsi donc, si le composé est appelé *superstans*, et la forme *subsistentia* et *usia*, la matière est plutôt caractérisée comme *potentia ad actum, relatio ad actum/formam, potentia eterna, fundamentum nature, yle, suppositum, natura*, etc.[1]. Quant aux relations entre les trois éléments, elles s'établissent de façon inégale selon le temps (la matière est éternelle, la forme et le composé sont contemporains et corruptibles), selon leurs caratères propres (la matière reçoit l'acte de l'extérieur) et leurs perfections (une gradation s'impose : matière, forme, composé). Si la matière première ne peut pas être engendrée, parce qu'elle est éternelle, si elle n'est pas un être catégoriel, elle est néanmoins constitutive de l'être particulier de toutes les espèces. Le même est ainsi à l'origine d'une grande variété des êtres. Platon l'a démontré, et cela est vrai, dit Wyclif[2]. Ce troisième retour au *Timée* se réfère, comme on pouvait le deviner, aux pages consacrées au Lieu (49a~50b). Nous sommes finalement assurés que, par la matière du *Timée*, Wyclif entend aussi la matière première.

Lentement, nous glissons vers la conception de la matière première prise en elle-même, vers la *materia informis*. Wyclif lui a consacré beaucoup d'attention dans son traité *De materia et forma*, rédigé après 1373[3]. Commençons donc par l'une de ces confessions dont l'œuvre wyclifienne est émaillée. Elle rappelle ici

1. *Ibid.*, III, p. 119, 39-120, 19. *De materia et forma*, p. 191, 25-31, et *De Trinitate*, p. 102, en revenant sur le même vocabulaire, Wyclif renvoie son lecteur aux *Aphorismes* d'Urso de Salerne. Je n'ai pourtant rien trouvé dans l'édition des *Aphorismes* due à R. Creutz (*cf.* p. 358, note 2). L'opinion au sujet de la triple conception des substances matérielles s'inspire d'Aristote, *Met.*, VIII 1, 1042a 26-30 ; XII 3, 1070a 10-12 ; *De anima*, II 1, 412a ; II 2, 414a 14-16. *Cf.* J. Hamesse, *Les Auctoritates Aristotelis*, Louvain-Paris 1974, p. 131 note 200 ; p. 137 note 261 ; p. 177 note 37.

2. *Logica*, III, p. 121, 32-123, 4, réponse à deux premières objections. Voir aussi p. 341, note 3. La comparaison des trois trinités est constante chez Wyclif, cf. *De materia et forma*, p. 173, 23-174, 12 ; 195, 13-23 et *De Trinitate*, p. 61, etc.

3. W. R. Thomson, *The Latin Writings of John Wyclyf*, p. 35, propose « Between late 1370 and early 1372 ». Comme l'a démontré I.J. Mueller, l'ouvrage est écrit après le *De universalibus* datant de la fin de 1373. *Cf.* Introduction de I.J. Mueller à son édition du *De universalibus*, p. XXII-XXX et XXXVIII.

les débuts de l'enseignement du philosophe anglais, puis sa découverte de la vraie doctrine dans la Bible et les livres de s. Augustin [1] :

> Ista verba etsi sepe audivi et balbuciendo protuli, quando incepi philosophari legendo libros Aristotelis, longe tamen fui a sensu verborum, sicut forte alii mihi similes, quousque fui paululum illustratus in noticia materie prime secundum sensum Scripture a sanctis doctoribus mihi expositum, et specialiter a beato Augustino exponente illud Gen. I : In principio creavit Deus celum et terram.

Auparavant, sans doute lors de ses cours à la Faculté des arts, Wyclif répéta Aristote sans le comprendre ; à présent, grâce à l'enseignement de l'Écriture où toute la vérité philosophique est déposée [2], et notamment grâce au livre de la Genèse commenté par Augustin, il sait exactement à quoi s'en tenir au sujet de la matière première : la doctrine de la matière première fait partie des vérités révélées. Tel est effectivement le sens des chapitres IV à IX du *De materia et forma* : la doctrine qui y est exposée et défendue est, dans ses idées profondes, empruntée principalement aux livres IV et V du *De Genesi ad litteram* et au livre XII des *Confessions* de S. Augustin. Wyclif a fait un grand effort pour s'accorder à Augustin.

Puisqu'il est impossible de résumer ici l'ouvrage entier, je me limite à relever quelques points importants, utiles à mon propos. Premièrement, à la suite d'Augustin, Wyclif soutient qu'au premier instant du temps, Dieu créa l'ensemble de la nature corporelle, c'est-à-dire la matière première et informe, et la divisa en ciel et terre, termes qui, dans le langage d'Augustin, signifient respectivement la créature spirituelle et la créature corporelle. Par cet acte Dieu créa tous les corps selon l'essence et y déposa les raisons causales (*rationes seminales*). À partir de celles-ci, en temps opportun, seront produite les formes des corps. L'être de l'essence est donc créé, il est dans cette nature universelle et dans les raisons causales, et c'est cela qui explique chez Wyclif le second *esse* des substances et des accidents présent depuis la création dans leurs causes matérielles ou universelles. Car ces raisons sont les causes matérielles et universelles des singuliers qui viendront à l'être lors de l'*administratio*. C'est ainsi que Wyclif interprète la double création exposée par Augustin, composée des deux moments, la *prima creatio*, subite et simultanée, de toutes les choses dans leurs principes, et l'œuvre de Providence, ou *administration* [3].

1. *De materia et forma*, p. 190, 7-14. Voir aussi une information plus précise, *ibid.*, p. 211, 25-32. Dans ce bref écrit, Wyclif cite une bonne dizaine d'ouvrages d'Augustin.

2. *De materia et forma*, p. 190, 14-16 : « conformiter ad Scripturam in qua omnis veritas philosophica ». Pour l'autorité de la Bible, cf. *ibid.*, p. 218, 29-219, 7 ; pour celle d'Augustin, p. 217, 8-15.

3. *De materia et forma*, p. 192, 5-16 : « Secundo suppono auctorem nature in primo instanti temporis creasse universam naturam corpoream, cuius unam partem formavit in celum, aliam in terram, et sic de porcionibus quorumcunque corporum cuiuscunque speciei. Patet illud ex dictis philosophie de creacione mundi, quomodo oportet ipsum processisse in effectionem per creationem a deo in primo instanti temporis. Patet eciam illud ex irrefragibili testimonio sacre Scripture, Gen. I° "In principio Deus creavit celum et terram", cum (*éd.* tum) exposicione sanctorum, et specialiter sancti

Deuxièmement, considérons la conclusion suivante: « Sicud materia prima non potest esse de dei potencia, nisi actuata fuerit vel formata, sic non potest esse, nisi pro aliqua mensura sit informis ». (De même que la matière première ne peut exister que si elle fut actualisée par la forme ou formée, de même elle ne peut être que si, selon un certain degré, elle est informe) [1]. La démonstration de la première partie est la seule qui nous intéresse ici. Deux arguments la soutiennent, dont le premier, inspiré apparemment par Augustin, dit ceci. La matière première est créée par la Trinité, son être implique alors une perfection et ainsi une forme: la matière première appartient à un ordre, possède un mode et une forme. Mais cette forme est analogue, hors de tout genre et, par conséquent, hors des réalités concrètes. Elle est sur ce point opposée à la forme substantielle [2]. Le second argument précise que, lorsqu'on parle de la forme substantielle, on introduit la dimension temporelle, car, dans le temps, la matière première ne peut exister sans une forme substantielle, laquelle la réduit à un genre, fait d'elle une quiddité et le sujet des accidents. La forme substantielle détermine donc l'existence temporelle de la matière première [3].

Augustini, 12⁰ de Confessione, ubi subtiliter et philosophice declarat illam sententiam »; p. 222, 20-30: « Nam omne corpus fiendum factum est in primo instanti temporis quoad essenciam, cui essencie dedit deus raciones seminales ut tempore administracionis producatur forma in suo tempore. Et breviter esse substanciale vel accidentale productum est in primo instanti temporis vel in causis materialibus vel universalibus ». Je ne vois pas avec précision qui sont les philosophes auxquels Wyclif se réfère dans le premier des textes cités. Il s'agit sans doute d'Augustin. Je note toutefois que le même verset biblique est commenté par Calcidius, c. 276-278 (Waszink, p. 280-283; Bakhouche, p. 504-508), ou la *terra-silua* a le sens de matière informe primordiale. Quant à la formation des singuliers, Wyclif note, p. 173, 26-28: « Sicud enim in creatura… ex materia emanat forma per efficaciam extrinseci, et ex eis constat tercium in quo finaliter quietantur, que omnia sunt una substancia ».

1. *Ibid.*, p. 207, 7-10. La démonstration de la seconde partie apporte une précision termionologique: dès que l'on parle d'une priorité, on doit en admettre un certain degré qu'indiquent les termes de *mensura* et de *gradus*. Dans la conclusion analysée, il s'agit de la priorité de nature. Cf. *ibid.*, p. 207, 35-208, 4. L'ordre des priorités est exposé plus loin, p. 212, 34-215, 14: « Secundo, prioritas temporis hodie est tam famosa quod vulgus non concipit aliam; Quarta autem prioritas est originis et generis, et propterea est difficillima ad intelligendum secundum Augustinum… prioritas originis, quam Aristoteles vocat prioritatem nature ». La conclusion n'est pas annoncée comme telle, cela apparaît dans la suite du texte. Les deuxième et troisième conclusions portent le nom de supposition (p. 208, 4 et 9). Le développement analysé ici prépare la réponse à l'objection, selon laquelle affirmer que cette essence qu'est la matière première est privée de la forme équivaut à une contradiction. Car si la matière première existe, elle a une forme du fait même de son existence.

2. *De materia et forma*, p. 207, 10-17: « Patet prima pars ex hoc, cum non possit esse, nisi fuerit a tota trinitate, et per consequens ordinata, moderata et (pulcra vel *S*) formosa; cum igitur esse (omne *S*) tale ponit formam analogam (ut patet sepe per Augustinum), sequitur prima pars. Nec solum sequitur materiam primam de quanto est creata (creatura *S*) esse formatam forma analoga extra genus, sed et forma substantiali contrahente ad genus substancie »; p. 209, 32-35. L'idée que la création est l'œuvre de La Trinité est largement partagée, mais Wyclif pense sans doute à un texte précis d'Augustin, *De Gen. ad litt.*, I, vi, 12. En revanche, il est bien difficile de trouver chez Augustin un texte qui confirmerait la notion de forme analogue. Wyclif pense sans doute au *De natura boni*, cité dans le chapitre I du *De materia et forma*. Voir aussi p. 348, note 2. Le symbole *S* indique une leçon du manuscrit El Escorial, e.II.6.

3. *Ibid.*, p. 207, 17-34: « Quia [materia prima] non posset manere per tempus vel instans temporis, nisi esset quanta, situata et quotlibet accidentibus talibus accidentata; et omnia talia accidencia

L'opposition qui se dessine ainsi entre les deux états de la matière première concerne tout d'abord les formes, dont l'une est analogue et l'autre substantielle ; puis la priorité de nature ou d'origine pour la matière première et la simultanéité dans le temps de la matière et de la forme[1] ; et, enfin, le caractère de deux états de l'être, celui de la matière première restant indéterminé, alors que celui de l'être concret est bien défini par la quiddité des substances. La conclusion affirme donc que, selon la priorité de nature, la matière première est d'abord informe pour être formée dans le temps, et que, dans le temps, elle ne persiste pas sans forme substantielle. Expliquée de la sorte, elle est en accord parfait avec la pensée augustinienne, ce que par ailleurs Wyclif revendique ouvertement[2]. Il reste néanmoins une apparente contradiction entre les deux affirmations, celle d'une informité de la matière première et celle d'une forme analogue dont la même matière serait dotée. J'essayerai de l'expliquer en analysant le statut ontologique de la matière première.

Troisièmement, le problème de la matière première est posé d'abord comme le fondement du devenir des choses singulières et de leur changement : ce fondement doit nécessairement précéder toute existence particulière, celle d'une substance et celle d'un accident. Il porte le nom d'essence considérée de façon abstraite, *abstractive*. Numériquement une, l'essence est une fois le feu, une autre fois l'eau, car elle est commune à tous les corps. En effet, la forme substantielle lui est postérieure, et c'est la raison pour laquelle l'essence n'est d'aucune manière un être catégoriel[3]. Mais, considérée *concretive*, cette essence peut s'appeler aussi

presupponunt substanciam, que sit aliquid, cui formaliter inexistant… (…) …aliter enim posset esse cum hoc quod non esset aliquid, eo quod non est quid, nisi per formam substantialem. Quamvis ergo prius naturaliter sit essentia bona, vera, antequam <sit *S*> forma substantiali actuata, illa tamen prioritas nature non implicat quod talis essencia possit manere cum hoc quod non esset aliqua forma substantiali formata, ut patet generaliter de prioritate nature subiecti ad suam passionem… ».

1. C'est la thèse augustinienne de la concréation dans le temps, cf. *De Gen. ad litt.*, I, XV, 29.

2. Augustin, *De Gen. ad litt.*, VIII, XX, 39 : « In quibus rebus quaedam spiritalia, quaedam corporalia condidit, formans materiam, quam nec alius nec ullus, sed omnino ipse [Deus] informem ac formabilem instituit, ut formationem suam non tempore, sed origine praeueniret ». Texte cité dans *De materia et forma*, p. 208, 21-25. Les deux conclusions qui suivent celle que je viens d'analyser sont les suivantes : « Esse informe significat rem formabilem sine forma substantiali existere pro aliqua mensura pro qua non formatur forma substantiali » ; et « Materia prima non possit esse, nisi prius esset naturaliter substancialiter formabilis quam formata, cum ideo est formata quia formabilis » ; cf. *De materia et forma*, p. 208, 4-7 et 9-12.

3. *De materia et forma*, p. 178, 13-17 et 26-28 ; 185, 13-15 ; 186, 4-34 ; 189, 23-190, 7. Concernant la signification du terme « essence », *ibid.*, p. 183, 17-20 (« essencia dicit rem absolute, sine contraccione ad genus aliquod per aliquam formam ») ; 184, 20-21 (« essencia dicit mere rem sine contraccione per formam vel racionem alicuius generis ») ; 185,15-186, 3 ; et la signification du terme « substance », *ibid.*, p. 190, 21-192, 4, p. 203, 30-204, 17, Wyclif rejette l'opinion qu'il attribue à Walter Burley, selon laquelle il y a autant de matières premières que de formes et que la matière première cesse d'exister avec la destruction de la forme. À cette occasion il déclare : « Materia prima dicit datam puram essenciam et capacitatem in genere ad quamcunque formam substancialem corpoream ». Le rapport entre matière et forme et celui entre l'essence et le composé sont expliqués en accord avec Aristote et Averroès, p. 193, 7-195, 12 ; 200, 31-204, 32.

l'*esse*, dans la mesure où ce terme indique l'essence dans les singuliers. Ainsi l'être présuppose l'essence, alors que le contraire n'est pas vrai. Mais, et ceci est important pour la suite, l'essence qu'est la matière première peut être appelée 'être' sans autres précisions. C'est dans ce sens que ce mot est utilisé dans la quatrième proposition du *Liber de causis: Prima rerum creatarum est esse et non est ante ipsum creatum aliud*[1]. L''être', dit aussi l''être analogue', n'est qu'un autre nom de la matière première.

Cela étant, on peut essayer d'énumérer une première série de qualités de cette essence (ou de cet être) : elle jouit d'une priorité par rapport à tous les singuliers qui est la priorité de nature, constamment affirmée, que nous connaissons déjà ; elle existe sans avoir une quiddité quelconque, le *quid* étant propre au composé ; elle est indifférente à la forme qu'elle reçoit car elle n'en est qu'un réceptacle. Telle est donc la matière première, une seule essence pour toutes les formes qui donnent l'existence à un singulier dans un genre et une espèce[2]. Sa notion semble forgée à partir des vues de Platon (la matière est un réceptacle), de l'École (le rapport entre forme et matière) et du *Liber de causis* (la matière est le premier être créé). Mais cette notion est aussi en harmonie avec renseignement de l'Écriture et la doctrine chrétienne, où elle est pensée comme une essence corporelle informe. Cette façon théologique de voir la matière première conduit cependant Wyclif à deux contradictions, dont la première concerne la notion même de l'*informitas*, laquelle est pourtant *ordinata*, *moderata* (ou *pulchra*) et *formosa*. Pour justifier sa conviction, Wyclif affirme qu'il suit le mode de parler de Denys. On peut penser donc que cette *formositas* correspond en quelque sorte aux formes qui viendront par la suite pour constituer des composés. La matière première serait alors 'formée',

1. *Ibid.*, 184, 25-185, I : « Quidquid autem sit de hoc exemplo et sensu concedendum de esse et essentia, videtur michi quod omne esse sit essencia et econtra ; distinguntur tamen secundum racionem in creaturis, cum esse habitum per formam aut racionem specialem generis presupponit essenciam et non econtra, cum esse contracte dicit huiusmodi racionem » ; p. 186, 30-34 : « ...eadem essencia in numero est communis ad quotlibet corpora, eciam distincta specie, cum forme substanciales, sicud et species, a posteriori insunt essencie, cum [pars] *prima* omnium *rerum creatarum sit esse*, ut dicit auctor *De causis*, 4a propositione ». Un seul manuscrit, sur cinq, dont *S*, ajoute le mot « pars » que j'élimine. Cf. *Liber de causis*, IV 37 (éd. A. Pattin, Louvain, 1966, p. 54). Un autre nom de la matière première est « natura corporea ». Sur la distinction entre la matière vue de façon concret et abstrait de l'analyse de la matière première, voir *De materia et forma*, p. 226.

2. *Ibid.*, p. 192, 17-193, 6 : « Ex istis patet tercio, quod essencia vel natura corporea prius est antequam est ignis, aer vel quecunque species substancie, quia non est in aliqua specie, nisi per aliquam formam substancialem qua est formaliter quid, ut patet rectilogo (-loquo *S*) ; sed priusquam est sub quacunque tali forma, naturaliter est ; ergo prius est quam in aliqua specie. Minor patet ex hoc quod ad esse sub tali specie presupponit esse receptivum talis forme, et per consequens presupponitur essencia. Deus igitur prius (*add. S*) naturaliter produxit essenciam (naturam *S*) corpoream in existencia (-am *éd.*) antequam formavit (*S* ; foret *éd.*) eandem [eadem in *éd.*] quacunque luce (vel forma, quod idem est). Et hoc est quod dicunt philosophi quod sicud questio "Si est ? " precedit questionem "Quid est ? ", ita essencia precedit (*S* ; presupponit *éd.*) quidditatem, non tempore sed natura. Essencia igitur ut (*add. S*) in potencia et (om. *éd.*) ex se indifferens ad quamcumque formam est materia prima de qua locuntur philosophi ».

de la même façon qu'elle est déjà une essence et un être, c'est-à-dire analogiquement [1]. Mais, si telle était l'intention de Wyclif, elle suivrait autant Augustin que Denys [2]. La seconde opposition concerne le moment de la création de la matière première. N'essayant d'aucune manière d'expliquer le fait, je me limite à signaler que Wyclif semble soutenir simultanément que cette matière fut créée au premier instant du temps, et qu'elle fut créée avant cet instant et hors du temps [3]. Toutefois, mises à part les répétitions quasi automatiques de la formule augustinienne selon laquelle la création a eu lieu *in primo instanti temporis*, Wyclif ne situe jamais la création de la matière première dans le temps et il lui accorde tantôt une priorité de nature, tantôt l'intemporalité.

Quatrièmement, la matière première existe toujours dans l'ordre de nature et non dans celui de temps, les deux étant radicalement séparés. Il faut donc distinguer l'affirmation de sa durée perpétuelle de l'affirmation de son intemporalité. La première qui est une manière de dire que la matière est le sujet constant des toutes les générations [4], va de pair avec la conception de la matière-réceptacle unique des formes. La seconde est fondée sur le fait que la création et l'existence de la matière première appartiennent à l'ordre de nature – *pro aliqua mensura nature* – qui est au-delà du temps [5]. C'est selon cet ordre de nature que la matière première précède la création de la forme et l'existence de la substance. Par conséquent, la question de savoir quand la matière informe exista, semble vaine, car elle porte sur le temps, alors que la matière première est au-delà du temps, dans l'ordre de

1. *De materia et forma*, p. 211, 34-212, 4 : « Nam eque primo natura, sicud creatura, est analoyce formosa, ad modum loquendi beati Dionysii in *De divinis nominibus*, cap. 1°. Sed posterius natura est forma vel formositas quam natura habet, ut est quid in genere. Unde, si queritur quid est materia prima vel essencia pro mensura qua est informis, dicitur quod vere loquendo non est aliquid, quia non est quid pro ista mensura ». Cf. *De div. nom.*, IV, 28 : « Sed neque famosum : in materia (ut aiunt) malum secundum quod materia ; etenim et ipsa ornatus et pulchritudinis speciem neque participationem. Si autem extra hoc existens materia secundum se ipsam sine qualitate est et informis, qualiter facit aliquid materia, neque pati posse secundum se ipsam habens ? » (PG 3, 729A ; *Dionysiaca*, I, p. 291-292, traduction de Robert Grosseteste). Ce même texte est cité par Jean Scot Érigène, *Periphyseon*, I (éd. É. A. Jeauneau, p. 81, 2506-2509) afin d'assurer une certaine intelligibilité à la matière.

2. Le vocabulaire de Wyclif est celui d'Augustin dans le *De natura boni*, où l'être existe autant qu'il a « de mode, de forme et d'ordre » (III, 3 ; voir plus haut, p. 345, note 2, le texte de Wyclif), sans lesquels il n'est absolument rien (XXI, 21). Cependant, autant que je sache, Augustin n'attribue jamais une quelconque forme à la *materia informis.*

3. Reprise par Wyclif, la formule *in primo instanti (temporis)* est augustinienne. Elle est souvent employée dans le *De materia et forma* et citée plus haut dans quelques notes. La formule *ante instans* et similaires, ne s'y retrouvent que dans le chap. VI, par exemple p. 210, 8-12 : *ante idem instans* ; de même p. 211, 10-13 et 20-24. Cependant, p. 222, 20-30, on lit : « Nam omne corpus fiendum factum est in primo instanti temporis quoad essenciam. (...) Et breviter, esse substanciale vel accidentale productum est in primo instanti temporis vel in causis materialibus vel universalibus ».

4. *Ibid.*, p. 186, 4-10 (la matière ne cesse jamais d'exister parce qu'elle est inannihilable) ; 200, 18-24 (la matière est perpétuelle et non engendrée) ; le chap. IX soulève la question de l'éternité de quelques créatures et à ce titre peut intéresser tous ceux qui croient encore au réalisme « extrême » de Wyclif.

5. *De materia et forma*, 209, 28-32 ; 211, 7-13 ; 227, 10-18, et plus haut, p. 345, note 1.

nature, lequel, dit Wyclif, *est prior omni mensura temporis*. Placée en dehors du temps, la matière première n'est point soumise à la génération et à la corruption [1]. Le temps est donc nécessairement lié à la forme matérielle. Cependant, même si, fidèles à la lettre du texte, nous voulions admettre que la création de la matière a été faite au premier instant du temps, cette matière, considérée en tant que sujet des formes, donc de futures productions, serait perpétuelle. Ainsi, persiste-elle en devenant une fois ceci, une autre fois cela. « Car tout le corps à devenir est, selon l'essence, fait dans le premier instant du temps. Dieu donna à cette essence les raisons causales pour que, lors de la production des singuliers, fût créée la forme selon son temps à elle. En bref, l'être substantiel ou accidentel fut produit dans le premier instant temporel dans les causes matérielles, ou universelles » [2]. La perpétuité de la matière première se pose donc de trois manières, en tant que principe unique des changements intervenus dans le temps, en tant qu'essence intemporelle et en tant qu'être créé, principe des productions futures non soumis à la génération ni à la corruption.

Finalement, on ne doit pas se demander ce qu'est la matière première dans l'instant de nature, car elle n'est pas un pur néant comme elle n'est pas quelque chose. « Proche du néant », elle est un intermédiaire entre les deux [3]. C'est dans ce sens que cette nature incomplète précède la forme et, avec celle-ci, le composé, tout comme le genre précède ce qui lui est inférieur. Aucune créature ne la précède,

1. *Ibid.*, p. 209, 5-211,14 : « Intentio huius sancti [Augustini, *Conf.*, XII, xii, 15] est... quod materia prima creata est a Deo pro mensura nature, non temporis, informis, et post naturaliter primo die ordinis formata luce corporea, id est forma. (...) Post hoc (natura, non tempore) facta est prima die ordinis lux in forma substanciali in primo instanti temporis et materia naturaliter, non temporaliter, ante idem instans. (...) Ex istis patet quod vanum est querere quando essencia corporea, que est simplex, est informis. Oportet enim hanc esse pro mensura nature, et non pro aliquo instanti temporis. Nec talis veritas potest incipere vel desinere esse, cum non potest esse in instanti temporis ». Voir aussi p. 345, note 1. La distinction entre l'ordre de nature et la temporalité suit de près les deux ouvrages mentionnés d'Augustin, et plus particulièrement *Conf.*, XII, xxix, 40, mais Wyclif fait aussi appel à la *Physique* (I, 7, 190b 10-11 : l'antériorité de l'informe par rapport à la réception d'une forme substantielle et au composé) et à la *Métaphysique* (V, 11 ; *cf.* p. 350, note 1) d'Aristote.

2. *Ibid.*, p. 222, 12-30 : « Istis premissis, dicitur quod, essencialiter et personaliter intelligendo, concedendum est quamlibet materialem naturam esse perpetuam, quia creatam in primo instanti temporis ; et manet continue creatura. Si enim aliquid est creatura, tunc est illud quod tempore suo creabatur et manet post in eternum nunc corpus unius speciei, nunc alterius. Et sic intelligit Augustinus 4° *Super Gen. ad litteram*, 14 (cap. 121° *éd.*) illud (et *éd.*) Ecclesiastici 18° : *Qui vivit in eternum creavit omnia simul*. Nam omne corpus... ». La suite est citée *supra*, p. 344, note 3. Pour la doctrine de saint Augustin, voir *infra*, § 3. Le premier argument de l'éternité de la créature dans le *De universalibus*, chap. XIII, 155-211, est fondé sur cet être analogue créé. *Cf.* p. 363, note 1.

3. *Ibid.*, p. 211, 33-212, 24 : « Unde si queritur quid est materia prima vel essencia pro mensura qua est informis, dicitur quod vere loquendo non est aliquid, quia non est quid pro ista mensura, quia "aliquid" dicit ethimoloyce quasi aliud quid. (...) Nec oportet timere instancias sophisticas quibus argumentatur quod materia prima non est prope nichil. Quod sic intelligitur, quod materia est prope nichil in effectu, multa enim sunt possibilia que sunt nichil in effectu ; et materia que sit informis, est medium inter aliquid in effectu et nichil in effectu ». Wyclif combine ici l'opinion d'Augustin (*Conf.*, XII, VII, 7) avec celle d'Aristote (*Phys.*, I, 8, 191b 13-15). Ce thème sera à nouveau traité dans le *Trialogus*, voir plus loin, p. 358, note 2.

bien qu'avant d'exister dans son être complet, toute créature singulière possède un être, c'est-à-dire une existence de l'essence, mais une existence ou un être privé de quiddité. Car pris dans cette acception, le terme d''essence' signifie l'être sans aucune quiddité[1]. C'est pourquoi l'Écriture, par égard pour les gens simples, donne à la matière première des noms concrets de terre, d'eau et d'abîme, alors que les philosophes la définissent comme un vide, comme privée de toute réalité et ténébreuse afin de marquer la privation de la forme et du composé[2].

La valeur de ce petit traité se manifeste dans le souffle que Wyclif a su donner à sa théorie de la matière première en la hissant au niveau à la fois d'un savoir scripturaire, d'une théologie de la création et d'une doctrine philosophique. L'influence de l'exégèse augustinienne dans le *De materia et forma* est si importante qu'il est temps de rappeler les thèses d'Augustin devenues constitutives du réalisme wyclifien. Sur cette voie, Wyclif n'était pas le seul ni le premier car les thèses augustiniennes en question ont avant lui été discutées et partiellement acceptées par de grands scolastiques, parmi lesquels on peut mentionner Bonaventure et Albert le Grand. Toutefois en les incorporant dans sa doctrine réaliste Wyclif leur a donné une force et une signification nouvelles[3].

1. *De materia et forma*, p. 214, 21-215, : 4 : « Quarta autem est prioritas originis et generis, et propterea est difficillima ad intelligendum secundum Augustinum (*Conf.*, XX, XXIX 40). Est autem generaliter prioritas generis ad suam speciem, et speciei ad suum individuum prioritas originis quam Aristoteles vocat prioritatem nature (*Met.* V, il, 1019a 3-14). Sic enim secundum Augustinum sonus, qui est cantus, formatus est… Materia autem origine et natura incompleta precedit formam et ambo completum, licet hec tria sunt eadem essentialis natura. Genus igitur et quodlibet universalius origine precedit inferius, licet sit eadem natura, et in omnibus hiis tribus creatura est quasi analoga similitudo. Ex istis patet quod nulla creatura est prius ens natura quam est bonum, cum bonitas essencialis creature sit unitas, entitas et veritas eiusdem. Verumtamen antequam creatura habeat existenciam in genere (sc. proprio), habet existenciam essencie vel nature, secundum quam est naturaliter priusquam est quid ». Dans le même sens *De universalibus*, VII, 110-119 : « Et ista sententia videtur habere maiorem colorem intelligendo essentiam non pro quidditate rei ut saepe sumitur, sed pro esse essentiali praecedente quidditatem rei. Sicut enim res prius est ens quam est aliquid, cum quaestio "Si est ? " praesupponit quaestionem "Quid est ? " et homo prius est ens quam est substantia, ita videtur quod essentia, ponens nudam quaestionem "Si est ? ", praecedit quidditatem quae ponit genus citra esse. Est igitur in talibus distinctio rationis ». Dans les singuliers, il n'existe aucune distinction entre l'essence et la quiddité ; cf. *ibid.*, lignes 127-131. La notion de priorité d'origine (selon Augustin) ou de nature (selon Aristote) sont à distinguer en théologie trinitaire (lignes 31-35).

2. *Ibid.*, p. 210, 1-8. Wyclif suit Augustin, *De Gen. ad litt.*, I, XV, 30 ; cf. *ibid.* V, V, 13 et *Conf.*, XII, III, 3-IV, 4 ; XXI, 30.

3. Les principaux textes du *Commentaire des Sentences* de Bonaventure sont analysés par S. Vanni Rovighi, *San Bonaventura*, Milano, Vita e Pensiero, 1974, p. 45-65 ; J.G. Bougerol, *Introduction à l'étude de saint Bonaventure*, Tournai, Desclée et Cie., 1961, p. 71, note que le *De Genesi ad litteram* d'Augustin est cité 231 fois dans l'œuvre du franciscain. Quant à Albert le Grand, l'influence de l'exégèse augustinienne du livre de la Genèse est évidente dans le *Super Dionysium De divinis nominibus* (éd. Col. t. 37-1) et surtout dans le *De IV coaequaevis*, tr. IV, q. 72 (Borgnet, t. 34, p. 735 et *sqq*). Je remercie Henryk Anzulewicz qui a attiré mon attention sur ces deux écrits d'Albert le Grand. Il semble aussi que la philosophie de Paul de Venise exploite tacitement l'augustinisme de Wyclif, mais cet aspect de sa doctrine n'a pas encore été mis en valeur.

## *MATERIA INFORMIS* ET LE RÉALISME WYCLIFIEN

Le problème qui s'est posé à Augustin au l. IV du *De Genesi ad litteram* est celui des deux descriptions de la création, celle des chap. 1-2, 4a de la Genèse et celle des chap. 2, 4b-3, 24, qu'Augustin se propose de comprendre à la lumière respectivement d'Ecclésiastique 18, 1 : *Qui vivit in aeternum creavit omnia simul*, et de Jean 5, 17 : *Pater meus usque modo operatur*. Dans la première description, l'acte de la création divisé en séquences de six jours s'est achevé par le repos de Dieu ; dans la seconde description, la création continue sur la terre déjà formée. Après avoir formulé de nombreuses hypothèses (l. IV) et respectueux de la construction grammaticale du texte sacré (V, I 3-III 5), Augustin considère finalement la première description à la lumière de l'Ecclésiastique, comme celle d'une création simultanée de l'ensemble des créatures. Quant à la seconde, qu'Augustin met en rapport avec le verset de Jean, elle confirme la continuation de l'action divine. Nous avons ainsi une « double création », ou mieux : deux moments de la création dont le premier porte le nom de *prima conditio* ou *prima creatio*, et le second celui d'*administratio*. Quant à la question de savoir où furent créées les premières créatures, Augustin, après avoir écarté plusieurs hypothèses, répond qu'elles le furent dans les raisons causales, les *rationes seminales*[1]. Il nous propose donc une construction à quatre termes, d'un côté, la *prima conditio* et ses résultats – les *rationes seminales*, et, de l'autre, l'*administratio* et les mondes visible et invisible qui en sont issus. Cependant, immédiatement après, Augustin ajoute un cinquième terme, les raisons immuables dans le Verbe (« rationes incommutabiles in uerbo Dei »), de telle sorte qu'on est en mesure d'envisager le triple être de la créature. En effet, il affirme[2] :

1. J'utilise le texte établi par J. Zycha (CSEL, vol. 28), repris et amendé dans la BA, vol. 48-49 : *La Genèse au sens littéral en douze livres*. Traduction, introduction et notes par P. Agaësse et A. Solignac, Paris, Desclée de Brouwer, 1972 (Augustin considère que Gen. 1,1 à 2,5 donne le récit de la première création, et que celui de l'*administratio* commence en Gen. 2,6 ; cf. *ibid.*, V, vii, 20 et surtout V, xi, 27, et *Les Confessions*, livres VIII-XIII, texte de l'édition de M. Skutella, introduction et notes par A. Solignac, trad. de E. Tréhorel et G. Bouissou, Paris (BA, 14) 1962, ainsi que les Notes complémentaires placées à la suite de deux ouvrages. Pour l'ensemble de l'exégèse augustinienne de Gen. 1, 1-3, voir A. Solignac, *Exégèse et Métaphysique. Genèse 1, 1-3 chez saint Augustin*, dans *In principio. Interprétations des premiers versets de la Genèse*, Paris, Études Augustiniennes, 1973, p. 153-171. Concernant la matière chez Augustin, voir p. 599-603, P. Duhem, *Le Système du monde*, II, Paris 1965, p. 431-447, et J. Jolivet, *La matière d'en haut*, « École pratique des Hautes études. Section des sciences religieuses. Annuaire », 96, 1987-1988, Paris 1989, p. 28-48, part. p. 39-40 (l'article est repris dans un récueil du même auteur intitulé *Philosophie médiévale, arabe et latine*, Paris, Vrin, 1995, p. 90-110. Puisque Wyclif se réclame ouvertement d'Augustin, on traite depuis longtemps de l'influence du second sur le premier. Pour les travaux récents, voir G. Leff, « Wyclif and the Augustinian Tradition », dans *Medievalia et Humanistica. In Honor of S. Harrison Thomson*, Cleveland, 1970, p. 29-39 ; I-C. Levy, « John Wyclif and Augustinian Realism », *Augustiniana*, 48, 1998, p. 87-106.

2. *De Gen. ad litt.*, V, xii 28 ; ici et par la suite je cite la traduction de P. Agaësse et A. Solignac, p. 413-415. Pour le même schéma et pour la séparation entre les principes et les choses soumises à la génération, voir aussi le Commentaire de Calcidius, Waszink, p. 308, 14-309, 2 ; Bakhouche, p. 536,

> Autres sont donc les raisons immuables de toutes les créatures dans le Verbe de Dieu ; autres, les œuvres dont il se reposa le septième jour ; autres, celles que, à partir de cette première création, il continue de faire jusqu'à maintenant. De ces trois modes d'être, le dernier nous est quelque peu connu, à l'aide des sens corporels et de notre expérience coutumière. Mais les deux premiers, qui échappent aux sens et à l'exercice ordinaire de la pensée humaine, sont d'abord objets de foi sur l'autorité de la parole divine ; ensuite, à partir des choses qui tombent sous notre expérience, ils deviennent en quelque façon objets de connaissance, dans la mesure où chacun, plus ou moins selon sa capacité, pourra y parvenir avec l'aide de Dieu.

Cette construction demande quelques brèves remarques. Commençons par les raisons dans le Verbe, c'est-à-dire la Sagesse divine. Leur distinction est faite à partir de quatre premiers versets de l'Evangile selon Jean : « In principio erat Verbum », etc. Ces raisons précèdent toute création. Elles sont connues de Dieu dans le Verbe qui est Dieu lui-même, elles sont donc identiques à Dieu. Elles sont la vie et la lumière des hommes, car elles sont la Sagesse, et l'homme purifié par la grâce pourra les connaître. Elles sont parfaites, vraies, éternelles et immuables, elles assurent le caractère raisonnable et intelligible à la création[1]. Du point de vue philosophique, elles ne diffèrent pas des idées de Platon, telles qu'Augustin les a exposées dans la q. 46 de ses *LXXXIII questions différentes*[2]. Du point de vue de la scolastique, les raisons immuables sont la première manière d'être appelée *esse in Deo*. Wyclif et son école en furent d'ardents partisans.

Quant à la première création, Augustin, en citant Sagesse II, 18 (d'après les Septante) : *Qui fecisti mundum de materia informi*, introduit la notion de matière informe (*informis formabilisque materies*), aussi bien spirituelle que corporelle, laquelle, lors de cette création, précède l'acte de forme non temporellement, mais selon un ordre d'origine : « Non quia… tempore prior est…, tamen quadam origine prius est »[3]. Toutefois avant cet instant « il n'y avait absolument rien » (*omnino nulla essent*), et c'est à partir de cet instant qu'existent toutes les natures des choses dans leurs raisons causales. Il est un point important pour mon propos qui doit être maintenant souligné. Lors de ce premier acte de la création, Dieu n'a pas créé des modèles de chacune des choses qui existeront un jour. Proche du langage biblique, Augustin parle des natures et, plus souvent, des genres. Il s'agit

1-3 : « Sunt igitur initia deus et silua et exemplum, et est deus quidem origo primaria moliens et posita in actu, silua uero ex qua prima fit quod gignitur ».

1. *De Gen. ad litt.*, V, XIII 29-XVI, 34.

2. *Ibid.*, Note complémentaire 24, p. 673 ; *De diversis quaestionibus LXXXIII liber unus*, q. 46 : *De ideis* ; *cf.* J. Pépin, « Augustin, Quaestio de ideis », p. 117-134.

3. *De Gen. ad litt.*, I, XIV, 28-XV, 29, sur la « concréation » de la forme et de la matière informe ; mais la matière informe apparaît déjà en I, I, 2 ; IV, 9 ; XIV, 28 ; XVII, 37, etc. ; *cf.* V, V, 13 : « Non itaque temporali, sed causali ordine prius facta est informis formabilisque materies, et spiritalis et corporalis, de qua fieret, quod faciendum esset, cum et ipsa, priusquam instituta est, non fuisset » ; V, V, 16. Voir aussi Augustin, *Conf.*, XII, III, 3 ; VIII, 8 ; IX, 9, etc., pour la matière informe.

donc en quelque sorte des modèles des espèces naturelles à partir desquels, plus tard, seront créés les êtres que nous rencontrons[1] :

> On peut penser aussi que Dieu s'est reposé d'avoir créé les divers genres de créatures, parce qu'il ne créa plus ensuite de nouveaux genres, mais que cependant il continue d'agir jusqu'à maintenant et dans la suite en régissant ces mêmes genres qui furent alors créés.

Dieu créa et se reposa, mais il continue d'agir. Voilà la distinction entre la *creatio* et l'*administratio*. Celle-ci, qui est le gouvernement du monde attribué à la Providence divine, se fait à partir des genres qui sont déjà dans leurs raisons causales. C'est pourquoi, en gouvernant le monde, Dieu ne produit pas de genres nouveaux[2] :

> Si nous pensons que Dieu crée maintenant quelque créature qui ne relèverait pas de ces genres constitués lors de cette première création, nous contredisons ouvertement l'Écriture qui dit que Dieu acheva toutes ses œuvres le sixième jours (Gen. 2, 2). Il est manifeste en effet que, selon ces différents genres qu'il créa à l'origine, Dieu fait quantité de nouveaux êtres qu'il ne fit pas alors. Mais qu'il ait créé de nouveaux genres d'êtres, on ne peut pas légitimement le croire, puisqu'il acheva alors de les créer tous.

La structure fondamentale du monde est donc stable et fixée pour toujours et, avec elle, le triple être des choses[3] :

> Toutefois ces choses sont autrement dans le Verbe de Dieu où elles sont, non pas créées, mais éternelles ; autrement dans les éléments du monde, où toutes les choses à venir furent créées simultanément ; autrement dans les choses qui, conformément à leurs causes créées simultanément, sont créées non plus simultanément, mais chacune en leur temps.

1. *De gen. ad litt.*, IV, XII, 22 : « Potest etiam intellegi Deum requieuisse a condendis generibus creaturae, quia ultra iam non condidit aliqua genera noua, deinceps autem usque nunc et ultra operari eorundem generum administrationem, quae tunc instituta sunt, non ut ipso saltem die septimo potentia eius a caeli et terrae omniumque rerum quas condiderat gubernatione cessaret, alioquin continuo dilaberentur » ; IV, XXII, 39 : « Deinde cum additur : *et congregata est aqua* et cetera, cum iam dictum esset : *et sic est factum*, ipsa creatura in suo genere fit : quae item, cum in suo genere facta cognoscitur ab ea luce… » ; V, IV, 11 : « Quis enim alius etiam nunc ista creat, nisi *qui usque nunc operatur* ? Sed creat haec modo ex his quae iam sunt ; tunc autem ab illo, cum omnino nulla essent, creata sunt ».

2. *De Gen. ad litt.*, V, XX, 41 : « Sed plane, si aliquam creaturam sic eum nunc instituere putauerimus, ut genus eius primae illi suae conditioni non inseruerit, aperte contradicimus dicenti scripturae, quod consummauerit omnia opera sua in die sexto. Secundum illa enim genera rerum, quae primo condidit, noua eum multa facere, quae tunc non fecit, manifestum est. Nouum autem genus instituere credi recte non potest, quoniam tunc omnia consumauit ». Dans le même sens, *ibid.*, IV, XII, 23 ; V, IV, 11 ; V, XXIII, 46 ; VII, V, 7 ; X, IV, 7, et le premier texte de la note précédente.

3. *Ibid.*, VI, X, 17 : « Sed haec aliter in uerbo Dei, ubi ista non facta, sed aeterna sunt, aliter in elementis mundi, ubi omnia simul facta futura sunt, aliter in rebus, quae secundum causas simul creatas non iam simul, sed suo quoque tempore creantur ». Augustin ajoute encore l'être caché dans les sémences, image de la causalité primordiale.

Je reviens à Wyclif et prends en considération son *Trialogus* qui compte parmi les plus mûrs de ses ouvrages et qui date de 1382-1383, et son *De universalibus* qui est de 1368 ou 1369. Le chapitre du *Trialogus* qui nous intéresse ici pose trois problèmes : la composition du continu des indivisibles non quantifiables, l'existence des universaux *ex parte rei*, et la création *ex nihilo*, car étant composées d'un genre, qui implique la matière, et d'une différence, les créatures ne sont pas produites de rien [1]. Le passage de la seconde difficulté à la troisième semble aller de soi. Voici la réponse de Wyclif à la dernière difficulté [2] :

> Ici, pour masquer tes arguties, tu tombes dans l'équivoque, puisque les philosophes admettent communément qu'en dehors de Dieu toute chose est produite par Dieu sans matière préexistante que Dieu présuppose nécessairement, et cela soit en elle-même, soit dans son principe matériel. C'est pourquoi l'auteur du *Liber de causis*, examinant à fond cette matière, remarque que « la première de toutes les choses créées est l'être et avant lui il n'y a rien d'autre qui soit créé ». L'être analogue pour les dix genres catégoriels est, c'est vrai, la première de toutes les choses créées. Les genres et les espèces procèdent de lui, d'abord le genre de la substance, ensuite celui de la quantité, puis celui de la qualité, avec leurs parties subjectives. De cette façon, dans cet être analogue, Dieu créa toutes les choses ensemble, et, en plus, quant à la simultanéité du premier instant du temps, et, troisièmement, quant à la simultanéité de la création de l'essence matérielle tout entière. « Celui qui vit éternellement a tout créé en même temps » selon ces trois modes. C'est pourquoi, quelle que soit la créature qu'on désigne, elle est produite par Dieu selon un degré de priorité et non à partir d'un quelconque principe matériel d'antériorité. Telle est, suppose-t-on, la définition descriptive d''être produit'. Les créatures ont donc un triple être notable : premièrement, l'être intelligible ou idéal, éternel en Dieu ; deuxièmement, l'être-modèle dans ses principes, de la manière dont des créatures

1. *Trialogus*, p. 83-86.

2. *Ibid.*, p. 85-86 : « Hic aequivocas ad colorandum tuas argutias, cum communiter accipitur a philosophis, quod omnis res citra Deum fit a Deo sine praeiacente materia quam Deus necessario praesupponit, et hoc sive in se ipsa sive in suo materiali principio. Unde auctor *De causis* (IV 37) istam materiam profunde considerans notat, quod *prima omnium rerum creatarum est esse, et ante ipsum non est creatum aliud* ; esse quidem analogum ad decem genera est prima omnium creatarum rerum et ex illo procedunt species et genera ordinate, et primo genus substantiae, secundo genus quantitatis, tertio genus qualitatis cum suis partibus subiectivis. Et sic in illo esse analogo Deus creavit omnia simul, et praeter haec quo ad simultatem primi instantis temporis, ac tertio quo ad creationis simultatem totius materialis essentiae. Istis quidem tribus modis, *qui vivit in aeternum, creavit omnia simul* (Eccli. 18, 1), unde quacunque creatura signata, illa fit a Deo pro aliqua mensura, et non ex aliquo materiali principio praecedente. Et illud supponitur esse descriptive creari. Unde creaturae habent triplex esse notabile : primo esse intelligibile vel ydeale aeternum in Deo, secundo esse exemplare in suis principiis, quomodo creaturae productae posterius creantur in principio mundi in suis principiis ; et tertio esse individuum in suo completo existere quod fit opere administrationis ; et propter medium esse dicuntur omnia facta a Deo creari, licet opere administrationis ex aliis producantur ». *Liber de causis*, IV 37 (*cf.* p. 347, note 1). Albert le Grand, *De IV coaequaevis*, I, q. 2, a. 1 (éd. Borgnet, t. 34, p. 320a et 321a), traite de la matière et cite la même proposition du *Liber de causis*. Comme j'ai l'ai dit p. 345 et note 1, le terme *mensura* implique une priorité, principalement celle d'origine ou de nature.

produites ultérieurement sont créées dans leurs principes au commencement du monde; et troisièmement, l'être individuel dans son existence complète qui est produit par l'œuvre de Providence (*opere administrationis*). Et à cause de l'être intermédiaire toutes les choses produites sont dites créées par Dieu, bien que, par l'œuvre de Providence, elles soient produites à partir d'autres choses.

On remarque sans difficulté que ce texte dépend de l'œuvre exégétique d'Augustin, dont le nom n'est cependant pas mentionné [1]. En effet, comme Augustin, Wyclif s'appuie sur la même autorité de l'Ecclésiastique pour distinguer les deux moments de la création; comme Augustin, il les appelle successivement *creatio-conditio* et *administratio*, la première s'opérant à partir du néant, alors que la deuxième, pourtant l'œuvre de Dieu, se produit à partir de ce qui fut créé auparavant. Comme Augustin, Wyclif soutient que lors de la création ont été créées: toutes les choses ensemble, le premier instant temporel et l'essence matérielle. Tel est le cadre général emprunté à Augustin. Regardons maintenant le contenu philosophique du texte, et d'autant plus que ce contenu précise, tant bien que mal, ce qui résulte de la création proprement dite.

Voici les remarques qui s'imposent. (a) Le problème qui pose difficulté concerne la matière: Dieu crée-t-il à partir du néant ou à partir d'une matière préexistente? La réponse est que Dieu présuppose „nécessairement" la matière pour conduire son œuvre de l'*administratio*, cependant il ne crée pas à partir d'un principe matériel car il a créé *ex nihilo* ce principe même. Autrement dit, la création du monde ordonné des singuliers implique la création *ex nihilo* de la matière première. L'auteur du *Liber de causis* qui a réfléchi sur cette matière, l'a appelée « être – la première des choses créées ». L'*être* est donc le nom philosophique de la matière informe de l'exégèse augustinienne et, par conséquent, de la matière première à partir de laquelle seront produites toutes les autres choses. (b) La réorganisation du discours théologique d'Augustin continue. L'être ainsi créé est analogue pour les dix catégories aristotéliciennes qui procèdent de lui, mais la modalité de cette procession n'est pas élucidée. Toutefois, puisque les genres, les espèces qu'ils contiennent et jusqu'aux individus de chaque espèce procèdent de l'être, c'est qu'ils y sont tous créés selon le mode qu'implique la simultanéité: ils y sont tous ensemble, au premier instant temporel et comme une essence matérielle tout entière. Nous pouvons donc identifier cette essence matérielle à l'être – le premier créé et, par conséquent, à la matière première. Nous pouvons aussi affirmer que chaque chose est, dans l'ordre de priorité d'origine ou de nature, créée par Dieu du néant. (c) A partir de ce développement, Wyclif tire la conclusion concernant les trois êtres de chaque chose: l'être incréé dans les idées divines, l'être-modèle dans les principes créés, et l'être de l'individu produit lors de l'*administratio*. Bien

1. Voir *supra*, *Jérôme de Prague et le Timée de Platon*, p. 277-278 et 299-300. Sans avoir compris précisément le problème de la matière chez Wyclif ni identifié exactement sa source, j'ai vu, dans le texte analysé de Wyclif avant tout l'influence de Platon. Je pense avoir établi ici les rapports plus précis entre Wyclif et la doctrine d'Augustin.

que rien, dans le texte, ne justifie son introduction, le premier correspond parfaitement à ce que Wyclif a déjà affirmé dans ses écrits précédents. J'y reviendrai plus tard. Quant au second être, celui du modèle, il est dans ses principes, sans doute principes génériques et spécifiques dont proviennent les genres, les espèces et les individus. Auparavant, dans le *De materia et forma*, ces mêmes principes portaient le nom de causes matérielles et universelles. Mais cela n'est qu'une question de noms, toujours très flous chez Wyclif. En fait, selon Wyclif, le modèle, les principes, la matière et l'être analogue furent créés au commencement du monde, car tous ces noms ne signifient qu'un aspect d'une seule chose. (d) La précision du nombre de modèles limités à dix catégories ajoute une note proprement philosophique au discours qui s'est voulu théologique. Cette précision voulue marque le monde wyclifien de la même fixité qui fut celle du monde augustinien. Toutefois, chez Wyclif c'est la docrine aristotélicienne qui pose les limites à l'œuvre de la Providence. Les raisons causales où le Dieu créateur déposa les genres sont devenues l'être analogue défini à l'aide du *Liber de causis*. L'être analogue est cependant informe, donc privé de toute quiddité, il n'est pas un genre, mais un *esse* qui en contient plusieurs. Dans le langage scolastique on dit que cet *esse* n'est pas une réponse à la question *quid est?* mais à la question *an sit*? Par conséquent, comme le note Wyclif, l'être analogue précède les individus dans l'ordre de priorité d'origine et non dans celui de nature[1]. Finalement, à la double création selon Augustin, correspond, chez Wyclif, une double considération de la matière : la première l'envisage comme *esse primum creatum*, et comme *principium materiale et universale*, la seconde comme *res* formées par la matière, la forme et le composé.

Nous avons remarqué que le nom de matière première n'apparaît pas dans le texte analysé. Il revient immédiatement après, dans le titre même du chapitre suivant : *Materia prima*. En abandonnant le problème théologique de la création, nous entrons dans le domaine de la philosophie.

Il existe, dit Wyclif, plusieurs opinions au sujet de la matière première. Il en mentionne quatre qu'il attribue à Platon, Aristote, Augustin et au médecin Urso de Salerne, toutes rencontrées déjà dans le *De materia et forma*. Puisqu'elles semblent excéder sa possibilité de les comprendre, il esquisse sa propre conception, dont voici les éléments les plus importants[2]. Tout d'abord, la matière première

1. *De universalibus*, VII, 120-137 ; fort rare chez Wyclif, la précision ne me semble pas respectée rigoureusement ; voir par exemple plus haut, note 47. L'être analogue est à nouveau défini à l'aide du *Liber de causis* dans le *De universalibus*, VI, 284-288 et VII, 189-198, texte cité *infra*, p. 361, note 3.

2. *Trialogus*, p. 86-87, où le propos de Wyclif est critique : « Pseustis. De materia prima varie loquuntur philosophi, ac si nec se ipsos intelligerent nec materiam de qua balbutiunt ; specialiter cum Aristoteles dicat, quod ipsa non est cognoscibilis nisi per analogiam ad formam, et forma non est cognoscibilis nisi per subiectum, quod est ipsa materia. Phronesis. De materia prima satis obscure loquuntur philosophi, (…) et tales locutiones philosophorum concipere videtur vires nostras excedere ». À la page 87, notes 2 et 13, les corrections introduites par l'éditeur sont inexactes : Augustin cité (*Conf.*, XII, VI, 7) dit bien *prope nihil*, et non *proprie nihil*. Cf. aussi *De materia et forma*, p. 193 et 212, et plus

est pensée comme une pure essence matérielle (*materialis essentia*), indéterminée et indivisible en parties qualitatives de quelque nature que ce soit. Puisqu'elle est indéterminée, on ne prédique d'elle aucun attribut qui qualifie un être composé d'une matière et d'une forme substantielle, dite aussi matérielle. Autrement dit, on ne distingue en elle rien qui aurait permis de répondre à la question : *quid est ?* Toutefois, elle reçoit la forme substantielle, dont elle sera le sujet, afin de constituer ensemble une substance. Grâce à ce changement (*transmutatio*) la matière première devient connaissable pour l'homme (*viator*) [1]. Ensuite la matière première ne se compose que des parties quantitatives, des atomes dont différents arrangements sont formellement à l'origine de la forme substantielle et principalement du composé. De ce fait, la matière première d'une substance complète ne peut pas s'accroître, ni s'amoindrir, ni être une autre matière première. Cette idée de la matière première composée d'atomes rejoint celle du traité *De universalibus :* « Celui qui créa la matière primordiale, il la créa des atomes au-delà de quoi il n'y a plus d'analyse », et celle du Lieu platonicien composé également d'atomes [2]. Si le rôle de la forme est limité à la seule organisation de la matière première, la quantité, la structure atomique et le genre des substances ne peuvent venir que de la matière première. Enfin, comme nous le savons déjà, la forme substantielle n'a aucune existence à part, une telle existence possède exclusivement un être matériel complet (*materialis essentia*), formé par l'union de la matière première, de la forme substantielle et du composé. Distincts réellement entre eux, ces trois composants constituent néanmons une seule unité ontologique, laquelle fait rappeler à Wyclif La Trinité [3]. Notons encore que le syntagme « *essentia materialis* »

bas, p. 358, note 2. Concernant les trois personnages allégoriques du *Trialogus*, Pseustis, Alithia et Phronèsis, voir l'Appendice I.

1. *Ibid.*, p. 87 : « Ego tamen concipio, quod materia prima est materialis essentia, quae non est in partes qualitativas diversarum naturarum divisibilis, sed est qualiscunque formae substantialis secundum aliquod eius suppositum susceptiva ; et sic per transmutationem substantiae est ista materia a viatoribus cognoscenda. Nec recipit formaliter praedicationes, quas recipiunt corpora ex ipsa et materiali forma composita ».

2. *Trialogus*, p. 88 : « Nec oportet nos sollicitari, utrum componitur ex suis partibus intensivis, quod alias in nostra stultitia diffuse tractavimus ; sed componitur ex suis partibus quantitativis usque ad sua indivisibilia, ex quibus varie componentibus resultat formaliter substantialis forma, sed principaliter et per se completa substantia, ut noverunt philosophi in ista materia subtilibus verbis loquentes, sic quod non potest esse plurior, paucior, vel alia materia prima quam modo est ». J'ai retouché la ponctuation. Cf. *De universalibus*, VII, 572-574 : « Sed ille, qui fecit primordialem materiam, fecit ipsam ex atomis, ultra quod non est resolutio ». Voir aussi le premier texte de la note 3 à la p. 335, et B. Pabst, *Atomtheorie*, p. 312, dont les analyses se limitent à la seule *Logica* de Wyclif.

3. *Ibid.*, p. 87 : « Non autem intelligo formam substantialem materiae primae esse aliquid, quod potest per se existere, sed illam materialem essentiam formaliter esse talem ; et sic tam materia prima quam sua forma quam etiam ex illis compositum, licet realiter distinguantur, sunt tamen eadem materialis essentia ; et omnia talia indicant trinitatem… ». Ce texte est difficile à interpréter. Pour éviter une contradiction avec ce que nous avons appris dans le *De materia et forma*, j'entend l'adverbe « formaliter » dans le sens de l'expression « par la forme ». Wyclif dit alors que la forme rend la matière première telle ou telle, et que de ce fait de la matière dotée d'une forme et, à ce titre, distincte de deux autres partie de la substance. Il se peut cependant qu'une négation se soit perdue et qu'il faille lire :

est envisageable soit comme la matière informe créée au commencement du monde, soit comme le réceptacle unique des formes, et donc comme la matière première, soit enfin comme l'être composé. Mais ce ne sont que trois noms d'une seule et même réalité[1].

Toutefois, si la matière première reçoit une forme, elle en est donc privée. Les quatre définitions jugées d'abord comme incompréhensibles s'accordent maintenant à merveille, et Wyclif le note malicieusement : la matière première n'est pas par soi et formellement *aliquid* ni *aliqualis*, dit Aristote ; elle est « une ruse imaginée enveloppée de ténèbres épaisses », pense Platon ; elle est « proche du néant », mais en acte, car elle est le néant qui existe formellement, selon Augustin, et, d'après Urso de Salerne, elle est l'intermédiaire entre quelque chose qui existe en acte et le néant qui existe aussi en acte[2]. Bel exercice d'une pensée éclectique qui arrange ses sources !

Il est juste de souligner les différences entre les deux textes du *Trialogus*, et entre ceux-ci et le traité *De materia et forma*. Ces différences trouvent leur explication dans un enrichissement certain de la problématique de la matière du fait même de la nouvelle optique que représentent les écrits successifs. Elles trouvent aussi leur explication dans le changement continu autant du vocabulaire que de l'accent mis plutôt sur un aspect du problème que sur un autre. S'il est possible de penser la matière première tantôt comme le principe matériel de l'*administratio* produit au commencement du monde, tantôt comme une essence matérielle susceptible de recevoir une forme, il ne faut pas oublier que c'est le point de vue qui change et qui entraîne le changement à la fois du vocabulaire, de la démonstration et de l'argumentation qui s'ensuivent. Telle est précisément la situation des deux textes analysés du *Trialogus*, dont le premier considère la matière première comme créée par l'acte de *conditio*, alors que le second l'envisage par rapport à la forme, venue dans l'acte d'*administratio* ; le premier l'inscrit dans la théologie augustinienne

*sed <nec> illam*. Dans ce cas là, Wyclif affirme que la forme et la matière première en tant que telle n'ont, sans *compositum*, aucune existence à part.

1. *Ibid.*, p. 88 : « Et eadem materialis essentia, quae est ignis, creata est in mundi principio, et illa essentia, ut est susceptiva illius formae, est materia prima ; et ut est in actu ignis, est compositum ex materia et forma. Igneitas autem, quae est forma substantialis, non est nisi illam essentiam esse ignem. (...) Et ita intelligendum est de aliis formis elementaribus sic, quod illa essencia, ut est susceptiva denominationis talis quae est forma substantialis, est materia prima ; et sic, cum sit prius susceptiva talis formae quam ipsa est ut substantia, ut puta ignis aut aqua, et sic de aliis denominationibus substan-tialibus, signanter dicitur, quod praecedit substantiam ». Cf. *Logica*, III, p. 119-120, dont j'ai parlé plus haut, p. 343, note 1.

2. *Trialogus*, p. 87 ; cf. *De materia et forma*, p. 212, 1-24. Voir, pour Platon, plus haut, p. 338, note 3 et p. 340, note 1 ; pour Aristote, *Met.*, Z, 3, 1029a 20-21 ; pour Augustin, *Conf.*, XII, vii, 7 ; pour Urso de Salerne j'ai consulté les *Aphorismi cum glossulis*, *cf.* R. Creutz, *Die medizinisch-naturphilosophischen Aphorismen und Kommentare des Magister Urso Salernitanus*, Berlin, 1936 (Quellen und Studien zur Geschichte der Naturwisseschaft und der Medizin, V, 1), mais je n'y ai pas trouvé le texte correspondant; toutefois *cf.* Averroès, *In Met.*, VIII, com. 4, f° 211 E, *cf.* J. Hamesse, *op. cit.*, p. 133, n. 213 : « Essentia materiae est medium inter esse in actu et non esse in actu ». Voir aussi Appendice 2.

de la création, le second dans la philosophie. Cependant, même si pour une fois Wyclif semble accepter la distinction entre les deux disciplines et les deux discours, il tient peu à la règle qu'il s'impose. C'est pourquoi, son discours théologique se réfère à Aristote et au *Liber de causis*, alors que son discours philosophique fait appel à la double création. C'est grâce à ce système de référence que le lecteur peut s'assurer que Wyclif traite toujours de la même chose, la matière première, en montrant ses multiples facettes. Pour l'ensemble toutefois, la doctrine soutenue dans le *Trialogus* ne diffère en rien de celle qui est exposée dans le traité *De materia et forma* et dans celui *De universalibus*. Dans presque tous ses écrits, Wyclif admet la création simultanée, donc *de facto* la double création, telle qu'il l'a apprise dans l'exégèse d'Augustin. Le *De universalibus*, ouvrage apparemment philosophique, le confirme car on y trouve le verset d'Ecclésiastique, 18,1, cité au moins deux fois. Puisque nous entrons dans le délicat problème des universaux, examinons attentivement les deux cas. Voici le premier texte[1]:

> Tout d'abord, pour répondre à ces objections il faut noter que la créature possède un être multiple. Le premier et le plus haut est l'être intelligible éternel qu'elle a en Dieu. Tout être de cette nature est la raison vitale et réellement Dieu lui-même[2], selon ce verset de Jean, 1, (3-4) : « Ce qui a été fait, était vie en lui ». Deuxièmement, la créature a un être dans ses causes soit universelles, soit particulières. Certains l'appellent 'l'être de l'essence', d'autres 'l'être dans le genre', d'autres enfin 'l'être dans ses principes

1. *De universalibus*, VII, 33-64 : « Pro responsione ad ista notandum primo quod creatura habet multiplex esse. <1> Quorum primum et altissimum est esse intelligibile aeternum quod habet in Deo. Et omne tale esse est ratio vitalis et realiter ipse Deus, iuxta illud Iohannis 1° : *Quod factum est, in ipso vita erat*. <2> Secundo habet creatura esse in suis causis sive universalibus sive particularibus. Et illud vocant quidam "*esse* essentiae", quidam "esse in genere" et quidam "esse ad extra in suis principiis". Primum autem membrum illius *esse* est esse in suis causis universalibus, ut omnis creatura singularis habet esse in sua specie vel suo genere creato in mundi principio. Et sic intelligitur illud Ecclesiastici 18° : *Qui vivit in aeternum creavit omnia simul*. In causis autem particularibus dicitur creatura... <3> Tertio habet creatura esse existere individuum, secundum quod esse incipit et corrumpitur pro suo tempore. Et solum illud esse acceptant moderni doctores. Vero etiam recentiores concedunt iuxta secundum esse quod nulla rosa existente, rosa est flos. Et ita de aliis praedicationibus generum de suis speciebus cum genus continet in se speciem et ipsa continet in se individua secundum praedictum esse potentiale in causis secundis, licet nullum illorum individuorum habeat existentiam actualem. Aliud enim est esse et aliud existere. Et praeter istos tres modos essendi satis aequivocos, est dare modum essendi accidentalem substantiae consequentem ad istos secundum distinctionem novem praedicamentorum. Et nullum tale esse est substantia, sed modus accidentalis substantiae ». Cependant l'accident n'ajoute rien à la structure fondamentale articulée par l'idée, l'être essentiel et l'être concret. Pour la question posée par Adam comme cause particulière, *cf.* IX, 225-254. *Ibid.*, III, 205 : « esse potentiale universalis naturae ».

2. C'est une constante du réalisme wyclifien, cf. *De materia et forma*, p. 170, 30-171, 3 : « Pro quo notandum est quod in deo sunt quotlibet forme exemplares eterne per quas oportet creaturas produci in existencia sui generis. Et quelibet earum est essencialiter idem cum natura divina, secundum racionem (= formalem) distinguntur ab invicem et a deo, ut patet in materia de ydeis que est correlata. Ex cuius sensu plane sequitur quod deus est forma (= exemplaris) cuiuslibet creature ». M. V. Herold prépare l'édition du *De ideis*. Il a aussi donné une interprétation de ce traité dans son ouvrage *Prazská univerzita a Wyclif*, Prague, 1985 p. 69-138 (avec un long résumé en allemand). En attendand l'édition, on peut consulter avec profit le *Trialogus*, p. 61-75 et plusieurs chapitres du *De materia et forma*.

> hors de la pensée'. La première partie de cet être est l'être dans ses causes universelles, par exemple toute créature a l'être dans son espèce ou son genre créé au commencement du monde. Et c'est ainsi qu'on comprend ce verset d'Ecclésiastique, 18 (1): « Celui qui vit éternellement a créé tout ensemble ». Mais on dit aussi que les choses qui seront créées, dans la mesure où elles sont futures, sont au commencement du monde dans les causes particulières. Dans ce sens les saints soutiennent qu'Adam fut d'abord tout le genre humain. Troisièmement, la créature a l'existence d'individu selon que l'être commence et se corrompt conformément aux circonstances de son temps. Et au vrai, les docteurs modernes acceptent uniquement cet être. En fait, même des docteurs récents concèdent, suivant le second être, que la rose est une fleur, même si aucune rose (particulière) n'existe. Et ainsi des autres prédications des genres de leurs espèces, lorsqu'un genre contient en lui une espèce et lorsque celle-ci contient en elle des individus, conformément à l'être potentiel, déjà mentionné, dans les causes secondes, bien qu'aucun de ces individus n'ait une existence actuelle. Car c'est une chose d'être, c'en est une autre d'exister.

Le texte est précieux et instructif. Il distingue la position de Wyclif de celle des modernes. Mais surtout il précise la nature des causes universelles (et particulières), qu'il identifie avec les causes secondes: il s'agit toujours, et malgré la multiplicité des noms, de l'être générique et de l'être spécifique créés au commencement du monde, donc dans l'acte de *conditio*. Cette affirmation est renforcée par la distinction entre l'*esse* de ces genres et l'*existere* des individus. Notre texte véhicule donc l'idée augustinienne de la matière informe où sont déposés les genres et les espèces, modèles de la future production des êtres singuliers. Dans d'autres textes déjà vus, ce qui est créé et est, sans exister, porte le nom de matière première. Nous pouvons lire le second texte, bien plus court[1]:

> À la première objection on répond que tout individu d'une espèce est créé, car il est créé dans son analogue où « toutes les choses sont créées ensemble ». En vertu de cette création toute ultérieure production de la créature est appelée 'création' appropriée à sa manière à Dieu.

Notre second texte complète sur deux points les omissions du premier. Tout d'abord, il y a deux créations: la première, ou acte propre de la création quand tout est créé dans ses causes, et la seconde ou production, dite 'création' par l'appropriation. Il s'agit donc de la *conditio* et de l'*administratio*. Ensuite, de la première création résulte l'*analogum* que nous avons déjà rencontré sous son nom complet d'être analogue. Nous sommes donc toujours dans la même problématique de la matière première exprimée de différentes manières, par son être même – être potentiel, être analogue, être second, cause matérielle et matière informe – ou par « le contenu » de cet être – raisons causales, genres et espèces créés *ex nihilo*, causes universelles ou secondaires. Toutefois, quel que soit le nom que Wyclif donne à

1. *De universalibus*, XII, 508-512: « Ad primum dicitur quod omne individuum speciei creatur, quia creatur in suo analogo, in quo *creata sunt omnia simul*. Et virtute illius creationis dicitur omnis posterior productio creaturae appropriata Deo suo modo "creatio" ».

la matière première, il affirme chaque fois que, contrairement aux individus, la matière est créée au commencement du monde comme principe de la production ultérieure des êtres singuliers et que, dans l'ordre de priorité d'origine (ou de nature), elle précède les singuliers. La matière première et les modèles qui y sont placés reflètent ainsi les idées divines, leur être intelligible, et, grâce à cette médiation, rendent intelligibles toutes les choses singulières [1]. À plusieurs égards cette matière première rappelle bien « la Matière d'en haut » des philosophes arabes traitée par Jean Jolivet. Cependant, ce qui les distinguent radicalement c'est que la Matière d'en haut est l'une de premières hypostases, alors que dans la pensée de Wyclif il n'y a aucune trace d'émanatisme : la matière première est créée et, concernant le monde sensible, elle est à proprement parler la seule chose créée [2].

La création est ainsi au centre du problème posé tant par la matière première que par les universaux. Wyclif lui consacre plusieurs remarques où il s'agit de l'être analogue, le premier créé, dont l'être suit immédiatement, comme le veut le *Liber de causis*, Dieu [3]. La réponse, organisée autour de quelques difficultés de nature scolaire, utilise les éléments que nous connaissons déjà. Une seule notion peut nous intéresser, celle de pouvoir (*posse quod est materia*), qui signifie à la fois la matière considérée en tant qu'elle peut devenir un être actuel, et la cause matérielle nécessaire pour qu'un être puisse être actualisé selon l'une des dix catégories. Or ce pouvoir a son être « dans le genre », « fondé dans l'essence créée absolue », donc juste en deçà des idées divines. S'il est placé là où nous avons toujours vu la matière première, c'est parce qu'il en est la matière première : « Et illud posse est materia prima » [4]. Il ne pouvait pas être autrement, car le problème des universaux intéresse Wyclif dans la mesure où il lui permet de mieux comprendre quelques dogmes de la foi, l'Écriture et la création du monde [5]. Or la matière informe constitue un lien quasi naturel entre les deux doctrines, celle de la création et celle des universaux, le Lieu placé entre les Idées intelligibles et les singuliers soumis à la génération.

1. *De universalibus*, VII, 138-156 : « ...nam non potest esse creatura nisi prius habeat esse intelligibile vel intentionale in Deo antequam habeat esse in genere et esse secundum in causis creatis. Et sic oportet potentiam praecedere actum eius. (...) Et omne genus creatum capit suam essentiam a rationibus aeternis in Deo et sic participatio entis intelligibilis est quaelibet creatura ».

2. *Cf.* J. Jolivet, *La matière d'en haut*, p. 47-48, pour le *Liber de causis*.

3. *De universalibus.*, VII, 189-207 : « Item quod universale creatur videtur esse planius quia pure fit ex nihilo, quod supponitur esse creatio. Unde Auctor *De causis*, propositione 4a, sic loquitur : *Prima omnium rerum creatarum est esse, et ante ipsum non est creatum aliud. Quia*, secundum glossam, *esse est supra sensum et supra animam et supra intelligentiam, et non est post primam causam prius ipso.* Et certum videtur quod loquitur de esse creato analogo. Ipsum enim est immédiate post Deum sic quod non poterit esse extra Deum aliquid ipso prius, quia - ut alias ostendi - nihil potest esse communius ente... Ideo manifestum videtur quod universalia sunt prima entia, quae emanant a Deo ad extra post rationes aeternas intrinsecus exemplantes ». Cf. *Liber de causis*, IV, 37-39 (Pattin, p. 54).

4. *De universalibus*, XII, 445-453, 626-634.

5. *Ibid.*, XV, 114-117 : « Ideo notitia de universalibus de tanto proderit, de quanto disposuerit ad intelligendum Scripturam sacram, materiam de Incarnatione, de Trinitate et de ordine creandi... ». Voir aussi II, 381-389.

J'ai commencé mon étude par l'examen de quelques pages de la dernière partie de la *Logica* de Wyclif, je l'ai terminée avec le *De universalibus*. Une dizaine d'années séparent ces deux écrits. Cependant avant d'en venir au *De universalibus*, j'ai parcouru le *De materia et forma*, qui lui succède presque immédiatement, et le *Trialogus*, encore plus récent d'une dizaine d'années. La lecture de deux écrits postérieurs au *De universalibus* m'a bien aidé à comprendre et expliquer certains passages de ce dernier. Tel était le but de ce détour. Dans la *Logica*, ouvrage d'un simple maître es arts, Wyclif dialogue avec des textes utilisés par les artiens, entre autres ceux de Platon, Aristote, Averroès, et le *Liber sex principiorum*. Théologien, Wyclif n'abandonne pas ses anciennes sources, il s'ouvre sur de nouvelles, notamment sur l'œuvre de s. Augustin qui l'a marqué profondément. Son approche des problèmes et son vocabulaire doctrinal subissent alors l'influence des anciennes lectures et des nouvelles.

Dans la *Logica*, Wyclif envisage la matière avec Platon et Aristote : avec le second pour la décrire en termes de catégories ; avec le premier pour aborder le problème globalement, ce qui l'a amené à identifier la matière avec le Lieu où naissent les êtres sensibles. Ce Lieu est composé d'atomes et il le sera même lorsque plus tard il se transformera en matière première. Jamais développé, le thème de la matière première constituée d'atomes n'apparaîtra que fort rarement. La transformation du Lieu en matière première, n'excluant pas quelques alignements sur la doctrine d'Aristote et d'Averroès, s'est faite de façon décisive sous l'influence prépondérante d'Augustin et de sa théologie de la double création, dont Wyclif a accepté plusieurs notions, celle de *conditio* et celle d'*administratio*, celle de matière informe dotée des raisons causales, ou genres-modèles des choses particulières, et celle de priorité d'origine, opposée à la priorité du temps et, quelquefois, à celle de la nature.

Cela étant, la matière première est traitée soit du point de vue théologique et en rapport avec l'Écriture, notamment pour expliquer la création, soit du point de vue philosophique et dans les termes de la doctrine aristotélicienne, soit, enfin, à l'aide du *Liber de causis*. Car Wyclif est convaincu que la philosophie confirme sa lecture de l'Écriture et que l'Écriture confirme la philosophie, sauf à s'éloigner de la vérité révélée. La variété des sources d'inspiration, la non-distinction entre les disciplines, le concordisme ainsi que le caractère quelquefois ponctuel des accords entre Wyclif et les philosophes sont à l'origine de la multiplication de noms donnés à la matière première, ce qui par ailleurs s'accorde parfaitement avec la tradition platonicienne. De ce point de vue, Wyclif n'est ni philosophe, ni théologien, mais tout simplement un penseur chrétien qui soumet son savoir philosophique à l'enseignement de la Bible.

Contrairement à une idée reçue qui perçoit le fondement du réalisme wyclifien dans la doctrine des idées divines, je suis persuadé que la théorie de la matière première constitue la clef de voûte de l'ontologie et du réalisme philosophique de

Wyclif. En fait, l'histoire connaît de nombreux philosophes et théologiens qui, à la suite de Platon ou d'Augustin, ont accepté l'existence des idées divines, leur rôle dans la création et dans l'intelligibilité du monde. Elle connaît aussi des philosophes qui accordent, comme Wyclif, qu'il y a, dans chaque singulier, une raison réelle ou formelle qui fait que cette chose appartient à une espèce et un genre. Cependant ce sur quoi Wyclif se sépare des uns et des autres, c'est précisément sa théorie de la matière créée, à la fois dépositaire des modèles génériques et spécifiques destinés à servir lors de la production des singuliers, Lieu entre les Idées incréées et les choses sensibles, et « être premier créé », privé de quiddité, donc analogue à tous les autres êtres. En cet être créé, en ce Lieu réside le second *esse* que chaque chose produite possède. Dit autrement, cet *esse* réside dans ses causes matérielles et secondes : matérielles, parce qu'elles sont la matière première et les genres-modèles qui y demeurent ; secondes, parce qu'elles sont identiques au second être des choses. Enfin, éternelle, la matière première constitue une ligne de démarcation entre ce qui est créé, donc inannihilable, et ce qui est engendré, donc corruptible [1]. Car depuis la *Logica* jusqu'au *Trialogus* la génération et la corruption sont nécessairement liées à la forme et au composé.

Pensé théologiquement ou pensé philosophiquement, le réalisme wyclifien s'articule en trois moments : *l'incréé* qui s'identifie aux idées divines ; *le créé* qui est la matière sans forme ; *le produit* qui englobe les choses singulières. Dans ses grandes lignes, ce schéma reproduit celui de la théologie augustinienne. Car, formellement, le réalisme de Wyclif est une réinterprétation de l'exégèse augustinienne de la Genèse, une réinterprétation élaborée et originale.

1. *De universalibus*, XIII, 155-175 : « Solutis ergo istis quattuor evidentiis, faciendo evidentias ad partem oppositam, suppono primo quod, sicut creatio est productio de puro esse intelligibili, - et sic est de nihilo in effectu ad esse effectuale extra Deum - sic annihilatio, si foret, esset cessatio creaturae in pure nihil in effectu, sic quod post existentiam creaturae haberet purum esse intelligibile. Ex quo videtur, primo, quod Deus non posset annihilare aliquam creaturam nisi annihilaret totam universitatem creatam, quod tamen non potest propter Christum et beatos. Ideo videtur quod non potest annihilare, nam omnis creatura habet esse creatum in primo creato analogo, ut patet ex praedictis. Sed illud esse, cum non dependet ab esse contractiori, non potest perdi, servato illo esse analogo. Igitur nullius creaturae omne esse creatum potest desinere, servato esse analogo. Cum ergo nulla creatura potest annihilari, servato aliquo eius esse creato, sequitur quod nulla creatura potest annihilari nisi esse analogum, et, per consequens, nisi universitas annihiletur ». Nous avons vu que l'être analogue est défini à l'aide de la proposition IV du *Liber de causis*. Or dans les textes examinés, Wyclif ne fait aucune allusion à la proposition II où l'auteur du *Liber* met en rapport les différents êtres et l'éternité.

*Appendice 1*

## *PSEUSTIS, ALITHIA* ET *PHRONESIS* DANS LE *TRIALOGUS* DE WYCLIF

Ces personnages allégoriques discutent longuement dans deux écrits de Wyclif : Pseustis (Menteur) et Alithia (Vérité) dans le *Dialogus*, ou *Speculum ecclesie militantis*, les deux déjà mentionnés et Phronesis (Prudence ou Intelligence) dans le *Trialogus*. W. R. Thomson, *The Latin Writings of John Wyclyf*, Toronto 1983, n° 47 et 408, qui note ce fait et explique la signification des trois noms grecs, cherche le modèle d'inspiration du *Trialogus*. Il écrit (p. 80) : « While Wyclyf, in thus deploying three mouthpieces, calls to mind the Thomistic technique and its Greek antecedents, not to mention Anselm and perhaps his beloved Grosseteste too, still we might be well advised to seek more immediate inspiration in such works as the *De pauperie salvatoris* of Richard FitzRalph and, of course, the ongoing dialectic of the schools themselves ». Or si, à chaque époque, les médiévaux cultivaient la forme du dialogue, le modèle qui a inspiré Wyclif n'est pas à proprement parler dialectique ni d'ailleurs scolastique. Il est à la fois pré-scolastique et scolaire.

En donnant la parole à trois interlocuteurs, Wyclif se rappelait avec précision son éducation enfantine et ses premières lectures latines, en particulier les fameux *Auctores octo*, dont fait partie l'*Ecloga Theoduli*. Écrite au IXe ou Xe siècle, l'*Églogue de Théodule* était connue de tous ceux qui sont passés par l'école. Les collègues de Wyclif savaient donc parfaitement que Pseustis – *natus ab Athenis pastor* – est un conteur des mythes à qui s'oppose la bergère juive, Alithia – *virgo decora nimis David de semine regis* –, et que leur dispute est arbitrée par la *mater Fronesis*, personnification empruntée à Martianus Capella (*De Nuptiis Philologiae et Mercurii*, II, 114 ; ed. J. Willis, Leipzig 1983, p. 32, 16). La situation qui se passait d'explication, prend la dimension d'une dispute doctrinale dans le *Trialogus* où Pseustis, *infidelis captiosus*, expose des opinions qu'Alithia, *solidus philosophus*, ne peut pas accepter, alors que Phronèsis, *subtilis theologus et maturus*, le porte-parole de Wyclif, tranche toute question magistralement et définitivement. Ce recours au modèle du trialogue et ce souvenir du latin scolaire expliquent peut-être le fait que le *Trialogus* est mieux écrit que tous les autres ouvrages latins de Wyclif, qu'il est, au jugement de W. R. Thomson, « the most readable ».

L'*Églogue de Théodule* a été plusieurs fois imprimée. J'ai consulté l'édition de R.B.C. Huygens parue avec Bernard d'Utrecht, *Commentum in Theodolum* (*1076-1099*), Spolete, 1977, p. 9-18, et celle due à R. P. H. Green, dans ses *Seven Versions of Carolingian Pastoral*, University of Reading, 1980, p. 26-35. Pour quelques *Accessus Theoduli*, on consultera *Accessus ad auctores, Bernard d'Utrecht, Conrad d'Hirsau, Dialogus super auctores*. Édition critique entièrement revue et augmentée par R. B. C. Huygens, Leyde 1970. Voir aussi l'étude de R. R H. Green, *The Genesis of a Médiéval Textbook : the Models and Sources of the 'Ecloga Theoduli'* « Viator », 13 (1982), p. 49-106.

*Appendice 2*

## WYCLIF ET URSO DE SALERNE

Urso de Salerne est l'une des sources philosophiques citées par Wyclif. Pour s'en convaincre, il suffit de parcourir les trois ouvrages, *De materia et forma*, *De Trinitate* et *Trialogus*. Dans ce dernier, il est mentionné à côté de Platon, d'Aristote et d'Augustin. Médecin et philosophe du XII^e siècle, Urso est cependant fort peu connu comme source de la spéculation philosophique au Moyen Age tardif. Je renvoie donc le lecteur intéressé aux travaux cités à la fin de la présente notice.

Dans les textes analysés auparavant, j'ai rencontré trois fois le nom du médecin et deux fois le titre de l'un des ses écrits, les *Aphorismes*. Je mets en évidence les trois citations formellement attribuées à Urso, dont voici la première en trois versions.

(a) *De materia et forma*, p. 191, 28-31 :

> Latini eciam quidam vocant materiam 'subsistenciam', formam 'subinsistenciam' et appropriate compositum 'substanciam', ut patet aphorismo ultimo Ursonis.

Ailleurs, dans le *De Trinitate*, p. 102, le même texte est plus développé :

> Nunc vero latini specificant substanciam ad naturam per se existentem et non formaliter ad rem qualitative inexistentem. Sed materiam vocant 'subsistenciam', quam greci 'ypostasim' vocant, formam vocant 'supersistenciam' quam greci 'usiosim' vocant, et composicionem vocant 'substanciam' quam greci 'usion' vocant. Et substancia autem dicitur vera essencia, vel res absoluta per se existens. Et istam significacionem bene déclarat Magister Urso, Aphorismo ultimo.

Il est alors fort probable que, malgré quelques différences et quelques erreurs de copistes, l'opinion suivante, transmise par la *Logica*, III, p. 120, 4-9, soit aussi partiellement inspirée de la même source :

> Et istam potenciam eternam, que nullam speciem corporis sibi determinat, vocant 'materiam primam', 'fundamentum nature', vel secundum grecos 'ylen' ; et formam dicunt 'subsistenciam' vel 'usiasim' ; compositum vero ex his vocant 'superstans'.

(b) La seconde citation vient du *De materia et forma*, p. 218, 5-12 :

> Sicud enim quod ministri in ydriis fundunt in vinum convertitur; sic quod nubes fundunt in vinum convertitur opere eiusdem (*sc.* Christi). Illud non miramur, quia omni anno fit idem. Dicit Urso in primo *Aphorismorum* suorum : Nec valet dicere quod non est intencionis Augustini dicere quod aqua erit vinum, vel res unius speciei erit res alterius speciei, quia intencionis sue frequentis est...

(c) La dernière citation se lit dans le *Trialogus*, p. 87 et 87-88 :

> Augustinus vero dicit quod (materia prima) est prope nihil. Urso autem asserit quod est medium inter ens et non ens. (...) imo est medium inter aliquid existens in actu et nihil existens in actu formaliter intelligendo, ut loquitur superius Urso.

Deux remarques s'imposent immédiatement. D'abord, si le texte de la *Logica* est effectivement inspiré par Urso de Salerne, Wyclif est resté fidèle à sa source pendant de longues années, depuis les débuts des années soixante jusqu'aux années quatre-vingt. Cette constante présence du médecin salernitain dans l'œuvre et la pensée de Wyclif mérite peut-être une attention de la part des historiens. Ensuite, il est curieux de voir que dans les deux cas cités, Wyclif essaie de construire un lien entre la doctrine d'Augustin et la pensée d'Urso : dans la citation (b), ces deux autorités sont là pour donner du poids à l'interprétation wyclifienne de la prédication essentielle, alors que dans la citation (c), Augustin et Urso définissent de manière voisine le statut ontologique de la matière première. Pour l'interprétation de Wyclif, Urso constitue donc un problème à la fois historique et doctrinal.

Pourtant, les citations (a) et (c) ne se retrouvent dans les *Aphorismes* ni dans les *Glossulae* qui les accompagnent ; *cf.* R. Creutz, *Die medizinisch-naturphilosophischen Aphorismen und Kommentare des Magister Urso Salernitanus*, Berlin, 1936 (dans la série *Quellen und Studien zur Geschichte der Naturwissenschaften und Medizin*, Bd 5-1). P. Morpurgo, *Filosofia della natura nella Schola Salernitana del secolo XII*, Bologna 1990, p. 153, note 13, remarque cependant que l'édition de Creutz ne contient pas la dernière partie du texte que l'on peut lire dans le ms. Oxford, New Collège, 171. Je note toutefois que le vocabulaire gréco-latin qu'apportent les trois textes regroupés sous la rubrique (a) ne dépendent pas de Boèce (*Contra Eutychen*, III), ni, par conséquent, de Gilbert de Poitiers (*Expositio in Boecii librum De bonorum ebdomade*, 37). Ils ont une autre source. S'agissant de la citation (c), elle est très proche du texte d'Averroès que Wyclif a pu connaître par les *Auctoritates Aristotelis* (cf. *supra*, p. 358, note 2).

Quant à la citation (b), son texte paraît avant tout mal ponctué. J'en propose la lecture suivante :

> Sicud enim quod ministri in ydriis fundunt in vinum convertitur, sic quod nubes fundunt in vinum convertitur opere eiusdem. Illud non miramur quia omni anno fit idem, dicit Urso in primo *Aphorismorum* suorum. Nec valet dicere, etc.

Urso n'en appelle pas à Augustin ; il compare la réaction humaine devant le miracle de Cana (J. 2), événement unique et exceptionnel, et devant le miracle répétitif de la nature. Le sens du propos attribué à Urso une fois rétabli, on peut rappeler les lignes suivantes des *Aphorismes* (*Glos.*, 1 ; Creutz, p. 19-20) :

> Consuetum et ordinatum rerum processum non miramur, scilicet quae cotidie per naturam in rebus ipsis fieri noscuntur et quae ex ipsis saepius producuntur, sed inconsuetum et momentaneum. (…) Ideoque agentium naturarum motibus variis sic patientia subiecta oboediunt, ut multiformiter creata quandoque ab esse transeant in res similes vel dissimiles. (…) Et aqua ad vitis nutrimentum attracta per sui corruptionem vini pocula subministrat, quae omnia et similia hominibus magnum praebent spectaculum.

Il y a d'autres *Gloses* où Urso traite des éléments et de leur transformation (*Glos.* 30 et 37 par exemple), sans mentionner cependant ce qui leur est commun, l'essence ou matière première, fondement ontologique et nécessaire de la prédication essentielle de type 'Le feu est l'eau' (*Ignis est aqua*). Le recours aux *Aphorismes* me semble toutefois significatif dans la mesure où, aux yeux de Wyclif, la théorie de la transformation des éléments, développée par Urso de Salerne, corroborait une partie de l'ontologie et une partie de la logique du philosophe-théologien anglais.

Concernant Urso et son œuvre, on peut consulter : S. Wielgus, *Wstęp do krytycznej edycji przyrodniczo-filozoficznego traktatu z początków XIII w., zatytułowanego « Quaestiones Nicolai Peripatetici »* [Introduction à l'édition critique d'un traité de philosophie de la nature du début du XIII^e^ siècle intitulé « Q. N. P. »], in *Acta mediaevalia*, t. II, Lublin 1974, p. 5-120 (118-120 résumé) ; montre, p. 21-49, la dépendence des *Q.N.P.* par rapport aux *Aphorismes* d'Urso. Les *Aphorismes* y sont cités d'après le ms. d'Oxford, Bodleian Library, Digby, cod. 153, f° 67v-99. Ce manuscrit est décrit dans le même ouvrage, p. 89-91, et auparavant dans *Mediaevalia philosophica Polonorum*, 17 (1973), p. 57-155 ; part. 73-74. D. Jacquart, *Aristotelian Thought in Salerno*, in P. Dronke, *A History of Twelfth-Century Western Philosophy*, Cambridge, 1988, p. 407-428, et à la note bio-bibliographique, *ibid.*, p. 455-456. P. Morpurgo, *L'ingresso dell'Aristotele latino a Salerno*, in J. Hamesse (éd.), *Rencontres de culture dans la philosophie médiévale*, Louvain-la-Neuve, 1990, p. 273-300. B. Raczyńska, *Filozoficzna teoria człowieka w głównych traktatach salernitańskich* (Afforismi cum glosulis *Ursonis Salernitani* ; Quaestiones Nicolai Peripatetici) [L'antropologie philosophique dans les principaux traités salernitains, Afforismi cum glosulis Ursonis Salernitani ; Quaestiones Nicolai Peripatetici], in *Acta mediaevalia*, t. XI, Lublin, 1997, 140 p., résumé p. 125-136. P. Schulthess und R. Imbach, *Die Philosophie im lateinischen Mittelater. Ein Handbuch mit einem bio-bibliographischen Repertorium*, Zürich-Dusseldorf, 1996, avec p. 601, une liste des éditions des écrits d'Urso.

# TABLE ET INDEX

## TABLE DES MANUSCRITS

# INDEX DES AUTEURS ANCIENS ET MÉDIÉVAUX

## INDEX DES AUTEURS MODERNES ET CONTEMPORAINS

## TABLE DES MATIÈRES

## SECONDE PARTIE
## **PARIS – PRAGUE – OXFORD**

## DANS LA MÊME COLLECTION
## DERNIÈRES PARUTIONS

JOLIVET J., *Medievalia et Arabica*, 364 pages, 2013.

KÖNIG-PRALONG C., *Le bon usage des savoirs. Scolastique, philosophie et politique culturelle*, 358 pages, 2011.

FEDERICI VESCOVINI G., *Le Moyen Âge magique. La magie entre religion et science aux XIII*e*-XIV*e *siècles*, 400 pages, 2011.

STANCATO G., *Le concept de désir dans l'œuvre de Thomas d'Aquin. Analyse lexicographique et conceptuelle du « desiderium »*, 176 pages, 2011.

TREGO K., *L'essence de la liberté. La refondation de l'éthique dans l'œuvre de saint Anselme de Cantorbéry*, 304 pages, 2010.

DI MARTINO C., Ratio particularis. *Doctrines des sens internes d'Avicenne à Thomas d'Aquin*, 192 pages, 2008.

BERMON P., *L'assentiment et son objet chez Grégoire de Rimini*, 432 pages, 2007.

RICKLIN Th. (éd.), Exempla docent. *Les exemples des philosophes de l'Antiquité à la Renaissance*, 432 pages, 2007.

CASTEIGT J., *Connaissance et vérité chez Maître Eckhart. Seul le juste connaît la justice*, 480 pages, 2006.

JOLIVET J., *Perspectives médiévales et arabes*, 320 pages, 2006.

VIAL M., *Jean Gerson, théoricien de la théologie mystique*, 256 pages, 2006.

GRELLARD C., *Croire et savoir. Les principes de la connaissance selon Nicolas d'Autrécourt*, 340 pages, 2005.

KÖNIG-PRALONG C., *Avènement de l'aristotélisme en terre chrétienne*, 288 pages, 2005.

CAIAZZO I., *Lectures médiévales de Macrobe. Les* Glosae colonienses super Macrobium, 352 pages, 2003.

SIRAT C., KLEIN-BRASLAVY S., WEIJERS O. (éds.), *Les méthodes de travail de Gersonide et le maniement du savoir chez les scolastiques*, 392 pages, 2003.

SUAREZ-NANI T., *Connaissance et langage des anges selon Thomas d'Aquin et Gilles de Rome*, 272 pages, 2003.

CÔTÉ A., *L'infinité divine dans la théologie médiévale (1220-1255)*, 272 pages, 2002.

SUAREZ-NANI T., *Les anges et la philosophie. Subjectivité et fonction cosmologique des substances séparées à la fin du XIII^e siècle*, 208 pages, 2002.

FALQUE E., *Saint Bonaventure et l'entrée de Dieu en théologie*, 224 pages, 2001.

COUNET J.-M., *Mathématique et dialectique chez Nicolas de Cues*, 456 pages, 2000.